Andreas Rödder

Deutschland einig Vaterland

Die Geschichte der Wiedervereinigung

Andreas Rödder

Deutschland einig Vaterland

Die Geschichte der Wiedervereinigung

Verlag C. H. Beck

Mit 35 Abbildungen

© Verlag C. H. Beck oHG, München 2009
Satz: Janß GmbH, Pfungstadt
Druck und Bindung: CPI Ebner & Spiegel, Ulm
Gedruckt auf säurefreiem, alterungsbeständigem Papier
(hergestellt aus chlorfrei gebleichtem Zellstoff)
Printed in Germany
ISBN 978 3 406 56281 5

www.beck.de

Inhalt

Anhang

Für Maria

Die Deutschen und ihre Nachbarn

Gerd Ruge
Russland

2008. 208 Seiten mit 14 Abbildungen und 4 Karten. Gebunden
«Diese einführende Darstellung ist überraschend gut gelungen und damit der
richtige Begleiter für jeden Russland-Reisenden und Russland-Neuling. Man
kann nur wünschen, dass der Band seine Leser finden wird. Damit es noch viele
Generationen lang heißen wird: Mit Gerd Ruge reist man gern - nach Russland.»
Ingo Petz, Süddeutsche Zeitung

Geert Mak
Niederlande

2008. 256 Seiten mit 14 Abbildungen und 2 Karten. Gebunden
«Was ist dran an den Klischees über die Holländer? Wo kommen diese her? Und
wie ist es eigentlich um Geschichte, Politik, Gesellschaft und Kultur unserer
Nachbarn bestellt? In seinem Buch ‹Niederlande› hat der Publizist Geert Mak
mit wachem Blick diese Fragen beantwortet und so ein lebendiges und farbiges
Bild der Niederländer gezeichnet.»
Abendzeitung

Thomas Urban
Polen

2008. 180 Seiten mit 11 Abbildungen und 3 Karten. Gebunden

Iso Camartin
Schweiz

2008. 196 Seiten mit 12 Abbildungen und 2 Karten. Gebunden
«Der Literaturwissenschaftler Iso Camartin hat ein Buch über die Schweiz ge-
schrieben. Er präsentiert es als Einladung an unsere deutschen Nachbarn, unser
Land nicht nur touristisch, sondern literarisch zu durchstreifen.«
Kathrin Meier-Rust, Neue Zürcher Zeitung

Verlag C.H. Beck München

Vorwort

Alles kam anders als gedacht.

Im neuen Europa, in dem die Blockgrenzen an Bedeutung verloren hatten – so stellten sich aufgeschlossene Zeitgenossen im Frühjahr 1989 die Welt in zwanzig Jahren vor –, war Platz für «zwei freie deutsche Staaten»[1] – die Bundesrepublik «in der westlichen, die DDR in der östlichen ‹Subregion›»[2] –, die «bei aller Treue zum je eigenen Bündnis» eine «fruchtbare und freundliche Nachbarschaft»[3] entwickelt hatten. Nach dem lange erwarteten Führungswechsel war die DDR auf eine Reformpolitik nach dem Vorbild Gorbatschows eingeschwenkt[4], der die Sowjetunion auf dem Weg der marktwirtschaftlichen Modernisierung und Demokratisierung weit vorangebracht hatte.[5] Auf westdeutscher Seite setzten die Fortschritte im Verhältnis zur DDR die «Erfolgsgeschichte» des «Modells Deutschland» fort, das die mit Abstand stärkste Volkswirtschaft in Europa stellte und sich seit den neunziger Jahren auf den ökologischen Umbau der Industriegesellschaft konzentrierte, den die neue SPD-Regierung nach dem Wahlsieg über Helmut Kohl 1990 vorangetrieben hatte. Außenpolitisch war die Bundesrepublik zum amerikanischen «partner[] in leadership»[6] aufgestiegen, während die Basis der westlichen Führungsmacht mit dem Schwinden militärischer Herausforderungen erodierte.[7] Da «konfrontative Lösungen» in der Staatenwelt kaum mehr möglich waren, vielmehr die wissenschaftliche, ökonomische und soziale Kraft im Innern über den Rang einer Weltmacht entschied[8], hatte sich das geeinte Europa als eigenständiger und selbstbewusster internationaler Akteur positioniert.

Im Herbst 1989 aber geriet der «Weltprozeß», wie Jacob Burckhardt über hundert Jahre zuvor die «geschichtlichen Krisen» beschrieben hatte, «plötzlich in furchtbare Schnelligkeit; Entwicklungen, die sonst Jahrhunderte brauchen, scheinen in Monaten und Wochen wie flüchtige Phäno-

mene vorüberzugehen und damit erledigt zu sein.»[9] Der Zusammenbruch des sowjetischen Imperiums, das Ende des SED-Regimes und der
DDR, schließlich die Wiedervereinigung der beiden deutschen Staaten
beendeten binnen weniger Monate eine Epoche, die Europa und die Welt
nach den verheerenden Kriegen und Krisen der ersten Jahrhunderthälfte
im eisernen Griff des Ost-West-Konflikts gehalten hatte. Zugleich lag,
was 1989/90 geschah, quer zu den großen Tendenzen der Zeit: gerade als
Europa sich angesichts der mikroelektronischen Revolution und der
wirtschaftlichen Internationalisierung, der Integration seiner Staaten und
des postmodernen Wertewandels von der Idee des Nationalstaats klassischer Prägung entfernte, wurde er in Deutschland wieder hergestellt –
und dies auf eben jene Weise, die im Westen in längst vergangener Zeit
einmal erhofft und inzwischen als unrealistisch abgetan worden war. Die
deutsche Einheit war voller Merkwürdigkeiten.

«Deutschland einig Vaterland» ist eine jener Sentenzen, in denen sich
deutsche Geschichte wie in einem Brennglas bündelt: drei Worte aus dem
Text der Hymne des sozialistischen deutschen Staates mit gesamtdeut-
schem Anspruch, der angesichts der verfestigten Zweistaatlichkeit seit
den siebziger Jahren nicht mehr gesungen wurde, wendeten sich schließlich gegen die DDR selbst, markierten die nationale Wende der friedlichen Revolution hin zur deutschen Einheit – und bezeichneten im unversehens vereinten Deutschland eine wesentlich schwierigere Aufgabe,
als man es 1989/90 erwartet hatte.

Diese erste wissenschaftliche Gesamtdarstellung der Wiedervereinigung von 1989/90 verfolgt einen vierfachen Anspruch. Erstens spannt
sie einen thematischen Bogen von der Bürgerbewegung auf den Straßen
der DDR bis zu den Verhandlungen auf dem Parkett der internationalen
Diplomatie und von den internationalen Rahmenbedingungen bis zur
inneren Ausgestaltung der deutschen Einheit. Zweitens ist sie aus den
verfügbaren Quellen geschrieben und führt drittens die Ergebnisse der
weit verzweigten nationalen und internationalen Forschungen, die seit
1989 bereits geleistet worden sind, in einer Synthese zusammen. Schließlich will sie, viertens, den zeithistorischen Gegenstand im historischen
Zusammenhang der deutschen und internationalen Geschichte des 19.
und 20. sowie des beginnenden 21. Jahrhunderts verorten.

Was gibt es Schöneres, als sich nach Fertigstellung eines Buches bei denjenigen zu bedanken, denen man vieles verdankt – oder diejenigen um Entschuldigung zu bitten, bei denen dies nötig geworden ist?

Während der gesamten Entstehungszeit habe ich mich stets auf den engagierten und zuverlässigen Einsatz der studentischen Mitarbeiterinnen und Mitarbeiter meiner Abteilung am Historischen Seminar der Universität Mainz verlassen können; insbesondere Benjamin Conrad, Andreas Lutsch und Sarah Manns haben mich unermüdlich unterstützt.

Dankbar bin ich den in der Bibliographie aufgeführten Interviewpartnerinnen und -partnern für ihre freundliche Bereitschaft zu den Gesprächen, die mir immer wieder neue Aspekte und Perspektiven erschlossen haben. In besonderem Maße habe ich von den Anregungen derjenigen profitiert, die das Manuskript ganz oder in Teilen gelesen und kommentiert haben: Harald Biermann, Wolfgang Elz und Peter Hartmann, dessen Expertise vor allem den außenpolitischen Passagen zugute gekommen ist, und Hartmut Schiedermair, der die staats- und völkerrechtlichen Passagen kritisch geprüft hat, wobei alle verbliebenen Fehler allein in meiner Verantwortung liegen. Von indirekter, aber nicht zu unterschätzender Bedeutung ist darüber hinaus der stets anregende Austausch, für den ich mich, neben den Genannten, insbesondere Klaus Hildebrand, Eberhard Jäckel, auf den die erste Idee zu diesem Buch zurückgeht, Alexander Brakel, Sönke Neitzel, Martin Sabrow, Mary E. Sarotte, Joachim Scholtyseck, Hans-Peter Schwarz und Andreas Wirsching sowie meinen unverzichtbaren Ratgebern in allen Lebenslagen, Ulrich Bremauer und Thomas Christ, verbunden weiß.

Unterstützt haben mich weiterhin Elena Kaplunovskaya mit der Übersetzung von Dokumenten aus der Gorbatschow-Edition sowie die hilfsbereiten Damen und Herren in den Archiven. Auf Seiten des Verlags C. H. Beck bin ich, neben Janna Rösch, Peter Schünemann und Detlef Felken, der die gesamte Entstehung des Buches mit großer Aufmerksamkeit und ebenso gutem wie wichtigem Rat begleitet hat, für die außerordentliche Sorgfalt und Umsicht besonders dankbar, mit der sie das Manuskript lektoriert haben.

Die Johannes Gutenberg-Universität Mainz hat mir die Fertigstellung des Manuskripts durch ein zusätzliches Forschungssemester ermöglicht. Dabei gilt meinen Kollegen Michael Kißener, Jan Kusber, der auch die

Passagen zur Sowjetunion im Manuskript gelesen hat, und Matthias Schnettger mein Dank für ihr Interesse, ihren Rat und für ihr Verständnis, wenn ich mich auf verschiedenen Ebenen aus manchem habe zurückziehen müssen, um neben den wachsenden Verpflichtungen einer Professur, gerade in den Aufbaujahren, dieses Buch zu schreiben. Noch mehr hat die temporäre innere Emigration in die wissenschaftliche Einsamkeit und Freiheit natürlich Silvana und unsere drei Töchter betroffen. Immerhin ließ sich zur Rechtfertigung geltend machen, dass auch die Jüngste das ihr gewidmete Buch bekommen müsse. Auch wenn es nicht ganz so spannend ist wie «Hörbe mit dem großen Hut», möge «Deutschland einig Vaterland» Maria eines Tages vermitteln, dass es eine bedeutende Geschichte zu erzählen hat.

Mainz, im Januar 2009   *Andreas Rödder*

I. Tour d'horizon 1989:
Ost und West am Vorabend
der Epochenwende

1. Zauberlehrling Gorbatschow:
Die «Perestroika» und die Sowjetunion

Am Anfang war Gorbatschow. Seine Politik setzte einen ungeplanten Prozess in Gang, der binnen weniger Jahre in den Zusammenbruch des sowjetischen Imperiums führte und der die deutsche Wiedervereinigung erst möglich machte.[1]

Am 11. März 1985, nach den lähmenden Jahren alter und kranker Generalsekretäre, nominierte das Politbüro der Kommunistischen Partei der Sowjetunion den 54-jährigen Südrussen für das Amt des mächtigsten Mannes der östlichen Welt. Intelligenter, gebildeter und weltläufiger als die typischen Vertreter der alten Riege, hatte Gorbatschow seinen zügigen politischen Aufstieg in der südrussischen Region Stawropol begonnen und dort, obgleich ursprünglich zum Juristen ausgebildet, als Experte für Landwirtschaft reüssiert. Er fiel dem reformorientierten KGB-Chef Juri Andropow auf und wurde 1978 als Sekretär des Zentralkomitees für Landwirtschaft in die Moskauer Zentrale berufen. 1980 rückte er in das Politbüro und somit in das Machtzentrum der Partei auf, deren Führung er im März 1985 übernahm und die er, wie das gesamte Land, grundlegend verändern sollte – ganz anders allerdings, als er es sich vorgestellt hatte. Dies hing nicht zuletzt mit einem Grundzug seiner Persönlichkeit zusammen: dem permanenten Versuch, Unvereinbares zu vereinbaren – Marx und Markt, Leninismus und Demokratie. Offenheit, Abneigung gegen dogmatische Festlegungen und deren Durchsetzung mit Gewalt waren die eine Seite seiner Persönlichkeit – Unentschiedenheit, Widersprüchlichkeit und Sprunghaftigkeit die andere.[2]

Gorbatschow ging von der Diagnose einer schweren wirtschaftlichen Krise der Sowjetunion aus, und als Therapie verordnete er Reformen. Das Rezept setzte voraus, den Patienten für heilbar zu halten, und ebendies tat Gorbatschow. Ziel seiner Reformpolitik war keineswegs, ein moribundes System endgültig zum Kollaps zu bringen, sondern es zu retten und den Kommunismus zu verbessern. Kein ideologieentleerter Zyniker, ebensowenig freilich ein marktwirtschaftlicher Demokrat westlicher Prägung, war Gorbatschow vor allem ein reformkommunistischer Idealist. Nur im festen Vertrauen auf den Sozialismus war er zu seiner weitreichenden und folgenreichen Reformpolitik überhaupt in der Lage.

Sie begann mit einer personellen Neustrukturierung der Parteikader. Ein umfangreiches Revirement an der Spitze der KPdSU und in den Provinzen brachte Reformer wie Eduard Schewardnadse als Außenminister, Alexander Jakowlew als ZK-Sekretär für Ideologie und Propaganda oder Boris Jelzin als Parteichef von Moskau in Schlüsselpositionen. Diese Maßnahmen gingen mit einer zunehmenden öffentlichen Kritik an Amtsträgern einher, ganz im Sinne des Leitbegriffs «Glasnost», als Herstellung von Transparenz, Offenheit und Öffentlichkeit. Wenn Gorbatschow dabei von «Demokratie» sprach, die das Land so nötig habe «wie die Luft zum Atmen»[3], dann deutete sich ein Verständnis dieses Begriffs an, das über die sozialistische Orthodoxie hinausging. Zugleich brachte «Glasnost» ein unerwartetes Maß an Missständen zum Vorschein, das mit Einzelmaßnahmen allein, wie sich bald zeigte, nicht zu kurieren war.

Dies gilt ebenso für den zweiten Leitbegriff, die «Perestroika» (Umgestaltung), die sich nicht nur an die Funktionäre, sondern an die gesamte Bevölkerung richtete. Sie zielte in erster Linie auf verstärkte Eigenverantwortung und individuelle Leistung. Daher begann sie mit einer Kampagne gegen den allgegenwärtigen Schlendrian am Arbeitsplatz und gegen einen seiner Hauptverursacher: den Alkoholismus. Sie war symptomatisch für die unerwarteten Weiterungen und Konsequenzen der Reformpolitik. Nachdem nämlich die Herstellung und der Verkauf von Alkoholika eingeschränkt worden waren, nahm die private Schwarzbrennerei sprunghaft zu, während die Zuckervorräte knapp wurden und das Defizit im Staatshaushalt aufgrund der fehlenden Alkoholsteuern wuchs. Zudem war es mit der Bekämpfung des Alkoholismus allein nicht getan, denn dahinter taten sich grundsätzlichere Probleme auf, die weitere Reformen notwendig machten. Einmal in Gang gesetzt, ging der Prozess immer weiter. Ein Ende war je länger, je weniger in Sicht.

In der Praxis führte das Ziel, Eigenverantwortung und individuelle Leistung zu stärken, zu einer Flut von Gesetzen zur marktwirtschaftlichen Reform der sozialistischen Wirtschaftsordnung. Sie verordneten begrenzte Privatisierungen und Eigenständigkeit der Betriebe, Elemente von Markt und Konkurrenz. Aber sie verbanden sich nicht zu einem geschlossenen, geschweige denn funktionsfähigen Gegenentwurf zur überkommenen Planwirtschaft oder zur westlichen Wirtschafts- und Gesellschaftsordnung. Vielmehr unterhöhlten die Reformmaßnahmen die Grundlagen der zentralen Planwirtschaft und des politischen Systems. Teilweise brach blankes Chaos aus: Versorgungsengpässe und Schwarzmarkt, galoppierende Inflation und Streiks deuteten darauf hin, dass die Reformen eine von Gorbatschow und den Reformern nicht erwartete Eigendynamik gewannen.

Dasselbe gilt für die Geschichtsdebatte[4]. Als die sowjetische Regierung die bis dahin offiziell stets geleugnete Existenz des Geheimen Zusatzprotokolls zum Hitler-Stalin-Pakt vom 23. August 1939 öffentlich eingestand, gab sie eine kritische Diskussion des staatlich verordneten Geschichtsbildes frei. Bald erreichte diese den «Großen Vaterländischen Krieg» und blieb beim Stalinismus nicht stehen, sondern erfasste auch Lenin und die Ursprünge der Sowjetunion. Die Geschichtsdebatte legte die Axt an die Wurzeln der sowjetischen Staatsideologie.

Vor diesem Hintergrund artikulierten sich Oppositions- und Separationsbewegungen, denen die Reformpolitik seit Mitte 1988 mit Demokratisierungsmaßnahmen zu begegnen suchte. Diese indessen unterhöhlten das Herrschaftsmonopol der Kommunistischen Partei und damit den Kern des politischen Systems der Sowjetunion. Die Reformen gerieten außer Kontrolle. Doch während Gorbatschow zunehmend ins Schussfeld der Kritik geriet und seine innere Basis zu erodieren begann, flogen ihm auf dem internationalen Parkett überschwängliche Sympathien zu.

Das Bemühen um internationale Entspannung war die äußere Seite der genuin ökonomischen Reformpolitik. Mit dem ostmittel- und südosteuropäischen Imperium und einem überdimensionierten militärisch-industriellen Komplex, insbesondere mit dem Krieg in Afghanistan und der

Raketenrüstung der siebziger Jahre, hatte sich die Sowjetunion gigantische Kosten aufgeladen. Weitere unabsehbare Ausgaben standen bevor, wenn der Kreml die Gegenoffensive des Westens kontern wollte, die mit der Stationierung atomarer Mittelstreckenraketen in Westeuropa begonnen hatte und mit dem Raketenabwehrsystem SDI das atomare Gleichgewicht auszuhebeln drohte.[5]

Es lag in der Konsequenz der Reformpolitik, dass Gorbatschow, um Spielräume für innere Reformen zu gewinnen, äußere Entlastung suchte. *Afghanistan* 1988 verfügte er den Rückzug der sowjetischen Truppen aus Afghanistan, wo der jahrelange Krieg Unsummen verschlang und offensichtlich nicht zu gewinnen war. Zugleich setzte er, als Voraussetzung für dringend *technologisch-ökonomische Kooperation* notwendige technologische und ökonomische Kooperation, auf Entspannung mit dem Westen und entwarf die Vision vom «Haus Europa», in dem verschiedene Systeme Platz unter einem gemeinsamen Dach finden *Abrüstung* sollten. Vor allem eröffnete er eine abrüstungspolitische Offensive, mit der er die sowjetische Raketenrüstung der siebziger Jahre umkehrte. Die Annäherung zwischen den Regierungen der Sowjetunion und der USA, zwischen Gorbatschow und dem vermeintlichen kalten Krieger Ronald Reagan in den Jahren 1986/87 war für die Zeitgenossen sensationell. Sie gipfelte im sowjetisch-amerikanischen INF-Abkommen vom Dezember 1987. Mit einem Federstrich verfügte es den Abbau der Mittelstreckenraketen in Europa, um deren Stationierung an der Wende von den siebziger zu den achtziger Jahren so erbittert gerungen worden war.

Rede vor UN Gorbatschows Popularität im Westen erreichte einen Höhepunkt, als er am 7. Dezember 1988 vor den Vereinten Nationen von der «Entideologisierung der zwischenstaatlichen Beziehungen»[6] sprach und somit dem Ost-West-Konflikt von sowjetischer Seite die Grundlage entzog. Diese unablässigen «Charme-Offensiven»[7] trieben die im Januar 1989 neu ins Amt gekommene amerikanische Regierung des Präsidenten George Bush im «Kampf um die Weltöffentlichkeit»[8] in die Defensive. Es war eine der vielen Paradoxien in der Geschichte des Ost-West-Konflikts: was den Kremlherren im Vollbesitz ihrer politischen Kräfte nie gelungen war, vermochte Gorbatschow im Moment der Schwäche – erstmals gewann ein Sowjetführer breite internationale Zustimmung, als Hoffnungsträger und Symbol der Entspannung.

Dies gilt nicht zuletzt für die Öffentlichkeit der Bundesrepublik, wo

Gorbatschow bei seinem Staatsbesuch im Juni 1989 wahre Begeisterungsstürme entfachte. Die Sowjetunion sei bestrebt, «den Partner BRD enger an sich zu binden», sagte Gorbatschow selbst gegenüber der in diesen Angelegenheiten stets höchst misstrauischen DDR-Führung[9]. Legendäre Bedeutung, jedenfalls in der Erinnerung Helmut Kohls, hatte ein vertrauliches abendliches Gespräch zwischen Bundeskanzler und Generalsekretär im parkartigen Garten des Bundeskanzleramtes am Rhein. Beide erzählten einander von ihren Eltern, ihren Erfahrungen im Krieg, in der Stalin- und in der Hitlerzeit. Als das Gespräch auf die deutsche Frage kam, wurden einmal nicht die üblichen Floskeln ausgetauscht. Kohl sagte, wie er sich erinnert, «so sicher wie der Rhein zum Meer fließt, so sicher wird die deutsche Einheit kommen», und Gorbatschow habe nicht widersprochen[10]. Intern ließ Gorbatschow im Sommer und frühen Herbst 1989 eine gewisse, wenn auch nicht konkrete Offenheit erkennen; im Falle einer anhaltenden Annäherung in Europa «könne die Frage möglicherweise eines Tages anders stehen. Aber dies sei heute kein Problem der aktuellen Politik.»[11] Offiziell blieb es unterdessen bei der Sprachregelung von der unumgänglichen Anerkennung der «Realitäten» – des Status quo der deutschen Zweistaatlichkeit.[12]

Allem Anschein nach ahnte Gorbatschow nichts von den Entwicklungen, die seine Politik in Bewegung setzte. Bis in den Herbst 1989 war er offenkundig optimistisch, sein Herkuleswerk vollbringen zu können, wie er noch Anfang November gegenüber dem neugewählten SED-Generalsekretär Egon Krenz bekundete: Er wolle «nicht sagen, in der Sowjetunion habe man die Perestroika schon voll gepackt. Das Pferd sei gesattelt, aber der Ritt noch nicht vollendet. Man könne immer noch abgeworfen werden. Andererseits seien bereits umfangreiche Erfahrungen gesammelt worden, die große Bedeutung haben. Jetzt beginne in der Sowjetunion die Etappe der vertieften Arbeit zur Fortsetzung der Umgestaltung.»[13]

Dass er im Herbst 1989 die Kontrolle über die Vorgänge in Osteuropa verlor, zunächst im sowjetischen Imperium und dann in der Sowjetunion selbst, traf Gorbatschow unvorbereitet: «man sei offensichtlich», so Alexander Jakowlew im Dezember 1989, «an die neue Revolution etwas romantisch herangegangen und habe unterschätzt, welch große Widerstände auf ihrem Weg entstehen»[14]. Was im Herbst 1989 und dann bis

1991 im Machtbereich der Sowjetunion geschah, hatte Gorbatschow nicht gewollt. Er wurde zum Zerstörer wider willen, zum Liquidator eines ohnehin maroden Systems, das allerdings keineswegs alternativlos dem Untergang geweiht war. Über Jahrzehnte hinweg hatte das sowjetische System gegen alle ökonomische Vernunft existieren können, und trotz aller Strukturprobleme waren es konkrete politische Entscheidungen, die jene Krise auslösten, die sie verhindern sollten. Gorbatschows historische Bedeutung liegt darin, dass er zum einen jenen Prozess in Gang setzte, der in der Revolution von 1989 kulminierte. Zum anderen verzichtete er, als er, dem Zauberlehrling gleich, die Kontrolle über den Prozess verlor, auf den Einsatz militärischer Gewalt, um die Entwicklung aufzuhalten oder umzukehren.

2. Strukturkrise und Orthodoxie, Resignation und Opposition in der DDR

Perestroika sollte in der DDR nicht sein. Sich der Reformpolitik zu verweigern, war die wohl folgenreichste Entscheidung der überalterten SED-Führung in der Ära Gorbatschow. Sie klammerte sich an die überkommenen Strukturen des sozialistischen deutschen Staates auf der ideologischen Grundlage des Marxismus-Leninismus unter der verfassungsmäßig verbrieften Führung durch die Sozialistische Einheitspartei. Ihr Generalsekretär war der starke Mann im Staat, das Zentralkomitee der Partei war dem Ministerrat, der Regierung des Staates, übergeordnet, und das Politbüro des ZK, der kleine Zirkel führender Parteifunktionäre der SED, das eigentliche Entscheidungszentrum der DDR. Der Staatspartei waren auch die vier sogenannten Blockparteien untergeordnet, die mit der SED und weiteren Massenorganisationen in der «Nationalen Front» zusammengeschlossen waren. Der Staatssozialismus beherrschte nicht nur den Staat, sondern durchdrang auch die gesamte Gesellschaft und bestimmte die weitgehend verstaatlichte, zentral gelenkte Planwirtschaft. «Würden Sie, wenn Ihr Nachbar seine Wohnung neu tapeziert», so kommentierte Politbüromitglied Kurt Hager die Reformpolitik Gorbatschows im April 1987, «sich verpflichtet fühlen, Ihre Wohnung ebenfalls neu zu tapezieren?»[15]

Ohne Logik war die Haltung der SED-Führung nicht, denn sie war sich der Gefahren wohl bewusst, die der sowjetische Reformkurs für die sozialistischen Regime allgemein und für die DDR im Besonderen mit sich brachte. «Wenn sich die ökonomische Basis kapitalistisch gestaltet», so der Vorsitzende des Gewerkschaftsbundes Harry Tisch, «kann sich der sozialistische Überbau nicht halten.»[16] Im Alleinvertretungsanspruch auf die Wahrheit aber, erzwungen durch die Verbindung von Fürsorge für das Konforme und Unterdrückung des Dissenten, lagen die spezifische Gestalt, der totalitäre Kern und die ideologischen Lebensgrundlagen nicht nur des Regimes, sondern zugleich – anders als in jedem anderen Ostblockstaat – des gesamten Staates. Wurde die sozialistische Ideologie in Frage gestellt, dann stand in der DDR nicht nur ein Regime oder eine Staatsform zur Disposition, sondern der Staat selbst.[17]

Unterdessen wuchsen ihre inneren Schwierigkeiten, insbesondere im wirtschaftlichen Bereich. Nach dem Machtwechsel von Walter Ulbricht zu Erich Honecker hatte die SED 1971, in der Hoffnung, durch verbesserte Lebensbedingungen die Loyalität der Bevölkerung zu gewinnen, die Maxime der «Einheit von Wirtschafts- und Sozialpolitik» ausgegeben. Sie umfasste ein Bündel von Sozialleistungen, vom Wohnungsbau über eine Erhöhung der Mindestlöhne und Mindestrenten bis zum Ausbau des Erholungswesens. Ihr Problem war freilich von Anfang an die Finanzierbarkeit, denn die Wirtschaftskraft der DDR blieb stets hinter den hohen Erwartungen zurück – die Arbeitsproduktivität lag, wie sich im Nachhinein zeigte, bei weniger als 30 Prozent des Niveaus der Bundesrepublik.[18] Da die Investitionsausgaben zugunsten von Sozial- bzw. Konsumausgaben massiv vernachlässigt wurden, kam die gesamte Infrastruktur des Landes herunter oder wurde gar nicht erst entwickelt: die Produktionsanlagen waren völlig veraltet, allerorten verfiel die Bausubstanz, ebenso das Straßen- und Schienennetz, auf dem technisch rückständige Automobile und vernachlässigte Züge verkehrten, die Kommunikationsnetze befanden sich auf dem Niveau der Vorkriegszeit, und die Umwelt litt unter schwersten Belastungen, vor allem durch die allenthalben riechbare Verfeuerung von Braunkohle. Dass die DDR auf einer verfallenden schwerindustriellen Stufe stehen geblieben war und in den achtziger Jahren den Anschluss an die technologisch-ökonomische Entwicklung verlor, die im Westen den Sprung in das digitalisierte Dienstleistungszeitalter tat, dass

der starre Plan und der Zentralismus grundsätzlich ineffizient arbeiteten
– all dies schürzte einen Knoten fundamentaler Probleme.

Eine Drosselung der sowjetischen Ölexporte, steigende Rohölpreise
und hohe Kreditzinsen führten die DDR schon Anfang der achtziger
Jahre in eine akute Liquiditätskrise, die sie nur mit Hilfe zweier bundesdeutscher Kredite in Höhe von insgesamt 1,95 Mrd. DM (= 1 Mrd. Euro)
überwinden konnte. Die Verschuldung der DDR im Westen stieg unterdessen steil an. Vor allem der «Bereich Kommerzielle Koordinierung» be-
schritt immer verstiegenere Wege der Finanz- und Devisenbeschaffung,
sei es durch Verkäufe von zumeist über Enteignungen eingetriebenen Anti-
quitäten und Kunstgegenständen oder von Blutkonserven in den Westen,
durch Import von Müll aus der Bundesrepublik, durch Abschöpfung der
Devisenbestände in Privathand über die Intershop-Läden in der DDR –
oder durch den regelrechten «Verkauf» von politischen Häftlingen an die
Bundesrepublik. Als «müheloses Einkommen BRD»[19] verbuchte die
DDR-Führung diese westlichen Transferzahlungen, und in Bonn fand sie
für das normal gewordene Groteske durchaus manches Verständnis und
Unterstützung.[20]

Lösen ließen sich die Finanzprobleme der DDR auf diese Weise allerdings nicht. Als Gerhard Schürer, der Vorsitzende der Staatlichen Plankommission, dem Politbüro Ende Oktober 1989 eine «Analyse der ökonomischen Lage der DDR mit Schlußfolgerungen»[21] vorlegte, war dies
ein verspäteter Offenbarungseid: Von einem «funktionierende[n] System
der Leitung und Planung» könne keine Rede sein. «Die Konzentration
der ohnehin zu geringen Investitionen auf ausgewählte Zweige hat zum
Zurückbleiben in anderen Bereichen [...] geführt. Dazu kommt, daß
große Investitionsobjekte mit bedeutendem Aufwand nicht den geplanten
Nutzen erbracht haben.» Das Hauptproblem lag dabei in der Verschuldung im Westen, mit der die nicht aus eigenen Leistungen erwirtschaftete
Sozialpolitik finanziert worden war: von 2 Mrd. Valutamark im Jahr
1970 war sie auf 49 Mrd. im Jahr 1989 und somit «auf eine Höhe gestie-
gen, die die Zahlungsfähigkeit der DDR in Frage stellt.» Und dann folgte
der schonungslos desillusionierende Satz: «Allein ein Stoppen der Verschuldung würde im Jahr 1990 eine Senkung des Lebensstandards um
25–30 % erfordern und die DDR unregierbar machen.»

War der Untergang der DDR im Jahr 1989 also schon aus wirtschaftlichen Gründen vorprogrammiert? Aus der Rückschau mag es fast so scheinen – und doch war die Zukunft für die Zeitgenossen offen. Die DDR stand 1989 vor einer bedrohlich herannahenden Zahlungsunfähigkeit, nicht aber vor dem unmittelbaren Bankrott. Die Zeiten konnten sich ändern, und noch mochte es für wirtschaftliche Reformen nicht zu spät sein, zumal das Scheitern der Perestroika noch keineswegs ausgemacht war – und dass Reformen einer sozialistischen Wirtschaftsordnung durchaus funktionieren konnten, zeigte später der chinesische Fall. Zudem besagte die Erfahrung, dass im Zweifelsfall die Bundesrepublik helfen würde. Für die Zeitgenossen in West und Ost jedenfalls galt die DDR trotz aller bekannten Strukturprobleme nach wie vor als lebens- und leistungsfähige Wirtschaftsmacht. Und was ihre fatale Verschuldung betraf, so wurde in der Bonner Ministerialbürokratie Anfang 1988 die Ansicht vertreten, sie habe «sich zwar erhöht, ist aber im Verhältnis zum Gesamtumfang des Handels keinesfalls besorgniserregend»[22].

Gleichwohl beschleunigten die massiven ökonomischen Probleme die finale Krise der DDR. Bereits während der achtziger Jahre zerfiel mit der Verschlechterung der Versorgungslage auch jene gesellschaftliche «Normalisierung»[23], die sich nach dem Mauerbau im Jahr 1961 verbreitet hatte – wobei sowohl die Quellen als auch die gesicherten Kenntnisse über die Gesellschaft des deutschen Arbeiter- und Bauernstaates beschränkt sind, weil es der DDR an systematischer Beobachtung durch unabhängige Sozialwissenschaften sowie an freien öffentlichen Debatten mangelte, während die Wahrnehmungen im Westen hochgradig beeinträchtigt und verzerrt waren.

Nachdem die ostdeutsche Gesellschaft seit Kriegsende große Teile ihrer Eliten verloren hatte und durch die sozialistische Umgestaltung in hohem Maße entbürgerlicht worden war, hatten sich in der DDR eine parteigebundene Elite und ein System von Privilegien und Benachteiligungen ausgebildet, das sich nach Loyalität zu Staat und Partei bemaß. Bis hin zur Alltags- und Freizeitgestaltung war die Gesellschaft vom Staatssozialismus durchdrungen; der diktatorische Obrigkeitsstaat bevormundete die Menschen durch alles regulierende sozialstaatliche Fürsorge einerseits und einen immer weiter ausgebauten, zunehmend verselbständigten und stets präsenten Überwachungs- und Repressionsapparat andererseits.

Verschlechterung der Versorgungslage: Selbst für Grundnahrungsmittel müssen DDR-Bürger anstehen, wie hier 1981 in Dresden.

Als mit der Mauer die Alternative verbaut worden war, die DDR zu verlassen, hatte sich die Mehrheit der Gesellschaft innerhalb des Vorgegebenen arrangiert und angepasst, Routine und Normalität im Hinblick auf Lebensformen und Lebensgefühl ausgebildet, allerdings in einer eigentümlichen Spaltung der Lebensführung. Im öffentlichen Raum, in dem der SED-Staat mit sozialistischen Parolen und Symbolen, Ritualen und Handlungsformen legitimierende Zustimmung heischte, praktizierten die meisten Ostdeutschen Konformität, während sie sich getrennt davon Parallelwelten privater Rückzugsräume und begrenzter Autonomie eröffneten, in denen Familie, Freundschaften und Schrebergärten eine besondere Rolle spielten.

Dass die ostdeutsche Sozialkultur im Vergleich zur individualisierten und pluralisierten bundesdeutschen Wohlstandsgesellschaft eher traditionell und obrigkeitlich wirkte, wirft die Frage auf, ob auch in der DDR ein Wertewandel stattfand, wie er im Westen in den sechziger Jahren eingesetzt hatte[24]. Als einer der wenigen zeitgenössischen Beobachter in der DDR stellte Walter Friedrich, der Direktor des Leipziger Zentralinstituts für Jugendforschung, in einer Expertise für Egon Krenz im November 1988 «grundlegende Veränderungsprozesse im Denken, Fühlen und Verhalten» fest.[25] Dem westlichen «Wertewandel» nicht unähnlich und in wesentlichem Maße auch aus dem Westen über die Grenzen geschwappt, lief dieser «Mentalitätswandel» allerdings langsamer und zeitversetzt ab und behielt in höherem Maße traditionelle Autoritäts- und Pflichtwerte bei. Er schlage sich, so Friedrich, darin nieder, dass die Menschen zunehmend die «Anerkennung ihrer Ansprüche und Persönlichkeit», ihrer Individualität und Selbstbestimmung und auch «Lebensgenuß» einforderten, sich gegen entmündigende «Bevormundung» und «Dirigismus» wendeten sowie «nach echter gesellschaftlicher Mitverantwortung» drängten. Sozialistische Werte im engeren Sinne, wie die Anerkennung des Marxismus-Leninismus als Lebensphilosophie oder die hergebrachten Feindbilder, «verlieren jedoch gegenwärtig stark an Attraktion.» Darüber aber werde, so Friedrich weiter, in der DDR kaum gesprochen, erst recht nicht offiziell. Kein Wunder: wenn er forderte, «wir sollten den Status quo unserer Gesellschaft mehr relativieren», dann legte er Sprengstoff an die Fundamente der DDR, in der die Zukunft keine für Neues offene Perspektive war, sondern absehbare, vorgegeben gefüllte Zeit. Auch in dieser Hinsicht offenbarte sich die «konstitutive Widersprüchlichkeit»[26] des zweiten deutschen Staates, in dem eine spezifische Mischung von Modernisierung und Modernisierungsverhinderung gewaltige Diskrepanzen schuf, nicht zuletzt zwischen staatlich-parteilicher Propaganda und ökonomisch-gesellschaftlicher Realität.

Ein weiteres kam hinzu: auch wenn in der DDR der höchste Lebensstandard innerhalb des Ostblocks herrschte, so stand der Bevölkerung das Gegenbild der hochentwickelten, wohlhabenden Bundesrepublik vor Augen, zumal vor dem Hintergrund der zunehmenden Versorgungsmängel und des niedrigen Lebensstandards und angesichts der unübersehbaren Zeichen des Stillstands und des Rückschritts in den achtziger Jahren. So stieg mit der Unzufriedenheit auch die Zahl der Ausreiseanträge, trotz der zu erwartenden Repressionen, von 21 500 im Jahr 1980 auf über 110 000 acht Jahre später. Dass die DDR-Führung in höherer Zahl Ausreisen genehmigte, insbesondere in zwei Wellen 1984 und 1988, öffnete allerdings kein Ventil, durch das die Unzufriedenheit abfloss. Wie ein Sog zog es vielmehr nur noch höhere Antragszahlen nach sich.

Im Laufe der achtziger Jahre machte sich Opposition in der DDR bemerkbar: der öffentlich bekundete, politisch begründete und mit der

Mobilisierung Gleichgesinnter verbundene Versuch, sich der totalitären Macht zu widersetzen[27], im Unterschied zum Verhalten der Mehrheit der Bevölkerung, das durch eine «weitgehende äußere Systemförmigkeit bei gleichzeitiger innerer Distanzierung»[28] gekennzeichnet war. Oppositionelle Gruppen und Dissidenten formierten sich in erster Linie im Umfeld der evangelischen Kirchen. Ursprünglich als Friedensbewegung organisiert, wandten sie sich seit den mittleren achtziger Jahren, insbesondere nach dem Reaktorunfall in Tschernobyl 1986, vornehmlich ökologischen und Menschenrechtsfragen zu. Ihre Zielvorstellungen gingen freilich, wie im Falle der Friedensgemeinschaft Jena, über das konkrete Einzelanliegen hinaus: deren Grundsätze aus dem Jahr 1983[29] zielten auf «aktive Auseinandersetzung mit persönlichen und gesellschaftlichen Lebenssituationen und Strukturen» (und somit auf die Bereitschaft zur Systemkritik), auf die «Kennzeichnung der Militarisierung im gesamten Leben» (gegen den propagierten «Friedensstaat» DDR), auf «persönliche Freiheit des Einzelnen» und «Mündigkeit», «eigenständige Handlungsfähigkeit und Verantwortlichkeit» (und somit auf Freiheit des Individuums entgegen dem absoluten Wahrheitsanspruch der Partei), auf «Bereitschaft zur Auseinandersetzung und Dialogführung», auf «Offenheit für Neues und Andersdenkende» (und somit auf Pluralismus anstelle sozialistischen Konformitätszwangs) sowie auf «Harmonie zwischen Menschen und Natur/Umwelt» (und somit gegen die umweltzerstörenden Folgen der sozialistischen Wirtschaftsform).

Unter dem Eindruck der Reformpolitik Gorbatschows formierte sich die Opposition schließlich als Demokratiebewegung[30], und so trat am Ende der achtziger Jahre die paradoxe Situation ein, dass die Sowjetunion zur Referenzgröße eher für die Opposition als für das Regime wurde, für das Moskautreue doch Zeit seines Lebens das Maß aller Dinge gewesen war. Die Oppositionsgruppen stellten die Grundlagen des SED-Staates in Frage, ohne freilich die westlich-marktwirtschaftliche Lebensform anzustreben. Ihr Leitbild lag in einem «Sozialismus mit menschlichem Antlitz» in Verbindung mit «christlicher Ethik, Abrüstungsengagement und Sorgen um die Gefährdung der Existenz der Menschheit»[31]. Eine Wiedervereinigung Deutschlands zählte daher nicht zu ihren Zielen, vielmehr wurde die deutsche Zweistaatlichkeit auch von der ostdeutschen Opposition in aller Regel akzeptiert.

Diese stand in den achtziger Jahren freilich am Rande der Gesellschaft. Mit einem Mobilisierungspotential von höchstens 5000 Personen[32] war sie vorderhand keine wirkungsvolle politische Kraft. Nichtsdestoweniger fürchtete das Regime, so der stellvertretende Minister für Staatssicherheit im Jahr 1985, einen «Durchbruch im Sinne des politischen Pluralismus nach bürgerlichem Muster im Sinne der sogenannten Liberalisierung und Destabilisierung der politischen Machtverhältnisse», wenn es «auch nur einer dieser Gruppierungen» gelänge, «sich als legale Einrichtung zu etablieren»[33]. So versuchte die Staatsmacht, die oppositionellen Gruppen von innen her zu zersetzen, und griff spätestens mit der wachsenden Präsenz oppositioneller Kräfte seit Ende 1987 zu verschärfter Unterdrückung durch den aufwändig ausgebauten Apparat des Ministeriums für Staatssicherheit. Dieser bediente sich eines Arsenals von Maßnahmen, die keine Grenze zur Privatsphäre kannten, von Observierungen und alltäglichen Einschüchterungen über psychologischen Terror und Zermürbungskampagnen bis hin zur Anwendung physischer Gewalt und zu Anschlägen. Als die DDR-Führung am 4. Juni 1989 die gewaltsame Niederschlagung der Studentenproteste auf dem Platz des Himmlischen Friedens in Peking öffentlich begrüßte, war dies als Drohung dessen zu verstehen, was auch in der DDR denkbar wäre.

In der Bundesrepublik fanden die oppositionellen Bewegungen Ansprechpartner zumeist nur bei den Grün-Alternativen und in den Kirchen. Bundesdeutsche Politiker anderer Couleur und Amtsträger hielten sich angesichts der zunehmenden offiziellen Kooperation mit der DDR gegenüber der inneren Opposition zurück. Die Parteiführung der SPD hatte in den achtziger Jahren mit der SED über den «Streit der Ideologien und die gemeinsame Sicherheit» verhandelt, und gerade nach Erich Honeckers Besuch in der Bundesrepublik im Herbst 1987[34] reiste eine wachsende Zahl von westdeutschen Ministerpräsidenten, nicht ohne obligatorischen Fototermin, nach Ost-Berlin. Diese Zusammenarbeit nahm zuweilen erstaunlich vertrauliche Formen an. Als der CSU-Abgeordnete Eduard Lintner, der als Kritiker der Situation der Menschenrechte in der DDR hervortrat, im Mai 1988 die DDR besuchen und dort auch den oppositionellen Pfarrer Rainer Eppelmann treffen wollte, bereitete die SED ein Einreiseverbot vor. Um einen Eklat zu verhindern, half der Leiter des Arbeitsstabs Deutschlandpolitik im Bundeskanzleramt mit dem Rat, den

Protokollarische Ehren: Bundeskanzler Helmut Kohl empfängt den Staatsratsvorsitzenden und SED-Generalsekretär Erich Honecker am 7. September 1987 in Bonn.

Abgeordneten nicht einfach zurückzuschicken, sondern eine «elegantere Lösung» zu suchen – die Ost-Berlin mit einer Absage aus «Kapazitätsgründen» dann auch fand[35].

Während die Opposition langsam aus dem Raum der evangelischen Kirchen heraustrat, wurden diese vom Regime an die kürzere Leine genommen und suchten ihrerseits Konflikte mit der Staatsmacht einstweilen zu vermeiden. Die Position der Kirchen in der Staats- und Gesellschaftsordnung war seit jeher besonders prekär gewesen. In der marxistisch-leninistischen Erwartung ihres Absterbens trachtete ihnen das Regime nach der Existenz, musste sich jedoch, als die Utopie nicht wie erwartet Wirklichkeit wurde, mit ihrem vorläufigen Dasein abfinden. Dabei wurden kirchliche Traditionen wie Erstkommunion und Konfirmation nach und nach durch staatliche Rituale wie die Jugendweihe abgelöst. Zudem wurden Christen politisch und gesellschaftlich benachteiligt, womit das

SED-Regime den allgemeinen Säkularisierungsprozess seinerseits beschleunigte. Die Minderheit der katholischen Kirche hatte sich in eine selbstgewählte Ghettorolle begeben. Dabei hielt sie sich, obgleich sie das sozialistische System grundsätzlich ablehnte, auch gegenüber den Protestbewegungen unter protestantischem Dach fern. Der Protestantismus arrangierte sich demgegenüber in seinen Stammlanden – in unterschiedlichem Ausmaß – als «Kirche im Sozialismus»[36]. Diese Formel brachte das Arrangement der Kirchen mit dem Staat ebenso zum Ausdruck wie die faktische Anerkennung ihrer Existenz durch die SED. Auf der Grundlage expliziter Systemloyalität gewannen die Evangelischen Kirchen Handlungsspielräume, deren Grenzen indessen stets die SED zog. In diesem Rahmen blieben die Kirchen die einzigen weitgehend unabhängigen Institutionen, in denen freier Meinungsaustausch möglich war. Zugleich wurden sie flächendeckend von der Staatssicherheit unterwandert, von Gemeindemitgliedern und Pfarrern bis an die Spitze: der Konsistorialpräsident des Evangelischen Konsistoriums Berlin-Brandenburg, Manfred Stolpe, wurde ebenso als Inoffizieller Mitarbeiter des MfS geführt wie der General-Superintendent des Sprengels Berlin in der Evangelischen Kirche Berlin-Brandenburg, Günter Krusche, oder der Bischof der Evangelischen Landeskirche Greifswald, Horst Gienke. Vertraulichkeiten zwischen den Verhandlungspartnern aus Staat und Kirche stellten sich ein.

So trug die «Kirche im Sozialismus» einen Januskopf: «Widerpart staatlicher Allmacht»[37] und Dach für oppositionelle Gruppen auf der einen Seite, Verhandlungspartner und teils gar konspirativer Helfer von SED und Staatssicherheit auf der anderen. Zwangsläufig war ihr Verhältnis zu den Oppositionsgruppen, die sich unter ihrem Dach sammelten, ambivalent und problembeladen. Vor diesem Hintergrund spielten die Evangelischen Kirchen im Jahr 1989 eine ebenso zentrale wie zwiespältige Rolle.

Das Legitimationsdefizit war für das SED-Regime stets ein Problem gewesen, erträglich freilich, solange die Fundamente des politischen Systems trugen. Unter dem Druck der wachsenden ökonomischen Probleme und der Auswirkungen der Reformen in der Sowjetunion gerieten ebendiese Grundlagen jedoch ins Wanken. Letztlich besaß die SED-Führung keine systemwahrenden Konzepte für eine eigene Gestaltung des Wandels. Die zunehmende Resignation innerhalb der breiten Bevölkerung, die Aktivierung der Opposition und verschärfte Repressionen durch das reformunwillige Regime – all dies häufte am Ende der achtziger Jahre Konfliktstoffe in bald kritischer Masse an. Im Nachhinein ist diese Bündelung von Problemen leicht als existenzgefährdende Strukturkrise erkennbar. Für den historischen Moment hingegen stand die DDR weder im Osten noch im Westen in Frage, auch nicht für den zeitweilig in die Bundesrepublik abgeschobenen DDR-Oppositionellen Wolfgang Templin: «Bei aller Dynamik der Reformbewegungen in der Sowjetunion und Ländern wie Polen und Ungarn und der ČSSR und DDR als Bremsern ist von einem Zerfall der Blockstrukturen noch lange nicht zu sprechen.» Seine Zukunftsperspektive hielt sich sehr viel näher an die Realitäten: «Wenn der wachsende Druck aus der Bevölkerung, die Initiativen der unabhängigen Bewegung und die verborgenen Reformkräfte der Partei endlich zueinander finden, wird die DDR ihren eigenen Weg zur Demokratie gehen.»[38]

Was in dem knappen Jahr zwischen den Vierzig-Jahres-Feiern am 7. Oktober 1989 und dem Tag der deutschen Einheit am 3. Oktober 1990 tatsächlich geschah, war aus allen ostdeutschen Perspektiven im Sommer 1989 schier undenkbar. Kaum anders verhielt es sich in der Bundesrepublik.

3. «Modell Deutschland»: Die Bundesrepublik im Boom

1989 feierte die Bundesrepublik ihren vierzigsten Geburtstag. Der als Provisorium gegründete Weststaat hatte sich verfassungspolitisch und politisch-kulturell, ökonomisch und gesellschaftlich, im Innern und nach außen etabliert und prosperierte. Allerorten wurde Bilanz gezogen, und fast überall war der Tenor positiv, ja hymnisch.

Die Bundesrepublik, so resümierte Karl Dietrich Bracher, einer der Nestoren der bundesdeutschen Politikwissenschaft, «gewann mit der zügigen Entwicklung und ihrer Stabilisierung als eine parlamentarische Demokratie [...] eine neue, adäquatere Rolle als mittlere Macht mit einem engen Verhältnis zu Westeuropa, in freiheitlicher Selbsteinschätzung und Weltoffenheit, aber ohne Großmachtträume»[39]. Sie hatte sich vom vollständig niedergeworfenen und seiner Souveränität benommenen Kriegsgegner zum unverzichtbaren Partner innerhalb des westlichen Bündnisses entwickelt. Westbindung und transatlantische Allianz hatten sich seit den fünfziger Jahren zum sicherheitspolitischen und politisch-kulturellen Fundament der Bundesrepublik verfestigt.

Insbesondere Helmut Kohl hatte seit seinem Regierungsantritt im Herbst 1982, angefangen mit dem demonstrativen Vollzug des heftig umkämpften NATO-Doppelbeschlusses durch die Stationierung amerikanischer atomarer Mittelstreckenwaffen in der Bundesrepublik, eine Politik der dezidierten Bündnisloyalität betrieben. Sie war der Einsicht geschuldet, dass die Bundesrepublik in der Staatenordnung des Ost-West-Konflikts nur dann wirklich handlungsfähig war, wenn sie sich in grundsätzlicher Übereinstimmung mit den westlichen Bündnispartnern und vor allem mit den USA befand.[40]

Der Regierung Kohl ging es grundsätzlich nicht anders als allen vorherigen Bundesregierungen, und ebensowenig blieb sie von amerikanischem Unilateralismus verschont, wie ihn gerade die Regierung Reagan extensiv betrieb. Nach dem INF-Vertrag vom Dezember 1987, den der US-Präsident mit dem sowjetischen Generalsekretär geschlossen hatte, ohne die Bündnispartner zu konsultieren, verblieben in Europa an atomaren Waffen nurmehr die Kurzstreckenraketen, die mit einer Reichweite von weniger als 500 km allein deutsches Territorium bedrohten. Statt nun aber auf eine Beseitigung auch dieser Waffen zu drängen, hielten die Regierungen in Washington und London daran fest, sie wie bereits 1983 beschlossen zu modernisieren, um die atomare Abschreckung nicht völlig aufzugeben. Die Kontroverse um diese Modernisierung führte die NATO 1988/89 in eine ernste Krise[41]. Zwar wurde der Streit Ende Mai 1989 durch den Beschluss vorläufig beigelegt, die Entscheidung über die Modernisierung bis 1992 zu vertagen. Doch hatte die Diskussion grundsätzliche Fragen aufgeworfen, die sich Ende der achtziger Jahre im Hinblick auf die künftige Verteidigungsstrategie und auf die Rolle der Bundesrepublik innerhalb des westlichen Bündnisses stellten. «Eine Großmacht sind wir nicht, aber ein Spielball anderer auch nicht», sagte Bundespräsident von Weizsäcker in seiner offiziellen Rede anlässlich der Vierzig-Jahr-Feiern zwar diplomatisch, aber doch deutlich[42].

«Wir können stolz auf das Geleistete und auf unseren gemeinsamen Staat sein. Daraus schöpfen wir Kraft für die Bewältigung der Zukunft», so formulierte der Koordinator für das Programm «40 Jahre Bundesrepublik Deutschland»[43] ein Credo, dem sich die unterschiedlichen gesellschaftlich-politischen Strömungen anschließen konnten. Denn in einer bürgerlichen Variante zielte die ‹Erfolgsgeschichte› der Bundesrepublik auf die Stabilität der politischen Institutionen und die ökonomische Prosperität, in einer linken Version auf gesellschaftliche und kulturelle Liberalisierung und Emanzipation.[44]

So gelang es der Bundesrepublik in den achtziger Jahren, die systemoppositionellen «Neuen Sozialen Bewegungen» ebenso wie schon zuvor die Protestbewegung von 1968 weithin in das politische System eines Staates zu integrieren, der sich von preußisch-deutschen Traditionen abhob. Der «Übermut eines Staates, der ‹über› der Gesellschaft zu thronen schien, ist gebrochen; wahrlich ein deutsches Wunder», so konstatierte der sozialdemokratische Intellektuelle Peter Glotz: «Endlich einmal ist den Deutschen ein ziviler Staat gelungen [...]; wir mußten das große Tier zähmen. Es ist uns gelungen.»[45]

Machtvoll war die Bundesrepublik seit den sechziger Jahren von einer verstärkten Individualisierung ergriffen worden. Damit verband sich ein nachhaltiger «Wertewandelsschub»: von Pflicht- und Akzeptanzwerten wie Disziplin und Ordnung, Treue und Fleiß hin zu Freiheits- und Selbstentfaltungswerten wie Emanzipation von Autoritäten und Ungebundenheit, Erfüllung und Genuss[46]. Mit der Pluralisierung von Privatheitsformen, der Liberalisierung sexueller Normen und dem Wandel der Geschlechterbeziehungen im Zeichen von Bildungsexpansion, Massenmedien und fortschreitender Säkularisierung befand sich die Bundesrepublik in den siebziger und achtziger Jahren in einem fundamentalen gesellschaftlich-kulturellen Veränderungsprozess.

Auf die beispiellose Stabilität der parlamentarisch-demokratischen Institutionen, die prosperierende ökonomische Entwicklung und den sozialen Frieden zielte demgegenüber die bürgerliche Lesart der ‹Erfolgsgeschichte›. Nach den krisenhaften siebziger und frühen achtziger Jahren hatte 1983 ein zunächst langsames, aber kontinuierliches Wachstum eingesetzt, das am Ende des Jahrzehnts in einen wahren Boom bei relativ geringen Inflationsraten überging. «Stetiges und weitgehend span-

nungsfreies Wachstum mit inzwischen beachtlicher Dynamik kennzeich-
net seit 7 Jahren die wirtschaftliche Entwicklung in der Bundesrepublik
Deutschland», so resümierte das Bundesfinanzministerium im August
1989.[47] Der Bundeshaushalt hatte konsolidiert und die Neuverschuldung begrenzt werden können, und um die Mitte der achtziger Jahre
herrschte Geldwertstabilität, in der die monetaristische Wirtschaftstheo-
rie das zentrale Element einer prosperierenden Entwicklung sah. Die sta-
bile D-Mark wurde praktisch zur Leitwährung in Europa, wobei die auf
hohe Zinsen gestützte harte Stabilitätspolitik der Bundesbank deutlichen
Unwillen der Wirtschafts- und Handelspartner der Bundesrepublik, ja
«ganz erhebliche psychologische Verwerfungen»[48] auf sich zog. Vor
allem aber schien am Ende der achtziger Jahre auch die lang ersehnte
Trendwende im Bereich der Arbeitslosigkeit einzusetzen; nachdem sie
während der vorangegangenen Aufschwungjahre zunächst wider Erwarten nicht nennenswert zurückgegangen war, sank das Jahresmittel 1989
erstmals seit 1983 wieder unter zwei Millionen.

Gegenüber der dominanten Erzählung der ‹Erfolgsgeschichte› des ‹Modells Deutschland›, das nicht zuletzt angelsächsische Autoren als leis-
tungs- und konsensfähigen Gegenentwurf zum anglo-amerikanischen
Marktradikalismus des «Thatcherismus» und der «Reagonomics» prie-
sen, wurden Strukturprobleme der Bundesrepublik zwar artikuliert, sie
kamen aber nicht wirklich zu Gehör. In erster Linie waren es Ökonomen,
die mangelnde Anpassungen an den weltwirtschaftlichen Wandel be-
klagten und Flexibilisierungen, Deregulierungen und Senkungen der
Lohn(neben)kosten einforderten.[49] Was den Sozialstaat als den Garanten
sozialen Friedens betraf, so war der Kreis seiner Leistungen, der An-
spruchstatbestände und der Berechtigten seit den späten fünfziger Jahren
immer weiter gezogen worden. Eine «Entgrenzung der sozialen Dimension» kritisierte der in seiner Partei weithin ungeliebte christdemokrati-
sche Programmatiker Kurt Biedenkopf. Er forderte mehr Eigenvorsorge
und Risikoabsicherung der Einzelnen, um den Staat von Überbeanspru-
chungen zu entlasten.[50]

Als ein weiterer Gegenstand der Kritik kristallisierten sich in den achtziger Jahren die politischen Parteien heraus. Nach den Erfahrungen der
destabilisierenden Wirkungen fundamentaler Parteienskepsis in der Wei-

marer Republik hatte die Bundesrepublik eine genau entgegengesetzte Entwicklung genommen. Legitimiert durch die affirmative Parteienstaatslehre im Gefolge des einflussreichen Staatsrechtlers Gerhard Leibholz, hatten die Parteien ihren Wirkungskreis und Einfluss immer weiter in die Gesellschaft hinein ausgedehnt. In den achtziger Jahren kamen Skandale um illegale Praktiken der Parteienfinanzierung hinzu. Als «überdehnt» und vom Volk «abgekoppelt» kritisierte der Politikwissenschaftler Wilhelm Hennis die Parteien mit einer berühmt gewordenen Formulierung[51]. Am Ende der achtziger Jahre war von «Politikverdrossenheit» die Rede, die rechtsradikale Partei der Republikaner gewann an Wählerstimmen, und allgemein kamen «Zweifel an der Bindewirkung des politischen Systems» auf[52].

Zunehmend wurde überdies eine allgemeine «Schwerbeweglichkeit»[53] der Politik in der bundesdeutschen Konsensdemokratie moniert. So «viele unterschiedliche retardierende Kräfte» und einen Mangel an unkonventioneller Innovation in Gesellschaft und Politik beklagte Peter Glotz und verwies damit auf allgemeine Trägheiten des bundesdeutschen Gemeinwesens. In dieser Perspektive nahm sich die Bundesrepublik eher «hyperstabil» aus[54].

Keine Stabilität, sondern eine langfristig höchst kritische Veränderung zeichnete sich unterdessen in der demographischen Entwicklung ab. Im Zusammenhang des gesellschaftlich-kulturellen Wandels waren die Geburtenzahlen seit Mitte der sechziger Jahre stark zurückgegangen, und in Verbindung mit der zunehmenden Lebenserwartung alterte die Gesellschaft. Eine «Umstrukturierung des Sozialbudgets» müsse in den kommenden zehn Jahren durchgesetzt werden, mahnte der Soziologe Franz-Xaver Kaufmann 1989 an. «In spätestens zwanzig Jahren werden alle Spielräume durch das sich dramatisch verschlechternde Verhältnis zwischen Erwerbstätigen und Rentnern aufgezehrt werden.»[55]

Solch mahnende Stimmen blieben einstweilen vereinzelte Rufe im Chor der ‹Erfolgsgeschichte› der Bundesrepublik. Dass diese sich von ihren Wurzeln als Provisorium gelöst hatte, fand seinen handfesten Ausdruck darin, dass Bonn in den achtziger Jahren mit repräsentativen politischen und kulturellen Bundesbauten zu einer ansehnlichen Kapitale ausgebaut wurde. Die Bundeshauptstadt entrückte dem Gedanken der Wiedervereinigung Deutschlands.

Dabei hielten die bürgerlichen Parteien programmatisch an der offiziellen grundgesetzkonformen Position fest, wie sie etwa Bundespräsident von Weizsäcker in seiner Rede zum Verfassungsjubiläum 1989
formulierte: «Die offene deutsche Frage ist Ausdruck der Zusammengehörigkeit der Deutschen, die schweren Belastungen ausgesetzt und doch
lebendig geblieben ist und bleibt, wie die Präambel selbst, die an die
Freiheit anknüpft.»[56] Demgegenüber kehrten sich insbesondere Teile
der politischen Linken explizit von der Option einer Wiedervereinigung
ab. Der Wiedervereinigungsbegriff der Präambel des Grundgesetzes sei,
so der frühere Regierungssprecher Klaus Bölling im Mai 1989 durchaus repräsentativ, «durch und durch antiquiert» und gehöre «mitsamt
der ‹Wiedervereinigungsphraseologie› in den Orkus der Geschichte»[57].
Mehr noch sahen sich die Grünen als eine Partei der bewusst akzeptierten Zweistaatlichkeit.

Charakteristisch für die Deutschlandpolitik der Regierung Kohl in
den achtziger Jahren war unterdessen die Verbindung von normativer
Distanz und praktischer Kooperation.[58] Öffentlich verwies Kohl mehr
als seine sozialdemokratischen Vorgänger auf bundesdeutsche Rechts-
standpunkte und auf die Offenheit der deutschen Frage. Dabei verschob
sich die artikulierte Zielvorgabe: von der territorialen Einheit hin zu Freiheit und Selbstbestimmungsrecht der DDR-Bevölkerung. Selbstbestimmung, so erklärte Kohls außenpolitischer Berater Horst Teltschik dem
sowjetischen Botschafter noch Ende September 1989, «könne Einheit
heißen, müsse es aber nicht zwangsläufig.»[59]

Operative Wiedervereinigungspolitik betrieb auch die Regierung
Kohl bis zum Herbst 1989 nicht. Vielmehr versicherte der Kanzler gegenüber Erich Honecker, so die DDR-Aufzeichnung eines Telefonats am
19. Dezember 1983: «Sie sprechen hier mit einem Mann, der nichts unternehmen wird, um Sie in eine ungute Lage [...] zu bringen. Mein Interesse ist, daß das, was mühsam aufgebaut wurde und was unendlich
schwierig und nur mit kleinen Schritten fortzuentwickeln ist, fortentwi-
ckelt wird»[60]. In der praktischen Kooperation zeigte sich die Regierung
Kohl, wie etwa im Falle der Bundesbürgschaften für die Bankenkredite
an die DDR 1983 und 1984, sogar großzügig. Was in dem knappen Jahr
zwischen den Vierzig-Jahr-Feiern der DDR am 7. Oktober 1989 und dem
Tag der deutschen Einheit am 3. Oktober 1990 geschah, war aus der Per-

spektive der Bundesregierung ebenso unabsehbar wie aus der Warte der bundesdeutschen politischen Öffentlichkeit.

Dort traf die Wiederherstellung eines deutschen Nationalstaates auf einen Begriff der «Nation», der in den achtziger Jahren in Verbindung mit Begriffen wie «Identität» und «Patriotismus» in eine kontroverse Unbestimmtheit geraten war[61]. Dies war in erster Linie in Debatten um das kollektive Geschichtsbild geschehen, das dabei in das Spannungsfeld zweier gegenläufiger Entwicklungen geriet.

Einerseits war in den achtziger Jahren ein breites Interesse an Geschichte neu aufgekommen, das sich an großen historischen Ausstellungen, an neuen historischen Museen und am Markt für eine ganze Fülle von historischen Gesamt- und Überblicksdarstellungen zeigte. Dem entgegen lief ein anderer Trend: während sich die wissenschaftliche Erforschung der NS-Zeit zunehmend auf den Völkermord an den europäischen Juden konzentrierte, enstand in der Öffentlichkeit ein ritualisierter, moralisch-normativ aufgeladener Schulddiskurs, gar ein neuer bundesdeutscher «Gründungsmythos Auschwitz»[62]. Er gipfelte in Günter Grass' Verdikt, die Teilung Deutschlands sei die Sühne für den Genozid.[63]

Eine eigene Geschichtspolitik betrieb die Regierung Kohl. Sie bezog sich einerseits – in versöhnender Absicht – auf die nationalsozialistische Vergangenheit. Andererseits ging sie darüber hinaus und suchte – mit dem Ziel einer bundesdeutschen Traditions- und Identitätsstiftung – positive Gegengewichte zu verstärken. Dabei war Kohl eine typische Unbefangenheit sowohl im Hinblick auf sein Geschichtsbild als auch auf sein Verständnis von der Nation eigen. Es lag für ihn weniger in den historischen Realitäten von Nationalismus, Militarismus und Krieg bis hin zum Völkermord als vielmehr in der Idee vom Hambacher Fest, der romantischen Verheißung von Völkerverständigung und Demokratie, und am Ende des 20. Jahrhunderts – jenseits der Nation im engeren Sinne – in der friedlichen Einigung Europas.

Relativismus, Konservatismus und Kritiklosigkeit warfen Kritiker wie Jürgen Habermas solchen historischen Rückbezügen vor und hielten ihnen das moralisch-normativ aufgeladene «unvollendete Projekt» der aufklärerisch-rationalistischen Moderne entgegen.[64] Vor diesem Hintergrund erhob Habermas im Sommer 1986 den Generalvorwurf «apologetische[r] Tendenzen in der deutschen Zeitgeschichtsschreibung»[65] auf bürgerlich-konservativer Seite und entfachte damit den sogenannten «Historikerstreit», der von vornherein als ein «Kulturkampf»[66] um die Deutungshoheit über die deutsche Geschichte und die Nation geführt wurde.

Aus den Debatten der achtziger Jahre gingen Nation und Nationalstaat auch auf bürgerlicher Seite geschwächt hervor. Als entscheidende ordnungspolitische Instanz sah diese Kategorien auch Helmut Kohl, bereits auf dem Weg der supranationalen Integration Europas, durchaus nicht mehr. Historisch belastet durch die nationalsozialistische Herrschaft und verblassend unter den Sonderbedingungen der fortdauernden Teilung, verlor das aus dem 19. Jahrhundert als dominierend überkommene Ordnungskonzept des Nationalstaates an politisch-kultureller Integrationskraft.

Als Ersatz wurde, auch auf Seiten der SPD[67], der Begriff der «Kulturnation» gehandelt. An sich wies er über die Grenzen beider deutscher Staaten hinaus. Praktisch aber koppelte er die Nation von der territorialstaatlichen Wiedervereinigung ab und baute somit eine Brücke für ein eigenes bundesdeutsches Verständnis der «Nation». Darauf zielte auch die Idee eines grundwertgebundenen «Verfassungspatriotismus». Jürgen Habermas sah in diesem rationalen Konzept in dezidiert postnationaler Zuspitzung die «einzig mögliche Form des Patriotismus», Hermann Lübbe hingegen eine deutsche Verlegenheit im Umgang mit der eigenen Geschichte, die auf einem schwachen Selbstgefühl beruhe[68]. Woher aber sollte die Bundesrepublik eine umfassende, auch emotionale Identifikation beziehen? Karl Dietrich Bracher jedenfalls erhob für die «postnationale Demokratie unter Nationalstaaten» aus einer bundesrepublikanisch-liberalen Warte «Bedenken gegen einen national-kollektiven Identitätsbegriff überhaupt»[69].

Im Schatten der deutschen Geschichte war, wie die kontroverse Unbestimmtheit von «Nation» und «Identität» in den achtziger Jahren bezeugt, die Pluralisierung und Individualisierung der bundesdeutschen Gesellschaft weit vorangeschritten. Die ‹Erfolgsgeschichte› vom ‹Modell Deutschland› diente nicht zuletzt als Kompensation für einen Mangel an sozialkulturellen Bindekräften innerhalb des Gemeinwesens und an *common sense* über sein Selbstverständnis.

4. Digitalisierung, Internationalisierung, Europa: Der Westen in den achtziger Jahren

Die Erfindung des Mikrochips setzte eine technologische Revolution in Gang, die völlig neuartige Arbeitsgeschwindigkeiten und Arbeitskapazitäten sowie ein ungekanntes Maß an Präzision bei der Informationsverarbeitung, Datenspeicherung, Steuerung und Regelung möglich machte. Die Mikroelektronik fand seit den achtziger Jahren auf immer zahlreicheren Gebieten Anwendung: in der Daten-, Text- und Bildverarbeitung, in der Mess-, Steuerungs- und Regelungstechnik, in industriellen Produktionsprozessen und Produkten, in der Rüstungs-, Verkehrs- und Nachrichtentechnik, in Zahlungsverkehr und Unterhaltungselektronik, Haushaltsgeräten und Medizintechnik. Der Personal Computer prägte seit den achtziger Jahren neben der Arbeitswelt in zunehmendem Maße auch den Alltag, ehe sich sein Gebrauch in den neunziger Jahren nochmals geradezu explosiv verbreitete.

Die Führung der DDR hatte die Bedeutung der Mikroelektronik erkannt und versuchte diese Entwicklung mittels aufwändiger Programme mitzubestimmen. Der stürmischen Entwicklung in den westlichen Industrienationen konnte sie allerdings nicht folgen, so dass ihr mikroelektronisches Projekt als gigantische Investitionsruine endete.[70] Solange die Schwerindustrie als Leitsektor der Wirtschaft und als wesentlicher Indikator ökonomischer Leistungskraft galt, hatten die kommunistischen Volkswirtschaften, trotz aller Produktivitätsdefizite, dem Prinzip nach mit dem Westen mithalten können. Dies änderte sich mit dem Prozess der Tertiarisierung, mit dem der Anteil von Dienstleistungen im Sinne der Produktion immaterieller Güter (Handel, Transport-, Verkehrs- und Kommunikationswesen, Banken und Versicherungen sowie der gesamte Bereich der staatlichen Dienstleistungen) gesamtwirtschaftlich beherrschend wurde. Der damit verbundene Strukturwandel zur «tertiarisierten Industriegesellschaft» hatte sich in den übrigen westlichen Industrienationen noch früher als in der Bundesrepublik vollzogen. Dort lag die Anzahl der im tertiären Sektor Beschäftigten seit 1973 mit wachsendem Abstand höher als die Zahl der Beschäftigten im produzierenden Gewerbe (einschließlich Energiewirtschaft, Bergbau und Bauindustrie).

Als dieser Strukturwandel in den achtziger Jahren in Verbindung mit der mikroelektronischen Revolution voll durchschlug, verloren die staatlich gelenkten Planwirtschaften des Ostens endgültig den Anschluss gegenüber den beschleunigten und zunehmend entgrenzten westlichen Marktwirtschaften.

In den siebziger Jahren war diese Entwicklung noch nicht absehbar gewesen, vielmehr hatte sich der Westen sowohl politisch als auch ökonomisch in der Krise gesehen. Der Zusammenbruch der Weltwährungsordnung von Bretton Woods sowie die erste Ölkrise im Jahr 1973 markierten eine grundlegende Zäsur und einen strukturellen Umschlag. Hochkonjunktur, Vollbeschäftigung und preiswerte Energieversorgung, die Grundlagen für den außergewöhnlichen Boom der fünfziger und sechziger Jahre, waren am Ende, die neue Zeit war geprägt von neuartigen Strukturproblemen: Stagflation – niedrige oder gar negative Wachstumsraten bei Inflation –, wachsender Arbeitslosigkeit und Staatsverschuldung.

In den achtziger Jahren kam ein weiterer ökonomischer Strukturwandel hinzu, der zunächst als «Internationalisierung» bezeichnet wurde und seit den Neunzigern mit dem Begriff «Globalisierung» belegt ist: ein neuartiges Maß von grenzübersteigenden und weltumspannenden Waren- und Finanzströmen, Produktionsprozessen und internationalem Konkurrenzdruck, von transnationalen Unternehmen, Kommunikationsmöglichkeiten und Nachrichtenverbreitung, Verkehrsformen und Mobilität einer zunehmenden Zahl von Menschen bis hin zur Verbreitung von Massenkulturen. Von zentraler Bedeutung war dabei die Liberalisierung und Vernetzung der Finanzmärkte, insbesondere der Wertpapiermärkte durch den Abbau von Handelsschranken und die Einführung neuer Finanzinstrumente, mit der die Kapitalmobilität dramatisch zunahm.

Hier liefen zwei Entwicklungen innerhalb des Westens zusammen. Auf der einen Seite setzten die Regierungen Großbritanniens und der USA, unter der Führung von Margaret Thatcher (1979–1990) bzw. Ronald Reagan (1981–1989), auf eine marktradikale Reformpolitik, die der Freisetzung wirtschaftlicher Kräfte diente, während die Interventions- und Umverteilungstätigkeit des Staates zurückgenommen wurde. Beide Länder gewannen daraus ökonomische Effizienz bei wachsender sozialer Ungleichheit.

Diesen Pfad schlug die Regierung Kohl nicht ein, vielmehr blieb sie bei der «Politik des mittleren Weges»[71]. Die Verbindung von Haushaltskonsolidierung und Investitionsanreizen, Steuerreform und neuen sozialpolitischen Impulsen wahrte den sozialen Konsens bei wachsendem Wohlstand für etwa 80–90 Prozent der Gesellschaft[72], aber um den Preis einer verschleppten «Strukturkrise der alten Bundesrepublik»[73]. Die Regierung Kohl setzte, dies die andere Entwicklung, gemeinsam mit der französischen Regierung unter der Präsidentschaft François Mitterrands (1981–1995) auf eine vertiefte europäische Einigung. Ökonomische und sicherheitspolitische Motive sowie persönliche Impulse vor allem von Kohl, Mitterrand und dem seit 1985 amtierenden EG-Kommissionspräsidenten Jacques Delors setzten in der zweiten Hälfte der achtziger Jahre einen neuerlichen europäischen Integrationsschub in Gang.

Die französische Regierung verfolgte dabei wie schon zuvor das Ziel, «die wirtschaftliche Macht der Bundesrepublik in einen europäischen Rahmen einzufügen und für die Mitgliedsstaaten nutzbar zu machen, die Herrschaft der Bundesbank in der europäischen Geld- und Währungspolitik zu brechen und die DM als europäische Leitwährung zu entmachten»[74]. Der bundesdeutsche Europa-Impetus war demgegenüber von der Erkenntnis geleitet, dass sich deutsche Interessen nur in Übereinstimmung mit den westlichen Bündnispartnern durchsetzen ließen. Seit Adenauer war die Bonner Außenpolitik daher ausgerichtet auf die «Methode des Souveränitätsgewinns durch Souveränitätsverzicht» und der «Selbstbehauptung durch Selbstbeschränkung»[75], wobei gerade Helmut Kohl die europäische Integration, und zwar in ihrer supranationalen, nicht nur intergouvernementalen Form, auch als ein Ideal *sui generis* verfolgte.

Den ersten großen Schritt auf dem Weg zur vertieften Integration tat 1986 die Einheitliche Europäische Akte. Die Mitgliedsstaaten der EG nahmen sich damit vor, den europäischen Binnenmarkt zu verwirklichen, das 1978 eingerichtete europäische Währungssystem auszubauen und allgemein auf eine Europäische Union hinzuarbeiten. Konkreter fasste dies der 1988 vorgelegte «Delors-Bericht», den eine Kommission von Notenbankpräsidenten und unabhängigen Sachverständigen unter dem Vorsitz des Kommissionspräsidenten erarbeitet hatte. Er sah vor, die Wirtschafts- und Währungsunion in drei Stufen zu vollenden: zunächst sollten alle Beschränkungen im Kapital- und Devisenverkehr abgebaut, dann sollten die Finanz- und Währungspolitiken der Mitgliedsstaaten in einem System fester Wechselkurse angeglichen werden, und am Ende sollte, als Krönung, eine gemeinsame Währung unter der Kontrolle einer Europäischen Zentralbank stehen. Im Juni 1989 nahmen die europäischen Staats- und Regierungschefs den «Delors-Bericht» an und beschlossen, die erste Stufe zum 1. Juli 1990 umzusetzen.

Am Vorabend der deutschen Wiedervereinigung war die europäische Wirtschafts- und Währungsunion somit bereits grundsätzlich in Angriff genommen worden. Ob und wie sie über die erste Stufe hinaus geführt werden würde, blieb freilich einstweilen offen. In diese Situation platzte die Wiedervereinigung Deutschlands hinein, die im europäischen Szenario am Ende der achtziger Jahre ebensowenig vorgesehen war wie der Zusammenbruch des kommunistischen Systems und die Ausweitung des politischen Europa nach Osten.

5. Finale im Ost-West-Konflikt

Als im Dezember 1991 die rote Flagge über dem Kreml eingeholt wurde, endete der Ost-West-Konflikt, der die Weltpolitik beinahe ein halbes Jahrhundert lang dominiert hatte. Seine Anfänge lagen im Ersten Weltkrieg, als zwei neue, ideologisch motivierte und global orientierte Akteure die weltpolitische Bühne betraten. Den Kriegseintritt der USA begründete Präsident Woodrow Wilson mit dem Auftrag, «the world must be made safe for democracy»[76]. Damit dehnte er die doppelgesichtige Verheißung von *imperium et libertas*, die der Geschichte der USA von Beginn an innewohnte, auf die ganze Welt aus. Den Anspruch der Menschen und Völker auf Volkssouveränität, Grundrechte, Eigentum, Begrenzung der Staatsgewalt und «pursuit of happiness» zu gewährleisten[77], machte die Vereinigten Staaten mit den Worten Franklin D. Roosevelts zum «großen Arsenal der Demokratie»[78] westlicher Prägung. Auf der anderen Seite putschten sich die Bolschewiki in Russland an die Macht, um die «Diktatur des Proletariats» zu errichten und damit den ersten Schritt einer ebenfalls globalen Mission zu tun: weltweit die klassenlose kommunistische Gesellschaft als Ziel der Geschichte zu verwirklichen. Der Export der Revolution und des Sowjetsystems über den

Globus war seit 1917 ein wesentlicher Bestandteil der sowjetischen Staatsräson. Beide Ordnungsentwürfe wurden in der Zwischenkriegszeit zunächst zurückgedrängt. Die Staatenordnung der Vorkriegszeit wurde in wesentlichen Teilen wiederhergestellt und dann von einem weiteren neuen Typus von Ideologie herausgefordert: dem Faschismus bzw. Nationalsozialismus. Als die rechtstotalitären Regime im Zweiten Weltkrieg niedergerungen waren, brach auch das europäische «Staatensystem als Vormacht der Welt»[79] endgültig zusammen. Bald nach dem Krieg schälte sich die neue weltpolitische Konstellation heraus: der nunmehr vorherrschende Antagonismus zwischen West und Ost unter Führung der Supermächte USA und Sowjetunion. Erstere übten ihre Vormacht dabei als liberale Hegemonie durch grundsätzlich einvernehmliche Integration aus, letztere demgegenüber als Zwangsherrschaft, die Abweichungen der Gefolgsstaaten gewaltsam unterdrückte.

Beide Ordnungsentwürfe – die westliche Demokratie auf der Grundlage von individueller Freiheit und Menschenrechten, Eigentum und Markt auf der einen Seite, die östliche «Diktatur des Proletariats» bzw. der einen Partei im Zeichen zentraler Planwirtschaft mit dem Ziel der klassenlosen kommunistischen Gesellschaft auf der anderen – erhoben universalen Geltungsanspruch und bestritten somit der jeweils anderen grundsätzlich das Existenzrecht. Zugleich aber war es angesichts der gegenseitigen Drohung nuklearer Vernichtung überlebensnotwendig, sich zu arrangieren. «Friedliche Koexistenz», wie es auf östlicher Seite hieß, bzw. «Entspannung» oder «Détente» nach westlicher Nomenklatur prägten die Ost-West-Politik seit den mittleren sechziger Jahren. Die Konkurrenz der Systeme blieb gleichwohl bestehen, und es gibt guten Grund zu der Annahme, dass die Machthaber in Moskau die Entspannungspolitik Washingtons als Zeichen westlicher Schwäche auslegten – und sich auf eine offensive Politik in der Dritten Welt und durch die Stationierung atomarer Mittelstreckenraketen vom Typ SS 20 in Europa einließen, an der sich die Sowjetunion letztlich politisch und wirtschaftlich übernahm.[80]

Abgesehen von den ins Uferlose wachsenden Kosten für die Rüstung rief die sowjetische Politik nämlich eine Reaktion des westlichen Bündnisses hervor, das sich in den siebziger Jahren in einer Krise befand und in der Defensive sah. Nach dem amerikanischen Debakel in Vietnam und dem Zusammenbruch des auf den Dollar gegründeten Weltwährungssystems von Bretton Woods funktionierte, wie sich Mitte der siebziger Jahre herausstellte, auch die von Henry Kissinger kühl kalkulierte Entspannungspolitik der Regierungen Nixon und Ford nicht mehr. Die darauf folgende Präsidentschaft Carters führte mit ihrer idealistisch inspirierten Menschenrechtspolitik zunächst zu neuerlichen Verstimmungen mit der Sowjetunion und dann zu schweren Verwerfungen innerhalb der NATO. «Anfang der achtziger Jahre sah es so aus, als seien die kommunistischen Bewegungen überall auf dem Vormarsch»[81], bilanzierte Kissinger rückblickend ein Stadium des Ost-West-Konflikts, das ein Jahrzehnt später kaum mehr vorstellbar erschien und in dem der angstbesetzte Westen nicht realisierte, dass sich im sowjetischen Imperium Risse auftaten[82]. Zugleich war es ebenjene Regierung Carter, die am Ende ihrer Amtszeit den Bruch mit der ultra-realpolitischen Entspannung der Ära Nixon-Kissinger und den Schwenk hin zu einer Politik der Stärke gegenüber der Sowjetunion vollzog.

Sie fand ihren Ausdruck im «NATO-Doppelbeschluss» vom 12. Dezember 1979, binnen vier Jahren mit der Stationierung von 108 amerikanischen Pershing 2-Raketen und 464 Marschflugkörpern vom Typ Cruise Missile in Westeuropa zu beginnen, wenn die Abrüstungsverhandlungen mit der Sowjetunion nicht zu einer Rücknahme ihrer Raketenrüstung führten. Im Hinblick auf seine Ziele war dieser Beschluss nicht unproblematisch. Denn das rüstungskontrollpolitische Ziel, die sowjetische Raketenrüstung zu revidieren und eine eigene Stationierung zu vermeiden, widersprach dem militärtechnischen Vorhaben einer Modernisierung der westlichen Waffenarsenale ebenso wie dem militärstrategischen Motiv, das «Eskalationskontinuum» von den konventionellen über die atomaren Kurz- und Mittelstreckenraketen bis zu den interkontinentalen Langstreckenwaffen zu schließen. Inhaltliche Einwände aber zählten am Ende ebenso wenig wie massive Protestbewegungen in den Mitgliedsländern, vor allem in der Bundesrepublik. Denn der NATO-Doppelbeschluss war zu einer Grundsatzfrage der Glaubwürdigkeit sowohl innerhalb des Bündnisses als auch zwischen Ost und West geworden – zumal nach dem sowjetischen Einmarsch in Afghanistan Ende 1979.

«Stärke» war das Signum der Präsidentschaft Ronald Reagans. Zielte die amerikanische Verhandlungsstrategie bei den Genfer Abrüstungsverhandlungen im Gefolge des NATO-Doppelbeschlusses offenkundig auf die Umsetzung der westlichen Stationierung, so fand Reagans antikommunistische Konfrontationspolitik gegenüber der Sowjetunion ihren Höhepunkt im Projekt eines Systems zur Abwehr interkontinentaler sowjetischer Raketen. Wäre dieses mit immensen Kosten verbundene Vorhaben realisiert worden, hätte es das sowjetische Bedrohungspotential gegenüber den USA entwertet, das weiterhin bedrohte westliche Europa von den unverwundbaren USA abgekoppelt und die gesamte Logik der atomaren Abschreckung außer Kraft gesetzt, auf der die *pax atomica* beruhte.

Mit der ihm eigenen Mischung aus ideologischer Mission und diplomatischer Flexibilität schaltete Reagan jedoch in seiner zweiten Amtszeit gegenüber dem neu ins Amt gekommenen Gorbatschow unerwartet auf Entspannungspolitik um. Dieser Kurswechsel gipfelte im INF-Abkommen vom Dezember 1987, das die völlige Abschaffung ebenjener atomaren Mittelstreckenraketen verfügte, um die weniger als ein Jahrzehnt zuvor noch so erbittert gerungen worden war. Offenkundig optimistisch, dass die Zeit zugunsten des Westens arbeite, ging der anfänglich so ungestüme Reagan am Ende seiner Amtszeit gegenüber der Sowjetunion nicht mehr in die Offensive.

Vielmehr überließ er es Gorbatschow, mit seinen permanenten «Charme-Offensiven»[83] die im Januar 1989 ins Amt gekommene Regierung des neu gewählten Präsidenten George Bush in einige Verlegenheit zu bringen. Wenn Gorbatschow wie in der Deklaration von Delhi vom 27. November 1986 und dann im Dezember 1988 vor der Vollversammlung der Vereinten Nationen[84] von politischer und wirtschaftlicher «Selbstbestimmung» der einzelnen Staaten und von der «Anerkennung des menschlichen Lebens als höchstem Gut» sprach, dann übernahm er klassische westliche Vorstellungen, während er den ideologischen Anspruch des sowjetischen Systems auf internationaler Ebene verabschiedete, um ihn im Inneren zu retten.

Vor diesem Hintergrund sah sich die Regierung Bush zu einer grundlegenden internationalen Kursbestimmung veranlasst. Am Ende eines langwierigen Meinungsbildungsprozesses[85] bekräftigte der neue Präsident die ideologische Tradition Woodrow Wilsons und ihren globalen missionarischen Anspruch. Im Mai 1989 verkündete Bush das Ziel, «die Teilung Europas zu überwinden und eine auf westlichen Werten gegründete Einheit zu schmieden»[86]. Damit erteilte er Gorbatschows Vorstellung vom «Haus Europa», in dem unterschiedliche Systeme gleichberechtigt nebeneinander existierten, eine klare Absage. Diese verdichtete sich in der Forderung, die der US-Präsident am 31. Mai 1989 in der Mainzer Rheingoldhalle erhob: «Let Europe be whole and free.»[87] Da ein geeintes und freies Europa sich nicht mit einem zwangsweise geteilten Deutschland vereinbaren ließ, lag die Konsequenz für die Deutschlandpolitik auf der Hand – zugleich aber für die deutsche Vorstellungswelt der achtziger Jahre so fern: Öffentlich avisierte die US-Regierung einen «Zustand des Friedens in Europa, in dem das deutsche Volk seine Einheit durch freie Selbstbestimmung wiedergewinnt»[88].

6. Die deutsche Frage

Nicht überall eröffnete die Aussicht auf eine deutsche Einheit hingegen gern gesehene Perspektiven. Zwar hatten sich die drei westlichen Siegermächte im Deutschlandvertrag von 1954 verpflichtet, auf ein «wiedervereinigtes Deutschland» hinzuarbeiten, «das eine freiheitlich-demokratische Verfassung, ähnlich wie die Bundesrepublik, besitzt und das in die europäische Gemeinschaft integriert ist.»[89] Doch bekannte man sich in den westlichen Hauptstädten leicht zur deutschen Wiedervereinigung, so der vormalige britische Premierminister Edward Heath, «weil wir wußten, daß sie nicht passieren würde.»[90]

Die britische, die französische und die sowjetische Regierung hatten, jede für sich, von einer Wiedervereinigung Deutschlands mehr Nachteile als Vorzüge zu erwarten: die mit jeder tiefergehenden Veränderung verbundenen Gefahren einer Destabilisierung der Ordnung sowie eine nicht mehr nur ökonomische Dominanz Deutschlands in Europa. Freimütig legte die amtierende Premierministerin Margaret Thatcher ihre grundsätzlichen Vorbehalte gegen eine deutsche Vereinigung offen: «Seit der Einigung unter Bismarck hat Deutschland […] stets auf unberechenbare Weise zwischen Aggression und Selbstzweifeln geschwankt.» Ein «wiedervereinigtes Deutschland ist schlichtweg viel zu groß und zu mächtig, als daß es nur einer von vielen Mitstreitern auf dem europäischen Spielfeld wäre. [...] Daher ist Deutschland vom Wesen her eher eine destabilisierende als eine stabilisierende Kraft im europäischen Gefüge. Nur das militärische und politische Engagement der USA in Europa und die engen Beziehungen zwischen den beiden anderen starken, souveränen Staaten Europas, nämlich Großbritannien und Frankreich, können ein Gegengewicht zur Stärke der Deutschen bilden.»[91]

Dass die Deutschen zwar das Recht zur Selbstbestimmung hätten, nicht aber berechtigt seien, «die politischen Realitäten in Europa durcheinanderzubringen», sah der französische Staatspräsident François Mitterrand nicht anders. Grundlegende Veränderungen drohten Gorbatschows Sturz herbeizuführen und unabsehbare Gefahren von Bürgerkriegen bis zu einer neuen Ost-West-Krise heraufzubeschwören. Die wichtigsten europäischen Regierungen wähnten sich darüber im Einklang, wie Gorbatschow im November 1989 gegenüber Egon Krenz äußerte: «In jüngsten Gesprächen mit Margaret Thatcher, François Mitterrand, aber auch mit Jaruzelski und Andreotti sei klar geworden, daß all diese Politiker von der Bewahrung der Realitäten der Nachkriegszeit, einschließlich der Existenz zweier deutscher Staaten, ausgehen. Die Fragestellung nach der Einheit Deutschlands werde von ihnen allen als äußerst explosiv für die gegenwärtige Situation betrachtet.»[92]

Selbst der so sehr auf Veränderung setzende George Bush wusste: «der Feind ist die mangelnde Stabilität.»[93] Doch die amerikanische Regierung scherte mit ihrer grundsätzlichen Zielbestimmung aus dem internationalen Konvoi aus. Ihre Offensive der «westlichen Werte» wandelte in den kritischen Monaten auf ganz schmalem Grat: die Veränderung in der Sowjetunion und ihrem Herrschaftsbereich zu befördern, ohne Gorbatschow gefährlich zu destabilisieren, die Missionsidee zu verfolgen, ohne den machtpolitischen Pragmatismus zu vernachlässigen – den Kalten Krieg zu gewinnen, ohne den Verlierer zu düpieren. Denn so viel war klar: Für die Sowjetunion bedeuteten «Europe whole and free» und eine Wiedervereinigung zu westlichen Bedingungen 45 Jahre nach dem Sieg über Deutschland nichts anderes als die Niederlage im Ost-West-Konflikt.

Als US-Diplomaten im Spätsommer 1989 in Bonn die Möglichkeit einer deutschen Wiedervereinigung ansprachen, stießen sie auf reservierte Reaktionen[94]. Konkrete deutschlandpolitische Ziele und operative Deutschlandpolitik hatten sich die Bundesregierungen seit den sechziger Jahren abgewöhnt. Denn wenn die Bonner Politik mit der internationalen Konstellation nicht vereinbar war, dann lief sie von vornherein ins Leere. In den fünfziger Jahren hatte die Deutschlandpolitik der Bundesrepublik zunächst mit einer baldigen Wiedervereinigung gerechnet und im Einklang mit dem Westen auf eine antikommunistische Politik der Stärke, auf den westdeutschen Alleinvertretungsanspruch und auf die Magnettheorie gesetzt, der zufolge die DDR zusammenbrechen und sich der Bundesrepublik anschließen würde. In den sechziger Jahren geriet diese Politik zunehmend in Widerspruch zur beginnenden Entspannungspolitik, und der Bau der Berliner Mauer im August 1961 dokumentierte in aller Deutlichkeit, dass die Realitäten anders aussahen. Schonungslos analysierte Staatssekretär Karl Carstens im Auswärtigen Amt im Oktober 1966:

> «Die entscheidende Schwierigkeit unserer Deutschland-Politik resultiert aus der veränderten weltpolitischen Gesamtlage. Anstatt einer Zurückdrängung des Kommunismus in Europa fordern die führenden Staatsmänner des Westens jetzt: Entspannung – Verständigung – Zusammenarbeit – Versöhnung zwischen der Sowjetunion und den anderen osteuropäischen Staaten einerseits und den Ländern der freien Welt andererseits. […] Unsere bisherige Deutschland-Politik steht also nicht mehr mit der von den führenden westlichen Staaten verfolgten allgemeinen Ostpolitik im Einklang. […] Unsere Deutschland-Politik führt uns in eine zunehmende Isolierung. […] Unsere Deutschland-Politik behindert unsere außenpolitische Bewegungsfreiheit»[95].

Praktische Konsequenzen aus diesen Befunden zu ziehen, blieb der sozial-liberalen Regierung in der Kanzlerschaft Willy Brandts (1969–1974) vorbehalten. Ihre Ostpolitik verband auf paradox anmutende Weise unterschiedliche Ziele und Tendenzen: die «Überwindung des Status quo, indem der Status quo zunächst nicht verändert werden soll»[96], die innere Liberalisierung der DDR durch ihre Anerkennung, langfristige Veränderung auf dem Wege kurzfristiger Stabilisierung. Die Ost-Berliner Führung empfand diesen «Wandel durch Annäherung» durchaus als Bedrohung, als «Aggression auf Filzlatschen»[97]. Um über der deutsch-deutschen Annäherung nicht die eigenen Grundlagen zu gefährden, stellte sie ihr die «häßliche Zwillingsschwester der Öffnung zur Bundesrepublik»[98] zur Seite: eine verstärkte Politik der Abgrenzung. Das Ergebnis war, jedenfalls bis in die späten achtziger Jahre, Stabilisierung ohne Liberalisierung. Zur selben Zeit geriet die DDR mit ihrer steigenden Westverschuldung jedoch in eine immer stärkere Abhängigkeit vom Westen, vor allem von der Bundesrepublik, ohne dass Bonn diese ökonomische Abhängigkeit deutschlandpolitisch in großem Stil genutzt hätte. Die Bundesregierungen setzten die ökonomischen Aktiva in kleiner Münze ein, um der DDR-Führung nach dem Prinzip «Menschlichkeit gegen Kasse»[99] (Helmut Schmidt) humanitäre Erleichterungen gegenüber ihrer eigenen Bevölkerung abzukaufen.

Die Regierung Schmidt richtete sich unterdessen im Status quo ein und streifte die in der Konzeption der sozial-liberalen Ostpolitik angelegten revisionistischen Potentiale zunehmend ab. Die Regierung Kohl setzte die praktische Kooperation fort, verstärkte sie nach der Devise «Vertrauen gegen Vertrauen»[100] gar noch, brachte aber zugleich die normative Distanz zur DDR schärfer zum Ausdruck. Deutlich wurde dies im September 1987, als Erich Honecker zu einem noch in Schmidts Amtszeit grundsätzlich vereinbarten Besuch nach Westdeutschland kam. Bedeutsam war er insbesondere aufgrund seiner hoch aufgeladenen politischen Symbolik. Die Bundesregierung und insbesondere Kohl balancierten zwischen protokollarischen Ehren und gleichberechtigter Zweistaatlichkeit einerseits, prinzipiellem Legitimationsvorbehalt gegen die Teilung und letztlich auch gegen die DDR andererseits: Kohl bekannte sich in seiner im Fernsehen beider deutscher Staaten übertragenen Tischrede zum Verfassungsauftrag, «in freier Selbstbestimmung die Einheit und Freiheit Deutschlands zu vollenden», und ließ «keinen Zweifel, daß dies dem Wunsch und Willen, ja der Sehnsucht der Menschen in Deutschland entspricht. [...] Die Menschen in Deutschland leiden unter der Trennung. Sie leiden an einer Mauer, die ihnen buchstäblich im Wege steht und die sie abstößt»[101].

Nichtsdestoweniger war Honecker ein begehrter Gesprächspartner bei Politikern und Wirtschaftsführern, er wurde in vier Bundesländern empfangen, zuletzt mit höchsten protokollarischen Ehren in München. Überhaupt machte in diesen Jahren eine Fülle westdeutscher Politiker

ihre Aufwartung in Ost-Berlin, und die Kontakte mit der SED-Führung
verliefen in den meisten Fällen sehr einvernehmlich. Am Ende der achtziger Jahre zeichnete sich, ohne dass die Regierung es so genannt hätte,
tatsächlich so etwas wie der «Wandel durch Annäherung» ab, den die
sozial-liberale Regierung gesucht hatte und der ihr versagt geblieben
war. Die Zahl der «Westreisen» von Bürgern der DDR auch unterhalb
des Rentenalters stieg zwischen 1982 und 1988 um mindestens das
Zehnfache an.[102] Zugleich sah die Entwicklung des deutsch-deutschen
Verhältnisses nach einer Erfolgsgeschichte für die SED aus – insbesondere nach Honeckers Besuch in der Bundesrepublik, der allgemein als
politische Anerkennung der DDR durch die Bundesrepublik aufgefasst
wurde.

Dass dieser größte Triumph der DDR als sozialistischer Staat und ihr
Zusammenbruch nur zwei Jahre auseinander lagen und dass sie in dem
Moment unterging, in dem sie endgültig souverän geworden war, gehört
zu den vielen Ironien und Paradoxien im deutsch-deutschen Verhältnis:
dass die DDR ihren Anspruch auf politische Gleichrangigkeit mit der
Bundesrepublik durchsetzte, während sie ökonomisch immer abhängiger
von ihr wurde; dass die Bundesrepublik in eine Position der Stärke gegenüber der DDR gelangte, ohne diese jedoch politisch ausschöpfen zu können, sondern stets erpressbar blieb; dass die Bundesrepublik eine Politik
der Stabilisierung betrieb, die ihr Ziel einer Liberalisierung der DDR verfehlte, entgegen ihren Absichten aber eine Destabilisierung beförderte,
die wiederum dazu beitrug, nach einem politisch längst obsolet gewordenen Szenario das alte Ziel der Bonner Deutschlandpolitik zu erreichen,
als in absehbarer Zeit kaum jemand mehr damit rechnete. All dies macht
aber vor allem deutlich, dass die deutsche Frage nicht in deutscher Hand
lag, sondern an die internationalen Bedingungen gebunden war. So wie
sie die Teilung bestimmt hatten, so ermöglichten sie die Wiedervereinigung Deutschlands.

II. Der Zusammenbruch des Ostblocks und der Untergang der DDR

1. Das Ende des sowjetischen Imperiums

Die Erosion des sowjetischen Herrschaftswillens

Von den Erfordernissen der inneren Reformen leitete Gorbatschow seine äußere Entspannungspolitik ab. In weniger als fünf Jahren führte sie zum Zusammenbruch des sowjetischen Imperiums in Ostmittel- und Südosteuropa.

Schon vor der weichenstellenden Personalentscheidung hatte indessen, in einem allerdings schwer abzuschätzenden Ausmaß, ein außenpolitisches Umdenken im Kreml eingesetzt. Auf dem Tiefpunkt der Ost-West-Beziehungen, als sich der Westen ganz in der Defensive gegenüber einem kommunistischen Vormarsch wähnte, scheint der Wille zur Weltmacht in der überalterten Moskauer Führung brüchig geworden zu sein. Als nämlich Ende 1981 die Frage zur Diskussion stand, ob die Sowjetunion in Polen militärisch intervenieren solle, wo der kommunistischen Partei, herausgefordert durch die Oppositionsbewegung *Solidarność*, die Herrschaft zu entgleiten drohte, entschied sich der Kreml zu einem anderen Vorgehen als 1953 in der DDR, 1956 in Ungarn und 1968 in der Tschechoslowakei. Die Moskauer Führung verzichtete auf die Anwendung der (im Westen sogenannten) Breschnew-Doktrin, jenes nach dem Einmarsch in Prag 1968 formulierten und bereits zuvor praktizierten Grundgesetzes der Zwangsherrschaft über ihren Machtbereich, das die Satellitenstaaten auf den sowjetischen Kommunismus im Inneren und auf die sowjetische Vormacht nach außen verpflichtete und im Falle der Abweichung militärische Intervention androhte.[1]

War die Breschnew-Doktrin also bereits 1981 tot?[2] Manche Äußerungen im überlieferten Protokoll der Sitzung des Politbüros vom 10. Dezember 1981 klingen danach, insbesondere die Stellungnahme des

KGB-Chefs und nachmaligen Generalsekretärs der KPdSU, Juri Andropow:

«Wir haben nicht vor, Truppen nach Polen zu entsenden. Das ist die richtige Position, und daran müssen wir bis zum Ende festhalten. Ich weiß nicht, wie sich die Dinge in Polen entwickeln werden, aber selbst wenn Polen unter die Kontrolle von *Solidarność* gerät, dann ist es eben so. Und wenn sich die kapitalistischen Staaten auf die Sowjetunion stürzen – sie haben sich bereits auf eine Reihe von politischen und ökonomischen Sanktionen verständigt –, wird das sehr bedrückend für uns sein. Wir müssen uns zuallererst um unser Land und um die Stärkung der Sowjetunion kümmern. Das ist unsere Hauptlinie.»[3]

Nun handelt es sich bei der zitierten Politbürositzung um die Momentaufnahme einer zugespitzten Situation – ein Jahr zuvor war die Sowjetführung noch deutlich interventionsbereiter gewesen[4] –, wie überhaupt die polnische Frage 1981 in eine komplexe internationale Konstellation zwischen Afghanistan-Invasion und Nuklearrüstung fiel. Den gesicherten Befund einer grundsätzlichen sowjetischen Bereitschaft zum Herrschaftsverzicht erlauben die Quellen nicht. Immerhin aber lässt die Reaktion auf die polnische Krise erkennen, dass das sowjetische Imperium zu Beginn der achtziger Jahre ein weniger fest gefügter Block war, als es nach außen den Anschein hatte.[5] Und dass der Kreml den sowjetischen Interessen eindeutige Priorität einräumte, dass Moskau nicht zuletzt den Bruderländern immer weniger zu immer höheren Preisen lieferte, vor allem Energie, trieb die DDR zunehmend in die Arme der hilfsbereiten Bundesrepublik und unterspülte auf ökonomischer Ebene die Fundamente des Ostblocks, einschließlich der Grundlagen der DDR.

Allerdings war dies in seinem ganzen Umfang für die Zeitgenossen noch nicht klar erkennbar, und ebendies war für ihr Handeln entscheidend: noch währte der Anschein. Die vom Kreml gedrängte polnische Führung vermochte die innere Opposition im Dezember 1981 schließlich mit eigenen Kräften zu unterdrücken, und die sozialistische Ordnung ging nicht verloren. Nicht nur das Ziel der Breschnew-Doktrin blieb gewahrt, sondern auch ihre Außenwirkung: indem eine sowjetische Intervention erwartet wurde, blieb sie – unabhängig von der tatsächlichen Interventionsbereitschaft des Kreml – als Drohung gegenwärtig.[6]

Der Widerruf der Breschnew-Doktrin

Gorbatschow schwebte anstelle imperialer Herrschaft über die ost-
mittel- und südosteuropäischen Länder offenkundig eine Art freiwillig
akzeptierte sowjetische Hegemonie gegenüber den Warschauer-Pakt-
Staaten vor, die dem Vorbild der Moskauer Reformpolitik nacheifern
würden. Eigenständig konzipiert und konsequent durchdacht waren
diese Vorstellungen jedoch nicht – zumal der sowjetische Machtbereich
keineswegs auf den vorderen Plätzen der Prioritätenskala Gorbatschows rangierte.[7]

Für die sozialistischen Bruderländer und ihre Regime, dann auch für
die oppositionellen Kräfte und die Bevölkerung bedeutete dies erweiterte
Freiräume, für die Machthaber verminderten Schutz und für alle zunächst vor allem Unsicherheit. Ende 1986 unterbreitete Gorbatschow
den Partei- und Staatschefs des Warschauer Pakts seine Vorstellungen
«der freiwilligen, brüderlichen Zusammenarbeit sozialistischer Nationen, der Prinzipien des proletarischen und sozialistischen Internationalis-
mus»: von «Beziehungen zwischen den sozialistischen Ländern auf der
Grundlage der Gleichberechtigung» und der «Selbständigkeit jeder Partei» mit dem «Recht zur souveränen Entscheidung über die Entwick-
lungsprobleme ihres Landes», aber auch der Pflicht, sich «sowohl um das
eigene als auch um das gemeinsame Interesse» zu sorgen.[8]

Was dies konkret besagte, war zeitgenössisch freilich weniger klar, als
es aus der Rückschau erscheint.[9] Gesagt worden war nämlich über die
Jahre hinweg vieles, und von «Selbstbestimmung» war auch zu Zeiten
Breschnews die Rede gewesen, nur eben einer eingeschränkten. Wie sich
Selbstbestimmung mit dem «leninschen» Geist vertragen sollte, von dem
Gorbatschow sprach, war nur eine der Fragen, die sich stellten. Unklar
blieb zunächst auch, ob es sich um «Selbstbestimmung» der Bevölkerung
oder nur ihrer selbsternannten Avantgarde, der kommunistischen Parteien, handeln sollte – und wie es sich mit den sowjetischen Truppen in
den ‹Bruderstaaten› verhielt, allen voran den 400 000 Soldaten in der
DDR.

Bis weit in das Jahr 1989 hinein war nicht eindeutig absehbar, dass
die Sowjetunion im Falle antikommunistischer und antisowjetischer Entwicklungen in den Warschauer-Pakt-Staaten nicht militärisch intervenie-

ren würde. Ebenso entscheidend wie das, was die Männer im Kreml dachten und taten, war die Einschätzung auf Seiten der Betroffenen: der Regierenden in den Satellitenstaaten und vor allem der oppositionellen Kräfte, die in diesen Ländern viel virulenter waren als in der Sowjetunion, und schließlich seitens der Bevölkerung. Wirklich außer Kraft war die Breschnew-Doktrin erst, als die sowjetische Führung sie nicht mehr anwendete *und* als die Menschen sie nicht mehr fürchteten.

Am 7. Dezember 1988 bekannte sich Gorbatschow in seiner großen Rede vor den Vereinten Nationen zum Verzicht auf Gewalt und Gewaltandrohung und zur Selbstbeschränkung insbesondere des Stärkeren, zur «Verbindlichkeit des Prinzips der freien Wahl» der einzelnen Staaten, zum Verzicht auf «Anmaßungen auf unangefochtene Wahrheit» und zum «Vorhandensein mehrerer Varianten der gesellschaftlichen Entwicklung verschiedener Länder».[10] Adressat seines Bekenntnisses zur «Entideologisierung der zwischenstaatlichen Beziehungen»[11] war in erster Linie der Westen. Nicht minder aber galt es für die Völker des sowjetischen Machtbereichs.

Oft wird Gorbatschows Rede vor den Vereinten Nationen als der offizielle, jedenfalls implizite Widerruf der Breschnew-Doktrin aufgefasst[12]. Noch deutlicher wurde dies im Juli 1989, am Vorabend der sich überstürzenden Ereignisse, als das Kommuniqué des Gipfeltreffens der Staats- und Regierungschefs der Warschauer-Pakt-Staaten am 7. und 8. Juli 1989 in Bukarest explizit festhielt, dass «jedes Volk selbst das Schicksal seines Landes bestimmt und das Recht hat, selbst das gesellschaftspolitische und ökonomische System, die staatliche Ordnung, die es für sich als geeignet betrachtet, zu wählen.»[13] Gennadi Gerassimow, der Sprecher des sowjetischen Außenministeriums, sprach von der «Sinatra-Doktrin»[14], derzufolge jedem Land sein eigener Weg, ‹My Way›, offenstehe. Und dennoch blieb auch im Herbst 1989 ein großer Rest an Unsicherheit, vor allem bei den Menschen auf den Straßen, wie weit die selbstbestimmte Wahlfreiheit wirklich gehen würde.

Wann endete der Ost-West-Konflikt?

Wenn das konstitutive Merkmal des Ost-West-Konflikts, der die Welt seit 1946 im eisernen Griff gehalten hatte, im universalen Geltungsanspruch zweier unvereinbarer, einander feindselig gegenüberstehender Ideologien lag, dann war das Ende dieses Konflikts gekommen, als dieser Faktor seine Bedeutung verlor: mit der «Entideologisierung der internationalen Beziehungen» und dem Widerruf der Breschnew-Doktrin. Insofern war der Ost-West-Konflikt dem Grundsatz nach im Dezember 1988 beendet, als Gorbatschow den weltrevolutionären Anspruch der Sowjetunion zurücknahm. So sah und sagte es Gorbatschow auch selbst[15], und in der Tat blieb es schon im Dezember 1988 nicht bei rhetorischen Ankündigungen. Gorbatschow verband sie ganz handfest mit einem einseitigen Truppenrückzug aus Asien und Europa.

Dies musste jedoch kein unumkehrbarer Schritt sein, und das Ende des Ost-West-Konflikts ist nicht von den konkreten Folgen der kommunizierten Programmatik zu trennen, die dem großen Umbruch seine historische Gestalt jenseits bloßen Konfrontationsabbaus verliehen. Beginnend in Polen und Ungarn, sprang der Funke im Herbst 1989 auf alle Staaten des Ostblocks über, und am Ende des Jahres war das Symbol der Teilung Deutschlands, Europas und der Welt, die Berliner Mauer, ebenso zusammengebrochen wie das sowjetische Imperium. Mit der Umgestaltung Europas und der Wiedervereinigung Deutschlands 1989/90 war der Kalte Krieg faktisch beendet – allerdings, wie der Putsch gegen Gorbatschow im August 1991 zeigen sollte, noch immer nicht irreversibel. Den Schlusspunkt setzte die Auflösung der Sowjetunion: Als am 25. Dezember 1991 die Rote Fahne auf dem Kreml eingeholt wurde, gehörte der säkulare Gegensatz zwischen marktwirtschaftlich-pluralistischer Demokratie des Westens und planwirtschaftlich-kommunistischer Diktatur des Ostens endgültig der Vergangenheit an.[16]

Der Zusammenbruch des Ostblocks

In Polen kamen die Dinge in Gang. Nachdem die Kommunisten die gewerkschaftlich-katholische Oppositionsbewegung 1981 noch gewaltsam hatten unterdrücken können, erwachte diese in der Ära von Glasnost und

Abgesang eines Weltgegensatzes: Unmittelbar nach dem Rücktritt Michail Gorbatschows am 25. Dezember 1991 wurde die sowjetische Flagge über dem Kreml in Moskau eingeholt. Das Ende der Sowjetunion war damit endgültig besiegelt.

Perestroika alsbald wieder. In Polen kam hinzu, dass die notorische wirtschaftliche Schwäche das Land für sowjetische Unterstützung, wie schon 1980/81, besonders unattraktiv machte. Dies wiederum öffnete der antikommunistischen Opposition Freiräume, zumal ihr mit der katholischen Kirche eine starke Institution Rückhalt gab, die überdies mit Papst Johannes Paul II. einen herausragenden moralischen und weltpolitischen Schutzherrn besaß.

Als die Regierung Anfang 1988 zum wiederholten Male Preiserhöhungen verfügte, brachen wenig später wilde Streiks aus. *Solidarność* kehrte aus dem Untergrund auf die politische Bühne zurück. Da die polnische Führung keine sowjetische Rückendeckung zu erwarten hatte und vor diesem Hintergrund erst recht nicht bereit war, erneut das Kriegsrecht zu riskieren, führte kein Weg mehr an der Opposition vorbei. Im Januar 1989 musste sich das Zentralkomitee der Polnischen Vereinigten Arbeiterpartei mit der Aufnahme offizieller Gespräche mit der Opposition am «Runden Tisch» abfinden. Bis Anfang April führten sie zu einer Einigung über bestimmte Reformen und vor allem über Neuwahlen am 4. Juni, an denen auch die wieder zugelassene *Solidarność* unter Führung von Lech Wałęsa teilnahm. Es waren nur teilweise freie Wahlen, da sich die Vereinigte Arbeiterpartei, die obendrein die Massenmedien kontrollierte, gemeinsam mit den Blockparteien ein Kontingent von 65 Prozent der Sitze im Sejm vorbehalten hatte. Dennoch fielen sie mehr als eindeutig aus: im frei wählbaren Kontingent erzielte *Solidarność* überragende Erfolge. Und mehr noch: in den tatsächlich freien Wahlen zur zweiten Kammer, dem wieder eingeführten Senat, errang sie 99 von einhundert Sitzen, die Vereinigte Arbeiterpartei hingegen nicht einen einzigen. Wenn auch nicht über eine Mehrheit im Sejm, so verfügte die Opposition doch über eine überwältigende Legitimation, die den Kommunisten zur gleichen Zeit unübersehbar abhanden gekommen war. Im August 1989, noch vor den sich überstürzenden Ereignissen des osteuropäischen Herbstes, akzeptierte General Jaruzelski, der 1981 das Kriegsrecht verhängt hatte und im Juli 1989, nach dem Abfall der Blockparteien, mit knappster Mehrheit zum Präsidenten gewählt worden war, Wałęsas engsten Berater, Tadeusz Mazowiecki, als ersten nichtkommunistischen Ministerpräsidenten der Volksrepublik Polen. Im Januar 1990, als die kommunistische Partei aufgelöst wurde, war Polen bereits kein kommunistisches Land mehr – nichts dokumentierte dies sinnbildlicher als die Wahl Lech Wałęsas, der Ikone des Aufstandes von 1980/81, zum polnischen Präsidenten im Dezember dieses Jahres.

Auch Ungarn trieb den Untergang des sowjetischen Imperiums voran, allerdings auf anderem Wege. Hatte der sogenannte «Gulaschkommunismus» unter Einschluss privatwirtschaftlicher Elemente für ein höheres wirtschaftliches Niveau und stabilere innere Verhältnisse gesorgt, so erwuchs die Krise der kommunistischen Herrschaft nun aus der Partei selbst heraus. Auch hier trat im Juni 1989 ein «Runder Tisch» zusammen, wobei insbesondere die Geschichtsdebatte Bedeutung gewann: der Umschwung und die Delegitimierung des Kommunismus kristallisierten sich an der Rehabilitation des Aufstandes von 1956 und seines von den Sowjets exekutierten Führers Imre Nagy, der seinerzeit den Austritt Ungarns aus dem Warschauer Pakt verkündet hatte. Bevor sich die Ungarische Sozialistische Arbeiterpartei, die bereits im Januar 1989 auf

ihre verfassungsmäßig garantierte Führungsrolle verzichtet hatte, Anfang Oktober spaltete, hatte sich an der Landesgrenze zu Österreich Unerhörtes ereignet: seit Mai wurden, vor den Objektiven der weltweit
übertragenden Fernsehkameras, die Grenzanlagen abgebaut, bevor die
Grenzen am 11. September ganz geöffnet wurden. Die davon angelockten Flüchtlinge aus der DDR stürzten den SED-Staat in die erste Phase
seiner finalen Krise.

Unmittelbar im Anschluss an die DDR erfasste die friedliche Revolution auch die Tschechoslowakei. Viele Dissidenten aus früheren Oppositionsbewegungen trieben den Umsturz voran, insbesondere die Aktivisten
der Menschenrechtsbewegung *Charta 77*, und auch hier waren die Wunden der Geschichte nicht vernarbt: 1968 markierte den Bezugspunkt in
Prag, und mit Alexander Dubček trat die Ikone des ‹Prager Frühlings›
selbst wieder an die Öffentlichkeit. Innerhalb von kaum vier Wochen,
zwischen Mitte November und dem 10. Dezember, kollabierte das Prager
Regime, und noch in diesem *annus mirabilis* wurde der Schriftsteller
Václav Havel, der Mitbegründer und Sprecher der *Charta 77*, zum Präsidenten des Landes gewählt.

Ebenfalls im November wurde Todor Schiwkow als Parteichef in Bulgarien abgelöst, wo die Kommunisten, in Bulgarische Sozialistische Partei umbenannt, allerdings die ersten freien Wahlen gewannen und noch
bis 1991 regierten. Zu blutigen Zusammenstößen kam es demgegenüber
in Rumänien. Dort hatte sich Nicolae Ceaușescu schon länger eine gewisse Unabhängigkeit von Moskau herausgenommen, weshalb der zunehmend entrückte Despot und sein besonders korruptes und repressives
Regime lange Zeit vom Westen hofiert worden waren. Die Oppositionsbewegung im wirtschaftlich völlig heruntergekommenen Land, in dem
ein Programm zur Siedlungsbereinigung gerade im großen Stil die Einebnung von mehr als der Hälfte aller rumänischen Dörfer plante, entzündete sich an der drangsalierten ungarischen Minderheit im Banat. Eine
Massendemonstration gegen die Versetzung des Pfarrers Tőkés aus
Temeswar am 17. Dezember 1989 weitete sich umgehend zum landesweiten Volksaufstand aus. Zunächst versuchte das Regime, die Massenbewegung durch Armee und Geheimpolizei brutal niederzuschlagen. Als
jedoch die Inszenierung einer Rede Ceaușescus an eine ausgewählte
Menge nicht der üblichen Regie folgte, weil oppositionelle Rufe durch

den bestellten Applaus hindurchdrangen, demaskierte sich der Despot vor laufenden Kameras als völlig hilflos: schockiert unterbrach er seine Rede und verließ den Balkon seines Palastes, von dem aus er sprach. In diesem Moment brach der Sturm auf die megalomanen Monumente seiner Macht aus, und binnen kürzester Zeit drehten sich die Fronten. Am ersten Weihnachtstag wurden Ceauşescu und seine Frau nach kurzem Militärprozess von ursprünglich eigenen bewaffneten Kräften erschossen. Der Umsturz in Rumänien hatte, so die verlässlichsten Zahlen, über 1100 Menschenleben gefordert.[17] Er war die einzige blutige Revolution in einem ansonsten gewaltfreien Umwälzungsprozess gewesen. Dies wiederum lag in wesentlichem Maße an der sowjetischen Führung unter Michail Gorbatschow.

Perspektiven und Optionen in Moskau

Was die sowjetische Führung angesichts des Zusammenbruchs ihres Imperiums tat, war: praktisch nichts. So lange Gorbatschow noch die Möglichkeit hatte, die Entwicklung im sowjetischen Machtbereich durch Interventionen zu steuern, nahm er sie nicht wahr. Unter den Prämissen der Reformpolitik, wie er sie betrieb, war der Zerfall der kommunistischen Herrschaft in den sich selbst überlassenen Staaten und somit der Zerfall des Ostblocks letztlich nicht zu vermeiden, zumal sowohl reformerische Bestrebungen wie in Ungarn als auch harte Reformverweigerung wie in der DDR letztlich gleichermaßen zum Kollaps des Regimes führten. Als sich die Ereignisse dann im Herbst 1989 überschlugen, war – wie einmal in anderem historischen Zusammenhang formuliert – «die Direktion verloren und der Stein ins Rollen geraten.»[18] Ab diesem Zeitpunkt stand dem Kreml nur noch die Möglichkeit offen, gewaltsam einzugreifen.

Dies aber entsprach nicht Gorbatschows Prinzipien: wenn «die Umgestaltung mit Blut befleckt werde», so Alexander Jakowlew gegenüber der SED-Führung im Dezember 1989, «dann könne man sich davon verabschieden»[19]. Und doch war ein Kurswechsel, wie er sich innerhalb der Sowjetunion mit dem Armeeeinsatz gegen nationalistische Demonstranten in Tiflis am 8. und 9. April 1989 oder im Baltikum durchaus andeutete[20] und wie Gorbatschow ihn Ende 1990 auch teilweise vollzog, ebenso wenig ausgeschlossen wie sein Sturz durch interne Gegner – schließlich hatte sich die sowjetische Politik in ihrer Geschichte nicht nur einmal zu gewaltsamen Kehrtwenden in der Lage gezeigt. Und die chinesische Führung hatte noch im Juni vorexerziert, wie ein kommunistisches Regime eine Oppositionsbewegung auch im Jahr 1989 blutig niederschlagen konnte.

Vor der Frage nach den Handlungsoptionen liegt indessen die Frage nach der Wahrnehmung der Situation. Den reihenweisen Abfall der Ostblockstaaten hatte Gorbatschow nicht vorausgesehen. Sowjetische Analysen vom Anfang dieses Jahres gingen vielmehr, trotz aller krisenhaften Tendenzen, von einem Weiterbestehen des Warschauer Paktes aus, und radikale Reformer hofften gar auf eine Entwicklung zu sowjetischen Gunsten, in der «eine Revolution von oben» eine «Revolution von unten verhindern» werde[21].

Gorbatschow und die Reformpolitiker blieben den ideologischen Prämissen der Perestroika, dem Glauben an die Reformierbarkeit des Kommunismus und somit einer Denkweise verhaftet, die mit den Realitäten letztlich nicht vereinbar war. Hinzu kam, neben einem Mangel an realistischem Denken in der Tradition der «geo-ideologischen» sowjetischen Außenpolitik[22], ein hohes Maß an Naivität im Hinblick auf die Folgewirkungen und die von der Reformpolitik entfesselten Kräfte. Deren Dynamik wurde in Moskau lange Zeit offenkundig überhaupt nicht erkannt, und nur so erklärt sich auch, dass die Frage einer deutschen Wiedervereinigung in den entscheidenden Wochen um die Jahreswende 1989/90 im Kreml kaum grundsätzlich diskutiert wurde.

Zur Naivität kam schließlich Verdrängung; weder betrieb die Sowjetführung eine fortentwickelte Situationsanalyse, noch besaß sie klare Handlungskonzepte. Bereits im Frühjahr 1989 stellte Gorbatschows reformoptimistischer Berater Anatoli Tschernjajew Anzeichen von mehr als nur Perspektivlosigkeit beim ersten Verantwortlichen für die sowjetische Politik fest: «Sein Lieblingsschlagwort ist ‹Unvorhersehbarkeit›. Und höchstwahrscheinlich werden wir zu einem Kollaps des Staates und einer Art von Chaos kommen. Er spürt, dass er die Hebel der Macht irreversibel verliert, und das hindert ihn daran, weit voranzugehen. […] Er hat keine Vorstellung, wohin wir gehen. Seine Erklärungen über sozialistische Werte, die Ideale des Oktober, die er abzuhaken beginnt, klingen für die Experten wie Ironie. Hinter ihnen – Leere.»[23]

Gorbatschow hatte offenkundig keine Vorstellung (mehr), was er tat. Historisch bedeutsamer aber war, was er vor diesem Hintergrund nicht tat: der «spektakuläre Nicht-Gebrauch von Gewalt»[24] außerhalb der Sowjetunion, dieser Verzicht auf die einzige im Herbst 1989 verbliebene Möglichkeit, den Zusammenbruch des roten Imperiums noch abzuwenden, war das eigentliche Mirakel des Jahres 1989.

Warum endete der Ost-West-Konflikt?

Der Zusammenbruch des sowjetischen Imperiums war ein Ereignis von welthistorischer Tragweite. Diesen umfassenden Wirkungen stehen indessen keine vergleichbaren Ursachen gegenüber, weder ein steuernder Wille noch strukturelle Unvermeidlichkeiten, sondern vielmehr ein in seinem Zusammenwirken kontingentes Ursachenbündel von Strukturen, Institutionen und persönlichem Handeln. Einmal in Gang gekommen, verselbständigten sich die Prozesse und liefen dann wiederum mit innerer Folgerichtigkeit weiter.

Am Anfang standen die Funktionsschwäche der sozialistischen Plan- und Zwangswirtschaft und die durch den Übergang in das mikroelektronische Zeitalter akut verstärkte ökonomische Strukturkrise. An ihr setzte der «Gorbatschow-Faktor»[25] an: mit den außerordentlichen Machtbefugnissen des Generalsekretärs betrieb er eine Reformpolitik, die statt zu einem funktionsfähigen Sozialismus in seinen endgültigen Zusammenbruch führte und statt einer Entspannung den Kollaps der sowjetischen Weltmacht und ihres Imperiums bewirkte. In dieser Konstellation konnten schließlich die Oppositionellen und Demonstranten in den Ländern des sowjetischen Machtbereichs ihre historische Bedeutung entfalten. Keine Opposition, auch nicht die polnische im Jahr 1980/81, hatte ein herrschaftsfähiges und gewaltbereites sozialistisches Regime umstürzen können; nun aber brachten sie die ihrer sowjetischen Stütze beraubten Regime zum Einsturz.

Welche Rolle spielte dabei der weltpolitische Gegner im Westen mit seiner Politik der Stärke, die er insbesondere im «zweiten Kalten Krieg»[26] zu Beginn der achtziger Jahre massiv wiederaufgelegt hatte? Offenkundig erzeugte sie einen erheblichen Druck, wie etwa Juri Andropow im Dezember 1981 intern geäußert hatte; und die Sowjetunion war weder technologisch noch finanziell in der Lage, die amerikanische SDI-Offensive zu kontern. Zudem machte die Haltung des Westens die offensiven sowjetischen Anstrengungen der siebziger Jahre zunichte und trug somit dazu bei, den ideologisch motivierten Willen zum Imperium in der sowjetischen Führung zu zersetzen. Gleichwohl waren dies nicht die entscheidenden Faktoren für den Zusammenbruch des Ostblocks und das Ende des Kalten Krieges. «Die langfristigen Prozesse innerhalb der Sowjetunion» spielten letztlich «eine viel größere Rolle als die kurzfristigen Maßnahmen der Regierungen Reagan oder Bush.»[27]

Noch weniger aber war es – wie häufig angenommen – die Entspannungspolitik der siebziger Jahre, die Vertrauen erzeugt und damit die Grundlage für Gorbatschows Reformpolitik und für einen Abbau des Konflikts gelegt hätte und somit zum Ende des Ost-West-Konflikts geführt habe[28]. Denn es war gerade nicht das wärmende Vertrauen der Entspannungspolitik, an dem Gorbatschows Außenpolitik ansetzte, sondern im Gegenteil der eisige Wind der neuen Konfrontation. Und innere Oppositionsbewegungen, die durch die Festschreibung der Menschenrechte in der Schlussakte von Helsinki befördert wurden, oder eine im Gefolge der KSZE vom Westen her beeinflusste politische Kultur lassen sich zwar in verschiedenen Ländern des sowjetischen Herrschaftsbereichs beobachten, in denen der Umsturz dann stattfand. Sie lassen sich aber nicht als Ursache für die Reformpolitik in der Sowjetunion identifizieren[29], die am Anfang des Prozesses stand.

Manches spricht hingegen für eine unerwartete und einmal mehr ironische Kausalbeziehung zwischen der Entspannung und dem Ende des Kalten Krieges: dieser Lesart zufolge fasste das überalternde Politbüro der Ära Breschnew die westliche Entspannungspolitik als Schwäche auf und ließ sich im Glauben, dass die Geschichte auf der Seite des Kreml sei, mit dem Engagement in Afrika, der Raketenrüstung und dem Einmarsch in Afghanistan auf jene Abenteuer ein, die Kissingers Entspannungspolitik gerade hatte vermeiden wollen – und an denen die Sowjetunion letztlich zugrunde ging.[30]

2. Erstarrung und Opposition in der DDR

Gorbatschows Reformpolitik eröffnete der DDR neue Freiräume und brachte sie zugleich in Gefahr. «Was sich in der Sowjetunion entwickelt, wirkt auf unsere Menschen», beklagte der Vorsitzende des FDGB, Harry Tisch, im Politbüro: «Früher hatten wir nur den Frontalangriff in deutscher Sprache von vorn, jetzt entwickelt er sich im Rücken an allen Ecken und Kanten.»[31] In der Tat geriet das Regime von drei Seiten unter Druck: von Westen, aus dem Osten und 1989 auch aus der eigenen Bevölkerung. Dort verbreiteten sich Resignation und latente Unruhe, und die Oppositionsbewegung gewann an Präsenz. Die Partei- und Staatsmacht reagierte mit verschärfter Repression und konsequenter Reformverweigerung. Bis in den August hinein blieb, trotz aufflackernder Irritationen, vermeintlich alles beim Alten. Tatsächlich jedoch gingen die Entwicklung im Land und die Wahrnehmung auf Seiten der Führung immer weiter auseinander. Während im ungarischen Sopron erstmals über 600 Menschen ungehindert die Grenze in den Westen überquerten[32], diskutierte das Politbüro in Ost-Berlin über die Bestätigung des Verbraucherpreises für den «PKW ‹Trabant 1.1› mit 4-Takt-Otto-Motor», die Fertigstellung von 1000 neuen Fahrzeugen im vierten Quartal 1989 und über Auszeichnungen für verdiente Genossen.[33] Am 7. Oktober 1989 feierte die Partei- und Staatsführung im Palast der Republik den vierzigsten Jahrestag der Gründung der DDR, während sich auf den Straßen die Bürgerbewegung formierte, die das Regime binnen weniger Wochen zum Einsturz brachte.

Getragen wurde diese Entwicklung vom Zusammenspiel verschiedener Akteure. Als Oppositionsbewegung werden im Folgenden jene politisch motivierten und öffentlich auftretenden organisierten Gruppen bezeichnet, die bereits über Jahre hinweg den Versuch unternommen hatten, sich dem SED-Staat zu widersetzen, bis 1989 aber keine gesellschaftliche Breitenwirkung zu entfalten vermocht hatten. Die Oppositionsbewegung formierte sich im Sommer 1989 neu, während eine zweite Gruppe von Akteuren akute Bedeutung gewann: die Ausreisebewegung derjenigen, die mit der DDR nichts mehr zu schaffen haben wollten und zugleich den konkreten Anstoß für die Entwicklung des Herbstes 1989 gaben. Im Anschluss an die Ausreisebewegung formierte sich in der DDR schließlich

Symbolische Grenzöffnung: Österreichische Grenzbeamte öffnen ein Grenztor an der ungarisch-österreichischen Grenze. Mehr als 600 DDR-Bürger nutzten das «Paneuropäische Picknick» in Sopron am 19. August 1989 zur Flucht in den Westen.

eine Massenbewegung, die sich vor allem durch die Teilnahme an Demonstrationen artikulierte und die sich für einige entscheidende Wochen mit der Opposition im engeren Sinne zur breit angelegten Bürgerbewegung verband. Sie ergriff auch, viertens, Teile der SED und der Blockparteien, während die Parteiführung in ihrer Mehrheit, fünftens, den Ereignissen des Herbstes 1989 zunächst verständnislos zuschaute und dann chancenlos zu reagieren versuchte. Nach dem Sieg der Bürgerbewegung über das Regime verlor die Opposition ihre gerade erworbene Steuerungsmacht an die bis dahin unorganisierte Massenbewegung, deren Mehrheit sich nach der Öffnung der innerdeutschen Grenze mit einem neuen und alsdann entscheidenden Akteur verbündete: der westdeutschen Bundesregierung unter der Führung von Helmut Kohl.

Sputnik-Verbot und Kommunalwahlen

«DDR hat Verbot Sputnik falsch gemacht», so musste Erich Honecker in der letzten Politbüro-Sitzung eingestehen, die er als Generalsekretär der SED bis zu ihrem Ende leitete.[34] Im November 1988 hatte die SED-Führung den Vertrieb der sowjetischen Zeitschrift *Sputnik* unterbunden, weil sie über das Geheime Zusatzprotokoll zum Hitler-Stalin-Pakt vom 23. August 1939 berichtet und auf diesem Wege orthodox-sozialistische Geschichtsbilder in Frage gestellt hatte. Selbst bei Mitgliedern der SED löste dieses faktische Verbot «massive, sehr kritisch gehaltene Meinungsäußerungen» aus, wie die Zentrale Auswertungs- und Informationsgruppe des Ministeriums für Staatssicherheit (ZAIG) berichtete, vor allem bei Angehörigen «der wissenschaftlich-technischen, medizinischen, künstlerischen und pädagogischen Intelligenz» sowie bei «Studenten an allen Universitäten und Hochschulen der DDR»[35].

Dahinter stand ein grundsätzliches Problem, das der Leipziger Jugendforscher Walter Friedrich zur selben Zeit in seiner luziden, von den Standards des ostdeutschen Staatssozialismus freilich weit entfernten Analyse für Egon Krenz, den ZK-Sekretär für Sicherheit und «Kronprinzen» Honeckers, benannte: «Heute kommen wir eben oft mit Formeln und Inhalten [...], mit denen wir vielleicht vor 20 Jahren erfolgreich waren, bei der großen Mehrheit der Bevölkerung bzw. der Jugend nicht mehr an. [...] Wir brauchen ein anderes Verhältnis zum selbständigen, zum schöpferischen (das impliziert auch zum nonkonformistischen) Denken.»[36]

Dies hätte freilich das Ende der SED-Führung bedeutet, und daher dachte diese auch nicht im Entferntesten daran. Vielmehr setzte sie darauf, sich mit erhöhtem Druck zu behaupten. Während sie die Oppositionsbewegung im Frühjahr 1989 noch im Griff hatte[37], suchte und sah sie Bestätigung in den Kommunalwahlen vom 7. Mai, die zu einem Legitimationsbeweis hochstilisiert wurden.[38] Egon Krenz' Aufzeichnungen der Politbürositzung zwei Tage später lassen die Anspannung Erich Honeckers ebenso erkennen wie seine unveränderten Wahrnehmungsmuster von ‹Feinden› und ‹Gegnern› und die Autosuggestion des Erfolges.[39]

Eine Welt in bester sozialistischer Ordnung präsentierte Honecker in diesen Tagen dem polnischen Staatsratsvorsitzenden Jaruzelski: Zwi-

schen Januar und April 1989 habe allein das Nationaleinkommen der
DDR um 4,1 Prozent zugenommen und die Arbeitsproduktivität um
6 Prozent. «Er habe noch nie eine solche Demonstration von Freude und
Zuversicht erlebt» wie am 1. Mai 1989, und daher wies er weit von sich,
was «uns feindlich gesinnte Kräfte» empfählen, nämlich «ebenso wie in
der Sowjetunion eine grundlegende Umgestaltung der Gesellschaftsordnung vorzunehmen.» Auch im Verhältnis zur Bundesrepublik sitze die
DDR «am längeren Hebel. Es sei immer noch so» – damit allerdings
hatte er recht –, «daß vor Wahlen in der BRD alle Ministerpräsidenten
der Länder und andere, die politische Verantwortung tragen, in die DDR
kommen.»[40]

Honecker ahnte nicht, dass der Boden, auf dem er sich bewegte, ins
Wanken geriet. Die Ergebnisse der Kommunalwahlen waren wie üblich
gefälscht. Blieben schon die offiziell verkündeten 98,85 Prozent unter der
sonst üblichen 99-Prozent-Marke, so lag der tatsächliche Anteil der Gegenstimmen – bei nicht geheimer Wahl – zwischen 10 und 20 Prozent[41].
Es waren oppositionelle Gruppen, die diesen Umstand aufdeckten. Am
Wahltag wurden, wie es in einem Bericht des MfS hieß, «insbesondere
Mitglieder sogenannter kirchlicher Basisgruppen und Antragsteller auf
ständige Ausreise erkannt, die sich zur ‹Kontrolle› bzw. ‹Überwachung›
der Wahlhandlung und Stimmenauszählung in Wahllokalen befanden. [...] In Einzelfällen warfen sie den Wahlvorständen Wahlmanipula-
tionen vor und verlangten, persönlich die Gegenstimmen auszählen zu
dürfen. Derartige Provokationen wurden durch die Wahlvorstände zurückgewiesen, woraufhin die Personen kommentarlos die entsprechenden
Wahllokale verließen»[42]. Nach Verkündung des offiziellen Ergebnisses
monierten die Bürgerrechtler «Abweichungen von den in den Wahllokalen verkündeten Zahlen». Einsicht in die Protokolle des Wahlverlaufs
gewährten amtliche Stellen nicht, wie es in einem Bericht von Bürgerrecht-
lern hieß: «Das ist allein unsere Sache, das geht nun wirklich nicht. Ein
Fünkchen Vertrauen müssen Sie schon in uns haben!»[43]

Davon freilich konnte keine Rede sein. Protestresolutionen, Strafan-
zeigen wegen Wahlfälschung und kleinere Demonstrationen – das war
neu. Altbekannt hingegen waren die Maßnahmen der Staatsmacht: «An-
zeigen, die nach § 211 Strafgesetzbuch erstattet werden, sind ohne Kom-
mentar entgegenzunehmen. Nach Ablauf der vorgesehenen Fristen für

die Anzeigenbearbeitung ist von den jeweils zuständigen Organen zu antworten, daß keine Anhaltspunkte für den Verdacht einer Straftat vorliegen. [...] Beschwerden gegen die getroffenen Entscheidungen sind gemäß § 91 StPO zu bearbeiten und abschlägig zu entscheiden.» Stattdessen sei für «die gründliche operative Durchdringung feindlicher, oppositioneller und anderer negativer Personenkreise» zu sorgen, um bei «Vorliegen der entsprechenden Voraussetzungen [...] operative Personenkontrollen durchzuführen bzw. diese Personen in operativen Vorgängen zu bearbeiten»[44].

Der Vorwurf bzw. die Enthüllung von Manipulationen wog angesichts der hochstilisierten Bedeutung der Wahlen besonders schwer. Vor allem sorgte er für eine ungekannte Mobilisierung von öffentlichem Protest, der sowohl Ausreisewillige als auch interne Oppositionskräfte zusammenbrachte und auch in bis dahin regimeloyale Bevölkerungskreise hineinwirkte, trotz Massenverhaftungen und Übergriffen der Polizei bei Wahldemonstrationen. Offenkundig hatte sich das Drohpotential des Regimes unterhalb offener Gewaltanwendung zu einem Teil erschöpft. Zugleich gab die Wahlkontrollbewegung den Anstoß, individuelle Unzufriedenheit und Vereinzelung zugunsten kollektiven Handelns zu überwinden. Mit der Kommunalwahl suchte das Regime Bestätigung und beförderte stattdessen seinen Untergang.

Die neu formierte Oppositionsbewegung

Im Sommer 1989 formierte sich die Opposition in der DDR neu und breiter als je zuvor – unter den Augen der Mitarbeiter der Staatssicherheit, die sich in die neuen Gruppen einschleusten.[45] Um nicht aufzufallen, wirkten sie zunächst an der oppositionellen Arbeit mit und beschleunigten somit den Prozess, den sie eigentlich verhindern sollten. Es waren zumeist langjährige Oppositionelle, von denen die Bildung einzelner Initiativgruppen ausging, die im August zur politischen Vereinigung aufriefen. Im September und Oktober folgte die formelle Gründung oppositioneller Gruppen. In hohem Maße waren in dieser Bewegung Theologen und Pfarrer sowie Angehörige der künstlerischen und Intelligenzberufe vertreten. Ihre führenden Köpfe waren überwiegend zwischen den späten dreißiger und frühen fünfziger Jahren geboren und entstammten somit jener

Seit September 1989 avancierte das Neue Forum mit dem Ziel der «Umgestaltung der Gesellschaft in allen Bereichen» zur wichtigsten «politischen Plattform» der DDR. Die Aufnahme zeigt eine Veranstaltung des Neuen Forum in der Ost-Berliner Gethsemane-kirche nach dem Fall der Mauer.

Alterskohorte, die im Westen als «68er-Generation» in der Wohlstands-gesellschaft reüssiert hatte, in der DDR jedoch nicht recht zum Zuge ge-kommen war.

Zur wichtigsten Organisation in dieser Phase avancierte das «Neue Forum», das bewusst nicht als politische Partei, sondern als «politische Plattform» für die innergesellschaftliche Diskussion angelegt war. Ge-gründet am 9. und 10. September in der Wohnung von Katja Havemann, der Witwe des 1982 verstorbenen, wohl bedeutendsten Dissidenten der DDR in Grünheide bei Berlin, versammelte das Neue Forum vor allem Intellektuelle wie die Malerin Bärbel Bohley, den Physiker Sebastian Pflugbeil, den Arzt und Molekularbiologen Jens Reich oder den Rechts-anwalt Rolf Henrich. Nachdenklich und unpolemisch war der Grün-dungsaufruf vom 10. September gehalten: «In unserem Lande ist die Kommunikation zwischen Staat und Gesellschaft offensichtlich gestört.» Daher bedürfe es «eines demokratischen Dialogs über die Aufgaben des

Rechtsstaates, der Wirtschaft und der Kultur», der «in aller Öffentlichkeit, gemeinsam und im ganzen Land» zu führen sei. Das Ziel war daher,
«daß eine größere Anzahl von Menschen am gesellschaftlichen Reformprozeß mitwirkt» und «daß die vielfältigen Einzel- und Gruppenaktivi-
täten zu einem Gesamthandeln finden.»[46]

Dies war zunächst noch nicht offen revolutionär gedacht. «Sobald die
SED reformiert sei», sagte Bärbel Bohley anlässlich der Vorstellung des
Neuen Forums in der Berliner Gethsemanekirche, könne «sich das Neue
Forum auflösen»[47]. Der Antrag auf offizielle Gründung wurde am
19. September gestellt und – auf Veranlassung des Politbüros – abgelehnt,
wie den Antragstellern seitens des Innenministeriums und der zuständigen kommunalen Behörden am 25./26. September bekanntgegeben
wurde. Die Devise der Staatssicherheit lautete dabei, «alle erforderlichen
Maßnahmen zur Unterbindung der Formierung feindlicher, oppositioneller Kräfte in DDR-weiten Sammlungsbewegungen bzw. Vereinigungen»
einzuleiten und durchzusetzen.[48]

Die Erstunterzeichner aber ließen sich nicht einschüchtern, trotz erheblicher Disziplinierungsversuche des MfS oder der Arbeitgeber. Sie
setzten ihre Aktivitäten fort und stießen auf rasch wachsende Zustimmung und Solidarisierung in der Bevölkerung. Dabei traten die Unter-
zeichner des Aufrufes mit Namen und Anschriften an die Öffentlichkeit
und begaben sich somit im vollen Bewusstsein der drohenden Konsequenzen in das Visier der staatlichen Repressionsapparate.[49]

Zu dieser Solidarisierungswelle trugen nicht zuletzt die Westmedien
bei, derer sich insbesondere Bärbel Bohley ganz bewusst bediente, um ihr
Anliegen zu verbreiten.[50] Die Informationen aus dem Westen unterliefen
die Kontrolle der Massenkommunikationsmittel und die Lenkung der
Öffentlichkeit durch das SED-Regime, und sie sorgten zugleich für die
wachsende Verbreitung der Bewegung innerhalb der DDR. Dies führte,
entsprechend den massenmedialen Mechanismen, zu bestimmten Verein-
fachungen und Vereinheitlichungen: bestimmte Schlagworte traten besonders hervor, die Opposition, ihre Ziele und ihre Mittel wirkten ein-
heitlicher, als sie tatsächlich waren, und besondere Prominenz gewann
das Neue Forum gegenüber den anderen Gruppen als *die* Organisation
der Opposition. Zugleich bescherte all dies der Opposition eine Welle der
Solidarisierung, mit der die angsterfüllte Isolation der individuellen Un-

zufriedenheit überwunden wurde. Sie gewann Zulauf und Unterstützung
in einer Situation, in der sie nicht einmal Zugriff auf Lautsprecher und
Verstärkeranlagen hatte. Die Frage der Zulassung des Neuen Forums
wurde seit Ende September zum zentralen öffentlichen Thema und erwies
sich als Forderung mit hohem Mobilisierungseffekt.[51]

Neben dem Neuen Forum formierten sich zur selben Zeit weitere Oppositionsbewegungen. «Demokratie Jetzt», getragen vor allem von dem
Physiker Hans-Jürgen Fischbeck, dem Kirchenhistoriker Wolfgang Ullmann und dem Dokumentarfilmregisseur Konrad Weiß, verfolgte einen
christlich-sozialistischen Ansatz mit einer zivilisationskritischen Komponente. Die Bewegung trat zunächst für einen demokratisch reformierten
DDR-Sozialismus gegenüber der westlichen Konsumgesellschaft ein und
formulierte als Ziele – wie die Bürgerrechtsgruppen allgemein – soziale
Gerechtigkeit, Freiheit, Menschenwürde, Pluralismus und Rechtsstaat-
lichkeit, Entstaatlichung von Medien und Bildungseinrichtungen sowie
Parteien und Gewerkschaften. «Demokratie Jetzt» ging dabei politisch-
operativer vor als das «Neue Forum» mit seinem Selbstverständnis als
Diskussionsplattform und verfolgte von vornherein das Ziel, eigene Kandidaten für die nächste Volkskammerwahl aufzustellen.[52]

Am 1. Oktober wurde der «Demokratische Aufbruch» gegründet,
wobei der formale Akt in Privatwohnungen verlegt werden musste, da
die eigentlich vorgesehenen Räume der Berliner Samaritergemeinde von
einem Polizeiaufgebot blockiert wurden. Der «Demokratische Aufbruch» ging aus einer seit Juli aktiven Initiativgruppe um die Theologen
und langjährigen Oppositionellen Rainer Eppelmann, Edelbert Richter,
Erhard Neubert und Friedrich Schorlemmer hervor, stand zunächst dem
Neuen Forum und Demokratie Jetzt politisch nahe, wobei er, wie Demokratie Jetzt, konkreter auf politisches Handeln ausgerichtet war als das
Neue Forum. Als sich der Demokratische Aufbruch zunehmend von
einer links-ökologischen Orientierung hin zur politischen Mitte bewegte
– und für die Volkskammerwahl im März 1990 schließlich eine Allianz
mit der CDU einging –, verließen Schorlemmer und Richter diese Bewegung und schlossen sich der SPD an.

Auch im Falle der Sozialdemokratischen Partei der DDR ging die Organisation auf eine «Initiativgruppe» zurück, die Ende Juli 1989 von den
evangelischen Theologen Martin Gutzeit und Markus Meckel gegründet

wurde; hinzu kamen unter anderem die Biologin und Hausfrau Angelika
Barbe, der Bürgerrechtler Stephan Hilsberg und, nach einem wechselvol-
len Leben zwischen Opposition und Stasi-Mitarbeit, Manfred «Ibrahim»
Böhme, der in der Tat als Inoffizieller Mitarbeiter fungierte. Als die ostdeutschen Sozialdemokraten am 7. Oktober im evangelischen Gemeinde-
haus in Schwante im Kreis Oranienburg ihr Programm verabschiedeten,
verstanden sie ihre Organisation – die zunächst den Namen SDP trug
und erst im Januar 1990 in SPD umbenannt wurde – dezidiert als politische Partei. Schon mit ihrem Namen bezog sie offen Front gegen die
SED, stellte er doch deren historischen Legitimationsanspruch als vereinigte Arbeiterpartei grundsätzlich in Frage. Die SDP beantragte auch
nicht ihre Zulassung, sondern sah ihre Gründung, die sie dem Innenministerium nur mitzuteilen gedachte, mit Verlesen der Gründungsurkunde
als vollzogen an. «Bei allen Personen» – so die Aufzeichnung des allgegenwärtigen MfS über die Parteigründung – «bestand Klarheit über die
Rechtslage (nichtgenehmigte Bildung einer Vereinigung) und möglichen,
daraus resultierenden persönlichen Konsequenzen.»[53]

Am 4. Oktober gaben Vertreter der Oppositionsgruppen – von Demokratie Jetzt, Demokratischem Aufbruch, der Gruppe Demokratischer So-
zialistInnen, der Initiative Frieden und Menschenrechte, der Initiativgruppe SDP, dem Neuen Forum und von Friedenskreisen – eine gemeinsame Erklärung ab, mit der sie Partizipation und Menschenrechte, vor
allem Meinungs-, Versammlungs- und Vereinigungsfreiheit, sowie eine
demokratische und rechtsstaatliche Umgestaltung von Staat und Gesellschaft forderten.[54] In diesen Forderungen waren sich die verschiedenen
Oppositionsgruppen im Herbst 1989 grundsätzlich einig, auch wenn
über der konkreten Ausgestaltung alsbald deutliche Differenzen auftra-
ten. Zunächst aber einte sie die Idee einer rechtsstaatlich-partizipatori-
schen Bürgergesellschaft, die sie dem SED-Staat mit seinem über der
Gesellschaft stehenden, absoluten Wahrheits- und Lenkungsanspruch der
einen Partei gegenüberstellten.

Weniger nachdrücklich hingegen artikulierten die Oppositionsgruppen die Forderung nach Reisefreiheit, obgleich die Massenflucht über die
sozialistischen Nachbarländer bereits eingesetzt hatte. Hier zeichnete sich
ein Graben zwischen dem Hauptstrom der Oppositionsbewegung und
der Masse der Bevölkerung ab, der zu den wesentlichen Momenten dieses

deutschen Herbstes zählt. Dies gilt auch für die Vorstellungen der Opposition über einen demokratischen Sozialismus auf dem Boden der Zweistaatlichkeit. Sie markierten freilich zunächst den Kreis des allenthalben Denkbaren, während eine Wiedervereinigung bis in den November hinein nicht auf der Tagesordnung stand.[55]

Als sich die Opposition formierte, sah es zunächst nicht so aus, als könne sie das Regime direkt gefährden. Als «amateurhaft» empfand der Ständige Vertreter der Bundesrepublik einen Auftritt Bärbel Bohleys in der Ost-Berliner Gethsemanekirche, und er beobachtete überhaupt ein unprofessionelles Verhalten, «weit entfernt [...] von effektiver Oppositionsarbeit.» In ihrer Reichweite auf Intellektuelle beschränkt, fehle den oppositionellen Gruppen ein «politisches Talent vom Schlage eines Walesa», das eine willensbildende, schlagkräftige Führung ausüben könnte.[56] Dies war zwar richtig – und einer der Gründe, warum die Bürgerrechtsbewegung alsbald auch wieder an Einfluss verlor – und doch ganz einseitig aus dem Blickwinkel westlich-professioneller Politik gesehen. Aus ostdeutscher Perspektive hingegen war es eben diese vermeintlich unprofessionelle Nachdenklichkeit, mit der die sich formierende Bewegung authentisch wirkte und zugleich die Abwehrmechanismen des SED-Regimes mit seinen Feindbildern eines Angriffs durch den ‹Klassenfeind› unterlief. So brachte die neue Opposition die Entwicklung innerhalb der DDR, die sich bald völlig verselbständigte, um den entscheidenden Schritt voran. In Gang gekommen war sie zunächst jedoch – in einem ganz wörtlichen Sinne – auf anderen Wegen.

3. Die Flüchtlingskrise

Ost-Berlin

In den achtziger Jahren war die Zahl der Ausreiseanträge in der DDR stark angestiegen, und Genehmigungswellen wie die von 1988 erhöhten den Druck, anstatt ihn abzulassen, nur noch weiter.[57] Anfang August 1989 hatten sich 130 Zufluchtsuchende in die Ständige Vertretung der Bundesrepublik in Ost-Berlin begeben. «Zufluchtsuchende» war der Begriff der westdeutschen Behördensprache, die den Begriff «DDR-Bürger» mied. Denn die Bundesrepublik erkannte die Staatsbürgerschaft der

DDR nicht an und behandelte die Ostdeutschen rechtlich wie Bundesbürger, was sich die DDR-Führung wiederum strikt verbat. Jahrelang waren über diesen Dissens verbale Auseinandersetzungen geführt und zugleich pragmatische Lösungen gefunden worden.

Immer wieder hatten Ostdeutsche über bundesdeutsche Botschaften in den Ostblockstaaten bzw. über die Ständige Vertretung in Ost-Berlin ihre Ausreise zu erzwingen versucht. Dabei hatte sich über die Jahre eine Praxis der stillschweigenden Ausnahme von der Regel eingespielt: die Zufluchtsuchenden verließen die Botschaft bzw. Vertretung wieder und erhielten dafür die Zusicherung der Straffreiheit und einer baldigen Ausreisegenehmigung. 1989 löste dieser Mechanismus allerdings Nachahmungseffekte in vorher nicht gekannter Größenordnung aus – bis zum August war auf diese Weise bereits, so eine interne Vorlage des Zentralkomitees der SED, über 2000 Menschen ihre Ausreise in den Westen gelungen.[58] Die DDR-Führung verhärtete ihre Position und sagte den Flüchtlingen lediglich zu, straffrei zu bleiben und keine Nachteile in der DDR zu erleiden, wenn sie die Ständige Vertretung verließen. Ansonsten sei es, so der stellvertretende Außenminister Krolikowski, Sache der Bundesrepublik, «die Leute aus der Vertretung auszuladen.»[59] Am 8. September verließen die noch verbliebenen 117 Bürger die Ständige Vertretung, gegen die Zusage von Straffreiheit, prinzipieller Rückkehr an den Arbeitsplatz und Rechtsbeistand bei ihren Ausreiseersuchen.[60] Inzwischen aber hatte sich die Fluchtwelle eine ganz andere Bahn gebrochen.

Ungarn und die Öffnung der Grenzen

Bereits am 2. Mai 1989 hatte Ungarn begonnen, seine Grenzsperren zu Österreich abzubauen. Dies erschien zunächst weniger sensationell als es sich in der Rückschau ausnimmt, denn weder wurden die Grenzen geöffnet, noch wurden die Kontrollen beseitigt. Vielmehr blieben die Regelungen in Kraft, die den Ostdeutschen den Weg über die ungarische Grenze in den Westen verwehrten. Zwischen Ungarn und der DDR bestand ein Abkommen, demzufolge Staatsangehörige der DDR – die für die Reise nach Ungarn kein Visum benötigten, aber eine Genehmigung beantragen mussten – nicht über Ungarn in den Westen ausreisen durften. Sie hatten zwar die Möglichkeit, sich in der Botschaft der Bundesrepublik einen bundesdeutschen Pass ausstellen zu lassen. Diesem fehlte aber der für die Ausreise nötige Einreisestempel nach Ungarn. Versuchten Ostdeutsche, über Ungarn zu fliehen und wurden sie dabei aufgegriffen, so wurden sie mitsamt den Ermittlungsakten an die DDR ausgeliefert und dort als «Republikflüchtlinge» behandelt, was in der Regel eine mehrjährige Gefängnisstrafe zur Folge hatte. 1988 war 210 Ostdeutschen die Flucht über Ungarn gelungen, 397 hingegen wurden aufgegriffen und dem MfS überstellt.[61]

Diese Praxis wurde im Laufe des Jahres 1989 allerdings zunehmend gelockert. Aufgegriffene Flüchtlinge wurden nicht mehr automatisch und mit entsprechendem Vermerk im Pass an die DDR ausgeliefert. Stattdessen flüchteten sie sich in die bundesdeutschen Botschaften, die sich Anfang August, neben der Ständigen Vertretung in Ost-Berlin, in Budapest und Prag mit Ausreisewilligen aus der DDR zu füllen begannen.[62] Virulent wurden diese Probleme mit der Feriensaison und dem Zustrom von Urlaubern aus der DDR. Am 13. August schloss die Bundesrepublik ihre Botschaft in Budapest, neun Tage später in Prag, wo sich jeweils über hundert Flüchtlinge aufhielten. Auf mehrere tausend hingegen wurde die Zahl derjenigen in Ungarn geschätzt, die nicht in die Botschaft kamen, aber auch nicht in die DDR zurück wollten.[63]

In dieser Situation wurde bekannt, dass die Paneuropäische Union am 19. August ein «Paneuropäisches Picknick» in Sopron an der deutsch-österreichischen Grenze veranstalten werde, bei dem ein Grenztor symbolisch geöffnet werden sollte. 661 Menschen flohen an diesem Tag durch ein nur angelehntes Grenztor nach Österreich – es war das erste jener dramatischen Ereignisse, das sich durch die Massenmedien verbreitete, Nachahmung fand, sich verstärkte und schließlich die historische Krise des Herbstes 1989 auslöste. Drei Tage nach dem Paneuropäischen Picknick überwanden erneut 240 Menschen die österreichisch-ungarische Grenze, diesmal allerdings ohne Vorabsprache mit den Grenztruppen. Die Situation spitzte sich zu, und am Tag darauf verhinderten Grenztruppen erneute Übertritte mit Waffengewalt, wobei mehrere Flüchtlinge verletzt wurden. Auch wenn die ungarische Regierung den 108 Zufluchtsuchenden in der bundesdeutschen Botschaft in Budapest am 24. August die Ausreise mit Papieren des Internationalen Komitees vom Roten Kreuz gestattete, so war dies keine Lösung für die große Zahl der ausreisewilligen Ostdeutschen im Land. Die ungarischen Behörden errichteten Flüchtlingslager, in denen sich am 3. September nach offizieller Auskunft 5000 Menschen aufhielten – und täglich kamen 500 Neuankömmlinge hinzu.[64]

Die SED-Führung, von Anfang Juli bis Ende September ohne den erkrankten Generalsekretär an ihrer Spitze, reagierte zunächst mit den gewohnten orthodox-ideologischen Reflexen. Ein gewisses Maß an Ratlosigkeit war allerdings unverkennbar. Mehr noch als auf Ungarn richtete sich die Wut dabei auf den Westen; der Berliner Bezirkschef Günter Schabowski schäumte im Politbüro:

«Der Gegner hat doch ein großes Konzept, er will bei uns alles zerschlagen. Sie wollen doch, daß wir den harten Rundumschlag führen. [...] Wir müssen den Feind angreifen. Das ist der Imperialismus der BRD. Das sind die eigentlichen Schuldigen. Nicht zuerst auf den Verleiteten herumhacken, aber den Verrat müssen wir auch als solchen brandmarken. Das ist auch ein Reflex der Selbstauflösungstendenzen im Sozialismus, den Menschen wird die Perspektive genommen. Deshalb kommen Parolen des Gegners zum Teil an.»[65]

Die ungarische Führung orientierte sich unterdessen anders. Am 25. August trafen der Ministerratsvorsitzende Miklós Németh und Außenminister Gyula Horn zu einer streng geheimen Zusammenkunft auf Schloss Gymnich bei Bonn ein, um den Bundeskanzler und seinen Außenminister zu sprechen. Ohne große Umschweife legte Németh, so das von Genscher diktierte Protokoll, die schweren ökonomischen Probleme in Ungarn auf den Tisch. Unterstützung aus dem Westen sei dringend notwendig, um den ungarischen Reformkurs fortsetzen zu können. Ohne ein formelles Junktim herzustellen, waren damit die Erwartungen an die Bundesregierung dargelegt. In der Tat gewährte sie Ungarn zusätzliche Kreditgarantien über 500 Millionen D-Mark, zusammen mit Kreditaktionen der Länder Bayern und Baden-Württemberg insgesamt eine Milliarde, und zudem verwendete sich die Bundesregierung beim Internationalen Währungsfonds und bei der Weltbank für Ungarn. Dafür, so war klar, wenn auch nicht im Protokoll notifiziert, würde sich die ungarische Regierung in der Frage der Ostdeutschen in Ungarn behilflich zeigen.[66]

Ende August setzte Horn dem Botschafter der DDR in Budapest sowie, bei einem Kurzbesuch in Ost-Berlin am 31. August, Außenminister Fischer sowie dem ZK-Sekretär für Wirtschaft und Politbüromitglied Günter Mittag die Pistole auf die Brust.[67] Ungarn werde am 11. September die bilateralen Abkommen mit der DDR kündigen und die Flüchtlinge ausreisen lassen, wenn die DDR nicht bis zum 10. September eine Lösung finde. Die DDR-Führung war aber nur bereit, den in Ungarn befindlichen Ausreisewilligen Straf- und Schikanefreiheit bei Rückkehr und beschleunigte Bearbeitung ihrer Ausreiseanträge zuzugestehen[68] – und das löste die Probleme in Budapest nicht.

So erklärte Gyula Horn am Sonntag, dem 10. September, im ungarischen Fernsehen: «Jeder sich in Ungarn aufhaltende DDR-Bürger kann von Mitternacht an das Land in Richtung des von ihm gewünschten Zieles [...] verlassen»[69]. Am Tag darauf öffnete Ungarn seine Grenzen nach Österreich, und bis Ende September flohen 30 000 Ostdeutsche aus der DDR. Sie gehörten in hohem Maße zu den unzufriedenen, nicht offen oppositionell agierenden Funktionseliten, die einmal mehr – wie schon zu Kriegsende, unter sowjetischer Besatzung und nach 1949 bis zum Mauerbau – das Gebiet der DDR verließen, wo ihr Fehlen die Versorgungsmängel weiter verschärfte. Zugleich trug das Westfernsehen die Massenflucht aus der DDR in das Land zurück und übermittelten unentwegt das Glück der erfolgreich Geflohenen. Krasser konnten diese Bilder nicht mit der Berichterstattung in den DDR-Medien kollidieren, die über Menschenhandel mit DDR-Bürgern berichteten, die von Ungarn an die BRD verkauft worden seien.[70] All dies verstärkte die grassierende Unzufriedenheit und den Ausreisesog. Zugleich führten die ungarischen Ereignisse die Ohnmacht der SED vor Augen – zumal das Regime, wie immer mehr durchschimmerte, seiner sowjetischen Überlebensgarantie verlustig gegangen war.

Der Kreml hatte sich in der ungarischen Frage völlig bedeckt gehalten und somit die Abschaffung der Breschnew-Doktrin konsequent praktiziert. In einem Anflug von Resignation sprach Außenminister Fischer gegenüber dem sowjetischen Botschafter in Ost-Berlin von einem «Angriff gegen den Sozialismus von Berlin bis Peking». Für die DDR stelle sich allerdings «die Frage, wozu unser Bündnis bestehe, wenn nicht dann – wenn sich eine derartige Situation ergeben habe – eine gemeinsame Erörterung der Probleme erfolge.»[71]

Dramatische Szenen vor den Mauern der geschlossenen deutschen Botschaft in Prag:
Tausende DDR-Flüchtlinge retteten sich wie hier im September 1989 in die Obhut der
bundesdeutschen Vertretung.

Prag und Warschau

Im September spitzte sich die Lage auch in Prag und in Warschau zu. Die
Schließung der bundesdeutschen Botschaften hatte nicht verhindern können, dass die ausreisewilligen Ostdeutschen sich Zutritt zum Garten der
Botschaft in Prag verschafften bzw. eine Unterkunft der katholischen Kirche aufsuchten, in die ein Teil der Flüchtlinge aus der Warschauer Botschaft gebracht worden war. Am Ende des Monats nahm die Zahl der
Botschaftsflüchtlinge explosionsartig zu: in Prag stieg sie von 1046 am
26. September auf etwa 4000 vier Tage später – im Palais Lobkowicz
herrschte Seuchen-, Brand- und Einsturzgefahr –, über 600 waren es in
Warschau am 29. September.[72]
   Die Feiern zum vierzigsten Jahrestag der Staatsgründung vor Augen,
die nicht von Bildern der Flüchtlinge in den bundesdeutschen Botschaften
überschattet werden sollten, verhielt sich die SED-Führung unter Zeit-

Sonderzug in die Freiheit: Gedränge an einem Prager Vorortbahnhof vor der ersehnten Abfahrt von DDR-Flüchtlingen in die Bundesrepublik Deutschland Anfang Oktober 1989.

druck flexibler als im Falle der Ständigen Vertretung in Ost-Berlin sechs Wochen zuvor. Nachdem nur wenige Botschaftsflüchtlinge eine Zusage angenommen hatten, nach ihrer Rückkehr in die DDR binnen sechs Monaten in die Bundesrepublik ausreisen zu dürfen, bot die DDR-Führung am 30. September an, die Zufluchtsuchenden könnten am nächsten Tag mit Sonderzügen über das Gebiet der DDR in die Bundesrepublik ausreisen; sie erhielten freies Geleit unter Begleitung bundesdeutscher Diplomaten und hoher Beamter. Als Außenminister Genscher nach langwierigen Verhandlungen am Rande der UNO-Vollversammlung in New York nach Prag reiste, um den Menschen in der Botschaft mitzuteilen, «daß heute Ihre Ausreise in die Bundesrepublik Deutschland bevorsteht», unterbrach ihn nicht enden wollender Jubel.[73] Dass er mit seinem Auftritt Rudolf Seiters, den Koordinator im Kanzleramt, in den Schatten stellte und damit die Rivalität zwischen Auswärtigem Amt und Kanzleramt in den folgenden Monaten verstärkte, war für die Menschen in der Botschaft von gänzlich nachrangiger Bedeutung.

Noch am 30. September verließ der erste Zug die Hauptstadt der Tschechoslowakei. Während der Fahrt über das Territorium der DDR winkten allerorten Menschen; in Plauen grüßte ein Transparent «den Zug der Freiheit» – bis zu den schwarz-rot-goldenen Grenzpfählen blieb indes die Unsicherheit auf dieser Fahrt durch die verlassene Heimat.[74] Zuerst erreichte der in derselben Nacht abgefahrene Zug aus Warschau das Bundesgebiet. «Der Empfang in Helmstedt», so berichtete der mitreisende Staatssekretär Bertele, «war überwältigend. Unsere DDR-Gäste, nunmehr Bundesbürger, fielen sich und uns um den Hals. Es waren bewegende Szenen.»[75]

Mit dem Transit über das eigene Staatsgebiet hatte sich die DDR den Anschein geben wollen, ihre Souveränität zu wahren. In Wahrheit erwies sie sich einen Bärendienst. Denn die Durchfahrt der Züge dokumentierte die Kapitulation der Führung vor dem Volk. Erich Honecker, noch einmal zurück an der Spitze der SED, rief den Flüchtlingen hingegen in einem von ihm redigierten Leitartikel des *Neuen Deutschland* vom 2. Oktober 1989 hinterher, sie hätten «durch ihr Verhalten die moralischen Werte mit Füßen getreten und sich selbst aus unserer Gesellschaft ausgegrenzt. Man sollte ihnen deshalb keine Träne nachweinen.»[76] Es war der Tropfen, mit dem er das Fass im Politbüro schließlich zum Überlaufen brachte.

Doch die DDR-Führung hatte mit diesem «humanitären Akt», als den sie ihre Ausreiseerlaubnis deklarierte, das Problem noch immer nicht gelöst. Schon einen Tag nach der Abreise der Züge befanden sich abermals 6000 Menschen in der Prager Botschaft, viele in der Nähe und auf dem Weg dorthin. Wütend und empört, war Ost-Berlin gleichwohl zu einer analogen Lösung bereit. Am 4. Oktober fuhren abermals Sonderzüge über das Territorium der DDR.[77] Diesmal aber kam es entlang der Bahnstrecke, an Langsamfahrstellen und vor allem am Dresdner Hauptbahnhof, zu gewaltsamen, tumultartigen Auseinandersetzungen, als an der Grenze zurückgewiesene Ausreisewillige versuchten, auf die Züge aufzuspringen.[78]

Schon einen Tag zuvor hatte das Politbüro beschlossen, den pass- und visafreien Verkehr mit der ČSSR auszusetzen und die «Grenze gegenüber der ČSSR und der VR Polen [...] in ihrer Gesamtlänge unter Kontrolle zu nehmen» – sprich: zu schließen.[79] Doch die Einführung der Visumpflicht für die ČSSR, die der Fluchtwelle Einhalt gebieten sollte, stieß in der

DDR-Bevölkerung und selbst bei SED-Mitgliedern auf scharfe Kritik und verschärfte die innere Lage weiter. Das Kalkül der Führung, durch die Ausreisegenehmigung für die Botschaftsflüchtlinge Druck aus den Ventilen zu lassen, ging nicht auf.[80] Nicht mehr «wir wollen raus» hieß es im Oktober. Die neue Parole klang wie eine Drohung: «wir bleiben hier». Die Flüchtlingskrise schlug in eine Regimekrise um.

Die SED im Sommer 1989

Während sich die Krise in der DDR zuspitzte, war die SED führungslos. Bis Ende September erholte sich Erich Honecker zunächst von einer Gallenkolik, die ihn bei der Tagung der Warschauer-Pakt-Staaten am 7./8. Juli in Bukarest befallen hatte, und im August musste er sich einer Gallen- und Darmoperation unterziehen. Dass seine Vertretung zwischen Egon Krenz und Günter Mittag aufgeteilt wurde, drängte potentielle Konkurrenz für Honecker zurück, lähmte aber die Handlungsfähigkeit der Partei noch zusätzlich.

An der Spitze von Staat und Partei herrschte unterdessen im Sommer 1989 vermeintliche Normalität. Detailliert beschäftigte sich das Politbüro, immerhin das zentrale politische Gremium des Landes, mit dem neu entwickelten Mokick S 51/1 und mit Ziffern des Pro-Kopf-Verbrauchs – sehr viel weniger hingegen mit strategischen Entscheidungen. Sorgen bereiteten allein die allgegenwärtigen Probleme der Versorgung.[81] Die innere Opposition wurde unterdessen in den klassischen Sprachmustern als «feindliche oppositionelle Zusammenschlüsse» des «Gegners» vor allem aus «reaktionären kirchlichen Kreisen» wahrgenommen.[82]

Im Gehäuse dieser erstarrten Weltsicht wurden gleichwohl erste Risse erkennbar: «Beachtet werden muß jedoch, daß das gezielte Anzweifeln der Wahlergebnisse [der Kommunalwahlen] durch die zwar zahlenmäßig schwachen gegnerischen Gruppierungen dennoch vereinzelt Unsicherheiten oder auch Fragen bei anderen Bürgern bis hin zu Parteimitgliedern hinsichtlich der Korrektheit des Wahlverfahrens ausgelöst hat.» Es sei «nicht zu übersehen, daß bestimmte Teile der Jugend den permanent vorgetragenen ideologischen Angriffen des Gegners unterliegen. Die Wirkung seiner Einflußnahme, insbesondere westlicher Rundfunk- und Fernsehstationen, konnte bisher nicht entscheidend zurückgedrängt werden.» Sorge bereitete in diesem Zusammenhang die weiter ansteigende Zahl der Ausreiseanträge und eine «deutliche Zunahme des aggressiven, fordernden, verleumderischen und zum Teil anmaßenden Auftretens sowie eine sinkende Hemmschwelle zur Androhung und Durchführung von provokatorisch-demonstrativen Handlungen und Straftaten»[83]. Ungarn drängte sich als unübersehbares Problem auf – in der Tat hatte Honecker bereits im Juni 1989 gegenüber Schewardnadse die «Befürchtung» geäußert, dass «die Entwicklung in Polen nicht mehr aufzuhalten ist»; und was in Ungarn proklamiert werde, «habe mit Sozialismus nichts mehr zu tun.»[84]

Vor diesem Hintergrund fand im Politbüro am 29. August, in Abwesenheit Honeckers, eine ebenso ausgiebige wie aufschlussreiche Aussprache statt[85]. «In uns allen gärt es doch», so brachte Volkskammerpräsident Horst Sindermann die allgemeine Verunsicherung zum Ausdruck. Sie verband sich mit einer geradezu pathologischen Vorstellung von «hinterhältigen Angriffen der Feinde der DDR», auf die Verteidigungsminister Keßler die Probleme zurückführte: «In der Strategie des Gegners», so der Gewerkschaftsvorsitzende Harry Tisch, «gibt es ja nichts Neues. Sein Ziel besteht doch darin, in der DDR eine Psychose zu entwickeln, eine Reformbewegung zu schaffen. Seine Wut ist, daß das bei uns nicht zieht». Demgegenüber wurde eine Stärkung des Sozialismus angemahnt. Die Wahl der Mittel verriet allerdings wenig Kreativität – Zeitungsartikel und Leserbriefe schlug Politbüromitglied Hermann Axen vor, und Werner Krolikowski befand: «Wir müssen unsere Werte stärker darstellen, wie sie Erich Honecker in den sechs Schwerpunkten der ideologischen Arbeit formuliert hat.»

Wenn Ministerpräsident Willi Stoph die Lösung schließlich darin sah, «die Versorgung in Ordnung [zu] bringen» und die Öffentlichkeitsarbeit «vielseitiger» zu gestalten, dann hatte er die Dimension der Probleme offensichtlich überhaupt nicht erkannt. Vielmehr herrschte im Politbüro Ende August trotz aller Schwierigkeiten die unerschütterte Überzeugung, die Situation im Griff zu haben. «Den Sozialismus in seinem Lauf», so erinnerte Erich Honecker Mitte August an die «alte Erkenntnis der deutschen Arbeiterbewegung», als er kurz nach Berlin zurückkam, «hält weder Ochs noch Esel auf.»[86] Eine konstruktive Strategie gegenüber der anschwellenden Krise konnte daraus nicht erwachsen, und auch zu einer entschlossenen Unterdrückung der Bewegung mit Hilfe der bewaffneten Kräfte fand sich die politische Führung nicht bereit. Vielmehr deutete Günter Mittag die in den folgenden Wochen so charakteristische Hilflosigkeit der Partei- und Staatsführung an: «Ich möchte auch manchmal den Fernseher zerschlagen, aber das nützt ja nichts.»

Und die Staatssicherheit, «Schild und Schwert» der Partei, die das gesamte Land flächendeckend überwachte und alles wissen wollte? In der Tat erfasste sie die Lage sehr viel früher und realistischer als die Parteiführung.[87] «Die Stimmung ist mies.» Generalleutnant Hummitzsch machte gegenüber Erich Mielke keinen Hehl aus der prekären Lage. «Es ist tatsächlich so, daß aus einer zufällig entstandenen Situation hier und da auch ein Funke genügt, um etwas in Bewegung zu bringen.» Er sagte dies im Rahmen einer Dienstbesprechung beim Minister für Staatssicherheit am 31. August 1989[88] – zwei Tage nach jener Aussprache im Politbüro –, die auch den Unterschied zwischen den reflektierten Kräften des MfS und den auffälligen intellektuellen Schwächen Mielkes deutlich machte. In der Erwartung des Üblichen fragte der Minister nach «den Betrieben, wie sieht es in den Betrieben aus, wie ist die Stimmung?» Als Generalmajor Hähnel in aller Vorsicht antwortete: «Das ist natürlich eine ganz komplizierte Frage, Genosse Minister, im Augenblick», wies ihn Mielke zunächst scharf zurecht: «Das ist eine sehr einfache Frage. Das ist eine Frage der Macht, weiter nichts.» Eben deshalb aber wurde Mielke in Anbetracht dessen, was ihm gesagt wurde, zunehmend nervös, schließlich fast panisch: «Ist es so, daß morgen der 17. Juni ausbricht?» Demgegenüber suchte ihn Oberst Dangrieß zu beruhigen: «Der ist morgen nicht, der wird nicht stattfinden, dafür sind wir ja auch da.»

Trotz aller realistischen Lageanalyse vermochten die Akteure der Staatssicherheit ein grundlegendes Unverständnis gegenüber der aufkommenden Bewegung nicht zu überwinden. Schon sprachlich waren sie nicht in der Lage, die in Gang gekommene Dynamik zu erfassen, operierten vielmehr in ihren Berichten über die Aktivitäten der Oppositionsgruppen mit hergebrachten Sprachformeln wie ‹feindlich-negative› und ‹reaktionäre›, gar ‹konterrevolutionäre› Kräfte, ‹Gegner›, und ‹Provokateure›, ‹Zusammenrottungen› von ‹Rowdys› und ‹zügellose Hetze› westlicher Medien.[89] Diese Muster der Wahrnehmung, des Denkens und des

Redens entsprachen immer weniger der tatsächlichen Entwicklung, und gerade an der Spitze tat sich eine immer größere Kluft auf, wie Erich Mielke in jener Besprechung vom 31. August nachdrücklich unter Beweis stellte:

> «Warum, also sie anerkennen die Vorzüge des Sozialismus und alles, was der Sozialismus bietet an Vorzügen, aber trotzdem wollen sie dann weg, weil das betrachten sie als Selbstverständlichkeit und gehen darüber hinweg und kommen dann mit allen möglichen anderen Gründen, die sie vorschieben; deshalb wollen sie weg. Wie ist da die Auswirkung, wie sind da die Auswirkungen unserer Arbeit? Ich meine nicht unserer Staatssicherheit bloß, sondern die politische Einwirkung. Wir wollen ja hier etwas finden und wollen suchen und finden, was wir vorschlagen können, was noch verbessert werden muß. [...] Naja gut, danke. Es ist natürlich schwer.»[90]

Die Staatssicherheit vermochte die Sicherheit des Staates nicht zu gewährleisten – im Gegenteil. Zu Aufklärungszwecken beteiligten sich Kräfte des MfS an der Oppositionsbewegung, und in der Tat war das MfS bestens informiert. Statt aber die zu bekämpfende Bewegung zu zersetzen, wirkten seine Inoffiziellen Mitarbeiter, um nicht aufzufallen, an den Entwicklungen mit, die sie gerade verhindern sollten[91], wurden teils selbst von der revolutionären Welle mit- und fortgetragen und liefen dem MfS, wie die Mitbegründer und ersten Vorsitzenden von SDP/SPD und Demokratischem Aufbruch, Manfred «Ibrahim» Böhme und Wolfgang Schnur, aus dem Ruder. Somit trug die Staatssicherheit schließlich selbst zum Einsturz des Systems bei, das sie erhalten wollte. Sie versagte in dem Moment, für den der gesamte pathologisch überdimensionierte Apparat überhaupt geschaffen worden war.

Im Herbst 1989 herrschte in der DDR eine spezifische Konstellation, in der sich strukturelle und aktuelle Faktoren verbanden und die SED-Führung immer mehr in die Enge trieben. Sie erfuhr keine Unterstützung durch die Sowjetunion, die dem Regime schon 1953 das Überleben gerettet hatte, die 1989 aber seinen Offenbarungseid bedeutet hätte. Auf Bajonetten wollte und konnte auch Erich Honecker nicht sitzen[92] – zumal die DDR, verstärkt durch die stets gegenwärtigen Massenmedien, unter der anhaltenden Existenzbedrohung aus dem Westen stand, von dem sie so bedrohlich abhängig geworden war. Dies wiederum schränkte die Repressionsmöglichkeiten des Regimes im Innern ein. Dort türmten sich mit den Versorgungsschwierigkeiten und der Verschuldung Probleme auf, die eine zunehmende allgemeine Unzufriedenheit schürten und deren Ausmaß, als es bekannt wurde, die in der Krise ohnehin konzeptionslose Führung noch zusätzlich lähmte. Konfrontiert mit der Flüchtlingsbewegung und einer immer entschlosseneren Opposition, hatten sich die Drohpotentiale des Regimes unterhalb der Schwelle gewaltsamer Unterdrückung offenkundig erschöpft. Dies wiederum beschleunigte den finalen «Verlust der ‹Fügsamkeit› (Max Weber) der großen Mehrheit»[93] gegenüber einer Herrschaft, die trotz aller «Normalisierung» nie wirkliche Legitimität hatte gewinnen können. In einer plötzlichen Welle der Solidarisierung und der Politisierung breiter Teile der Bevölkerung wurde die Sehnsucht nach Freiheit stärker als die Erfahrung der Angst und die Gewohnheit der Resignation.

Zwischen dem 7. Oktober und dem 9. November, innerhalb von nicht einmal fünf Wochen, brach die Ordnung der DDR in sich zusammen. Der Rahmen des zulässigen Redens und Handelns, den die SED der Gesellschaft über Jahrzehnte hinweg aufzuzwingen vermocht hatte, zerbrach. Was zuvor selbstverständlich gewesen war, wirkte mit einem Male grotesk, und mit dem Wegfall der tragenden Strukturen des Systems wurde auch die tiefe persönliche Unzulänglichkeit der bisherigen Machthaber sichtbar: wie hinter der fallenden Maske Ceauşescus auf dem Bukarester Balkon schiere Hilflosigkeit zum Vorschein kam, wusste sich Erich Mielke am 13. November 1989 vor der Volkskammer nicht mehr zu helfen und brachte nur noch heraus, er «liebe doch alle Menschen»[94]. Eine jahrzehntelange Diktatur ging in der Lächerlichkeit unter. Entwicklungen, die sonst Jahrzehnte brauchen, waren «in Monaten und Wochen wie flüchtige Phänomene»[95] vorübergerauscht.

4. Bürgerbewegung und Regimekrise

Die Massenbewegung

Mit den Tumulten am Dresdener Hauptbahnhof in der Nacht vom 4. zum 5. Oktober sprang die Flüchtlingskrise auf das Territorium der DDR über. Bereits im September 1989 hatten in Leipzig, als nach der Sommerpause die Montagsgebete in der Nikolaikirche wieder begannen, zunächst im Zusammenhang mit der Flüchtlingsbewegung erste öffentliche Protestkundgebungen stattgefunden. Die staatlichen Kräfte reagierten mit Härte – und stießen auf demonstrative Gewaltlosigkeit, deren Wirkung sich noch einmal verstärkte, wenn sie von westlichen Fernsehkameras erfasst und verbreitet wurde. Am 11. September verhafteten die staatlichen Kräfte 89 Personen, von denen 19 zu Haftstrafen bis zu sechs Monaten verurteilt wurden. Schon dies allerdings bewirkte weniger Abschreckung als Solidarisierung, und am 25. September kamen bereits über 5000 Menschen zusammen.[96] Die Demonstrationen entstanden spontan, ohne öffentliche Aufrufe und Anführung und auch ohne überdurchschnittliche Beteiligung von Mitgliedern der Oppositionsgruppen.[97] Neben der bereits institutionalisierten Opposition bildete sich mit der Massenbewegung und den Massendemonstrationen ein zweiter, eigener Strang der Bürgerbewegung innerhalb der DDR heraus. Ihr weiterer Weg entschied sich in jenen kritischen Tagen um den Jahrestag der Staatsgründung.

Während der offiziellen Feierlichkeiten demonstrierten mehrere zehntausend Menschen in Ost-Berlin, in anderen Großstädten und auch in kleineren Orten und Ortschaften, wie das MfS akribisch auflistete[98]. Mit brutaler Gewalt gingen die Kräfte der Staatsmacht am Wochenende des 7. und 8. Oktober in Ost-Berlin, in Dresden und andernorts gegen die Demonstranten vor – nicht nur durch eine große Zahl von «Zuführungen» und Festnahmen, sondern auch mit Schikanen und Mißhandlungen[99], die die angespannte Situation noch weiter verschärften. Vor diesem Hintergrund war es alles andere als gewiss, dass der – schließlich entscheidende – folgende Montagabend in Leipzig friedlich verlaufen würde.

Während des Friedensgebetes in der Nikolaikirche entstand wohl an jenem Abend des 9. Oktober die Parole, unter der sich die Bürgerbewegung in den entscheidenden Wochen sammelte. Während die vor der Nikolaikirche wartende Menge «wir sind keine Rowdys» skandierte, um Honeckers kriminalisierendes Stigma zurückzuweisen, rief ein Einzelner, wie überliefert wird, in diese Sprechchöre hinein: «Wir sind das Volk!»[100] Mit dieser Losung formulierte die Bürgerbewegung gegen die sozialistischen Machthaber eine tief in die Geschichte der bürgerlichen Moderne eingelagerte Forderung: die Volkssouveränität. Es war gerade der sozial-moralisch begründete Anspruch gegenüber den Herrschenden gewesen, das «Volk» zu sein, mit dem die bürgerlich-liberale Bewegung seit der Aufklärung ihr Begehren nach Mitsprache und Machtteilhabe begründet hatte.[101] Dass sich deren Anspruch zugleich auf die Nation richtete, deutet auf ein weiteres Potential dieser Bewegung hin, das wenige Wochen später durch eine kleine Umformulierung zum Ausdruck kommen sollte, als es hieß: «Wir sind ein Volk!»

«Keine Gewalt» war das andere Motto dieser Bürgerbewegung. Betende und friedliche Menschen mit Kerzen, und bald auch mit Humor und Ironie, unterliefen die Erwartungen und Verhaltensweisen, die Feindbilder und Sprachmuster der staatlichen Führung und der Sicherheitskräfte und machten diese umso hilfloser; das MfS selbst konstatierte «‹Sprachlosigkeit› und Unsicherheit der Partei- und Staatsfunktionäre aller Ebenen»[102]. Ohne einen Vorwand für ein gewaltsames Eingreifen zu liefern, zeigte «das Volk» mit seinem Souveränitätsanspruch erstmals massive öffentliche Präsenz. Im Oktober weitete sich diese Massenbewegung rapide aus und verband sich mit der organisierten Opposition zur Bürgerbewegung, der das Regime nichts entgegenzusetzen hatte. Diese für den Herbst 1989 so entscheidende Liaison hielt indessen nur fünf Wochen, dann gingen beide Bewegungen wieder auseinander.

Dies lag jedoch am 9. Oktober noch fern. Die Demonstranten in Leipzig beherrschte vielmehr die bange Frage und die große Angst, wie sich die Staatsmacht verhalten würde.[103] Die Dinge standen auf des Messers Schneide.

Kapitulation der Staatsmacht: Leipzig, 9. Oktober 1989

Im September 1989, inmitten der Flüchtlingskrise hatte die SED-Führung ganz auf die Vierzig-Jahr-Feiern der Staatsgründung hin gelebt, zu denen

Wer zu spät kommt: Michail Gorbatschow und Erich Honecker nehmen die Militär-
parade zum vierzigjährigen Bestehen der DDR ab.

auch Erich Honecker auf die politische Bühne zurückkehrte. Ungeachtet
der zugespitzten Lage suchte die Parteiführung vor den Augen der ver-
sammelten Prominenz des Ostblocks die heile Welt einer erfolgreichen
DDR zu inszenieren. Der Staats- und Parteichef proklamierte selbstzu-
friedene Gewissheit wie immer: «die Atmosphäre sei vorhanden, die wis-
senschaftlich-technische Revolution zu meistern und die sozialen Probleme zu lösen.» Steigerungen der Arbeitsproduktivität durch selbst entwickelte Mikroelektronik um 300 bis 700 Prozent ermöglichten eine
Produktion «in höchster Qualität, mit Weltspitzenerzeugnissen», so be-
lehrte er Gorbatschow, um sich zugleich nach den Gründen für die Versorgungsprobleme in der Sowjetunion zu erkundigen[104] – kein Wunder,
dass der wenig amüsierte sowjetische Gast den ohnehin nicht neuen Eindruck einer überheblichen und erstarrten DDR-Führung mit nach Moskau nahm: «Genosse Erich Honecker habe sich offenbar für die Nummer 1 im Sozialismus, wenn nicht sogar in der Welt gehalten. Er habe
nicht mehr real gesehen, was wirklich vorgehe.»[105]

In Ost-Berlin hatte Gorbatschow die SED mit deutlichen Worten zu Reformen ermahnt: «Wenn wir zurückbleiben, bestraft uns das Leben sofort», und wenn «die Partei nicht auf das Leben reagiert, ist sie verurteilt.» Vergeblich – Honeckers Antwort zeugte nur noch von realitätsenthobener Ignoranz: «vorwärts immer, rückwärts nimmer.»[106] Es konnte nicht sein, was nicht sein durfte. Während der gesamten Feierlichkeiten ging von der Staats- und Parteiführung keinerlei Signal aus, dass sie die Zeichen der Zeit auch nur in Ansätzen erkannt hätte.

Stattdessen gab Honecker bereits am 22. September, noch bevor er seine Amtsgeschäfte in Ost-Berlin wieder aufnahm, den Ersten Sekretären der Bezirksleitungen die Anweisung, «daß diese feindlichen Aktionen im Keime erstickt» und «die Organisatoren der konterrevolutionären Tätigkeiten isoliert werden» müssten.[107] Zur Sicherung der Vierzig-Jahr-Feiern wurde am 27. September vorsorglich die Nationale Volksarmee in Stellung gebracht und für den Zeitraum vom 6. bis zum 9. Oktober erhöhte Gefechtsbereitschaft befohlen. Womit die Führung rechnete, zeigte sich daran, dass «zusätzliche Bettenkapazitäten in der Militärmedizinischen Akademie und im Lazarett Potsdam» angeordnet wurden.[108] Am 8. Oktober wies Erich Honecker die Bezirkssekretäre abermals nachdrücklich an, die Demonstrationen «gegen die verfassungsmäßigen Grundlagen unseres Staates» trügen «den Charakter rowdyhafter Zusammenrottungen und gewalttätiger Ausschreitungen», und weitere «Krawalle» seien «von vornherein zu unterbinden.»[109] Erich Mielke verlangte von den Leitern der Diensteinheiten den «Einsatz aller geeigneten Mittel»[110].

Die Zeichen vor der Leipziger Montagsdemonstration am 9. Oktober standen also auf Konflikt. Und angesichts der zu erwartenden Zahl von Demonstranten würde die Kundgebung wohl nicht mehr mit Verhaftungen einzelner, auch nicht mit Schlagstöcken zu unterbinden sein. Würde die DDR-Führung zur «chinesischen» Lösung greifen, mit der sie sich im Juni demonstrativ solidarisiert hatte? Was die bewaffneten Kapazitäten betrifft, so hätte die DDR-Führung dies auch ohne sowjetische Unterstützung leisten können. Die Frage, ob sie sich im Ernstfall absolut auf die bewaffneten Kräfte hätte verlassen können, stand Honecker kaum vor Augen. Bewusst aber war ihm, dass es sich, diesmal ohne sowjetische Unterstützung, um ein zweites ‹1953› gehandelt hätte, das die DDR-Führung seitdem gerade zu vermeiden getrachtet hatte. Zudem wäre das Regime im Falle einer gewaltsamen Niederschlagung der Bürgerbewegung von innen und durch den Westen unter unkalkulierbaren Druck geraten. Die «chinesische Lösung» vor den Augen der Welt wäre eine Verzweiflungstat mit vollem Risiko gewesen. Erich Honecker war dazu bereit.

8000 bewaffnete Kräfte – Volkspolizei, Kampfeinheiten des MfS, Betriebskampfgruppen und 1500 Soldaten der NVA in Reserve – marschierten am 9. Oktober 1989 in Leipzig auf, und 5000 ‹gesellschaftliche Kräfte› – Mitglieder und Mitarbeiter von SED und staatlichen Organen – suchten sich unter die Demonstranten zu mischen.[111] Egon Krenz stellte Erich Honecker die Alternative vor: «Weiterer Einsatz von Kampfgruppen und Einsatz der Volkspolizei in der Sonderausrüstung zur Auflösung staatsfeindlicher Demonstrationen. Die bessere Variante wäre: Wird das Friedensgebet dennoch wieder durchgeführt, die Kirche komplett durch das Partei- und FDJ-Aktiv besetzen und auf dem Platz davor eine Großkundgebung aus Anlaß des 40. Jahrestages der DDR durchführen.»[112]

An diesem Montag geschah indessen weder das eine noch das andere. Das Regime schreckte, als es zum Schwur kam, vor dem offenen militärischen Einsatz der NVA zurück. Die Einsatzkräfte hatten zwar die Auflösung der Demonstration geprobt. Dann aber wurden sie von der schieren Masse, der unerwartet hohen Zahl der Demonstranten, die sich nach dem Ende der Friedensgebete zwischen 18.15 und 18.30 Uhr ohne erkennbare Führung in Bewegung setzten, geradezu überrollt. 70 000 Menschen zogen über den gesamten Leipziger Innenstadtring und forderten in Sprechchören die Zulassung des Neuen Forums, Reformen, freie Wahlen und Führungswechsel, ohne dass die Staatsmacht sie daran hinderte. Um 18.35 Uhr war die Einsatzleitung zur «Eigensicherung der Einsatzkräfte» übergegangen.[113]

Mit der «Kapitulation der Staatsmacht in Leipzig»[114] war das Regime über den Rubikon zurückgewichen und hatte die letzte überhaupt erfolgversprechende Möglichkeit einer gewaltsamen Auflösung der Massendemonstrationen und der Bürgerbewegung insgesamt verstreichen lassen. Erich Mielke lavierte in den folgenden Wochen, äußerte sich mal für härteres Durchgreifen, mal zurückhaltender und mal geradezu resigniert. «Schild und Schwert der Partei» aber handelten nicht eigenmächtig gegen die Führung[115], die nicht mehr auf eine gewaltsame Lösung setzte. Ihr blieb nur zu hoffen, dass sie die Entwicklung wieder einfangen und die Bürgerbewegung aufhalten könnte, dass sich die Zeiten wieder ändern mochten – keine konstruktive Perspektive, und doch hatte sich schon in der Revolution von 1848/49 gezeigt, wie schnell der Wind sich in aufgeheizten Zeiten drehen kann, was er, in anderer Richtung, im November 1989 auch tat. Einstweilen aber hatte der Protest gegen die SED-Herrschaft seine kritische Masse erreicht und schwoll weiter an.[116]

Zunehmend griff er nun auch auf bislang regimeloyale Bürger und auf Mitglieder der SED und ihrer Organisationen selbst über. Schon am 11. September, dem Tag der ungarischen Grenzöffnung, berichtete die Staatssicherheit, dass auch zahlreiche Parteimitglieder mit kritischen «Verhaltensweisen in Erscheinung treten und sich damit kaum noch von Parteilosen unterscheiden.»[117] Und am 8. Oktober – vor der entscheidenden Leipziger Montagsdemonstration – meldete sie, «viele progressive Kräfte, insbesondere Mitglieder der SED [...] sprechen ganz offen darüber, daß die Partei- und Staatsführung nicht mehr in der Lage und fähig sei, die Situation real einzuschätzen und entsprechende Maßnahmen für dringend erforderliche Veränderungen durchzusetzen.»[118] Angehörige der ‹Kampfgruppen der Arbeiterklasse› legten ihre Mitgliedschaft nieder[119], und in Leipzig waren die Einsatzkräfte am 9. Oktober gar nicht vollzählig erschienen. Unterdessen gingen am 16. Oktober über 100 000 Demonstranten auf die Straße, die sich in Transparenten und Sprechchören nun ungleich selbstbewusster zeigten. Die SED-Führung verlor die Kontrolle über das Land und löste sich binnen weniger Wochen in Konfusion auf. Bis zuletzt hatten die wenigsten Mitglieder des Politbüros den Ernst ihrer Lage überhaupt erfasst. «Sie, die nie die Welt verstanden», verstanden nun «plötzlich die Welt nicht mehr.»[120]

Konfusion des Regimes:
Der Sturz Erich Honeckers und die «Wende» des Egon Krenz

Die Tage um die Vierzig-Jahr-Feiern hatten im Umfeld Erich Honeckers allerdings Skepsis ausgelöst, nachdem sich die Mitglieder des Politbüros im Gespräch mit Gorbatschow von Honecker wie Schuljungen hatten aufrufen lassen, dem ersten Mann der DDR Stichworte zuzuwerfen, mit denen dieser die heile Welt im sozialistischen Deutschland beschrieb –

und keiner den Ernst der Lage auch nur angesprochen hatte.[121] Demgegenüber berichtete die ZAIG über ganz andere Reaktionen auch der
regimeloyalen Kräfte im Land: «Unter den Werktätigen wachsen Zweifel
an der Perspektive des Sozialismus in der DDR. Zahlreiche progressive
Kräfte, darunter viele Werktätige vor allem älterer Jahrgänge, befürchten, daß es zu großen Erschütterungen in der Gesellschaft komme, die
von der Partei nicht mehr beherrschbar seien. Bereits jetzt – so argumentieren sie – befände sich die DDR in einer Situation wie kurz vor den konterrevolutionären Ereignissen am 17. Juni 1953.»[122]

Damit stand das Menetekel an der Wand. Und dass sich die Situation
mit der Niederlage der SED am 9. Oktober in Leipzig weiter zuspitzte,
war auch Egon Krenz klar. Honeckers langjähriger Kronprinz schwankte
in diesen Tagen, ob er den Putsch wagen sollte. Zunächst versuchte er es
mit Honecker und legte ihm am 8. Oktober, nachdem er sich der Unterstützung von Schabowski, Stoph, Krolikowski, Tisch, selbst Mielkes und
anderer Mitglieder des Politbüros versichert hatte, den Text einer öffentlichen Erklärung vor, die das Politbüro in seiner nächsten Sitzung beschließen solle. In vielem ganz in den Bahnen der SED-Orthodoxie,
schlug die Erklärung doch neue Töne an, indem sie Bedauern über die
Fluchtwelle äußerte, Problembereiche benannte, in denen Veränderungs-
bedarf bestehe, und ein Angebot zur öffentlichen Beratung «über alle
grundlegenden Fragen unserer Gesellschaft» machte, «die heute und
morgen zu lösen sind.» Brüsk wies der Generalsekretär dieses Ansinnen,
der Überlieferung von Egon Krenz zufolge, als «Kapitulations-Erklä-
rung» zurück und drohte Krenz mit dem Ende seiner Karriere.[123]

«Selbstkritik hilft nichts» – so kommentierte Honecker den Entwurf
der Erklärung vor dem Politbüro, das am 10. und 11. Oktober unge-
wöhnliche 15 Stunden lang tagte. Mit Händen war die Verunsicherung
der Mitglieder zu greifen.[124] Wie eh und je zog Erich Honecker zu Beginn
in den bekannten Formeln und mit den üblichen Zahlen die gewohnte
Erfolgsbilanz von DDR und SED, die sich in materiellen Daten er-
schöpfte und für gesellschaftlich-politische Fragen keinen Sinn hatte: Einheit von Wirtschafts- und Sozialpolitik, Steigerung der Arbeitsproduktivität und der Löhne, Wohnungsbau und «Kindergrippen» [sic!], 1000
Mark Geburtshilfe für jedes Kind, Kindergeld und Renten.[125]

Gemeinsamer Nenner der sich anschließenden Diskussion war die herausragende Bedeutung der Versorgung – Telefone und Dachpappe wurden ebenso vorgebracht wie Gewürze und Büstenhalter. Darüber hinaus aber sprachen, neben den Vertretern einer uneingeschränkt harten Linie, erstmals Mitglieder des Politbüros in Gegenwart Honeckers ihre «tiefe innere Unruhe», die «Sprachlosigkeit» der Parteiführung und den «Vertrauensverlust» an und nahmen für Krenz' Erklärung Stellung – die SED müsse «Dialog nach innen machen»[126]. Als Krenz dann «Dialog» – der Begriff stammte aus dem sprachlichen Arsenal von Kirchen und Bürgerrechtsbewegung – «unter Führung der Partei» einforderte, zu den Flüchtlingen bemerkte, manchen «weinen wir Tränen nach» und schließlich forderte, das «Wahlgesetz vollst(ändig) ein[zu]halten», ging er Honecker gleich dreifach an. Dieser herrschte ihn seinerseits an, wie Gerhard Schürer, der Vorsitzende der Staatlichen Plankommission, festhielt: «Sagen was man meint!» Und als der Generalsekretär ganz am Ende der Sitzung «schärfste Maßnahmen gegen Wahlfälschung» ankündigte, war dies im Grunde nichts anderes als eine offene Drohung gegen den Vorsitzenden der Wahlkommission der DDR: Egon Krenz.[127]

Als Honecker am Ende des zweiten Tages – ohne fertiges Manuskript, wie er hervorhob – noch einmal seine Sicht der Dinge ausbreitete, war doch ein Unterton von Resignation nicht zu überhören: «Mikroelektronik ‹kostete uns› 14 Mrd. Mark, aber was sonst. Das mußten wir doch tun. Vieles sind doch Spitzenleist(ungen).» In Formulierungen, die in Gerhard Schürers Notizen keinen sinnvollen Zusammenhang ergeben, ging Honecker abermals auf das Thema 1953 ein und zitierte – ausgerechnet – den sowjetischen Geheimdienstchef Lawrentij Berija: «Man kann nicht auf Bajonetten sitzen.» Zugleich zeigte er sich auch zwei Tage nach der Niederlage des Regimes in Leipzig entschlossen, die «Konterrevolution» zu bekämpfen: «Gewaltmonopol hat auch bei uns der Staat. Wenn notwendig, muß von der Macht Gebrauch gemacht werden.» Hinter all dem nämlich eröffnete sich – dies war Honecker klarer als manch anderem – in der Tat die Aussicht, in der für ihn alles zusammenbrach: «Wenn DDR zur BRD käme, ist Großdeutschland wieder da!»[128]

Bis zur nächsten Sitzung des Politbüros am Dienstag, dem 17. Oktober, hatte sich die Situation gegenüber der Vorwoche noch einmal deutlich zugespitzt. Die «Lage ist so beschissen, wie sie noch nie in der SED war», so brachte ein Mitglied die Dinge ohne Rücksicht auf das Protokoll auf den Punkt.[129] Inzwischen hatte sich Egon Krenz zum Handeln entschlossen und mit Schabowski, Tisch und Stoph vereinbart, Honecker zu stürzen. Gleich zu Beginn der Sitzung überraschte Stoph, der sich schon früher auf dem Weg über Moskau an einem Sturz Honeckers versucht hatte[130], den offenkundig ahnungslosen Generalsekretär mit dem entscheidenden Antrag. In der nun folgenden Aussprache musste Honecker erleben, wie alle bislang so treuen Genossen von ihm abrückten: er habe das «Vertrauen der Partei verloren», so der selbst abgelöste Günter Mittag, und «sein Lebenswerk zerstört.» Besonders angekreidet wurde ihm – wie Krenz schon in der Vorwoche angesprochen hatte – die Bemerkung über die Flüchtlinge, denen man «keine Träne nachweinen» solle. Es tue ihm «weh», bekundete Egon Krenz, aber «Erich hat das alles nicht verstanden.» Und Erich Mielke, diesmal ganz resigniert: «Wir können doch nicht anfangen, mit Panzern zu schießen. Erich Schluß: Ich akzeptiere das.» Am Ende sprach Honecker, ein letztes Mal, über die Republik und den Sozialismus, den Gegner, die Einheit von Wirtschafts- und Sozialpolitik, den Anstieg des Nationaleinkommens und die «Kapazitäten für eine Million Telefone». Mit einem behielt er Recht, als er nämlich im Hinblick auf seine Ablösung sagte: «Nichts wird beruhigt»[131].

In der Formelsprache des bürokratischen Sozialismus hielt das Protokoll schließlich fest: «Das Politbüro stimmt dem Vorschlag des Genossen Willi Stoph zu, Genossen Erich Honecker von der Funktion des Generalsekretärs und als Mitglied des Politbüros des ZK der SED aus Gesundheitsgründen zu entbinden. [...] Genosse Egon Krenz wird vom Politbüro dem Zentralkomitee der SED als neuer Generalsekretär des ZK der SED vorgeschlagen.»[132] Eine ebenso zentrale wie berechtigte Frage gab ihm Honecker mit auf den Weg: «Was ist Erneuerung? [...] Bisher ‹gibt es› keine Linie.»[133]

Am Tag nach dem Politbüro tagte das Zentralkomitee der SED, das Egon Krenz zum neuen Generalsekretär wählte. Eine «Wende» versprach er und «Dialog», freilich unter zwei Bedingungen: erstens «den Sozialismus in der DDR weiter auszubauen [...] und keine unserer gemeinsamen Errungenschaften preiszugeben» und zweitens die DDR als «souveränes Land» zu erhalten.[134] Krenz hoffte, mit einigen inhaltlichen Korrekturen

Nichts wurde beruhigt: Am 18. Oktober 1989 wurde Egon Krenz vom SED-Zentralkomitee zum Nachfolger Erich Honeckers als SED-Generalsekretär gewählt. Am 24. Oktober folgte seine Ernennung zum Vorsitzenden des Staatsrates.

und personellen Veränderungen die Initiative wiedergewinnen zu können. In diesem Sinne fragte er auch den Vorsitzenden der Konferenz der Evangelischen Kirchenleitungen in der DDR am Tag nach seiner Wahl, «wann Schluß mit diesen Demonstrationen sei, denn man könne ja nicht jeden Tag auf die Straße gehen»[135].

Die Entwicklung lief allerdings in die entgegengesetzte Richtung: Honeckers Sturz beschleunigte den Erosionsprozess der SED-Herrschaft. Krenz, über den Gerüchte über gesundheitliche und Alkoholprobleme kursierten[136], galt nicht als glaubwürdiger Reformer oder Gestalter einer wirklichen «Wende». Das «ewig lachende Gebiß», wie ihn Wolf Biermann sogleich verspottete[137], zog nur verstärkte Proteste einer Opposition auf sich, die sich durch die Konzessionen der SED und Krenz' Verpflichtung auf Gewaltverzicht bestärkt fühlen konnte und die nach dem 9. und dem 17./18. Oktober erst recht in die Offensive kam.

Unterdessen gärte es auch in der SED. Schon in der ZK-Sitzung vom 18. Oktober[138] verlangten die Mitglieder nach Krenz' Erklärung das Wort, was Sitzungsleiter Willi Stoph, der seinerseits am Vortag Erich Honecker mit seinem unerwarteten Antrag überrascht hatte, in völlige Hilflosigkeit stürzte. Nun fielen ungekannt offene Worte, wie etwa durch den Ersten stellvertretenden Ministerratsvorsitzenden Günther Kleiber: «Wir sind uns alle einig darüber, daß wir nicht viel Zeit haben, die Lage ist ernst, ich schätze ein, daß die Betriebe fest stehen. Aber es gibt Anzeichen, daß es auch dort anfängt zu wackeln»[139].

Die Gewissheit begann zu schwinden. Hans Modrow, der Erste Parteisekretär des Bezirks Dresden, kritisierte eine Überschrift «Mit der Wahrheit gehen wir» aus dem Neuen Deutschland, weil die SED doch «einen Dialog um die Wahrheit führen» wolle. Fassungslos rief ihm Heinz Keßler zu: «Trotzdem haben wir die Wahrheit!» Unter Beifall antwortete Modrow: «Ja. Aber Heinz, ich persönlich gehe nicht davon aus, daß wir zu jeder Frage die Wahrheit haben.»[140] Die Gewissheit allerdings, im Besitz der alleinigen Wahrheit zu sein, die sich auch in jenen identitätssichernden Sprachformeln in den Kategorien von Freund und Feind niederschlug, war die ideologische Lebensgrundlage des gesamten SED-Staates. Damit unterschieden sich die sozialistischen Systeme grundsätzlich von den westlichen Staaten und Gesellschaften mit ihrem Pluralismus verschiedener Meinungen und Interessen. Das hatte auch Gorbatschow nicht erkannt, aber erfasst hatte er eines: Wenn man «den Glauben verliere, dann werde man alles verlieren.»[141]

Unterdessen versuchte sich das verunsicherte Zentralkomitee an einem Bündel von Maßnahmen zur Verbesserung des Volkswirtschaftsplans, der Versorgung und der Verwaltung, zur Festigung der «Autorität der Regierung im Volk», zum Einsatz moderner Technologien, zur Rekrutierung von Leitungspersonal und zur Förderung des Leistungsprinzips, darunter auch grundlegende, aber allesamt systemimmanente Reformvorschläge.[142] Zudem bewegten sie sich allesamt innerhalb ökonomisch-materieller Kategorien, denn allein diese waren aus der überkommenen sozialistischen Perspektive überhaupt als Probleme erkennbar, nicht hingegen gesellschaftlich-politische Kategorien wie Wertewandel oder individuelle Selbstbestimmung, Pluralismus und Partizipation, die Walter Friedrich im Jahr zuvor als Grundströmung der Entwicklung identifiziert hatte.[143]

Aber auch die ökonomisch-materiellen Vorschläge waren weder trag-
fähig noch vereinbar mit der technologisch-ökonomischen Gesamtentwicklung, die sich vom Westen aus im Zeichen von Digitalisierung und
Internationalisierung immer weiter durchsetzte. Günther Kleiber sprach
über den «Plan», der «das Hauptinstrument zur Sicherung der plan-
mäßigen und proportionalen Entwicklung der Volkswirtschaft ist und
bleibt» und «von der Regierung bis zur Brigade» wieder «Autorität und
Realität» bekommen müsse; und dann sprach er über Autoreifen, über-
höhte Preise für «Walkmans, die bei der Jugend gefragt sind», über die
Versorgung der Läden mit Getränken und Kinderanoraks sowie über
den Personalcomputer und den 1-Mega-Bit-Chip, von dem der Vorsitzende der Staatlichen Plankommission auf derselben Sitzung sagte, dass
die Produktion «nicht in der vorgesehenen Größenordnung beherrscht»
werde.[144]

Durcheinander und Hilflosigkeit begannen sich zu verbreiten. Aus
den Parteigliederungen ging eine Flut von Reformvorschlägen ein, von
einem neuen ZK bis zur Versorgung mit Futtermitteln und Polster-
möbeln.[145] Wie schon im Falle der Ausreisen führte der Versuch, ein
Ventil zu öffnen, nicht zum Abbau von Überdruck und zur Beruhigung,
sondern zu einem zunehmenden Sog. Verschlimmert wurde alles durch
die schockartige Erkenntnis der wirklichen wirtschaftlichen Lage.

Schock: die wirtschaftliche Lage

«Wir sind uns alle einig darüber», gab Innenminister Dickel an jenem
18. Oktober den Konsens des ZK wieder, «daß die Hauptschlacht auf
ökonomischem Gebiet geschlagen wird»[146] – umso schlimmer für die
SED, wie sich bald herausstellte. Nun war den Führungsmitgliedern die
problematische wirtschaftliche Entwicklung der DDR in den achtziger
Jahren nicht neu. Die «Politik des Lebens über die Verhältnisse», die steigende Westverschuldung und die zunehmende Tendenz Erich Honeckers,
«daß die Verhältnisse in der DDR in den schönsten Farben dargestellt
werden», hatten Krolikowski und Stoph schon 1980 in Moskau angekreidet.[147] Und 1988 hatte Gerhard Schürer, der Vorsitzende der Staatlichen Plankommission und Kandidat des Politbüros, angesichts enormer
Bilanzierungslücken und eines weiteren erheblichen Anstiegs der Aus-

landsverschuldung im Entwurf des Volkswirtschaftsplans 1989 ein Papier vorgelegt, in dem er gegen eine weitere Verschuldung und für Einschränkungen der Sozialausgaben plädierte, was auf eine Senkung des Lebensstandards hinauslief[148]. In der Sache richteten sich diese Vorschläge gegen die nicht mehr finanzierbare «Einheit von Wirtschafts- und Sozialpolitik» – und die war für die Parteiführung sakrosankt. Honecker ließ die Initiative durch Günter Mittag abservieren und verpflichtete Schürer auf ein Konzept, das die «Einheit von Wirtschafts- und Sozialpolitik» wahren und zugleich die Verschuldung stoppen sollte. Nur: wie das gehen sollte, wusste niemand zu sagen.

Im Mai 1989 gab Schürer dem «Kleinen Kreis» der höchsten Wirtschaftsfunktionäre zu verstehen, bei fortgesetzter Neuverschuldung sei die «DDR 1991 zahlungsunfähig». Auch der desaströse Zustand der Infrastruktur und der Versorgung lag offen zu Tage, gerade im Vergleich zum durch das Fernsehen stets präsenten Westen. Das Offensichtliche aber wurde verdrängt und schöngeredet. Die Wirtschaftsfachleute fügten sich, zwischen eigener Erkenntnis und ideologischer Doktrin, der Parteilinie. Auch Egon Krenz forderte in jenem Mai ein unbeirrtes ‹Weiter so›: «Es ist für uns gar keine Frage, ob die Einheit von Wirtschafts- und Sozialpolitik fortgeführt wird. Sie muß fortgeführt werden, denn sie ist ja der Sozialismus in der DDR!»[149]

Eben weil es um noch mehr ging als um Zahlungsunfähigkeit und Staatsbankrott, war der Schock so groß, als die SED-Führung nach Honeckers Sturz der Wahrheit nicht mehr entrinnen konnte. Gleich in der ersten von ihm geleiteten Politbüro-Sitzung beauftragte Krenz den Vorsitzenden der Staatlichen Plankommission, «eine Analyse der tatsächlichen volkswirtschaftlichen Situation» sowie für das ZK der SED einen Beschlussentwurf für notwendige Wirtschaftsreformen in der DDR auszuarbeiten.[150] Die daraus hervorgehende «Analyse der ökonomischen Lage der DDR mit Schlußfolgerungen»[151], die dem Politbüro am 31. Oktober vorlag, übertraf in ihrer systematischen Zusammenstellung der Negativposten alle Erwartungen. Sie nannte die desaströsen wirtschaftlichen Kennziffern, den Rückstand der Arbeitsproduktivität gegenüber der Bundesrepublik um – untertriebene – 40 Prozent, den nicht finanzierbaren Umfang des staatlich subventionierten, nicht durch Leistungen gedeckten Konsums und die dramatische Verschuldung des

Landes beim Namen. Bereits drei Tage zuvor hatte Schürer den neuen Generalsekretär informiert, dass die DDR angesichts ihrer Zahlungs-fähigkeit «bereits jetzt weitestgehend von kapitalistischen Kreditgebern abhängig» sei. Ihre Bonität bei ausländischen Banken profitiere von dem Etikettenschwindel («da die tatsächlichen Quellen diesen Banken nicht bekannt sind»), dass der DDR Auslandsguthaben zugute gehalten würden, bei denen es sich in Wahrheit ganz überwiegend um «bereits mobilisierte, noch nicht eingesetzte Kredite» handelte.[152] Um ein Mora-torium zu verhindern, bei dem «der Internationale Währungsfonds be-stimmen würde, was in der DDR zu geschehen hat», seien eine «grund-sätzliche Änderung der Wirtschaftspolitik der DDR» und eine an Marktbedingungen orientierte Reform der Planwirtschaft unumgäng-lich – einschließlich der Absenkung des Konsums.[153] Aber wie hatte Krenz noch im Mai über die Einheit von Wirtschafts- und Sozialpolitik gesagt? «Sie muß fortgeführt werden, denn sie ist ja der Sozialismus in der DDR!» Das war das Problem – mit wenig rosigen Aussichten: «Allein ein Stoppen der Verschuldung würde im Jahr 1990 eine Sen-kung des Lebensstandards um 25–30 Prozent erfordern und die DDR unregierbar machen.»[154]

Unmittelbar nach der Politbürositzung vom 31. Oktober flog Egon Krenz nach Moskau, um Gorbatschow einen Antrittsbesuch abzustatten. Tags darauf trug er dem sowjetischen Generalsekretär die wirtschaftliche Lage vor.[155] Gorbatschow ließ Krenz wissen, «in der Sowjetunion sei die reale Lage der DDR bekannt gewesen. Man sei auch über die Beziehun-gen zur BRD und darüber informiert gewesen, was dort für Probleme her-anreiften.» Umso unangenehmer – dies konnte sich Gorbatschow nicht verkneifen – habe ihn berührt, dass «die Sowjetunion in dieser Lage in so aufdringlicher Weise mit den Erfolgen der DDR traktiert» worden sei. «Dies war besonders schwer zu ertragen, weil man die wirkliche Lage der DDR kannte.» Als Krenz dann ins Detail ging, verschlug es allerdings auch dem Kremlherrn die Sprache: «Genosse Gorbatschow fragte er-staunt, ob diese Zahlen exakt seien. So prekär habe er sich die Lage nicht vorgestellt.» Konkrete Hilfsmöglichkeiten der Sowjetunion, der es öko-nomisch viel schlechter ging, hatte er keine anzubieten, dafür gab er Krenz den Rat, «allmählich […] die ganze Wahrheit auszusprechen» und die Gesellschaft an den Gedanken zu gewöhnen, dass man in den vergangenen Jahren über die Verhältnisse gelebt habe. Für die schwer bedrängte DDR-Führung, der die Bevölkerung zu Zehntausenden davonlief, war dies nicht wirklich hilfreich.

Vor diesem Hintergrund sollten die Tatbestände dem Zentralkomitee in seiner nächsten Sitzung vom 8. bis 10. November auch nur in dosierter Form vorgetragen werden, und so blieb Krenz auch bei den alten Formeln: «Das Prinzip, daß nur verbraucht werden kann, was vorher erwirtschaftet worden ist, wurde sträflichst verletzt, die Einheit von Wirtschafts- und Sozialpolitik inkonsequent durchgesetzt.»[156] Dennoch spitzte sich die Diskussion am Abend des 9. November dramatisch zu. Auf Nachfrage musste der Leiter der Abteilung Planung und Finanzen des ZK über die Verschuldung berichten[157] – und löste tumultartige Reaktionen und lähmendes Entsetzen aus. Der Erste Sekretär des Zentralrats der FDJ beklagte, «daß wir doch betrogen, ja auch verraten wurden. [...] Man glaubt uns nichts mehr.»[158]

«Es ist fürchterlich. Es ist fürchterlich», murmelte Egon Krenz am Präsidiumstisch; «um Gottes Willen», so der Generalsekretär mit einer eher unüblichen Anrufung, dürfe diese Diskussion nicht an die Öffentlichkeit gelangen – dann, so hieß es aus dem Saal, «laufen uns die letzten Leute weg!»[159] Dies wiederum ging noch schneller als erwartet. Als die ZK-Mitglieder am nächsten Morgen zum dritten Tag ihrer zunehmend konfusen Beratungen wieder zusammenkamen, war die Berliner Mauer gefallen. Die innerdeutsche Grenze stand offen.

«Dialog»

Nachdem das Regime auf offene Gewaltanwendung durch Polizei, Staatssicherheit und Armee verzichtet hatte, konnte sich die Regierung Krenz dem «Dialog» nicht entziehen[160]. Schon der Begriff stammte aus dem Arsenal der Kirchen und der Oppositionsbewegung. Damit hatte sich die SED auf das Terrain der Bürgerbewegung begeben – und befand sich heillos in der Defensive. Allein die Flut der Briefe an die führenden Köpfe der sich formierenden Bürgerbewegung offenbart das schier unbändige Bedürfnis der Menschen, endlich über das bislang Unausgesprochene zu reden.[161]

Die SED aber hatte keine Begriffe für diese Vorgänge, die nicht in ihr geschlossenes Weltbild passten und mit marxistisch-leninistischem Denken nicht zu erfassen waren. Daher fehlten ihr auch die sprachlichen Instrumente, um mit diesen Veränderungen umzugehen. Die Protokolle der Sitzungen des Politbüros zeugen davon, wie die Führung die wachsende Krise in den tradierten begrifflichen Kategorien und mit den überkommenen Sprachformeln und Verhaltensweisen abzuarbeiten suchte: «Für die offensive politisch-ideologische Arbeit zur Erläuterung der Aufgaben in Vorbereitung des XII. Parteitages der SED», so beschloss das Politbüro am 10. und 11. Oktober, «ist eine Argumentation auszuarbeiten und bis in die Grundorganisationen der Partei zu verteilen.»[162] Doch die alte Sprache funktionierte nicht mehr, und eine neue fand die SED nicht.[163]

Die Bürgerbewegung entwand dem Regime die Herrschaft über die Begriffe, die Macht zur Vorgabe der Sprachformeln, Denkmuster und Verhaltensweisen. Einmal in Bewegung gekommen, verschob sich der Rahmen des allgemein akzeptierten Redens und Denkens binnen kürzester Zeit; zwischen Partei und Bevölkerung tat sich eine immer größere Kluft auf. Die einfachste Kommunikation wollte mit einem Mal nicht mehr gelingen. Eine Vorlage für Egon Krenz nach einer Veranstaltung im Berliner Lustgarten «nach Beobachtungen und Gesprächen mit Parteimitgliedern und Parteilosen, die auf dem Platz waren», hielt fest: «Wer mit Hochrufen begrüßt wird, gerät sofort in Verdacht, ein ‹Alter› zu sein. Reformfreudige Kräfte begrüßen niemand mit einem Hochruf. [...] Man darf sich in keiner Weise anzubiedern versuchen (Bemerkung im Lustgarten: ‹Was soll das: Ich bin Egon Krenz ... soll er sagen, was er denkt, was ihn bewegt ...›) – Dank in dieser Art ([...] Ich danke Euch ...) empfinden die Leute zum Teil als Anmaßung. [...] – Wo die Leute den leisesten Verdacht haben [...], da will einer taktieren, reagieren sie sauer. [...] – Wer sich nicht rigoros vom Alten losreißt, halbherzig handelt, wird immer wieder sehr schnell von der Wirklichkeit eingeholt und gerät in den Verdacht, es in der Praxis nicht so ernst zu meinen, wie man es verkündet hat.»[164]

So erwies sich die Vorstellung, «von der Partei aus ein aufgefächertes Dialogangebot zu unterbreiten» und «Nachdenklichkeit und Realismus an den Tag zu legen, um unsere Glaubwürdigkeit zurückzugewinnen und darauf aufbauend mit Substanz in die Offensive zu kommen»[165], als völlig illusorisch – da half es auch nichts, bei öffentlichen Kundgebungen auf «genormte Transparente und Winkelemente» zu verzichten[166].

Die Risse gingen alsbald mitten durch die SED selbst. Während das gesamte Politbüro in den Bahnen der traditionellen Orthodoxie verharrte, machten sich im Zentralkomitee bereits Diskrepanzen zwischen der Führung und den nachgeordneten Ebenen der Partei bemerkbar. Dort wurde die Verständigung auch untereinander schwierig. Es sei «nicht so leicht, jetzt hier Stellung zu nehmen und gleich für jedes die passenden Worte zu finden», so eröffnete der Präsident des Nationalen Olympischen Komitees seinen Beitrag auf der ZK-Sitzung vom 18. Oktober[167] – mit dem er ohnehin, weil er eine Aussprache über die Rede des neuen Generalsekretärs gefordert hatte, den Sitzungsleiter völlig aus dem Konzept brachte. Das ZK fiel, wie auf der chaotischen Tagung am 8. bis 10. November noch deutlicher wurde, in einer zuweilen grotesk anmutenden Gleichzeitigkeit des Ungleichzeitigen auseinander. Und mehr noch galt dies im Verhältnis zwischen der Führung und der gesamten Partei: «Besonders in Grundorganisationen mit hohem Intelligenzanteil werden von Genossen Positionen und Forderungen vertreten, die denen des ‹Neuen Forum› entsprechen oder nahe kommen.»[168] Vor diesem Hintergrund erlitt die SED dann Debakel wie das von Schwerin, wo am 23. Oktober eine regimetreue Demonstration stattfinden sollte. Die Mehrheit der herangefahrenen ‹zuverlässigen Kräfte› reihte sich jedoch in den zeitgleichen Demonstrationszug des Neuen Forums ein.[169]

Die halkyonischen Tage der Bürgerbewegung

Wie eine Lawine verbreitete sich die Protestbewegung nach dem 9. und dem 18. Oktober über das ganze Land in verschiedenen, doch allerorten ähnlichen Formen: in Friedensgebeten, Massendemonstrationen und Diskussionsforen, auf denen sich die Funktionäre der SED weithin als hilflos .erwiesen.[170] Die Bürgerbewegung brachte in diesen Tagen zunächst keine konkreten Ziele vor, sie konstituierte sich vielmehr als kollektiver Akteur über die begrenzten Aktionen einzelner Personengruppen an einzelnen Orten hinaus – als ein Akteur, der etwas Verbotenes tat und erst einmal die eigene Angst überwinden musste.[171] Und wie in Leipzig war es auch andernorts: hatte erst einmal eine Demonstration stattgefunden, dann war der Bann gebrochen, die Fügsamkeit der großen Mehrheit überwunden. So wurden, wie es in einer westdeutschen Lageeinschätzung hieß, «Teile der in Resignation und Lethargie verfallenen Bevölkerung regelrecht reaktiviert [...], konfliktbereiter und auch veränderungswilliger»[172]. Die Bürgerbewegung gewann, wie die Staatssicherheit am 23. Oktober rapportierte, «zunehmende Selbstsicherheit im öffentlichen Auftreten» und artikulierte bald verstärkt den expliziten Willen, «als politische Opposition gelten und wirken zu wollen.»[173] Und schon eine Woche später musste das MfS feststellen, dass die Oppositionsbewegung, vor allem das Neue Forum, inzwischen «ausnahmslos alle wesentlichen Bereiche der Gesellschaft» durchdringe.[174] Das Neue Forum stand dabei, so abermals die westliche Beobachtung, «weniger für die Gruppierung als Organisation, sondern überwiegend als Synonym für Freiheit und Demokratie»[175], es diente als Projektionsfläche für den allgemeinen Wunsch nach Veränderung. Daher ging es zunächst nicht um die Diskussion konkreter politischer Positionen und Perspektiven, sondern um die anschwellende und bald selbstläufige Solidarisierungswelle «Wir sind das Volk».

Kommunikative Verbreitung fand diese Bewegung zunächst über die Netzwerke der Opposition, vor allem über Kontaktadressen und Pfarrämter. Zusätzlich angetrieben wurde sie, wie bereits gesehen, über die Westmedien, die nicht nur als Multiplikator, sondern zugleich als eigener Akteur wirkten. Denn sie erzeugten und verbreiteten ein bestimmtes Bild der Oppositionsbewegung, ließen sie somit kohärenter erscheinen und vergrößerten ihre Integrationsfähigkeit und Wirkungskraft.[176] Am Tag nach seiner Wahl zum Generalsekretär beklagte sich Egon Krenz gegenüber dem Evangelischen Landesbischof Leich: «die Kriegsberichterstattung in den BRD-Medien sei schon nicht mehr erträglich» – der ihm übrigens sekundierte: «Es sind mit die schlimmsten der Welt.»[177]

Dabei spielte eine besondere Rolle, dass in der DDR keine funktionsfähigen Instanzen der Kommunikation und des Interessenausgleichs existierten und auch die Kirchen in ihrer Funktion als Ersatzöffentlichkeit vielfach eingeschränkt waren. Dieses «intermediäre Vakuum» zwischen Bevölkerung und politischen Institutionen hatte über vierzig Jahre die Stabilität des Systems gewährleistet – und beförderte nunmehr seinen Zusammenbruch.[178] So gewannen die Oppositionsgruppen nämlich alsbald

zentrale Bedeutung als unumgängliche Ansprechpartner für den notwendig gewordenen «Dialog». Zugleich konnte, in umgekehrter Richtung,
die Opposition ihre Wirkung direkt und unmittelbar entfalten, ohne dass
sie auf dem Weg über ein Vermittlungssystem an Kraft verlor. So eröffneten sich der Bürgerbewegung in der spezifischen Konstellation jener entscheidenden Wochen im Herbst 1989 ganz eigene Möglichkeiten. Rasch
zogen sie auch ein Bewusstsein der eigenen Stärke nach sich, das sich
wiederum in zunehmend weiter reichenden Forderungen nicht nur nach
Dialog, sondern nach Reformen, Demokratisierung und dem Ende der
SED-Herrschaft niederschlug.

In der zweiten Oktoberhälfte, in den Wochen nach der Leipziger
Montagsdemonstration vom 9. Oktober und verstärkt nach dem Sturz
Honeckers, vermochte sich die Bürgerbewegung gegen das zusammen-
brechende Regime durchzusetzen. Von zentraler Bedeutung war dabei
das Zusammenwirken von Oppositions- und Massenbewegung. Etwa
250 000 Teilnehmer zählte die Leipziger Montagsdemonstration vom
23. Oktober, 145 Protestveranstaltungen fanden im ganzen Land zwischen dem 23. und dem 30. Oktober statt und 210 in der darauf folgenden Woche[179]. Ihren Höhepunkt erreichte diese Entwicklung am
4. November 1989 mit der großen Demonstration auf dem Ost-Berliner
Alexanderplatz. Im Zusammenwirken von Oppositionsgruppen und
reformorientierten Kräften aus der SED zeichnete sich unterdessen bereits eine neue Konstellation ab, während sich die Bürgerbewegung, das
Bündnis von Massenbewegung und Opposition, nach wenigen, aber entscheidenden Wochen wieder löste.

Schon die Entstehungsgeschichte der Ost-Berliner Demonstration war
eine eigene. Sie ging aus einer Initiative von Schauspielern und Mitarbeitern der Ost-Berliner Theater, von «Gewerkschaftsvertrauensleuten der
Berliner Bühnen» hervor, wie Erich Mielke formulierte, aber «oppositionelle Gruppen [...] betrachten diese Demonstration als ihre Veranstaltung»[180]. Akribisch wurde die auf Veranlassung des Politbüros genehmigte Veranstaltung mitgeplant[181]: Losungen, die «die Zustimmung zur
Wende und der Erneuerung des Sozialismus in der DDR betont zum Ausdruck» bringen sollten, die Beteiligung «gesellschaftliche[r] Kräfte» des
MfS und der SED im Demonstrationszug, «ohne dabei Ansatzpunkte für
eine mögliche Deutung als ‹Gegendemonstration› zu bieten» – während

Koalition zwischen intellektueller Opposition und reformorientierten Kräften der SED: Gregor Gysi, Bärbel Bohley, Heinz Eggert und Heiner Müller am 4. November 1989 auf dem Berliner Alexanderplatz.

das MfS «gezielt einer Teilnahme von Personen, Arbeits- und Schulkollektiven» entgegenzuwirken suchte[182] – sowie die Redner- und Themenfolge. Vor über 500 000 Menschen traten schließlich Schauspieler und Schriftsteller ans Mikrofon (Ulrich Mühe, Stefan Heym, Christa Wolf, Heiner Müller und Christoph Hein), Vertreter der Oppositionsgruppen (Marianne Birthler, Friedrich Schorlemmer, Jens Reich und andere) sowie reformkommunistische Intellektuelle und Funktionsträger des Systems wie Gregor Gysi und Lothar Bisky, Markus Wolf, Manfred Gerlach und schließlich auch Günter Schabowski. Sie repräsentierten eine Schnittmenge von Oppositionsbewegung, zuvor weithin regimeloyalen Intellektuellen und reformorientierten Teilen der SED, wobei sich die Vertreter der Staatspartei, immer wieder von den Demonstranten unterbrochen und ausgepfiffen, verzweifelt als reformwillig darzustellen versuchten. Trotz aller Versuche der Staatsmacht, die Demonstration in die eigene

Richtung zu lenken, richtete sich ihr Impetus eindeutig gegen die überkommene Herrschaft der SED, auch seitens der bislang Regimeloyalen.
«Es ist», sagte der gefeierte Stefan Heym, «als habe einer die Fenster auf-
gestoßen nach all den Jahren der Stagnation – der geistigen, der wirtschaftlichen, der politischen, nach all den Jahren der Dumpfheit und des
Miefs, des Phrasengewäschs und bürokratischer Willkür.»[183]

Die Bürgerrechtsbewegung stand auf ihrem Höhepunkt. Der Palast
der Republik, so die Bewegung Demokratie Jetzt voller Emphase, war
«umbrandet von jenen 500 000, die diesen Novembersamstag für immer
zum Tag der Volkssouveränität haben werden lassen; denn gewaltlos ergriffen sie, Bürger und Bürgerinnen dieses Landes, zusammen mit ihren
Kindern Besitz von diesem Haus, schauten glücksstrahlend von der Ter-
rasse in die bewegte Menge, erfüllt allein von der Volksgewalt des ge-
waltlosen Wortes: ‹Wir sind das Volk!›»[184]

Der Traum einer reformierten demokratischen und sozialistischen
DDR schien für die Opposition zum Greifen nahe. Eine Rücktrittswelle
spülte zahllose Funktionsträger im ganzen Land, am 7. November die ge-
samte Regierung und tags darauf auch das Politbüro aus dem Amt; am
selben Tag wurde, sechs Wochen nach der schroffen Ablehnung durch die
Staatsmacht, das Neue Forum zugelassen. Drei Wochen nach dem Sturz
Erich Honeckers und der Machtübernahme durch Egon Krenz lag die
SED-Herrschaft in der DDR am Boden. In den «kurzen fünf glorreichen
Tagen»[185] nach dem 4. November in Berlin sah die Bürgerbewegung wie
die Siegerin des Umbruchs in der DDR aus.

Ungeahnter Erfolg und unerwarteter Niedergang aber lagen auch hier
nahe beieinander. In diesem Moment nämlich bahnte sich bereits eine
neuerliche und nicht weniger dramatische Wendung an. Ausgangspunkt
war ein ungeplantes Ereignis, das schließlich zur eigentlichen Ikone des
deutschen Herbstes 1989 wurde: der Fall der Berliner Mauer.

5. Staatskrise: Die Öffnung der Grenzen

«Die Frage der Ausreisen»

Am 1. November 1989 öffnete die DDR wieder ihre Grenze zur ČSSR, die sie vier Wochen zuvor geschlossen hatte. Binnen zweier Tage füllte sich die bundesdeutsche Botschaft in Prag erneut mit 6000 Flüchtlingen. Die Grenz- und Reisefrage drängte mit Macht auf die Tagesordnung der DDR-Führung. Bereits am Tag seiner Wahl zum Generalsekretär hatte Krenz einen Gesetzentwurf für Auslandsreisen angekündigt. Dabei stand ihm die existentielle Dimension des Problems für die DDR und die geradezu existenzgefährdende Bedeutung der Perestroika klar vor Augen, wie er Gorbatschow bei seinem Antrittsbesuch in Moskau wissen ließ:

> «Entideologisierung würde hier den Verzicht auf die Verteidigung des Sozialismus bedeuten. Fragen wie die Mauer und das Grenzregime zur BRD würden neu aufgeworfen. Die DDR befinde sich in der komplizierten Situation, diese nicht mehr recht in die heutige Zeit passenden aber weiterhin notwendigen Dinge zu verteidigen.»

Gorbatschow reagierte so kategorisch wie optimistisch, und wiederum idealistischer als realistisch: Er «äußerte die Meinung, daß dies alles neu durchdacht werden müsse. Die Zeit sei dafür reif. Wenn die DDR nicht die Formel dafür finde, die es ermögliche, daß die Menschen ihre Verwandten besuchen könnten, dann wäre das für die Gesellschaft der DDR ein sehr unbefriedigender Zustand.»[186] Was dies für die DDR bedeutete, die sich 1961 nur durch Abriegelung hatte stabilisieren können, war dem ersten Mann in Moskau offenkundig noch immer nicht klar.

Krenz stellte ein zeitnahes Reisegesetz in Aussicht, wobei ihm durchaus bewusst war: «Wie wir's auch machen, machen wir's verkehrt.»[187] Ein Gesetzentwurf wurde am 6. November im Neuen Deutschland veröffentlicht; er sah Bearbeitungszeiten, eine Beschränkung der jährlichen Gesamtreisezeit und die Möglichkeit von «Versagungsgründen» vor[188] und stieß allenthalben, etwa auf der Leipziger Montagsdemonstration am selben Abend, auf breite Ablehnung, ja heizte die Atmosphäre nur noch weiter an.[189]

Zugleich geriet die DDR-Führung auch von Seiten der tschechoslowakischen Regierung unter Druck. Die Flüchtlinge in der Prager Botschaft durften in diesem Falle, wie die DDR-Nachrichtenagentur ADN am 4. November meldete, auf direktem Wege, ohne Transit über das Territorium der DDR, in die Bundesrepublik ausreisen. Im Gefolge verließen am Wochenende des 4. und 5. November, als die Bürgerbewegung in der «Hauptstadt der DDR» ihren Triumph feierte, zugleich über 23 000 Ostdeutsche die DDR auf dem Weg über die Tschechoslowakei; bis zum Abend des 8. November waren es insgesamt 45 000. Die DDR-Grenze war unkontrollierbar porös geworden, und zudem forderte die Prager Regierung Ost-Berlin auf, die Fluchtwelle durch ihr Land unverzüglich zu beenden.[190]

Von allen Seiten standen die 215 Mitglieder und Kandidaten des Zentralkomitees der SED unter Druck, als sie vom 8. bis zum 10. November am Werderschen Markt, kaum 500 Meter von der Mauer entfernt, zu seiner 10. Tagung zusammenkamen.[191] Schon der Verlauf der ersten Sitzung dokumentierte den fortschreitenden Zerfall der Partei: zu Beginn wurde der Rücktritt des gesamten Politbüros bekanntgegeben; drei der von Krenz vorgeschlagenen neuen Kandidaten wurden aber nicht gewählt, und der Dank an die Ausgeschiedenen wurde heftig kritisiert. Obendrein demonstrierten in Ost-Berlin Mitglieder der SED gegen die eigene Parteiführung.[192]

Berlin, 9. November 1989

Am zweiten Sitzungstag wich Egon Krenz gegen 16 Uhr kurz von der Tagesordnung ab, um – wohl wissend, «einen falschen Schritt zu tun» – den Vorschlag einer Verordnung zur «Frage der Ausreisen» zu verlesen, der tagsüber im (zurückgetretenen, aber noch amtierenden) Ministerrat erarbeitet worden war. Eine kurze Diskussion über eine Formulierung sowie über die Frage, wer für die Veröffentlichung zuständig sein solle, beendete Krenz mit der Frage «Einverstanden, Genossen? – *Zurufe: Ja!* – Gut. Danke schön.» Bei abgeschaltetem Saalmikrophon bemerkte er zu seinen Nachbarn am Präsidiumstisch: «Das ist doch immer gut, so was zu machen!»[193]

Gleichsam im Handstreich hatte das ZK der SED einen «Beschluß zur Veränderung der Situation der ständigen Ausreise von DDR-Bürgern über die ČSSR» herbeigeführt.[194] Die Verordnung war nicht sehr klar formuliert, vielmehr ein Produkt von Handlungsdruck und mangelndem Überblick über die Situation – in inhaltlicher Hinsicht ebenso wie im Hinblick auf die Umstände der Veröffentlichung. Eine Diskrepanz bestand allein schon zwischen der Überschrift, die von der «*ständige Ausreise* von DDR-Bürgern über die ČSSR» sprach, und dem Inhalt, der sich auch auf «*Privatreisen nach dem Ausland*», also Reisen allgemeiner Art bezog. Diese, so der Verordnungstext, sollten «ohne Vorliegen von Voraussetzungen (Reiseanlässe und Verwandtschaftsverhältnisse) beantragt werden [können]. Die Genehmigungen werden kurzfristig erteilt. Versagungsgründe werden nur in besonderen Ausnahmefällen angewandt.» Auch für die ständigen Ausreisen seien die Visa «unverzüglich zu erteilen, ohne daß dafür noch geltende Voraussetzungen für eine ständige Ausreise vorliegen müssen.» In beiden Fällen waren freilich nach wie vor ein (schriftlicher) Antrag sowie seine Genehmigung vorgesehen. Auch wenn diese «kurzfristig» bzw. «unverzüglich» erteilt werden sollte, hieß dies keineswegs, dass die Bewohner der DDR die Grenze ihres Landes einfach überschreiten durften. Gleichwohl war die Reiseverordnung geradezu revolutionär: die DDR gab ihr Grenzregime auf.

Welche Lawine durch den Beschluss indessen losgetreten worden war, ahnte wohl keines der ZK-Mitglieder, als die Sitzung nach der kurzen Unterbrechung mit einem Beitrag des Genossen Jahn aus Potsdam fortgesetzt wurde. Günter Schabowski, seit dem Vortag für Medien zuständiger ZK-Sekretär, war in den Minuten zuvor nicht im Saal gewesen. Als er zur Pressekonferenz aufbrach, die um 18 Uhr im Internationalen Pressezentrum in der wenige hundert Meter entfernten Mohrenstraße angesetzt war und live im DDR-Fernsehen übertragen wurde, gab ihm Egon Krenz den Text in die Hand. Des Papiers offenbar unkundig, las er gegen 19 Uhr, kurz vor Ende der Pressekonferenz, inmitten eher unkoordinierter Äußerungen über die Frage der Reisen, die Pressemitteilung hastig vor. Zugespitzt wirkte sie dadurch, dass er die beiden Sätze über «Versagungsgründe» für Privatreisen und die «Antragstellung auf ständige Ausreisen» ausließ.[195]

Im Saal kam Unruhe auf. In seinen Papieren blätternd, antwortete

Schabowski auf die Nachfrage, wann diese Regelung in Kraft trete, «sofort, unverzüglich», und bestätigte, wie es im Verordnungstext stand, dass die «ständige Ausreise» auch über die «Grenzübergangsstellen der DDR [...] zu Berlin-West erfolgen» könne. Vor laufenden Kameras und live auf den Bildschirmen des Staatsfernsehens der DDR zu sehen, brach Konfusion aus: bei Schabowski, der nicht recht wusste, ob er über ständige Ausreisen oder über allgemeine Reisefreiheit sprach, ebenso wie bei den Journalisten im Saal, die, zumal es noch keine Pressemitteilung gab, ebenso wie die Zuschauer am Fernseher auf Schabowskis mündliche Äußerungen angewiesen waren.

Nun aber verselbständigten und überschlugen sich die Ereignisse. Um 19.05 Uhr meldete Associated Press, die «DDR öffnet [...] ihre Grenzen», und mit derselben Topmeldung machte die ARD-«Tagesschau» um 20 Uhr auf – in der Sache grundsätzlich richtig und zugleich einen entscheidenden Schritt über den Inhalt der Reiseregelung hinaus.

Grenzöffnung, Berlin und Mauer waren die Botschaft, die an diesem Abend durch den Äther ging. Zu Fuß und mit dem Auto strömten die Ost-Berliner zu den Grenzübergangsstellen, vor allem in Pankow und am dichtbesiedelten Prenzlauer Berg. Am Übergang «Bornholmer Straße» entstand bald eine bedrohliche Situation, und der diensthabende Offizier wusste sich um 22.30 Uhr nur noch dadurch zu helfen, dass er den Übergang öffnete. Weitere folgten, beschleunigt durch Berichterstattung des westlichen Fernsehens, das zumal in der ARD den Ereignissen vorausging.[196] Um Mitternacht waren, nach über 28 Jahren der hermetischen Abriegelung, alle Übergangsstellen geöffnet und im Laufe dieser Nacht auch die Übergangsstellen von der DDR zur Bundesrepublik. Am Brandenburger Tor befand sich zwar kein Grenzübergang, dort aber strömten Menschen aus West und Ost zusammen und bestiegen die Mauer. Das Symbol der Teilung wurde zum Symbol ihrer Überwindung und die Nacht vom 9. auf den 10. November 1989 ein rauschendes Fest. Nirgends konnte das Ende des Ost-West-Konflikts sinnfälliger werden. Es war, wie sich bald zeigte, der Abgesang auf die DDR und der Beginn einer neuen Zeit, politisch, ökonomisch und kulturell – in Deutschland, in Europa und in der Welt.

Die Moskauer Führung, die einst ihre herrschende Hand über den Bau der Mauer und über den gesamten SED-Staat gehalten hatte, wurde

Überwindung der Teilung:
Euphorischer Jubel an und
auf der Berliner Mauer vor
dem Brandenburger Tor in
der Nacht des 9. Novem-
ber 1989.

von den Ereignissen dieser Nacht völlig überrascht, und die sowjetische
Botschaft, nur wenige hundert Meter vom Brandenburger Tor entfernt,
verlegte sich auf eine «Beobachterrolle».[197] Zwar äußerte Botschafter
Kotschemassow am nächsten Morgen gegenüber Egon Krenz Befremden
über das eigenmächtige Vorgehen Ost-Berlins, das die Zuständigkeit der
Vier Mächte berührte. Auch schien es in Moskau durchaus Ambitionen
zu geben, die Maueröffnung rückgängig zu machen. Schewardnadse und
Gorbatschow wurden wohl «sehr aktiv zur Gewaltanwendung gedrängt»[198], und Gorbatschow selbst sorgte sich, wie er Helmut Kohl ausrichten ließ, vor einer gewaltsamen Eskalation.[199] Letztlich aber entschied sich der Kreml, die Maueröffnung gutzuheißen und die DDR auch
weiterhin sich selbst zu überlassen. Gorbatschow mochte den Grund für
ihre Schwierigkeiten im Zurückbleiben der SED Erich Honeckers sehen,
die nicht «auf das Leben reagiert» hatte. Dass es seine eigene Politik ge-

wesen war, die den Zusammenbruch erst aktiv herbeigeführt hatte, das
sah – jedenfalls sagte – er nicht.

Der Zusammenbruch der SED-Herrschaft

Mit den Ereignissen des 9. November hatte die Staatspartei endgültig die
Kontrolle über den Gang der Dinge verloren. Freizügigkeit und SED-Herrschaft gingen bis zum Ende des Systems nicht zusammen. In den Entschei-
dungsgremien brach offene Konfusion aus. Der dritte Tag der ZK-Sitzung
begann – statt der dosierten Information, wie sie Krenz ursprünglich geplant hatte – mit schonungslosen Ausführungen von Gerhard Schürer zur
ökonomischen Lage.[200] Konsterniert und empört debattierten die Genossen über die Verantwortung für die desaströse Entwicklung; spontan traten vier Mitglieder des erst zwei Tage zuvor neu gewählten Politbüros zurück. Schuldzuweisungen wechselten sich ab mit planlosem Aktivismus,
Selbstbezichtigungen und dramatischen Szenen: «In mir ist alles zerbro-
chen», eiferte sich der verzweifelte Generalintendant der Leipziger Theater, «mein Leben ist zerstört. Ich habe geglaubt an die Partei [...]. Ich habe
an die Genossen geglaubt!» Um 12.30 Uhr verkündete Egon Krenz, die
Lage im Land habe sich «äußerst zugespitzt. Es macht sich Panik und
Chaos breit» – was mindestens ebenso für das ZK galt. Vierzig Minuten
später wurde die Sitzung unter tumultartigen Umständen vorzeitig abgebrochen. Indem er «die Ersten Bezirkssekretäre egal, ob sie noch Verantwortung tragen oder nicht, aber alle Ersten Bezirkssekretäre und die Mitglieder des Politbüros und des Sekretariats zu einer Besprechung» bat,
schloss Egon Krenz die 10. Tagung des ZK der SED.

Auf den Weg gebracht hatte sie noch ein «Aktionsprogramm der
SED», das «radikale Reformen» des politischen Systems, des Rechts-
staats, der Informations- und Medienpolitik, der Wirtschaftspolitik, eine
«große geistige Erneuerung» in Kultur und Kunst, Wissenschaft und Bil-
dungswesen, ein Programm für «radikale Abrüstung», eine erneuerte
SED, eine Entflechtung von Partei und Staat, die «freie Entwicklung der
Frauen» und unabhängige Gewerkschaften ankündigte.[201] Doch auch mit
noch so großen Schritten, inhaltlich und sprachlich – man vergleiche etwa
die Redeweisen auf der 9. und der 10. Tagung des ZK, zwischen denen
nur drei Wochen lagen –, stolperte die SED der stürmischen Entwicklung

der Gesellschaft nur noch hinterher. Der Rahmen des öffentlichen Redens, Denkens und Handelns, den die SED jahrzehntelang vorzugeben vermocht hatte, hatte sich binnen weniger Wochen erdrutschartig verschoben, und die Staatspartei schaffte es nicht, ihre Sprachformeln und Denkweisen mit den veränderten Rahmenbedingungen in Einklang zu bringen. Alle Anpassungsversuche, alle Anstrengungen, um Initiative und Handlungssouveränität zurückzugewinnen, blieben vergeblich.

Während am 13. November eine neue Regierung unter Führung von Hans Modrow gebildet wurde, auf dem die letzten reformkommunistischen Hoffnungen in einen ‹deutschen Gorbatschow› ruhten, und sich acht Tage später Vertreter aller politischen Gruppen und Parteien in Ost-Berlin am Runden Tisch zusammensetzten, zerfiel die Partei auf allen Ebenen. Bis zum 20. November waren alle 15 Ersten Sekretäre der SED-Bezirksleitungen und 13 ihrer Stellvertreter abgesetzt worden, 142 Erste Sekretäre der Kreisleitungen waren zurückgetreten und drei hatten Selbstmord verübt.[202] Zudem führten die «tröpfchenweisen Enthüllungen in den Medien», so eine Information für das Sekretariat des ZK vom 27. November, «jedesmal zu einer neuen Welle der Erschütterung bei Genossen und des Vertrauensverlustes bei Bürgern, wodurch Parteiaustritte sprunghaft steigen und die Hinwendung zu Andersdenkenden unübersehbar wächst. […] Die augenblicklichen Enthüllungen machen die Bezeichnung ‹SED› zu einem Reizwort für die Bürger. Immer breiter wird die Forderung nach einem neuen Namen bzw. nach Neugründung der Partei gestellt.»[203] Zur letzten Katastrophe für das Regime wurde tags darauf eine Meldung der *Berliner Zeitung* über Privilegien in der Waldsiedlung Wandlitz 30 Kilometer nördlich von Berlin, wo die Mitglieder des Politbüros abgeschottet von der Außenwelt wohnten.

Bereits Ende Oktober waren der SED-Führung die «unduldsam und teilweise sehr aggressiv geführte[n] Diskussionen über Privilegien für leitende Partei- und Staatsfunktionäre» bekannt geworden[204], und Anfang November hatte das Politbüro einschränkende «Regelungen für die Betreuung und Versorgung des Innenrings im Wohnobjekt Wandlitz» und für das Regierungskrankenhaus getroffen:[205] Patientenzuzahlung von 200 Mark für Behandlungen im Regierungskrankenhaus, das auch für andere Patienten geöffnet werden sollte, Bezahlung für das «Betanken von Privat-KfZ», Angebotseinschränkungen bei «Frischwaren, Molkereiprodukten sowie Obst und Gemüse, Säften und Mosten, Konfitüren und Honig, Weinen, Diät- und Diabetikererzeugnissen» – und: «Die Breite des Angebots der Speisenkarte im Clubhaus ist nicht zu halten.» Die Respektlosigkeit des Tonfalls im Artikel der *Berliner Zeitung* zeigte bereits den völligen Autoritätsverlust der Partei- und Staatsführung an, und nun war kein Halten mehr: die Meldungen über die Privilegien von Wandlitz riefen in der SED außerhalb der Regierungssiedlung höchste Empörung und tiefste Enttäuschung hervor.[206]

Und es waren nicht mehr nur einzelne Genossen, denen man individuelle Verfehlungen vorwerfen konnte. Die gesamte Partei, die als Quelle der Legitimation immer über und hinter den austauschbaren Personen und Funktionären gestanden hatte, geriet in den Strudel. Am 1. Dezember wurde die führende Rolle der Partei aus der DDR-Verfassung gestrichen. Damit war dem Machtmonopol der SED – wie etwa der Weisungsbefugnis des Zentralkomitees der Partei gegenüber der Regierung – auch ein verfassungsrechtliches Ende gesetzt. Zwei Tage später beschloss das ZK die Selbstauflösung der zentralen Führungsgremien, Mitglieder der alten Führungsriege wurden ausgeschlossen, einige verhaftet. Am 6. Dezember trat Egon Krenz als Staatsratsvorsitzender und als Vorsitzender des Nationalen Verteidigungsrates zurück, und unmittelbar darauf war auch seine Zeit als Generalsekretär nach nur sieben Wochen abgelaufen. Die einstmals streng durchorganisierte Staatspartei endete im Durcheinander. «Jetzt stehe ich auch vor einer Frage, auf die ich keine Antwort habe», so beschloss Egon Krenz die letzte Sitzung des Zentralkomitees und seine politische Karriere zugleich: «Das ZK hat sich aufgelöst. Die Beschlüsse sind gefaßt. Jetzt müßte der Arbeitsausschuß tätig sein. Und wir können die Tagung beenden. Oder wie ist das?»[207]

Auf einem Sonderparteitag am 8./9. Dezember 1989 benannte sich die SED in SED-PDS (Partei des Demokratischen Sozialismus) um. An die Spitze eines neugeschaffenen Parteivorstandes wurde Gregor Gysi gewählt, ein intellektuell wendiger und rhetorisch begabter 41-jähriger Rechtsanwalt mit guten Kontakten zu den oppositionellen Gruppen. Gysi und Modrow versuchten, die Entwicklung noch einmal in die Hand der ehemaligen SED zu bekommen, und setzten sich von Krenz ab.[208] Worauf sie hofften, musste in historischer Perspektive nicht aussichtslos sein: auch 1848 war zunächst die Herrschaft der Fürsten binnen kürzester Zeit kollabiert, dann aber hatten sie die Macht zurückgewonnen. 1989/90 aber gab es keine Umkehr. Die Entwicklung war unumkehrbar vorangeschritten.

Denn mit dem Fall der Mauer war die SED-Herrschaft auch deshalb faktisch am Ende, weil mit der Berliner Mauer das Symbol der Teilung Deutschlands gefallen war und damit zwangsläufig ein neues Thema aktuell wurde. Nun ging es um die Existenz des gesamten Staates. Und diese Entwicklung bestimmten weder das kollabierende Regime noch die Oppositionsbewegung, die den Anstoß zu seinem Zusammenbruch gegeben hatte.

6. Eine Revolution in Deutschland?

Warum endete die SED-Herrschaft in der DDR?

Das Ende des SED-Staates im Herbst 1989 folgte keinem historischen Automatismus, es hatte auch nicht eine einzelne, sondern eine bestimmte Konstellation von Ursachen.[209] Ursachen sind variable Umstände, ohne die ein Vorgang nicht gedacht werden kann.[210] Sie ruhen ihrerseits auf gegebenen, fixen Voraussetzungen. Im Falle des Endes der SED-Diktatur war dies zunächst der Mangel an Legitimation des Regimes in der Bevölkerung. Trotz aller Normalisierung: als die Menschen die Wahl hatten, wählten sie den SED-Staat ab. Eine zweite Voraussetzung lag im Verhältnis der DDR zum Westen und insbesondere zur Bundesrepublik, das sich zwischen Systemkonkurrenz, Abgrenzung, medialer und kultureller Penetration sowie wirtschaftlicher Abhängigkeit bewegte. Beides hatte freilich über vierzig Jahre hinweg Bestand gehabt und die SED-Herrschaft bis dahin nicht zum Einsturz gebracht.

Dasselbe gilt, drittens, für die mangelnde wirtschaftliche Leistungsfähigkeit und die systemimmanenten Strukturprobleme, die sich am Ende der achtziger Jahre allerdings erheblich verschärften. Die zunehmenden Versorgungsprobleme und der niedrige Lebensstandard schürten die Unzufriedenheit in der Bevölkerung gegen das SED-Regime, das durch die Einsicht in das gesamte Ausmaß der wirtschaftlichen Lage noch zusätzlich gelähmt wurde. Die ökonomische Krise war Voraussetzung und in ihrer Zuspitzung auch Ursache für das Ende des SED-Staates. Dennoch

stand die DDR im Herbst 1989 nicht unmittelbar vor dem ökonomischen Zusammenbruch, zumal die Auslandsverschuldung letztlich wohl
auch nicht ganz so dramatisch war, wie Schürer sie bezifferte, und immer
noch unter dem Niveau des Krisenjahres 1982 lag[211].

Aktualisiert wurden diese Problempotentiale im Herbst 1989 durch
die akuten Ursachen – im Wesentlichen waren es drei –, die in der «Verkettung getrennter Handlungslinien»[212] das Geschehen des Herbstes
1989 in Gang setzten. Die Bürgerbewegung, erstens, gab dem Regime den
konkreten Anstoß, unter dem es zusammenbrach. Ohne die Bürgerbewegung wäre dieser Zusammenbruch des Staates nicht denkbar gewesen,
weil auch ein marodes Regime nicht freiwillig abgetreten oder ohne einen
Anstoß in sich zusammengebrochen wäre – und sich bis zum September ja
auch trotz aller Krisensymptome unangefochten hatte halten können.

In der Bürgerbewegung flossen verschiedene Strömungen zusammen.
Die Ausreisebewegung – eine Bewegung gegen das Regime, das zugleich
Schwäche zeigte – diente als Auslöser und Katalysator für die Bürgerbewegung innerhalb der DDR, in der Opposition und Massenbewegung zusammenkamen. Die Opposition, die bis 1989 eine Randexistenz in der
DDR-Gesellschaft geführt hatte, formierte sich im Sommer 1989 neu und
fand nunmehr zunehmend Resonanz. Die Massenbewegung wuchs seit
September und vor allem im Oktober sprunghaft an; eine Welle der Solidarisierung führte die Einzelnen aus ihrer Isolierung heraus, überwand
die Fügsamkeit der Bevölkerung gegenüber der entmündigenden Diktatur und erreichte alsbald die kritische Masse der Protestbewegung.

Auf diesem Wege erodierte die bislang als solche empfundene Normalität, verschob sich der Rahmen des Denkens und Redens, der sozialistischen Weltdeutung und Redeordnung, der die SED-Herrschaft jahrzehntelang zusammengehalten hatte. Der «Verfall einer oktroyierten
Wirklichkeitsordnung»[213] hatte zwar schon vor 1989 eingesetzt, als historisch signifikanter, akuter Vorgang schlug er sich aber erst im Herbst
1989 nieder.

Diese Entwicklung und das Wirken der Bürgerbewegung vollzogen
sich in wechselseitiger Beeinflussung mit dem zweiten Ursachenstrang:
dem Verhalten des Regimes, das die in Gang gekommene Entwicklung
nicht einzufangen vermochte. Es konnte sie schon sprachlich gar nicht
erfassen und daher auch in keiner Weise gestaltend und konstruktiv rea-

gieren. Stattdessen fiel ein vermeintlich festes, tatsächlich hilfloses Herrschaftssystem binnen weniger Wochen wie eine poröse Fassade atemberaubend unspektakulär in sich zusammen.

Ohne die Kopflosigkeit der Partei- und Staatsführung wären die Vorgänge im Herbst 1989 in dieser Form nicht denkbar gewesen – insofern kommt ihnen der Status einer Ursache zu –, doch stand die DDR-Führung vor der dilemmatischen Situation, auf die Entwicklungen im Ostblock zu reagieren. Ein Kurs der frühzeitigen Anpassung durch grundlegende politische und ökonomische Reformen hätte der SED angesichts ihrer mangelnden Legitimität das Schicksal der kommunistischen Parteien in Ungarn und Polen nicht erspart – und hinzu kam die besondere Situation der DDR, dass sich mit der Regimefrage zugleich die staatliche Existenzfrage stellte. Mit einem solchen Kurs hätte sie einen Sinkflug anstelle des schließlich erfolgten Absturzes herbeiführen können, einen geordneten Rückzug aus der Herrschaft, wobei natürlich historisch offen bleibt, wie sich dies konkret vollzogen hätte. Die Alternative lag in konsequenter Unterdrückung aus eigener Kraft, die das Regime bis zum Frühjahr 1989 und grundsätzlich auch bis zum 8. Oktober praktizierte. Als die Dinge aber einmal ins Rutschen geraten waren und am 9. Oktober andere Geschütze hätten aufgefahren werden müssen, schreckten die Herrschenden vor dem direkten militärischen Einsatz zurück. Ein solcher hätte eine kurzfristige Stabilisierung der SED-Herrschaft herbeiführen können, allerdings um den Preis unabsehbarer Eskalationen im Innern, der Isolierung nach außen und der wirtschaftlichen Strangulierung durch den Westen.

Auch hier bleibt freilich historisch unabsehbar, wie sich ein solcher Prozess entwickelt hätte, wie beispielsweise Moskau reagiert hätte, wenn in der DDR sowjetische Truppen angegriffen worden wären, möglicherweise auch durch einen inszenierten Übergriff. Hier ist die Schwelle zur unproduktiven Spekulation erreicht, aber der Befund einer nach Lage der Dinge nicht wirklich langfristig lebensfähigen Option für den SED-Staat drängt auf die dritte Ursache hin, die in der logischen Folge die erste ist: den Entzug der sowjetischen Bestandsgarantie für die DDR.

Erste Anzeichen für den fragiler werdenden Willen der Sowjetführung, die Herrschaft des Sowjetkommunismus innerhalb des gesamten Ostblocks zu erzwingen und zu garantieren, sind schon zu Beginn der achtziger Jahre zu erkennen; erkennbar aufgegeben wurde die Breschnew-Doktrin aber erst am Ende des Jahrzehnts. An die Stelle der erzwungenen sozialistischen Herrschaft traten Freiheit und Selbständigkeit für die einstmaligen Satelliten; ein autonomer SED-Staat aber war nicht lebensfähig. Nun brachen all jene Strukturprobleme durch, die von der eisernen Hand der sowjetischen Hegemonie niedergehalten worden waren. «Erich, ich sage dir offen, vergesse das nie», so hatte Leonid Breschnew im Juli 1970 zu Erich Honecker gesagt: «die DDR kann ohne uns, ohne die SU, ihre Macht und Stärke nicht existieren. Ohne uns gibt es keine DDR.»[214]

«Revolution» in Deutschland?

Wie nun sind diese Entwicklungen in der DDR im Herbst 1989 und überhaupt in Deutschland 1989/90 zu bezeichnen? Unterschiedliche Begriffe sind im Umlauf – Wende, Umbruch, Zusammenbruch, Implosion, Revolution, zudem mit Zusatzbegriffen –, die nicht nur unterschiedlich taugliche analytische Instrumente oder konzeptualisierte Sachurteile darstellen, sondern oftmals zugleich politisch-moralische Werturteile enthalten.

«Wende» ist ein offener Begriff für den Gesamtvorgang, doch wurde er von Egon Krenz mit eindeutig systemimmanenter Absicht geprägt; zudem ist er in Westdeutschland durch den Regierungswechsel von 1982 belegt und daher, wie auch der Begriff «Umbruch», als Kennzeichnung des Gesamtvorgangs zu schwach. Das Etikett «Zusammenbruch» benennt einen wichtigen Aspekt: ein handlungsunfähiges, marodes System, das unter dem Anstoß der Bürgerbewegung kollabierte – doch blendet es, und mehr noch der Begriff «Implosion», ebendiesen Anstoß und somit den Anteil der Bürgerbewegung aus, denn ganz von allein brach das Regime nicht zusammen. Umgekehrt schreibt der Begriff der «Revolution», zumal in der Komposition als «friedliche» oder gar, mit Großbuchstaben, als «Friedliche Revolution» oder als «Bürgerrevolution», der Opposition bzw. der Bürgerbewegung die entscheidende Bedeutung als verursachende Kraft für das Ende des SED-Staates als einer «Selbstbefreiung»[215] des Volkes zu. Diese Begrifflichkeit blendet die Schwäche des Regimes und die Dimension des Zerfalls der sowjetischen Herrschaft aus und ist zudem sehr normativ aufgeladen, was die analytische Verwendung erschwert.

Dies kann aber nicht bedeuten, den Revolutionsbegriff vollständig auszuschließen. Seine analytische Tauglichkeit hängt nicht von einer missverständlichen öffentlichen Verwendung, sondern von seiner Definition und von seiner Bezeichnungskraft ab, um – mit Kant gesprochen – einen Begriff mit einer Anschauung zu verbinden. «Revolution» ist ein suggestiver Begriff, dem allerdings eine eindeutige, allgemein akzeptierte Definition fehlt. Für eine handhabbare Begriffsbestimmung bietet sich ein Verständnis von Revolution[216] als fundamentaler Veränderung der bestehenden politischen und sozialen Ordnung an, als Umwälzung, die zu einem Wechsel von Verfassung, politischem System und gesellschaftlichen Strukturen führt. Der Einsatz von Gewalt muss demgegenüber nicht zwingend Bestandteil einer Revolution sein; auch sind die Ursachen für die Kennzeichnung eines Vorgangs als Revolution nicht wesentlich. Entscheidendes Kriterium ist vielmehr der Grad des politisch-gesellschaftlichen Wandels.

In diesem Sinne bedeutete das Ende der SED-Herrschaft in der Tat eine grundlegende Umwälzung des politischen Systems und der Gesellschaft der DDR. Es war keine Revolution in jenem verkürzten und normativ aufgeladenen Sinne der «Friedlichen Revolution», in dem der Bürgerbewegung die alleinige oder vorrangige Bedeutung für den Sturz der Diktatur zugeschrieben wird. Der Gesamtvorgang aber war – auch mit Blick auf die internationale Dimension – nichts anderes als ein grundstürzender Wandel der bestehenden Ordnung, und somit eine Revolution, in Deutschland auch mehr als die Ereignisse von 1848 und 1918, die vorbehaltlos als «Revolution» bezeichnet werden. Und in Verbindung mit dem weiteren Fortgang, in dem der Untergang des SED-Regimes und der gesamten DDR schließlich in die Wiedervereinigung Deutschlands mündete, war es: eine deutsche Revolution.

III. Die nationale Wende

Der Fall der Berliner Mauer wurde zum Wendepunkt der deutschen Revolution. Das SED-Regime hatte die Macht faktisch an die Bürgerbewegung verloren und mit der Öffnung der Grenzen auch das letzte Instrument zur Disziplinierung der Bevölkerung aus der Hand gegeben. Die Oppositionsbewegung, die sich Anfang November gegen die SED-Herrschaft durchgesetzt hatte und sich auf dem Weg zu ihren Zielen wähnte, wurde indessen unversehens an den Rand des Hauptstroms gedrängt. Denn zur treibenden Kraft in eine neue Richtung wurde die Massenbewegung, die selbst jedoch nicht politisch artikulationsfähig war. Sie war auf einen Verbündeten angewiesen, und sie fand ihn in Bonn: in der Regierung Kohl. Diese trat, zunächst zögernd, als neuer Akteur in ein Geschehen ein, das mit der nationalen Wende obendrein alsbald eine internationale Dimension gewann.

1. Die Spaltung der Bürgerbewegung

«Für unser Land»: Bedeutungsverlust der Oppositionsbewegung

Die Aktionen gegen das Regime, vor allem die Massendemonstrationen, hatten zunächst vor allem zu einer Solidarisierung breiter Schichten der Bevölkerung geführt, vor der die hilflose Staats- und Parteiführung kapituliert hatte. Dass die konkreten inhaltlichen Vorstellungen der Bürgerrechtsbewegung darüber zunächst noch sehr allgemein geblieben waren, hatte überhaupt erst ihre Zustimmungs- und Handlungsfähigkeit ermöglicht. Als sich dann aber die Frage eigener politischer Positionen und Perspektiven samt ihrer Umsetzung stellte, zerbrach die Bürgerbewegung. Sie zerbrach an der entscheidenden Frage, die mit dem Fall der Mauer unvermeidlich auf die Tagesordnung drängte: der nationalen Frage.

Für das Neue Forum, jedenfalls seine Berliner Führung, die am 4. November auf dem Berliner Alexanderplatz den Höhepunkt ihrer Bedeutung erklommen hatte, ging schon die Öffnung der Grenzen fünf Tage später einen Schritt zu weit. In die Euphorie des Mauerfalls hinein ermahnte sie die

«Bürgerinnen und Bürger! Eure spontanen furchtlosen Willensbekundungen im ganzen Land haben eine friedliche Revolution in Gang gesetzt, haben das Politbüro gestürzt und die Mauer durchbrochen. Laßt Euch nicht von der Forderung nach einem politischen Neuaufbau der Gesellschaft ablenken! [...] Wir werden für längere Zeit arm bleiben, aber wir wollen keine Gesellschaft haben, in der Schieber und Ellenbogentypen den Rahm abschöpfen. Ihr seid die Helden einer politischen Revolution, laßt Euch jetzt nicht ruhigstellen durch Reisen und schuldenerhöhende Konsumspritzen.»[1]

Hier klangen bereits kritische Töne gegen eine vermeintlich rein konsumorientierte Masse an. Sie wurden bald zum Tenor einer Debatte innerhalb der DDR, die weniger auf Dialog zielte als vielmehr zunehmend polarisierte. Inhaltlich lag die Priorität des Neuen Forums als der nach wie vor prominentesten Oppositionsgruppe auf einer reformierten, eigenständigen DDR. In ihr sollte sich die Zivilgesellschaft einer bürgernahen und partizipatorischen Demokratie verwirklichen, die «Vision einer herrschaftsfreien Gesellschaft, deren Bürger nicht von staatlichen Zwängen, materiellen Eigeninteressen oder machtpolitischen Erwägungen korrumpiert sein sollten»[2]. Mit ihrer Kritik an Materialismus und Konsum, die auf Muster der Modernekritik des frühen 20. Jahrhunderts zurückgriff, orientierte sich die Oppositionsbewegung gerade nicht am westlichen System im Zeichen politischer *und* wirtschaftlicher Freiheit, sondern suchte einen ‹dritten Weg› eines reformierten, demokratisierten Sozialismus zwischen westlichem Kapitalismus und SED-Staatssozialismus. Die konkrete Ausgestaltung der neu errungenen Selbstbestimmung blieb freilich unbestimmt.[3]

Drei Wochen nach dem großen Tag auf dem Alexanderplatz hatte sich die Welt in der DDR abermals grundlegend gewandelt, und so versuchten die Kräfte des 4. November noch einmal, die öffentliche Stimmung in ihrem Sinne zu beeinflussen. Schriftsteller wie Volker Braun, Stefan

Heym und Christa Wolf, Kirchenvertreter wie Generalsuperintendent Günter Krusche und Vertreter der Oppositionsbewegung wie Friedrich Schorlemmer, Sebastian Pflugbeil, Ulrike Poppe und Konrad Weiß erließen am 26. November den Aufruf «Für unser Land». Er beharrte auf der «Eigenständigkeit der DDR», um

> «in unserem Land eine solidarische Gesellschaft zu entwickeln, in der Frieden und soziale Gerechtigkeit, Freiheit des einzelnen, Freizügigkeit aller und die Bewahrung der Umwelt gewährleistet sind. [...] Oder wir müssen dulden, daß [...] ein Ausverkauf unserer materiellen und moralischen Werte beginnt und über kurz oder lang die Deutsche Demokratische Republik durch die Bundesrepublik Deutschland vereinnahmt wird. [...] Noch haben wir die Chance, in gleichberechtigter Nachbarschaft zu allen Staaten Europas *eine sozialistische Alternative zur Bundesrepublik* zu entwickeln.»[4]

Diese passiv-negative Abwehrhaltung gegen die Frage einer deutschen Einheit stellte in dieser Zuspitzung nicht unbedingt die Mehrheitsmeinung innerhalb der Oppositionsgruppen dar, denen es ohnehin an etablierten Foren der Meinungsbildung mangelte. Sie wurde aber öffentlich als deren Haltung wahrgenommen.[5] Und so tat sich eine zunehmende Polarisierung zwischen der Oppositionsbewegung und der rasch wachsenden Zahl der Befürworter einer Vereinigung mit der Bundesrepublik auf.

«Deutschland einig Vaterland»:
Volksbewegung für die Wiedervereinigung

Der Fall der Berliner Mauer und der innerdeutschen Grenze hatte die Tore nach Westen geöffnet. Ungehindert konnten die Menschen aus der DDR in die Bundesrepublik reisen, und sie kehrten mit Eindrücken eines Landes im Überfluss in ihre maroden Landschaften zurück. Selbst Egon Krenz gab sich am 25. November in Leipzig «tief betroffen» über den Verfall dieser Stadt.[6] Dort war am 13. November, auf der ersten Montagsdemonstration nach dem Fall der Mauer, erstmals der Sprechchor «Deutschland einig Vaterland» zu hören gewesen[7] – jener Vers aus dem Text der Nationalhymne der DDR, dessentwegen sie seit den siebziger Jahren nur noch instrumental gespielt, aber nicht mehr gesungen worden

Wille zur Wiedervereinigung: Wie hier in Leipzig erteilte die Mehrheit der DDR-Bevölkerung Experimenten zur Reform des DDR-Sozialismus eine Absage. Trotz massiver Vorwürfe von seiten der Oppositionsbewegung galten ihre Hoffnungen seit November 1989 der Adaption des bundesdeutschen Modells.

war und der sich nun, am Ende, auch noch gegen die DDR selbst wendete. Neu waren an diesem Abend auch Transparente mit der Aufschrift «Wiedervereinigung» und Deutschlandfahnen. Damit war innerhalb der DDR ein Tabu gebrochen und das Thema auf dem Tisch.

Eine Woche später erhielt ein Werkzeugmacher langen Beifall, als er bekundete, er habe nach vierzig Jahren keine Lust mehr auf neue Varianten des Sozialismus. «Keine Experimente mehr! Wir sind keine Versuchskaninchen.» Vor der Tür gebe es ein funktionierendes Gegenmodell: freie Marktwirtschaft und deutsche Wiedervereinigung seien der einzige Ausweg.[8] Und am 27. November – einen Tag nach dem Aufruf «Für unser Land» und einen Tag vor Helmut Kohls Zehn-Punkte-Plan – hatte sich «Deutschland einig Vaterland» als eine zentrale Parole etabliert, die nun, nach denselben Mechanismen wie einige Wochen zuvor die Bedeutung des Neuen Forums, über die Massenmedien in ihrer Wirkung noch erheblich verstärkt wurde.⁹ Die Massenbewegung wandte sich vom Projekt der Reform der inneren Verhältnisse, von der Vorstellung einer demokratisierten und sozialistischen eigenständigen DDR ab und peilte stattdessen die unmittelbare Vereinigung mit der Bundesrepublik an.

Wie lässt sich dieser plötzliche Umschwung erklären? Verlässliche demoskopische Erhebungen aus dem Spätjahr 1989 liegen ebensowenig vor wie Daten über das Ausmaß, in dem der nationale Einheitsgedanke in der DDR-Bevölkerung lebendig geblieben war. Wenn oftmals gefragt (und Zweiteres mit kritischem Unterton insinuiert) wird, ob bürgerliche Freiheit oder materielle Interessen den Ausschlag für diesen Umschwung gaben, dann ist diese Alternative insofern falsch gestellt, als beides keinen Widerspruch bedeutet. Vielmehr ist gerade die Verbindung von Freiheit und Wohlstand tief in der bürgerlichen Moderne verwurzelt – wenngleich im Verlauf der deutschen Revolution eine Akzentverschiebung zu beobachten ist: dominierte in der ersten Phase, im Herbst 1989, das Element der Freiheit von staatssozialistischer Diktatur, so rückte in der zweiten Phase im Zeichen der Wiedervereinigung die Erwartung schnellen Wohlstands in den Vordergrund.

Schon im 19. Jahrhundert hatte sich jener Lebensentwurf der bürgerlichen Moderne dabei mit einer weiteren Komponente verbunden, die am Ende des 20. Jahrhunderts zwar dem SED-Regime, der Oppositionsbewegung in der DDR und Teilen der westdeutschen Öffentlichkeit weit entrückt war, die aber der Sache nach so nahe lag: der Idee der Nation und der nationalen Einheit. Nicht durch Postmoderne und Schulddiskurs, Internationalisierung und Europäisierung in Frage gestellt, war sie der Mehrheit der Ostdeutschen jedenfalls sogleich präsent. Der Leipziger Werkzeugmacher hatte es auf den Punkt gebracht: die Bundesrepublik stellte die funktionierende, prosperierende Alternative zu Mangelwirtschaft, niedrigem Lebensstandard und Bevormundung dar, und die kollabierende DDR hatte das Recht, ihr beizutreten. «Keine Experimente mehr!»

«Es kam mir vor,» so resümierte Jens Reich, einer der prominenten Vertreter der Oppositionsbewegung *post festum*, «als hätten wir zum Volk gesagt: ‹Los, nehmt uns als Rammbock und drückt das Tor ein – es ist morsch!› […] Und sie nahmen uns als Ramme, holten aus, drückten das

Tor ein, warfen uns danach achtlos zur Seite und stürmten hinein.»[10] Aus der Rückschau wirkten die Bürgerbewegung und ihr Triumph wie ein großes Missverständnis: In «kurzen fünf glorreichen Tagen», so formulierte Wolf Lepenies, der Leiter des West-Berliner Wissenschaftskollegs, sahen die Intellektuellen der Oppositionsbewegung wie die Sieger des Umbruchs in der DDR aus. Sie verstanden aber die Parole «Wir sind das Volk» als «den Wunsch nach Verwirklichung eines sozialistischen Traums» und erkannten nicht die «Absage an jede sozialistische Utopie» – ein «Desaster der interpretierenden Klasse»[11].

In historischer Perspektive handelte es sich im Blick auf die zerbrochene Allianz der Bürgerbewegung indessen weniger um ein besonderes Missverständnis als vielmehr um ein durchaus übliches Phänomen in Zeiten grundstürzenden Umbruchs: unter solchen Umständen finden ansonsten gar nicht zueinander passende Akteure zusammen, und Koalitionen, die zu anderen Zeiten unmöglich wären, treiben ihrerseits das unerhörte Geschehen voran, bevor sie nach getaner Arbeit und nach kurzer Zeit wieder auseinandergehen, wie überhaupt die Träger der Entwicklung binnen kurzer Zeit wechseln.

Dies war freilich nicht die Perspektive der Akteure im deutschen Herbst 1989, vielmehr machten sich bei den Leitfiguren der Oppositionsbewegung «Anzeichen eines depressiven Stimmungsumschlags bemerkbar.»[12] Die heraufziehende Verbitterung schlug sich in Vorwürfen an die Masse der Bevölkerung nieder, wie sie schon unmittelbar nach der Öffnung der Grenzen angeklungen waren, dass sie nämlich rein materiellen Interessen folge und sich nach Westen locken lasse: Bärbel Bohley sprach von «Glasperlen für die Eingeborenen»[13], Stefan Heym von «quiekenden Frauen» angesichts von «westlichem Tinnef», während die Moral erst nach Woolworth komme[14]. Demgegenüber geißelte Monika Maron die «Arroganz des Satten, der sich vor den Tischmanieren eines Ausgehungerten ekelt», und Martin Walser nahm die Massenbewegung von Westen her in Schutz: «Die Hunderttausende haben für ein besseres Leben demonstriert. Ihnen das Motiv zu einem Konsum-Motiv zusammenzustreichen ist, wenn ein überversorgter Westler oder ein ehedem systemverträglicher, mit allen Reisefreiheiten privilegierter Ostler das tut, fast gruselkomisch.»[15]

Nun trat hervor, was zwischen dem 9. Oktober und 9. November durch die rasende Entwicklung nur überdeckt worden war: der Hauptstrom der Oppositionellen und die Masse der demonstrierenden Bevölkerung lagen nicht auf einer Wellenlänge.[16] Rolf Schneider, der 1979 aus dem Schriftstellerverband der DDR ausgeschlossene Autor zwischen beiden deutschen Staaten, schrieb am 27. November – am Tag nach dem Aufruf «Für unser Land» – im *Spiegel*, die Oppositionellen seien «höhere Angestellte, Künstler, freischwebende Intellektuelle. Die Arbeiterschaft ist bei ihnen unterrepräsentiert. Seit dem 10. November strömt diese über die Westgrenzen. Ihr volonté générale ist gesamtdeutsch.»[17]

Ebendies lehnten die Oppositionellen aber rundheraus ab, und zugleich offenbarte sich der elitäre Kern ihrer zivilgesellschaftlichen Vorstellungen: sie plädierten für das Selbstbestimmungsrecht der Gesellschaft, verbaten sich aber die Selbstbestimmung, wie sie die Masse der Bevölkerung dann ausübte. Nach den ebenso kurzen wie heftigen Flitterwochen im September und Oktober 1989 gingen Opposition und Massenbewegung wegen unüberbrückbarer Differenzen in der nationalen Frage wieder auseinander. Wie aufgeheizt, ja polarisiert die Stimmung binnen weniger Wochen geworden war, zeigte sich auf der Leipziger Montagsdemonstration am 4. Dezember, als sich Vereinigungsbefürworter und Vereinigungsgegner gegenseitig als «Rote» bzw. «Nazis» beschimpften.[18]

Neue Konstellationen: Der Runde Tisch

Diese neue Konfliktlinie veränderte die gesamte Konstellation in der DDR: nicht mehr Bürgerbewegung und SED-Regime standen einander gegenüber, sondern Vereinigungsbefürworter und Vereinigungsgegner, zugespitzt: Massenbewegung und Opposition, wobei es im Einzelnen natürlich mancherlei Verschiebungen und Verbindungen gab. Während die Massenbewegung einstweilen führungs- und orientierungslos zurückblieb, trieb dieser *renversement des alliances* die Opposition näher an die verbleibenden reformbereiten Kräfte der SED heran. Angedeutet hatte sich dies bereits am 4. November, manifest wurde es am «Runden Tisch».[19]

Am 22. November stimmte die SED zu, einen Zentralen Runden Tisch in der DDR und zudem Runde Tische in den Städten und Bezirken einzurichten. Dass die SED bereit war, über die Abgabe und eine Neuverteilung der Macht zu verhandeln, schien die Möglichkeit zum geregelten und gewaltfreien demokratischen Neuanfang in begrenzter Kooperation mit der SED zu eröffnen und ersparte der Opposition ein so riskantes Unterfangen wie einen Generalstreik oder eine in jeder Hinsicht problematische direkte Übernahme der Regierungsgewalt. Am 7. Dezember setzten sich im Dietrich-Bonhoeffer-Haus der Ost-Berliner Brüdergemeinde unter kirchlicher Moderation erstmals die Vertreter der alten Kräfte und der neuen Gruppierungen am Zentralen Runden Tisch zusammen: je drei Vertreter der SED sowie der vier vormals der Staatspartei untergeordneten Blockparteien, des Weiteren 15 Vertreter von sieben Oppositionsgruppen und je eine Delegation des Unabhängigen Frauenverbandes und des staatlichen Gewerkschaftsbundes.

Damit hatte sich die Oppositionsbewegung institutionalisiert – und war nicht mehr Trägerin der vorwärtstreibenden Protestbewegung. Im Gegenteil: jetzt wurde sie von der Sorge vor deren unkontrollierter Eskalation umgetrieben, und sie zielte nun darauf, die Entwicklung einzudämmen. Im Folgenden sah sie sich den Versuchen der zur SED-PDS umbenannten SED ausgesetzt, sie für eine Rettung der noch bestehenden Strukturen der DDR zu vereinnahmen, während sie selbst keine konkreten und umsetzbaren Konzepte für die gewünschte demokratische Neugestaltung zu entwickeln vermochte.[20] Nun machte sich bemerkbar, dass gerade das Neue Forum als prominenteste Oppositionsgruppe nicht als politisch handlungsfähige Partei, sondern als offene Plattform für den Dialog konzipiert war, die sich schon deshalb schwer tat, einheitliche Positionen zu artikulieren. Vielmehr traten interne Orientierungs- und Differenzierungskämpfe und deutliche Unterschiede zwischen den einzelnen Richtungen auf.[21] Ihre Hoffnung auf einen gesellschaftlichen Selbstfindungsprozess war mit der Dynamik der Entwicklung nicht kompatibel, zumal die Oppositionsbewegung nach wie vor auf die Entwicklung in der DDR konzentriert war, für die sie freilich keine gangbare Alternative aufzuzeigen vermochte.

In dieser Konstellation vermochte die Oppositionsbewegung nach dem Sturz des SED-Regimes keine eigene Gestaltungskraft für einen Neuaufbau innerhalb der DDR zu entwickeln. Bald fand sich die Bewegung, die kurz zuvor die revolutionäre Entwicklung und den Sturz der SED-Herrschaft angestoßen hatte, am Rande des Geschehens wieder.

Stimmungsumschwung und Machtvakuum

Als der Runde Tisch Anfang Dezember 1989 zusammentrat, war nicht nur bei der Oppositionsbewegung, sondern im gesamten Land die Euphorie des Sieges über das SED-Regime in handfeste Krisenstimmung umgeschlagen. Während sich Meinungspluralismus und eine kritische Öffentlichkeit etablierten, ging die Mobilisierungsdynamik der Massenbewegung nach der Öffnung der Grenzen bald wieder verloren; nach dem Aufbruch verbreiteten sich in der Bevölkerung Desorientierung und Unsicherheit.

Zunehmend sickerten Informationen über das tatsächliche Ausmaß der desaströsen ökonomischen Lage der DDR durch – und dies im nun täglich greifbaren Gegensatz zur Bundesrepublik, gegen deren Währung die Ostmark binnen kürzester Zeit ins Bodenlose fiel. Zudem richtete sich eine wachsende Empörung gegen die nach und nach bekannt werdenden Privilegien der SED-Machthaber und Praktiken des SED-Staates wie etwa die staatliche Devisenbeschaffung, deren Leiter Alexander Schalck-Golodkowski sich an der Wende vom November zum Dezember aus der DDR absetzte[22]. Angesichts wuchernder Gerüchte und Verschwörungstheorien sowie der Angst vor Anarchie und Chaos eskalierte eine zunehmend aggressive «Stimmung des ‹Rette-sich-wer-kann›»[23]. In der DDR kursierte die Sorge vor einem «Ausverkauf», nicht nur an die Bundesrepublik, wie vor allem die Oppositionsbewegung fürchtete, sondern auch der hochsubventionierten Waren an Polen, die in der DDR einkauften, wo sich antipolnische Ressentiments bemerkbar machten. Zudem drohte die DDR auch personell auszubluten: zwischen dem 1. und dem 20. November hatten allein 100 000 Ostdeutsche das Land verlassen. [24]

In dieser prekären Situation ließ das Interesse an «Dialog» und Demokratisierung innerhalb der DDR zusehends nach. Das zunehmende Verlangen nach einer Vereinigung mit der Bundesrepublik innerhalb der Massenbewegung wurde jenseits der Demonstrationen kaum artikuliert. Nach dem Fall der Mauer und dem faktischen Kollaps der SED-Herrschaft tat sich in der DDR ein Machtvakuum auf. Welche Richtung die weitere Entwicklung nehmen würde, war in der zweiten Novemberhälfte zunächst ganz offen. Bald aber stellte sich heraus, dass der Runde Tisch und die Oppositionsbewegung mit dem Ziel, die DDR zu erhalten, auf einem toten Gleis fuhren, denn die Massenbewegung hatte die Weichen in eine andere Richtung gestellt und einen Zug in Fahrt gesetzt, der einstweilen führerlos unterwegs war. In dieser Situation kam die Bonner Regierung unter Helmut Kohl ins Spiel.

2. Wende in Bonn

Zwischen Stabilisierung und Revision:
Die Bundesregierung und die Krise in der DDR

Als die DDR in die Krise geriet, blieb die Bonner Regierung zunächst auf ihrem deutschlandpolitischen Kurs: sie verband programmatische Abgrenzung mit pragmatischer Zusammenarbeit. Im August, als die Flüchtlingskrise in Ungarn eskalierte, hatte Kohl vor der Bundespressekonferenz erklärt, die deutsche Frage stehe – «entgegen dem, was hier und da auch bei uns gesagt wird – nach wie vor auf der Tagesordnung der internationalen Politik [...]. Der Wille der Deutschen zur Einheit in Freiheit ist ungebrochen.»[25] Auch Außenminister Genscher betonte fünf Wochen später vor der Generalversammlung der Vereinten Nationen in New York das Ziel, «einen Zustand des Friedens in Europa» zu erreichen, «in dem das deutsche Volk in freier Selbstbestimmung seine Einheit wiedererlangt.»[26] Diese Formulierung griff auf die Präambel des Grundgesetzes und auf den «Brief zur deutschen Einheit» zurück, den die Bundesregierung dem Moskauer Vertrag von 1970 beigegeben hatte, als sie den territorialen Status quo im Nachkriegseuropa nicht völkerrechtlich, aber politisch anerkannte. Die über die Jahre und Jahrzehnte hinweg in den politischen Debatten oftmals zu Worthülsen entleerten Formulierungen gewannen nun, unter gewandelten Umständen, mit einem Male ganz neue, aktuelle Bedeutung.

Dem Ziel der Einheit in freier Selbstbestimmung stellte Genscher dabei das konstitutive Einvernehmen «mit allen Staaten in Europa» voran, um «nicht gegen sie» zu handeln, was sich dann freilich, jedenfalls vorübergehend, nicht uneingeschränkt bewerkstelligen ließ. Bei aller Einigkeit im Ziel ließen sich in diesen programmatischen Erklärungen potentielle Differenzen in der Frage der Methoden bzw. der Gewichtung zwischen deutschlandpolitischem Ziel und internationalem Einvernehmen zwischen Kohl und dem wesentlich zurückhaltender agierenden Genscher erkennen.

Gegenüber der DDR schlug Kohl am 9. Oktober, dem Tag der entscheidenden Leipziger Montagsdemonstration, dann einen deutlich schärferen Ton an. Er sprach von einem «erstarrten, autoritären System[ ], das seine Macht nur noch durch Repression nach innen und Abschottung nach außen zu sichern versucht.» Er sagte den Reformkräften Unterstützung durch die Bundesregierung zu und forderte von der DDR-Regierung politische und wirtschaftliche Reformen als Voraussetzung für weitere westdeutsche Hilfen.[27] Damit deutete Kohl die Politik an, auf die er im November umschwenkte.

Zunächst aber blieb die Bundesregierung auf der Ebene der praktischen Politik bei der eingespielten pragmatischen Kooperation. «Es liege nicht in unserem Interesse», so Kohl am 23. Oktober gegenüber George Bush, «daß möglichst viele Menschen aus der DDR weglaufen»[28], und ebensowenig zielte die Bundesregierung darauf, die DDR zu destabilisieren. Dass Kohl dies immer wieder betonte, reflektierte zugleich die Sorgen vieler internationaler Politiker im Hinblick nicht nur auf die DDR, sondern auf ganz Osteuropa: insbesondere Margaret Thatcher fürchtete, dass Gorbatschow gestürzt und der osteuropäische Reformprozess nach innen und außen revidiert werde[29]; am Ende konnte eine gewaltsame Eskalation samt militärischem Eingreifen, Bürgerkriegen und damit auch einer neuen Ost-West-Krise stehen.

Auf die Krise in der DDR reagierte die Bonner Regierung situativ, etwa in der Frage der Zufluchtsuchenden in den bundesdeutschen Vertretungen in Ost-Berlin, Prag und Budapest. Von ihrer Eskalation zur Existenzkrise war sie genauso überrascht wie die Mehrheit der Zeitgenossen in Ost und West. In der öffentlichen Diskussion wurde das Thema «Wiedervereinigung» oder «Einheit» zwar immer wieder angesprochen, doch blieb diese zugleich eher allgemein und vor allem diffus. Die deutsche Frage war offenkundig wieder offener. Eine Wiedervereinigung aber stand nicht im Zentrum konkreter Erwartungen oder politischer Perspektiven. Und bis zum Fall der Mauer stand die Überlebensfähigkeit der DDR in der öffentlichen Wahrnehmung nicht wirklich zur Debatte.

Wenn amerikanische Repräsentanten wie der stellvertretende Außenminister Eagleburger oder Botschafter Walters bundesdeutsche Funktionsträger im September auf das Thema Wiedervereinigung ansprachen, dann schoben die Bonner Repräsentanten das Thema von sich. «Wir wollten darauf hinwirken», so beschied Kanzleramtsminister Seiters den Stellvertreter von Außenminister Baker, «daß sich die Lage für die Menschen in der DDR verbessere.» Vorrangig seien das Selbstbestimmungsrecht und das Recht auf Freiheit: «Wie die Deutschen in der DDR ihre Rechte dann ausübten, wenn sie sie denn hätten, sei eine Angelegenheit, die nur z. T. von uns abhinge.»[30]

In dieser Politik der Regierung Kohl bis zum Herbst 1989 ist die Bedeutung der Rhetorik keinesfalls gering zu schätzen. Was über Jahre hin zunehmend formelhaft geklungen hatte und vielfach als überholt kritisiert worden war, gewann nun, unter veränderten Umständen, einen anderen Klang und neue Bedeutung. Zugleich gaben diese über die Jahre hin durchgehaltenen programmatischen Grundpositionen Kohl das Instrument für eine flexible Reaktion auf die Veränderung der deutschlandpolitischen Rahmenbedingungen an die Hand, gerade im Vergleich zu jenen, die sich, faktisch oder explizit, auf die Zweistaatlichkeit festgelegt und sich somit ebendieses Instruments begeben hatten. Für Kohl aber war es der Hebel für einen deutschlandpolitischen Kurswechsel; den ersten Schwenk vollzog die Bundesregierung Anfang November.

Im «Bericht zur Lage der Nation im geteilten Deutschland», wie Kohl den Zusatz nach seinem Regierungsantritt 1982 wieder eingeführt hatte, hielt der Bundeskanzler am 8. November sowohl am Ziel der deutschen Einheit auf der Grundlage freier Selbstbestimmung als auch an der «bisherigen Politik der praktischen Zusammenarbeit mit der DDR im Interesse der Menschen auf beiden Seiten» fest – aber, und das war neu, nicht mehr nur gegen humanitäre Erleichterungen, sondern nur unter bestimmten politischen Bedingungen: «Kosmetische Korrekturen genügen nicht. Wir wollen nicht unhaltbar gewordene Zustände stabilisieren. Aber wir sind zu umfassender Hilfe bereit, wenn eine grundlegende Reform der politischen und wirtschaftlichen Verhältnisse in der DDR verbindlich festgelegt wird.» Konkret forderte Kohl den Verzicht auf das Machtmonopol der SED, die Zulassung unabhängiger Parteien, freie Wahlen, den Abbau der bürokratischen Planwirtschaft und den Aufbau einer marktwirtschaftlichen Ordnung.[31] Dies war nichts anderes als eine offene Einmischung des Bundeskanzlers in die inneren Angelegenheiten der DDR, die die Bundesrepublik unter Aufgabe des Alleinvertretungsanspruchs über Jahrzehnte hinweg zu respektieren gelernt hatte, und mehr noch: die Forderung nach der Selbstaufgabe des SED-Regimes. Entsprechend gereizt reagierte Egon Krenz, wobei Kohl das eigentliche Thema noch gar nicht angesprochen hatte. Die Wiedervereinigung lag am Vorabend des 9. November noch außerhalb des Erwartungshorizonts.

Regierung am Rhein

In Bonn war Deutschlandpolitik «Chefsache»[32], und im Kanzleramt regierte Kohl auf eine ganz persönliche Weise: nicht aus der spezifischen Rationalität des bürokratischen Apparats heraus, nicht mit dem Instrument des offiziellen Aktenvorganges auf dem Dienstweg, mit formellen Institutionen oder Konferenzen, sondern spontan, situationsbezogen und ungezwungen und vor allem mit dem Mittel des direkten persönlichen Gesprächs und des persönlichen Vertrauensverhältnisses, auch und gerade auf internationaler Ebene, indem er seine einnehmende Jovialität konsequent als Herrschaftsinstrument zu nutzen verstand. Auf diese Weise wirkte der Politiker Kohl in außergewöhnlichem Maße durch seine persönlichen Eigenschaften: ein grundständig optimistisches und fröhliches Naturell von – bei allem Selbstbewusstsein – letztlich uneitler Bodenständigkeit, unerschöpfliche Aktionspotentiale und hohe Willenskraft, verbunden mit – bei aller Sensibilität – hartnäckiger Selbstsicherheit. Im Herbst 1989 war Kohl unterdessen politisch geschwächt und gestärkt zugleich: Anfang September waren Ambitionen einer innerparteilichen Widerstandsfront, Kohl als Parteivorsitzenden (und mittelbar auch als Bundeskanzler) auf dem CDU-Parteitag in Bremen zu stürzen, in sich selbst zusammengebrochen. Somit war Kohls entscheidende Machtposition innerhalb der Partei vorderhand gefestigt – die Ursachen der innerparteilichen Fronde jedoch bestanden weiter: Kohl steckte im öffentlichen Meinungstief, und die Prognosen für die nächsten Bundestagswahlen, die um die Jahreswende 1990/91 anstanden, waren verheerend.

An der Spitze der Regierungszentrale stand seit der Kabinettsumbildung im April 1989 Rudolf Seiters als Chef des Bundeskanzleramts im Range eines Ministers: ein umsichtiger, nüchtern-analytischer Koordinator und ein Mann der effizienten Administration. Von ganz anderem Schlage war sein Stellvertreter Horst Teltschik, der Leiter der außenpolitischen Abteilung und Kohls engster politischer Berater. Wie Kohls engste Umgebung insgesamt entstammte er nicht dem Apparat der Karrierebeamten, sondern dem parteipolitischen Umfeld, aus dem Kohl den inneren Zirkel der Macht im Kanzleramt rekrutierte: die «politische Familie» des Patriarchen, informell in der Zusammensetzung und ebenso informell im Umgang untereinander, auf der Grundlage persönlichen Vertrauens, absoluter Vertraulichkeit und bedingungsloser gegenseitiger Loyalität. Strategisch und leidenschaftlich im politischen Denken, im Vereinigungsprozess an den entscheidenden Stellen bei der Einschätzung kritischer Sachverhalte optimistischer und unbefangener als die Vertreter von Bürokratie und Diplomatie, trieb Teltschik die im Vergleich zum Auswärtigen Amt oftmals forschere, offensivere Politik der Regierungszentrale voran.

Dafür verachteten die Berufsdiplomaten in der Bonner Adenauerallee den «Laienschauspieler» im Kanzleramt.[33] Doch auch über diese persönlichen Facetten hinaus war die Rivalität zwischen Auswärtigem Amt und Regierungszentrale in internationalen Angelegenheiten notorisch, auch zwischen Genscher und Kohl selbst. Seit 1974 stand der in Halle geborene Minister, der bei weitem dienstälteste unter allen am Vereinigungsprozess beteiligten Politikern, mit rastlosem, die Grenzen der Gesundheit übersteigendem Arbeitseifer an der Spitze der Auswärtigen Amts. Er verfolgte eine im Westen verankerte, gleichwohl stets vorsichtig abwägende, allseits vertrauensbildende Politik der multilateralen Integration und des Ausgleichs, mit der er die Bundesrepublik, auch unter Einsatz erheblicher finanzieller Mittel, aus den harten Auseinandersetzungen und militärischen Verpflichtungen im Zeichen des Ost-West-Konflikts möglichst heraushielt. Hinsichtlich nationaler, zumal sicherheitspolitischer Interessen und Positionen flexibler als Kohl, wurde seine Politik auf amerikanischer Seite immer wieder als «Genscherismus», will sagen: Mangel an Bündnisloyalität, beargwöhnt; «this slippery man» nannte ihn der amerikanische Botschafter Richard Burt einmal[34]. Es mag auch mit der Quellenlage zu-

Der Kanzler und sein Außenminister: Bei der Öffnung des Brandenburger Tores am
22. Dezember 1989 feiern Helmut Kohl und Hans-Dietrich Genscher zusammen mit tau-
senden Menschen den neuen Grenzübergang am zweihundertjährigen Wahrzeichen
Berlins.

sammenhängen – die Akten des Auswärtigen Amts, zumal die Protokolle
von Genschers Gesprächen mit Schewardnadse, sind nicht zugänglich
und die persönlichen Überlieferungen Genschers bzw. seines Büroleiters
Frank Elbe höchst zurückhaltend bzw. kursorisch gehalten –, jedenfalls
ergibt sich aus den edierten Akten des Kanzleramts und aus den vielfältigen deutschen und internationalen Memoiren übereinstimmend das Bild
eines Außenministers, der im Wiedervereinigungsprozess hinsichtlich der
zentralen Entscheidungen deutlich hinter dem Bundeskanzler zurück-
stand. Dazu trug auch bei, dass das Auswärtige Amt in der Deutschlandpolitik nur für Berlin und für die Vier-Mächte-Verantwortung im Hinblick auf Deutschland als Ganzes zuständig war, nicht hingegen für die
direkten Beziehungen zur DDR. Diese ressortierten offiziell beim Ministerium für Innerdeutsche Beziehungen unter der Leitung von Dorothee
Wilms. Von der DDR allerdings während seiner ganzen Existenz nicht als

Verhandlungspartner akzeptiert, spielte das Ministerium auch im politischen Entscheidungsprozess faktisch keine Rolle.

Daher lag die Verantwortlichkeit für die Deutschlandpolitik nicht nur allgemein im Hinblick auf die Richtlinienkompetenz, sondern auch im Besonderen beim Kanzleramt, was die Position der Regierungszentrale im Wiedervereinigungsprozess abermals festigte. Ihr wuchs dabei, nachdem Politik gerade in den achtziger Jahren immer mehr zu einer Moderation divergierender Interessen, zu einem mühevollen und schwerbeweglichen Austarieren vor allem zwischen den Regierungsparteien geworden war, für die wenigen Monate der Wiedervereinigung eine ganz außergewöhnliche exekutive Gestaltungsmacht zu. Dies setzte jedoch deutlich veränderte Rahmenbedingungen voraus – und eine entschiedene politische Führung, zu der Kohl sich zögerlich entschloss, nachdem sich die Bedingungen entscheidend geändert hatten.

Bonn, Warschau, Berlin: Der Fall der Mauer

Am Abend des 9. November 1989 debattierte der Bundestag gerade über das Vereinsförderungsgesetz, als die Fernseher in der Lobby die Szenen aus Berlin nach Günter Schabowskis Pressekonferenz übertrugen. Die Debatte wurde unterbrochen und mit einer spontanen Aussprache über die Vorgänge in der DDR fortgesetzt – mit dem ungewohnten Bild parteiübergreifender Einigkeit und Emotionalität. Schließlich stimmten einige Abgeordnete der Unionsfraktion spontan und *a capella* die Nationalhymne an, in die das ganze Haus einstimmte, selbst die Grünen, denen dies im Nachhinein peinlich war.[35]

Der Bundeskanzler und der Außenminister befanden sich in diesen Stunden in Warschau. Dort war am Nachmittag eine größere bundesdeutsche Delegation zu einem besonders heiklen Regierungsbesuch eingetroffen. Denn das historisch schwer belastete deutsch-polnische Verhältnis, das bis dato durch die Konstellation des Ost-West-Konflikts überlagert gewesen war, bedurfte nach deren Wegfall der Neugestaltung. Im Rahmen seines ersten Besuchs in Polen suchte Kohl sichtbare Zeichen der Versöhnung zu setzen.[36] Ein gemeinsamer Gottesdienst und ein Bruderkuss mit Ministerpräsident Mazowiecki auf Gut Kreisau sollte, hier im Zeichen des Widerstandes gegen den Nationalsozialismus, an die großen geschichtspolitischen Gesten anschließen, wie sie mit dem französischen Präsidenten Mitterrand in Verdun 1984 auch ikonographisch gelungen waren.

Am frühen Abend des 9. November traf Kohl in Warschau mit dem Vorsitzenden der vormaligen polnischen Oppositionsbewegung schlechthin, der *Solidarność*, zusammen, die das kommunistische Regime gerade sukzessive von der Macht verdrängte.[37] Wałęsa äußerte «Furcht und Besorgnis vor unkontrollierbaren Entwicklungen» und kam wiederholt auf die Berliner Mauer zu sprechen: er fragte sich, «was geschehen werde, wenn die DDR ihre Grenzen voll öffne und die Mauer abreiße», und bezweifelte, «ob die Mauer in ein bis zwei Wochen noch stehen wird.» Kohl ging darauf nicht näher ein; doch endete das Gespräch zu ebendem Zeitpunkt, da Günter Schabowski in Ost-Berlin seine Pressekonferenz mit der so folgenreich derangierten Vermeldung der neuen Reiseregelung beschloss.

Vor Beginn des Festbanketts in Warschau erfuhr Kohl telefonisch aus Bonn, dass die DDR ihre Grenzen öffne. Zunächst ungläubig, kam Kohl im Laufe des Abends zu dem Schluss, dass ihm das historische Versäumnis Konrad Adenauers vom August 1961 nicht unterlaufen dürfe, der Berlin zum entscheidenden Zeitpunkt, als die Mauer gebaut wurde, fern geblieben war. Allerdings konnte eine Unterbrechung gerade dieses Besuches als Affront gegen die Gastgeber aufgefasst werden. In der Tat reagierte Ministerpräsident Mazowiecki, als Kohl ihn am nächsten Morgen von seinem Entschluss unterrichtete, den Besuch für anderthalb Tage zu unterbrechen, wenig erfreut.[38]

Nichtsdestoweniger verließen Kohl, Genscher und einige weitere Mitglieder der Delegation Warschau am frühen Nachmittag mit dem Regierungsflugzeug, das sie zunächst nach Hamburg brachte, weil es aufgrund alliierter Vorbehaltsrechte weder das Territorium der DDR überfliegen noch in Berlin landen durfte. Eine eilends organisierte amerikanische Militärmaschine brachte sie von dort aus in die Stadt, die gerade das Ende der Teilung feierte. Dort allerdings erwartete den Kanzler eine unliebsame Überraschung. Kohl hatte sich beeilen müssen, um noch rechtzeitig zu der Kundgebung vor dem Schöneberger Rathaus zu kommen, die der Regierende Bürgermeister Momper am Morgen des 10. November – ohne Rücksprache mit dem Kanzler oder dem Kanzleramt – ange-

«Die Teile Europas wachsen zusammen.» Nach dem Fall der Mauer am Tag zuvor sprach neben Bundeskanzler Kohl und Außenminister Genscher auch Willy Brandt am Abend des 10. November 1989 bei einer zentralen Kundgebung am Schöneberger Rathaus zur Berliner Bevölkerung.

setzt hatte.[39] «Lenin spricht», giftete Kohl, als Walter Momper in seiner Ansprache mit dem Begriff vom «Volk der DDR» die Zweistaatlichkeit unterstrich und von «sozialer Verantwortung und Abneigung gegen die Ellenbogengesellschaft» in der politischen Kultur der DDR sprach, wovon sich mancher «eine Scheibe abschneiden könne.»[40]

Nach ihm sprachen Außenminister Genscher und Altkanzler Willy Brandt, der deutlich nationalere Töne fand als Momper, auch wenn er seinen berühmt gewordenen Satz «Jetzt wächst zusammen, was zusammen gehört» nicht auf der Rednertribüne sprach: «Jetzt erleben wir, und ich bin dem Herrgott dankbar dafür, daß ich dies miterleben darf: die Teile Europas wachsen zusammen.»[41] Währenddessen erreichte den Bundeskanzler auf der Rednertribüne eine Nachricht von Michail Gorbatschow aus Moskau: offenbar beunruhigt, möglicherweise auch falsch informiert über die Situation in Berlin, warnte er davor, «die Emotionen und Leidenschaften an[zu]heizen», und beharrte zugleich auf «der Realität, daß zwei souveräne deutsche Staaten existieren.»[42] Zwischen Befürchtung und Drohung – vor dem Hintergrund von Kräften in der Sowjetunion, die auf gewaltsames Eingreifen drängten – changierte die Aussage, es «könne eine chaotische Situation entstehen, deren Folgen unübersehbar wären.» Vor diesem Hintergrund rief Kohl dazu auf, «in dieser glücklichen, aber auch schwierigen Stunde in der Geschichte unseres Volkes [...] besonnen zu bleiben und klug zu handeln [...], radikalen Parolen und Stimmen nicht zu folgen.» Er dankte auch den westlichen Verbündeten und schloss: «Es lebe ein freies deutsches Vaterland! Es lebe ein freies, einiges Europa!»[43]

Überlagert wurde Kohls Rede von einem gellenden Pfeifkonzert linker Gruppen, das, live im Fernsehen übertragen, ein eigentümliches Bild in die Welt vermittelte. Ein ganz anderes Bild gaben demgegenüber die begeisterten Menschen am Checkpoint Charlie ab, den Kohl im Anschluss aufsuchte, bevor er im Rahmen seiner ungeplanten Deutschland-Visite nach Bonn weiterflog, um eine Reihe von Telefonaten in die wichtigsten Hauptstädte zu erledigen.

Ein neunminütiges Telefongespräch mit Egon Krenz am nächsten Morgen verlief konziliant im Ton, offenbarte aber entscheidende Differenzen in der Sache, altbekannte Positionen in neuer Aktualität: Eine Wiedervereinigung Deutschlands stehe gegenwärtig nicht auf der Tagesordnung, betonte Krenz. Kohl widersprach, hierzu bestünden grundsätzlich unterschiedliche Meinungen zwischen beiden Seiten, dies aber sei «jetzt nicht das Thema, das uns im Augenblick am meisten beschäftigt», sondern «daß wir zu vernünftigen Beziehungen zueinander kommen.»[44] Des Weiteren telefonierte Kohl mit dem französischen Präsidenten Mitterrand, dem spanischen Ministerpräsidenten Gonzales, der Deutschland herzliche Unterstützung zusagte, mit Margaret Thatcher, George Bush und Michail Gorbatschow. Seiner – und nicht nur seiner – Sorge vor unabsehbarer Radikalisierung, Eskalation und Chaos gegenüber betonte Kohl, die Bundesregierung sei sich ihrer Verantwortung für die Erhaltung der Stabilität bewusst und agiere mit «Augenmaß».[45]

Die grundstürzenden Ereignisse in Deutschland hatten, wie Kohls Telefonate zeigten, zunächst keine schwerwiegenden internationalen Differenzen und Probleme hervorgerufen. Zugleich stand, als Kohl am Mittag des 11. November nach Warschau zurückflog, das Thema «Wiedervereinigung» *nolens volens* im Raum, und je vehementer die Vertreter der DDR dies fortan bestritten, desto deutlicher dokumentierten sie das Gegenteil. Ebenso deutlich war, dass diese Veränderungen, so euphorisch sie auf den Straßen gefeiert wurden, große Risiken bargen. «Man müsse unvorhersehbare Reaktionen in der DDR oder der Sowjetunion vermeiden», mahnte der US-Präsident bei aller Sympathie für die deutsche Sache. «Deshalb müsse man von großer Rhetorik Abstand nehmen. Man müsse auch davon absehen, über die Wiedervereinigung oder einen Zeitplan zum Abriß der Mauer zu reden.»[46]

Die Offensive der Zehn Punkte

Auch nach dem Fall der Mauer und der Öffnung der innerdeutschen Grenzen zögerte Kohl zunächst, das Thema Wiedervereinigung öffentlich anzusprechen und aufzugreifen, zumal ihm die Reserven in verschiedenen europäischen Hauptstädten nicht verborgen geblieben waren[47]. Stattdessen zog er sich auf das Selbstbestimmungsrecht der Ostdeutschen zurück, das die Bonner Deutschlandpolitik auch in den vorherigen Jahren als Referenzpunkt gesetzt hatte – wobei Kohl freilich grundsätzlich davon ausging, dass die Selbstbestimmung der Ostdeutschen für die deutsche Einheit ausfallen würde. Jedenfalls erklärte er am 16. November für die Bundesregierung, sie werde «jede Entscheidung, die die Menschen in der DDR in freier Selbstbestimmung treffen, selbstverständlich respektieren.»[48]

Demgegenüber machten sich in der DDR in den Wochen nach der Öffnung der Mauer wie gesehen Desorientierung, Unsicherheit und auch Aggressivität innerhalb der Bevölkerung breit. Zugleich etablierten sich auf den Demonstrationen die Parole «Deutschland einig Vaterland» und die Forderung nach Wiedervereinigung. In dieser Situation unterbreitete Hans Modrow in seiner Regierungserklärung als Ministerpräsident am 17. November den Vorschlag einer «Vertragsgemeinschaft» der beiden deutschen Staaten.[49] Damit hatte er seinen Hut in den deutschlandpolitischen Ring geworfen, wenn auch mit anderer Wirkung als Absicht: hatte Modrow mit seinem Vorschlag versucht, eine Wiedervereinigung zu verhindern, so beschleunigte er nur den einsetzenden Wettlauf um das Thema.

Auch in der Bundesrepublik war die Diskussionslage weiterhin diffus. Aus dem zunehmenden Gewirr unterschiedlicher und widersprüch-
licher Wortmeldungen klangen einzelne Stimmen heraus, etwa das Plädoyer des *Spiegel*-Herausgebers Rudolf Augstein für eine Wiedervereinigung und die gleich gerichteten Äußerungen des Vorstandssprechers der
Deutschen Bank, Alfred Herrhausen, im *Spiegel* vom 20. November[50].
Eine klare Generallinie, zumal mit konkreter wiedervereinigungspoliti-
scher Perspektive verfolgten unterdessen weder das Hamburger Nach-
richtenmagazin noch die deutschlandpolitisch regierungsnähere *Frankfurter Allgemeine Zeitung*, wo sich – wie in der politischen Zentrale –
zurückhaltende ebenso wie vorwärtstreibende Stimmen neben- und
durcheinander artikulierten. Allenthalben aber wurde die Forderung an
die Bundesregierung lauter, etwas zu tun[51]: «die deutsche Politik von
heute», so die ätzende Kritik des Herausgebers der *Welt* am zweiten
Sonntag nach der Maueröffnung, «ist unvorbereitet, weil sie Ideen, die
über die westdeutsche Existenz und deren Besitzstand hinausweisen,
fürchtet. [...] Und so kann es sein, daß der Mantel der Geschichte an ihr
vorüberrauscht und sie glaubt, ein lästiger Windstoß habe gerade ein
paar Aktenpapiere vom Schreibtisch gefegt.»

Als am 27. November Franz Schönhuber, der Vorsitzende der rechts-
extremen Partei der Republikaner, die gerade in Westdeutschland Zulauf
fand, eine Wiedervereinigung und auch die Wiedergewinnung der Ostgebiete als erstes Ziel des neuen Parteiprogramms vorstellte[52], drohte die
öffentliche Debatte endgültig zu zerfließen und das Thema Wiedervereinigung aus Sicht der Regierung in ebenso unerwünschte wie unkontrol-
lierbare Kanäle abzuleiten. «Die internationale wie die innenpolitische
Diskussion über die Chancen einer Wiedervereinigung Deutschlands ist
voll entbrannt und nicht mehr aufzuhalten», vermerkte Horst Teltschik
in seinen tagebuchförmigen Erinnerungen unter dem Datum des 20. November 1989. «Mehr und mehr sind wir uns dessen bewußt, doch die
Weisung des Bundeskanzlers bleibt, in der öffentlichen Diskussion Zurückhaltung zu üben. Weder innerhalb der Koalition, und damit innenpolitisch, noch außenpolitisch will er Angriffsflächen bieten.»[53]

Zwei Wochen lang zögerte der Kanzler nach dem Fall der Mauer, aus
Vorsicht, aber auch, weil in Bonn keinerlei Szenario für die Situation vorlag, die jetzt eingetreten war, kein Konzept für eine Wiedervereinigung

und keine Blaupausen für den Tag X – abgesehen davon, dass dieser sich auch nicht planen ließ, zeigt dieser Umstand zugleich, wie sehr der operativen Politik diese Perspektive trotz aller programmatischen Konstanz abhanden gekommen war. Der deutschlandpolitische Ernstfall kam auch für die Bonner Regierung völlig überraschend, und sie musste Positionen und Strategien erst finden. Auf Wiedervereinigungspolitik umzuschwenken bedeutete, ins Dunkle zu springen.

Am 21. November traf Teltschik in Bonn zu einem Gespräch mit Nikolaj Portugalow zusammen. Der Berater der Abteilung für Internationale Beziehungen des Zentralkomitees der KPdSU übergab Teltschik ein Papier mit einer Vielzahl von Fragen, die vor einer Vereinigung zu lösen wären.[54] Allein die Existenz eines solchen Papiers interpretierte Teltschik als grundsätzliche Bereitschaft der Sowjetunion, sich mit einer deutschen Wiedervereinigung auseinanderzusetzen.[55] Vor diesem Hintergrund drängte er den Kanzler zwei Tage später gemeinsam mit einigen anderen Vertrauten, als sie mit Kohl des Abends im Kanzlerbungalow zusammensaßen, um über die Öffentlichkeitsarbeit der Bundesregierung zu sprechen, er solle «öffentlich die Meinungsführerschaft im Hinblick auf die Wiedervereinigung übernehmen. [...] Würde er es nicht tun, bestünde die Gefahr, daß diese Aufgabe von der FDP oder SPD übernommen würde.» Gegen den Widerspruch der deutschlandpolitischen Experten aus dem diplomatisch-administrativen Apparat, die zur Vorsicht mahnten, ließ sich Kohl, aus sachlicher Notwendigkeit ebenso wie aus innen- und machtpolitischem Kalkül, auf eine solche Initiative ein, die in der Haushaltsdebatte am 28. November als Coup mit «Überraschungseffekt» platziert werden sollte.[56] Während des vorausgehenden Wochenendes wurde die Rede von einem eigens dafür eingerichteten Stab ausgearbeitet und von Kohl selbst in seinem privaten Wohnhaus in Ludwigshafen redigiert. Aufgebaut in medienwirksamen zehn Punkten, sollte diese Rede die Zielperspektive einer deutschen Einheit aufzeigen, ohne sich auf konkrete inhaltliche Schritte oder gar auf einen Zeitplan festzulegen.

Als Kohl am Morgen des 28. November an das Rednerpult des Deutschen Bundestages trat, wusste nur eine Handvoll Eingeweihter – über die allgemeinen Vorabinformationen hinaus, die an Parteigremien und ausgewählte Journalisten gegeben worden waren –, was er sagen würde. Auch der darüber kräftig verstimmte Außenminister Genscher wusste

Offensive der Zehn Punkte: Inmitten der Haushaltsdebatte verkündete Bundeskanzler
Helmut Kohl am 28. November 1989 im Deutschen Bundestag zur Verblüffung der
deutschen und internationalen Öffentlichkeit seine deutschlandpolitische Initiative.

von nichts[57], ebensowenig die Westmächte, die entgegen diplomatischen
Gepflogenheiten nicht unterrichtet worden waren; allein im Weißen
Haus war der Text vor Beginn der Bundestagssitzung eingegangen, wo es
zu diesem Zeitpunkt noch Nacht war.

Was Kohl in diesen zehn Punkten sagte, war inhaltlich und in keinem
der einzelnen Punkte neu. Die ersten fünf Punkte markierten Stufen der
innerdeutschen Entwicklung: erstens Sofortmaßnahmen, zweitens die
Fortführung der ökonomischen, technologischen und kulturellen Zusammenarbeit, drittens eine umfassende Ausweitung der bundesdeutschen
Hilfen, wenn – wie er bereits am 8. November gefordert hatte – «ein
grundlegender Wandel des politischen und wirtschaftlichen Systems in
der DDR verbindlich beschlossen und unumkehrbar in Gang gesetzt
wird», viertens die von Modrow angesprochene «Vertragsgemeinschaft»
und fünftens, darüber hinaus, «konföderative Strukturen zwischen beiden Staaten in Deutschland» mit dem «Ziel, eine Föderation, das heißt

eine bundesstaatliche Ordnung in Deutschland zu schaffen.» An diesem Punkt, unmittelbar vor einer Wiedervereinigung, wechselte das Programm von der innerdeutschen auf die internationale Ebene, um die Einbettung der deutschen Vereinigung in den internationalen Integrationsprozess zu dokumentieren: sechstens die weitere Entwicklung der Ost-West-Beziehungen, siebtens die Fortsetzung der europäischen Einigung und ihre Ausdehnung auf die ehemals kommunistischen Staaten Mittel- und Südosteuropas, achtens die Weiterentwickung des KSZE-Prozesses und neuntens «weitreichende und zügige Schritte in der Abrüstung und Rüstungskontrolle.» Somit sollte schließlich zehntens der «Zustand des Friedens in Europa» erreicht werden, in dem Deutschland «seine Einheit wiedererlangen kann.»[58]

Diese Sprachformeln aus grundlegenden Verfassungs- und Rechtstexten sowie politisch implementierte Wendungen wie die der «Selbstbestimmung» waren bislang auf rhetorischer Ebene kommuniziert und bestätigt worden, seit den sechziger Jahren freilich fernab der politischen Praxis geblieben. Dort herrschten andere Realitäten, machtpolitische Interessen, im Falle Frankreichs etwa die europäische Einbindung der Bundesrepublik samt ihrer starken Währung, im Falle Großbritanniens das Gleichgewicht oder seitens der Sowjetunion der Status quo des eigenen Machtbereichs.

Nun, in verändertem Kontext, gewannen die erstarrten Konsensformeln neues Leben als Orientierungsmarken in der unübersichtlichen Situation und als Referenzpunkte der Argumentation. Als solche hatten sie auch instrumentelle Bedeutung. Denn sie trieben entgegenstehende, klassisch macht- oder gleichgewichtspolitische Interessen und Positionen in die Defensive. Freilich war dies nicht zwingend: hätten ihre Vertreter ihre macht- und vor allem sicherheitspolitischen Interessen entschlossen verfolgt, so hätten sie das Eigengewicht dieser etablierten Sprachformeln sehr wohl durchbrechen können. Da sich diejenigen, die einer deutschen Wiedervereinigung zumindest skeptisch gegenüberstanden, aber nicht zu konsequentem Handeln zusammenzufinden vermochten, war die Bundesregierung in der Lage, den sprachlichen Vorteil zugleich mit dem Handlungsdruck der sich überstürzenden Ereignisse für den entscheidenden politisch-operativen Vorsprung, zumal auf internationaler Ebene, zu nutzen.

Sprachlich und politisch hatte Kohl unterdessen seine Zehn Punkte nach allen Seiten abgesichert: durch die Einbindung einer deutschen Wiedervereinigung – für die er einen Zeithorizont von fünf bis zehn Jahren veranschlagte[59] – in die internationale Integration, auch durch die Formulierung «konföderativer Strukturen» statt einer verbindlicher klingenden «Konföderation». Zwei Themen allerdings sprach er nicht an: die polnische Westgrenze und die Bündniszugehörigkeit eines vereinten Deutschlands – beide Fragen gewannen binnen weniger Monate zentrale Bedeutung.

Obwohl Kohl in keinem Punkt über Bekanntes und über wiederholt geäußerte (Rechts-) Standpunkte der Bundesrepublik hinausging, rief er ein gewaltiges Echo hervor, zumal im Ausland[60]. Denn Kohl hatte das Tabu gebrochen, regierungsoffiziell über eine deutsche Wiedervereinigung zu sprechen, und er hatte das Thema nun definitiv auf die politische Agenda gesetzt. Er hatte die Meinungsführerschaft in der deutschen Frage übernommen, und vor allem hatte er instinktiv, wie wohl kein anderer bundesdeutscher Politiker außer vielleicht Willy Brandt, die Stimmung in der DDR-Bevölkerung und ihre Entwicklungsrichtung erfasst. Lange vor dem formellen Plebiszit für die Wiedervereinigung am 18. März 1990 hatte er diese Stimmung in einem wechselseitigen Prozess aufgegriffen, in Politik umgesetzt, instrumentalisiert und schließlich kanalisiert. Manifest wurden dieser gefühlte Volkswille und Kohls Union mit der Massenbewegung in der DDR am 19. Dezember in Dresden.

3. Nationale Koalition: Dresden, 19. Dezember 1989

Die Lage in der DDR sei «nach wie vor gespannt», eröffnete der neue Parteivorsitzende der in SED-PDS umbenannten ehemaligen Staatspartei dem Generalsekretär der KPdSU am 14. Dezember am Telefon. «Die Regierung der DDR müsse deutliche Zeichen setzen, daß sie die Regierungsgewalt auch einzusetzen bereit sei.» Dass ihre im Dezember deutlich spürbaren Versuche, das Heft wieder in die Hand zu bekommen, vergeblich blieben, hatte indessen nicht zuletzt einen deutschlandpolitischen Grund: «Besorgt äußerte sich Gregor Gysi über die Zunahme von Gedanken zur deutschen Wiedervereinigung. Umfrageergebnisse hätten zugleich ergeben, daß die Mehrheit der Bevölkerung eindeutig dagegen sei.

Angst müsse man jedoch davor haben, daß während des bevorstehenden Besuches von Bundeskanzler Helmut Kohl gerade jene auf die Straße gingen, die für die Wiedervereinigung einstehen.»[61]

Ebendies war in der Tat der Fall. Schon die Leipziger Montagsdemonstration am 11. Dezember hatte ganz im Zeichen der Forderung nach Wiedervereinigung gestanden.[62] Kräftigen Anschub erhielt diese Bewegung durch Kohls Besuch in Dresden am 19. Dezember. Kohl, der sich stets der Bedeutung von Bildern und Symbolen bewusst war, hatte ein Treffen in Ost-Berlin ausgeschlossen, das die DDR entgegen dem Vier-Mächte-Status als «Hauptstadt der DDR» deklarierte. Die SED-Führung wiederum hatte Leipzig, die «Heldenstadt» der Opposition, abgelehnt, ebenso die allzu geschichtsträchtige Wartburg.[63]

Ursprünglich geplant als Begegnung mit Egon Krenz, der die Bühne zwischenzeitlich schon wieder verlassen hatte, traf Kohl nun mit Ministerpräsident Modrow zusammen, der auf die westdeutsche Delegation «blaß» und «verkniffen» wirkte.[64] Einigkeit bestand zwischen beiden über das Projekt einer – vorerst allerdings nicht näher konkretisierten – «Vertragsgemeinschaft». Weniger Einigkeit bestand hinsichtlich grundlegender Positionen und gegenseitiger Forderungen. Modrow bezeichnete die «Existenz der beiden Staaten» als «eine erstrangige Frage der Weltpolitik» und die Wiedervereinigung als «nicht aktuell.» Sein Ansinnen eines «Lastenausgleichs» in Höhe von 15 Milliarden DM wies Kohl allein schon als historisch besetzten Begriff zurück und forderte stattdessen freie Wahlen, Verfassungs-, Strafrechts- und Wirtschaftsreformen. Nichtsdestoweniger wurden in Dresden Vereinbarungen getroffen, die noch wenige Wochen zuvor völlig undenkbar gewesen wären: die Einreise von Westdeutschen in die DDR ohne Visum und Zwangsumtausch, der wechselseitige Vertrieb von Zeitungen und Zeitschriften oder die Festsetzung des Wechselkurses zwischen D-Mark und DDR-Mark für Reisende aus der Bundesrepublik auf 1 : 3. Zudem stellte die Bundesregierung erhöhte zinsgünstige Kreditmöglichkeiten für DDR-Unternehmen sowie bundesdeutsche Direktinvestitionen und Gemeinschaftsunternehmen im Rahmen der Vertragsgemeinschaft in Aussicht, während Modrow marktwirtschaftliche Reformen in der DDR ankündigte. Im direkten Verhältnis zwischen dem Stärkeren und dem Schwächeren behandelte Kohl den Ministerpräsidenten der DDR konziliant, erwartete von ihm und für ihn aber keine Zukunftsperspektive und entwickelte auch kein ernsthaftes Interesse, mit der Regierung Modrow weitergehend zu kooperieren.[65]

Dass der Zug nämlich in eine andere Richtung unterwegs war, zeigte Kohl der Kontakt mit der breiten Bevölkerung, mehr als mit Vertretern der Oppositionsbewegung, mit denen er nicht recht warm wurde[66]. Schon am Flughafen und auf dem Weg zum Hotel Bellevue hatte sich eine große Zahl von Menschen eingefunden, die Kohl freundlich, ja euphorisch begrüßten, und am frühen Abend hielt er eine Ansprache auf dem Dresdner Neumarkt. Als er in einer hoch aufgeladenen Szenerie vor der geschichtsträchtigen Ruine der Frauenkirche im Dunkeln und im Scheinwerferlicht auf Zehntausende erwartungsvoller Ostdeutscher traf, war zunächst nicht absehbar, wie sich die Menschenmenge verhalten würde; Kohl fürchtete etwa, dass die erste Strophe des Deutschlandliedes gesungen werden könnte, und er hatte Vorkehrungen getroffen, stattdessen den Choral «Nun danket alle Gott» anzustimmen. In seiner Rede wandelte er auf schmalem Grat zwischen den Hoffnungen der Zuhörer und der Gefahr, zu große Erwartungen zu schüren. Er plädierte daher für Vernunft, Augenmaß und «Sinn für das Mögliche» – und ebenso: «Mein Ziel bleibt – wenn die geschichtliche Stunde es zuläßt – die Einheit unserer Nation»[67], formulierte der Kanzler der Bundesrepublik auf dem Boden der DDR, schon nicht mehr nur als Gast, sondern als Deutscher unter Deutschen und als ihr Hoffnungsträger zugleich. Kohl begründete die «Einheit der Nation» dabei nicht nur aus dem staatsrechtlichen Gebot des Grundgesetzes heraus und nicht nur im Hinblick auf reine Staatlichkeit. Vielmehr bezog er sie auf die Ideen von Freiheit und Demokratie, wie sie sich im 19. Jahrhundert mit dem Einheitsgedanken verbunden hatten. So knüpfte er an die beiden zentralen Motive der ostdeutschen Revolution an – «Wir sind das Volk», den Anspruch der Bürgerbewegung, und das Ziel der Massenbewegung: «Wir sind ein Volk» – und flocht die deutsche Wiedervereinigung zugleich in den großen gesellschaftspolitischen Entwurf der westlichen Moderne ein.

Kohl selbst erinnerte den Besuch in Dresden als sein «Schlüsselerlebnis»[68] auf dem Weg zur deutschen Einheit. Zwar transportieren die verschiedenen, um suggestive Anekdoten angereicherten Überlieferungen mancherlei Stilisierungen, und vor allem entsprang Kohls Rede vor der

Nationale Koalition und «Schlüsselerlebnis» auf dem Weg zur Einheit: am Abend des 19. Dezember 1989 spricht Helmut Kohl vor der Dresdner Frauenkirche als Deutscher unter Deutschen.

Ruine der Frauenkirche nicht einer spontanen Idee, wie er selbst berichtet, sondern wurde in Bonner Regie sorgfältig vorbereitet.[69] Dass in Dresden bewusst und nach den Regeln der Mediengesellschaft ein bildmächtiges Symbol inszeniert wurde, ändert jedoch nichts an der politischen, nicht zuletzt psychologisch-emotionalen Bedeutung jenes 19. Dezember: mit Fahnen (wobei die unbeantwortete Frage ist, woher die vielen schwarz-rot-goldenen Fahnen ohne herausgeschnittenes DDR-Emblem kamen) und Sprechchören – «Deutschland, Deutschland», «Helmut, Helmut» und «Wir sind ein Volk» – wurde Kohl, der im Westen so Vielgeschmähte, in einem Akt quasi-ritueller Akklamation von den Ostdeutschen als Heilsbringer empfangen, deren mehrheitlichen Willen der Kanzler, in unüberschaubarer Lage und gegen erste statistisch erhobene Daten[70], instinktiv erfasste – und den er dann mit entschiedener Konsequenz in Politik umsetzte, wobei Bonn binnen weniger Wochen vom Agenten zur bestimmenden Kraft wurde.

Die Situation in der DDR erwies sich als vollauf kompatibel mit der deutschlandpolitischen Grundhaltung der Bundesregierung seit 1982. Die Selbstbestimmung als deutschlandpolitisches Prinzip – «Wenn Menschen in DDR selbständigen Staat wollen, werden wir das respektieren; wenn sie für Einheit sind, wird auch das respektiert werden müssen», lauteten Kohls Gesprächsvorgaben für den Dresdner Besuch[71] – war kongruent mit dem Willen zur deutschen Einheit. Und diese Disposition verschaffte Kohl Handlungsfähigkeit und Handlungsspielräume in den weichenstellenden Monaten zwischen Dezember 1989 und Februar 1990, der Scharnierzeit des Einigungsprozesses.

IV. Scharnierzeit: Vom Zehn-Punkte-Programm bis zur Volkskammerwahl

Mit der nationalen Wende hatte die deutsche Revolution ihre Richtung geändert. Statt sich in einer jakobinischen Phase zu radikalisieren, ging sie in die Bahnen der staatlichen Wiedervereinigung mit der Bundesrepublik über. In den Wochen um die Jahreswende, der Scharnierzeit zwischen diesen beiden Phasen, veränderten sich auch die maßgeblichen Handlungsebenen, Inhalte und Akteure. Die deutsche Frage stand nun auf der Tagesordnung der großen Politik, während die Bürgerbewegung ihre vorwärtstreibende Kraft verlor. Angesichts der eskalierenden Krise in der DDR und des nicht abreißenden Stroms von Übersiedlern richteten sich stattdessen zunehmender Handlungsdruck und vereinigungspolitische Hoffnungen auf die Bonner Regierung, die im innerdeutschen Prozess binnen weniger Monate dominierende Bedeutung gewann. Zunächst jedoch drifteten innere und äußere Entwicklung im Dezember 1989 massiv auseinander.

1. Echo wie Donnerhall: Die deutsche Frage in der internationalen Politik

Die Vier Mächte und ihre Rechte

Die Wiedervereinigung Deutschlands war nicht allein ein deutsches Stück. Auch den anderen Staaten, allen voran den Hauptsiegermächten des Zweiten Weltkrieges, waren tragende Rollen zugewiesen. Die Frage war nur, wie sie sie spielten. Denn das Drehbuch ließ manches offen, und generell sind die Verhältnisse auf der Ebene der internationalen Politik weit weniger kodifiziert als innerhalb der Staaten, sind Veränderungen weniger an sanktionsbewehrte institutionalisierte Regeln geknüpft als an konkrete, machtbedingte Aushandlungsprozesse. Für die deutsche Frage galt dies in besonderem Maße. Hier wirkten historisch bedingte Regelungen mit historisch-politischen Entwicklungen und konkreten politischen Beziehungen und Interessen zusammen.

Nach der deutschen Kapitulation hatten die vier Siegermächte mit der Berliner Deklaration vom 5. Juni 1945 die oberste Regierungsgewalt in Deutschland an sich genommen, dessen Gebiete östlich von Oder und Lausitzer Neiße auf der Potsdamer Konferenz unter polnische (bzw. im nördlichen Ostpreußen unter sowjetische) «Verwaltung» gestellt wurden. Die endgültige Regelung blieb einem Friedensvertrag vorbehalten, der bis 1990 nicht geschlossen wurde. Stattdessen gaben die Alliierten, getrennt allerdings nach Ost und West, sukzessive Souveränitätsrechte zurück. Mit dem Deutschlandvertrag vom Oktober 1954, der im Mai 1955 in Kraft trat, übertrugen die drei westlichen Siegermächte der Bundesrepublik die staatliche Souveränität – mit Ausnahme einiger Vorbehaltsrechte, vor allem in Bezug auf Berlin und auf Deutschland als Ganzes, vor allem eine Wiedervereinigung. Dabei verpflichteten sie sich in Art. 7 als «gemeinsames Ziel» auf ein «wiedervereinigtes Deutschland, das eine freiheitlich-demokratische Verfassung, ähnlich wie die Bundesrepublik, besitzt und in die europäische Gemeinschaft integriert ist.»[1]

Auf östlicher Seite waren die Verhältnisse weniger klar. Die Sowjetunion hatte die Vier-Mächte-Basis durch den Auszug ihres Vertreters aus dem Alliierten Kontrollrat 1948 verlassen, musste im Berlin-Abkommen 1973 aber auf ebendieser Ebene agieren. Am 25. März 1954 hatte sie erklärt, die Souveränität der DDR anzuerkennen, doch auch hier war – abgesehen von der faktischen Einschränkung der Souveränität der Satellitenstaaten durch die Breschnew-Doktrin – offenkundig, dass die Rechte der Vier-Mächte-Verantwortung ähnlich wie auf westlicher Seite fortwirkten. Jedenfalls waren sich die vier betroffenen Regierungen, allen voran die sowjetische, dieser Rechte 1989/90 vollauf bewusst. Es war Gorbatschow, der unmittelbar nach dem Fall der Mauer die Initiative ergriff, um die vier alliierten Siegermächte zu einem Gespräch zusammenzubringen, das am 11. Dezember 1989 als Treffen der Botschafter im Gebäude des Alliierten Kontrollrats in Berlin-Schöneberg stattfand. Spätestens an diesem Tag stellte sich die Frage, wie diese Rechte praktisch zu handhaben seien, hatte sich doch die politische Wirklichkeit des Jahres 1989 weit von den normativen Grundlagen der Jahre 1945, 1948 oder 1954 entfernt.

Beschlüsse wurden nicht gefasst – die Tagesordnung beschränkte sich auf Berlin betreffende Fragen –, und die drei westlichen Repräsentanten ließen sich auch nicht auf das Ansinnen des sowjetischen Botschafters ein, regelmäßige Treffen der Vier Mächte abzuhalten und weitere Arbeitsgruppen einzurichten.[2] Die symbolische Wirkung aber war offenkundig: Über vierzig Jahre, nachdem der Alliierte Kontrollrat durch den Auszug des sowjetischen Vertreters gesprengt worden war, kam die Kriegskoalition an ebenjenem Ort wieder zusammen und schickte eine Botschaft der Machtverhältnisse gegenüber dem nach wie vor geteilten Deutschland vor allem an die Bonner Adresse – und: drei dieser Mächte zeigten sich als deutliche Skeptiker, wenn nicht Gegner einer Wiedervereinigung Deutschlands. Und doch inszenierten die vier Botschafter das Bild einer Vergangenheit, das nicht in die Gegenwart des Jahres 1989 passen wollte.

Dieser «unwürdige Phototermin», der, so Genscher wenige Tage später am Rande der NATO-Ministerratstagung, «die Würde unseres Volkes verletzt» habe, verstimmte die Bundesregierung aufs schwerste[3] und förderte zugleich ihre politische Entschlossenheit, den deutschen Einigungsprozess international nicht aus der Hand zu geben. Vor diesem Hintergrund legte Genscher im Februar besonderen Wert darauf, dass die internationalen Verhandlungen «Zwei plus Vier» hießen und nicht anders; der französische Außenminister hätte eine «Vier-plus-Null-Version» vorgezogen[4]. Paris war beileibe nicht die einzige der vier Hauptstädte, in der so gedacht wurde – im Grunde gab es nur eine, allerdings entscheidende Ausnahme.

Vier Prinzipien in Washington

«Wir wollten die Ereignisse auf diplomatische, ja nahezu klinisch kühle Weise begrüßen und unser Bestes versuchen, alle Emotionen zurückzuhalten», so begründete Außenminister Baker die zurückhaltende Reaktion der US-Regierung auf den Fall der Mauer, «damit Gorbatschow, Schewardnadse und andere Sowjets, die unsere Reaktionen genau beobachteten, nicht den Eindruck bekämen, daß wir schadenfroh ‹mit dem Finger auf sie zeigen›, wie Präsident Bush es ausdrückte.»[5] Und Bush selbst bekundete gegenüber Gorbatschow, als sie sich wenige Wochen nach dem 9. November trafen, er sei nicht auf der Mauer herumgesprungen, um die Lage der

Sowjetunion nicht durch Großspurigkeit und Arroganz zu erschweren.[6] Wie prekär diese Lage war, hatte der erste Mann der westlichen Welt durchaus im Blick, und daher mahnte er auch den Bundeskanzler, nicht zu schnell voranzugehen: «Gorbatschow komme einfach nicht mit dem ungeheuren Tempo zu Rande, in dem sich diese Entwicklungen vollzögen. [...] Er habe die Gesamtlage einfach nicht mehr im Griff.»[7]

Nur wenige Monate nachdem der aus wohlhabendem Ostküsten-Establishment stammende vormalige Vizepräsident der Ära Reagan – Marineflieger im Zweiten Weltkrieg, texanischer Ölunternehmer, Bankier und ehemaliger CIA-Direktor – im Januar 1989 die Amtsgeschäfte übernommen hatte, wurde die westliche Vormacht mit den fundamentalen Erschütterungen der weltpolitischen Ordnung konfrontiert. Die Regierung Bush begegnete ihnen, der Präsident voran, mit besonnener Realpolitik. Wie Philip Zelikow und Condoleezza Rice dokumentieren, wenn auch als Beteiligte stilisierend, vollzogen sich die Entscheidungsprozesse in Washington überhaupt mit beinahe wissenschaftlicher Systematik: auf der Basis stetig modifizierter Lageanalysen wurden Szenarien entworfen, Optionen bestimmt und dann Entscheidungen getroffen. Zudem blieb die notorische Rivalität zwischen Weißem Haus und Außenministerium, die unter den Präsidenten Nixon oder Carter den gesamten Apparat gelähmt hatte, in der Regierung Bush aus, insbesondere zwischen Sicherheitsberater Scowcroft und Außenminister Baker, die eine zwar nicht reibungslose, insgesamt aber produktive Zusammenarbeit pflegten.

So fand Washington auch nach Kohls Fanal der Zehn Punkte umgehend eine klare Position. Bereits am Tag darauf proklamierte Baker die «vier Prinzipien», die fortan die Grundlage darstellten, auf der die US-Regierung eine deutsche Wiedervereinigung unterstützte:[8] erstens die ergebnisoffene Verwirklichung des Prinzips der Selbstbestimmung, zweitens der Verlauf in einem schrittweisen, nicht überstürzten Prozess, drittens die Unverletzlichkeit der Grenzen in Europa – und vor allem schließlich: die fortdauernde Zugehörigkeit eines vereinten Deutschland zur NATO und zur Europäischen Gemeinschaft.

Hier erhob die amerikanische Politik freilich eine Maximalforderung, mit der sie über eine pragmatische Realpolitik deutlich hinausging. In der Tat praktizierte die Regierung Bush ihre Realpolitik, in einem schwierigen Balanceakt auf schmalem Grat zwischen erwünschter Veränderung und erforderlicher Stabilität, in enger Verbindung mit ihrem ideologischen Programm. Mit der «unity based on Western values», die Gorbatschows neuer Idee vom «Haus Europa» mit seiner Kohabitation verschiedener Systeme eine Absage erteilte, steuerte sie, im Sinne der alten Missionsidee Woodrow Wilsons, den endgültigen Sieg des Westens im Ost-West-Konflikt an.[9]

Der Gipfel vor Malta und die «westlichen Werte»

Vor diesem Hintergrund entspann sich, als Bush und Gorbatschow Anfang Dezember 1989 an Bord des sowjetischen Kreuzfahrtschiffs «Maxim Gorki» vor Malta zu ihrem ersten Gipfeltreffen seit der Amtsübernahme des US-Präsidenten zusammenkamen, eine unübliche Grundsatzdebatte über Werte. Sie offenbarte das ganze Ausmaß der Verwirrung in der vormals so festgefügten Konstellation des Ost-West-Gegensatzes, die Untiefen, in die Gorbatschow den Ostblock mit seiner Reformpolitik gesteuert hatte, und auch die Notwendigkeit, die Sowjetführung diplomatisch zu schonen, die um keinen Preis als der historische Verlierer dastehen wollte, der sie doch so offenkundig war. In diesem Zusammenhang spielten auch die persönliche Atmosphäre, der Grad des gegenseitigen Vertrauens zwischen den Politikern eine kaum zu überschätzende Rolle; dass sich Bush und Gorbatschow, bei aller sachlichen Auseinandersetzung, vor Malta persönlich näherkamen, war dabei ebenso bedeutsam wie das jeweilige Verhältnis beider zu Helmut Kohl.

Er habe den Eindruck, so Gorbatschow in jenem Gespräch, «daß die Führung der USA die Konzeption zur Überwindung der Spaltung Europas auf der Grundlage der ‹westlichen Werte› jetzt besonders aktiv vorantreibt. [...] Seinerzeit wurde im Westen Alarm geschlagen, daß die Sowjetunion beabsichtige, die Revolution zu exportieren. Die Aufrufe, die ‹westlichen Werte› zu exportieren, klingen da sehr ähnlich.» Als Baker die westlichen Werte als Selbstbestimmungsrecht, Wahlfreiheit und Pluralismus erklärte, entgegnete Gorbatschow: «Wieso sind Demokratie, Offenheit und Markt ‹westliche› Werte?»

> Bush: «Da die USA und Westeuropa sie seit vielen Jahren teilen.»
> Gorbatschow: «Auch wir teilen sie. Das sind doch Werte, die der gesamten Menschheit gehören.»

Bush: «Das war aber nicht immer so.»

Gorbatschow: «Wir sollten uns hier nicht auf Propaganda-Debatten einlassen.»

Im Wissen um die Position des Stärkeren unterbreitete Baker schließlich einen Vorschlag zur Güte: «Vielleicht können wir uns auf den Kompromiß einigen, daß dieser positive Prozeß auf der Grundlage ‹demokratischer Werte› verläuft.»[10]

Diese Diskussion ereignete sich vor dem Hintergrund der deutschen Frage, in die das Zehn-Punkte-Programm in der Woche zuvor so erhebliche Bewegung gebracht hatte. Malta dürfe kein Jalta werden, so hatte Kohl gegenüber Bush seine Sorge geäußert[11], doch standen deutschlandpolitische Entscheidungen dort nicht zur Debatte. Gorbatschow beharrte vielmehr auf der bekannten festgefügten Position, dass die Existenz zweier deutscher Staaten die Entscheidung der Geschichte darstelle[12]: *historia locuta, causa finita.* So einfach waren die fundamental in Bewegung gekommenen Verhältnisse freilich nicht mehr.

«Surrealistischer Wust von Ideen»: Chaos im Kreml

Einen Tag nach dem Gipfel vor Malta erlebte Hans-Dietrich Genscher seine «unerfreulichste Begegnung»[13] mit Gorbatschow und Schewardnadse, als beide dem nach Moskau gereisten Außenminister mit Aplomb und jenseits des diplomatisch Üblichen den sowjetischen Standpunkt zu Kohls deutschlandpolitischer Initiative und zur deutschen Frage klar machten. Ein «Ultimatum», wetterte der Kremlchef, seien Kohls Zehn Punkte gewesen, eine «äußerst dreiste Einmischung in die inneren Angelegenheiten eines souveränen Staates.» In einem fort ereiferte er sich, Kohl kommandiere einfach herum, führe sich auf «wie ein Elefant im Porzellanladen» und sei «offenbar bereits davon überzeugt, dass seine Musik, sein Marsch gespielt wird, und er hat bereits angefangen, dazu zu marschieren.» Unverhohlen spielte Gorbatschow auf die deutsche Vergangenheit an, als er daran erinnerte, «wozu diese kopflose Politik in der Vergangenheit geführt hat», und sein Außenminister legte noch nach: so etwas hätte sich «nicht einmal Hitler erlaubt.»[14] Genscher sah sich in der unkomfortablen Lage, die von ihm und dem Auswärtigen Amt keineswegs gutgeheißene – und indirekt ja auch gegen ihn selbst gerichtete – Aktion seines Bundeskanzlers gegenüber der fremden Regierung verteidigen zu müssen und behauptete Alexander Jakowlew zufolge (allerdings nicht nach dem ansonsten gänzlich unverblümten sowjetischen Protokoll), «er habe von den 10 Punkten Kohls vor der Veröffentlichung nichts gewußt. Er bat die sowjetische Seite, ihm Glauben zu schenken.»[15]

Offenkundig fühlte sich Gorbatschow, angesichts des Gesprächs mit Kohl unmittelbar nach dem Fall der Mauer, vom deutschen Bundeskanzler hintergangen, der ihm seinerzeit zugesagt hatte, die Stabilität zu bewahren. Für Gorbatschow hieß dies, die Eigenständigkeit der DDR zu respektieren, an deren Existenz er ebenso wenig einen Zweifel ließ wie an ihrer fortdauernden Mitgliedschaft im Warschauer Pakt. Die ostdeutsche Idee der Vertragsgemeinschaft, so beschied er Hans Modrow am 4. Dezember, sei nur dann akzeptabel, wenn sie nicht zur deutschen Einheit führe.[16] In der historischen Situation selbst verhielten sich Gorbatschow und Schewardnadse wesentlich weniger vereinigungsfreundlich als sie später im Wissen um den Ausgang des Geschehens bekundeten – wie übrigens viele Protagonisten, mit Ausnahme von Margaret Thatcher, die an ihrer Meinung auch im Nachhinein nichts änderte.

Gorbatschow ahnte zumindest im Herbst 1989, was eine deutsche Wiedervereinigung für seine Reformpolitik und für die Sowjetunion bedeuten konnte: an dem Tag, an dem sich Deutschland vereinige, so soll er Ende November zu Mitterrand gesagt haben, werde «ein Marschall der Sowjetunion meinen Platz einnehmen»[17]. Und gegenüber dem sowjetischen Botschafter in Ost-Berlin äußerte er: «Unser Volk wird es uns nicht verzeihen, wenn etwas mit der DDR geschieht. Besonders schwer werden das die Kriegsveteranen und ehemaligen Arbeiter des Hinterlandes aufnehmen.»[18] Was Gorbatschow wollte, war eine reformsozialistische DDR, aber keine deutsche Wiedervereinigung.

Dabei lassen sich Anzeichen einer konzeptionellen Öffnung, eines Aufbrechens der starren sowjetischen Deutschlandpolitik im Umfeld Gorbatschows bis in die Jahre 1987/88 zurückverfolgen.[19] Diese Veränderung aber wurde nie systematisch diskutiert, so dass die sowjetische Führung in den entscheidenden Monaten über keine kohärente deutschlandpolitische Position verfügte. Von einem «surrealistischen Wust von

Ideen» sprach der Bonner Botschafter Julij Kwizinski, den er bei seiner Rückkehr nach Moskau im Mai 1990 vorgefunden habe.[20]

Grundsätzlich hatte der Kreml, wo die großen außenpolitischen Entscheidungen in den Händen einer kleinen Gruppe von Männern lagen, im Hinblick auf die deutsche Wiedervereinigung vier mögliche Zielperspektiven und Handlungsoptionen: man konnte, am einen Ende der Skala, den Wiedervereinigungsprozess befürworten und ihn entschlossen zugunsten sowjetischer Interessen zu gestalten versuchen. Die einfachste, aber den sowjetischen Interessen am meisten zuwiderlaufende Möglichkeit war zweitens, den Prozess einfach geschehen zu lassen und die eigene Haltung der fortschreitenden Entwicklung anzupassen. Drittens konnte die Sowjetführung versuchen, den Prozess zumindest zu verzögern und somit Zeit zu gewinnen, wie auch immer die Zeiten dann aussehen mochten. Am anderen Ende der Skala stand schließlich entschlossenes Zuwiderhandeln, wie es Gorbatschow Ende 1989 andeutete.

Immerhin war die Sowjetunion, bei aller Schwäche, nach wie vor die zweite globale und atomare Supermacht und neben den USA die wichtigste Siegermacht über Deutschland, der ein breites Spektrum von Möglichkeiten und ein gut gefülltes Arsenal von Instrumenten zur Verfügung stand. Die Sowjetregierung konnte den Deutschen das Angebot der deutschen Einheit um den Preis eines Austritts aus der NATO unterbreiten, was in Bonn und Washington durchaus befürchtet und etwa von Botschafter Kwizinski auch nachträglich als erfolgversprechend angesehen wurde[21]. Sie konnte eine konsistente Position – etwa eines gesamteuropäischen Sicherheitssystems – aufbauen und aktiv verhandeln oder auf eine Verzögerung des Verhandlungsprozesses setzen. Oder aber die sowjetischen Unterhändler obstruierten die Verhandlungen, wie sie es insbesondere auf den Außenministerkonferenzen nach dem Zweiten Weltkrieg geradezu virtuos gehandhabt hatten. Bis zum Schluss blieb es der Sowjetunion auch vorbehalten, ihre Vier-Mächte-Rechte über Deutschland nicht aufzugeben oder sogar ihre Truppen in der DDR zu belassen, zumindest aber mit einem solchen Verhalten in den Verhandlungen zu drohen, oder das Pfand der Wiener Abrüstungsverhandlungen einzusetzen. Die Sowjetführung konnte auch einfach *njet* sagen – und letzten Endes blieb der Einsatz von Gewalt. Dass diese Möglichkeit keineswegs undenkbar war, zeigten 1990 die Vorgänge in Litauen. Und selbst wenn

Gorbatschow dieses Instrument im Hinblick auf die ehemaligen sowjetischen Satellitenstaaten aus der Hand gelegt hatte, war eine Zurücknahme der gesamten Perestroika als Akt der Verzweiflung ebensowenig aus der Welt wie, mit allen unabsehbaren Konsequenzen, Gorbatschows Sturz.

In der Sowjetunion brannte es inzwischen an mehreren Orten; in Aserbaidschan brachen gewaltsame Auseinandersetzungen aus, und gegenüber den separatistischen Bestrebungen der baltischen Republiken drohte eine militärische Intervention Moskaus[22]. Die Widerstände gegen Gorbatschow, der auf seine Umgebung «ratlos und bekümmert» wirkte, wuchsen. «Was soll ich nur tun?» – so klagte er Ende Januar 1990, «Aserbaidschan und Litauen, Radikalreformer einerseits, Sozialdemokraten andererseits, und die Schläge werden immer schmerzhafter, die Wirtschaft treibt vor sich hin, das Volk ist an der Grenze seiner Kraft.»[23] Chaos breitete sich aus, auch in der Partei und ihrer Führung, und ebenso im Behördenapparat[24]. Gorbatschow war unentschlossen, gedanklich und sprachlich unklar, und auch Schewardnadse verwickelte sich zuweilen innerhalb eines einzigen Satzes in unauflösliche Widersprüche[25].

Die Kommunistische Partei spaltete sich in Richtungskonflikten auf. Man sei offensichtlich, so beschrieb Gorbatschows Vertrauter Jakowlew gegenüber Gregor Gysi im Dezember 1989 die eklatante Naivität der Reformer, «an die neue Revolution etwas romantisch herangegangen und habe unterschätzt, welch große Widerstände auf ihrem Weg entstehen.» Die Umgestaltung war von der Spitze der Partei aus begonnen worden, ohne an ihr Ende zu sehen oder es auch nur zu ahnen. «Das ZK sei dieser Idee in der Mehrheit dann gefolgt. Jedoch die Partei als Ganzes sei hinter dem Prozeß zurückgeblieben und vom Leben überholt worden. [...] Es zeichneten sich dabei zwei Flügel deutlich ab: Der eine Flügel behaupte, die Partei sei nicht auf dem richtigen Weg, sie müsse umkehren und neu beginnen. Der andere Flügel sei der Meinung, die Partei gehe zu langsam vor und müsse das Tempo der Perestroika beschleunigen. Dazu komme, daß in der Gesellschaft die Intoleranz als stalinistisches Erbe sehr ausgeprägt sei» – ebenso wie «der in vielen Jahrzehnten geschaffene Schmarotzer-Sozialismus» in der Masse der Bevölkerung.[26]

Alles in allem: Die krisenhafte Zuspitzung innerhalb der Sowjetunion band die Aufmerksamkeit der Sowjetführung und hatte Priorität für eine Regierungspolitik, die angesichts zunehmender innerer Widerstände auf

der Kippe stand. Die DDR und das zerfallende Imperium der Sowjetunion waren daher für den Kreml in den Monaten des weltpolitischen
Umbruchs nur von nachrangiger Bedeutung; zudem erwies sich Gorbatschows Zielvorstellung einer reformsozialistischen DDR als unvereinbar
mit der allgemeinen Entwicklung. Die rigide Ablehnung einer deutschen
Wiedervereinigung – Gorbatschows Ausgangspunkt im November 1989 –
war daher keine dauerhaft tragfähige Position. Eine kohärente Alternative und damit eine politische Leitlinie besaß die sowjetische Führung in
dieser Umbruchsphase nicht. Von den verfügbaren Instrumenten wurden
zwar alle bedient, keines aber konsequent genutzt. Von den Optionen
wurde letztlich diejenige realisiert, die den sowjetischen Interessen am
wenigsten entsprach: das Geschehenlassen und die reaktive Anpassung
an die Entwicklung. Aus sowjetischer Perspektive war die deutsche Wiedervereinigung ein Spiel, «in dem wir von Tag zu Tag einen Trumpf nach
dem anderen verloren.»[27]

Ressentiments in Westeuropa: Thatcher und Mitterrand

Dass eine deutsche Wiedervereinigung nicht nur in Moskau auf Abneigung stieß, zeigte sich bald nach dem Fall der Mauer, als die Staats- und
Regierungschefs der EG auf Einladung des amtierenden Ratsvorsitzenden
Mitterrand am 18. November zu einem außerordentlichen Gipfel-Abendessen in Paris zusammenkamen. In aller Deutlichkeit spürten die Bonner
Vertreter, «daß das Mißtrauen gegen uns Deutsche wieder da» war, vor
allem in Paris und Den Haag, in Rom und London[28]. Kohl suchte die
europäischen Nachbarn mit der Ankündigung zu beruhigen, es werde
keinen deutschen nationalen Alleingang geben – und verschärfte vor diesem Hintergrund mit seiner Zehn-Punkte-Initiative die Vorbehalte erst
recht. Hatte beim Pariser Diner ein «frostiges, gereiztes Klima»[29] geherrscht, so fand der EG-Gipfel in Straßburg am 8. und 9. Dezember in
«eisiger Atmosphäre», als «fast tribunalartige Befragung» statt; Unterstützung fand Bonn allein bei der spanischen und bei der irischen Regierung.[30]

Dennoch unterzeichneten alle Teilnehmer, nach einigem Ringen und
nachdem Kohl der französischen Regierung im Hinblick auf die europäische Währungsunion entgegengekommen war[31], ein Kommuniqué mit

dem Zitat aus dem Brief zur deutschen Einheit vom «Zustand des Friedens in Europa, in dem das deutsche Volk seine Einheit durch freie Selbstbestimmung wiedergewinnt.» Diese etablierten Sprachformeln markierten auf diskursiver Ebene eine Form von Pfadabhängigkeit, aus der nicht einfach auszubrechen war. Selbstläufer aber waren sie auch nicht, vielmehr fanden solche Festlegungen, auch der Artikel 7 des Deutschlandvertrags von 1954 mit der Zielvorgabe eines wiedervereinigten Deutschlands, ihre Grenzen an den vitalen sicherheitspolitischen Interessen der anderen Staaten. Für Egon Bahr etwa war der Friede «immer wichtiger als Selbstbestimmung»[32], und für Margaret Thatcher war es die internationale Stabilität. «Wir müssen klar machen», forderte sie den US-Präsidenten daher kurz nach dem Fall der Mauer auf, «daß wir nicht die Absicht haben, die Situation zum Nachteil der Sicherheitsinteressen der Sowjetunion auszunutzen [...] und daß die deutsche Wiedervereinigung kein Thema ist, das gegenwärtig zu behandeln wäre.»[33] Grenzen markierte auch der französische Außenminister, als er im Dezember das Recht auf Selbstbestimmung und die Akzeptanz durch die anderen europäischen Staaten nebeneinanderstellte: «wir sind an dem Punkt angekommen, wo der Wille der einen auf den Widerstand der anderen stoßen kann»[34].

Zeichnete sich also eine «anglo-französische Achse»[35] ab? Zu zwei Unterredungen trafen sich Margaret Thatcher und François Mitterrand am Rande des Straßburger Gipfels, und Mitterrand war, wie Thatcher überliefert, über die Entwicklung in Deutschland noch besorgter als sie. Sein Berater Attali gibt den französischen Präsidenten in seinen – von Mitterrand nicht autorisierten und mit mancherlei quellenkritischer Vorsicht zu behandelnden, sachlich gleichwohl nicht von der Hand zu weisenden und durch parallele Überlieferungen bestätigten – Aufzeichnungen folgendermaßen wieder: «Man befinde sich in der Situation der führenden Politiker Frankreichs und Englands vor dem Kriege, die nicht reagiert haben. Man dürfe sich nicht in der Situation von München wiederfinden! [...] Was geschieht, macht uns bereit zu einer neuerlichen Allianz zwischen Frankreich, Großbritannien und der Sowjetunion gegen Deutschland, genau wie 1913. [...] Es ist nötig, besondere Beziehungen zwischen Frankreich und Großbritannien herzustellen, wie 1913 und 1938.»[36]

Solche Formulierungen atmeten den Geist Margaret Thatchers, die in Großbritannien dezidierte Positionen bezog. Während Meinungsumfragen keine breite Ablehnung, sondern eher eine – zum Teil sogar deutliche – Mehrheit für eine deutsche Wiedervereinigung in der britischen Öffentlichkeit ermittelten und auch in der seriösen Presse insgesamt keine Ängste vor einer Wiedervereinigung ventiliert wurden,[37] blieb die Regierung zunächst reserviert. Auch nach dem 9. November galt die deutsche Frage als nicht aktuell. Umso mehr schreckte Kohls nicht angekündigtes Zehn-Punkte-Programm die Regierenden in Whitehall auf.[38]

Dort dominierte Margaret Thatcher, die allerdings seit dem zehnjährigen Jubiläum ihres Regierungsantritts im Mai 1989 in der eigenen Partei zunehmend unter Druck geriet. Die aus kleinen Verhältnissen aufgestiegene Chemikerin und Juristin hatte 1979 die Regierung eines krisengeschüttelten Landes übernommen, dem sie in den folgenden Jahren harte marktwirtschaftliche Reformen verordnete. Ihren Ruf als «Eiserne Lady» festigte sie auch in der Außenpolitik, als sie 1982 im Geiste des Empire einen Krieg zur Rückeroberung der von Argentinien besetzten Falklandinseln führte und gewann. Auch sonst setzte sie in den achtziger Jahren, mit dezidiert sicherheitspolitischen Prioritäten und vor allem an der Seite Ronald Reagans, auf die britische Sonderrolle in der internationalen Politik, die sich auch in einer nachgerade intransigenten Unnachgiebigkeit in ihrer Europapolitik niederschlug. Im Herbst 1989 befand sie sich, wie der Publizist George Urban formulierte, «auf dem Kriegspfad»[39] gegen die deutsche Wiedervereinigung. Dafür hatte sie Gründe, aber sie hatte keine Ziele.

Thatchers Motive waren zum einen sicherheitspolitischer Natur: Sie fürchtete eine internationale Destabilisierung, wenn Gorbatschow im Falle einer deutschen Wiedervereinigung gestürzt und der Warschauer Pakt auseinanderbrechen würde.[40] Erst müssten demokratische Strukturen in Osteuropa geschaffen werden, so beschied sie Außenminister Genscher am 29. November, einstweilen stehe eine deutsche Wiedervereinigung nicht auf der Tagesordnung.[41] Damit bezog sie offen Position gegen das Zehn-Punkte-Programm Helmut Kohls, der für sie ohnehin das zweite Motiv ihres Widerstandes verkörperte: ein antideutsches Ressentiment. Thatcher kultivierte die Tradition tiefsitzender nationaler Rivalitäten mit dem kaiserlichen Deutschland, so abermals George Urban, als «visionäre Staatsfrau mit globaler Perspektive» im scharfen Gegensatz

«Staatsfrau» und «Teutone» (*Montreal Gazette* nach: *Der Spiegel* vom 27. August 1990)

zum «wurstessenden, fettleibigen, tumben Teutonen»[42], der ihre Abneigung im Übrigen herzlich erwiderte.

Vor diesem Hintergrund berief sie Ende März 1990 eine Deutschland-Konferenz mit sechs Historikern und Publizisten auf dem Landsitz der britischen Premierminister in Chequers ein. Der Rat der Experten freilich lautete, keine Sorge vor der deutschen Einheit zu haben und «nett zu den Deutschen» zu sein – entgegen Thatchers Standpunkt: «man kann ihnen nicht trauen»[43]. Wie das Seminar von Chequers zeigte, war Thatcher in dieser Frage in Großbritannien isoliert. Auch Außenminister Hurd distanzierte sich zunehmend von der Premierministerin und suchte nach Wegen einer konstruktiven Gestaltung statt einer Blockade der deutschen Einigung.[44] Und auch von französischer Seite fehlte ihr die letztlich entscheidende Unterstützung.

Meinungsumfragen in Frankreich förderten deutliche Mehrheiten für eine deutsche Wiedervereinigung zutage, die sogar noch etwas höher lagen als in Großbritannien. In der überregionalen Presse hingegen wurden links und rechts Bedenken und Ängste artikuliert, vor allem gegenüber einer deutschen Überlegenheit in Europa.[45] Insbesondere die *classe politique* reagierte überwiegend reserviert bis ablehnend auf Kohls Zehn-Punkte-Programm, verärgert, weil nicht vorab informiert, zumal tags zuvor – ohne jeden Hinweis auf die deutschlandpolitische Initiative – Kohls «Arbeitskalender» für den Fortgang der europäischen Einigung in Paris eingegangen war, der den dortigen europapolitischen Vorstellungen absolut nicht entsprach.[46] An der Spitze der *Grande Nation* herrschten sicherheitspolitische Bedenken und allgemeine Unsicherheit gegenüber dem Nachbarn im Osten, beruhigt freilich durch die Erwartung, die Supermächte, vor allem die Sowjetunion, würden eine Auflösung der Pakte und eine Wiedervereinigung Deutschlands verhindern.[47] Außenminister Dumas, dem das Verhalten der Deutschen immer arroganter erschien[48], forderte am 12. Dezember vor der französischen Nationalversammlung ein Mitspracherecht der europäischen Staaten und markierte zugleich die Sollbruchstelle für einen Konflikt, indem er auf der «Existenz zweier deutscher Staaten» beharrte.[49] «Die französischen Einlassungen erscheinen uns wenig hilfreich», notierte Teltschik in Bonn, «und deuten darauf hin, daß Frankreich die Entwicklungen bremsen möchte.»[50]

Galt das auch für François Mitterrand, Kohls wichtigsten Partner in Europa, mit dem er in Verdun fünf Jahre zuvor jene große Geste der Versöhnung inszeniert hatte? Der standesbewusste Sozialist im Elysée-Palast hatte ein erstaunlich enges Verhältnis zu dem bodenständigen Christdemokraten im Bonner Kanzleramt gefunden. Gemeinsam mit Kohl hatte er die Anfang der achtziger Jahre in eine tiefe Krise geratene europäische Einigung wieder in Gang gebracht, stets freilich – und mehr als die stärker multilateral orientierte Bonner Politik – im Blick auf die nationalen Interessen und die Traditionen der *Grande Nation*. Bei aller kommunizierten Freundschaft behielt Mitterrand eine grundlegende Ambivalenz im Verhältnis zu Deutschland.

Seinen eigenen Erinnerungen zufolge trat er früh als Befürworter der deutschen Einheit auf, jedenfalls solange sie fern schien[51]. Er bezeichnete sie als «berechtigtes Anliegen» – aber mit ausdeutbaren Einschränkungen: Die Deutschen sollten die Freiheit der Wahl haben, aber das Einvernehmen mit den Vier Mächten verlange einen echten Dialog.[52] Mitterrand reichte dem Nachbarn im Osten den Wein des Selbstbestimmungs-rechts und goss zugleich das Wasser der Vier-Mächte-Rechte hinein. Und er war einmal mehr ganz die Sphinx, als er am 20. Dezember zum ersten und überdies reichlich unzeitgemäßen Besuch eines französischen Staats-präsidenten in die zerfallende DDR reiste. «Glücklich», so notierte Telt-schik, «sind wir darüber nicht» – stattdessen herrschte in der Bonner Zentrale «Rätselraten über die Absichten des französischen Präsiden-ten»[53].

Die Antwort lag in seinen «zwei Seelen», die ihn von der in dieser Frage ganz einseitigen britischen Premierministerin unterschieden: er war für Selbstbestimmung – auch mit der Konsequenz einer Wiederver-einigung –, aber gegen die damit verbundenen Probleme, er hatte als französischer Patriot, ja Nationalist alles Verständnis für die Nation und sorgte sich zugleich um die nationale Sicherheit und die Position Frank-reichs in Europa, vor einer Unterlegenheit gegenüber einem Deutsch-land, das in Europa mit seiner ökonomischen Stärke und seiner Wäh-rung nach französischem Geschmack ohnehin bereits allzu sehr domi-nierte. Aus dieser Konstellation zog Mitterrand die Konsequenz: wenn die deutsche Einheit nicht zu verhindern sei, dann sollte ein geeintes Deutschland im französischen Interesse fest in ein vertieft integriertes Europa eingebunden werden. «Die deutsche Frage ist eine europäische Frage», notierte er anlässlich des EG-Sondergipfels am 18. November[54], und Gorbatschow gegenüber erklärte er Anfang Dezember: «wir müssen sicherstellen, dass sich der gesamteuropäische Prozess schneller ent-wickelt als die deutsche Frage und dass er die deutsche Entwicklung überholt. Wir müssen gesamteuropäische Strukturen bilden.»[55]

Das zentrale Instrument dafür war die einheitliche europäische Wäh-rung, mit der die Dominanz der D-Mark gebrochen werden sollte. Grund-sätzlich bereits auf dem Madrider Gipfel Ende Juni 1989 beschlossen, war ihre konkrete Ausgestaltung und Umsetzung seitdem ins Stocken geraten. Das nährte den besonderen französischen Argwohn gegenüber Bonn. Mit diesem vordringlichen Interesse an der forcierten europäischen Integra-tion, vor allem an der gemeinsamen europäischen Währung, war Mitter-rand der einzige Kritiker der Wiedervereinigung mit einer konkreten und konstruktiven eigenen Zielperspektive, und dies war auch der entschei-dende Unterschied gegenüber Margaret Thatcher. «Letztlich stellt er die

Bedingungen», so sein Generalsekretär Hubert Védrine, «während sie dagegen ist.»[56]

Ein Moratorium?

An diesem Punkt lag der Kern des Missverständnisses und der Grund dafür, dass es keine anglo-französische Achse in dieser Frage gab. Ebensowenig kam eine Koordination mit der Sowjetunion zustande. Mitterrand und Thatcher verließen sich auf Gorbatschow in der Vorstellung, die Sowjetunion werde einer deutschen Wiedervereinigung niemals zustimmen, und ebenso tat dies Gorbatschow in umgekehrter Richtung[57]. Mit dieser Fehleinschätzung der Gegner einer deutschen Wiedervereinigung, die mit Ausnahme Mitterrands keine alternativen Zielperspektiven entwickelt hatten, mit der mangelnden Entschlossenheit und Bereitschaft auch, nationale und sicherheitspolitische Interessen gegen eine deutsche Einheit und das Selbstbestimmungsrecht der Deutschen durchzusetzen oder den Prozess zumindest zu verlangsamen, neutralisierten sie sich gegenseitig und spielten der Bundesregierung in die Hände. Hinsichtlich der Ausgangslage – der unübersehbaren Ressentiments auch bei der italienischen und der niederländischen Regierung, der scharfen Kritik des israelischen Premierministers Schamir, der eine Wiedervereinigung überhaupt moralisch verwarf, schließlich der Einwände von polnischer Seite[58] – war dies keineswegs das wahrscheinlichste aller möglichen Ergebnisse.

Freilich war der Zeitpunkt für ein solches Zusammenwirken in dieser ungemein raschen Entwicklung der Dinge auch bald verstrichen, während sich die Ereignisse in der DDR reißend voranbewegten. Selbst wenn Kohl sie mit dem Zehn-Punkte-Programm seinerseits beschleunigt hatte, so hatte der bundesdeutsche Regierungschef sie auch nicht einfach laufen lassen können. Kohl war eingespannt in die Diskrepanz zwischen innerdeutscher und internationaler Entwicklung, die sich in jenen letzten Wochen des Jahres 1989 auftat. Vorerst war Bonn darüber außenpolitisch weitgehend isoliert.[59] Selbst die wohlgesonnene US-Regierung sorgte sich, ob Kohl zu weit und zu schnell vorangehe und Emotionen wecke, die schwer zu kontrollieren seien; Baker riet Kohl jedenfalls, «vorsichtiger mit den Sowjets, Briten und Franzosen umzugehen.»[60] Und wie sehr diese Situation auch den Kanzler verunsicherte, der so energisch vorgeprescht war, zeigt eine Überlegung, die er Mitte Dezember anstellte: ernsthaft erwog Kohl, wenn auch nur für einen Moment, der Sowjetunion ein Moratorium in der Frage einer Wiedervereinigung anzubieten.[61]

2. Die Westdeutschen und die deutsche Einheit

Nach 1990 wurden, in Kenntnis des Geschehenen, vielerlei politisch inspirierte Urteile über eigene und andere Haltungen zur deutschen Einheit vor der Wiedervereinigung verkündet, die von Stilisierungen und Verallgemeinerungen keineswegs frei waren. Auch vor 1989 waren die Verhältnisse freilich weder schwarz noch weiß, weder wurde die deutsche Einheit allgemein erwartet, noch war sie vollständig entrückt – die Dinge lagen differenzierter, wenngleich mit vorwaltenden Tendenzen. Jedenfalls traf der 9. November «mit einer geradezu elementaren Wucht den Nerv der deutsch-deutschen Befindlichkeiten»[62] und holte die Reflexionen der achtziger Jahre über Nation und deutsche Frage aus den luftigen Höhen der Theorie auf den harten Boden der Wirklichkeit – und zwang so nicht nur zu verbalen Bekenntnissen, sondern zu konkretem Verhalten.

Rechtsgrundlagen und «Wiedervereinigung»

Die Präambel des Grundgesetzes brachte auf normative Weise den Willen des deutschen Volkes zum Ausdruck, die «nationale und staatliche Einheit zu wahren» und «in freier Selbstbestimmung die Einheit und Freiheit Deutschlands zu vollenden.» Außenpolitisch verfolgte die Bundesrepublik in den fünfziger und sechziger Jahren den Alleinvertretungsanspruch, mit dem sie der DDR die Anerkennung als Staat versagte; zugleich hielt sie die These aufrecht, dass Deutschland bis zum Abschluss eines Friedensvertrages in den Grenzen von 1937 fortbestehe. Im Rahmen der Ostverträge, vor allem des Moskauer und des Warschauer Vertrages von 1970 und des deutsch-deutschen Grundlagenvertrages von 1972, fand sich die Bundesrepublik zu einer Anerkennung der DDR und des Status quo in Osteuropa, einschließlich also der Oder-Neiße-Grenze mit Polen bereit – im politischen, allerdings nicht im völkerrechtlichen

Sinne, denn die Bundesrepublik sah sich nicht befugt, für ein gesamtes Deutschland zu sprechen. Zugleich wurde die Grenze als ‹unverletzlich›, nicht aber als ‹unveränderlich› bezeichnet. Abgesehen von den theoretischen, zuweilen beinahe sophistischen Konstruktionen und Auslegungen der vereinbarten Formulierungen jenseits der historisch-politischen Praxis kam aber auch in diesem Falle zum Tragen, dass das Völkerrecht ohnehin wesentlich weniger eindeutig kodifiziert, legitimiert und sanktionsbewehrt ist als innerstaatliches Recht, stattdessen in hohem Maße durch Konstellationen der Macht bzw. durch das Recht des Stärkeren überlagert wird. So bewegte sich die Frage einer Anerkennung der DDR und der polnischen Westgrenze seitens der Bundesrepublik im diffusen Bereich zwischen Recht und Politik. Vor diesem Hintergrund erhob die CSU eine Normenkontrollklage gegen den Grundlagenvertrag beim Bundesverfassungsgericht, das am 31. Juli 1973 ein wegweisendes, wenn auch in der Argumentation nicht immer ganz konzises Urteil fällte.[63]

Den Umfang einer Wiedervereinigung – ob ‹große› Vereinigung mitsamt der Ostgebiete oder ‹kleine› Vereinigung aus Bundesrepublik, DDR und Berlin – ließ das Urteil letztlich in der Schwebe, weil das Selbstbestimmungsrecht der Völker keinen territorialen Bezug hat und das Gebiet einer Wiedervereinigung daher nicht auf ein bestimmtes Territorium festgelegt war. So ließ diese höchstrichterliche Klärung die Frage offen, ob Deutschland die 1945 unter polnische und sowjetische Verwaltung gestellten Ostgebiete beanspruchen konnte – immerhin handelte es sich um fast ein Viertel des Reichsgebietes von 1937 mit einer Fläche, die größer war als die der DDR –, was in der historisch-politischen, zumal internationalen Realität freilich längst undenkbar geworden war. In der Praxis wurde also ein Unterschied gemacht zwischen den Ansprüchen auf eine Wiedervereinigung mit dem Territorium der DDR und mit den Ostgebieten: politisch ging es nur um die ‹kleine› Vereinigung.

Dazu allerdings machte das Verfassungsgericht eindeutige Vorgaben: «Kein Verfassungsorgan der Bundesrepublik Deutschland darf die Wiederherstellung der staatlichen Einheit als politisches Ziel aufgeben, alle Verfassungsorgane sind verpflichtet, in ihrer Politik auf die Erreichung dieses Ziels hinzuwirken – das schließt die Forderung ein, den Wiedervereinigungsanspruch im Innern wachzuhalten und nach außen beharrlich zu vertreten – und alles zu unterlassen, was die Wiedervereinigung vereiteln würde.»[64] Die wachsende Diskrepanz zur politischen Realität und zur Entwicklung des massenmedialen Meinungsspektrums in den siebziger und achtziger Jahren war freilich unübersehbar.

Dies schlug sich nicht zuletzt in den erheblichen Reserven gegenüber dem Begriff der «Wiedervereinigung» nieder. Während er sich mit einiger zeitlicher Distanz zum Geschehen von 1989/90 im allgemeinen Sprachgebrauch eingebürgert hat, stieß er zeitgenössisch und im unmittelbaren Nachgang der Ereignisse vielfach auf Zurückhaltung oder gar auf Ablehnung, weil er, so die Kritik, eine Wiederherstellung des Deutschen Reiches in den Grenzen von 1937 impliziere bzw. implizieren könne. Dies stand in der politischen Praxis jedoch, trotz aller Diskussionen um die polnische Westgrenze, nicht ernsthaft zur Diskussion. Von einer vollständigen Wiedervereinigung im wörtlichen Sinne konnte bzw. kann somit in der Tat nicht die Rede sein. Im Hinblick auf die Bundesrepublik und die DDR einschließlich Berlins, wenn also auch nur auf einen Teil des Deutschen Reiches, ist der Begriff der «Wiedervereinigung» allerdings insofern völlig zutreffend, als er die konstitutiven Rückbezüge des Vorgangs auf ein gesamtes Deutschland zum Ausdruck bringt, das nicht als ein 1945 endgültig untergegangenes Völkerrechtssubjekt angesehen wurde[65]. Denn der Vorgang fand seine Legitimation in einer Revision der deutschen Teilung und nicht in irgendeiner Art von neuer staatlicher Vereinigung. Historisch-analytisch ganz korrekt wäre somit der Begriff «partielle Wiedervereinigung», dem allerdings aus sprachpragmatischen Gründen die semantisch hinreichend eindeutige «Wiedervereinigung» vorzuziehen ist.

Erwartungen und Haltungen

70–80 Prozent der bundesdeutschen Bevölkerung, so ergaben Allensbacher Meinungsumfragen im Jahr 1987, befürworteten eine Wiedervereinigung als langfristiges Ziel – und derselbe Anteil schloss aus, sie noch im 20. Jahrhundert zu erleben.[66] In der Bundesrepublik herrschte in den achtziger Jahren und ebenso 1989/90 ein eigentümliches Verhältnis zur Wiedervereinigung zwischen Nähe und Ferne. Das Thema war durchaus und durchgängig diskursiv präsent, und so entspann sich bereits im Spätsommer 1989, während der Flüchtlingskrise, eine lebhafte öffentliche

Debatte über die deutsche Frage. Zugleich aber war der Gegenstand auch zu diesem Zeitpunkt ins Unwirkliche entrückt; zu festgefügt schien der bedingende Kontext. Die Diskussion wurde nicht einmal im Potentialis, sondern im Irrealis geführt, so dass Formulierungen und Redeweisen vielfach Formelkompromisse ohne Erwartung ihres Realitätstests darstellten und nicht einfach zum Nennwert zu nehmen sind – zugleich aber waren sie in der Welt und somit von Bedeutung.

Dabei standen verschiedene Positionen nebeneinander, die nur durch fließende Grenzen getrennt waren. Zum einen gab es die Befürworter, denen die Einheit immer schon ein vordringliches Anliegen gewesen war, deren Positionen unter den politischen Bedingungen der siebziger und achtziger Jahre allerdings kaum politikfähig waren. Daneben standen grundsätzliche programmatische Befürworter ohne konkrete praktisch-politische Perspektive; ihnen bot sich ein Ansatz für einen Politikwechsel unter veränderten Umständen, während die Programmatik bis dahin eine Tendenz zu entrückter Rhetorik angenommen hatte. Übermächtig war bis 1989 eben die normative Kraft des Faktischen, die die Grenzen zwischen Pragmatismus, Gewöhnung und Gleichgültigkeit in der deutschen Frage verflüssigt hatte. Am entgegengesetzten Ende der Skala standen schließlich dezidierte Akzeptanz und Befürwortung der Zweistaatlichkeit.

Quer dazu baute sich, in allen politischen Lagern, eine andere politische Konstellation auf: eine zunehmende Tendenz nicht pro oder contra Wiedervereinigung, sondern der Vorordnung der europäischen Einigung, durch die «das Denken in Nationalstaatlichkeit irrelevant» werden könne (so der für Außen- und Deutschlandpolitik zuständige stellvertretende Vorsitzende der Unionsfraktion im Bundestag, Hornhues)[67] und in der eine Lösung der deutschen Frage nicht zwingend durch eine staatliche Einheit erfolgen müsse. Dies war nicht weit von der Position des stellvertretenden SPD-Vorsitzenden Oskar Lafontaine entfernt: «Wiedervereinigung ja, aber [...] in den ‹Vereinigten Staaten von Europa›»[68].

Tendenziell nahm in der politischen Kultur der Bundesrepublik in den achtziger Jahren eine genuin bundesdeutsche Identität zu, und dies *rebus sic stantibus* auf der Basis der Zweistaatlichkeit, während die Bedeutung der Wiedervereinigungsperspektive zurückging. Dies stand – abgesehen von parteipolitischen Präferenzen und individuellen Haltungen – auch im

Zusammenhang mit der generationellen Entwicklung: in den achtziger Jahren rückten diejenigen in Entscheidungspositionen vor, denen die deutsche Einheit qua politischer Überzeugung und mehr noch qua Sozialisation ein weniger vorrangiges oder gar kein Anliegen war. «Soll das alles wieder ein Provisorium sein?» So fragte die *Zeit* Ende September 1989 im Hinblick auf die Bonner Republik und konstatierte: «Die Bonner Parteien und die Deutschlandpolitik – ein Bild der Verwirrung.»[69]

Die politischen Parteien

Als Regierungsparteien trugen CDU und CSU die Deutschlandpolitik der Regierung Kohl, die gegenüber der sozial-liberalen Koalition praktisch-operative Kontinuität und normativ-deklamatorischen Wandel verband und die deutsche Frage verstärkt als offen erklärte. Dass sie dabei auf die Gesamtnation und zugleich auf eine bundesdeutsche Identität rekurrierte,[70] war weder spannungsfrei noch widerspruchslos. Zugleich konnten die fein austarierten deutschlandpolitischen Formulierungen nicht überdecken, dass zwischen dem national-konservativen Flügel einerseits und der Richtung, die Generalsekretär Heiner Geißler mit Gedanken über eine multikulturelle Gesellschaft im europäischen Rahmen vertrat,[71] eine nicht unerhebliche inhaltliche Spannweite lag. Im Vorfeld des Wiesbadener Bundesparteitages von 1988 kochten in der CDU vor diesem Hintergrund kontroverse Auseinandersetzungen über die Rangfolge zwischen europäischer und deutscher Einigung sowie über Begriff und Stellenwert der Wiedervereinigung hoch.[72] Auch wenn daraufhin diverse Änderungen in den schlussendlich verabschiedeten Papieren vorgenommen wurden, deutete die Kritik an einer zu passiven Deutschlandpolitik mindestens ebenso sehr darauf hin, dass in der politischen Praxis Zurückhaltung waltete und dass die normative Kraft des Faktischen auch in der CDU ihre Wirkung nicht verfehlte.

Als die deutschlandpolitische Debatte im Spätsommer 1989 aufkam, waren aus der Union umgehend Stimmen für eine Wiedervereinigung zu vernehmen. Sie blieben allerdings sehr zurückhaltend – Karl-Heinz Hornhues, der als besonders genscherfreundlich galt, sah die Chance für eine Wiedervereinigung groß wie nie und gab zugleich den durchaus zweischneidigen Rat: «Sie ist umso größer, je weniger wir darüber

reden»[73] –, und Bekenntnisse zur deutschen Einheit wurden «in historischer Perspektive» abgegeben[74]. Die Vorstellung einer Wiedervereinigung blieb allgemein und vage, wie die *Welt* noch Ende November 1989
kommentierte: «Zeitweilig erinnern führende Unionspolitiker, wenn sie
über die deutsche Frage diskutieren, an einen eingetragenen Verein zur
Vermeidung angreifbarer Formulierungen.»[75]

Zugleich aber war die CDU mit ihren programmatischen Vorgaben
offen, den Weg der Wiedervereinigung einzuschlagen, als die deutsche
Frage aus der Theorie in die Realität einbrach. Der latente Widerspruch
zwischen befestigter bundesdeutscher Identität und reaktiviertem ge-
samtnationalem Anspruch ließ sich dabei dahingehend auflösen, dass
sich die DDR der Bundesrepublik anschließen und nicht etwas völlig
Neuartiges erzeugt würde. Die Union schwenkte mit ihrem Kanzler auf
Einheitskurs ein.

Ausnahmen stellten die zahlenmäßig überschaubaren Parteivertreter
dar, die sich im Vorfeld des Bremer Parteitages im September 1989 an
einem Sturz Kohls versucht, ihn aber schließlich nicht gewagt hatten: der
baden-württembergische Ministerpräsident Lothar Späth[76], der im September 1989 von Kohl aus dem Amt des Generalsekretärs expedierte
Heiner Geißler, der im Oktober vor einem «Herumhämmern auf der
Wiedervereinigung» warnte[77], und nicht zuletzt, mit der Autorität seines
Amtes, Richard von Weizsäcker, den mit Kohl inzwischen eine tiefe gegenseitige Abneigung verband. Er sprach sich öffentlich – und unüberhörbar entgegen der Regierungspolitik – für die Sicherung der «Lebens-
fähigkeit» der DDR aus, gegen ein «Anheizen» der Entwicklung in der
DDR von Seiten der Bundesrepublik und für eine Entschleunigung des
Prozesses, für dessen konkrete Gestaltung er jedoch keine konkreten
Vorstellungen anbot.[78]

Die Sozialdemokraten «stimmen [...] Ihnen in allen Zehn Punkten zu»[79],
bekundete Karsten Voigt, der außenpolitische Sprecher der SPD-Frak-
tion, unmittelbar im Anschluss an Kohls Zehn Punkte-Rede vom 28. November 1989. Bald rückte die größte Oppositionspartei freilich wieder
von ihrer ungewöhnlichen Übereinstimmung mit der Regierung ab.
Oskar Lafontaine, der saarländische Ministerpräsident und präsumtive
Kanzlerkandidat, warnte davor, deutschlandpolitische Unterschiede zur

Regierung zu verwischen. Die SPD geriet in schwere Turbulenzen und ging schließlich tief «uneinig in die Einheit»[80].

In den achtziger Jahren hatte die Partei der Ostpolitik eine veritable ‹Nebenaußenpolitik› zu derjenigen der Bundesregierung betrieben. Mit der SED hatte die SPD drei fertige Vertragsentwürfe für eine chemiewaffenfreie Zone, einen atomwaffenfreien Korridor in Mitteleuropa sowie eine «Zone des Vertrauens und der Sicherheit in Zentraleuropa» ausgehandelt und obendrein im August 1987 ein gemeinsames Papier über den «Streit der Ideologien und die gemeinsame Sicherheit» vorgelegt. In ihrer außen- und deutschlandpolitischen Orientierung relativierte die SPD in ihrer Hauptrichtung dabei auf der einen Seite die Westbindung der Bundesrepublik, während sie andererseits den Legitimationsvorbehalt und die grundsätzliche normative Distanz gegenüber SED und DDR abschwächte.[81]

Innerhalb der SPD tat sich dabei ein Spektrum unterschiedlicher Positionen auf. Einerseits fand die deutsche Zweistaatlichkeit zunehmende Akzeptanz, ja vielfach aktive Befürwortung, wie sich in Debatten um die Streichung der Präambel des Grundgesetzes und die Anerkennung der DDR-Staatsbürgerschaft zeigte.[82] Der Begriff der Wiedervereinigung hingegen war weithin diskreditiert; als «reaktionär und hochgradig gefährlich» bezeichnete ihn der niedersächsische Fraktionsvorsitzende und nachmalige Ministerpräsident Gerhard Schröder Ende September 1989[83]. Wer «von Wiedervereinigung daherrede», so der hessische Landesvorsitzende und ebenfalls nachmalige Ministerpräsident Hans Eichel, habe «aus der Geschichte nichts gelernt»[84]. Und der Regierende Bürgermeister von West-Berlin, Walter Momper, brandmarkte die Belebung des Gedankens der Wiedervereinigung seitens der Bundesrepublik Ende Oktober 1989 im Gespräch mit DDR-Oppositionellen als «eine der größten Heucheleien.»[85] Momper lag auf der deutschlandpolitischen Hauptlinie der SPD, die 1989 von der Krise in der DDR völlig überrascht wurde, lange auf die Reformfähigkeit der SED setzte und daher zunächst auch wenig Zugang zur neugegründeten SDP in der DDR fand.

Eine andere Richtung deutete sich, unter Rückgriff auf vermeintlich verschüttete nationale Orientierungsmuster, bei älteren Granden der Partei und beim «Seeheimer Kreis» auf ihrem rechten Flügel an. In einer vielbeachteten – und innerhalb der SPD vielfach kritisierten – Rede vor dem

Deutschen Bundestag stellte Erhard Eppler am 17. Juni 1989 die Reformfähigkeit des SED-Regimes in Frage und erklärte die deutsche Frage für
offen.[86] Zum Protagonisten dieser Richtung schlechthin wurde schließlich Willy Brandt, der ‹große alte Mann› der bundesdeutschen Sozialdemokratie. Er verkörperte, aus der Tradition des Widerstandes gegen
den Nationalsozialismus heraus, das ‹andere Deutschland› und für seine
zahlreichen Anhänger die Vision eines moralisch guten Sozialismus,
überhaupt den Lebensentwurf des ‹links und frei›. In den achtziger Jahren war er im Zuge der Auseinandersetzungen um den NATO-Doppelbeschlusses mit der gesamten SPD nach links gerückt und hatte sich auch
deutschlandpolitisch mit dem Wort von der Hoffnung auf die Wiedervereinigung als der «Lebenslüge der zweiten Deutschen Republik» exponiert
– womit er keineswegs, wie er später einmal sagte, nur eine Wiederherstellung des Deutschen Reiches in den Grenzen von 1937 meinte, sondern auch eine nationalstaatliche Vereinigung von Bundesrepublik und
DDR[87]. Am Ende aber entdeckte er die Nation und die deutsche Einheit
wieder.

Schon auf dem Balkon des Schöneberger Rathauses am 10. November 1989[88] hatte Brandt inhaltlich näher bei Kohl als bei seinem Partei-
freund Momper gestanden. Dieser legte gegenüber dem Kanzler am Tag
darauf noch einmal kräftig nach und warf ihm «eklatantes Versagen in
dieser entscheidenden Situation der deutschen Geschichte» vor: «Herr
Kohl hat offenbar mit dem Umdenken, was jetzt gefordert wird [...],
noch nicht begonnen. Er ist weiterhin mit dem Denken von vorgestern
verhaftet [sic].» Kohl «quatscht dabei von Wiedervereinigung» und «hat
offenbar nicht begriffen, [...] daß die Menschen in der DDR nicht die
Wiedervereinigung interessiert, sondern ein freies Europa mit offenen
Grenzen.»[89]

Damit war Momper wiederum nicht weit von Oskar Lafontaine entfernt, der von «Ko(h)lonialismus» sprach und die Zehn Punkte als «großen diplomatischen Fehlschlag»[90] kritisierte. Der 1943 geborene Saar-
länder und diplomierte Physiker war einer der analytisch schärfsten politischen Köpfe seiner Partei. Links, aber nicht dogmatisch, zuweilen
sprunghaft und von unduldsamer Selbstherrlichkeit, galt er mit seiner
Leidenschaft und Begeisterungsfähigkeit als der führende der «Enkel»
Willy Brandts, die in der SPD inzwischen in die bestimmenden Positionen

eingerückt waren. Eine Generation jünger als Brandt, verkörperte er politisch jene Kohorte der «68er», die auf die Generation des Krieges (ob Soldaten wie Schmidt, Kommunisten wie Wehner oder Exilanten wie Brandt) sowie auf die sogenannte «skeptische Generation» folgte, zu der Hans-Jochen Vogel ebenso zählte wie Helmut Kohl.[91]

Lafontaines politisches Kernanliegen 1989 war der ‹ökologische Umbau der Industriegesellschaft›. Während sich Nationalstaat und Europa in der Vorstellung Helmut Kohls ergänzten, hegte Lafontaine wenig Interesse an der «Nation» und plädierte für eine (west)europäische Union unter dezidierter Abkehr vom Nationalstaat, der «schon heute die Vernünftigkeit seiner Idee überlebt» habe[92]. Ganz westlich-postmodern orientiert, ohne Verpflichtung allerdings auf die Westbindung an die USA, besaß Lafontaine keine wirkliche Beziehung zu DDR und Wiedervereinigung. Wiederholt wies er 1990 Bitten von Vorstandsmitgliedern der SPD, er möge einmal zeigen, dass er sich über die Einheit freue, mit dem Bemerken zurück, dass er nicht so empfinde[93]. Lafontaine und mit ihm weite Teile der Sozialdemokratie zeigten sich nicht in der Lage, europäischen Kosmopolitismus und deutsche Nation, Freiheit und Einheit zusammenzudenken und somit zu einer konstruktiven Haltung gegenüber dem deutschen Einigungsprozess zu gelangen.[94]

Stattdessen benannte Lafontaine deutlich wie kaum ein Zweiter die Probleme, die sich mit dem Zusammenbruch der DDR ergaben. Um den Strom der Übersiedler aus der DDR zu stoppen, ventilierte er im November 1989 Ideen, die Staatsbürgerschaft der DDR anzuerkennen und Sonderleistungen für Übersiedler zu streichen, und gab in der saarländischen Staatskanzlei ein juristisches Gutachten in Auftrag, das Wege einer Zuzugsbeschränkung ausloten sollte – womit er scharfe Kritik aus den eigenen Reihen auf sich zog.[95] Das deutschlandpolitische Ziel sah er wenn überhaupt, dann eher in der Angleichung der Lebensverhältnisse in beiden deutschen Staaten im Zeichen der ohnehin supranationalen sozialdemokratischen «Idee der sozialen Gerechtigkeit» (ohne freilich die Herkunft der dafür erforderlichen Mittel zu benennen) als in der für ihn nachrangigen «Rechtskonstruktion» einer staatlichen Einheit.[96] Während des Einigungsprozesses setzte Lafontaine weniger auf nationalen Konsens als, im Hinblick auf die bevorstehenden Wahlen, auf Konfrontation mit der Bundesregierung, die ihrerseits das Wahldatum ebenfalls stets vor Augen hatte. Am 28. Januar 1990 erzielte er ein Rekord-Wahlergebnis im Saarland und wurde danach zum Kanzlerkandidaten der SPD gekürt. Dass er am 25. April in Köln durch ein Messerattentat lebensgefährlich verletzt wurde, vergrößerte die Turbulenzen, in die die SPD durch ihre deutschlandpolitischen Differenzen geraten war.

So blieben auch Hans-Jochen Vogels Bemühungen als Partei- und Fraktionsvorsitzender vergeblich, die Partei auf einer mittleren Linie zusammenzuhalten und mit konkreten Vorschlägen politische Wirkung zu entfalten. Inkommensurabel mit der unerwarteten Gesamtentwicklung, vermochte die SPD keinen gestaltenden Einfluss im Vereinigungsprozess zu gewinnen. Der Vorschlag einer Währungsunion mit der DDR kam ursprünglich aus ihren Reihen – aber nicht einmal diese Initiative vermochte die SPD für sich zu reklamieren, sondern es war schließlich Kohl, der auch diese Initiative für sich verbuchte.

Mit dem Zehn-Punkte-Programm hatte Kohl nicht zuletzt das Ziel verfolgt, auch dem Koalitionspartner nicht die Initiative zu überlassen. Die FDP – bis in die sechziger Jahre die dezidiert nationale Partei im bundesdeutschen Spektrum – stand außen- und deutschlandpolitisch ganz hinter Hans-Dietrich Genscher, der mit großer Popularität in der bundesdeutschen Öffentlichkeit eine Politik des internationalen Ausgleichs, der multilateralen Einbindung und der europäischen Integration betrieb. In europapolitischer Hinsicht mit Kohl im Grunde ganz einig, setzte er doch vernehmbar andere Akzente als der Kanzler, indem er nach außen deutlich stärkere Rücksichten auf Zustimmung und Konsens nahm. Schon vor dem Schöneberger Rathaus hatte er am 10. November sogleich «die Grenze zwischen Deutschen und Polen» bekräftigt[97], und auch hinsichtlich der Thematisierung einer Wiedervereinigung agierte er deutlich vorsichtiger als Kohl, dessen Zehn-Punkte-Programm er keineswegs guthieß – vorsichtiger auch als FDP-Parteichef Otto Graf Lambsdorff, der im Oktober, wenn auch in einem weiten zeitlichen Horizont, das «Ziel der deutschen Einheit» ansprach[98]. Die FDP folgte im Einigungsprozess der multilateral-integrationspolitischen Linie Genschers, blieb dabei freilich weithin im Windschatten der vorwärtsdrängenden Kräfte im Kanzleramt, im Finanzministerium und im Parteiapparat der Union.

Die Grünen hatten der DDR gegenüber in den achtziger Jahren – bei aller Unterschiedlichkeit der Positionen zwischen den einzelnen Flügeln – eine Doppelstrategie verfolgt, indem sie Kontakte zu Regime und Oppositionellen unterhielten, zur Oppositionsbewegung mehr als alle anderen bundesdeutschen Parteien. Zugleich kamen sie dem SED-Regime mit der eindeutigen Befürwortung der Zweistaatlichkeit und der Anerkennung seiner deutschlandpolitischen Forderungen am weitesten entgegen. Die Fundamentalisten waren aus einem dogmatischen Antikapitalismus heraus gegen eine Wiedervereinigung, während der realpolitische Flügel, im Sinne von Günter Grass, von einer historischen Legitimation der Teilung durch Auschwitz ausging und wie Oskar Lafontaine auf europäische Integration statt nationaler Einheit setzte.[99] Dezidiert lehnten die Grünen die Präambel des Grundgesetzes mit dem Wiedervereinigungsgebot ab.[100]

In dieser Logik lag auch das Verhalten der Grünen im Herbst 1989. Antje Vollmer, Vertreterin der deutschlandpolitisch flexibleren Gruppe ‹Aufbruch› zwischen den beiden Flügeln der Partei, kritisierte am 8. November im Bundestag den «unaufhaltsamen Versöhnungsimperialismus Helmut Kohls» und die Rede vom «Sieg der westlichen Werte» als «bundesdeutsche[n] Wohlstandschauvinismus.» Die Wiedervereinigung sei «überholter denn je», vielmehr entstehe in der DDR erstmals «eine eigene DDR-Identität.»[101] Als Reaktion auf Kohls Zehn-Punkte-Programm plädierten die Grünen uneingeschränkt für eine Politik der Zweistaatlichkeit. Zwei Tage später legten sie einen eigenen Sieben-Punkte-Plan vor, der sich ganz auf der Linie der Oppositionsbewegung in der DDR bewegte und die Eigenständigkeit der DDR auf einem ‹dritten Weg› forderte.[102] Wie die Opposition der DDR befanden sich die Grünen in einem Konflikt mit der Selbstbestimmung der DDR-Bevölkerung, und so gerieten sie schließlich ebenfalls ins Abseits.

Erst als sich die Unumgänglichkeit der Wiedervereinigung abzeichnete, gaben die Grünen im Februar 1990 den Zweistaatlichkeitsanspruch auf und forderten nunmehr Konzepte des ‹dritten Weges› für Gesamtdeutschland.[103] Auch damit vermochten sie jedoch keine gestaltende Kraft im Einigungsprozess zu entfalten. Dieser wurde für die Grünen, ähnlich wie für die SPD, zu einer Anpassungskrise; nicht zuletzt daher scheiterten die westdeutschen Grünen bei den Bundestagswahlen im Dezember 1990 an der 5-Prozent-Hürde.

Wissenschaftler und Intellektuelle

Allzu leicht bemerkt und dennoch unverkennbar[104] ist das Ausmaß, in dem nicht nur Politiker und Journalisten, sondern auch die sogenannten Experten von der Wucht der deutschen Entwicklungen 1989/90 überrascht wurden und wie falsch die Zeitgenossen mit vielerlei Einschätzungen lagen. Der stets als «Osteuropa-Experte» apostrophierte Wolfgang Leonhard gab der BBC im Oktober 1989 auf die Frage, ob «die derzeitigen Entwicklungen in Mitteleuropa [...] eines Tages eine Wiedervereinigung Deutschlands bewirken» könnten, entschieden zur Antwort, er «halte dies nicht für möglich.» Sollte ein Reformprozess in der DDR in Gang kommen, würden die Menschen «zum erstenmal auch etwas für ihre DDR empfinden» und somit würden anstelle einer Wiedervereinigung «eher zwei demokratische deutsche Systeme» das Ergebnis sein.[105] Ebenso daneben lagen Vorhersagen zur wirtschaftlichen Entwicklung oder die Wahrnehmungen der schillernd medienpräsenten Politikwissenschaftlerin Margarita Mathiopoulos: «Die Bürger der DDR wollen die Wiedervereinigung nicht. [...] Auf Demonstrationen fordern die Menschen Reformen, nicht Wiedervereinigung.» Stattdessen postulierte sie am 17. November, acht Tage nach der Öffnung der Mauer in einem großen Artikel in der *Zeit*: «Wir müssen die Teilung Deutschlands anerkennen, um die Teilung Europas zu überwinden.»[106] Mangels allenthalben wirklich verlässlicher Expertise von Experten war der Blindflug der politischen Verantwortungsträger in die Einheit unausweichlich.

Ebensowenig zeichnete sich eine *common opinion* unter den Intellektuellen ab, die sich gesellschaftspolitisch zu Wort meldeten. In einem breiten Spektrum von Positionen herrschte dabei ein gewisses Übergewicht – den Positionen weiter Teile der SPD und der Grünen näher – linker Nations- und Einheitsskepsis vor. Ostinat und exponiert argumentierte Günter Grass gegen die deutsche Einheit, so etwa im Februar 1990: «Wer gegenwärtig über Deutschland nachdenkt und Antworten auf die deutsche Frage sucht, muß Auschwitz mitdenken. Der Ort des Schreckens, als Beispiel genannt für das bleibende Trauma, schließt einen zukünftigen deutschen Einheitsstaat aus. Sollte er, was zu befürchten bleibt, dennoch ertrotzt werden, wird ihm das Scheitern vorgeschrieben sein.»[107]

Vom Vorwurf der «Raubrittermentalität» der Bundesrepublik in der DDR[108] war es nicht weit zum «pausbackigen DM-Nationalismus», den Jürgen Habermas als Wurzel des Einigungsprozesses ausmachte, gestützt auf die «vorpolitischen Krücken von Nationalität und Schicksalsgemeinschaft»[109]. Aus solchen Verdikten sprach eine auf Seiten der politischen Linken allgegenwärtige tiefe Abneigung gegen das geradezu verselbständigte Feindbild des «Nationalstaats», dem eine dezidiert postnationale, europäisch-westliche Orientierung im Sinne Oskar Lafontaines entgegengestellt wurde. Dies gilt auch für Hans-Ulrich Wehler, einen der meinungsstärksten und öffentlich besonders präsenten deutschen Historiker, der die «staatliche Einheit» im Oktober 1989 als «höchst dubioses Ziel» verwarf und stattdessen für eine «gemeineuropäische Konföderation» als «Optimum» und «Ideal» votierte, einschließlich der zwangsläufigen «Anerkennung des Staates DDR»[110].

Demgegenüber reflektierte sein bürgerlicher Antipode Thomas Nipperdey auf das (in den Diskussionen der achtziger Jahre[111] auf konservativer Seite mit der Nation verbundene) Konzept der «Identität» und die – historisch oder politisch nicht weiter begründete – Vorstellung ihrer «Normalität»: «Wer nationale Identität nicht sozusagen selbstverständlich hat, hat ein Identitätsproblem, leidet an einem Identitätsverlust oder einer Störung.»[112] Gewohnt pointiert konstatierte Hans-Peter Schwarz frohlockend das «Ende der Identitätsneurose» mit dem Ende ihrer Hauptursache, der Teilung des Landes; ihr Ergebnis sei die «endlich normale Bundesrepublik»[113].

Dabei folgten die Debatten gewissen sprachlichen Mustern. Die linke Kritik neigte zur Dämonisierung der Gegenseite und reklamierte für sich das Rationale und zugleich das Moralische. Die konservative Kritik der linken Nationskritik operierte demgegenüber nicht mit rationaler Deduktion, sondern mit Begriffen aus dem semantischen Feld von Krankheit, der gegenüber sie für sich das Normale und Gesunde reklamierte – mit einem teleologischen Zug erfüllter Sehnsucht, der in einem obligaten «endlich» zum Ausdruck kam[114].

Alles in allem schälten sich aus der polemisch aufgeladenen Meinungsfülle keine wirklich leitenden Tendenzen heraus, kein politisch normierender Rahmen, auch nicht seitens der von bürgerlich-konservativer Seite als dominant wahrgenommenen (in Wirklichkeit gerade in der deutschen Frage ihrerseits recht heterogenen) Linken. Jedenfalls waren die bürgerlich-liberalen Entscheidungsträger auch gegen diesen gefühlten *mainstream* handlungsfähig, sehr viel handlungsfähiger jedenfalls als in vielen gesellschaftspolitischen Fragen der achtziger Jahre. Umgekehrt spielten die Intellektuellen im Gesamtzusammenhang der Wiedervereinigung nur eine untergeordnete Rolle. Am ehesten gelang es einzelnen von ihnen, als historisch-politische Berater der Bundesregierung und insbesondere Helmut Kohls in das Geschehen einbezogen zu werden, aber auch dies mehr zur Absicherung einer bereits initiierten Politik als zu ihrer originären Gestaltung.

Massenmedien und öffentliche Meinung

Auf journalistischer Ebene war in der deutschen Frage eine Kakophonie der meinungsstarken Tagesgebundenheiten zu vernehmen. Auch in den Massenmedien – zumal in den seitens der Politik zu dieser Zeit noch stärker als das Fernsehen rezipierten Printmedien – schälte sich keine identifizierbar einheitliche, die Politik treibende Kraft heraus.

«Wer heute das Gerippe der deutschen Einheit aus dem Schrank holt», so schrieb der 1930 geborene Chefredakteur der *Zeit* nach Gorbatschows Besuch in Bonn im Juni 1989, «kann alle anderen nur in Angst und Schrecken versetzen.»[115] Demgegenüber akklamierte der Gründer und Verleger des Blattes, Gerd Bucerius, eine deutsche Wiedervereinigung unter der Bedingung, dass die deutsche Ostgrenze anerkannt werde, als legitimes Ziel und bereits im Oktober 1989 – ganz auf der Linie der zu diesem Zeitpunkt noch wenig abgesehenen Gesamttendenz – als teure, aber «hervorragende Investition.»[116] Er brachte, 1906 geboren und eine Generation älter als Theo Sommer, die Reflexe und Instinkte einer Generation zum Ausdruck, für die ein vereintes Deutschland Normalität als Zielvorstellung und somit auch einen politischen Wert darstellte.

Dasselbe galt für den 1923 geborenen Rudolf Augstein, den Gründer und Herausgeber des *Spiegel*. Gemeinsam mit Helmut Schmidt plädierte er im Juli 1989 dafür, den Anspruch auf die deutsche Einheit aufrechtzuerhalten, und forderte am 20. November, im Sinne der Einheit, zu «sagen, was ist»[117] – ohne dass dies die *mainstream*-Meinung des *Spiegel* gewesen wäre, in dem mit kritisch-provokativem Habitus vielmehr eine breite Palette von Positionen vertreten wurde. *Die* Haltung des *Spiegel* gab es nicht; Chefredakteur Erich Böhme etwa bekannte Ende Oktober 1989: «Ich möchte nicht wiedervereinigt werden.»[118]

Vereinigungsskeptische Grundtöne schlugen auch die *Süddeutsche Zeitung* und der *Stern* an,[119] wohingegen die *Frankfurter Allgemeine Zeitung* traditionell die Offenheit der Geschichte betont und am Wiedervereinigungsanspruch festgehalten hatte. Auch hier entfaltete sich freilich ein Spektrum unterschiedlicher Denker und Meinungen. Aufs Ganze gesehen, ließ sich die FAZ früher als andere Organe auf den konkreten Gedanken einer Wiedervereinigung ein, betrieb allerdings keineswegs vorwärtsstürmend visionäre Wiedervereinigungspublizistik, sondern agierte eher zurückhaltend und zögerlich.[120] Anders allein die Blätter aus dem Springer-Verlag, *Bild* und *Welt*. Sie setzten dezidierte Akzente für die Wiedervereinigung, und die *Welt* forderte an dem Tag, da Margarita Mathiopoulos in der *Zeit* für die Anerkennung der Teilung votierte, die «Einheit in Freiheit», während sie die Bundesregierung bis Ende November für ein zu zögerliches Vorgehen tadelte.[121]

An der demoskopisch gemessenen öffentlichen Meinung lag dies näher als die intellektuelle und journalistische Vereinigungsskepsis linksliberaler bzw. linker Provenienz. Die bereits angesprochene Tendenz der achtziger Jahre, die deutsche Einheit zu befürworten und zugleich zu erwarten, dass sie nicht eintrete, setzte sich bis in den Herbst 1989 hinein fort. Eine Blitzumfrage für die ARD-Sendung *Im Brennpunkt* am 21. September 1989 warf ein – wenn auch nicht empirisch-repräsentatives – Schlaglicht: 79 Prozent der Befragten hielten eine Wiedervereinigung für wünschenswert und 68 Prozent in nächster Zeit nicht für möglich; in der Sendung *pro und contra* vier Wochen später stimmten am Schluss etwas mehr als 62 Prozent für eine Wiedervereinigung.[122]

Wie auch immer die gemessenen Zahlen im Einzelnen ausfallen mochten: eine breite Mehrheit der westdeutschen Bevölkerung war im Herbst 1989 für eine deutsche Wiedervereinigung. Allerdings fanden hier nicht wie sonst im politischen System der Bundesrepublik langwierige Aushandlungsprozesse in einem differenzierten Meinungskosmos statt. Vielmehr hatte die Regierung in jenem grundstürzenden, die Notwendigkeiten des Handelns diktierenden Prozess Ende November die politische

Führung übernommen, die sie in diesem Kontext für einige Monate in außergewöhnlichem Maße auszuüben vermochte. Der Wille der Bevölkerung in der Bundesrepublik spielte dabei keine aktiv treibende, das politische Handeln direkt beeinflussende, sondern eine indirektere Rolle, insofern die handelnden Politiker ihn im Hinblick auf die bevorstehenden Bundestagswahlen wahrnahmen.

3. Die DDR am Ende

Reformsozialismus: Die Regierung Modrow und der Runde Tisch

Mit der Öffnung der Mauer und der innerdeutschen Grenze hatte die SED endgültig die Kontrolle über die Entwicklung in der DDR verloren. Mit dem Zerfall der Partei und angesichts eines ausbleibenden institutionellen Umsturzes tat sich ein Machtvakuum auf, in dem zunächst allein die bis dahin ganz von der Staatspartei dominierte Regierung als handlungsfähiges Organ innerhalb der DDR übrig blieb. Die letzten Hoffnungen des SED-Sozialismus lagen daher auf Hans Modrow, dem vormaligen Ersten Sekretär des Bezirks Dresden, der am 13. November das Amt des Ministerratsvorsitzenden übernommen hatte, um eine eigenständige DDR mit einer reformierten sozialistischen Wirtschafts- und Gesellschaftsordnung zu erhalten. In der Tat gab es im Dezember Anzeichen für eine «sich restaurierende SED-Herrschaft»[123], wie die Oppositionsbewegung befürchtete, die sich ihrerseits in Streitigkeiten aufzureiben begann. Zudem versuchte die SED, die Oppositionsgruppen in ihrer Wirksamkeit einzuschränken, indem sie deren Forderungen nach Sicherstellung ihrer Arbeitsbedingungen mit einer Verschleppungstaktik behandelte und sie vom Zugang zu den Massenmedien der DDR fernzuhalten versuchte.[124] Doch auch Modrow vermochte den DDR-Sozialismus nicht vor dem übermächtigen Strudel des Niedergangs zu retten.

Modrows Regierung bestand, wie ihre Vorgänger in der DDR auch, aus einer Koalition der SED mit den Blockparteien. Ihr vordringlichstes Anliegen zielte auf wirtschaftliche Reformen. Das von Christa Luft, der stellvertretenden Vorsitzenden des Ministerrats für Wirtschaft, vorgelegte Reformprogramm folgte dabei der Maßgabe einer eigenen Wirtschaftsordnung in der DDR, die auf einem ‹dritten Weg› zwischen Sozialismus

Letzte Hoffnung des DDR-Sozialismus: Am 13. November 1989 übernimmt Hans Modrow das Amt des Ministerratsvorsitzenden.

und Marktwirtschaft möglichst viel vom «Volkseigentum» und vom staatlichen Planungs- und Lenkungsapparat erhalten sollte. Die Praxis war von Verzögerungen und Widersprüchen bestimmt. Einerseits wurden, als wäre nichts gewesen, inzwischen skurril anmutende Instrumente der zentralen Planung und Lenkung bedient – wenn etwa Produktionsausweitungen für Polstermöbel, Heißwasserspeicher und Edelfisch angeordnet wurden, ohne zu sagen, wie das geschehen solle. Andererseits fasste die Regierung Beschlüsse zur Einführung marktwirtschaftlicher Elemente wie Gewerbefreiheit und die Zulassung von Industrie- und Handelskammern sowie von freien und unabhängigen Gewerkschaften. Damit ging sie erste Schritte zur Reprivatisierung von enteigneten Betrieben und eröffnete die Möglichkeit zum Erwerb von Gebäuden und Grundstücken, wobei sich freilich die Klagen häuften, Angehörige des Staats- und Wirtschaftslenkungsapparats würden bevorzugt.[125] Zur neuen ‹Zauberformel› und großen Hoffnung für die Modernisierung der Wirtschaft der DDR wurden ‹Joint Ventures›. Mitte Januar kamen Wirtschaftsführer der Bundesrepublik, unter anderem die Vorstandsvorsitzenden von Lufthansa, VW und Daimler-Benz, zu einem Symposium nach

Berlin-Rahnsdorf, und die Regierung Modrow hoffte auf deren großes Interesse an Kapitalbeteiligungen, die allerdings auf höchstens 49 Prozent beschränkt bleiben sollten.[126] Rudolf Seiters, der Chef des Bonner Kanzleramts, brachte das Problem der DDR mit der Marktwirtschaft auf den Punkt: Die SED könne «auf einen vierzig Jahre lang beherrschten Apparat zurückgreifen, der den Sozialismus will. Andererseits gebe es eine Opposition, die ‹keine Marktwirtschaft kann›.»[127]

Unterdessen geriet die DDR-Regierung von drei Seiten immer stärker unter Druck. Zum einen wurden die Bundesregierung und Kanzler Kohl selbst, von der vereinigungsorientierten Massenbewegung mangels formalisierter Verfahren per gefühlter Akklamation zum Hoffnungsträger und Bündnispartner erkoren, bald zur dominierenden Kraft im innerdeutschen Vereinigungsgeschehen und nahmen keine Rücksicht auf Vorstellungen eines ‹dritten Weges›. Zugleich wirkte Bonn auf mittelbarem Wege durch die Ost-CDU (die offiziell natürlich CDU hieß) und die Liberaldemokratische Partei, die sich von ihrer Vergangenheit als Blockparteien zu emanzipieren trachteten und auf Bündnisse mit den westdeutschen Regierungsparteien hin orientierten, in die Ost-Berliner Regierung hinein. Drittens schließlich erwuchs der Regierung Modrow eine rivalisierende Kraft im kraftloser werdenden Inneren der DDR: der Runde Tisch, an dem die Oppositionsparteien den spannungsreichen und konflikthaltigen Dialog mit den reformorientierten Kräften der zerfallenden SED aufnahmen.

Konstituiert am 7. Dezember 1989, wurde am Runden Tisch bis zum 12. März sechzehnmal getagt.[128] Als improvisiertes Gremium außerhalb der Verfassungsstrukturen und ohne formelle konstitutionelle Einsetzung oder Legitimierung spiegelte er zugleich den Zusammenbruch der staatlichen und politischen Strukturen der DDR. Sein Anspruch ebenso wie seine Funktion lagen, so die Selbstverständniserklärung vom 7. Dezember, zwischen einem Beratungs- und Entscheidungsorgan: der Runde Tisch sah sich nicht in einer parlamentarischen oder Regierungsfunktion, aber als «Bestandteil der öffentlichen Kontrolle in unserem Land». Zugleich war er kein gewähltes Organ, sondern eine Versammlung von Vertretern einzelner Gruppierungen, während die Volkskammer und ebenso die Regierung nicht durch einen in freien Wahlen zum Ausdruck gekommenen Volkswillen legitimiert waren. Angesichts der ungesicherten Legitima-

Helmut Kohl wird von großen Teilen der DDR-Bevölkerung zu ihrem Hoffnungsträger und Bündnispartner auf dem Weg zur deutschen Einheit erkoren.

tionsverhältnisse in dieser Übergangszeit war die Institutionenkonkurrenz zwischen Rundem Tisch, Regierung und Volkskammer vorprogrammiert.

Der Runde Tisch setzte sich das Ziel, Vorschläge zur Überwindung der Krise vorzulegen und «bis zur Durchführung freier, demokratischer und geheimer Wahlen» – in diesem Zeithorizont sahen die Vertreter seine Funktion und Existenz – drei zentrale Aufgaben zu erfüllen: die Vorbereitung dieser Wahlen, die Ausarbeitung einer demokratischen Verfassung sowie die Auflösung des Staatssicherheitsdienstes. Gerade dies war eine Quelle permanenter Auseinandersetzungen und Krisen.

In der Tat war der Runde Tisch keineswegs ein in sich geschlossenes Gremium. Vielmehr war er, in einer fluiden Konstellation von einander überlagernden Konfliktlinien, das Forum zunächst des ersten Machtkampfes zwischen den neuen Kräften der Opposition und den alten Kräften des Systems: der SED und den staatlichen Gewerkschaften, an sich auch den Blockparteien als Mitgliedern der Nationalen Front, die sich aber zunehmend von der SED-PDS emanzipierten. Diese wiederum versuchte sich von sich selbst zu emanzipieren und näherte sich in vielen

Positionen der Oppositionsbewegung an. So formierte sich Anfang 1990 – im Vorgriff auf den Volkskammerwahlkampf – der zweite Machtkampf zwischen Befürwortern und Gegnern einer schnellen deutschen Einheit, zwischen dem Gros der Oppositionsbewegung und der SED-PDS einerseits, SPD und ehemaligen Blockparteien andererseits. In diesem Zusammenhang bildeten sich, nachdem die Massenbewegung des Herbstes 1989 politisch unorganisiert geblieben war, erstmals auch nicht-linke, an der Bundesrepublik orientierte politische Gruppierungen in der DDR aus.

Ende der Staatssicherheit?

Im Zentrum des ersten Machtkampfs zwischen Regierung und Oppositionsbewegungen standen die Auseinandersetzungen über die Auflösung des Ministeriums für Staatssicherheit. Es hatte, verstärkt seit Honeckers Amtsantritt und noch einmal verschärft seit 1985, mit geradezu paranoiden Vorstellungen totaler Überwachung alle Bereiche der Gesellschaft durchdrungen, um jede Gegnerschaft zum Sozialismus im Keim zu ersticken, und dabei vier Millionen Aktenvorgänge über Einwohner der DDR sowie zwei Millionen über Westdeutsche und Ausländer angelegt. Am Ende zählte das MfS mindestens 265 000 offizielle und inoffizielle Mitarbeiter – mehr als 1,6 Prozent der Bevölkerung.

Mitte November 1989 waren die Observierungen von «Andersdenkenden» eingestellt worden, und mit Schreiben vom 7. Dezember setzte Erich Mielkes Nachfolger rückwirkend zum 18. November die Befehle und Weisungen außer Kraft, die, wie es jetzt hieß, auf der «falschen Sicherheitspolitik der früheren Partei- und Staatsführung» beruhten und auf «eine breite Überprüfung und Kontrolle von Personen» abzielten[129]. Gleich beim Zusammentritt des Runden Tisches forderte das Neue Forum «die vollständige Auflösung der nach innen gerichteten Strukturen der Staatssicherheit»[130]. Die Regierung hingegen versuchte, ein verkleinertes «Amt für Nationale Sicherheit» (AfNS) zu erhalten, dessen Leitung Mielkes Stellvertreter Wolfgang Schwanitz übernahm. Zur selben Zeit begannen die Angehörigen des MfS in großem Stil, Akten zu vernichten und die Spuren der Überwachungsmaßnahmen – zu Inoffiziellen Mitarbeitern, Operativen Vorgängen, Personenkontrollen und Postüberwachung – zu verwischen[131], womit die Staatssicherheit zugleich den Sieg der «feindlich-negativen Kräfte» eingestand. Im Wirrwarr der Kompetenzen und Anordnungen in der Auflösungsphase von Staat und Stasi ging die Vernichtung recht uneinheitlich vor sich, und am 4. Dezember wurde sie auf Druck der Opposition ganz gestoppt.

Denn Anfang Dezember 1989 waren fast alle Bezirks- und Kreisdienststellen besetzt worden.[132] Die Zentrale an der Berliner Normannenstraße allerdings konnte weiterarbeiten, und Schwanitz plädierte auch weiterhin für großflächige Aktenvernichtungen.[133] Am 14. Dezember fasste die Regierung den Beschluss, das AfNS aufzulösen und an seine Stelle einen Verfassungsschutz und einen Nachrichtendienst zu setzen.[134] Die Probleme spitzten sich dennoch zu, wie das skizzenhafte Protokoll des Republiksprecherrats des Neuen Forums vom 30. Dezember 1989 ausweist[135]:

> «Problem: Stasi löst Stasi auf; Aktenvernichtung; Bürgerkomitees machtloses Feigenblatt, wird von nichts informiert, hält aber die Bevölkerung ruhig. DDR Stasi-Hauptquartier noch nicht untersucht – völlig intakt! Verquickung mit der Staatsanwaltschaft, die Stasi deckt – nach 45 Jahren vertrauensvoller Kooperation …
> Wir können chiffrierte Stasi-Akten nicht lesen […] Öffentlicher Druck nötig!»

Anfang Januar wurden großzügige Abfindungen bzw. Überbrückungsgelder für ehemalige Mitarbeiter des MfS bekannt, die der Ministerrat am 8. Dezember beschlossen hatte,[136] und ebenso ein Rundbrief der Geraer AfNS-Bezirksverwaltung vom 9. Dezember 1989, die zur Wiedergewinnung der Macht aufrief[137]. Am 3. Januar verlangten die Oppositionsvertreter am Runden Tisch von der Regierung, die Staatssicherheit vollständig aufzulösen und Nachweise über Entwaffnung der Stasi beizubringen sowie auf den Aufbau neuer Geheimdienste zu verzichten. Anderenfalls drohten sie, den Runden Tisch zu verlassen.

Dort berichtete der Auflösungsbeauftragte der Regierung am 8. Januar, von 85 000 hauptamtlichen Stasi-Mitarbeitern seien 30 000 entlassen worden und weitere 20 000 würden ausgemustert. Er konnte dem Runden Tisch aber auf viele Fragen, etwa nach dem zentralen Datenspeicher des Staatssicherheitsdienstes, auf geradezu blamable Weise

Normannenstraße, Berlin Lichtenberg: Am 15. Januar 1990 stürmen tausende Bürger das Gebäude des Ministeriums für Staatssicherheit und bemächtigen sich jener Zentrale, von der jahrzehntelang Überwachung und Repression ausgegangen waren.

keine befriedigenden Antworten geben.[138] Daraufhin sprachen ihm die Oppositionsgruppen sowie die CDU das Misstrauen aus und forderten Modrow auf, dem Runden Tisch einen Bericht über die innere Sicherheit zu geben. Als die Regierung aufgrund der massiven Proteste am 12. Januar einlenkte und zusagte, die Staatssicherheit aufzulösen und kein neues Amt aufzubauen, war die Wende im ersten Machtkampf[139] erreicht.

Verstärkt und verschärft wurde sie am 15. Januar, als mehrere zehntausend Menschen vor der Zentrale der Staatssicherheit in Berlin-Lichtenberg demonstrierten. Dabei überlagerten sich eine Aktion des regionalen Bürgerkomitees und eine Maßnahme des Neuen Forums, in der das Haupttor «mit Fantasie und ohne Gewalt» symbolisch zugemauert werden sollte. Zu diesem Zeitpunkt befand sich das Bürgerkomitee bereits innerhalb des Gebäudekomplexes und ließ die Tore zur Überraschung der Aktivisten des Neuen Forums von innen öffnen. Die AfNS-Zentrale hatte ihrerseits mit einer Besetzung gerechnet und vorgebaut: bestimmte Räume versiegelt, Mitarbeiter nach Hause geschickt, «Ansprechgruppen» im Gebäude belassen, Demonstranten eingelassen und in periphere Bereiche gelenkt. Dennoch endete der Nachmittag im Chaos und mit Sachschaden in Millionenhöhe. Der Runde Tisch unterbrach seine Debatte; Modrow eilte zusammen mit den Oppositionsvertretern Böhme, Eppelmann und Weiß mit Blaulicht in die Normannenstraße und forderte die Demonstranten auf, sich zu zerstreuen.[140] Am 8. Februar beschloss der Ministerrat endgültig, ein staatliches «Komitee zur Auflösung des ehemaligen Amtes für Nationale Sicherheit» zu bilden, und in der Folge wurde der derangierte Staatssicherheitsdienst in der Tat arbeitsunfähig gemacht[141].

Der 15. Januar zeigte vor allem, dass der Regierung Modrow zusehends die Kontrolle entglitt. Einerseits, im Hinblick auf die öffentliche Ordnung, war sie schwach, andererseits, im Hinblick auf die Staatssicherheit, erschien sie als verlogen. Demonstrationen in mehreren Städten der DDR am 15. Januar richteten sich daher auch nicht nur gegen die Staatssicherheit, sondern allgemein gegen die «Restaurationspolitik der SED-PDS».[142] Hatte Modrow die Hoffnung gehegt, die Initiative für die SED-PDS zurückzugewinnen, so verlor er die Legitimation, die eine SED-Reformregierung überhaupt besaß. Der 15. Januar signalisierte, dass nicht nur die Regierung, sondern die gesamte DDR in den Zustand der Auflösung überging.

Erbe der DDR?

Anfang 1990 musste die ehemalige Staatspartei das Haus des Zentralkomitees, die vormalige Reichsbank, räumen, von dem aus sie über vierzig Jahre hinweg die DDR beherrscht hatte; statt ihrer zogen die Abgeordneten der am 18. März gewählten Volkskammer am Werderschen Markt ein.

Bis Mitte Februar verlor die Partei 1,6 von 2,3 Millionen ihrer Mitglieder[143], und mehr noch schrumpften ihre Organisationen wie die FDJ binnen weniger Monate zu Splittergruppen. Orientierungslos und gelähmt zwischen Reformern und alten Apparaten, hatte die Partei ihre Führungsriege abgesetzt und weitgehend aus der Partei ausgeschlossen. Nachdem sie sich erst im Dezember 1989 in SED-PDS umbenannt hatte, änderte sie ihren Namen am 4. Februar abermals, nunmehr allein in PDS, und verkündete: «Unsere Partei ist nicht mehr die alte SED.»[144] Freilich war und blieb sie die Nachfolgerin der alten Staatspartei der DDR: hinsichtlich des Personals unterhalb der ersten Führungsebene, ihrer Mitgliederstruktur, der sozialistischen Ausrichtung, der Organisationsstruktur und Teilen des Parteivermögens.[145]

Zugleich setzten sich die ehemaligen Blockparteien in der Regierung zunehmend von Modrow ab, während ihm die Vertreter der Oppositionsgruppen am Runden Tisch im Hinblick auf einen ‹Dritten Weg› inzwischen näherstanden. Der Ministerpräsident musste die Basis seiner Regierung verbreitern. So machte er am 15. Januar 1990 dem Runden Tisch seine Aufwartung und forderte die Teilnehmer auf, sich unmittelbar und verantwortlich an der Regierungsarbeit zu beteiligen. Für die Opposition war diese Entscheidung noch heikler als der Entschluss, sich überhaupt an den Runden Tisch zu setzen. Als Teil der Regierung haftete sie für die Politik der reformbemühten alten Kräfte, die auf den Zusammenbruch des gesamten Landes zusteuerte, den niemand anders verantwortete als ebendiese alten Kräfte. Die Situation der Oppositionsgruppen ähnelte derjenigen der SPD im November 1918 – die sich seinerzeit der Verantwortung für das Gemeinwesen gerade nicht entzogen und dafür schließlich einen hohen Preis zu zahlen hatte.

Nach zähen Verhandlungen traten am 5. Februar acht Vertreter der Opposition, darunter Wolfgang Ullmann, Rainer Eppelmann, Sebastian Pflugbeil, Gerd Poppe und Matthias Platzeck, als Minister ohne Geschäftsbereich in das Kabinett Modrow und somit in den alten administrativen Apparat der DDR ein. Der letzte sozialistische Ministerpräsident führte nun eine Koalition aus 13 verschiedenen Parteien und Gruppen. Einerseits erfuhr der Runde Tisch somit eine Aufwertung im prekären Institutionengefüge der untergehenden DDR. Andererseits verlor die Arbeit des Runden Tisches unter wachsenden Bergen von Positionspapieren und Beschlussvorlagen zunehmend Kontur und Linie, und der Runde Tisch selbst verlor sich in einer eigenen, zumal für die DDR nicht repräsentativen Berliner Welt.

Dies zeigte sich nicht zuletzt in der Verfassungsfrage, dem zweiten zentralen Aufgabenfeld des Runden Tisches. Die Sozialcharta vom 5. März[146] enthielt eine lange sozialpolitische Wunschliste: das Recht auf Arbeit (das «Prunkstück» der gescheiterten Sozialpolitik der DDR[147]),

Arbeitszeitverkürzungen bei vollem Lohnausgleich, Recht auf Aus- und Weiterbildung, betriebliche Gemeinschaftsverpflegung auf Kosten der Betriebe, Recht auf Wohnen und staatlich kontrollierte Mietpreisbindung. Sie stellte eine Kombination des hohen Niveaus bundesdeutscher Sozialleistungen und sozialer Mitbestimmungsrechte mit der sozialen Sicherheit der DDR dar – offen blieb allein die Frage der Finanzierung. Angenommen durch die Volkskammer, stellte die Sozialcharta schließlich die ostdeutsche Verhandlungsgrundlage für die deutsch-deutsche Sozialunion dar. Sie war der «Pflock, den ihre Verfasser einschlugen, um zu retten, was nach ihrer Meinung von den sozialen Errungenschaften der DDR gerettet werden sollte.»[148] Der Parlamentarische Staatssekretär im Bonner Arbeitsministerium sah darin die «Denkstrukturen sozialistischer Luftschlösser» mit der «überdimensionierten Rolle des Staates», ohne Verständnis für die Freiheit selbstverantwortlicher Unternehmer und den Vorrang des Leistungsprinzips.[149]

Einen vollständigen Entwurf für eine eigene Verfassung konnte der Runde Tisch nicht mehr fertigstellen. Stattdessen wurden in der letzten Sitzung am 12. März «Gesichtspunkte für eine neue Verfassung» vorgelegt.[150] Es gab also nicht *den* Verfassungsentwurf des Runden Tisches, sondern einen Text der «Arbeitsgruppe Neue Verfassung der DDR». Deren Gesamtentwurf wurde Anfang April der neugewählten Volkskammer zugestellt, fand indessen wenig Interesse bei den Mehrheitsfraktionen der Allianz für Deutschland und der SPD. Das Erbe der Vorstellungen der Oppositionsbewegungen in der Spur des ‹dritten Weges› – umfassende und einklagbare Ansprüche auf staatliche Sozialleistungen und Basisdemokratie – und die Forderung einer gleichberechtigten Vereinigung nach Art. 146 des Grundgesetzes wurden von den Entwicklungen ebenso überrollt wie die Ablehnung einer deutschen Mitgliedschaft in der NATO.

Alles in allem vermochte der Runde Tisch durchaus Einfluss auf die Regierung Modrow zu nehmen. Jedoch verfügte diese Regierung ihrerseits nur noch über begrenzten und schwindenden Einfluss auf die Entwicklung, und beide vermochten keine tragfähigen Zukunftsperspektiven für eine eigenständige DDR vorzulegen. Die letzte Koalition am Runden Tisch aus Oppositionsgruppen und reformorientierten Kräften der SED-PDS traf sich auf einem sozialistischen ‹dritten Weg›, der außerhalb der

Möglichkeiten der derangierten DDR und jenseits des Willens der Bevölkerungsmehrheit in der DDR verlief. Die Mehrheit der Bevölkerung, so die Schriftstellerin Monika Maron, «fing an mit dem Ruf: Weg aus der DDR, und endete [...] folgerichtig mit dem Urteil: Weg mit der DDR»[151].

Innerer Zerfall und Übersiedlerstrom

«Modrow vor dem Kollaps?» So titelte der *Spiegel* vom 22. Januar 1990[152], eine Woche nachdem der Sturm auf die MfS-Zentrale in Berlin angezeigt hatte, dass die Regierung aus der Balance geriet. Im Januar musste Modrow einen Fehlbetrag im Staatshaushalt in Höhe von 17 Milliarden Mark einräumen.[153] Aufgrund der Massenabwanderung und weil Betriebs- und Kombinatsleitungen Anfang 1990 zunehmend die Vorgaben der zentralen Planungsbehörden missachteten, war die Produktion zum selben Zeitpunkt um über 6 Prozent gegenüber dem Herbst 1989 zurückgegangen. Währenddessen wurde die D-Mark immer mehr zum Zahlungsmittel in der DDR, deren Wirtschaft zunehmend Auflösungserscheinungen an den Tag legte.[154] Im Alltag war dies freilich vorderhand nicht im vollen Umfang spürbar, denn die Versorgung wurde, wenn auch auf sinkendem Niveau, durch West-Importe und unter Einsatz von Devisen aufrechterhalten. Auf Dauer aber war dies natürlich keine tragfähige Lösung, im Gegenteil: der Sanierungsbedarf wurde nur immer noch größer. Zugleich stand der Kontrast der wohlhabenden Bundesrepublik inzwischen jedermann und jederzeit zur Besichtigung offen. Unzufriedenheit und Ansprüche wuchsen mit der Summe aus Defiziten des Ostens und Möglichkeiten des Westens.

Immer klarer zeichnete sich ab, dass Reformen des Status quo zwecklos waren, und bei denjenigen, die eine eigenständige DDR erhalten wollten, machte sich Resignation breit. Am 29. Januar 1990 leistete Hans Modrow vor der Volkskammer nachgerade den Offenbarungseid, auch wenn er aus taktischen Gründen manches einseitig dramatisierte: Die ökonomische Lage verschlechtere sich «besorgniserregend», verschiedene Störungen setzten «Kettenreaktionen für viele Betriebe, für die Versorgung der Bürger sowie für die gesundheitliche Betreuung» in Gang. Die Spannungen könnten, so die Quintessenz, «mit den vorhandenen politischen Strukturen immer weniger beherrscht werden.»[155]

Und es stärkte seine Position gegenüber der Bonner Regierung auch nicht gerade, als er ihren Vertretern mitteilte, die «lokale Verwaltung zerfasere» und die «Kräfte am Runden Tisch hätten auf die Entwicklung im Lande keinen Einfluß mehr.»[156]

«Es kracht schon im Februar», prophezeite der *Spiegel* am 5. Februar: «die ostdeutsche Wirtschaft steht vor dem totalen Zusammenbruch, eine vertrauliche Expertise sagt den baldigen Kollaps voraus.»[157] Die allgemeine Wahrnehmung einer bevorstehenden Auflösung der inneren Ordnung in der DDR gab der Bonner Regierung ein wichtiges Argument für ihre forcierte Vereinigungspolitik in die Hand, sowohl als Motiv wie auch als Instrument. Ein Chaos sei wohl nur zu verhindern, wenn die SED-PDS «so schnell wie möglich» aus der Regierung verdrängt werde, notierte Horst Teltschik unter dem Datum des 17. Januar: «Die Besorgnis über die Lage in der DDR wächst.»[158] Ein weiteres Alarmzeichen gab der Vorsitzende der Ost-CDU: zwei bis drei Millionen Ostdeutsche säßen «auf gepackten Koffern.»[159]

344 000 Übersiedler waren im Jahr 1989 aus der DDR (mit ihren zuvor gut 16,6 Millionen Einwohnern) in die Bundesrepublik gekommen, 225 000 waren es zwischen dem 9. November und Ende Januar 1990. In den ersten beiden Monaten des neuen Jahres verließen täglich rund 2000 Menschen die DDR, weniger als im November, aber wieder mehr als im Dezember.[160] Und es waren insbesondere die Jüngeren, gut Ausgebildeten und Leistungsfähigen, nicht zuletzt Ärzte, die der DDR den Rücken kehrten, wobei dieser Effekt in der Flüchtlingsbewegung vor der Grenzöffnung am stärksten war.[161] Sie sahen in der DDR keine Perspektive, und ihre Abwanderung verschlechterte abermals die Chancen der DDR, sich aus eigener Kraft zu retten, womit der Teufelskreis einer weiteren Abwanderungsbewegung in Gang gesetzt wurde. Diese Entwicklung bereitete auch der Bundesregierung Sorge, nicht nur im Hinblick auf die DDR, wo innere Destabilisierung und Radikalisierung drohten. Denn die Übersiedler partizipierten als deutsche Staatsbürger unmittelbar an den bundesdeutschen Sozialsystemen, und darüber verbreitete sich in der Bundesrepublik bald erster Unmut.[162]

«Es müsse etwas geschehen, um das zu stoppen», sagte Helmut Kohl gegenüber Hans Modrow bei dessen Besuch in Bonn am 13. Februar[163] –

und dafür gab es unterschiedliche Möglichkeiten: während Oskar Lafontaine eine Einschränkung der Freizügigkeit für die Ostdeutschen nach
Westdeutschland ins Auge fasste, setzte Helmut Kohl auf eine Forcierung
des Einigungsprozesses. Nach zehn Wochen stand die erste Revision der
Zehn Punkte an: die Bundesregierung übersprang das Stadium der kon-
föderativen Strukturen und tat den entscheidenden Schritt direkt zur Einheit, als sie der DDR Anfang Februar den Vorschlag einer Währungsunion und Wirtschaftsgemeinschaft unterbreitete.[164]

Magnet Bundesrepublik

Kohl ließ Modrow am ausgestreckten Arm verhungern. Schon am
19. Dezember in Dresden hatte er die Forderung eines «Lastenausgleichs» zurückgewiesen. Am 1. Februar erklärte er, Verhandlungen über
die einzelnen Schritte zur deutschen Einheit nicht mit Modrow, sondern
nach den Volkskammerwahlen «mit einer aus freien Wahlen hervorge-
gangenen Regierung der DDR» zu führen. Hilfen für die Regierung Modrow, einschließlich der Oppositionsbewegung, würde es nicht geben.[165]
Seine – und ihre – Zeit war, aus Bonner Sicht, abgelaufen.

Bei der Ost-Berliner Regierung und ebenso bei den Oppositionsgruppen machte sich Enttäuschung über die Bundesregierung breit. Sie kam
deutlich zum Ausdruck, als der Runde Tisch am 12. Februar Positionen
für die Verhandlungen der DDR-Regierung in Bonn am folgenden Tag
absteckte. Vehement zurückgewiesen wurde eine Dominanz der Bundesregierung im Gesamtprozess. Stattdessen erhob der Runde Tisch die Forderung nach einem bundesdeutschen Solidarbeitrag in Höhe von 10 bis
15 Milliarden D-Mark für die DDR, die ihre Eigenverantwortlichkeit
bewahren sollte – eine angesichts der Verhandlungssituation reichlich
unrealistische Forderung, doch argumentierten die Vertreter des Runden
Tisches aus einer anderen Perspektive: sie waren von einem moralischen
Anspruch auf bundesdeutsche Unterstützung überzeugt, der aus den Son-
derbelastungen der DDR unter den Bedingungen der deutschen Teilung
hergeleitet wurde.

Bei den Gesprächen in Bonn[166] waren die Kräfte eindeutig verteilt:
Kohl dominierte und lehnte abermals unkonditionierte Bonner Milliar-
denhilfen ab. Matthias Platzeck brachte die gesamte Enttäuschung der

Oppositionsbewegung in der DDR zum Ausdruck: «die Bewegung, die im Oktober mit dem Ziel der Selbstbestimmung angetreten sei, [wolle] diese erhalten. Es gebe den Eindruck einer gewissen Fremdsteuerung. Hilfe der BRD wäre früher notwendig gewesen. Kohl habe sie angekündigt, doch nichts sei gekommen. Es sei Soforthilfe erforderlich. Mit den ‹Brüdern und Schwestern› dürfe man nicht taktieren. Die Ziele des Oktobers dürften nicht umsonst gewesen sein.»[167] Es war eine hilflos-resignierte Reminiszenz der Oppositionsbewegung an die zeitlich noch so nahen und politisch bereits so fernen Tage, als sie für einen entscheidenden, aber kurzen historischen Augenblick das dramatische Geschehen zu bestimmen vermocht hatte.

Die vorrangige politische Bedeutung des Besuches lag aus Sicht der DDR-Delegation darin, «daß nunmehr zwischen den Regierungen beider deutscher Staaten endgültig die Weichen für die baldige Vereinigung von DDR und BRD zu einem deutschen Bundesstaat gestellt wurden.»[168] In aller Deutlichkeit zeichneten sich die Entschlossenheit und Dominanz ab, mit der die Bonner Exekutive fortan den Prozeß der Wiedervereinigung bestimmte, in den sie zunächst durch die von der Bürgerbewegung angestoßene Entwicklung mitgerissen worden war. «Das Klima ist frostig», bemerkte auch Helmut Kohl, «die Delegation aus Ost-Berlin fühlt sich gedemütigt»[169] – nicht nur die Regierung Modrow, sondern auch die Oppositionsbewegung, für die Kohl wenig Verständnis zu entwickeln vermochte und mit der er, im Gegensatz zur Massenbewegung, bereits bei seinem Besuch in Dresden im Dezember nicht recht warm geworden war. Am Runden Tisch in Ost-Berlin herrschte Verbitterung.[170] Dafür «schimmerte eine neue DDR-Identität auf, eine jetzt gegen die Bundesrepublik gerichtete Solidargemeinschaft», notierte der westdeutsche Politikwissenschaftler Uwe Thaysen, der die gesamten Beratungen des Runden Tisches als Augenzeuge verfolgte und dokumentierte. Eine Mischung aus «Selbstwertbehauptung und Wagenburgmentalität» machte sich breit[171] und floss schließlich, lange nachwirkend, in das vereinte Deutschland ein. Zunächst nährte sie den zunehmenden Willen der ostdeutschen Seite, die sogenannten sozialen Errungenschaften der DDR zu bewahren, mit dem sie in die Verhandlungen um die deutsche Einheit ging.

So blieb dem Runden Tisch seine letzte zentrale Aufgabe, Wahlen herbeizuführen. Hier stellte sich für die Oppositionsgruppen ein weiteres

Die Demonstranten
fordern Wiedervereini-
gung und Währungsunion
Anfang des Jahres 1990
mit immer massiverem
Nachdruck.

Problem, dass sie nämlich für einen früheren Wahltermin als den ursprünglich geplanten 6. Mai weder organisatorisch noch programmatisch gerüstet waren, sich aber über den Runden Tisch ziehen ließen.
Denn ein früherer Wahltermin lag ganz im Interesse der SPD, die laut
Umfragen mit einem deutlichen Wahlsieg rechnen konnte. Sie setzte sich
am 28. Januar 1990 in Verhandlungen zwischen Vertretern der Regierung und Vertretern des Runden Tisches im Hotel Johannishof, dem Gästehaus des Ministerrats und Berliner Wohnsitz Modrows, gegen die übrigen Oppositionsgruppen durch: die Wahlen wurden auf den 18. März
vorverlegt – zum Vorteil von SED-PDS und alten Blockparteien, die ihre
institutionellen Strukturen nutzen konnten.[172] Im Grunde war diese Vor-
verlegung ein Coup von SPD und alten Kräften gegen die übrige Oppositionsbewegung – getrieben freilich von in der Tat immer unhaltbarer

werdenden Zuständen. Sie verlangten nach Klärung, die nur Wahlen erbringen konnten[173].

Je näher die Wahlen rückten, desto mehr richtete sich die allgemeine
Orientierung in der DDR auf die Bundesrepublik. Schon Anfang Januar
überwogen auf den noch stattfindenden Demonstrationen sowie in der
Bevölkerung die Stimmen für die deutsche Einheit, und zunehmend
machte sich Ungeduld breit, die auf bessere, sprich: westdeutsche Lebensbedingungen zielte: «Kommt die DM, bleiben wir, kommt sie nicht, geh'n
wir zu ihr!»[174]. Die Demonstrationen gingen bald in Wahlkampfveran-
staltungen über, und die bevorstehenden Wahlen wurden Anfang 1990
zum Fluchtpunkt des Handelns. Durch sie wurden die Weichen für den
weiteren Verlauf innerhalb der DDR gestellt, und sie führten auch die innerdeutsche und die internationale Entwicklung wieder zusammen, die
Ende 1989 so spannungsreich auseinandergelaufen waren.

4. Internationale Weichenstellungen

Latché: deutsch-französische Beziehungsarbeit

Angesichts des Gegenwindes aus Ost und West nach Kohls Zehn-Punkte-
Programm sahen sich Außenminister und Bundeskanzler zu verstärkter
Beziehungspflege veranlasst. So wie ihn seine erste Auslandsreise nach dem
Amtsantritt im Oktober 1982 nach Paris geführt hatte, so suchte Kohl
auch in dieser Situation zunächst den französischen Staatspräsidenten auf,
der noch kurz vor Weihnachten mit seinem Staatsbesuch in der unter-
gehenden DDR für Irritationen in Bonn gesorgt hatte. Mit ganz kleinem
Gefolge, darunter aber, immer im Bewusstsein der Macht von Bildern, der
Fotograf Konrad Müller, reiste Kohl am 4. Januar 1990 nach Latché in der
Gascogne, wo ihn François Mitterrand auf seinem Landsitz empfing.

Ungewöhnlich befangen habe der Gastgeber anfangs gewirkt, erinnerte sich Kohl, als mit den beiden führenden Politikern auf dem westeuropäischen Kontinent zugleich zwei sehr unterschiedliche Politikstile und
kommunikative Strategien aufeinandertrafen. Mitterrand, die ‹Sphinx›,
blieb in vielem wie immer – und auch weiterhin[175] – vage, freilich mit
klarem Kalkül, wie Teltschik notierte, denn es erhöhte «seine Handlungs-
freiheit, und das ist sicher auch die Absicht.»[176] Kohl hingegen setzte da-

Beziehungspflege am Atlantik: Am 4. Januar 1990 reist Kohl mit kleinem Gefolge samt Fotograf zu Gesprächen mit dem französischen Staatspräsidenten François Mitterrand in Latché.

rauf, mit Hilfe seiner konsequent eingesetzten Jovialität und persönlicher Beziehungen öffentlich sichtbar «Einvernehmen und Freundschaft [zu] demonstrieren» und den französischen Präsidenten gleichsam umarmend zu vereinnahmen.

Mitterrand und Kohl sprachen – offenkundig recht freimütig[177] – über die Entwicklung in der DDR, in den ehemaligen sowjetischen Satellitenstaaten überhaupt, über die polnische Westgrenze und die Frage der deutschen Bündniszugehörigkeit, ohne dass konkrete Vereinbarungen getroffen wurden. Mitterrands elementares Interesse an der Einbindung einer deutschen Einigung in den europäischen Einigungsprozess lag, zumal angesichts der jüngsten Differenzen um dessen Fortgang, offen zu Tage, und Kohl bemühte sich seinerseits, die deutsche Bereitschaft dazu anzukündigen. Mitterrand wünschte angesichts der sich überstürzenden

Entwicklungen mehr «Zeit zum Nachdenken» – und setzte zugleich hinzu, er sage dies als Franzose. Als Deutscher «wäre er für die Wiedervereinigung so schnell wie möglich.»[178] Ebendiese beiderseitige Fähigkeit, auch die Perspektive des anderen einzubeziehen, ermöglichte schließlich einen deutsch-französischen Ausgleich in der Frage der deutschen Einigung, die das bilaterale Verhältnis auf eine schwere Probe stellte. Ohne dass es eines formellen Junktims bedurft hätte, betrieb Kohl zeitgleich zur deutschen Einheit den Prozess hin zur Europäischen Union weiter, auch unter deutschen Konzessionen[179], der sich in der zweiten Hälfte seiner Amtszeit, in den neunziger Jahren, nachgerade als Mission verselbständigte.

Vor die Alternative gestellt, wie sie Margaret Thatcher eröffnete, den europäischen Einigungsprozess voranzutreiben, «um den deutschen Riesen zu bändigen», oder aber eine «Bündnispolitik zur Sicherung der Interessen seines Landes» und somit gegen die deutsche Einheit zu betreiben, traf Mitterrand die in Thatchers Augen falsche Wahl.[180] Das Ansinnen der ‹Eisernen Lady›, den Prozess der Wiedervereinigung wenigstens zu verlangsamen, verlor seine politische Grundlage, zumal sich Ende Januar 1990 auch die Führung der Sowjetunion umorientierte.

Positionswandel in Moskau

Als die deutsche Frage auf die Tagesordnung der Weltpolitik kam, hatte der Kreml zunächst eine klare Antwort gegeben: *njet*. Ebenso klar aber war, dass sich diese kompromisslose Haltung nicht *ad infinitum* aufrechterhalten lassen würde – nicht zuletzt vor dem Hintergrund der wachsenden inneren Schwierigkeiten. Es machte die Position der Sowjetführung alles andere als stärker, dass ihr Botschafter in Bonn im Januar anfragte, ob Kohls Hilfszusage vom Juni 1989 noch gelte – die Sowjetunion benötige Lebensmittellieferungen. Im Kanzleramt war sogleich klar, welche Chance sich bot. Daher gab Kohl einem nationalen Hilfsangebot an die Sowjetunion Vorrang vor einer europäischen Initiative, und Landwirtschaftsminister Kiechle fädelte einen Sonderverkauf von Nahrungsmitteln an die Sowjetunion zu einem «Freundschaftspreis» ein.[181] Dieses Procedere – Gorbatschow durch materielle Unterstützungen zwar ohne formelles Junktim, aber nicht ohne deutliche Hinweise auf diese Vorleistungen zum prodeutschen Einlenken zu bewegen – sollte sich im Frühjahr wiederholen.

Bereits im Januar änderte die Sowjetführung ihre Haltung, als am 26. des Monats ein informeller Kreis zu einer vierstündigen Beratung der deutschen Frage zusammenkam, während das Thema weder am 22. noch am 29. Januar auf der Tagesordnung des Politbüros stand.[182] Offenkundig wurden grundlegende Entscheidungen nicht mehr in einem regulären, formellen Verfahren getroffen, sondern mehr oder weniger *ad hoc* im informellen Umfeld Gorbatschows. Auch dort hatte im Vorfeld keine konzeptionelle Diskussion stattgefunden, vielmehr wurde eine deutsche Wiedervereinigung mit einem Male als gegeben hingenommen.

In der DDR stünden die Dinge genauso wie in Aserbaidschan, so eröffnete Gorbatschow laut Tschernjajews Aufzeichnung (und mit deutlich anderem Tonfall als in Gorbatschows Memoiren) das Gespräch, das er seinerseits, jedenfalls dem Protokoll Tschernjajews zufolge, ohne wirkliche inhaltliche Linie und auch sprachlich recht unklar führte: «es gibt niemanden, auf den wir uns stützen können.» Die Sowjetunion könne «auf diesen Prozess nur über die BRD einwirken», und daher solle man «Kohl einladen und ihm sagen: schau mal, was passiert, Du spielst auch dieses Spiel und Du kannst verlieren. [...] Deine Verbündeten in der NATO betrachten dieses Problem genauso. Und Du kennst den Unterschied zwischen dem, was sie offiziell sagen, und dem, was sie denken.» Man müsse Kohl klar machen, so brachte Gorbatschow das verbleibende As der «Siegerposition» ins Spiel, dass sowjetische Streitkräfte in der DDR und diejenigen der NATO in der Bundesrepublik stünden und dass die Vier Mächte in der Frage einer deutschen Vereinigung ein gewichtiges Wort mitzureden hätten. Um die Sowjetunion zurück ins weltpolitische Spiel zu bringen, solle ein Sechser-Gremium aus den vier alliierten Siegermächten und den beiden deutschen Staaten gebildet werden.

«Hauptsache ist», so formulierte Gorbatschow das wichtigste Ziel, «dass niemand sich darauf Hoffnung machen darf, dass das wiedervereinigte Deutschland der NATO beitreten wird.» Einen Abzug der sowjetischen Streitkräfte aus Deutschland hielt der Kremlchef durchaus für möglich, aber nur, «wenn die Amerikaner ihre Truppen ebenfalls abziehen. Sie werden es jedoch noch lange nicht tun.» Vor diesem Hintergrund setzte er die taktisch-operative Priorität – statt auf strikte Ablehnung wie noch im

Dezember – nunmehr darauf, «Zeit zu gewinnen» und den Prozess zu ver-zögern. Der rasende Gang der Ereignisse machte dieses Kalkül freilich binnen kurzer Zeit zunichte, so dass der Sowjetführung, mangels einer konstruktiven eigenen Vorstellung, letztlich nur der Weg der Anpassung an die Gegebenheiten blieb.

Kohl gegenüber sah Gorbatschow «eine Basis für Verständigung»; wie er aber die «Sonderbeziehungen» zur DDR fürderhin gestalten wollte, blieb völlig offen: «Wir werden mal Gysi anhören.»[183] Dies alles klang weit weniger planvoll und Kohl gegenüber weit weniger kooperativ, als es Gorbatschow in seinen Erinnerungen darstellte. Die entscheidende Bedeutung jener Besprechung in seinem Büro aber lag darin, dass die Kremlführung eine deutsche Wiedervereinigung nunmehr für unausweichlich hielt. Und die Bedeutung dieser Kehrtwende stand auch dem Kremlherrn vor Augen, so jedenfalls die Aufzeichnung seines Beraters Schachnasarow: «Das gesellschaftliche Bewußtsein wird ein beachtliches Trauma erleiden. Doch an der Situation ist nichts zu ändern.»[184]

In der Tat regten sich wenige Tage später im Zentralkomitee der KPdSU Widerstände gegen diesen neuen Kurs, und nicht zum letzten Mal in jenem turbulenten Moskauer Frühjahr und Sommer drohte Gorbatschow die Kontrolle über die Staatspartei zu verlieren. Zugleich spitzte sich die Situation in der Sowjetunion zu: «Panikstimmung und Defätismus» machten sich breit, so sagte Gorbatschow dem SED-PDS-Vorsitzenden Gysi, als dieser ihn Anfang Februar in Moskau aufsuchte, und es drohe «eine weitere Polarisierung in der sowjetischen Gesellschaft»[185]. Dem amtierenden DDR-Ministerpräsidenten Hans Modrow eröffnete Gorbatschow: «Viele fürchteten ein Chaos in der Sowjetunion. Bestimmte Anzeichen dafür gebe es bereits. Von rechts und links werde mit verschiedenen Motiven gefordert, hart durchzugreifen. […] Die Hauptaufgabe bestehe darin, weitere blutige Auseinandersetzungen zu verhindern. Dies sei sehr schwierig, weil es auf diesem Gebiet aus dem alten Rußland über Stalin eine lange Tradition gebe.»[186]

Solche dunklen Aussichten verstärkten die bundesdeutschen Befürchtungen im Hinblick auf die weitere Entwicklung in der Sowjetunion und veranlassten die Bundesregierung zugleich zu raschem Handeln. Mittlerweile hatten auch die Eigendynamik der Entwicklung in der DDR, der Mangel an tragfähigen Alternativen und der fehlende Wille zum gemein-

samen Gegenhandeln dazu geführt, dass sich die Gegner oder Skeptiker –
die Führung der Sowjetunion, Hans Modrow und die Verantwortungsträger in der DDR einschließlich des Runden Tisches, François Mitterrand und schließlich auch Margaret Thatcher – binnen weniger Wochen
mit dem jahrzehntelang Undenkbaren und Inakzeptablen abfanden.

Mitte Februar waren auf allen Ebenen die Weichen für eine deutsche
Wiedervereinigung gestellt, nachdem zunächst James Baker und dann
Helmut Kohl und Hans-Dietrich Genscher nach Moskau gereist waren.
Dass Baker am 9. Februar einem gespaltenen Außenminister und einem
aufgeräumten Generalsekretär begegnete, führte er auf den unterschiedlichen Realitätsgehalt in der Lageanalyse und Zukunftsprojektion der
beiden sowjetischen Spitzenvertreter zurück: «Gorbatschow schien davon auszugehen, daß die Sowjetunion für alle Zeiten eine überragende
Macht in Europa bleiben würde – selbst wenn Deutschland vereinigt war.
Und ich begann zu verstehen, daß Schewardnadse die Zukunft sehr viel
klarer sah als er und einfach nur versuchte, jedes Gespräch über den
immer deutlicheren Niedergang der Sowjetunion zu vermeiden.»[187]

Den Bonner Vertretern, die am Tag nach Baker in Moskau eintrafen,
ging es unterdessen weniger um solche allgemeinen Lageeinschätzungen
aus der Warte des historischen Siegers als um die Grundsatzfrage der
Wiedervereinigung überhaupt. Zwar hatte sich der sowjetische Mei-
nungsumschwung aus Bonner Perspektive durchaus abgezeichnet.[188]
Sicher sein konnten Kohl und Genscher sich dessen freilich nicht; dass
Gorbatschow und Schewardnadse den deutschen Außenminister nach
dem Zehn-Punkte-Programm des Bundeskanzlers diplomatisch nachgerade abserviert hatten, lag keine zehn Wochen zurück.

In kleiner Runde, mit zwei Dolmetschern sowie den persönlichen Beratern Tschernjajew und Teltschik, eröffnete Kohl das Gespräch, indem
er zunächst, wie so häufig, eine Atmosphäre des persönlichen Vertrauens
herzustellen versuchte. Er bekundete die Sympathien der Deutschen für
Gorbatschows Reformpolitik und flocht als Beweis dafür sogleich die
deutschen Hilfslieferungen für die Sowjetunion ein. Was seine Politik in
der deutschen Frage anging, so stellte er dem sowjetischen Vorwurf des
eigenmächtigen und destabilisierenden Handelns seine Lesart des unaus-
weichlichen Handlungsdrucks angesichts der dramatischen Veränderungen in der DDR entgegen – und das Selbstbestimmungsrecht: die Men-

schen in der DDR, darauf wies der Kanzler unzweideutig hin, wollten
die Einheit. Um die Lage zu stabilisieren, habe er die Währungsunion
und Wirtschaftsgemeinschaft vorgeschlagen, sprich: die Einigungspoli-
tik forciert. «Zusammenfassend wolle er sagen, daß er es drehen und
wenden könne, wie er wolle: Die Frage der Entscheidung stünde kurz
bevor. Er wäre froh, wenn er mehr Zeit zur Verfügung hätte. Aber er
werde nicht mehr gefragt. Die Entscheidung komme unaufhaltsam auf
ihn zu.»[189]

Unüberbrückbarer Dissens herrschte zwischen Gorbatschow und
Kohl in der Bündnisfrage: Während Kohl eine Neutralität des vereinten
Deutschlands ablehnte, bestand Gorbatschow eben darauf. Diese
«Hauptfrage», so Gorbatschow, wurde in der Tat zum zentralen internationalen Verhandlungsgegenstand der folgenden Wochen.[190] Dafür aber
herrschte Einvernehmen in der ersten, grundlegenden Frage: im Sinne der
Positionsbestimmung vom 26. Januar sprach Gorbatschow im Hinblick
auf die deutsche Einheit den zentralen Satz, «daß die Deutschen ihre
Wahl selbst treffen müßten.»[191] Er gab «grünes Licht für die Regelung
der inneren Aspekte der deutschen Einheit»[192], und so gab Kohl auf der
anschließenden Pressekonferenz – für Teltschiks Geschmack immer noch
zu nüchtern – das «historische Ergebnis» und ebenso seinen persönlichen
Triumph bekannt, «daß es das alleinige Recht des deutschen Volkes ist,
die Entscheidung zu treffen, ob es in einem Staat zusammenleben
will».[193]

«Zwei plus Vier» in Ottawa

Mit hoher Taktfrequenz ging es unvermittelt weiter. Zwei Tage nach
den Moskauer Unterredungen (und während des Besuchs der DDR-
Regierungsdelegation in Bonn) trafen sich die Außenminister der
NATO- und der Warschauer-Pakt-Staaten zu ihrer ersten und einzigen
gemeinsamen Konferenz in Ottawa. Ursprünglich hatte es um Fragen
des «Offenen Himmels» gehen sollen, nun freilich drängten die europäischen Veränderungen auch auf diese Tagesordnung. Am Rande der
Konferenz wurde der «Zwei-plus-Vier-Prozeß» zur Diskussion der
äußeren Aspekte der deutschen Vereinigung auf der Ebene der Außenminister der beiden deutschen Staaten, der USA, der Sowjetunion,

Großbritanniens und Frankreichs etabliert[194], was auf Kritik der nicht beteiligten NATO-Mitglieder stieß. Als der niederländische und der italienische Außenminister Mitsprache verlangten, herrschte Genscher, nicht gerade zur Verbesserung des Klimas, den Italiener an: «You are not part of the game!»[195]

In der Sache führte an den vieren und den zweien kein Weg vorbei. In der Frage der Initiative für den Prozess, der Konstellation seiner Teilnehmer und der Reihenfolge ihrer Namensnennung indessen wurde vorab und ebenso im Nachhinein mancher Strauß gefochten. Sowohl Bonn als auch Washington reklamierten *post festum* die Idee des Zwei-plus-Vier-Prozesses für sich.[196] Dabei lag die Idee eines Sechsergremiums geradezu in der Luft, um einerseits den mäandernden Prozess zu kanalisieren, ohne ihn durch eine Friedenskonferenz mit weiteren europäischen Mächten, gar allen 1945 mit Deutschland im Krieg befindlichen Staaten ausufern zu lassen. Zugleich stand das andere Extrem einer «Vier-plus-Null-Version», das freilich nicht nur der französische Außenminister bevorzugt hätte[197], nicht ernsthaft zur Debatte.

Stattdessen stellte sich die Frage nicht nur des diplomatischen Protokolls, sondern des grundlegenden Selbstverständnisses, ob der Prozess «Vier plus Zwei» oder «Zwei plus Vier» heißen sollte. Während in Paris stets von «Vier plus Zwei» die Rede war[198], legte das Bonner Außenministerium im Gleichklang mit dem State Department größten Wert auf die umgekehrte Reihenfolge, um jeden Anschein von Vier-Mächte-Verhandlungen über Deutschland oder auch nur der Vorordnung der Vier Mächte gegenüber der Selbstbestimmung der Deutschen zu verhindern, erst recht nach jenem Termin der vier alliierten Botschafter in Berlin im Dezember. «Vier-plus-Zwei oder Zwei-plus-Vier – beides ist», so löste Gorbatschow die Spannung am 9. Februar gegenüber dem amerikanischen Außenminister auf, «vorausgesetzt es basiert auf internationalem Recht, der Situation angemessen», was Baker sogleich als stillschweigende Zustimmung wertete. Tags darauf bestätigte Gorbatschow das Verfahren im Gespräch mit Kohl.

Der in Ottawa beschlossene Zwei-plus-Vier-Prozess schuf ein geordnetes Verfahren zur Herstellung der deutschen Einheit auf internationaler Ebene. Er bezog die Skeptiker und Opponenten in den Prozess ein, insbesondere die Sowjetunion, die bislang nur ungeordnet hatte reagieren können – freilich mit der Gefahr, dass ihr damit eine formelle Veto-Position zufallen konnte. Dieses Vorgehen sei riskant, schrieb Robert Blackwill aus dem Beraterstab des US-Präsidenten, «Nichthandeln aber noch schlimmer.»[199] Das Zwei-plus-Vier-Forum tagte auf Ministerebene schließlich viermal. Zum Gremium der wesentlichen Entscheidungen im Wiedervereinigungsprozess wurde es allerdings nicht. Diese fielen vielmehr auf «Zwei-plus-Eins»-Ebene, im Dreieck Washington-Moskau-Bonn. Entscheidend in diesem Verfahren war der enge deutsch-amerikanische Schulterschluss, der endgültig besiegelt wurde, als Helmut Kohl Ende Februar 1990 nach Camp David reiste.

Camp David: «Historischer Handel» für die NATO

Das Gespräch von Camp David setzte einen Meilenstein. Vorausgegangen waren der Zusammenkunft amerikanische Irritationen über die deutsche Haltung in jener Frage, die sich im Frühjahr 1990, neben der – in der Substanz letztlich aber nicht strittigen – deutsch-polnischen Grenze als entscheidendes Problem auf internationaler Ebene herauskristallisierte: der Bündniszugehörigkeit.

Kohl hatte sie in seinen Zehn Punkten nicht angesprochen, die US-Regierung hatte die NATO-Mitgliedschaft eines vereinten Deutschlands zu einer *conditio sine qua non* gemacht, Gorbatschow ebendies noch am 10. Februar kategorisch abgelehnt und auch Modrow eine deutsche Einheit auf der Basis der Neutralität gefordert. Dasselbe taten West- und Ost-SPD in einer gemeinsamen Erklärung vom 12. Februar, nachdem Egon Bahr, der Architekt der sozial-liberalen Ostpolitik und sicherheitspolitische Vordenker der SPD, bereits im Oktober die Devise ausgegeben hatte: «Einheit und NATO sind unvereinbar.»[200]

Im Gegensatz dazu war die Bonner Regierung einig über das Ziel einer gesamtdeutschen NATO-Mitgliedschaft. Konkret aber taten sich erkennbare Differenzen auf. Sie kristallisierten sich zum einen an den sogenannten «Zuständigkeiten» (im Englischen «jurisdiction») des Bündnisses und zum anderen an der Stationierung von NATO-Truppen auf ostdeutschem Territorium.[201] Anfang Januar ging Außenminister Genscher mit seinen Vorstellungen einer gesamtdeutschen NATO-Mitgliedschaft ohne «Zuständigkeiten» (darunter die Verteidigungsverpflichtung) und Truppenstationierung, also einer faktischen Neutralität des DDR-Gebiets an die Öffentlichkeit.[202] Demgegenüber traten Verteidigungsminister Stoltenberg und NATO-Generalsekretär Wörner für eine gesamtdeutsche NATO-Mitgliedschaft mit «Zuständigkeiten» und Truppenstationierung, höchstens einem militärischen Sonderstatus für das DDR-Territorium, ein.[203] Darüber entstand heftiger Streit im Kabinett, und Kohl beendete ihn zunächst mit einem Machtwort zu Genschers Gunsten. Am 15. Februar bezog er im Bundestag die Position einer gesamtdeutschen Mitgliedschaft ohne «Einrichtungen» (was unbestimmter klang als «Zuständigkeiten») und Truppen der NATO auf ostdeutschem Gebiet.[204] «Genscher hat sich durchgesetzt», notierte ein erkennbar enttäuschter Teltschik, der ohnehin mit dem Außenminister im Dauerkonflikt lag, von dem er wiederum für einen außenpolitischen Amateur gehalten wurde. «Das ist ein öffentliches Zugeständnis an die Sowjetunion, das von dort aber bis dahin noch gar nicht eingefordert worden war.»[205]

All dies beunruhigte nicht zuletzt die US-Regierung, die von Bonn ein klares Bekenntnis zur gesamtdeutschen NATO-Vollmitgliedschaft erwartete.[206] Die Gelegenheit ergab sich beim Besuch Kohls auf dem Landsitz des amerikanischen Präsidenten in Camp David am 24. und 25. Februar, wo Bush und Baker einen «historischen Handel» mit Kohl anstrebten: die volle Aufrechterhaltung der deutschen NATO-Verpflichtungen gegen die amerikanische Abschirmung des Vereinigungsprozesses nach außen, insbesondere gegen Verzögerungen durch die Zwei-plus-Vier-Verhandlungen.[207]

Im Rahmen eines atmosphärisch entspannten, auch photographisch entsprechend kommunizierten Treffens fand das «vielleicht wichtigste all der vielen Vier-Augen-Gespräche zwischen Bush und Kohl»[208] statt, zu dem auf amerikanischer Seite neben Sicherheitsberater Scowcroft und Berater Blackwill auch James Baker hinzukam, während Kohl, begleitet von Teltschik und zwei weiteren Ministerialen des Kanzleramts, den deutschen Außenminister absichtlich in Bonn gelassen hatte. Kohl rechtfertigte seine Politik einmal mehr mit der «Dramatik» der Entwicklung in der DDR, «die er sich selbst nicht hätte vorstellen können», und äußerte zugleich die Erwartung, daß «die DDR in 3–5 Jahren auf die Beine kommen» könne. Hinsichtlich der Bündnisfrage legte er sich auf die «volle

Entspannte Atmosphäre, inszeniert und wirkungsvoll zugleich: Kohl, Bush und Baker am 24. Februar 1990 in Camp David.

NATO-Mitgliedschaft» eines vereinten Deutschlands ohne Sonderstatus fest, allerdings auch ohne Ausdehnung der NATO-Truppen auf das DDR-Territorium. Die strikt ablehnende sowjetische Haltung betrachtete Baker als «Eröffnungszüge in einem Spiel». Kohl pflichtete bei: «Was die Sowjets jetzt sagten, gehöre zum Verhandlungspoker. Am Ende werde die Frage nach Bargeld stehen» – woraufhin Bush einwarf, «der Bundeskanzler habe große Taschen!» Allerdings, so wusste Kohl mit seinem ausgeprägten Sinn für bodenständige Psychologie im politischen, zumal im diplomatischen Prozess, «rede Moskau über diese Frage nicht – dies gehöre zur nationalen Ehre.»[209]

Bonn und Washington verabredeten in Camp David unter beinahe vollständiger Harmonisierung der beiderseitigen Positionen eine für den weiteren Fortgang wegweisende Aufgabenteilung: die Bundesregierung sorgte für die innerdeutsche Administration der Wiedervereinigung und für die materielle Ausgestaltung gegenüber der Sowjetunion, während die US-Regierung die Federführung auf internationaler und sicherheitspolitischer Ebene übernahm. Dabei hatte sie mit der Zielmarke der NATO-

Vollmitgliedschaft eines vereinten Deutschlands nichts anderes als eine westliche Maximalposition gesetzt, die so in keinem Wiedervereinigungsszenario der unmittelbaren Nachkriegsjahrzehnte vorgekommen war.

Dass dies gelingen würde, war in Camp David noch nicht abzusehen. Doch äußerte Kohl eine Erwartung, die am Ende so exakt eintraf, dass er es schließlich selbst nicht glaubte: «Der Bundeskanzler fragt, ob es nicht denkbar wäre, daß die Sowjetunion so spiele, daß sie zunächst einmal Gespräche im Rahmen Zwei plus Vier führen und dann ein letztes Wort mit dem Präsidenten der USA im Juni bei dem Gipfel haben wolle. Er hege diese Vermutung. Wie er Gorbatschow einschätze und seine Lage sehe, sei die Frage nicht einfach für ihn. [...] Aus seiner Sicht ist jetzt viel Prestige im Spiel. Die Sowjetunion habe aus der Sicht Gorbatschows in Wahrheit nur einen Partner, nämlich die USA. Das Gespräch im Rahmen Zwei plus Vier halte er zwar für nützlich, die eigentliche Entscheidung wolle er jedoch mit dem Präsidenten der USA treffen. [...] Gorbatschow wolle mit der anderen Weltmacht abschließen. [...] Gorbatschow werde im Gespräch mit Präsident Bush diese Konzession machen.»[210]

Warum wurde die Wiedervereinigung akzeptiert?

Im November 1989 wurde eine Wiedervereinigung Deutschlands in absehbarer Zeit allseits für höchst unwahrscheinlich gehalten, von der Sowjetunion strikt abgelehnt und auch in Westeuropa überwiegend nicht gewünscht. Vor diesem Hintergrund stieß Kohls deutschlandpolitische Offensive des Zehn-Punkte-Programms auf so scharfe internationale Ablehnung, dass der Bundeskanzler im Dezember mit dem Gedanken eines Wiedervereinigungsmoratoriums spielte. Zwei Monate später wurde eine Wiedervereinigung, auch ihre schnelle Herbeiführung allseits anerkannt. Was in Kenntnis der historischen Vorgänge wie ein Selbstläufer erscheinen mag, war es zeitgenössisch keineswegs – im Gegenteil: diese Entwicklung war aus der Situation heraus unerwartet und erklärungsbedürftig.

Was waren also die Gründe für diesen radikalen und bahnbrechenden Umschwung? Wie zumeist in der Geschichte lässt sich nicht ein einzelner Grund namhaft machen, sondern eine Verbindung verschiedener Faktoren. Es war eine spezifische Konstellation, unter der die schnelle Wiedervereinigung möglich wurde: Erstens zeichnete sich mehr und mehr ab, dass die Ostdeutschen ihr Selbstbestimmungsrecht zugunsten einer deutschen Wiedervereinigung ausüben wollten. Aufgrund der programmatischen Festlegungen auf allen Seiten war dies grundsätzlich nicht zu bestreiten, freilich auch kein Automatismus, denn das Selbstbestimmungsrecht konnte sehr wohl seine Grenze an den Sicherheitsinteressen der anderen Staaten finden, die somit durchaus über eine Verhinderungsmacht verfügten. Diese kam jedoch nicht zustande, weil, zweitens, in der sowjetischen Führung Chaos und Perspektivlosigkeit herrschten und weil drittens eine Koordination mit den anderen potentiellen Veto-Spielern, namentlich der britischen und französischen Regierung, ausblieb, zumal die französische Regierung mit ihrer Konzeption einer europäischen Einbindung Deutschlands über eine konstruktive Alternative verfügte. Demgegenüber, viertens, unterstützte Washington mit einer konzisen und stringenten Politik die Bonner Regierung, die fünftens gegen schwere internationale Widerstände an jenem Kurs festhielt, den Kohl Ende November auf die Einheit genommen hatte und der international zunächst ein Risikokurs war. Dabei wusste Kohl gegenüber den westlichen Bündnispartnern sehr deutlich die Loyalität in Erinnerung zu rufen, die seine Regierung in den achtziger Jahren gegen alle Widerstände mit der Stationierung der atomaren Mittelstreckenraketen in Deutschland geübt hatte und deren Dividende er nun ebenso diskret wie bestimmt einforderte. Solchermaßen konkret und auch allgemein spielte sechstens das politische Gewicht der Bundesrepublik in Europa und innerhalb des westlichen Bündnisses eine Rolle, das die bundesdeutschen Regierungen mit einer Politik aus Vertrauen und Berechenbarkeit, Bündnisloyalität und multilateraler Integration über Jahrzehnte hin erhöht hatten; ihr in einer zentralen Frage substantiellen Widerstand entgegenzusetzen, fiel schwerer, als dies einem kleineren Staat gegenüber zu tun. Hinzu kam schließlich und ganz wesentlich, siebtens, die Entwicklung in der DDR: drohender innerer Kollaps und Massenflucht schufen in der Tat Handlungsbedarf und gaben der Bundesregierung zugleich schlagende Argumente für ihr schnelles Handeln an die Hand.

5. Übergang zur «Politik der großen Schritte»

Perspektiven und Horizonte

In der Bundesrepublik lag wenig, ja faktisch keinerlei verlässliches Wissen über den Zustand der Volkswirtschaft der DDR vor. Dem augenscheinlichen Eindruck maroder Gebäude, Anlagen und Infrastruktur standen Zahlen wie diejenige von der zehntgrößten Volkswirtschaft der Welt oder einem Netto-Nationaleinkommen von 1,4 Billionen DDR-Mark, einem Staatseigentum im Wert von 980 Milliarden Mark und 6,2 Millionen Hektar an Grund und Boden gegenüber, wie sie Hans Modrow voller Überzeugung nannte[211]. Auch der Gang der weiteren ökonomischen Entwicklung war, aus östlicher wie aus westlicher Perspektive, schwer abschätzbar.[212]

Grundsätzlich aber herrschte in der Bundesregierung und auch bei führenden Vertretern der Wirtschaft die Erwartung vor, dass der Zustand der DDR überwindbar sei und dass eine schnelle Aufwärtsentwicklung, ja ein «Wirtschaftsboom»[213] einsetze, wenn erst die Rahmenbedingungen stimmten und die Voraussetzungen für eine Marktwirtschaft nach bundesdeutschem Vorbild geschaffen seien – es war die optimistische Erwartung der ‹Generation Bundesrepublik›, gespeist aus den Erfahrungen des ‹Wirtschaftswunders› und der bundesdeutschen ‹Erfolgsgeschichte› nach 1945, der stetigen Aufwärtsentwicklung aus schwierigen Anfängen, zumal vor dem Hintergrund des langanhaltenden Wirtschaftsaufschwungs seit 1982/83. Wenn diese marktwirtschaftlichen Bedingungen erst geschaffen seien, dann, so die Annahme nicht nur des Bundesfinanzministeriums, sei es möglich, «die bisherigen wirtschaftlichen Schwierigkeiten der DDR zu beseitigen, insbesondere die Versorgungsmängel rasch zu überwinden, den erforderlichen Zustrom privaten Kapitals zu ermöglichen und neue zukunftsträchtige Arbeitsplätze zu schaffen. Dieser Weg verlangt große Anpassungen und Anstrengungen. Der notwendige Strukturwandel in der DDR kann dort vorübergehend den Verlust von Arbeitsplätzen verursachen, führt aber gleichzeitig zu zusätzlicher Beschäftigung und zusätzlichem Einkommen. Bei entschlossenem Handeln», so die optimistische Schlussfolgerung, «überwiegen die Chancen bei weitem die Risiken.»[214]

Als Kohl Ende 1989 noch von einem zeitlichen Horizont von drei
bis vier Jahren für die staatliche Einheit ausging, erwartete er die markt-
wirtschaftlich reformierte DDR im selben Zeitraum «auf den Bei-
nen».[215] Dass sie sich innerhalb von fünf Jahren in ein «wirtschaftlich
blühendes Land» verwandelt haben werde[216], war wie die Rede von
den ‹blühenden Landschaften› keine manipulative, gar vorsätzlich täu-
schende Wahlkampftaktik, sondern volle Überzeugung – nicht nur Helmut Kohls. Selbst der in vieler Hinsicht skeptische Bundesbankpräsident Pöhl ging davon aus, dass zwar «riesige Transferleistungen erforderlich sein» würden; «wir sollten uns von diesen großen Zahlen jedoch
nicht schrecken lassen. Am Ende werde Deutschland wohlhabender sein
als heute.»[217]

Eine solch optimistische Prognose gab den Akteuren die nötige Zuversicht, den ebenso unabsehbaren wie risikoreichen und völlig uner-
probten Weg zur raschen Herstellung der deutschen Einheit einzuschlagen. Diese Richtungsentscheidung musste aus einer schwierigen Situation
heraus getroffen werden: im Dezember hatten sich die vorwärtsdrän-
gende innerdeutsche und die retardierende internationale Entwicklung
bis an den Punkt eines Patts auseinanderentwickelt. Wie die US-Regierung mit ihrer Weltpolitik, so wandelte Bonn im Hinblick auf die DDR
auf dem schmalen Grat zwischen gewünschter Veränderung und notwendiger Stabilität, insofern es einerseits eine weitere Destabilisierung und
Radikalisierung zu verhindern galt, die Bundesregierung andererseits
kein Interesse daran hatte, die bestehenden Zustände zu perpetuieren
und die Regierung Modrow zu stützen – wobei sie überhaupt vor dem
Problem stand, die sich nachgerade wie eine Naturgewalt überstürzenden
Prozesse politisch zu steuern.

Der rapide Autoritätsverlust der Regierung Modrow und der innere
Verfall der DDR beschleunigten die Entwicklung noch weiter und gaben
ihrerseits Anlass zu raschem Handeln, mit dem sich auch die zeitlichen
Perspektiven für eine staatliche Einheit veränderten. Anfang Januar
1990 wurde klar, dass der Zwischenschritt einer Konföderation oder
konföderativer Strukturen, die Kohls Zehn Punkte als eine zentrale Sta-
tion vorgesehen hatten, ebenso übersprungen werden müsse wie eine
deutsch-deutsche Vertragsgemeinschaft. Stattdessen ging die Bundesregierung Ende Januar und Anfang Februar, nach Wochen des Übergangs

im Gefolge des Zehn-Punkte-Programms und im Angesicht der inneren Erosion der DDR, zu einer «Politik der großen Schritte»[218] über und nahm das innerdeutsche Geschehen nunmehr entschlossen in die eigene Hand. Am 7. Februar trat der neu gebildete «Kabinettsausschuß Deutsche Einheit» zu seiner konstituierenden Sitzung zusammen, der die für eine Vereinigung anstehenden Problembereiche den zuständigen Ressorts zuordnete; dabei zeichnete sich bereits ab, welch einzigartiges Pensum an verwaltungstechnischen Aufgaben zu bewältigen sein würde. Zu diesem Zeitpunkt hatte Kohl bereits einen zweiten vereinigungspolitischen Coup gelandet.

Das Angebot der Wirtschafts- und Währungsunion

Am 6. Februar erklärte der Kanzler nach einem Koalitionsgespräch vor der Presse, er werde dem Kabinett am nächsten Tag zu beschließen vorschlagen, die Bundesregierung wolle sich bereiterklären, «mit der DDR unverzüglich in Verhandlungen über eine Währungsunion mit Wirtschaftsreformen einzutreten.»[219] Um «schnellstmöglich Anschluß an das Realeinkommensniveau der Bundesrepublik zu finden», so die optimistische Vorgabe, und die Produktivität der DDR-Wirtschaft anzuheben, wurde eine «Verklammerung der beiden Volkswirtschaften durch eine Währungsunion auf der Grundlage unmittelbar einzuleitender, tiefgreifender marktwirtschaftlicher Reformen in der DDR» angestrebt.

Diese Reformen sollten ein «ordnungspolitisches Fundament» in Form freier Märkte und freier Preise, des Privateigentums, freien Außenhandels, von Gewerbefreiheit und Rechtsschutz, freien Tarifverträgen und einem leistungsfähigen Steuersystem schaffen und somit die gesamte bisherige Wirtschaftsordnung der DDR in eine Marktwirtschaft nach bundesdeutschem Muster transformieren. Die in der DDR, in der Regierung Modrow und ebenso am Runden Tisch umlaufenden Vorstellungen der «Dominanz des Volkseigentums im Industriebereich, des Genehmigungsverfahrens für Direktinvestitionen, der Besteuerung, des gesetzlichen Anspruchs auf einen Arbeitsplatz und schließlich über einen DDR-spezifischen Weg zu einer neuen Variante der Marktwirtschaft» wurden hingegen eindeutig zurückgewiesen. Da es für den wirtschaftlichen Aufbau der DDR vor allem auf die «Mobilisierung von Privatkapital» aus dem Westen ankommen werde, forderte Bonn insbesondere «Investitionsschutz und möglichst liberale Bedingungen für ein Engagement westlicher Investoren»[220].

Die Bundesregierung hatte sich mit diesem Schritt auf einen direkten, stufenlosen Übergang von der Plan- zur Marktwirtschaft festgelegt und griff damit direkt auf die DDR zu, von der das Angebot den geld- und währungspolitischen Souveränitätsverlust forderte. Das Bonner Einheitskonzept zielte auf eine Wiedervereinigung durch die vollständige Integration der DDR in das bundesdeutsche Modell, um dessen Leistungsfähigkeit für den Aufbau des DDR-Territoriums in einem vereinten Deutschland nutzbar zu machen. Das bedeutete natürlich zugleich, dass die Dominanz, die der bundesdeutschen Seite im Prozess der deutschen Einheit kurzfristig zugefallen war, zugleich eine strukturelle sein würde, weil in der ohnehin kaum mehr handlungsfähigen DDR vorderhand erst recht keine ökonomische und administrative Expertise für die Angleichung der Wirtschaftsordnung und der Sozialsysteme, des Rechtswesens und der inneren Ordnung an die Bundesrepublik vorhanden war. Die Bundesrepublik übernahm das Kommando.

Die Idee der Wirtschafts- und Währungsunion war – als eine, wohl aber die kühnste Möglichkeit unter mehreren – bereits kurz nach der Grenzöffnung im November im Wissenschaftlichen Beirat des Bundeswirtschaftsministeriums ventiliert worden: Der «Übergang zu einer konsequenten marktwirtschaftlichen Ordnung in der DDR plus Übernahme der D-Mark als gesamtdeutscher Währung [...], zusammen mit der Solidaritätspflicht in einem gemeinsamen Staatswesen – dies wären Rahmenbedingungen, unter denen in der Tat erwartet werden könnte, daß der riesige Zustrom an privatem Kapital aus der Bundesrepublik und der übrigen Welt in Gang käme, den die DDR-Wirtschaft zur Modernisierung benötigt, und daß der außerordentliche öffentliche Finanztransfer vorstellbar wird, den die Erneuerung der Infrastruktur in der DDR und die Angleichung im sozialen Bereich erfordern.»[221]

Seitens der politischen Entscheidungsträger wurde diese Idee allerdings erst im Januar konkret aufgegriffen. Dabei war es insbesondere der Beamtenapparat des Bundesfinanzministeriums, der den Prozess mit Köpfen, die später ganz eigene politische Karrieren machten, gegen alle ökonomischen Lehrbuchtheorien und in einer für ein Finanzministerium

ganz untypischen Manier, im Gegensatz auch zum stets behutsam-vor-
sichtigen Auswärtigen Amt, kühn vorantrieb. Am 26. Januar beauftragte
Staatssekretär Horst Köhler den Leiter des Referats Nationale Wäh-
rungsfragen, den Sozialdemokraten Thilo Sarrazin – der schon Ende Dezember davon ausgegangen war, dass die Wirtschaft der DDR nach der
Öffnung der Grenzen nicht mehr funktionieren könne –, ein Konzept für
die unverzügliche Einführung der D-Mark in der DDR zu erarbeiten, das
dieser drei Tage später vorlegte:[222] Statt eines Stufenplans sah dieses die
«schlagartige Umstellung aller DDR-Mark-Geldbestände und aller auf
DDR-Mark lautenden Forderungen und Kontrakte zu einem bestimmten
Stichtag – etwa dem 1. Januar 1991» vor.[223] Der Umtauschkurs sollte bei
1 : 1 liegen, freilich unter Beibehaltung des Lohnniveaus der DDR auf
etwa einem Drittel des Westniveaus.

Eben darin lag eine grundlegende Fehlannahme im Wiedervereinigungsprozess: dass nämlich eine produktivitätsorientierte Lohnentwicklung, d. h. große, sich erst langsam verringernde Lohndifferenzen zwischen West und Ost, möglich sein würden, die der ostdeutschen Industrie
als Standortvorteil zugute kämen. Diese Fehlannahme wurde dadurch
verschärft, dass die Produktivität der DDR realiter noch deutlich niedriger lag als westlicherseits angesetzt und eine produktivitätsorientierte
Lohnentwicklung demzufolge noch größere Einkommensunterschiede er-
fordert hätte als angenommen.

Zunächst aber stellte der Plan einer Währungsumstellung, verbunden
mit einer Freigabe der Preise, der Einstellung von Subventionszahlungen
und dem Ende der Planwirtschaft, ein radikales Maßnahmenprogramm
dar, von dem sich Finanzminister Waigel und nach einigen Tagen der internen Diskussion dann auch Helmut Kohl überzeugen ließen. Eine solche
Währungsunion verhieß den entscheidenden Schritt auf dem Weg zur
deutschen Einheit ohne Übergangsstufen – einen harten Schnitt und küh-
nen Schlag in einem, der den Wiedervereinigungsprozess abermals beschleunigen würde und zugleich schon mit seiner Ankündigung handfeste
politische Auswirkungen zeitigte: er offerierte den Ostdeutschen, um dem
Übersiedlerstrom entgegenzuwirken, eine Perspektive in der zunehmend
prekären Situation des Landes vor dem drohenden Zusammenbruch –
und vor den Volkskammerwahlen.

Das Angebot der Währungsunion war Kohls zweiter taktischer Coup im Wiedervereinigungsprozess, abermals, wie im Falle des Zehn-Punkte-Programms, überraschend angekündigt, um sich «wieder ‹an die Spitze der Bewegung› [zu] setzen.»[224] Weder das Bundeswirtschaftsministerium noch der Bundesbankpräsident wurden vorab informiert,[225] und zugleich wurde die SPD mit dem Vorschlag eines deutsch-deutschen Währungsverbundes, den die stellvertretende Fraktionsvorsitzende Matthäus-Meier bereits Mitte Januar unterbreitet hatte[226], ins Abseits geschoben. Das Wahljahr 1990 prägte auch die Wiedervereinigungspolitik, die ihrerseits parteipolitische Profilierungen möglich machte. Während Kohl sich – nachdem er erst im September 1989 den Versuch hatte unterdrücken können, ihm mit dem CDU-Vorsitz die entscheidende Machtbasis zu entwinden – mit der CDU im Dauertief der Umfragedaten befand, war Oskar Lafontaine mit einem überragenden Wahlsieg im Saarland am 28. Januar 1990 auf die Kanzlerkandidatur der SPD katapultiert worden; laut *Spiegel*-Umfrage lagen Union und SPD im Januar 1990 gleichauf[227]. Im parteipolitisch geprägten politischen System der Bundesrepublik waren Wahlkalkül und Machterhalt für Kohl von überragender Bedeutung;[228] schon das Zehn-Punkte-Programm war vielfach als wahltaktisches Manöver im Hinblick auf die nächsten Bundestagswahlen beargwöhnt worden. In der Tat suchte Kohl die Wiedervereinigung als Wahlchance für sich und die Union zu nutzen, vor allem gegen die SPD, aber auch gegen die FDP und gegen Aspirationen einer parteiübergreifenden Politik seitens der SPD. Das Angebot der Währungsunion zielte zunächst konkret auf die – für die CDU bzw. ihre Partner in der medialen Öffentlichkeit bereits verloren geglaubten – Volkskammerwahlen in der DDR[229], und es erfolgte zwei Tage nach dem Zusammenschluss der ganz auf die bundesdeutsche CDU hin orientierten ‹Allianz für Deutschland›.

Zugleich aber erzeugte die grundstürzende Entwicklung, über wahltaktisches und parteipolitisches Kalkül hinaus und jenseits des für die politischen Entscheidungsträger Bestimmbaren, unumgängliche Sachnotwendigkeiten. Diese zogen einen äußeren Handlungsrahmen, der die für die handelnden Politiker tatsächlich wählbaren Alternativen begrenzte und der sich zugleich mit dem zwar dehnbaren, aber eben auch nicht völlig unverbindlichen, jedenfalls bestimmte Optionen ausschließenden Rahmen politischer Grundüberzeugungen überlagerte. Insofern flossen in der tatsächlichen Regierungspolitik Handlungszwänge, sachliche Überzeugungen und Wahlkalkül zusammen.

Kritik und Alternativen

Kritik am schnellen, schockartigen Übergang der DDR zu Marktwirtschaft und Wiedervereinigung wurde zum einen aus politischen Motiven geübt, insbesondere von Oskar Lafontaine, der aus primär wahltaktischen Gründen eine Gegenposition zur Bundesregierung bezog. Zum anderen waren es Wirtschaftsexperten, die das geplante Vorgehen kritisierten: Forschungsinstitute, Hochschullehrer und vor allem der hoch angesehene Sachverständigenrat zur Begutachtung der gesamtwirtschaftlichen Entwicklung. Dessen Vorsitzender übermittelte Kohl am 9. Februar die Besorgnisse und Vorbehalte angesichts einer schnell eingeführten Währungsunion.[230] Sie sollte, so der Sachverständigenrat, nicht am Beginn des Reformprozesses stehen. Denn nach der Umwandlung der Mark der DDR in D-Mark stünde der aufgewerteten Währung keine aufgewertete Kaufkraft gegenüber. Stattdessen werde der irreale Anschein erweckt, als hätten die Lebensverhältnisse in der DDR bereits Anschluss an die des Westens gefunden, jedenfalls würden zwangsläufig Forderungen nach einer schnellen Anpassung der Lebensverhältnisse im Osten an die des Westens aufkommen, ohne dass die dafür notwendige Produktivität gewährleistet sei. Steigende Löhne und Druck in Richtung eines Finanzausgleichs seien die Folge, und dies mache Finanztransfers nötig, die wiederum die Haushalte massiv belasteten und Steuererhöhungen nach sich zögen, statt die eigene Leistungsfähigkeit zu erhöhen. Die Währungsunion würde die Preisstruktur in der DDR verzerren und ihre Standortqualität verschlechtern, so dass die Unternehmen der DDR – zudem «schlagartig einer internationalen Konkurrenz ausgeliefert, der sie gegenwärtig nicht gewachsen sind» – einen vollständigen Verlust ihrer Wettbewerbsfähigkeit erlitten.

Die Auswirkungen einer schnellen Währungsunion waren, wie sich zeigte, ökonomisch zutreffend prognostiziert. Problematisch war indessen die Frage der politischen Konsequenzen. Der Sachverständigenrat plädierte für eine Währungsunion «im Gleichschritt mit dem grundlegenden Umbau des Wirtschaftssystems der DDR»: Sachwerte aus Staatsbesitz sollten an Sparer verkauft werden, und vor allem sollten umfassende Wirtschaftsreformen, zunächst ohne vertragliche Bindung der Bundesrepublik, einer Währungsunion vorausgehen, die den erfolgreichen marktwirtschaftlichen Reformprozess, wie es im Hinblick auf die Europäische Union hieß, ‹krönen› konnte. Die Vorstellungen des Sachverständigenrats liefen also auf eine sukzessive, abgestimmte Angleichung der DDR-Wirtschaft an die der Bundesrepublik und einen stufenweisen, bedächtigen Übergang zur staatlichen Einheit hinaus.[231]

Das Problem dieses an ökonomischen Kriterien orientierten Modells lag nur darin, dass eine Wiedervereinigung nach stufenweiser Angleichung erst in ferner Zukunft möglich gewesen wäre. Ohnehin stellte sich die Frage, wie die DDR, selbst mit Hilfe der Bundesrepublik (die freilich im Falle einer Eigenständigkeit der DDR geringer ausgefallen wäre als im Falle eines vereinten Deutschlands), die Angleichung an eine aus sich selbst heraus wachsende bundesdeutsche Wirtschaft schaffen sollte und woher die dafür nötigen außerordentlich hohen Wachstumsraten kommen sollten. Abgesehen davon, dass eine stabilitätsorientierte Währungspolitik in der DDR unter Beibehaltung der DDR-Mark eher unwahrscheinlich gewesen wäre, hätte eine solche Stabilisierungspolitik, wie sie der Sachverständigenrat vorsah, einen geschlossenen Wirtschaftsraum vorausgesetzt. Dieser war im Falle der DDR jedoch allein schon durch die schiere Existenz der Bundsrepublik mit ihrem staatsrechtlichen Sonderverhältnis zur DDR perforiert. Denn die Ostdeutschen besaßen mit der bundesdeutschen Staatsbürgerschaft eine permanente Exit-Option in Form der Freizügigkeit in die Bundesrepublik. Der für die DDR ohnehin schon lebensgefährliche (und auch für die Bundesrepublik bald problematische) Übersiedlerstrom wäre angesichts weiterhin sich verschlechternder Verhältnisse in der DDR und angesichts des Lohngefälles in einem solchen Modell eher noch weiter angeschwollen. Vor diesem Hintergrund ließ Oskar Lafontaine die Möglichkeiten von Zuzugsbeschränkungen für Übersiedler aus der DDR prüfen, aber demgegenüber sprachen die Präambel des Grundgesetzes und insbesondere das Urteil des Bundesverfassungsgerichts vom 31. Juli 1973 eine mehr als deutliche, bindende Sprache.

Diese Ausgangslage unterschied die DDR von allen anderen Transformationsstaaten im zerfallenden Ostblock. Allein schon im Hinblick auf den als drohend empfundenen Zusammenbruch in den ersten Wochen des Jahres 1990 spricht alles für die Einschätzung, dass eine Stabilisierung der DDR aus eigener Kraft, selbst mit bundesdeutscher Hilfe, gar nicht mehr möglich war, ebensowenig tragfähige marktwirtschaftliche Reformen und die Generierung der notwendigen Investitionen.[232] Und politisch war eine solche Situation samt all ihrer Auswirkungen erst recht nicht haltbar. Stufenpläne einer Währungsunion und Wiedervereinigung nach erfolgter Konvergenz waren in der Praxis, zumal in einem solchen Umbruch, kaum umsetzbar. So wurde etwa die wirtschaftswissenschaftlich einleuchtende Theorie einer durch den niedrigen Wechselkurs der DDR-Mark gegenüber der D-Mark in ihrer Wettbewerbsfähigkeit geschützten DDR-Wirtschaft, wie sie der Präsident des Deutschen Instituts für Wirtschaftsforschung vertrat[233], durch den Slogan von der D-Mark – ‹kommt sie nicht, geh'n wir zu ihr› – in der gesellschaftlich-politischen Praxis ausgehebelt.

Diametral, ja dilemmatisch standen sich ökonomische Ratio und politische Notwendigkeiten im Prozess der Wiedervereinigung gegenüber. Während die wirtschaftlichen Experten allerdings im abgesicherten Modus der ökonomischen Theorie argumentieren konnten, musste die Bundesregierung konkret handeln, ohne die weitreichenden Folgen sicher abschätzen zu können, zumal keinerlei Erfahrungswerte für ein solches Großunternehmen wie die Integration und Transformation einer bankrottierten sozialistischen Volkswirtschaft in eine Marktwirtschaft vorlagen. Selbst Kohls alter Kritiker Kurt Biedenkopf stimmte ihm mit dem Argument zu, «Revolutionen finden in Lehrbüchern nicht statt.»[234] Die Bundesregierung behauptete den Primat der Politik und sprang ins Dunkle.

Als Alternative blieb nur die Subventionierung einer mehr oder weniger eigenständig bleibenden DDR durch eine bedingungslos solidarische Bundesrepublik unter Verzicht auf politische Einflussnahme und staatliche Einheit, wie sie dem Runden Tisch vorschwebte und nicht nur angesichts der schließlich wirklich benötigten Transfersummen völlig illusorisch war. Diese Alternative berührte sich mit Oskar Lafontaines Konzept: aktuell auf eine schnelle Währungsunion ebenso wie auf die staatliche Einheit zu verzichten (vielmehr die Zweistaatlichkeit durch administrative Maßnahmen gegen den Übersiedlerstrom noch zu befestigen) und diese in eine spätere europäische Lösung zu integrieren, stattdessen zunächst, allerdings im (wohl kaum allzu weit gezogenen) Rahmen des für die westdeutschen Wähler Akzeptablen, voraussetzungslose Finanzhilfen für die DDR zu leisten und dort – wie auch immer definierte – soziale Gerechtigkeit herzustellen.[235]

Eine eigenständige DDR hätte sich, wie Dieter Grosser wohl treffend urteilt, aus eigener Kraft in eine funktionsfähige, rechtsstaatliche Demokratie verwandeln können. Sie hätte aber die sozialen und ökonomischen Ziele auf dem Niveau der westlichen Wohlstandsgesellschaft bei weitem verfehlt. Von westlicher Seite auf die Einheit zu verzichten, hätte unterdessen nicht nur im Widerspruch zur jahrzehntelang propagierten nationalen Solidarität der Westdeutschen und zu ihren staatsrechtlichen Verpflichtungen, sondern auch zum Mehrheitswillen der Ostdeutschen gestanden.[236] Alles spricht für die Annahme, dass es in der Situation des frühen Jahres 1990 nicht nur ökonomisch, sondern auch gesellschaftlich-politisch keine wirklich gangbare Alternative zu einer schnellen Vereinigung an sich gab. Die entscheidende Frage richtete sich auf die konkrete Ausgestaltung, und das Problem lag in den Grundannahmen, die sich als falsch herausstellten – über das ökonomische Potential der DDR, ihre indigenen Wachstumskräfte und die bevorstehende Aufwärtsentwicklung –, sowie in der unterschätzten Eigendynamik der in Gang gesetzten Entwicklung: es lag in der Logik der Umstände, die eine schnelle Währungsunion veranlasst hatten, dass sich eine produktivitätsorientierte Lohnentwicklung und somit ein Sonderlohngebiet nicht auf Dauer würden aufrechterhalten lassen, weil eine spürbare Differenz der Einkommensniveaus zwischen Ost- und Westdeutschland entweder verstärkte Abwanderung oder politische Ansprüche auf Angleichung bzw. Ausgleich nach sich ziehen würden.

Zwischenbilanz:
Der Stand der deutschen Frage Ende Februar 1990

Im Dezember 1989 waren der innerdeutsche und der internationale Entwicklungsstrang der deutschen Wiedervereinigung weit auseinander gelaufen. Unter den Zwängen der sich überstürzenden Entwicklungen hatten sie sich bis zum Februar wieder angenähert, nachdem sich insbesondere der Kreml mit einer deutschen Einheit abgefunden hatte und in den Zwei-plus-Vier-Prozess einwilligte, der die deutsche Einheit auch institutionell auf das internationale Gleis setzte. Dem korrespondierte auf innerdeutscher Ebene das Bonner Angebot einer Wirtschafts- und Währungsunion an die DDR. Es schuf Tatsachen und Perspektiven, nachdem sich angesichts des drohenden Kollapses in Ostdeutschland und der sich immer deutlicher abzeichnenden Perspektivlosigkeit einer eigenständigen Entwicklung auch die Befürworter eines ‹dritten Weges› mit dem Gedanken einer Wiedervereinigung abfanden. Mitte Februar war die deutsche Einheit auch innerdeutsch auf den Weg gebracht – offen blieb einstweilen die Richtung der Reise, die konkrete Ausgestaltung.

Unterdessen war die Bonner Regierung binnen zweier Monate zum dominierenden Akteur in der deutschen Frage geworden. Im Oktober und November 1989 war die Bürgerbewegung der DDR noch die treibende Kraft gewesen, während die Bundesregierung vorwiegend reagiert hatte. In der Übergangszeit um die Jahreswende, zwischen Kohls Coups des Zehn-Punkte-Programms Ende November und des Angebots der Währungsunion Anfang Februar, ging die Initiative zunehmend auf die Bundesregierung über, während die reformsozialistische Regierung Modrow und der Runde Tisch mit den Vorstellungen eines ‹dritten Weges› der DDR auf ein totes Gleis fuhren. Ein entscheidendes Wort hatte freilich die Bevölkerung der DDR zu sprechen. Die vorgezogenen Volkskammerwahlen, die ersten freien Wahlen in der DDR, waren der Moment, in dem die DDR-Bevölkerung ihre maximale Selbstbestimmung erreichte – und sie zugleich insofern wieder verlor, als sie das Gesetz des Handelns nun endgültig in die Hände der Bonner Regierung legte, für die es vor dem Wahltag zunächst gar nicht gut ausgesehen hatte.

6. Volksentscheid:
Die Volkskammerwahlen vom 18. März 1990

Die westliche Dominanz im Einigungsprozess machte sich mit dem massiven Eingreifen der bundesdeutschen Parteien in den Volkskammerwahlkampf der DDR bemerkbar. An die Stelle der kaum organisierten Bürgerbewegung und des zunehmend isolierten Runden Tisches trat

die politische Artikulation der ostdeutschen Gesellschaft durch ein
Parteiensystem, das nach westdeutschem Vorbild umgestaltet wurde
und in dem die Parteien der DDR nach Möglichkeit Verbindungen mit
den bundesdeutschen Pendants eingingen. Ausnahmen davon bildeten
ausgerechnet die Hauptkontrahenten des Herbstes 1989 in der DDR:
die SED-PDS und die zum ‹Bündnis 90› zusammengeschlossenen Teile
der Oppositionsbewegung, die auch den neuen, westlich geprägten
Handlungs- und Kommunikationsformen am ehesten entgegenstanden.

Am 10. November 1989 hatte der Rechtsanwalt Lothar de Maizière
den Parteivorsitz der Ost-CDU als Nachfolger des besonders honecker-
treuen Gerald Götting übernommen.[237] Parteimitglied seit 1956, aber
nicht politisch aktiv, repräsentierte de Maizière jene christlich und resi-
dual bürgerlich geprägten Kreise in der DDR, denen die Ost-CDU –
jedenfalls auf lokaler Ebene – eine systemimmanente Alternative zur
SED und beschränkte Freiräume innerhalb der Konformität bot. Auf
der Führungsebene aber war die Blockpartei bis tief in den Herbst 1989
hinein unangefochten der Linie des Staatssozialismus gefolgt. Zwischen
Dezember 1989 und Anfang Februar löste sie sich weitgehend von
sozialistischen Vorstellungen und orientierte sich zunehmend an den
Vorstellungen der West-CDU. Auf einem Sonderparteitag Mitte Dezember setzte sich der Flügel durch, der eine deutlichere Distanzierung
von der SED wünschte; die wirtschaftspolitischen Grundsätze blieben
allerdings voller Restbestände staatlicher Planung und Lenkung, einschließlich des Rechts auf Arbeit und einer wenig marktwirtschaftlichen
Orientierung.

Nicht zuletzt solcher wenig kompatibler Positionen wegen herrschten
auf Seiten der West-CDU erhebliche Reserven gegen die östliche Namens-
schwester, zu der sie zuvor keine Kontakte unterhalten hatte. Neben ihrer
Vergangenheit als Blockpartei – anspielungsreich plakatierte Bündnis 90
im Volkskammerwahlkampf: «Wer bei Honecker BLOCKflöte gelernt
hat, kann in keiner Demokratie die erste Geige spielen»[238] – wurden im
Bonner Konrad-Adenauer-Haus die politische Unerfahrenheit der neuen
Kräfte an der Spitze der Ost-CDU und insbesondere ihre Beteiligung an
der Regierung Modrow negativ vermerkt. Der Vorteil einer Zusammenarbeit hingegen lag aus Bonner Sicht in der Infrastruktur und dem Apparat
der Ost-CDU, und ebenso in der Vermutung eines Fundus gemeinsamer

christlich orientierter Grundwerte. Vor diesem Hintergrund baute die West-CDU dann doch auf die Ost-CDU, als sie am 5. Februar das Wahlbündnis ‹Allianz für Deutschland› als Partner und Agenten der westdeutschen Unionsparteien zusammenführte.

Neben der vormaligen Blockpartei fand sich mit dem ‹Demokratischen Aufbruch› auch eine der Oppositionsbewegungen in der Allianz wieder. Im Demokratischen Aufbruch hatte sich Ende 1989 ein zunehmender Gegensatz zwischen der Gründergruppe und weniger linken neuen Mitgliedern aufgetan, und so endete der Gründungsparteitag in Leipzig am 16. und 17. Dezember 1989, mit dem sich die Bewegung als Partei konstituierte, in kontroversen Debatten und personellen Querelen. Der DA nahm schließlich uneingeschränkt für die deutsche Einheit Partei und positionierte sich mit einer marktwirtschaftlichen, antisozialistischen Orientierung, woraufhin Gründungsmitglieder wie Erhard Neubert, Friedrich Schorlemmer und Edelbert Richter die Partei verließen. Unter Führung von Pfarrer Rainer Eppelmann und Rechtsanwalt Wolfgang Schnur näherte sich der DA der westdeutschen CDU an und trat der ‹Allianz für Deutschland› ebenso bei wie die Deutsche Soziale Union (DSU), die sich als späteste der Oppositionsbewegungen nach dem Umsturz in der DDR formiert hatte und erst am 20. Januar als Partei gegründet wurde. Sie orientierte sich, mit Schwerpunkt in der südlichen DDR, an der CSU und dem klassischen Motto «Freiheit statt Sozialismus».

Der Wahlkampf der Allianz lebte von der massiven Unterstützung durch das Bonner Adenauer-Haus, das eine an ostdeutsche Kommunikationsformen – von ausführlicheren Texterläuterungen als im Westen bis hin zur früheren Anfangszeit von Abendveranstaltungen – angepasste westdeutsche Kampagne unter Großeinsatz der politischen Prominenz aus der Bundesrepublik inszenierte. Insbesondere Helmut Kohl selbst zog als Wahllokomotive und als ‹Kanzler der Einheit›, auf den der Wahlkampf fokussiert wurde. Allgegenwärtige Plakate, Flugblätter, Wahlzeitungen in millionenfacher Auflage und 2,5 Millionen Fußballweltmeisterschaftskalender machten, im Unterschied zu den grauen, maschinegeschriebenen Samisdat-Papieren aus dem Herbst 1989, den Stilwandel der politischen Kommunikation in der DDR deutlich.[239] Westliche Wahlkampfformen und Sprachmuster, samt der obligaten Machbarkeitsansprüche von Politik, beschränkten die politischen Aussagen auf einfache, eindeutige «Wei-

Nie wieder
Sozialismus
Ja!
Freiheit und
Wohlstand

ALLIANZ FÜR DEUTSCHLAND
DA DSU CDU

Westlicher Politikstil
dominierte den Volks-
kammerwahlkampf im
März 1990.

tersagesätze» und wenige Botschaften: «Nie wieder Sozialismus – Ja! –
Freiheit und Wohlstand»[240]. Auch die polarisierende Zuspitzung des
Wahlkampfes gegen die hoch favorisierte SPD entsprach den westlichen
Gepflogenheiten. Sie interferierten in diesem Wahlkampf mit den Kom-
munikationsformen in Ostdeutschland, wo sich nach der bleiernen Ste-
reotypie der SED-Diktatur zunächst Ansätze einer unverstellten, offenen
Diskursivität im Zeichen des «Dialogs» ausgebildet hatten. Wie sich
schlussendlich jedoch zeigte, traf der westlich bestimmte Tonfall die
Mehrheitsstimmung.

   Dabei gestaltete sich die Zusammenarbeit zwischen dominierender
West-CDU und vor Ort agierender Allianz alles andere als reibungsfrei,
sondern mühsam, wie Kohl Anfang März vor dem CDU-Präsidium beklagte[241]. Dazu trugen nicht zuletzt Misstrauen, Spannungen und Riva-

litäten innerhalb der Allianz bei, vor allem zwischen den neuen Kräften aus DA und DSU und der alten, beargwöhnten Blockpartei. Hinzu kamen persönliche Eitelkeiten, wenn Wolfgang Schnur, der Vorsitzende des auf einen eigenen Wahlsieg zielenden DA, sich bereits als künftiger Ministerpräsident der DDR wähnte; so war es erst recht ein Tiefschlag, als seine Stasi-Verwicklungen öffentlich bekannt wurden und Schnur, der inzwischen die Bodenhaftung verloren hatte, wenige Tage vor der Wahl das Handtuch werfen musste.

Auch der Wahlkampf des ‹Bundes Freier Demokraten› wurde aus der korrespondierenden westdeutschen Parteizentrale gesteuert, nach westlichem Muster in den Farben blau-gelb, wobei die beauftragte Agentur den Ton der Ostdeutschen nicht recht traf.[242] Sichtbarste und zugkräftigste Figur war der populäre bundesdeutsche Außenminister Genscher, der aus Halle stammte. Die Einzelparteien des Bundes hingegen traten kaum ins Bewusstein: die Blockpartei LDPD hatte sich, ähnlich wie die Ost-CDU, am 12. Dezember 1989 vom Sozialismus losgesagt und orientierte sich zunehmend an den Vorstellungen der westdeutschen FDP. Auf einem Sonderparteitag in Dresden am 9./10. Februar benannte sie sich in ‹Liberale Demokratische Partei› um und wählte den Mathematiker Rainer Ortleb zu ihrem Vorsitzenden. Anfang Februar wurde zugleich eine FDP der DDR gegründet, die sich im März mit der gewendeten bzw. erneuerten Blockpartei LDPD sowie mit der ebenfalls neugegründeten, vom ‹Neuen Forum› abgespaltenen ‹Deutschen Forumpartei› zu einem Wahlbündnis, dem Bund Freier Demokraten zusammenschloss. Dessen Vereinigung mit der bundesdeutschen FDP war von vornherein vorgesehen, ohne dass die ostdeutschen Liberalen sich auf klaren marktwirtschaftlichen Positionen eingefunden hätten.

Weniger vom Westen gelenkt war der Wahlkampf der in der DDR und innerhalb der Revolution eigenständigeren SPD.[243] Ihre Namensangleichung an die westdeutsche Sozialdemokratie hatte sie am 13./14. Januar vollzogen, und seitdem orientierte sie sich überhaupt immer deutlicher an Positionen der West-SPD mit ihrem neuen Berliner Programm im Zeichen einer sozialen und ökologischen Marktwirtschaft. Allerdings war die SPD der DDR dezidierter vereinigungsorientiert: «Wir Sozialdemokraten bekennen uns zur Einheit der deutschen Nation. Ziel unserer Politik ist ein geeintes Deutschland. Eine sozialdemokratisch geführte Regierung der DDR wird die notwendigen Schritte auf dem Weg zur deutschen Einheit in Abstimmung mit der Regierung der Bundesrepublik Deutschland gehen. Was sofort möglich ist, soll sofort geschehen. Eine sozialdemokratische Regierung wird einen Wirtschafts- und Währungsverbund als vorrangige Aufgabe in Angriff nehmen.»[244]

Hinderlich für die SPD der DDR wirkte demgegenüber die Uneinigkeit der westdeutschen SPD, zumal zwischen ihrem *elder statesman* Willy Brandt auf der einen und dem zum Kanzlerkandidaten gekürten Oskar Lafontaine auf der anderen Seite, der nur drei Wahlkampfauftritte in der DDR absolvierte und dabei eine spürbare Distanz zur Ost-SPD erkennen ließ. Am 25. Februar wählte sie auf ihrem ersten ordentlichen Parteitag in Markkleeberg den populären Ibrahim Böhme zum Vorsitzenden, eine gespaltene, alkoholabhängige Persönlichkeit und tragische Figur, der eigentlich Manfred hieß, seit seiner Kindheit als Waise zwischen Dissidenz, Scheitern und Anpassung umhergeirrt war und nach seinem kometenhaften Aufstieg in der SDP/SPD am 1. April 1990 alle Parteiämter wegen des Vorwurfs der inoffiziellen Mitarbeit für das MfS niederlegen musste.[245] Vor den Volkskammerwahlen aber hatte die SPD lange als Favorit für die Wahlen gegolten, hatte auch die Allianz für Deutschland nicht recht ernstgenommen und wurde dann zum Opfer eines langsamen, aber grundlegenden Meinungsumschwungs.

Dieser hatte zuvor schon die Oppositionsbewegung des vergangenen Herbstes marginalisiert, und mit den Anforderungen des sich neu formierenden Parteiensystems war sie erst recht kaum kompatibel. Am 27. und 28. Januar konstituierte sich das Neue Forum als «politische Plattform für alle Bürger, die den bestehenden Parteien die Durchsetzung einer konsequenten und basisorientierten Demokratisierung nicht zutrauen.»[246] Auch die prominenteste Oppositionsgruppe des Herbstes 1989 kam nicht umhin, die deutsche Einheit zu befürworten, allerdings nicht nach dem Beitritts-Artikel 23 des Grundgesetzes: «Kein Anschluß unter dieser Nummer» lautete der plakative, aber letztlich wirkungslose Slogan[247]. Darüber hinaus tat sich das Neue Forum in seiner selbsterklärten Offenheit für «Bürger verschiedener weltanschaulicher und parteilicher Orientierung» schwer, ein verbindliches Programm zu finden. Gemeinsamkeiten lagen am ehesten in sozialistisch-demokratischen Vorstellungen in der Tradition des ‹dritten Weges›: dem Verfassungsentwurf

und der Sozialcharta des Runden Tisches, um die ‹sozialen Errungenschaften› der DDR – Recht auf Arbeit, Wohnung und Bildung und
Gleichstellung der Frau – zu erhalten, worin sich abermals das eigen-
tümlich ambivalente Verhältnis von fundamentaler Distanz und sachlicher Nähe gegenüber der SED-PDS offenbarte. Ohne Unterstützung
einer westdeutschen Partei schloss sich das Neue Forum mit der ‹Initiative Frieden und Menschenrechte› und ‹Demokratie Jetzt› zum ‹Bündnis 90› aus dem Herzland der ostdeutschen Bürgerrechtsbewegung zusammen und kultivierte, im Gegensatz zum suggestiven Wahlkampf
westlicher Couleur, deren deliberierenden Stil. Basisdemokratisch-alter-
nativ angelegt, intellektuell in der Argumentation und stark auf Berlin
bezogen, zeigte sich in den Wahlveranstaltungen, dass die treibende Bewegung des Herbstes 1989 keinen Massenanhang in der Bevölkerung
besaß.[248]

Ohne westlichen Partner zog auch die Nachfolgerin der DDR-Staats-
partei, die sich noch vor der Volkskammerwahl von ihrem Namensbe-
standteil SED trennte, in den Wahlkampf.[249] Die PDS blieb eine streng
sozialistische Partei in einer ganz eigenen Mischung aus Kontinuität –
hinsichtlich der Mitgliederstruktur, der Mentalität der Kader und des
Geistes der SED, auch organisatorischer Fragen wie des Parteivermögens
– und programmatischer Neuorientierung, die vor allem von der Partei-
spitze ausging. Gregor Gysi bekundete am 8. Januar: «Ökonomische Basis eines demokratischen Sozialismus wird auch künftig die Dominanz
sozialistischen Eigentums an den Produktionsmitteln sein. [...] Die Bedeutung des Marktes wird wachsen, ohne daß wir auf eine sinnvolle Planung verzichten.»[250] Von allen ostdeutschen Parteien verfügte die PDS
nach wie vor über die beste Infrastruktur und eigene Wahlkampfausstat-
tung. Mit all ihrer taktischen und intellektuellen Wendigkeit an der
Spitze, insbesondere in der Person des dynamischen und telegenen Gregor Gysi – während Hans Modrow das Image einer soliden Form von
DDR verkörperte –, stellte sich die PDS auf den westlich geprägten
Wahlkampf ein und machte das Beste aus ihrer Außenseiterposition, in
der sich die ehemals alles beherrschende Staatspartei zu inszenieren vermochte. Sie stilisierte sich – eine langfristig wegweisende Ausrichtung –
als Verteidigerin von Identitäten und Errungenschaften der DDR und
ventilierte Ängste und Ressentiments gegenüber dem Westen.

Im Umfeld der Wahlen wurden führende Politiker derjenigen politischen Gruppen, die sich auf eine schnelle Einheit hin orientierten, als Inoffizielle Mitarbeiter der Staatssicherheit enttarnt: Wolfgang Schnur, der als IM pikanterweise auf Rainer Eppelmann angesetzt gewesen war, mit dem er nun an der Spitze des Demokratischen Aufbruchs stand, und der SPD-Vorsitzende Manfred ‹Ibrahim› Böhme, und auch über den CDU-Vorsitzenden Lothar de Maizière wurden bereits Gerüchte gestreut. Angesichts der auffälligen Häufung der Fälle und da die Initialinformationen von Insidern gekommen sein mussten, liegt der Schluss nahe, dass diese Enttarnungen auf gezielte Strategien von Kräften des ehemaligen MfS zurückgingen, um führende Personen aus ihren Positionen zu bringen und so den Prozess der Vereinigung mit dem ‹Klassenfeind› wenigstens zu stören.[251]

Der Gang der Entwicklung ließ sich davon jedoch nicht ablenken – und er verlief deutlich anders als ursprünglich erwartet. Meinungsumfragen des DDR-Zentralinstituts für Jugendforschung im Februar deuteten auf eine klare absolute Mehrheit für die SPD hin, während für CDU und PDS zwischen 11 und 13 und für das Neue Forum nur 4 Prozent der Stimmen vorhergesagt wurden.[252] Ende Februar gab sich Kohl optimistisch, die Wahl sei noch nicht zugunsten der SPD entschieden; als aber am 12. März auch eine westdeutsche *infratest*-Umfrage für die Ost-CDU 20 und für die SPD 44 Prozent prognostizierte und zugleich Wolfgang Schnur seinen Rücktritt erklären musste, wirkte Kohl vier Tage vor der Wahl «fast depressiv. Am liebsten würde er wieder nach Hause gehen»[253].

Am Wahltag jedoch, genau fünf Monate nach dem Sturz Erich Honeckers, kam alles – einmal mehr – ganz anders als erwartet: 48,0 Prozent der abgegebenen Stimmen und 192 von 400 Mandaten gewann die Allianz für Deutschland; 40,8 Prozent entfielen allein auf die Ost-CDU, 6,3 auf die DSU, nur 0,9 indessen auf den Demokratischen Aufbruch, dem sich im Dezember auch die Physikerin Angela Merkel angeschlossen hatte. Die SPD hingegen erreichte mit 21,9 Prozent und 88 Mandaten nicht einmal die Hälfte des Erhofften. Über ihre Erwartungen hinaus ging hingegen das Ergebnis der PDS, die mit 16,4 Prozent immerhin jede sechste Stimme für sich gewann und somit drittstärkste Kraft wurde – vor dem Bündnis Freier Demokraten (5,3 Prozent) und Bündnis 90 mit 2,9 Prozent.[254] Die Allianz für Deutschland und das Bündnis Freier Demokraten, das Spiegelbild der Bonner Koalition, verfügten in der ersten frei gewählten Volkskammer somit über eine solide absolute Mehrheit und gemeinsam mit der SPD sogar über eine verfassungsändernde Zwei-Drittel-Mehrheit.

Im Wahlverhalten zeigten sich signifikante Unterschiede innerhalb der DDR: überragend stark war die Allianz für Deutschland im Süden (in Erfurt, Suhl und Karl-Marx-Stadt hatte sie über 60 Prozent der Stimmen gewonnen), unterdurchschnittlich hatte sie hingegen in der nördlichen Hälfte und mit Abstand am schwächsten, mit 21,5 Prozent, in Ost-Berlin abgeschnitten. Dort herrschte die Sondersituation, dass die ‹Hauptstadt der DDR› die Hochburg der PDS-Anhänger bzw. der alten Funktionseliten und zugleich der Bürgerbewegung bzw. der ehemaligen Oppositionsbewegung und der alternativen Szene der DDR war. Die Allianz für Deutschland gewann in besonderem Maße die Arbeiterschaft, die konfessionell Gebundenen und den ländlichen Raum (mit industrieller Prägung) für sich; spiegelbildlich entgegengesetzt war das sozialstrukturelle Wählerprofil der PDS.[255]

Mit der Volkskammerwahl hatte die Bevölkerung der DDR ihren Willen manifestiert, und dies hatte Folgen auf mehreren Ebenen. Innerhalb der DDR setzte sie die Vorzeichen uneingeschränkt auf deutsche Einheit. Der Auftrag an die Wahlsieger hieß: Abwicklung des eigenen Staates und rascher Beitritt zur Bundesrepublik. Die Oppositionsbewegung, die sich im Herbst 1989 mit der Massenbewegung verbunden und das SED-Regime zum Einsturz gebracht hatte, die den Runden Tisch dominiert, sich dort aber mit der Mehrheit der Bevölkerung, die sie nie wirklich repräsentierte, entzweit hatte, fiel zurück auf den Rang einer Splittergruppe. Erkennbar waren im Wahlergebnis zugleich deutliche Residuen eines ‹dritten Weges› bzw. von Traditionsbestandteilen der DDR, vor allem in Ost-Berlin.

Innerdeutsch war unverkennbar, dass die 48 Prozent nicht in erster Linie auf die Allianz bzw. auf die Ost-CDU an sich entfallen waren, sondern, wie der *Spiegel* titelte, nichts anderes als «Kohls Triumph»[256] darstellten. Der Umschlag der ostdeutschen Revolution in die Bahnen einer Vereinigung mit der Bundesrepublik war damit endgültig vollzogen. Dabei übertrug die Mehrheit der Ostdeutschen, die im Herbst das SED-Regime zum Einsturz gebracht hatte, die Verantwortung auf die Regierung Kohl und verband damit zugleich hohe – wie sich zeigen sollte: überhohe – Erwartungen schnellen Wohlstands an den Staat und an den Westen, die aus Bonn zugleich kräftig geschürt worden waren. Langlebige Dissonanzen und Missverständnisse im vereinten Deutschland waren in ebenjenen entscheidenden Wochen der Wiedervereinigung angelegt.

Die Wahlen gaben freie Fahrt für die beschleunigte Einheit unter Dominanz der westdeutschen Exekutive, zumal die Regierungsbildung erst am 12. April abgeschlossen wurde und die DDR somit in den entscheidenden Monaten von Anfang Februar bis Mitte April keine handlungsfähige Regierung besaß. Da auch die neue Regierung de Maizière aus verschiedenen Gründen überfordert war, stellte die DDR schließlich einen schwächeren Verhandlungspartner dar, als sie selbst erwartet hatte.

Auf internationaler Ebene schließlich dokumentierten die Volkskammerwahlen in aller Eindeutigkeit die Ausübung des Selbstbestimmungsrechts zugunsten einer raschen Wiedervereinigung – und da dem zuvor nicht eindeutig widerstreitende nationale Sicherheitsinteressen entgegengestellt worden waren, stand der schnellen Vereinigung grundsätzlich nichts mehr im Wege. Für deren konkrete Ausgestaltung war freilich, von der Bündniszugehörigkeit bis zu den offenen Vermögensfragen, eine Fülle von grundlegenden Entscheidungen erst noch zu treffen – eine Aufgabe von nicht gekannter Dimension, die auch den Wiederaufbau nach dem Zweiten Weltkrieg übertraf.

V. Weltpolitik und Gipfeldiplomatie

Das Tempo wurde immer höher. Als sich die widerstrebenden europäischen Regierungen, allen voran die sowjetische, damit abgefunden hatten, dass die deutsche Einheit kommen werde, beschleunigten die Volkskammerwahlen in der DDR die Entwicklung abermals. Dies entsprach keineswegs den Interessen aller, und vor einem Abschluss des äußeren Prozesses waren ebenso grundlegende wie kontroverse Gegenstände zu verhandeln. An erster Stelle gilt dies für die Bündniszugehörigkeit, den «Kern der Deutschlandfrage»[1]. Die NATO-Mitgliedschaft eines gesamten vereinten Deutschlands, von den USA frühzeitig zur Bedingung gemacht, stieß in Moskau auf scharfe Ablehnung – bis Gorbatschow in diese westliche Maximalforderung einwilligte. Wann, wo und wie fiel diese grundlegende Entscheidung – und warum? Hat Bonn diese Zusage von Moskau erkauft? Eine zweite Kontroverse schwelte im Vereinigungsprozess von Anfang an: die endgültige Anerkennung der deutsch-polnischen Grenze. Warum herrschten unaufhörlich schwere Spannungen in einer Frage, die in der Sache letztlich gar nicht kontrovers war? Drittens stellte sich die Frage nach der europäischen Einbindung der deutschen Wiedervereinigung. Opferte Bonn die D-Mark für die deutsche Einheit?

Die Regelung der äußeren Aspekte der deutschen Wiedervereinigung verlief dabei auf zwei Gleisen: der Zwei-plus-Vier-Prozess diente als institutionalisiertes Forum, während vor allem im Dreieck Washington–Bonn–Moskau grundlegende bilaterale Vereinbarungen getroffen wurden, die das Zwei-plus-Vier-Forum wiederum in multilaterale Formen goss und formell beschloss. Der gesamte Prozess dauerte letztlich weniger als sieben Monate, und angetrieben wurde er durch den Gang der Ereignisse außerhalb der diplomatischen Zirkel: durch die zunehmende Vereinigungsdynamik innerhalb Deutschlands sowie durch die westliche Sorge vor der weiteren Entwicklung in der Sowjetunion, konkret vor einem Machtverlust Gorbatschows, mit dem das Fenster der Gelegenheit wieder zugeschlagen worden wäre. Kohl verglich die Situation mit der eines Bauern, «der vorsorglich, weil möglicherweise ein Gewitter droht, die Heuernte einbringen möchte.»[2] War er noch zum Zeitpunkt des Zehn Punkte-Plans von einem Zeithorizont von fünf bis zehn Jahren ausgegangen, so kristallisierte sich spätestens im Mai 1990 heraus, dass die staatliche Einheit noch im selben Jahr hergestellt werden könnte.

Äußerer Handlungs- und Zeitdruck, der den Prozess von selbst beschleunige, war ein probates Argument der Bundesregierung, um ihre Politik gegenüber dem Vorwurf zu rechtfertigen, sie handle überstürzt. Zweifellos instrumentalisierte sie diesen externen Druck als Argument. Zugleich war ihre Einschätzung zutreffend, nicht nur in der momentanen Wahrnehmung, sondern auch in der retrospektiven Analyse. Allerdings barg das Argument auch seine eigene Zwiespältigkeit: konnte doch gerade die Beschleunigung der Einheit aus Sorge vor einem Sturz Gorbatschows ebendiesen gerade befördern. So oder so: innerhalb eines Jahres wurde er Realität.

1. Zwei plus Vier und zwei gegen einen

Ost-Berlin im Abseits

Nach den Wahlen vom 18. März übernahmen in Ost-Berlin ehemalige Oppositionelle die politische Führung eines Staates, dessen Ende bereits besiegelt war. Im Außenministerium zog mit Markus Meckel am 12. April ein evangelischer Pfarrer, Aktiver der kirchlichen Friedens- und Menschenrechtsbewegung und Mitbegründer der Sozialdemokratischen Partei in der DDR als neuer Chef eines alten Apparats ein. Gegen diesen wappnete er sich mit einem Kreis von Beratern, die untereinander persönlich, teils auch verwandtschaftlich verbunden waren: zuvörderst Hans-Jürgen Misselwitz, Theologe und einer der führenden Köpfe der DDR-Bürgerbewegung, sowie Carlchristian von Braunmühl, Psychologe und Repräsentant der westdeutschen Friedensbewegung in den frühen achtziger Jahren, zudem weitere ostdeutsche Oppositionelle und Westdeutsche aus dem Bereich der Friedensforschung. Demgegenüber verhielt sich Meckel dem Angebot Genschers gegenüber höchst zurückhaltend,

Diplomaten des Auswärtigen Amts abzuordnen, weil er fürchtete, dass der Bonner Minister in sein Ressort hineinregieren werde.[3]

Die neue Führung des Ost-Berliner Außenministeriums ging mit großem Idealismus, hohem Gestaltungswillen und dem Anspruch ans Werk, nicht nur als Bonner Juniorpartner und Erfüllungsgehilfe aufzutreten. Sie setzte eigene außenpolitische Schwerpunkte, vor allem auf KSZE, Abrüstung und Friedenssicherung. Den akut anstehenden Problemen entsprach sie damit nur sehr bedingt, und vor allem stand sie den Interessen in Bonn und Washington zum Teil direkt entgegen. Ideen einer neuen gesamteuropäischen Sicherheitsordnung im Zeichen von Neutralität und Blocküberwindung etwa erinnerten an neutralistische Konzepte der sechziger und siebziger Jahre aus der Feder Egon Bahrs, der ebenfalls zu Meckels Beratern zählte, und waren mit der Zielvorgabe einer gesamtdeutschen NATO-Mitgliedschaft nicht zu vereinbaren. Dabei waren die neuen Ost-Berliner Verantwortlichen außen- und prozesspolitisch, diplomatisch und international naturgemäß völlig unerfahren. Sie verfügten über keinerlei eingespielte Strukturen, und ihnen waren nicht einmal jene hundert Tage Zeit zur Einarbeitung vergönnt, die jeder Regierung unter normalen Umständen zugestanden werden – nach deren Ablauf waren alle wesentlichen Entscheidungen über das Ende der DDR bereits getroffen.

Im Auswärtigen Amt sorgte die Unprofessionalität der DDR-Außenpolitiker für distinguierte Verwunderung. Die Bonner Diplomaten mokierten sich über «Ex-Pfarrer Meckel und seine friedensbewegten Mitstreiter», die die «alten Ziele der Friedensbewegung» verfolgten und ihnen in Birkenstock-Sandalen, Cordhose und Pullover begegneten.[4] Dahinter standen unterschiedliche Kommunikations- und Repräsentationsstile, überhaupt Grundauffassungen von Politik seitens des professionellen, zumal des westlichen politischen Betriebs einerseits und der Bürgerrechtsbewegung andererseits. Sie hatte damit unter den Sonderbedingungen des Umbruchs im Herbst 1989 reüssiert; mit den politischen Anforderungen unter den so schnell wieder geänderten Bedingungen erwies sie sich jedoch als inkompatibel.

Unterdessen machten sich innerhalb der Ost-Berliner Regierung zunehmend parteipolitische und persönliche Eifersüchteleien und Reibereien bemerkbar. Vor allem zwischen Außenminister Meckel und Ministerpräsident de Maizière taten sich wachsende Differenzen auf, wobei auch der Ministerpräsident selbst kein unbedingter Verfechter einer gesamtdeutschen NATO-Mitgliedschaft war. Trotz aller sicherheitspolitischen Gründe lag sie aus der Perspektive einer ostdeutschen Tradition und Sozialisation in der Tat nicht unbedingt nahe, und sie fand auf Seiten des kleineren deutschen Staates insgesamt wenig Unterstützung.[5]

Bei Helmut Kohl indessen stießen Versuche der DDR-Regierung, eine eigenständige Linie zu verfolgen, erst recht nach den Volkskammerwahlen auf Unverständnis.[6] «Der ‹idealistische Grundton›» – so vermerkte eine interne Analyse des Bonner Kanzleramts nach der ersten Regierungserklärung de Maizières, die eine NATO-Mitgliedschaft gar nicht erwähnte – «ist prinzipiell nicht anfechtbar, läßt aber auch Bereiche erahnen, in denen sich zukünftig Probleme ergeben könnten: so z. B. die Hinweise auf Errichtung einer ‹gerechteren internationalen Wirtschaftsordnung›, auf die Friedensbewegung als Fundament der demokratischen Erneuerung.»[7] Unterschiedliche Perspektiven zwischen West und Ost begleiteten die gesamte deutsche Wiedervereinigung von Anfang an. Für Bonn jedenfalls gab es keinen Zweifel daran, dass die neue Ordnung allein nach westlichen Maßstäben gestaltet würde, und auf internationaler Ebene hieß dies: im Sinne der möglichst uneingeschränkten Zugehörigkeit auch des vereinigten Deutschlands zum fortbestehenden westlichen Bündnis.

Als eine Initiative Meckels für sicherheitspolitische Bindungen eines vereinigten Deutschlands, die den westlichen Vorstellungen völlig zuwiderliefen, auf der Zwei-plus-Vier-Konferenz am 22. Juni selbst von Schewardnadse, der auf dieser Konferenz auf Konfrontationskurs zum Westen ging, nicht einmal aufgegriffen wurde,[8] hatte sich die ebenso eigenwillige wie chancenlose Ost-Berliner Außenpolitik endgültig ins Abseits manövriert. Als Vertretung eines sich auflösenden Staates wurde sie kaum mehr zur Kenntnis und erst recht nicht mehr ernst genommen. Meckel selbst trat, als de Maizières Koalitionsregierung Mitte August 1990 zerbrach, noch vor dem Abschluss der Einheit nach etwas mehr als vier Monaten im Amt zurück.

Moskauer Zickzackdiplomatie

Die Sowjetführung konnte, auch nachdem sie im Februar 1990 in die deutsche Wiedervereinigung eingewilligt hatte, noch immer als Veto-Spieler auftreten. Einen Trumpf hielt sie vor allem mit der Bündnisfrage in der Hand, denn der Westen hatte sich mit der gesamtdeutschen NATO-Zugehörigkeit auf ein außerordentlich hohes Verhandlungsziel festgelegt. Dies spielte Moskau die Möglichkeit zu, entweder Konzessionen teuer zu verkaufen oder aber den gesamten Prozess zu blockieren.

Auch in dieser Kernfrage der deutschen Einheit prallten im Kreml einmal mehr Reformer und Traditionalisten aufeinander. Gorbatschows engste Berater Tschernjajew und Schachnasarow waren durchaus bereit, ein vereintes Deutschland als Mitglied der NATO zu akzeptieren[9], stießen damit aber auf den vehementen Widerstand der ‹Germanisten› in Außenministerium und Partei um Valentin Falin, der als Leiter der Internationalen Abteilung des ZK der KPdSU zugleich Tschernjajews unmittelbarer Vorgesetzter war.[10] Sie orientierten sich nicht nur an orthodox-ideologischen Vorstellungen, sondern zugleich an den Interessen der Sowjetunion als Groß- und Weltmacht, und daher fiel es ihnen besonders schwer, Gorbatschows Reformpolitik nach außen und die sowjetischen Konzessionen gegenüber dem Westen zu akzeptieren. Mehr als ein Vorposten des Sozialismus, war die DDR für sie «eine Verteidigungslinie, die die Gefahren für die nationale Sicherheit der UdSSR, die von der amerikanischen Militärpolitik ausgeht, nivelliert.»[11] Sie hatten jene – wie auch immer definierten – ‹Sicherheitsinteressen› im Blick, die sich in der internationalen Politik, wenn sie mit dem nötigen Willen und vor dem Hintergrund der nötigen verfügbaren Mittel vertreten werden, gegen andere Prinzipien wie das der ‹Selbstbestimmung› durchzusetzen pflegen.

In dieser Perspektive war die Ungleichbehandlung der Weltmächte unerträglich, die allein schon in einer Lösung gelegen hätte, derzufolge das westliche Deutschland in der NATO verblieb und das Territorium der DDR neutralisiert worden wäre – von einer gesamtdeutschen NATO-Mitgliedschaft ganz zu schweigen. Wenn sich die ‹Germanisten› mit der Wiedervereinigung Deutschlands notgedrungen abgefunden hatten, so nur unter der strikten Bedingung der militärischen Neutralität des Landes. Noch am 9. Juli riet Falin dem sowjetischen Präsidenten zu einer harten Haltung gegenüber Kohl: die Bundesrepublik solle sich hüten, sowjetische Interessen herauszufordern, andernfalls solle Gorbatschow drohen, im Falle einer Selbstauflösung der DDR werde die Sowjetunion die ihr nach wie vor obliegenden «originären Rechte» über Deutschland und «die entsprechende Verantwortung» wahrnehmen.[12] Das war sie: die entschieden intransigente Position, mit der die Sowjetunion den Einigungsprozess nach dem Geschmack Bonns und Washingtons mindestens massiv behindern konnte.

Zwischen Reformern und Traditionalisten stand unterdessen, mit dem vielleicht klarsten Blick für die internationale Gesamtkonstellation, Außenminister Schewardnadse, der sich zunächst vor allem um Flexibilität bemühte, um sich keine Option zu verbauen; eine souveräne Politik der Diagonale konnte ihm unter diesen Umständen allerdings kaum gelingen. In der Tat praktizierte der Kreml eine Zickzackdiplomatie, die an klassische Muster sowjetischer Verhandlungsführung im Ost-West-Konflikt erinnerte[13]. Einerseits testete Moskau verschiedene Optionen – Friedensvertrag, Neutralisierung Deutschlands, Zugehörigkeit zu beiden Bündnissen, Verbleib der sowjetischen Truppen in Deutschland –, andererseits überlagerten sich diese Versuche mit Gorbatschows Taktik, erst Zugeständnisse zu machen und nachträglich Konzessionen einzuholen[14], und seiner Sprunghaftigkeit überhaupt. Insgesamt, so der überwältigende Eindruck, folgte der Kurs der Sowjetführung sehr viel weniger wirklicher Berechnung als vielmehr innerer Konfusion. Anfang März notierte Tschernjajew: «Ich bin völlig verwirrt. Der Staat zerfällt, und kein Neuanfang ist in Aussicht. Nach meinen letzten Beobachtungen glaubt auch Gorbatschow nicht mehr daran, daß ‹die Prozesse kontrollierbar› sind.»[15]

Greifbar wurde dies im Zwei-plus-Vier-Prozess, auf dessen beiden ersten Ministerkonferenzen im Mai und Juni sich die Traditionalisten bemerkbar machten. Zwei Tage vor der ersten Konferenz gab Gorbatschow seinem Außenminister eine harte Linie vor: «Deutschland darf nicht in die NATO eintreten und damit basta. Wir werden die Wiener Gespräche [über die Abrüstung konventioneller Waffen] platzen lassen, wenn es so kommt.»[16] Nachdem Gorbatschow, wie zu zeigen sein wird, keine vier Wochen später in Washington die gegenteilige Position bezog, wurde die zweite Ministerkonferenz im Zwei-plus-Vier-Prozess weitere drei Wochen später zu einem wahren Desaster für die sowjetische Diplomatie. Als eine endlich «in sich logische und systematisch aufgebaute Position» feierte der stellvertretende Außenminister Kwizinski den harten, intransigenten Auftritt Schewardnadses – von dem dieser selbst sich den westlichen Diplomaten gegenüber deutlich distanzierte[17].

Schewardnadse operierte zwischen den Fronten – ebenso wie Gorbatschow. Zwar war er im März in das neu geschaffene Amt eines Präsidenten der Sowjetunion gewählt worden und hatte sich somit eine zusätzliche, von Parteigremien institutionell unabhängige Machtbasis geschaffen. Doch diese wurde in einem sich auflösenden System zugleich immer diffuser und prekärer. Die ökonomische Krise nahm immer dramatischere Ausmaße an, und mit der litauischen Unabhängigkeitsbewegung griff die Auflösung ihres Imperiums auch auf die Sowjetunion selbst über, worauf die Moskauer Führung mit militärischer Gewalt reagierte. Kohl und Mitterrand fürchteten eine «Kettenreaktion», die Gorbatschow aus dem Amt katapultiere[18], und im Frühjahr rückte mehr und mehr der bevorstehende XXVIII. Parteitag der KPdSU ins Blickfeld, auf dem sich das Konfliktpotential zu entladen drohte. Gorbatschows Position schien, mitten in den entscheidenden Verhandlungen über die deutsche Wiedervereinigung, massiv gefährdet: wenn die Perestroika keinen Erfolg habe, so signalisierte Schewardnadse in beschwörender Drastik, «dann werde es entweder totale Anarchie geben – und das Volk werde dies nicht zulassen –, oder es komme ein neuer Diktator»[19]. Wie auch immer: für die deutsche Frage bedeutete dies nichts Gutes.

Die westliche Politik wandelte gegenüber der Sowjetunion auf schmalem Grat: die Einheit zu erreichen, solange Gorbatschow im Amt war, ohne sie so zu forcieren, dass sie ihn erst recht um das Amt brachte – die weltpolitischen Veränderungen im eigenen Sinne zu gestalten, ohne die Sowjetunion noch weiter zu destabilisieren – kurz: den Ost-West-Konflikt zu gewinnen, ohne den Verlierer zu düpieren. Wer Sieger und wer Verlierer in dieser weltpolitischen Partie war, stand außer Frage. «Sie und ich», so hatte Helmut Kohl bereits im Mai 1989 gegenüber George Bush formuliert, «sind Zeugen von Ereignissen, die unsere kühnsten Träume übertreffen – der ideologische Zusammenbruch eines politischen und wirtschaftlichen Systems. Dies ist die Stunde unseres Sieges»[20]. Gorbatschow aber, mehr vielleicht als alle anderen Vertreter der Sowjetführung, war nicht bereit, sich dieser Realität zu stellen: «Ich hoffe», so sagte er in der Stunde seiner größten politischen Konzession am 31. Mai 1990 in Washington, «dass keiner der hier Anwesenden an solchen Unsinn glaubt, als ob irgendeine Seite im ‹Kalten Krieg› gewonnen hätte. [...] Das Fazit soll anders sein: fünfzig Jahre der Konfrontation bewiesen ihre Absurdität und dass sie nur zur Selbstzerstörung führt.»[21] Nach wie vor versuchte Gorbatschow, seine Reformpolitik der Konstellation des Ost-West-Konflikts zu entheben, der sie doch nicht entrinnen konnte, und sich als dessen Überwinder hervorzutun. Die Verkennung der Realität im Zusammenbruch der Sowjetunion war ein Teil der Perestroika – und zugleich eine eigene psychologische Realität auf der Ebene der Weltmächte. «Wir haben uns behauptet und sie nicht», hatte Bush in Camp David zu Kohl gesagt; aber «man müsse Gorbatschow Gelegenheit geben, sein Gesicht zu wahren.»[22]

Zwei plus Vier: Der Prozess

Der Zweck des im Februar 1990 etablierten Zwei-plus-Vier-Prozesses lag einerseits darin, ein rechtlich geregeltes Verfahren zur Lösung der internationalen Probleme und zur multilateralen Beschlussfassung über die internationalen Regelungen im Zusammenhang der deutschen Wiedervereinigung zu schaffen: auf der Agenda standen die beiden erwähnten Grundsatzfragen sowie die Ablösung der verbliebenen alliierten Rechte in Bezug auf Berlin und Deutschland als Ganzes.[23] Andererseits ging es politisch-psychologisch darum, die hauptsächlich betroffenen und zuständigen internationalen Akteure in das Geschehen zu integrieren. Erst diese Institutionalisierung eröffnete die Freiräume für flexiblere Verhandlungen auf bilateraler Ebene, auf der die großen Entscheidungen fielen.

Die Absicht zur Integration zielte insbesondere auf die Sowjetunion und dort zugleich nach innen. In einem zunehmend deinstitutionalisierten System der Beschlussfassung bot der Zwei-plus-Vier-Prozess das Forum, um die Opponenten von Gorbatschows Außenpolitik im Moskauer Apparat einzubinden, und in der Tat waren es die beharrenden Kräfte, die den Prozess auf sowjetischer Seite zunächst bestimmten. Somit formierte sich auf der Zwei-plus-Vier-Ebene eine dezidiert kontroverse

Konstellation, richtete sich doch das Interesse der US-Führung in erster Linie auf die sicherheitspolitischen Regelungen, konkret: auf die Bündnisfrage, in der sie dem Westen die Maximalposition der gesamtdeutschen NATO-Mitgliedschaft vorgegeben hatte. Dafür hatte sie auch die britische und die französische Regierung gewonnen, die sich ansonsten, mit Ausnahme des französischen Engagements in der deutsch-polnischen Grenzfrage, eher zurückhielten; immerhin hätte die britische Seite den Abschluss wegen militärischer Detailforderungen beinahe noch in letzter Minute zum Scheitern gebracht.

Den vier Ministerkonferenzen in Bonn am 5. Mai, in Ost-Berlin am 22. Juni, in Paris am 17. Juli und in Moskau am 12. September gingen jeweils vorbereitende Treffen auf Beamtenebene voraus, das erste bereits am 14. März. Die sowjetische Seite hatte auf einen möglichst zügigen Beginn der Verhandlungen gedrängt[24], um ins internationale Spiel zu kommen. Die nächste Beamtenrunde am 30. April aber tat sich schwer, überhaupt einen Konsens über die Formulierung der Tagesordnung für die erste Ministerkonferenz zu finden.[25] Stets politische Machtfragen, dienten solche Proceduralien dem sowjetischen Interesse, wie es Ende Januar im Rahmen der internen Besprechung im Kreml formuliert worden war[26], den Prozess zu verzögern und Zeit zu gewinnen. Aus westlicher Sicht boten solche Verzögerungen zwar einerseits die Möglichkeit, Tatsachen zu schaffen. Andererseits musste der Prozess, je länger er dauerte, desto unberechenbarer werden. Washington und vor allem Bonn jedoch wollten die Wiedervereinigung auch auf äußerer Ebene so schnell wie möglich unter Dach und Fach bringen.

Auf der ersten Ministerkonferenz am 5. Mai in Bonn nahm Schewardnadse dann auf Weisung Gorbatschows eine unnachgiebige Haltung in den wichtigen Fragen ein: er lehnte eine gesamtdeutsche NATO-Mitgliedschaft ab, forderte stattdessen neue gesamteuropäische Sicherheitsstrukturen und schlug vor, den inneren und den äußeren Prozess der Vereinigung zu entkoppeln – was geheißen hätte, dass Deutschland mit der staatlichen Vereinigung nicht vollständig souverän geworden wäre und über ihre äußeren Bedingungen noch hätte verhandeln müssen.[27] Hier stießen unvereinbare Positionen aufeinander – wobei Schewardnadse erkennen ließ, dass er durch Rücksichtnahmen auf die innere Lage gebunden war.

«Zwei plus Vier» als Forum der blockierenden Kräfte erlebte seinen Höhe- und zugleich seinen Endpunkt mit der zweiten Ministerkonferenz am 22. Juni im Ost-Berliner Schloss Schönhausen, wo die sowjetische Seite wahres Kabuki-Theater aufführte, als Schewardnadse seine harte Linie mit vertraulichen Andeutungen nach Westen, es sei alles nicht so ernst gemeint, selbst durchlöcherte. «Das Ergebnis war mehr als dürftig», konstatierte auch Hans-Jürgen Misselwitz für die ostdeutsche Seite.[28] Schnelle Einigungen erzielte das Forum hingegen knapp vier Wochen später, als es am 17. Juli in Paris[29] die inzwischen bi- und trilateral getroffenen Regelungen in den beiden entscheidenden internationalen Fragen zur Kenntnis zu nehmen hatte: das sowjetisch-deutsche Übereinkommen vor allem in der Bündnisfrage sowie die polnisch-deutsche Einigung in der Grenzfrage. An dieser Sitzung nahm auch der polnische Außenminister teil, doch war die Luft aus diesem zuvor hochkontroversen Thema wie aus den anderen Streitfragen durch die bilateralen Vereinbarungen entwichen. Dem Zwei-plus-Vier-Prozess blieb die konkrete Umsetzung, die im September 1990 in Moskau erfolgte. Der Vertrag über die abschließende Regelung in Bezug auf Deutschland vom 12. September 1990 trat an die Stelle des nach dem Zweiten Weltkrieg nie geschlossenen Friedensvertrages mit Deutschland und beendete somit auch völkerrechtlich die Nachkriegszeit.[30]

2. Deutsch-polnischer Grenzstreit

Während der Auseinandersetzungen um die deutsche Anerkennung der Oder-Neiße-Linie sank die Zustimmung zur deutschen Wiedervereinigung in internationalen Umfragen deutlich ab.[31] Die Grenzfrage löste die größten internationalen Irritationen im gesamten Wiedervereinigungsprozess aus. Dabei ging es in dieser Frage nicht um die Sache, sondern letztlich allein um das Verfahren. «Im Kern gehe es um Vertrauen», brachte Horst Teltschik die Sache auf den Punkt.[32] Die Kontroverse ließ erahnen, wie fragil dieses gegenseitige Vertrauen im Wiedervereinigungsprozess war und welche Konfliktpotentiale ihm innewohnten – und blieb doch letztendlich ein erratischer Block innerhalb des Gesamtgeschehens.

Völkerrecht und Politik

Die im Sommer 1989 ins Amt gekommene polnische Regierung unter dem ersten nichtkommunistischen Ministerpräsidenten Mazowiecki akzeptierte das Recht der beiden deutschen Staaten auf eine Wiedervereinigung. Zugleich aber forderte sie ausreichende Garantien der Oder-Neiße-Grenze und eine völkerrechtlich verbindliche Regelung noch vor der Vereinigung, denn tief saßen die polnischen Ängste um die Westgrenze des Landes. Diese war, nachdem die Potsdamer Konferenz vom Juli/August 1945 die deutschen Ostgebiete östlich von Oder und Neiße (mit Ausnahme des der Sowjetunion zugeschlagenen nördlichen Ostpreußen) «der Verwaltung des polnischen Staates unterstellt» hatte[33], nie völkerrechtlich fixiert, die abschließende Regelung vielmehr einem endgültigen, bis dahin aber nie geschlossenen Friedensvertrag überlassen worden. Juristisch gesehen war die Abtrennung der ehemaligen deutschen Gebiete östlich von Oder und Neiße keineswegs besiegelt, sondern Gegenstand einer noch erst zu treffenden Regelung und theoretisch mithin ebenso revidierbar wie die innerdeutsche Grenze.

Historisch-politisch und in internationaler Perspektive sah dies freilich ganz anders aus. Schon in den fünfziger Jahren hatte sich Bonn von dem Gedanken verabschiedet, die Ostgebiete wirklich wiedergewinnen zu können. Und eben dies war gemeint, wenn die Bundesrepublik im Warschauer Vertrag vom Dezember 1970 die «bestehende Grenzlinie» als «westliche Staatsgrenze der Volksrepublik Polen» anerkannte und erklärte, «keinerlei Gebietsansprüche [zu] haben» und «solche auch in Zukunft nicht [zu] erheben.»[34] Nach menschlichem Ermessen war die Frage geregelt; eine deutsche Politik mit dem Ziel einer «großen Wiedervereinigung» und der Revision der deutsch-polnischen Grenze lag 1989 – so sie sich nicht völlig außerhalb der Tradition der Bonner Außenpolitik stellte – außerhalb des politisch Denkbaren. So zielte auch Helmut Kohls Aussage, niemand in Deutschland wolle die Vereinigung mit «der Verschiebung bestehender Grenzen» verbinden, ebenso auf das polnische Bedürfnis nach sicheren Grenzen wie die Formulierung aus der Erklärung, die der Deutsche Bundestag am 8. November 1989, unmittelbar vor dem Regierungsbesuch in Polen verabschiedet hatte: «Das Rad der Geschichte wird nicht zurückgedreht.»[35]

Für die polnische Regierung allerdings, auch für die neue *Solidarność*-Regierung, war dies angesichts des fehlenden endgültigen Friedensvertrages nicht genug. Denn die Erklärung des Bundestages bedeutete ebensowenig eine völkerrechtlich verbindliche Anerkennung der Grenze wie die Ostverträge von 1970 sie darstellten. Während die DDR bereits im Juli 1950 ihre Grenze zu Polen mit dem Görlitzer Vertrag definitiv anerkannt hatte, sah sich die Bundesrepublik angesichts der fortwirkenden alliierten Besatzungsrechte im Bezug auf Deutschland als Ganzes nicht befugt, für ein gesamtes Deutschland hoheitlich zu handeln und über dessen Grenzen zu verfügen, deren «endgültige Festlegung» der Deutschlandvertrag zwischen der Bundesrepublik und den drei Westalliierten 1954 explizit bis zu einer «frei vereinbarte[n] friedensvertragliche[n] Regelung für ganz Deutschland» aufgeschoben hatte. Bestätigt durch das Urteil des Bundesverfassungsgerichts vom 31. Juli 1973,[36] konnte Kohl rechtlich eindeutig auf dem Standpunkt stehen, dass die deutsch-polnische Grenze erst durch ein vereinigtes und vollständig souveränes Deutschland anerkannt werden könne. Das Problem lag unterdessen, wie in der gesamten Frage der deutschen Ostgebiete, in der Interferenz (und mehr noch: der Inkompatibilität) von völkerrechtlichen und politischen Argumentationsebenen, die noch überlagert wurden durch die Diskrepanz von äußeren Forderungen und inneren Rücksichten.

Kohl selbst nämlich sträubte sich gegen eine offizielle Festlegung weniger aus originär juristischen Gründen als vielmehr aus politischem, vor allem innenpolitischem Kalkül. Verhandlungstaktisch gesehen stellte die Grenzanerkennung die deutsche Konzessionsmasse dar, als *quid pro quo* für einen definitiven polnischen Verzicht auf Reparationsansprüche (den Polen allerdings an sich schon früher ausgesprochen hatte[37]) sowie für eine Regelung der Rechte der deutschen Minderheit in Polen. Dass sie diesen Verhandlungswert verlor, wenn sie als Vorleistung erbracht wurde, war das eine Argument; die innenpolitischen Rücksichten auf die für die Unionsparteien wichtige Klientel der Vertriebenen waren das andere – und wichtigere.

Der Bund der Vertriebenen, als Vertreter der Opfer der von polnischer Seite nie als Unrecht anerkannten Vertreibung, lehnte die Anerkennung der Oder-Neiße-Grenze ab.[38] Herbert Czaja, Präsident des Bundes und zugleich Bundestagsabgeordneter der CDU, argumentierte in der Grenzfrage genuin völkerrechtlich:[39] die vormaligen deutschen Ostgebiete waren durch Stalins völkerrechtswidrige Willkür vom Deutschen Reich abgetrennt worden, um durch die Westverschiebung Polens den sowjetischen Teil der Beute des Hitler-Stalin-Paktes einzubehalten; und da die in Aussicht gestellte friedensvertragliche Regelung nie getroffen wurde, sei die Frage nach wie vor offen.

In sich schlüssig, fehlte dieser Position freilich der Sinn für die historisch-politischen Realitäten, dass jene 114 000 Quadratkilometer deutscher Ostgebiete seit viereinhalb Jahrzehnten polnisch (bzw. sowjetisch) besiedelt waren. Ihr fehlte das Gespür für die Bedeutung des der Vertreibung vorangegangenen deutschen Angriffs- und Vernichtungskrieges und für die internationale Wucht dieses Arguments, und schließlich ließ sie unberücksichtigt, dass ein «Revisionismus» der polnischen Westgrenze, wie Czaja ihn forderte, konsequenterweise auch die Frage der polnisch-sowjetischen Grenze aufgeworfen hätte. Die Revision von über vierzig Jahren europäischer Geschichte, wie sie im Falle der DDR vorgenommen wurde, mochte im Hinblick auf die Ostgebiete völkerrechtliche Legalität beanspruchen. Politisch aber lag sie, national und vor allem international, außerhalb jeder Diskussion.

Dass der, so Czaja, «überstürzte, gedanken- und geschichtslose Verzicht» auf die deutschen Ostgebiete aber «zu gefährlichen Schärfen und ebenso gefährlichen Mehrheiten in der deutschen Innenpolitik» führen könne, nahm Kohl als innenpolitische Drohung durchaus ernst. Wenn der CDU die Vertriebenen verloren gingen, war ihre Mehrheitsfähigkeit bedroht – diese Gefahr stand Kohl deutlich und wohl größer, als sie wirklich war, vor Augen. Um das Einverständnis der Vertriebenen zu gewinnen, wollte er ihnen die Anerkennung der Grenze als unvermeidliche deutsche Konzession für den Gewinn der Einheit vorlegen und diesen unumgänglichen Schritt daher erst möglichst spät tun. Dies wiederum führte zu äußeren und inneren Irritationen und Konflikten, deren Ausmaß Kohl demgegenüber offenkundig unterschätzte.

International nämlich fand die polnische Position breite Unterstützung, besonders vehement in Paris, doch drängten auch die anderen Regierungen auf eine möglichst rasche endgültige Regelung der Grenzfrage. Während im administrativen Apparat und in Kohls engster Umgebung die Notwendigkeit einer geschmeidigeren Handhabung deutlich erkannt wurde,[40] fand Kohls Position innerhalb der CDU weitgehende Zustimmung. In öffentlicher Abgrenzung davon ließen die FDP und zumal Außenminister Genscher hingegen keinen Zweifel an der Endgültigkeit der Grenze und waren zu ihrer uneingeschränkten rechtlichen Anerkennung bereit. Damit befand sich der kleinere Regierungspartner im Einklang mit den Oppositionsparteien; die SPD verankerte die Endgültigkeit der deutsch-polnischen Grenze im Dezember 1989 gar in ihrem neuen Grundsatzprogramm[41].

Eskalation des Konflikts: Kohl in der Bredouille

Zunehmende Virulenz gewann die deutsch-polnische Grenzfrage, als Mitte Februar der Zwei-plus-Vier-Prozess begann. Die polnische Regierung wollte daran beteiligt sein, und so erhob Mazowiecki am 21. Februar gegenüber Bush, Gorbatschow, Thatcher und Mitterrand die doppelte Forderung, ebenfalls an der Sechserrunde teilzunehmen und noch vor der Herstellung der deutschen Einheit eine verbindliche Grenzregelung zu paraphieren.[42]

Zunehmend trat nun die französische Regierung als Sachwalter der polnischen Interessen hervor. Nicht dass in Paris eine revisionistische deutsche Politik erwartet worden wäre – doch Kohls völkerrechtliche Begründung wurde als Vorwand und sein grenzpolitisches Lavieren als Wahltaktik aufgefasst. Als sich Mitterrand und Kohl am 15. Februar in Paris zu einem Gespräch trafen, insistierte der französische Staatspräsident in einem Maße, das Kohl überraschte, auf der Oder-Neiße-Grenze. Kohl machte in aller Deutlichkeit klar, ein «wiedervereinigtes Deutschland werde auch die Grenzen bestätigen.» Doch sei es «ein psychologisch wichtiger Punkt, daß die Bestätigung der Grenzen mit der Wiedervereinigung einhergehe und keine Vorleistung sei.» Juristisch, entgegnete Mitterrand und umriss somit die Konfliktkonstellation der kommenden Wochen, sei Kohl im Recht. Doch «es wäre – politisch gesehen – gut gewesen, wenn der Bundeskanzler die Oder-Neiße-Grenze bestätigt hätte.»[43]

Allgemein wuchs der internationale Druck auf Kohl, sich in der polnischen Frage zu bewegen. Auch Bush, der den Bundeskanzler ansonsten so energisch unterstützte, schrieb ihm bei der wegweisenden Zusammenkunft in Camp David Ende Februar in die Agenda, dass «Klarheit in der Grenzfrage die deutsche Einheit erleichtern» werde. Er wisse, dass es darauf ankomme, gab Kohl zu verstehen, «den Polen Sicherheit hinsichtlich ihrer Westgrenze» zu geben, und auch Bush gegenüber ließ er keinen Zweifel, dass die Wiedervereinigung allein die Bundesrepublik, Berlin und die DDR umfasse. In der Presseerklärung beharrte er freilich offiziell weiterhin auf dem Standpunkt, die Grenzfrage werde erst durch ein gesamtdeutsches Parlament endgültig geregelt.[44]

Als Kohl drei Tage nach dem Treffen von Camp David mit seiner engsten Umgebung im Kanzlerbungalow zusammensaß, drehte sich die Diskussion einmal mehr um die Oder-Neiße-Grenze. Der Kanzler, so notierte Teltschik, «sieht die außenpolitischen Zwänge und die innenpolitische Kampagne vor dem Hintergrund der acht in diesem Jahr bevorstehenden Wahlen. Er weiß, daß er sich weiter bewegen muß, aber eigentlich will er nicht.»[45] Unterdessen griffen die Auseinandersetzungen auf die Regierungskoalition über. Wieder taten sich Spannungen zwischen Kohl und Genscher auf, der Mazowieckis Vorschlag, noch vor der Vereinigung einen Grenzvertrag mit Polen zu paraphieren, öffentlich unterstützt und ebenso seinem französischen Amtskollegen Dumas zugestimmt hatte, der eine umgehende verbindliche Erklärung der beiden deutsche Parlamente zur Westgrenze Polens forderte[46].

Kohl hingegen blieb, starr wie er zuweilen sein konnte, bei seinen bekannten Formulierungen und erklärte sich zum wiederholten Male zu einer Deklaration der beiden deutschen Parlamente nach den freien Wahlen in der DDR bereit, die sich auf der Linie der Bundestags-Resolution vom November 1989 bewege. Zugleich sorgte der Kanzler für eine Verschärfung des öffentlichen Streits, als er die Grenzfrage mit einer Regelung der Rechte für die deutsche Minderheit in Polen und mit einem polnischen Verzicht auf Reparationsforderungen verknüpfte; der Warschauer Parlamentspräsident hatte, so Teltschik, eine Zahl von 200 Milliarden DM in den Raum gestellt. Kohl versprach sich davon, so abermals Teltschik, «eine innenpolitische Entlastung, vor allem gegenüber den Vertriebenen.»

Der Spagat zwischen inneren Rücksichten und äußerem Druck geriet unterdessen an die Grenze der Beherrschbarkeit. Denn Kohls Versuch, das Problem zu entschärfen, erhöhte die Spannungen einstweilen sogar

noch weiter. Am 6. März einigte sich die Regierungskoalition auf seinen
Vorschlag einer Resolution, die der Bundestag zwei Tage später mit den
Stimmen von CDU/CSU und FDP beschloss: beide deutschen Parlamente
sollten möglichst bald nach den Wahlen in der DDR gleichlautende Erklärungen des Inhalts abgeben, dass «mit Blick auf die deutsche Einheit
die Unverletzlichkeit der Grenzen gegenüber Polen» bekräftigt und die
Absicht artikuliert werde, «die Grenzfrage in einem Vertrag zwischen der
gesamtdeutschen Regierung und der polnischen Regierung» zu regeln.[47]

Dass die Resolution innerhalb der Union mit nur fünf Enthaltungen
angenommen wurde, bewertete Teltschik als «sensationell gut. [...] Die
CDU hat einen weiten Weg zurückgelegt und sich endlich zu dieser un-
ausweichlichen Entscheidung durchgerungen.» Und am 19. März gab er
dem polnischen Botschafter zu verstehen, damit «sei die Oder-Neiße-
Grenze praktisch anerkannt.»[48] Argumentierte man freilich, wie es Kohl
in dieser Frage so häufig tat, rein juristisch, dann blieb festzustellen, dass
die Resolution mit Ausnahme der Avisierung eines Grenzvertrages nicht
über den Inhalt der Erklärung vom 8. November hinausging. Und vor
allem ließ sich argumentieren, dass es sich bei der «Unverletzlichkeit» um
jene Formulierung handelte, die in den Ostverträgen eigens verwendet
worden war, um den Begriff der «Unveränderlichkeit» und somit gerade
die definitive völkerrechtliche Anerkennung zu umgehen.[49]

Der polnischen und der französischen Regierung jedenfalls ging die
Resolution vom 8. März nicht weit genug, und nun gelangte der deutsch-
polnische Grenzkonflikt international auf seinen Höhepunkt. Tags
darauf traten Mitterrand und der französische Ministerpräsident Ro-
card, der polnische Staatspräsident Jaruzelski und Mazowiecki zum Abschluss eines polnischen Staatsbesuchs in Paris vor die Presse, und der
französische Präsident äußerte seine Kritik an der Bonner Politik nun
auch öffentlich. Er forderte die Unantastbarkeit, nicht nur die Unverletzlichkeit der Oder-Neiße-Grenze und ihre Besiegelung in einem internationalen Rechtsakt noch vor der deutschen Vereinigung.[50]

Kohl, so notierte Teltschik, war «deutlich verärgert und enttäuscht.
Die Grenzen der Freundschaft werden für ihn sichtbar.»[51] Dementsprechend verlief ein Telefonat zwischen beiden am 14. März. Als der französische Präsident abermals insistierte, die Grenzfrage werde «immer
dringlicher», redete sich Kohl, vier Tage vor den Wahlen in der DDR

sichtbar angespannt, nachgerade in Rage. Er sei «sehr betroffen über die Art und Weise, mit der dieses Thema behandelt werde» und verärgert über die «Kampagne» gegen ihn in Frankreich, wo man offenbar «auf einem anderen Stern» lebe. «Er habe den Eindruck, daß man Rücksicht auf die Gefühle aller Völker außer auf die Gefühle der Deutschen nehme.» Obendrein werde die Sache «so gespielt, daß die Position der CDU geschwächt werde» – und von polnischer Seite komme in dem ganzen Prozess überhaupt «keine positive Geste».[52] Zwei Tage zuvor hatte Kohl dem britischen Außenminister Hurd gesagt, er sei für eine Einigung mit Polen «nicht bereit, jeden Preis zu zahlen. Auch Deutschland habe eine Würde und er selber auch.»[53]

Doch es blieb nichts zu deuten: während Kohl nach innen dabei war, die Vertriebenen zur Anerkennung der Grenze zu bewegen und die CDU geschlossen in die Einheit zu führen, war die Bundesregierung auf internationaler Ebene isoliert, und der Kanzler selbst hatte sich durch sein Taktieren mit formaljuristischen Kategorien festgefahren. So überzogen misstrauisch die polnischen Forderungen gegenüber Bonn sein mochten, so wenig zeigte Kohl, der sonst so viel auf Psychologie in der Politik hielt, ein Gespür für die psychologische Seite der polnischen Sorgen und auch nicht für die internationale Brisanz der Gesamtsituation.

Polen könne, so Ministerialdirigent Hartmann in einer kanzleramtsinternen Vorlage, im Westen, gerade bei den Hauptverbündeten der Bundesrepublik «mit einer stark emotional gefärbten Welle der Sympathie» rechnen. «Mit den Emotionen dürfte sich bei unseren Partnern zudem das diplomatische Kalkül verbinden» – so die interne Lageeinschätzung weiter –, «daß man die Frage der polnischen Westgrenze auch benutzen kann, um dem aus westlicher Sicht zu ungestümen Vorgehen auf dem Weg zur deutschen Einheit Steine in den Weg zu legen.» Die Schlussfolgerung jedenfalls war eindeutig: «Der Schaden, der aus dieser Frage erwachsen kann, ist erheblich.» Die Bundesregierung – sprich: Kohl – solle daher «eine offensive Strategie entwickeln, um dieses außen- und innenpolitisch brisante Gemisch zu entschärfen.»[54]

Letzter Abschied von den Ostgebieten

Mehr als alles andere trug dazu das für Kohl und die Union unerwartet triumphale Wahlergebnis in den Volkskammerwahlen vom 18. März in der DDR bei. Es sorgte in Bonn und auch bei dem zuvor sichtbar unter Druck stehenden Kanzler für spürbare Entspannung, während die Wahlen zugleich auf internationaler Ebene Klarheit über den weiteren Fortgang des Einigungsprozesses und über die innerdeutschen Kräfteverhältnisse herbeiführten. Hilfreich war nun abermals George Bush, der Mazowiecki zu einem Besuch in Washington erwartete und Kohl in einem Telefongespräch am 20. März vermittelnde Unterstützung zusagte. Kohl ließ dem polnischen Ministerpräsidenten auf diesem Wege noch einmal ausrichten, «daß er fest entschlossen sei, die Oder-Neiße-Grenze zu akzeptieren.»[55] Bush stellte schließlich eine informelle Einigung zwischen Bonn und Warschau her, zwar nicht den gesamten deutsch-polnischen Grenzvertrag, aber die Formulierungen in Bezug auf die Grenzfrage vorab vertraulich abzusprechen. Die vereinbarte Sprachregelung solle dann in die gleichlautenden Entschließungen der beiden deutschen Parlamente – die somit über die Resolutionen vom 8. November und vom 8. März signifikant hinausgingen – und schließlich in den Grenzvertrag mit dem vereinten Deutschland übernommen werden.[56] Diese Erklärungen waren für Kohl, wie er öffentlich bekundete, «die politisch stärkste Form der Festlegung, die von den Deutschen vor der Vereinigung vorgenommen» werden könne.[57]

Die Wogen glätteten sich allmählich, wenngleich auch nun noch nicht wirklich Ruhe einkehrte: die polnische Regierung stellte abermals weiterreichende Forderungen, die auf eine Verfassungsänderung des vereinten Deutschlands zielten, weiterhin herrschte Dissens zwischen Bonn und Warschau über das Procedere eines Vertragsabschlusses, wobei sich die DDR-Regierung auf Mazowieckis Seite stellte, und auch die Differenzen zwischen Bundeskanzleramt und Auswärtigem Amt hielten an.[58]

Auf der Agenda obenan aber standen nun die gleichlautenden Erklärungen, mit denen die Stunde der Wahrheit in der Union gekommen war, die Kohl mit seiner Haltung in der polnischen Grenzfrage bis dahin aufzuschieben getrachtet hatte. Ohne Anerkennung der Oder-Neiße-Grenze, so machte der Kanzler vor dem CDU-Bundesvorstand am 11. Juni klar, werde es keine deutsche Einheit geben.[59] Zwar lehnten die Vertriebenenfunktionäre in der Union diese Anerkennung ab. Doch kamen aus ihren Reihen letztlich nicht mehr als 15 Gegenstimmen, als der Deutsche Bundestag und die Volkskammer der DDR am 21. und 22. Juni in identischen Beschlüssen dem «Willen Ausdruck» gaben, «daß der Verlauf der Grenze zwischen dem vereinten Deutschland und der Republik Polen durch einen völkerrechtlichen Vertrag endgültig [...] bekräftigt» und der bestehenden Grenze entsprechen werde.[60] Damit war der deutsche Abschied von den Ostgebieten so definitiv wie möglich besiegelt – eine unumgängliche Anerkennung historisch-politischer Realitäten von freilich historischer Tragweite: jahrhundertelang deutsch besiedeltes Gebiet von einer Fläche, die größer war als die der DDR, wurde nunmehr endgültig aufgegeben, und besiegelt wurde damit nicht nur eine Folge des verlorenen deutschen Angriffskrieges, sondern ebenso der sowjetische Anteil am Hitler-Stalin-Pakt zur vierten Teilung Polens von 1939, um dessen Einbehaltung willen der sowjetische Diktator 1945 die ‹Westverschiebung› des Landes verfügt hatte.

Zwar hielten Unstimmigkeiten verschiedener Art bis zum Vertragsabschluss an, doch hatte das Thema durch diese offizielle Willensbekundung zur gesamtdeutschen Grenzanerkennung seine Virulenz auf internationaler Ebene verloren. Als der polnische Außenminister am 17. Juli an der dritten Zwei-plus-Vier-Ministerkonferenz in Paris teilnahm, wurde nur noch bestätigt, was inhaltlich von Anfang an, seit den gleichlautenden Parlamentserklärungen auch formell klar war. Am 14. November schließlich unterzeichnete Außenminister Genscher in Warschau jenen kurzen Vertrag, um den Polen monatelang so entschlossen gekämpft hatte, in dem Deutschland und Polen «die zwischen ihnen bestehende Grenze» bestätigten, sie abermals für unverletzlich erklärten und zusicherten, «daß sie gegeneinander keinerlei Gebietsansprüche haben und solche auch in Zukunft nicht erheben werden.»[61] Somit war eine Frage, um die es bei den Entscheidungsträgern inhaltlich gar keinen Dissens gegeben hatte, an der sich freilich Vorbehalte und Unsicherheiten verschiedener Art kristallisierten, am Ende einvernehmlich – und auch, das hatte Kohl erreicht, unter Einschluss der betroffenen Vertriebenen – so beantwortet worden, wie es der Sache nach nicht anders zu erwarten gewesen war. Anders lagen die Dinge im Falle des sicherheitspolitischen Kernproblems der deutschen Wiedervereinigung: der Bündnisfrage.

3. Der «Kern der Deutschlandfrage»

Positionierungen

Als klar war, dass die deutsche Wiedervereinigung kommen würde, war ebenso klar, worüber die zentrale internationale Auseinandersetzung zu führen war: über die Bündniszugehörigkeit eines vereinten Deutschlands. Dass sich zwei Staaten binnen weniger Monate vereinigten, die sich zuvor an der hochgerüsteten Grenze zwischen den gegnerischen Blöcken als Exponenten ihrer jeweiligen Bündnisse gegenübergestanden hatten, war historisch eine wahrlich besondere Situation. Dabei verlief die Konfliktlinie in der Bündnisfrage entlang der alten Blockgrenzen: unter amerikanischer Maßgabe verfolgten die vier westlichen Regierungen das Maximalziel, das Gebiet der DDR uneingeschränkt in die NATO einzubeziehen. Die sowjetische Führung lehnte dies, wenig verwunderlich, rundheraus ab – eine Ausdehnung der NATO auf das Gebiet der DDR bedeutete eine fundamentale Verschiebung der europäischen Sicherheitsarchitektur zu Lasten der Sowjetunion und ganz gegen ihre Traditionen und Großmachtinteressen. Worin aber lagen noch die sowjetischen Interessen? Gorbatschow zielte in diesen Monaten vorrangig auf die Rettung der Sowjetunion in ihrem inneren Bestand, während er außen- und sicherheitspolitisch keine originäre Perspektive entwickelte; am ehesten hätte ein neues europäisches Sicherheitssystem nahegelegen, das der Kreml auch wiederholt forderte, aber nie konkretisierte.

Auf westlicher Seite erwiesen sich demgegenüber die Verabredungen von Bush, Baker und Kohl in Camp David Ende Februar 1990 als wegweisende strategische Übereinkunft, die multilaterale Sicherheitspolitik mit den bilateralen deutsch-sowjetischen (Wirtschafts-)Beziehungen verband. Die US-Regierung kümmerte sich um die Absicherung des Vereinigungsprozesses nach außen und führte die sicherheitspolitische Feder im westlichen Lager, während die Bundesregierung für die materielle Ausgestaltung der Vereinigung gegenüber der Sowjetunion sorgte.

Mit und nach Camp David hatte sich Kohl in der Bündnisfrage intern und öffentlich auf die Linie der US-Regierung und somit auf eine uneingeschränkte gesamtdeutsche NATO-Mitgliedschaft mit einer mili-

tärischen Übergangsregelung für das Gebiet der DDR als westliches Verhandlungsziel festgelegt – und somit gegen Genscher, dessen Position
eingeschränkter NATO-Zuständigkeiten für das DDR-Territorium er
zuvor noch unterstützt hatte.[62] Den Außenminister, der nicht zuletzt von
amerikanischer Seite beargwöhnt wurde[63], auf die Linie des Kanzlers zu
bringen, ging nicht ohne interne Reibungen vonstatten. Am 23. März
stellte Genscher öffentlich einen zweistufigen Plan für einen Wandel der
Militärbündnisse vor, der auf einen «Verbund gemeinsamer kollektiver
Sicherheit» und schließlich auf neue Sicherheitsstrukturen hinauslief, in
dem die bisherigen Bündnisse aufgehen sollten.[64] «Voller Zorn» schrieb
ihm Kohl daraufhin einen Brief, wie Teltschik überliefert: Genschers
Aussagen «könnten als Signal an die Sowjetunion interpretiert werden,
daß die Bundesregierung für die Auflösung der Bündnisse sei, was der
Westen als Einlenken der Deutschen gegenüber der Sowjetunion verstehen könnte. Kohl läßt Genscher wissen, daß er seine Aussagen nicht teile
und nicht zulasse, daß die Bundesregierung durch solche öffentlichen Erklärungen auf Positionen festgelegt werde, die er nicht unterstützen
könne.»[65]

Obgleich noch weitere Differenzen zwischen Kohl und Genscher be-
vorstanden,[66] setzte der Kanzler sich durch und verpflichtete die Bundesregierung auf das Ziel einer gesamtdeutschen NATO-Mitgliedschaft
unter Ausdehnung der Verteidigungspflichten der NATO nach Osten und
Zugehörigkeit zu ihrer Militärstruktur. Zugleich hatte der amerikanische
Präsident dementsprechende Einigkeit zwischen den westlichen Regierungen hergestellt – wobei Mitterrand noch im Mai gegenüber Gorbatschow erkennen ließ, dass er die Deutschen lieber daran hindern würde,
«das zu verwirklichen, wonach sie streben» –,[67] was angesichts der Geschichte innerwestlicher Auseinandersetzungen weder selbstverständlich
noch zu unterschätzen war. Nach den Kontroversen um die Jahreswende
entging das westliche Lager mit seinen unterschiedlichen Positionen somit der Gefahr, in die unabsehbare Eigendynamik komplexer Verhand-
lungssituationen zu geraten. Es begab sich vergleichsweise geschlossen in
die Verhandlungen mit der Sowjetunion über die äußere Gestaltung der
deutschen Einheit.

Die Moskauer Bekundungen, eine gesamtdeutsche NATO-Mitgliedschaft kategorisch abzulehnen, wurden unterdessen Legion.[68] Dass der

sowjetische Botschafter Kwizinksi am 22. März, auf dem Sprung in die Moskauer Zentrale, nach einem Gespräch mit Kohl «beim Hinausgehen» zu Teltschik sagte, «daß die NATO-Mitgliedschaft für Moskau die schwierigste Frage sei» und Bonn sich «etwas einfallen lassen» solle, «um dieses Problem zu lösen»[69], nährte im Westen Spekulationen darüber, inwiefern der Kreml in dieser Frage vornehmlich taktiere, Gorbatschow und Schewardnadse «in dieser Frage pokerten», um den Preis für eine Zustimmung in die Höhe zu treiben.[70] Gerade Horst Teltschik im Kanzleramt las aus jeder Äußerung, in der ein Diplomat allen Grund zur Vorsicht sah, einen Anlass zur Zuversicht heraus. Mit ungebrochenem Optimismus ließ er vieles machbarer erscheinen, als es vorderhand war – und machte somit zugleich manches machbarer.

Grundsätzlich aber waren die Positionen bezogen. In den April- und Maiwochen bewegten verbale Scharmützel die Diskussionsfronten ein wenig hin und her; Durchbrüche wurden freilich nicht erzielt. Noch am 25. Mai bekundete Schewardnadse gegenüber der *Welt am Sonntag*, die Sowjetunion könne einer gesamtdeutschen NATO-Mitgliedschaft nicht zustimmen, und Gorbatschows gleichzeitige Äußerungen gegenüber Mitterrand in Moskau erzeugten selbst bei Teltschik den «Eindruck, daß sich die sowjetische Position verhärtet habe»[71]. Am Vortag des amerikanisch-sowjetischen Gipfels, zu dem der sowjetische Präsident am 31. Mai in Washington eintraf und von dem der Bundeskanzler in Camp David erwartet hatte, er werde dort die entscheidende Konzession machen, äußerte Bush gegenüber Kohl die Erwartung, in «der deutschen Frage werde es bei den Gesprächen sicherlich keinen Durchbruch geben.»[72] Doch dann nickte Gorbatschow.

Durchbruch in Washington

Als Gorbatschow beim ersten Delegationsgespräch im Kabinettssaal des Weißen Hauses nickte, stimmte er George Bush zu, der, ohne viel Hoffnung auf Erfolg, den monatelangen Stillstand auf einem neuen Weg der Argumentation zu umgehen suchte: gemäß der KSZE-Schlußakte von Helsinki, so Bush, «hätten alle Staaten das Recht, ihre Bündniszugehörigkeit frei zu wählen. Also sollte auch Deutschland selbst entscheiden dürfen, welchem Bündnis es sich anschließen wolle. Dies sei doch richtig?»

Doch dann nickte Gorbatschow: Am 31. Mai 1990 stimmt der sowjetische Präsident in Washington überraschend der freien Bündniswahl eines wiedervereinigten Deutschlands zu.

Als Gorbatschow nickte, schreckten die sowjetischen Vertreter auf und wurden unruhig; die ebenso ungläubigen amerikanischen Beamten wiederum drängten ihren Präsidenten, den Kremlherrn zu einer Wiederholung seiner unerhörten Zustimmung zu bewegen – mit Erfolg: Gorbatschow sprach sich dafür aus, «dem vereinten Deutschland selbst die Entscheidung zu überlassen, zu welchem Bündnis es gehören will.» Bush legte sogar noch nach und schlug eine noch weitergehende Formulierung vor: «Die USA plädieren eindeutig für die Mitgliedschaft des vereinten Deutschlands in der NATO, wenn Deutschland jedoch eine andere Wahl trifft, werden die USA nicht dagegen einschreiten, sondern diese respektieren.» Abermals überraschte Gorbatschow mit einer knappen Erwiderung: «Einverstanden.»[73]

Direkt am Verhandlungstisch hatte der sowjetische Präsident offenbar – diplomatisch wie politisch höchst ungewöhnlich – eine glatte Kehrtwende vollzogen. Die noch immer ungläubigen amerikanischen Gesprächsteilnehmer erkundigten sich vor der abschließenden Pressekonferenz noch einmal bei der sowjetischen Seite, ob die mit Gorbatschow getroffene Formulierung in die amerikanische Erklärung aufgenommen werden könne – und ein weiteres Mal überraschte die sowjetische Seite mit ihrer Zustimmung.

An jenem 31. Mai wurde in Washington der Durchbruch in der Bündnisfrage erzielt, und Gorbatschows Berater Tschernjajew benannte den Tag dieses Gesprächs als den Zeitpunkt, an dem die Sowjetregierung der NATO-Mitgliedschaft des vereinten Deutschland zustimmte[74] – Kohls Szenario aus Camp David war Realität geworden. Die Zeitgenossen aber reagierten ungläubig: als Bush den Bundeskanzler in Ludwigshafen telefonisch informierte und ihn, wenn auch zunächst «eher beiläufig», über Gorbatschows zentrale Konzession in Kenntnis setzte, reagierte Kohl so zurückhaltend, dass Bush den Eindruck gewann, «that Kohl had not caught the point». Selbst als der US-Präsident noch zwei weitere Male klar zu machen versuchte, worum es ging, schien es, als «sei die Nachricht, selbst wenn Bush eine große Schlagzeile darüber gesetzt hätte, zu verblüffend, um wahrgenommen zu werden.»[75]

Dass in den Überlieferungen der deutschen Beteiligten der Gipfel im Kaukasus im Juli 1990 im Mittelpunkt steht, erklärt sich dadurch, dass sie in Washington nicht beteiligt waren – und dass auf diese Weise die Bedeutung des deutsch-sowjetischen Treffens und damit die Rolle der Bonner Politik im gesamten Prozess besonders hervorgehoben wird. Aber es entsprach auch der zeitgenössischen Wahrnehmung, die sich von der historischen Analyse unterscheidet: Gorbatschows Sprunghaftigkeit konnte sich auch wieder in die andere Richtung bewegen, und es gehörte durchaus zur sowjetischen Verhandlungspraxis, einen einmal erzielten Konsens bzw. bereits gegebene Zugeständnisse nachträglich wieder zurückzunehmen. Auch in der Öffentlichkeit wurden, als sei es kein Widerspruch in sich, Gorbatschows Zusage freier Bündniswahl und seine Ablehnung einer gesamtdeutschen NATO-Mitgliedschaft in einem Atemzug genannt[76]. Nur Horst Teltschik notierte nach der abschließenden Pressekonferenz, die Gorbatschows Einverständnis bekannt gab, in sein Tagebuch: «Das ist eine Sensation»[77].

Was bewog Gorbatschow zu seinem rätselhaften Umschwenken am Verhandlungstisch? Er selbst liefert keine konzise Erklärung und lässt in seinen Erinnerungen nicht einmal erkennen, dass dieser Vorgang besonders erklärungsbedürftig sei, so dass nur Vermutungen über seine Beweggründe angestellt werden können. Vielleicht habe Bush den von der Erfolglosigkeit der sowjetischen Politik frustrierten Präsidenten, so vermuten Philip Zelikow und Condoleezza Rice, mit dem Argument des von der KSZE kodifizierten Rechts auf freie Bündniswahl auf dem falschen Fuß erwischt[78]. Auch wenn dies zutrifft, so war es doch nur unter bestimmten Rahmenbedingungen möglich, denn in einer klaren strategischen Disposition ließ sich ein solches Argument jederzeit mit sicherheitspolitischen Interessen aushebeln. Gorbatschow aber war bestimmt von strategischer Planlosigkeit und Handlungsunfähigkeit in Moskau, aus der heraus er mit der ihm eigenen Sprunghaftigkeit einen Befreiungsschlag unternommen haben mochte – zumal aus sowjetischer Sicht in der deutschen Frage keine wirklich gewinnbringende Option mehr im Spiel war, außer einer günstigen materiellen Lösung, für die freilich Einvernehmen hilfreicher sein würde als Konfrontation. Jedenfalls richtete sich Gorbatschows vorrangiges Interesse bei seinem Besuch in den USA auf ein Handelsabkommen. Und so schnürte der Westen ein «Anreizpaket»[79], in das die Bundesregierung die materiellen Inhalte packte.

Gunst der Not: das deutsche Kreditangebot

Schon im Januar hatte die Bundesregierung eine Anfrage der sowjetischen Seite genutzt, um mit deutschen Hilfslieferungen das politische Klima zu erwärmen. Keine vier Monate später bot sich die Chance erneut. Am 4. Mai, einen Tag vor der ersten Zwei-plus-Vier-Außenministerkonferenz in Bonn, führte Kohl ein langes Gespräch mit dem sowjetischen Außenminister. Der Bundeskanzler regte einen gemeinsamen «großen Wurf» an, ein «Gesamtwerk» zur künftigen Gestaltung der deutsch-sowjetischen Beziehungen; umgekehrt überbrachte Schewardnadse die Bereitschaft Gorbatschows, Kohl im Juli, nach dem Parteitag der KPdSU, zu einem Gespräch außerhalb Moskaus zu empfangen. Schließlich kam der sowjetische Außenminister zu seinem eigentlichen Anliegen und fragte, außerhalb des Protokolls, wegen eines Finanzkredits an. Die Sowjetunion befand sich offenbar, wenn auch in jenem Moment nicht in dieser Deutlichkeit zu erkennen, «am Rande des Staatsbankrotts» – mit allen Chancen, aber auch Risiken für Bonn.[80]

Abermals ließ Kohl diese Möglichkeit ökonomischer Schwäche und Hilfsbedürftigkeit der Sowjetunion nicht ungenutzt, zumal sich die US-Regierung wegen der sowjetischen Pressionen gegen die Unabhängigkeitserklärung Litauens im Blick auf materielle Unterstützungen dezidiert zurückhielt. Umgehend sprach Kohl mit den Vorstandssprechern der Deutschen und der Dresdner Bank, Kopper und Röller, die der Sowjetunion freilich eine deutlich beeinträchtigte Bonität attestierten. Dennoch ließen sie sich gemeinsam mit Teltschik zu einer vertraulichen Sondermission nach Moskau entsenden. Welche Bedeutung dieser Mission dort beigemessen wurde und welche Dringlichkeit die Angelegenheit für die sowjetische Seite besaß, zeigte sich daran, dass die deutschen Abgesandten von der gesamten politischen Führung der Sowjetunion empfangen wurden. Gorbatschow erklärte, die Sowjetunion befinde sich gerade in einer schwierigen Übergangsphase zwischen Kommando- und Marktwirtschaft, die es zu verkürzen gelte, und der Vorsitzende des Ministerrates, Ryschkow, sprach davon, im Innern würden zunehmend Forderungen laut, zum alten System vor 1985 zurückzukehren. Notwendig sei eine akute Infusion von Liquidität, und daher bat Moskau um einen ungebundenen Finanzkredit von 1,5 bis 2 Milliarden Rubel zur Sicherung der Zahlungsfähigkeit und um einen langfristigen Kredit in Höhe von 10 bis 15 Milliarden Rubel zu Vorzugsbedingungen, sprich: Vorzugszinsen von 1,5 bis 2 Prozent, mit 10–15-jähriger Tilgungsfrist bei fünf Freijahren, wobei ein Rubel als eine D-Mark gerechnet wurde. «Eine solche Hilfe», so Ryschkow, «werde es ihnen ermöglichen, wieder Boden unter die Füße zu bekommen und die Perestroika weiterzuführen.» Die Botschaft an die Bundesregierung war eindeutig, und ebenso die vorläufige Antwort Teltschiks: Kohl verstehe «diese Zusammenarbeit und Unterstützung als Teil des Gesamtpaketes zur Lösung der anstehenden Fragen»[81].

Wider besseres ökonomisches Wissen und gegen die Einwände Röllers und Koppers gegen die Bonität der Sowjetunion ließ Kohl aus politischen Gründen das Angebot eines von der Bundesregierung verbürgten kurzfristigen Finanzkredits in Höhe von fünf Milliarden D-Mark erarbeiten, das er Gorbatschow am 22. Mai unterbreitete. Im Hinblick auf langfristige Kredite versprach Kohl, auf europäischer Ebene zu sondieren, was letztlich wenig erfolgreich blieb. Jedenfalls äußerte Kohl vor dem Bundesvorstand der CDU, für die Sowjetunion sei die Frage künftiger Wirtschaftsbeziehungen wichtiger als die deutsche NATO-Zugehörigkeit; eine großzügige wirtschaftliche Kooperation werde die Lösung der Sicherheitsprobleme erleichtern – oder, wie er Gorbatschow gegenüber in aller Deutlichkeit formuliert hatte: «eine konstruktive Lösung der anstehenden Fragen ermöglichen.»[82]

Zurück und Vor

Den sicherheitspolitischen Teil des Anreizpaketes schnürte die US-Regierung. Alle Vorschläge wurden zu einem 9-Punkte-Programm gebündelt, das Außenminister Baker Mitte Mai 1990 in Moskau vorlegte: neben Abrüstungsschritten, einer Weiterentwicklung der KSZE und manchem anderen enthielt es vor allem eine politische und militärische Veränderung der NATO. Ganz auf Gorbatschow hin formuliert, hatte Bush bereits am 4. Mai öffentlich von einer Revision der NATO-Strategie gesprochen.[83]

Unterdessen verhärtete sich, angesichts der wachsenden inneren Schwierigkeiten und des bevorstehenden Parteitages, die sowjetische Diplomatie, und sie zeigte sich im Juni in ihrer ganzen Janusköpfigkeit. Nachdem sie bei der Zwei-plus-Vier-Beamtenrunde in Ost-Berlin am 9. Juni mit ‹Hardliner-Forderungen› aufgewartet hatte, trafen sich Genscher und Schewardnadse zwei Tage später im weißrussischen Brest und am 18. Juni im westfälischen Münster, an bewusst gewählten historisch schicksalsträchtigen Orten, in denen sich die gesamte Ambivalenz der europäischen Geschichte spiegelte. So lag die Bedeutung dieser symbolisch inszenierten und öffentlich stark wahrgenommenen Begegnungen auch nicht in konkreten Entscheidungen oder politischen Vereinbarungen, sondern mehr im Psychologischen und in geschaffenem gegenseitigem Vertrauen.

Vier Tage danach zeigte sich die sowjetische Seite wieder von ihrer konfrontativen Seite, als Schewardnadse in Schloss Schönhausen den Entwurf der Prinzipien für eine künftige Regelung der Deutschlandfrage vorlegte, der weit hinter den Stand der Dinge zurückfiel, der in den bilateralen amerikanisch-sowjetischen und sowjetisch-deutschen Gesprächen erzielt worden war, und an frühere Praktiken sowjetischer Diplomatie erinnerte. Konkret schlug das Papier eine Begrenzung der gesamtdeutschen Streitkräfte auf 200 000 bis 250 000 Mann und einen entmilitarisierten Streifen in Deutschland vor sowie einen Aufschub der Verhandlungen über die Bündnisfrage und über die Aufhebung der Vier-Mächte-Rechte auf die Zeit nach der Herstellung der staatlichen Einheit.[84]

Als Baker seinen sowjetischen Amtskollegen im kleinen Kreis zur Rede stellte, gab Schewardnadse zu verstehen, die inneren Probleme und Widerstände hätten ihn vor dem Parteitag zu einem Auftritt für die sowjetische Innenpolitik genötigt, der, wie er schon mehrfach erklärt hatte, zum politischen «Dreh- und Angelpunkt» für die Sowjetunion werde. Wenn er und Gorbatschow von der politischen Bühne abträten, so raunte der sowjetische Außenminister, wäre klar, wer an ihre Stelle treten würde und welche Art von Staat dies bedeuten würde.[85] Die konkrete Vorstellung überließ er der Phantasie seines Gesprächspartners; hinreichend deutlich war freilich, dass dies für den Westen und für die Wiedervereinigung nichts Gutes bedeuten würde.

So blieb den westlichen Regierungen nur, den dreizehntägigen Parteitag abzuwarten, der am 1. Juli begann. Eines aber konnten sie tun: Schewardnadse hatte ebenfalls wiederholt signalisiert, dass der bevorstehende NATO-Gipfel in London, der für den 5. und 6. Juli angesetzt war, von großer Bedeutung für den weiteren Verlauf des Parteitags sein würde. Dieser außerordentliche Gipfel war Anfang Mai auf Drängen Bushs vereinbart worden, der die Absicht verfolgte, ein großes Rad zu drehen. Darin ganz in Übereinstimmung mit Kohl, hatte der amerikanische Präsident die Revision der NATO-Strategie angekündigt, im Hinblick auf die politische Rolle der NATO im neuen Europa, auf die konventionelle und nukleare Verteidigung sowie hinsichtlich der westlichen Ziele für den KSZE-Prozess: «Wir müssen den Sowjets und den Osteuropäern und der Öffentlichkeit in unseren eigenen Ländern in diesem Zusammenhang zeigen, daß das Bündnis in einem neuen Europa ein verändertes Gesicht haben wird.»[86] Und daher müsse die Gipfelerklärung, so Bushs Sicherheitsberater Scowcroft, «ein starkes politisches Dokument mit neuen Ideen für die Umwandlung des Bündnisses» werden und kein «weiteres NATO-Kommuniqué, das wie alle übrigen verwässert wird»[87].

Auf dem Londoner NATO-Gipfel brachten Margaret Thatcher und
François Mitterrand zwar – sachlich durchaus berechtigt – genuin militär-
strategische Bedenken gegen den dezidiert politischen Entwurf vor. Doch
kam schließlich ein breiter Konsens über die «Londoner Erklärung» der
NATO zustande, die den Staaten des zerfallenden Ostblocks weit entgegen ging. Sie betonte den defensiven Charakter der NATO und kündigte
eine neue Strategie an, die Atomwaffen anstelle der bisherigen Doktrin
der ‹flexible response› als ‹Waffen des letzten Rückgriffs› deklarierte, sie
bot militärische Abrüstung und eine Intensivierung militärischer Kontakte
an, den Ausbau der KSZE sowie den Abschluss einer gemeinsamen Erklärung, sich gegenseitig nicht mehr als Gegner zu betrachten.[88] Sie versprach, wie Bush an Gorbatschow schrieb, eine «Transformation des
Bündnisses in jedem Aspekt seiner Tätigkeit und insbesondere in seiner
Beziehung zur Sowjetunion»[89] – für die, so der Hintergrund, die Mitgliedschaft eines vereinten Deutschlands keine Bedrohung darstelle, sondern
vielmehr zum Vorteil gereiche. Jedenfalls reagierte Gorbatschow umgehend – nicht zuletzt, um den internen Kritikern zuvorzukommen – mit
einer positiven Stellungnahme, und überhaupt stieß die Londoner Erklärung bei den Moskauer Reformern auf erleichterte Anerkennung.[90]

«Eine Bande Übergeschnappter in der Provinz und ein Rudel Dema-
gogen in den Städten» sah derweil Gorbatschows zunehmend verbitterter
Berater Tschernjajew auf dem XXVIII. Parteitag in der Geschichte der
Kommunistischen Partei am Werk, von der er nichts mehr erwartete. Daher brachte er auch wenig Verständnis für Gorbatschows werbendes Verhalten auf, das er schon seit längerem kritisierte: «Die ganze Mannschaft
erwies sich als unfähig, sich zu verteidigen, ganz zu schweigen von ihrer
Unfähigkeit zum Gegenangriff.»[91] Vorderhand sah die Bilanz für Gorbatschow nach dem Parteitag indessen so schlecht nicht aus: der vielfach
erwartete Aufstand aus der Partei war ausgeblieben; stattdessen hatte er
sich durch die Untiefen des Konvents manövriert, der ihn als Generalsekretär bestätigte, seinen Kandidaten für das Amt des Stellvertreters gegen seinen schärfsten Opponenten wählte und seine Position an der
Spitze einstweilen festigte. Die eigentliche Gefahr stand Gorbatschow
allerdings in der Person von Boris Jelzin ins Haus, dem radikalen Reformer und degradierten Kandidaten des Politbüros, der auf dem Parteitag
lautstark die KPdSU verließ, auf diesem Wege aber als Gegner Gorbat-

schows nicht verschwand, sondern über die russische Republik macht-
voller als zuvor wieder zurückkam. Erst einmal aber machte Gorbatschow deutschlandpolitisch reinen Tisch, als er unmittelbar nach dem
Parteitag eine Delegation aus Bonn unter der Leitung des Bundeskanzlers
empfing.

Dieser war unterdessen – nach dem NATO-Gipfel und einem Abste-
cher nach Rom, wo er dem Sieg der deutschen Nationalmannschaft im
Endspiel der Fußball-Weltmeisterschaft beiwohnte – abermals in die Vereinigten Staaten, zum G7-Gipfel nach Houston gereist. Dort hoffte Kohl
noch ein materielles Bonbon in das Anreizpaket für die Sowjetunion zu
packen, indem er sich um einen internationalen Kredit für die Sowjetunion bemühte. Damit war ihm aber kein direkter Erfolg beschieden: zu
mehr als einem Auftrag an den Internationalen Währungsfonds, eine Studie als Grundlage künftiger Hilfsprogramme zu erstellen, fanden sich die
Regierungen der führenden Weltwirtschaftsnationen nicht bereit.[92] Diese
Zurückhaltung mochte der Bundesregierung aber auch zugutekommen:
sie machte die Bundesrepublik als denjenigen Staat kenntlich, der sich für
eine ökonomische Unterstützung der Sowjetunion verwendete. So jedenfalls flogen Kohl und Genscher, mit einer Reihe offener Fragen im Gepäck und einer großen Delegation im Gefolge, im Anschluss an den
KPdSU-Parteitag nach Moskau.

Der Gipfel im Kaukasus

«Die Erde sei rund, und sie beide würden um sie herumfliegen»[93] – so
empfing Gorbatschow am Morgen des 15. Juli, einem Sonntag, den
deutschen Kanzler im Gästehaus des sowjetischen Außenministeriums
in Moskau zum ersten Gespräch im Rahmen des Regierungsbesuchs, zu
dem der sowjetische Präsident Kohl bereits am 11. Juni in die Sowjetunion eingeladen hatte. Dass er ihn genau einen Monat später wissen
ließ, er wolle mit ihm in seine kaukasische Heimat fahren, wie Teltschik
selbst im Mai in Moskau angeregt hatte, wurde in Bonn als außerordentlich ermutigendes Zeichen aufgefasst. Am 14. Juli brach die deutsche Delegation mit zwei Maschinen zu einem dreitägigen Regierungsbesuch zunächst in Moskau, dann in Archys im Kaukasus auf, wobei
Kohl und Genscher noch auf dem Hinflug in eine heftige Auseinander-

setzung über die verhandelbaren Obergrenzen der deutschen Bundeswehr gerieten.[94]

Zu ihrem ersten Gespräch kamen Gorbatschow und Kohl nur in Begleitung ihrer Berater Tschernjajew und Teltschik sowie der Dolmetscher zusammen. Nach einer persönlichen und allgemeinen historischpolitischen Eröffnung, mit der sich Kohl, wie so häufig, um eine Atmosphäre des persönlichen Vertrauens bemühte, kam das Gespräch zum Punkt: auf die Bündnisfrage, und Gorbatschow machte es kurz: «Die Mitgliedschaft Deutschlands in der NATO – hier ist die Frage klar. De facto dürfen nach der Vereinigung auf dem Territorium der heutigen DDR keine Streitkräfte der NATO stehen. Das betrifft die Übergangsperiode; danach ist das Problem nicht mehr akut.»[95] Gorbatschow setzte die gesamtdeutsche NATO-Mitgliedschaft also voraus. «Auf diese überraschende Aussage reagiert der Bundeskanzler ohne erkennbare Regung. Dagegen fliegt mein Kugelschreiber über das Papier», überliefert Teltschik seine Eindrücke. «Äußerst konzentriert versuche ich, jedes Wort des Dolmetschers originalgetreu festzuhalten. Ich weiß, daß es jetzt darauf ankommt, wortgenau zu protokollieren, um im nachhinein keine Mißverständnisse aufkommen zu lassen.»[96]

In der Tat steckte der Teufel im Detail konkreter Regelungen und Formulierungen, und Gorbatschows Position war auch nicht ganz klar: während der Übergangszeit, solange sowjetische Truppen stationiert blieben – wofür Gorbatschow drei bis vier Jahre veranschlagte –, sollte das Territorium der DDR zwar die «Mitgliedschaft» in der NATO besitzen, aber nicht zu ihrem «Geltungsbereich» gehören[97]; laut dem von Gorbatschow publizierten sowjetischen Protokoll, das stärker auf die Vertretung der sowjetischen Interessen abhebt, sollte es für diesen Zeitraum sogar «im Wirkungsbereich des Warschauer Vertrages» bleiben[98], worin die beiden Protokolle leicht voneinander abweichen.

Dass Kohl dieses Gespräch mit dem Eindruck beschloss, die Standpunkte seien «letztlich doch unvereinbar», und gar eine Fortsetzung des Gesprächs in Zweifel zog, wie er später schrieb[99], geht aus Teltschiks Protokoll und seinem Tagebucheintrag so jedoch nicht hervor, und Regierungssprecher Klein berichtet, Kohl habe ihm nach dem Gespräch zugeraunt: «Alles ist gelaufen.»[100] Freilich blieb einiges noch erst zu regeln und eine Gesamtübereinkunft zu besiegeln. Für die Fortsetzung der Ge-

Fototermin mit Strickjacke: Genscher, Gorbatschow und Kohl im kaukasischen Archys am 15. Juli 1990.

spräche im Kaukasus eröffnete Gorbatschow jedenfalls optimistische Perspektiven: «In der klaren Bergluft sieht man vieles klarer.»[101]

Am Nachmittag flogen die Delegationen in das südrussische Stawropol, wo Gorbatschow den deutschen Gästen sein vormaliges Büro aus seiner Zeit als Parteisekretär zeigte, und dann weiter mit Hubschraubern in den Kaukasus.[102] Ein Zwischenstopp bei Bauern auf dem Feld bei der Erntearbeit gehörte zu jenen visuellen Inszenierungen, die den Besuch symbolisch aufluden. Dies war zumal in Archys der Fall, wo sie Gorbatschows Datscha erreichten, die als ehemalige Oberförsterei freilich etwas größer ausfiel als eine gewöhnliche Datscha und doch sehr schlichte Unterkunft bot. Auf einem Spaziergang entstanden die Bilder von Kohl und Gorbatschow in legerer Kleidung am Fluss Selentschuk – bewusst geschaffene Ikonen, vor allem das Foto der beiden mit Genscher auf einer Sitzgruppe aus Baumstümpfen, die später gemeinsam mit Kohls Strickjacke ins Bonner Haus der Geschichte gelangte.

Natürlich wurden die Entscheidungen nicht dort getroffen, sondern bei den offiziellen Gesprächen in Gorbatschows Haus, insbesondere dem fast vierstündigen Delegationsgespräch im erweiterten Kreis am Vormittag des 16. Juli.[103] Erleichtert durch die bewusst aufgelockerte Atmosphäre, lagen vor den in der Tat grundlegenden Vereinbarungen nichtsdestoweniger lange und gewundene Verhandlungen. Gorbatschow dominierte die sowjetische Verhandlungsführung, die offenbar kaum mit Schewardnadse abgestimmt war und keine konsistente Linie erkennen ließ. Vielmehr schwankte er zwischen überraschender Großzügigkeit in zentralen Fragen und Unnachgiebigkeit in vermeintlich nachgeordneten; allgemein neigte Gorbatschow dazu, statt gegenseitige Konzessionen hart auszuhandeln, zunächst Zugeständnisse zu machen und im Nachgang Nachforderungen zu erheben. Kohl spielte demgegenüber, so Tschernjajew, der im Kaukasus allerdings nicht dabei war, ein «faires, aber hartes Spiel.»[104] Immer wieder fasste er dabei die konsensualen Punkte zusammen, stellte die strittigen zunächst zurück, um sie wieder aufzunehmen, nachdem eine Annäherung auf anderen Feldern erreicht war. So kumulierte er Konsens, ohne dass ihn die sowjetische Seite am Schluss wieder in großem Bogen in Frage stellte – zudem ergänzten sich Kohl und Genscher, bei aller Verschiedenheit, jedenfalls an diesem Tag letztlich problemlos.

Hinsichtlich der NATO-Frage bestand Genscher darauf, die deutsche Bündnisfreiheit schriftlich zu fixieren, wobei Deutschland die NATO-Mitgliedschaft wünsche. Gorbatschow erklärte sich damit einverstanden, allerdings ohne ausdrückliche Erwähnung der NATO, womit er wieder auf seiner Washingtoner Linie vom 31. Mai lag; das Ergebnis war natürlich dasselbe, aber es machte für die sowjetische Seite protokollarisch und psychologisch einen großen Unterschied. Mit der Vereinigung Deutschlands, so eine zentrale Vereinbarung, sollten die Vier-Mächte-Rechte erlöschen und Deutschland somit die volle Souveränität erhalten.

Kompliziert gestalteten sich noch einmal die Verhandlungen um die konkrete Form der Einbeziehung des DDR-Territoriums in die NATO. Einigung erzielten beide Seiten über einen sowjetischen Truppenabzug binnen drei bis vier Jahren, der von einem Überleitungsvertrag über deutsche Hilfen bei Wohnungsbau, Umschulung etc. begleitet werden sollte. Während der Übergangszeit der Anwesenheit sowjetischer Truppen – so erklärte es Kohl anschließend bei der Pressekonferenz in Gelesno Wogsk und tags darauf, unter dem Beifall selbst der Journalisten, in Bonn[105] –

sollten «keine Strukturen der NATO auf dieses Gebiet ausgedehnt» werden, allerdings die Beistandsverpflichtung des Bündnisses gelten und die drei Westmächte für diesen Zeitraum in Berlin verbleiben. Zugleich sollten nicht in die NATO integrierte deutsche Streitkräfte auf dem Territorium der DDR stationiert werden können, nach dem Abzug auch der NATO angegliederte deutsche Truppen, nicht jedoch ausländische Verbände und auch keine Atomwaffen. Die Obergrenze der Bundeswehr wurde auf 370 000 Mann festgelegt, was die zusammengezählten Streitkräfte von Bundeswehr und Nationaler Volksarmee um 45 Prozent verringerte. Zugleich artikulierte Kohl in Archys abermals die «Vision des umfassenden Vertrags», um «eine neue Qualität der Beziehungen einzuleiten.»[106]

Auf dem Rückflug nach Bonn ließ Kohl den mitreisenden Journalisten Sekt ausschenken, um mit ihnen anzustoßen, zeigte sich jedoch zurückhaltender als nach seinem Besuch im Februar. Zugleich ließ er vor der Bundespressekonferenz in Bonn am nächsten Tag keinen Zweifel, dass der Gipfel im Kaukasus den «Durchbruch auf dem Wege zur Regelung der äußeren Aspekte der deutschen Einheit»[107] gebracht hatte.

In der Tat waren aus deutscher Sicht unerwartet weitgehende Vereinbarungen erzielt worden. Gorbatschow stimmte einer Lösung zu, die nahe an der im Frühjahr bezogenen Maximalposition des Westens lag und die ursprünglichen Erwartungen weit übertraf. Dabei war es nicht, wie oftmals behauptet oder suggeriert, «der Durchbruch» in der entscheidenden Frage der Bündniszugehörigkeit und im gesamten internationalen Vereinigungsprozess, der im Kaukasus erreicht worden sei. Die zentrale sicherheitspolitische Konzession hatte Gorbatschow im Grundsätzlichen bereits sechseinhalb Wochen zuvor gegenüber dem Präsidenten der westlichen Supermacht gemacht, und bei den sowjetisch-deutschen Gesprächen setzte Gorbatschow die gesamtdeutsche NATO-Mitgliedschaft folglich bereits voraus. Doch blieb eben dies in Moskau und in Archys im Einzelnen auszuhandeln und eine Reihe von grundlegenden konkreten Vereinbarungen zu treffen – über den Abzug der sowjetischen Truppen aus einem vereinigten Deutschland, über die Stationierung deutscher Verbände auf dem Gebiet der DDR und über die Obergrenzen der gesamtdeutschen Bundeswehr –, um eine definitive Gesamtlösung der deutschen Frage herbeizuführen. Dazu gehörte auch die in Archys nicht

konkret verhandelte finanzielle Unterstützung für die Sowjetunion, die
nominell am Abzug der sowjetischen Truppen aufgehängt wurde, und die
Neugestaltung der Beziehungen zwischen den vormaligen Gegnern in einem umfassenden politischen Vertrag.

Die Motive der sowjetischen Führung, insbesondere Gorbatschows,
für diese weitreichenden Konzessionen sind dabei nicht einwandfrei zu
bestimmen. Sicher ist nicht alles auf die notorische sowjetische Konzep-
tionslosigkeit zurückzuführen. Offenkundig wogen für Gorbatschow,
fixiert auf den inneren Bestand der Sowjetunion statt auf ihre imperiale
Perspektive und ohne konstruktive alternative Option, der Verlust des
östlichen Deutschlands und auch die Mitgliedschaft des gesamten
Deutschlands in der NATO – das sowjetische *Worst case*-Szenario in der
Zeit des Kalten Krieges – leichter als die Vorteile aus der Partnerschaft
mit einem vereinten Deutschland samt seinen Kompensationsleistungen
und seiner Unterstützung. Darüber blieb freilich noch erst zu verhandeln,
und hier legte Gorbatschow kräftig nach.

Nachspiel

Nach der Einigung im Kaukasus blieben fünf Verträge im Einzelnen auszuhandeln: der deutsch-sowjetische Generalvertrag, der Vertrag über die
Stationierung und den Abzug der sowjetischen Truppen, der Überleitungsvertrag über die damit verbundenen Kosten, ein allgemeiner Wirt-
schaftsvertrag sowie der Zwei-plus-Vier-Vertrag. Dass der letztere, rechtzeitig vor dem zwischenzeitlich auf den 3. Oktober vorgezogenen Vollzug
der deutschen Einheit, am 12. September unterzeichnet werden sollte,
erzeugte einen Zeitdruck, der die sowjetische Verhandlungsposition
stärkte.

In dem Willen, «das Eisen zu schmieden, solange es heiß war», ließ
der stellvertretende Außenminister Kwizinski, bis kurz zuvor Botschafter
in Bonn, Ende August gegenüber Teltschik keinen Zweifel, worum es
ging: «Die Lage in der Sowjetunion spitze sich zu. Angesichts der Beratungen über den zukünftigen Unionsvertrag und über die grundlegende
Wirtschaftsreform stünden sie vor einer heißen Phase. Außenminister
Schewardnadse wolle ausdrücklich darauf aufmerksam machen, daß sich
jetzt die sowjetische Führung in einer ‹kritischen Minute› befinde.» Die

sowjetischen Erwartungen kristallisierten sich vor allem am Überleitungsvertrag, namentlich an deutschen Hilfen beim Wohnungsbau und bei den Ab- und Umzugskosten für jährlich 80 000 Familien. Wenn es nicht zu Lösungen komme, schlössen die Militärs, so ließ der Diplomat die sowjetischen Folterwerkzeuge aufblitzen, einen Abzug binnen drei bis vier Jahren aus.[108]

Die sowjetischen Forderungen übertrafen die deutschen Vorstellungen bei weitem. Gegenüber der ursprünglichen internen Kalkulation von 4 Milliarden DM und einem deutschen Angebot von 6 Milliarden beliefen sie sich Anfang September auf 18,5 Milliarden DM für ein Wohnungsbauprogramm (mit 11 Milliarden die größte Einzelposition), Aufenthalts- und Transportkosten sowie Umschulungs- und Ausbildungsmaßnahmen.[109] Wenige Tage vor dem geplanten Abschluss der Zwei-plus-Vier-Verhandlungen, ging es in der Tat um das, was man vorher so nicht hatte aussprechen wollen: den Preis für die Einheit. Nun galt es zu feilschen, und das war, angesichts der Größenordnungen, Chefsache: am Freitag, dem 7. September, telefonierten Kohl und Gorbatschow.[110] Es war ihr erster persönlicher Kontakt seit der Verabschiedung im Kaukasus, und nun ging es deutlich härter zu als in der frischen Abendluft am Selentschuk. Als Kohl, statt über Teilpositionen zu reden, ein «Gesamtangebot in einer Größenordnung von ca. 8 Mrd. DM» unterbreitete, entgegnete ihm Gorbatschow «mit Deutlichkeit», wie es selbst im deutschen Protokoll heißt, dass «diese Zahl in eine Sackgasse führt. [...] Er müsse sagen, die Situation sei für ihn sehr alarmierend. Es komme ihm so vor» – so führte er seine Kritik an Kohl auf den Gipfel, nicht ohne unverblümt auf den 12. September hinzuweisen –, «als sei er in eine Falle geraten.» So «könne und wolle man nicht miteinander reden», entgegnete Kohl, und da sich eine Einigung auf diesem Wege nicht erzielen ließ, wurde das Gespräch vertagt.

Im Bundesfinanzministerium wurde über das Wochenende gerechnet und ein neues Angebot ausgearbeitet, das die Grenzen der deutschen Leistungsfähigkeit bei 11 Milliarden DM bzw. 10 Milliarden zuzüglich eines zinslosen Kredits über weitere 3 Milliarden veranschlagte,[111] und am 10. September telefonierten Kohl und Gorbatschow abermals.[112] Als Gorbatschow mit unablässigem Nachdruck 15–16 Milliarden D-Mark forderte, ging Kohl über die intern gezogene äußerste Verhandlungslinie hinaus und bot 12 Milliarden, aufgeteilt auf vier Jahre, sowie einen zinslosen Kredit mit 5-jähriger Laufzeit in Höhe von 3 Milliarden DM. Dies führte zur Einigung. Dass die deutschen Leistungen jenseits dessen lagen, was das Finanzministerium als Grenze der deutschen Zahlungsfähigkeit beziffert hatte, war in gewisser Weise nur ein Vorgeschmack: die Vereinigung Deutschlands sollte künftig noch ganz andere Summen erforderlich machen.

Zunächst aber war der am Ende noch einmal mit widrigen Hindernissen gesäumte Weg frei: am 12. September wurde der Zwei-plus-Vier-Vertrag unterzeichnet[113], am 12. Oktober fand die Unterzeichnung des Abzugsvertrags und des Überleitungsabkommens und am 9. November des deutsch-sowjetischen Partnerschaftsvertrags statt, der bereits am 13. September paraphiert worden war.[114] Es wurde auch Zeit: Gorbatschow geriet, nach seinem Zwischenhoch im Sommer, immer tiefer in Schwierigkeiten und schien schrittweise von der Reformpolitik abzurücken. Schon bevor das gewaltsame Eingreifen der Sowjets in Litauen und Lettland im Januar 1991 mindestens 27 Todesopfer forderte, war Außenminister Schewardnadse am 20. Dezember 1990 unter nebulösen Andeutungen der wachsenden Gefahr einer anbrechenden Diktatur in der Sowjetunion zurückgetreten. Wie sich zeigte, war Kohls Sorge vor dem Gewitter, das die Ernte verhagelt, alles andere als unbegründet. Die Ratifizierung des Zwei-plus-Vier-Vertrags und des Partnerschaftsvertrags am 4. März 1991 war im Vorfeld keineswegs sicher; mit der Hinterlegung der Ratifikationsurkunde am 15. März aber gab die Sowjetunion ihre Siegerrechte über Deutschland endgültig auf.

Gekaufte Einheit?

Intern geriet Gorbatschow 1991, bis hin zu Putsch und Rücktritt, immer stärker unter Druck, nicht zuletzt, weil er, so ein verbreiteter Vorwurf, Verrat am Sozialismus und an der Sowjetunion begangen und die Wiedervereinigung zu billig ermöglicht habe.[115] Mitterrand wiederum argwöhnte nach dem Gipfel im Kaukasus, Gorbatschow überlasse Kohl alles «für ein paar Mark obendrauf.»[116] Hatte Gorbatschow die DDR und die deutsche Einheit an die Bundesrepublik verkauft?

Das gesamte Volumen der deutschen ökonomischen Leistungen an die Sowjetunion im Zusammenhang der Wiedervereinigung lässt sich schwer beziffern. Denn es gab ja keinen formellen, festgesetzten ‹Preis› für die Einheit, vielmehr flossen Zahlungen in unterschiedlichen Zusammenhängen, die sich mehr oder auch weniger unmittelbar der Herstellung der deutschen Einheit zurechnen lassen: die Garantien für Zahlungsbilanzkredite, Hilfen für den Aufenthalt, den Abzug und die Reintegration der sowjetischen Weststreitkräfte, Finanzierungskosten einschließlich der Zinskosten für den Transferrubelsaldo, der Finanzierungsaufwand für Beteiligungen der DDR an sowjetischen Investitionsprojekten, humanitäre und technische Hilfe sowie schließlich Exportkreditgarantien gemäß dem Partnerschaftsvertrag beliefen sich nach Berechnungen des Bundesministeriums der Finanzen, wie sie Fred Oldenburg überliefert, auf 83,55 Milliarden DM, ohne die letztgenannten Mittel für die Exportförderung auf ca. 55 Milliarden. Dieses Volumen entspricht in etwa den 57,3 Milliarden DM, die Dieter Grosser, ebenfalls unter Berufung auf Angaben des Bundesfinanzministeriums, für die «deutschen Unterstützungsmaßnahmen für den Reformprozeß in der UdSSR» zwischen 1989 und 1991 beziffert.[117] Vergleicht man diesen Betrag mit anderweitig verwendeten Volumina – den immerhin 17 Milliarden DM deutscher Aufwendungen für den zweiten Golfkrieg einerseits[118] oder den Einnahmen in Höhe von 99 Milliarden DM aus der Versteigerung der UMTS-Lizenzen im Jahr 2000 andererseits, von den innerdeutschen Transfersalden für die deutsche Einheit ganz zu schweigen –, wird man bei diesen zwar hohen Summen aber doch nicht von einem ‹Kaufpreis› für die deutsche Einheit sprechen können; ein solcher hätte, wenn es der sowjetischen Seite allein um die materielle Bezahlung ihrer deutschlandpolitischen Konzessionen gegangen wäre – und insofern hatte Abrassimow recht –, sicher deutlich höher liegen können. Die ökonomische Dimension war für das sowjetisch-deutsche Verhältnis und für die sowjetische Haltung im deutschen Wiedervereinigungsprozess ein wichtiger, aber nicht allein dominierender Faktor innerhalb eines in sich letztlich nie kohärenten Gesamtkalküls.

Zugleich trugen Gorbatschows große Konzessionen an die Bundesrepublik und an den Westen zum beschleunigten Niedergang der Sowjetunion und zum Sturz ihres letzten kommunistischen Generalsekretärs und ersten Präsidenten bei[119], der wie nur wenige Einzelpersönlichkeiten den Gang der Weltgeschichte beeinflusste, ganz anders freilich, als er es sich vorgestellt hatte. Fünfzehn Monate nach dem Tag der deutschen Einheit war er nicht mehr im Amt, und die Sowjetunion hatte aufgehört zu existieren. Sein übernächster Nachfolger im Kreml bezeichnete den Untergang der Sowjetunion, der die Wiedervereinigung Deutschlands erst ermöglicht hatte, als «die größte geopolitische Katastrophe» des zwanzigsten Jahrhunderts.[120]

4. Verkaufte D-Mark?
Deutsche Einheit und europäische Integration

Im Juni 1989 hatten sich die Staats- und Regierungschefs in Madrid auf einen dreistufigen Ausbau der Europäischen Gemeinschaft zu einer Wirtschafts- und Währungsunion geeinigt. Zudem hatten sie die Umsetzung der ersten Stufe, den Abbau aller Beschränkungen im Kapital- und Devisenverkehr, zu jenem 1. Juli 1990 beschlossen, an dem dann, was in Madrid noch niemand ahnen konnte, zugleich die deutsch-deutsche Wirtschafts- und Währungsunion eingeführt werden sollte.[121]

Ob die europäische Wirtschafts- und Währungsunion wirklich eingeführt würde, war damit jedoch noch nicht unumkehrbar festgelegt. Entscheidender nämlich als die erste Stufe waren die zweite und die dritte: die Angleichung der Finanz- und Währungspolitiken der Mitgliedsstaaten in einem System fester Wechselkurse, einschließlich der Gründung des europäischen Währungsinstituts, der späteren Europäischen Zentralbank, sowie die Einführung der einheitlichen Währung. Und darüber waren in Madrid noch keine definitiven Beschlüsse gefasst worden; der weitere Fortgang auf dem Weg zur Wirtschafts- und Währungsunion setzte die Einberufung einer Regierungskonferenz voraus, und diese Richtungsentscheidung war nach dem Madrider Gipfel noch erst zu treffen.

Sie stand im zweiten Halbjahr 1989, während der französischen EG-Ratspräsidentschaft, ganz oben auf der Agenda der Pariser Europapolitik, und das hieß zugleich: ihrer Deutschlandpolitik. Denn die europäische Wirtschafts- und Währungsunion besaß für Mitterrand oberste Priorität, insbesondere im Hinblick auf Deutschland. Sein Generalsekretär Védrine vermerkte im Oktober: «Währungsunion bewerkstelligen,

sonst haben wir die [D-]Mark-Zone»; und im Bonner Kanzleramt hieß
es: «Für M. geht es in den nächsten Jahren in erster Linie und vor allem
um die Wirtschafts- und Währungsunion – sie ist für die verbleibenden
Jahre seiner Amtszeit das Ziel schlechthin. Die anderen Fragenkomplexe
– die weitere Etappen zur Europäischen Union darstellen – haben für ihn
eine Nebenrolle.»[122]

Auf diese «anderen Fragenkomplexe» richteten sich unterdessen die
bundesdeutschen Interessen – genauer: die Interessen der Bonner Regierungszentrale. Denn die Europapolitik wurde ganz auf der regierungspo-
litisch-administrativen Ebene und weitgehend ohne gesellschaftliche
Rückbindung betrieben und verhandelt. Die Interessen Bonns zielten
hinsichtlich der Währungsunion vor allem auf die Sicherung der Geldwertstabilität durch eine unabhängige Zentralbank in der Tradition der
Deutschen Bundesbank, und sie standen insofern dem französischen Pri-
märinteresse entgegen, die deutsche Wirtschaft und Währung an Frankreich und Europa anzubinden.[123] Zugleich gingen die Bonner Interessen
über die Wirtschafts- und Währungsunion hinaus: sie zielten vor allem
auf institutionelle Reformen der Europäischen Gemeinschaft und auf
eine (supra-)staatliche Integration mit dem Ziel einer politischen Union
Europas. Am meisten von allen Regierungen der zwölf EG-Mitglieder,
zumal der großen, war die Bonner Regierung grundsätzlich an einer genuin politischen Integration interessiert, ohne freilich ein genaues Bild
der konkreten Gestalt und Mechanismen zu besitzen. Zunächst ging es
ihr um größere Kompetenzen für die Europäische Kommission und das
Europäische Parlament, worin sie von EG-Kommissionspräsident Delors unterstützt wurde. Mitterrand hingegen misstraute einer Stärkung
supranationaler Einrichtungen, die dazu neigten, Macht um der Macht
willen an sich zu ziehen – der französische Präsident plädierte stattdessen für intergouvernementale, zwischenstaatliche Kooperation.

Zwischen Bonn und Paris bestand somit ein grundsätzlicher Interes-
senkonflikt über die Richtung und den Fortgang der europäischen Integration. Hinzu kamen unterschiedliche Vorstellungen über das Vorgehen,
in denen sich immer auch sachliche Differenzen niederschlugen. Die Bundesregierung setzte darauf, zunächst Sachprobleme klar herauszuarbeiten
und Grundlagen zu benennen, um erst dann Verhandlungen zu führen
und die Regierungskonferenz zu eröffnen.[124] Ähnlich argumentierte sie –

und genau andersherum als im deutsch-deutschen Falle – mit der «Krönungstheorie» im Hinblick auf die Währungsunion, die sie grundsätzlich freilich ebenfalls anstrebte: zuerst wollte sie die Voraussetzungen schaffen und dann die gemeinsame Währung einführen. Demgegenüber wollte Mitterrand so schnell wie möglich die Regierungskonferenz eröffnen, um auf diesem höheren Niveau Lösungen zu suchen und die Probleme im Einzelnen zu regeln. Ähnlich argumentierte er im Hinblick auf die Einführung der Währungsunion: er wollte sie, mit Bismarck gesprochen, in den Sattel setzen – reiten können würde sie schon alleine.

Einstweilen hatte Mitterrand sein Ziel, die D-Mark fest in eine europäische Währung einzubinden, mit dem Madrider Gipfel noch nicht erreicht. Stattdessen wurde die französische Regierung von der Sorge umgetrieben, Bonn könne sich der Wirtschafts- und Währungsunion wieder entziehen. Der Standpunkt der Bundesregierung, so beschwerte sich der französische Präsident Anfang Oktober, sei «nicht sehr klar. Kohl wird von Finanzleuten belagert, den politisch einflußreichen Kräften, die in der DM-Zone bleiben wollen.»[125] Auch ohne die Frage einer deutschen Wiedervereinigung waren die deutsch-französischen Regierungsbeziehungen im Herbst 1989 angespannt, und dies schlug sich vor allem in Differenzen über das weitere Vorgehen nieder. Kohl entziehe sich einer Festlegung auf die Eröffnung der Regierungskonferenz für die zweite Stufe der Wirtschafts- und Währungsunion, klagte das politische Paris.[126] In der Tat blieben Kohls Vorstellungen deutlich hinter Mitterrands ambitioniertem Zeitplan zurück.[127] Stattdessen versuchte Bonn, ein Junktim zwischen wirtschaftlicher und politischer Union herzustellen und deutsche Konzessionen in der Frage der wirtschaftlichen Union an französische Zugeständnisse hinsichtlich der politischen Union zu koppeln.

Die grundsätzliche Bereitschaft der Bundesregierung, die D-Mark in einer europäischen Währung aufgehen zu lassen, bestand also bereits vor dem Fall der Mauer und bevor die Frage einer deutschen Wiedervereinigung aktuell wurde. Allerdings wollte Bonn diesen währungspolitischen Integrationsschritt gegen Konzessionen in der Frage der politisch-institutionellen Integration Europas tun. Der Fall der Mauer und die sich aufdrängende Frage einer Wiedervereinigung veränderten die Verhandlungsbasis und brachten eine neue Front in die Auseinandersetzung. Die Bundesregierung benötigte ihre Konzessionsmasse in der Währungsfrage nun vor allem für die Zustimmung der europäischen Partner zu einer schnellen Wiedervereinigung, und dies schwächte ihre Verhandlungsposition in der Frage der politischen Integration.

Zwar mühte sich Kohl stets, nicht zuletzt im Zehn-Punkte-Programm, eine deutsche Wiedervereinigung und die europäische Integration als zwei Seiten einer Münze zu deklarieren. Doch der europäische Gegenwind war eisig und schneidend, mehr als der Vorreiter der politischen Integration in den achtziger Jahren, der sich nicht zuletzt hinsichtlich der materiellen Ausstattung Europas stets als Stütze gezeigt hatte, wohl erwartet hatte. Vor allem von der Seine wehte ein mit allen historischen Vorbehalten durchsetzter, unablässiger Argwohn herüber, ob Bonn wohl auf dem Weg der europäischen Integration bleiben werde.

Vor dem Straßburger EG-Gipfel am 8. und 9. Dezember, auf dem Kohl eine «fast tribunalartige Befragung»[128] über sich ergehen lassen musste, hatte der Bundeskanzler signalisiert, dass er – entgegen seinen ursprünglichen Vorgaben – mit einer Einberufung der Regierungskonferenz für die Wirtschafts- und Währungsunion im Dezember 1990 einverstanden sei. Indem die Bundesregierung den französischen Prioritäten entgegenkam, setzte sie ein Signal für ihre Beteiligung am europäischen Einigungsprozess, und in Latché zu Beginn des Jahres 1990 gab Kohl der französischen Seite neuerliche Rückversicherungen. Doch war das Verhältnis zwischen Wirtschafts- und Währungsunion einerseits und politischer Union andererseits noch immer ungeklärt. Die Pariser Regierung beharrte auf den vorgezogenen Verhandlungen über die Wirtschafts- und Währungsunion und sah im Bonner Beharren auf der politisch-institutionellen Reform ein mögliches Ablenkungs- und Ausweichmanöver.[129] Hinzu kamen die bekannten französischen Vorbehalte gegenüber einer Wiedervereinigung allgemein und dann obendrein die Spannungen über die Frage einer deutschen Anerkennung der polnischen Westgrenze[130] – das deutsch-französische Tandem, so ein häufig verwendetes Bild, geriet mit dem deutschen Wiedervereinigungsprozess zunächst außer Tritt, am meisten Anfang März, auf dem Höhepunkt der Grenzstreitigkeiten, als in Bonn die Nerven vor der Volkskammerwahl in der DDR blank lagen und Kohl die «Grenzen der Freundschaft»[131] vor sich sah.

Deutsche Sorgen trieben aber nicht nur die französische Politik um, vielmehr kursierte auch in den kleineren Mitgliedsstaaten trotz aller Beteuerungen Kohls die Befürchtung, Bonn werde – womöglich zugunsten einer hegemonialen Orientierung nach Osteuropa hin – sein europapolitisches Engagement aufgeben. Selbst EG-Kommissionspräsident Delors, der Kohl in der Frage der Wiedervereinigung vitale Unterstützung zukommen ließ, beklagte Anfang 1990, die Bundesregierung stelle die EG mit Alleingängen – wie etwa mit der Ankündigung der deutschen Wirtschafts- und Währungsunion – in Fragen, die auch die EG beträfen, vor vollendete Tatsachen.[132] Auch hier trug die Volkskammerwahl mit ihrem überraschend eindeutigen Ausgang dazu bei, Klarheit über den weiteren Weg zu schaffen und die Nerven in Bonn zu entspannen. Jedenfalls ging die Bundesregierung seitdem vermehrt dazu über, die EG-Partner zu konsultieren. Gemeinsam mit der französischen Regierung, mit Kommissionspräsident Delors sowie mit dem irischen Ratsvorsitzenden Haughey wurde Kohl zum Motor einer Entwicklung, die über einen deutsch-französischen Kompromiss und manche europäische Unbestimmtheit einen erheblichen Schub der europäischen Integration bewirkte.

In der Sorge vor einer nationalstaatlichen Rückwendung der Staaten Europas nach dem Ende des Ost-West-Konflikts einerseits, einer überstürzten Ausweitung der EG nach Osten andererseits, hatte Delors im Januar 1990 die Frage einer politischen Union Europas erneut angestoßen.[133] Unterstützung dafür fand er bei den Abgeordneten des Europäischen Parlaments sowie bei der irischen, der dänischen und der italienischen Regierung. Als Haughey für den 28. April einen Sondergipfel in Dublin ansetzte, griff Mitterrand die Initiative Delors' auf, um daraus eine gemeinsame und medienwirksame deutsch-französische Initiative zu machen.[134] Die deutsche Seite war gleich mit von der Partie, doch wurden alsbald die nach wie vor erheblichen inhaltlichen Auffassungsunterschiede sichtbar. Nach vielfältigem Hin und Her zwischen Elysée-Palast und Kanzleramt[135] – die Außenministerien wurden aus dem Entscheidungsprozess weitgehend herausgehalten – wurde schließlich ein Kompromiss gefunden. In einem gemeinsamen Schreiben an den EG-Ratsvorsitzenden schlugen Kohl und Mitterrand unter dem Datum des 18. April vor, «den politischen Aufbau des Europas der Zwölf zu beschleunigen», parallel zur geplanten Regierungskonferenz für die Wirtschafts- und Währungsunion die «vorbereitenden Arbeiten für eine Regierungskonferenz über die Politische Union einzuleiten» und beide Vorhaben bis Ende 1992 zu ratifizieren.[136] Allerdings blieben die Ziele einer verstärkten demokratischen Legitimation der Union, der effizienteren Ausgestaltung ihrer Institutionen, der Einheit und Kohärenz ihrer Aktionen sowie einer gemeinsamen Außen- und Sicherheitspolitik zunächst recht allgemein und wenig verbindlich.

Zudem wurden die ökonomische und die politische Union auf dem Sondergipfel in Dublin zunächst faktisch entkoppelt. Während nämlich die Termine für die Regierungskonferenz zur Wirtschafts- und Währungsunion konkret festgelegt wurden, fielen die Beschlüsse zur politischen Union, gegen die insbesondere Margaret Thatcher wegen des damit verbundenen Souveränitätsverlustes opponierte, sehr viel weicher aus.[137] In diesem Wechsel von Rückfall und Aufholen gegenüber der ökonomischen Union ging es weiter mit der politischen Union. Zwar wurde auf dem Dubliner Gipfel im Juni der Beschluss gefasst, die Regierungskonferenz für die politische Union zeitgleich mit derjenigen für die Wirtschafts- und Währungsunion zu eröffnen. Doch auf dem EG-Gipfel Ende Oktober machte die französische Regierung wieder innenpolitische Reserven gegen die politische Union geltend, und der Regierungskonferenz wurde nur ein auf wenige Punkte begrenztes Mandat erteilt. Ein Durchbruch auf dem Weg zur politischen Union war das nicht.

Am Ende stand im Februar 1992 der Vertrag von Maastricht, mit dem die Europäische Gemeinschaft in die Europäische Union überging. Der Vertrag ruhte auf «drei Säulen»: die erste Säule der Wirtschafts- und Währungspolitik stärkte die gemeinschaftlichen Elemente. Dabei konnte die Bundesregierung mit harten Stabilitätskriterien und einer unabhängigen Europäischen Zentralbank als Gegenleistung dafür, dass Deutschland die D-Mark aufgab, ihre stabilitätsorientierten geldpolitischen Anforderungen an die Gemeinschaftswährung durchsetzen. Im Hinblick auf die politische Union hingegen konnte sich Bonn nicht durchsetzen; die zweite Säule (Gemeinsame Außen- und Sicherheitspolitik) und die dritte (Justiz und Inneres) ruhten auf dem Fundament der Regierungszusammenarbeit.

Alles in allem hatte die Bundesregierung der europäischen Wirtschafts- und Währungsunion zugestimmt, ohne vergleichbare Konzes-

sionen für das eigene Ziel der politischen Union zu gewinnen, deren
Gestalt freilich – mit Ausnahme gestärkter Rechte für Parlament und
Kommission – nie klar umrissen worden und dementsprechend wenig
absehbar war. Insofern lässt sich sagen, dass die konkrete Zustimmung
zum entscheidenden Schritt hin zur europäischen Währungsunion eine
deutsche Konzession an Frankreich während des Wiedervereinigungsprozesses darstellte. Das aber bedeutet nicht, dass Kohl für die französische Zustimmung zur deutschen Einheit die D-Mark aufgegeben hätte.
Denn dies geschah im Rahmen eines bereits vor der Wiedervereinigung
grundsätzlich beschlossenen und in Gang gesetzten, wenn auch noch
nicht unumkehrbaren, auch von der Bundesregierung angestrebten Prozesses, innerhalb dessen sie ihre Vorstellungen allerdings auch deshalb
nicht wie gewünscht durchsetzen konnte, weil sie ihre Konzessionsmasse
für die Wiedervereinigung benötigte. Wirkmächtiger war unterdessen
eine indirekte und allgemeine Verbindung, denn die permanenten Bonner Bekenntnisse zur verstärkten Fortsetzung der europäischen Integration während der deutschen Wiedervereinigung trugen dazu bei, dem
forcierten Prozess in den neunziger Jahren, über Maastricht hinaus,
seinen geradezu selbstläufigen Antrieb zu verleihen.[138]

5. Das Ende der Nachkriegszeit

Am Ende schien es noch einmal eng zu werden. Als die sechs Außenminister den Zwei-plus-Vier-Vertrag am 12. September 1990 im Rahmen
einer schlichten Zeremonie im Moskauer Parteihotel «Oktjabrskaja» unterzeichneten, waren die letzten Irritationen erst wenige Stunden zuvor
überwunden worden. Vom deutsch-sowjetischen Tauziehen um die deutschen Zahlungen im Rahmen des Überleitungsvertrages war bereits die
Rede,[139] und unmittelbar vor dem Abschluss des Zwei-plus-Vier-Vetrags
tauchte ein weiteres Problem auf, wie es sich nämlich nach dem Abzug
der sowjetischen Truppen mit den nichtdeutschen NATO-Verbänden auf
dem Territorium der DDR verhalte.[140] In Archys war beschlossen worden, keine nichtdeutschen NATO-Truppen dorthin zu verlegen, die Frage
aber war nun, inwiefern sich nichtdeutsche NATO-Verbände dort bewegen dürften, im Rahmen von Manövern etwa oder im Falle eines Flotten-

Am 12. September 1990 besiegeln die Außenminister der Zwei-plus-Vier-Staaten im Rahmen einer schlichten Zeremonie im Moskauer Parteihotel «Oktjabrskaja» das Ende der Nachkriegszeit.

besuchs in einem ostdeutschen Hafen, der bei einer strikten Auslegung des Begriffs «verlegen» unmöglich geworden wäre. Um diese Begriffe – «Verlegung» und «Manöver» – entstand in Moskau unmittelbar vor der abschließenden Außenministerkonferenz noch einmal heftiger Dissens auf Beamtenebene, zumal die britische Seite forderte, die NATO solle auf dem Territorium der DDR Manöver abhalten können. Zwölf Stunden vor dem geplanten Beginn blockierten sich die Vertreter der Westmächte und der Sowjetunion gegenseitig. Genscher eilte daraufhin in James Bakers Hotel, um den bereits zu Bett gegangenen amerikanischen Außenminister für eine Verständigung in dieser Frage zu gewinnen, denn daran wollte er den Abschluss von Zwei plus Vier und der äußeren Aspekte der deutschen Einigung nun wirklich nicht scheitern lassen. Im Bademantel, so die dramatischen Schilderungen der Beteiligten, stimmte Baker zu, und am nächsten Morgen konnte – nachdem die letzte Streitfrage durch einen Formelkompromiss und eine Protokollnotiz beigelegt war – der «Vertrag über die abschließende Regelung in bezug auf Deutschland»[141] unterzeichnet werden.

Formell war er kein Friedensvertrag mit Deutschland, aber er übernahm die Funktion dieses 1945 in Potsdam angekündigten und nie reali-

sierten Dokuments.[142] Der Zwei-plus-Vier-Vertrag beschloss somit völkerrechtlich die Nachkriegszeit und regelte die offen gebliebenen deutschen Fragen. Endgültig bestätigte er die Grenzen Deutschlands als die
Außengrenzen von Bundesrepublik und DDR (Art. 1), er schrieb den
deutschen Verzicht auf ABC-Waffen fest und fixierte die Obergrenze der
deutschen Streitkräfte bei 370 000 Mann (Art. 3). Der verbindliche
Abzug der sowjetischen Streitkräfte wurde bis Ende 1994 terminiert
(Art. 4), und bis dahin durften auf dem Gebiet der DDR nur deutsche
Verbände stationiert werden, die nicht in Bündnisstrukturen integriert
waren, danach auch deutsche NATO-Truppen, nicht aber ausländische
Truppen und Kernwaffen (Art. 5). Deutschland wurde das Recht der
freien Bündniswahl und somit faktisch die NATO-Zugehörigkeit und die
militärische Verankerung im Westen zugesichert (Art. 6). Mit der Ratifi-
kation erloschen endgültig die Vier-Mächte-Rechte über Deutschland,
das seine volle Souveränität erhielt (Art. 7). Da die Vereinigung schon zuvor erfolgte – formell trat der Vertrag erst nach der sowjetischen Ratifi-
kation am 15. März 1991 in Kraft –, setzten die Siegermächte ihre dementsprechenden Rechte zum 3. Oktober 1990 aus. Von seinem ersten Tag
an war das vereinte Deutschland somit vollständig souverän.

Mit alledem hatte die Bundesrepublik mehr erreicht, als Helmut Kohl
selbst in seinem Zehn-Punkte-Programm zu hoffen gewagt hatte: eine
Vereinigung Deutschlands zu westlichen Maximalkonditionen, einschließlich der gesamtdeutschen Mitgliedschaft in der NATO, wie sie in
keinem Wiedervereinigungs-Szenario seit der deutschen Teilung erwartet
worden war. In ebenso großem Maße war dies der Triumph der amerikanischen Politik, die ihre «Vier Prinzipien»[143] für eine Vereinigung
Deutschlands vom November 1989 ohne Einschränkungen durchsetzte.
Selbst die zögerlichen Regierungen der europäischen Westmächte hatten,
abgesehen von den ungeklärten allgemeinen Aussichten auf ein stärkeres,
möglicherweise dominantes Deutschland in Europa, nach Maßgabe des
Möglichen und gemessen an ihren Prinzipien Grund zur Zufriedenheit:
die britische Regierung in sicherheitspolitischer Hinsicht, dass die NATO
durch die Wiedervereinigung gestärkt wurde, die französische Regierung
im Hinblick auf die substantiellen Fortschritte der europäischen Integration in der von ihr gewünschten Richtung.

Demgegenüber spielte die DDR-Regierung angesichts der bevorstehenden Auflösung ihres Staates in diesem Prozess eine zunehmend schwächere Rolle. Außenminister Meckel hatte von vornherein keine Chance, seine gegenüber der westlichen Seite weithin isolierten, aber auch mit der Sowjetunion nicht kompatiblen außenpolitischen Vorstellungen zur Geltung zu bringen. Immerhin erfüllte die Regierung ihren Wahlauftrag der Vereinigung auch auf außenpolitischem Gebiet.

Der große Verlierer des gesamten Prozesses war – gemessen an Gorbatschows Reformzielen ebenso wie an ihren Interessen als Großmacht – die Sowjetunion. Ihre Situation war freilich heillos: der Zerfall des Imperiums war die logische Konsequenz der Reformpolitik Gorbatschows zur Rettung der maroden sowjetischen Wirtschaft, für die sich Moskau der äußeren Überlast entledigen musste. Ob innerhalb der Sowjetunion eine ‹chinesische Lösung› – wirtschaftliche Reformen ohne politische Öffnung – möglich gewesen wäre, ist schwer zu sagen und von einem bestimmten Punkt an müßig zu diskutieren. Schließlich jedenfalls zerfiel mit Gorbatschows Reformpolitik beides: das Imperium und die Sowjetunion selbst, und die sowjetische Führung war nicht in der Lage, den außer Kontrolle geratenen Prozess in ihrem Machtbereich noch zu ihren Gunsten zu gestalten.

Immerhin erhielt sie materielle Leistungen von der Bundesrepublik, ohne freilich einen wirklich hohen Preis zu erzielen. Und sie gewann eine neue Qualität im sowjetisch-deutschen Verhältnis: über den konkreten Prozess der Wiedervereinigung hinaus leitete die Regierung Kohl/Genscher einen Paradigmenwechsel hin zu echter Partnerschaft im deutsch-sowjetischen bzw. deutsch-russischen Verhältnis ein, der all die schweren Belastungen der Geschichte des 20. Jahrhunderts – Krieg und Vernichtung, Vertreibung und Unterdrückung, Abschottung und gegenseitige Bedrohung – zunächst zurückdrängte. Der kurze *honeymoon* des Herbstes 1990 begründete eine mittelfristige Tradition prorussischer Politik des vereinigten Deutschlands unter Hintanstellung schwerwiegender Gegengründe. Hinzu kam, dass der Westen sich bereit zeigte, die primär gegen die Sowjetunion gerichtete Militärstrategie der NATO zu revidieren. Auch wenn daraus keine neue verlässliche Sicherheitsarchitektur, keine dauerhafte russisch-westliche Partnerschaft hervorging, Moskau sich vielmehr, geflohen von den ehemaligen Vasallen, die in die NATO drängten, vorderhand weltpolitisch isoliert wiederfand – dem Westen gelang es doch, die säkulare Niederlage der Sowjetunion mit Respekt abzufedern und Moskau nicht noch weiter zu demütigen. Nach Maßgabe der Dinge war dies ebensowenig gering zu schätzen wie überhaupt der Umstand, dass die deutsche Frage letztlich und grundsätzlich im friedlichen Einvernehmen mit allen Beteiligten und europäischen Nachbarn und auf eine für alle Seiten akzeptable Weise gelöst wurde. Weder 1815 noch 1871, weder 1919 noch 1945/49 war dies der Fall gewesen.

Auch insofern war die deutsche Wiedervereinigung ein besonderer, angesichts der jahrzehntelangen globalen und europäischen Konfliktkonstellation alles andere als selbstverständlicher, vielmehr ganz unerwarteter historischer Moment. Ebenso unerwartet jedoch wie die deutsche Frage im Herbst 1989 an die Spitze der weltpolitischen Agenda gestürmt war, wurde sie acht Monate später von dort auch schon wieder verdrängt. Mit dem Einmarsch irakischer Truppen nach Kuwait am 1. August 1990 verschob sich die Aufmerksamkeit der Weltöffentlichkeit in die Golfregion, in der binnen weniger Monate Krieg ausbrach. Unter amerikanischer Führung reagierte die Staatengemeinschaft mit großer Konsequenz, um den Präzendenzfall eigenmächtiger Übergriffe nach dem Recht des Stärkeren und um eine neue Anarchie nach dem Ende der Friedensordnung des Kalten Krieges von vornherein zu verhindern.

Die breite internationale Solidarität nährte Hoffnungen auf ein Zeitalter des Friedens, ja das «Ende der Geschichte» nach dem Ende des globalen Konflikts. Diese hochgestimmten Erwartungen fanden ihren Ausdruck in der Charta von Paris vom 21. November 1990, mit der die Staats- und Regierungschefs der KSZE-Staaten ein «Zeitalter der Demokratie, des Friedens und der Einheit» in Europa prognostizierten.[144]

In der Tat verwandelten sich die ehemaligen diktatorisch regierten Satellitenstaaten des sowjetischen Imperiums in Ostmittel- und Südosteuropa in Demokratien, und es war gerade die Verheißung einer Osterweiterung der Europäischen Union, die sie auf diesem Weg voranführte, denn die EU machte Demokratie und Menschenrechte mehr und mehr zum normativen Anspruch. Russland freilich blieb von vornherein außerhalb des Zugehörigkeitsbereichs der Europäischen Union, baute obendrein seine anfänglichen demokratischen Reformen im Laufe der

Zeit zurück und nahm wieder zunehmend autoritäre und imperiale Züge an. Somit schritt die Einheit Europas, wie sie die Charta von Paris deklamierte, zwar innerhalb der erweiterten EU voran. Russland aber blieb weiterhin, in einem prekären Verhältnis zum restlichen Europa, außen vor. Menschenrechtsprobleme und Nationalitätenkonflikte traten in Europa indessen nicht nur in Russland auf; den Krieg im zerfallenden Jugoslawien aber vermochten die Europäer nicht selbst beizulegen, sondern nur der militärische Einsatz unter Führung der USA.

Die USA gingen aus der bipolaren Weltordnung als einzige globale Supermacht in einem unipolaren Staatensystem hervor. Die neue Ordnung ersetzte allerdings nicht den disziplinierenden Druck des einen großen Ost-West-Konflikts, der nicht nur in seinem Zentrum – auf Kosten der Freiheit der Völker im sowjetischen Machtbereich – ein historisch beispielloses Maß an Stabilität erzwungen, sondern auch im globalen Maßstab unkontrolliert eskalierende Gewaltentladungen unterbunden hatte. Neue Konflikte unterschiedlicher Art und Reichweite blieben nicht die Ausnahme, sondern wurden zur Regel, insbesondere in der sog. ‹Dritten Welt›. Dort führten die «neuen Kriege»[145], wie etwa in Ruanda und im Kongo, zu einer Entgrenzung von Gewalt, in der die Unterschiede zwischen Bürgerkrieg und Staatenkrieg verschwammen. In Somalia zeigte sich zudem, als die Interventionisten heillos in die komplexen indigenen Gewaltkonstellationen hineingezogen wurden, dass sich humanitäre Interventionen zur Abwendung von Massakern nicht unbedingt nach den Spielregeln der Vereinten Nationen durchführen ließen. Die internationale Staatengemeinschaft stieß an die Grenzen ihrer Leistungsfähigkeit, zumal angesichts neuer Bedrohungen wie Kriminalität und Terrorismus im internationalen Maßstab. Sie fand keine tragfähigen Lösungen für die neuen Herausforderungen: dies galt für den exzessiven Unilateralismus der USA im dritten Irakkrieg als mittelbare Reaktion auf den Terrorangriff des 11. September 2001 ebenso wie für die uneinige Hilflosigkeit der europäischen Staaten gegenüber dem Krieg im ehemaligen Jugoslawien und in zentralen weltpolitischen Fragen überhaupt. Und es galt nicht minder für die Vereinten Nationen, die zwar in globalem Maßstab Missionen in Krisenregionen entsandten, aber keinen eigenständigen weltpolitisch handlungsfähigen Faktor darstellten, sondern eine abgeleitete Größe der nationalen Interessen der dominierenden

Mächte. Dem Frieden kam die Welt nach dem Ende des Ost-West-Konflikts nicht näher.

Obwohl das vereinte Deutschland mit dem Zwei-plus-Vier-Vertrag die multilaterale Einbindung der Bundesrepublik in NATO und Europäische Gemeinschaft beibehielt, machten sich Befürchtungen vor einem neuerlichen Vormachtstreben der «Zentralmacht Europas»[146] bemerkbar. Deutschland lag nicht mehr an der Nahtstelle der Blöcke und im Windschatten des alles bestimmenden Ost-West-Konflikts, sondern in der Mitte des sich verändernden Kontinents. Demgegenüber setzte die Bundesregierung auf Kontinuität ihrer Außenpolitik, die in ihrer hergebrachten Verbindung von multilateraler Integration, vertrauensbildendem Ausgleich und militärischer Abstinenz, als «Antithese klassischer Machtpolitik»[147] freilich bald an ihre Grenzen stieß. Als Bonn im Golfkrieg 1991 weiterhin traditionelle Scheckbuch-Diplomatie (bei militärischer Unterstützung am Rande des Geschehens) betrieb, wurde klar, dass die deutsche Sicherheitspolitik des Beiseitestehens keine Zukunft haben konnte. Zum Symbol des Übergangs in eine neue Zeit, in der die Balance zwischen multilateraler Integration und nationalen Interessen und das Maß des internationalen Engagements jenseits von Dominanz und Absenz noch erst zu finden waren, wurde der Rücktritt von Außenminister Genscher nach über 18 Jahren im Auswärtigen Amt im Mai 1992.

Das vereinte Deutschland beteiligte sich in den folgenden Jahren an Friedensmissionen der Vereinten Nationen im Irak, in Kambodscha und in Somalia. Vor dem Hintergrund jedoch, dass sich friedenserhaltende von Frieden schaffenden Maßnahmen nicht eindeutig trennen ließen, wirkte die überkommene, aus dem Grundgesetz abgeleitete bundesdeutsche Haltung, die Bundeswehr nicht an Kampfeinsätzen außerhalb des NATO-Gebiets zu beteiligen, zunehmend realitätsfern. Sie weckte vielmehr Zweifel an der deutschen Integrations- und Kooperationsbereitschaft und schlug somit auf die traditionellen Grundwerte bundesdeutscher Außenpolitik im Zeichen von Berechenbarkeit und Verlässlichkeit zurück, mit denen sie ihr internationales Vertrauenskapital erworben und dessen Dividende sie im Zuge der Wiedervereinigung eingestrichen hatte. Da sich durch Reden und Majoritätsbeschlüsse aber kein politischer Konsens herstellen ließ, blieb es dem Bundesverfassungsgericht überlassen, einen Meilenstein für die außenpolitische Wende zu setzen, indem es 1994 eine deutsche Beteiligung an Kampfeinsätzen verfassungsrechtlich billigte. Ihren Rubikon überschritt die Bundesrepublik auf dem Balkan, als sie sich 1999 am Militäreinsatz der NATO gegen Serbien beteiligte, das in seiner Provinz Kosovo Krieg führte. Ein Jahrzehnt nach der Wiedervereinigung hatte sich das vereinte Deutschland auch mit seiner politischen Praxis in den europäisch-transatlantischen Sicherheitskonsens integriert.

Alsbald jedoch zogen neue Herausforderungen herauf, die diesen Konsens stärker als je zuvor erschütterten. Mit den Anschlägen in New York und Washington am 11. September 2001 trat der internationale Terrorismus bild- und wirkmächtig als neue Form der diffundierenden Bedrohungen auf. Dem massiven Unilateralismus, mit dem die amerikanische Regierung George Bush jr. darauf reagierte, trat Bundeskanzler Schröder 2002 schroff entgegen. Mit der bedingungslosen Ablehnung jeder militärischen Lösung im Irak, die seitens der US-Regierung in der Tat nicht hinreichend begründet wurde, führte er einen Konflikt in den deutsch-amerikanischen Regierungsbeziehungen herbei, den Bonn stets zu vermeiden getrachtet hatte. Weder innerhalb der NATO, die sich unter US-amerikanischer Führung gerade auf die vormaligen Staaten des Warschauer Paktes in Ostmittel- und Südosteuropa erweiterte, die sich ihrerseits ganz an den USA orientierten, noch in der abermals gespaltenen und hilflosen Europäischen Union fand die Bundesregierung bündnispolitischen Ersatz und ebensowenig in einer Allianz mit Frankreich oder gar dem unberechenbaren, mit seinen Energiereserven wiedererstarkenden und seinerseits zunehmend großmächtlich-unilateralistisch auftretenden Russland.

Ob Robert Kagans Diktum, der russische Angriff auf georgisches Territorium am 8. August 2008 markiere einen «Wendepunkt von nicht geringerer Bedeutung als der 9. November 1989»[148], zutrifft oder nicht – jedenfalls zeigte sich die internationale Politik im Sinne klassischer Macht- und Sicherheitspolitik, viel mehr als 1990 erhofft, relevant wie eh und je. Im vereinten Deutschland hingegen war sie, trotz der Erfahrungen von 1989/90, weitgehend aus der öffentlichen Debatte verschwunden. Das Land war Teil einer internationalen Interventionsgemeinschaft geworden, aber es hatte kein klares Profil seiner nationalen

Ziele und Interessen – Sicherheit, Wirtschaft und Handel, Energie, Klima, Kultur, Einwanderung etc. – und ihres Verhältnisses zu transnationaler Menschenrechtspolitik und internationaler Kooperation auf den nach 1990 erheblich vermehrten außenpolitischen Handlungsfeldern und einer globalisierten Welt entwickelt. Jedenfalls gingen die Prognosen der Dominanz eines vereinten Deutschlands von 1990 ebenso ins Leere wie die Vorhersagen einer dauerhaften Zweistaatlichkeit vor 1989. Dazu trug auch die ebenso unerwartete innere Schwäche des Landes bei, als es dem vereinten Deutschland, beschwert durch die Lasten der Einheit, nicht gelang, mit dem erhöhten Tempo der Globalisierung Schritt zu halten.

VI. Beitritt und Modernisierungsschock

Die Volkskammerwahlen in der DDR hatten die Weichen für eine schnelle staatliche Wiedervereinigung gestellt. Ihr eigentlicher Gewinner war Helmut Kohl, und die Bonner Regierung, die im Herbst 1989 zunächst nur auf die von der Bürgerbewegung angestoßene Entwicklung in der DDR hatte reagieren können, wurde in dieser zweiten Phase der deutschen Revolution zur eindeutig dominierenden Kraft. Zugleich bedeutete die Richtungsentscheidung vom 18. März, dass die deutsche Einheit zu westlichen Bedingungen vollzogen und die bundesdeutsche Ordnung auf die DDR übertragen wurde. Diese fundamentale Transformation einer sozialistischen Staats-, Wirtschafts- und Gesellschaftsordnung erzeugte Regelungsbedarf, Veränderungen und Anpassungsdruck in einem Ausmaß, das keine allseits zufriedenstellenden Lösungen zuließ und das zugleich während des Einigungsprozesses massiv unterschätzt wurde.

1. Bonn und Ost-Berlin

Die Regierung de Maizière

Am 12. April 1990 besaß die DDR ihre erste und zugleich letzte frei gewählte Regierung. Die Wahlen hatten der Allianz für Deutschland und den Liberalen eine absolute Mehrheit für das Pendant zur Bonner Regierungskoalition beschert. Da angesichts der bevorstehenden großen Entscheidungen im Vereinigungsprozess allerdings Zweidrittelmehrheiten notwendig würden, rückte von vornherein eine Koalition auch mit der SPD ins Blickfeld, die sowohl im Osten ihre Möglichkeiten zur Opposition einschränkte als auch – so das stets von den bevorstehenden Bundestagswahlen geprägte Kalkül in Bonn – im Westen eine Konfrontationsstrategie Lafontaines durchkreuzte.

Die erste und letzte frei gewählte Regierung der DDR: Ministerpräsident Lothar de Maizière und sein Kabinett am 12. April 1990 in Ost-Berlin.

Erst nach einigem Zögern stellte sich Lothar de Maizière für das Amt des Ministerpräsidenten zur Verfügung. Der gebildete, bescheidene und auch dickköpfige, durch und durch preußische Anwalt und Bürger, Synodale des Bundes der Evangelischen Kirchen, Musiker und Nachkomme einer Hugenottenfamilie erschien dem amerikanischen Präsidenten als «ein nachdenklicher, in Staatsgeschäften unerfahrener Mann [...] von ausgeprägtem Sinn für Verantwortung», dem es zugleich an dem für professionelle Politiker notwendigen Verhältnis zur Macht mangelte; in dem Fragebogen, den der Schriftsteller Marcel Proust gleich zweimal in seinem Leben ausfüllte, antwortete de Maizière auf die Frage, welche geschichtlichen Gestalten er am meisten verachte: «Machtbesessene»[1]. Seit 1956 Mitglied der SED-konformen Ost-CDU, aber nicht politisch aktiv, war de Maizière im November 1989 zum Vorsitzenden der sich wendenden Partei in der zusammenbrechenden DDR geworden, mit der ihn ein komplexes Verhältnis verband. Er hatte Kontakte zum Ministerium für Staatssicherheit unterhalten, das ihn als «IM Czerni» führte. Da seine Akte vernichtet wurde, ließ sich nie klä-

ren, ob und inwiefern er als aktiver Zuträger tätig war oder nur abge-
schöpft wurde.[2]

Am 12. April wurden der Ministerpräsident und *en bloc* das neue
Kabinett gewählt, dem 25 Ministerinnen und Minister aus fünf Parteien
angehörten. Schaltzentrale für die Einigungsverhandlungen war das
Amt des Ministerpräsidenten, in das Günther Krause, zugleich Vorsitzender der CDU-Fraktion in der Volkskammer, als Parlamentarischer
Staatssekretär einzog. Die CDU stellte, einschließlich des Ministerprä-
sidenten, insgesamt zwölf Minister, die Liberalen drei, die DSU zwei
(darunter Peter-Michael Diestel als Innenminister und stellvertretender
Ministerpräsident) und der Demokratische Aufbruch Pfarrer Rainer
Eppelmann als Minister für Abrüstung und Verteidigung. Sieben Ressorts gingen an die SPD, darunter das Außenministerium, das Ministerium für Finanzen, in dem Walter Romberg allerdings nicht gut mit de
Maizière harmonierte, der seine Fachkompetenz bezweifelte, sowie das
Ministerium für Arbeit und Soziales an Regine Hildebrandt, die sich als
resolute Kämpferin für soziale Rechte und den Sozialstaat profilierte.
Die heterogene Fraktion in der Volkskammer leitete, nach dem Rücktritt Ibrahim Böhmes, der undogmatische Theologe Richard Schröder,
der einen Ausgleich nicht nur innerhalb dieser Fraktion und mit der Regierung herzustellen hatte, sondern auch mit der auseinanderstrebenden
West-SPD.

Der neuen *classe politique* im Übergang gehörten viele Theologen und
nur wenige Juristen an, wie sie in den westdeutschen politischen und administrativen Eliten dominierten. Zugleich hatten die Wechselfälle der Revolution sowohl hoch verantwortungsvolle Bürger als auch windige Exis-
tenzen in die Politik verschlagen. Die neuen Regierungsmitglieder konnten höchstens aus ihren kirchlichen Tätigkeiten über administrative und
politisch-operative Erfahrungen verfügen und sahen sich nun unvermittelt
mit einer Agenda grundlegender Themen mit weitreichender Bedeutung
konfrontiert, die in einem nachgerade grotesken Missverhältnis zur Wind-
stille im Führungsgremium der DDR ein Jahr zuvor stand: im Zusammenhang der beiden Staatsverträge vom 18. Mai und vom 31. August[3] waren
Sachgebiete von der Arbeitslosenversicherung und den Renten über die
Neuordnung des Apothekenwesens und der Handwerksordnung oder die
Organisation von Hörfunk und Fernsehen bis hin zur Kommunal- und

Staatsverfassung zu regeln. Hinzu kam die fortschreitende ökonomische und administrative Krise des Landes, die eine explosionsartig ansteigende Zahl von akut regelungsbedürftigen Problemen auf die Tagesordnung des Ministerrats beförderte: allein für die Sitzung vom 30. Mai lagen Anlagen im Umfang von 15 Bänden vor, und am 4. Juli hatte das Kabinett in sechseinhalb Stunden 36 Tagesordnungspunkte zu erledigen.[4]

All dies erschwerte eine wirklich strategisch angelegte Politik. Und es erleichterte auch nicht, dass die neuen Minister, so ein Entwurf im Zusammenhang der konstituierenden Sitzung des neuen Ministerrates, «an der Spitze eines im wesentlichen durch das alte System geprägten Ministeriums» standen, das zum Zwecke der Funktionsfähigkeit mit Ausnahme der Leitung in seiner organisatorischen Struktur «vorerst bestehen bleiben» sollte.[5] Im täglichen Geschäft funktionierten die alten Apparate weitgehend loyal, nun gegenüber den neuen Herren, ohne ihnen freilich alle Geheimnisse zu offenbaren. Darüber hinaus stellten einige Vertreter der alten Bürokratie, ohne weitere Zukunftsperspektive für sich selbst, ihre Expertise konstruktiv in den Dienst der neuen Regierung, um geregelte administrative Abläufe, die weder die neuen Regierenden noch die westdeutschen Experten beherrschten, beim Übergang in eine neue Zeit aufrechtzuerhalten. Dabei war das Arbeitspensum in Ost-Berlin wie in Bonn immens, und die Minister wurden im Ministerrat nachdrücklich gebeten, «angesichts der angespannten Arbeitssituation [...] die Zeitdauer ihres Urlaubs nochmals zu überdenken.»[6] Viele Politiker und Mitarbeiter in Regierung und Parlament arbeiteten bis zur physischen Erschöpfung, mit Hilfe großer Mengen von Koffein und Nikotin sowie eines leistungssteigernden emotionalen Ausnahmezustandes; der Ministerpräsident verlor während seiner Amtszeit ein Fünftel seines Körpergewichts.[7]

Unterdessen traten zunehmend Spannungen innerhalb der Regierungskoalition auf, zwischen Ministern und ihren eigenen Parteien wie im Falle von Innenminister Diestel, der die DSU verließ, und vor allem zwischen den Koalitionspartnern. Im Sommer 1990 sah sich der Ministerrat zu einer Selbstverpflichtung veranlasst: «Durch ein entsprechendes Auftreten der Mitglieder der Regierung ist negativen Stimmungen sowie Verunsicherungen unter der Bevölkerung entgegenzuwirken und ist zu einer Atmosphäre der Initiative, der Leistungsbereitschaft und des Optimismus beizutragen. Äußerungen von Mitgliedern des Ministerrates in der Öffentlichkeit müssen diesem Erfordernis im Interesse der Verbesserung des Rufbildes [sic] der Regierung gerecht werden. Unterschiedliche Standpunkte zu Sachfragen sind nicht in der Öffentlichkeit auszutragen, sondern innerhalb der Regierung zu klären.»[8]

Im August zerbrach die unter denkbar schwersten Umständen regierende Koalition. Das erste Ziel ihrer Regierungsvereinbarung vom 12. April hatte sie freilich erreicht: die «Einheit Deutschlands nach Verhandlungen mit der BRD auf der Grundlage des Art. 23 GG zügig und verantwortungsvoll [...] zu leisten.»[9]

Artikel 23

Mit dieser Formulierung hatte der Koalitionsvertrag eine Frage entschieden, die seit Februar 1990 über kurze Zeit, aber mit großer Intensität geführt worden war: welcher verfassungsrechtliche Weg zur deutschen Einheit gegangen werden solle.[10] Das Grundgesetz hielt dafür grundsätzlich zwei Möglichkeiten bereit. Artikel 23 bezog sich auf den Geltungsbereich des Grundgesetzes, der in «anderen Teilen Deutschlands [...] nach deren Beitritt in Kraft zu setzen» sei. Auf diesem Wege eröffnete das Grundgesetz der DDR die Möglichkeit eines selbstbestimmten Beitritts, der seitens der Bundesrepublik keine eigene Entscheidung erforderte. Im Osten wie im Westen wurde er von Christdemokraten und Liberalen bevorzugt, allen voran von der Bonner Regierung[11].

Einen anderen Zugang zur deutschen Einheit eröffnete der konkurrierende Artikel 146: «Dieses Grundgesetz verliert seine Gültigkeit an dem Tage, an dem eine Verfassung in Kraft tritt, die von dem deutschen Volke in freier Entscheidung beschlossen worden ist.» Die damit verbundene Schöpfung einer neuen Verfassung für ein vereintes Deutschland wurde in der DDR von weiten Teilen der Oppositionsbewegung, die den Verfassungsentwurf des Runden Tisches in den Bahnen des ‹dritten Weges› erarbeitet hatte, und in der Bundesrepublik auf Seiten der politischen Linken, von den Grünen und weiten Teilen der SPD favorisiert.

Eine neue Verfassung auszuarbeiten und samt öffentlicher Diskussion und institutioneller Beratung zu verabschieden, war in der Kürze der Zeit des sich überschlagenden Prozesses jedoch kaum zu leisten, während das

Recht und die Verwaltungsstrukturen der Bundesrepublik auf dem Wege des Beitritts viel einfacher zu übertragen waren. Dabei sprachen aus der Sicht der Entscheidungsträger, zumal in Bonn, nicht nur pragmatische Gründe und auch nicht nur die staatsrechtlichen Vorbehalte, die Verfassungsordnung und die staatliche Organisation zur Disposition zu stellen, gegen eine Vereinigung nach Art. 146. Vielmehr standen hinter den beiden Optionen zwei grundsätzlich verschiedene Sichtweisen der Wiedervereinigung.

Eine Vereinigung auf der Grundlage von Artikel 146 bedeutete, den Provisoriumscharakter des Grundgesetzes in aller Konsequenz anzuwenden: es habe, so diese Auffassung, mit einer Wiedervereinigung seinen Dienst getan und solle nun durch eine neue Verfassungsordnung ersetzt werden, die ein neues Staatswesen begründe und umso größere Legitimation gewinne, wenn sie durch eine Volksabstimmung angenommen werde.

Dem stand die herrschende bundesdeutsche Staatsrechtslehre entgegen: das Grundgesetz habe im Laufe seiner Existenz, obwohl nie durch Volksabstimmung angenommen, so doch durch Wahlen akzeptiert, über den Status eines bloßen Provisoriums hinaus eigenständige Legitimität gewonnen[12] und trete auch mit einer Wiedervereinigung nicht automatisch außer Kraft, sondern gelte weiter – zumal, und das wurde durch den Weg über Art. 23 ganz deutlich, die DDR der Bundesrepublik beitrat. Bundesinnenminister Schäuble ließ an dieser Überzeugung einer Wiedervereinigung zu westlichen Konditionen keinen Zweifel: «Es gibt das Grundgesetz, und es gibt die Bundesrepublik Deutschland. Laßt uns von der Voraussetzung ausgehen, daß ihr vierzig Jahre lang von beiden ausgeschlossen wart. Jetzt habt ihr einen Anspruch auf Teilnahme, und wir nehmen darauf Rücksicht.»[13]

So blieben auch die Staatssymbole der Bundesrepublik – Hymne und Flagge – unverändert. Als Lothar de Maizière vorschlug, Hoffmann von Fallerslebens «Einigkeit und Recht und Freiheit» um eine zweite Strophe zu ergänzen und zur selben Melodie Joseph Haydns den in der DDR seit den siebziger Jahren nicht mehr gesungenen Text der Hymne von Johannes R. Becher – «Auferstanden aus Ruinen» mit dem Passus «Deutschland einig Vaterland» – zu singen, sah Kohl dies, auch noch im Nachhinein, völlig verständnislos als Versuch an, «die deutsche Einheit für jedermann

sichtbar als Bruch auch mit der bundesrepublikanischen Kontinuität festzuschreiben»[14].

West-östliche Differenzen

Die neue Ost-Berliner Regierung hatte sich vorgenommen, die deutsche
Einheit nicht nur «zügig», sondern auch «verantwortungsvoll» herbeizuführen. Sie setzte sich den Anspruch, die DDR nicht einfach an den
Westen auszuliefern, sondern Sachwalter der Ostdeutschen im Einigungsprozess zu sein und ihre sozialen Interessen möglichst umfangreich
zu sichern. Dazu entwickelte sie Vorstellungen, die mit den Erwartungen
und Positionen der Bundesregierung keineswegs flächendeckend über-
einstimmten. Vielmehr bewirkte die Sorge, über den deutsch deutschen
Tisch gezogen zu werden, wiederholt eine ‹negative Integration› der
DDR-Regierung gegen Bonn.

Es gehe darum, so de Maizière in seiner ersten Regierungserklärung,
die er am 19. April 1990 vor der Ost-Berliner Volkskammer abgab,[15]
«daß wir Bedingungen vereinbaren müssen, die sichern, daß die DDR-
Bürger nicht das Gefühl bekommen, zweitklassige Bundesbürger zu werden.» Dies galt zum einen in sozialkultureller und psychologischer Hinsicht. De Maizière erhob den Anspruch der Ostdeutschen, eigene «geschaffene Werte und unseren Fleiß» in die deutsche Einheit einzubringen:
«unsere Sensibilität für soziale Gerechtigkeit, für Solidarität und Tole-
ranz» und die «Erziehung gegen Rassismus und Ausländerfeindlichkeit»,
eine eigene Identität, wie wenig konzise sie im Einzelnen auch sein
mochte, und eine melancholisch grundierte Würde aus den gebrochenen
«Erfahrungen an der Schwelle zwischen Anpassung und Widerstand» –
«unsere Geschichte und Kultur, unser Versagen und unsere Leistung, unsere Ideale und unsere Leiden [...,] unsere Freiheit und unser Menschen-
recht auf Selbstbestimmung.» Zum anderen galt dieser Anspruch in
materieller und ökonomischer Hinsicht, im Hinblick auf die «wirtschaftlichen Möglichkeiten», denn dahingehend sei die DDR kein «armes
Land», und vor allem im Hinblick auf die Solidarität aus dem Westen.
Mit selbstbewusstem Unterton formulierte de Maizière die «herzliche
Bitte an die Bürger der Bundesrepublik: Bedenken Sie, wir haben
40 Jahre die schwere Last der deutschen Geschichte tragen müssen. Die

DDR erhielt bekanntlich keine Marshall-Plan-Unterstützung, sondern sie mußte Reparationsleistungen erbringen. Wir erwarten von Ihnen keine Opfer. Wir erwarten Gemeinsamkeit und Solidarität. Die Teilung kann tatsächlich nur durch Teilen aufgehoben werden.»

Die Ost-Berliner Regierung verfolgte das Ziel einer «ökologisch verpflichteten sozialen Marktwirtschaft» mit dem «Ideal der sozialen Gerechtigkeit», das stark staatsinterventionistische Komponenten enthielt: «Gerade in einer Gesellschaft, in der sich das Spiel der freien Kräfte entfalten kann, ist es wichtig, daß die stärkste Kraft, also der Staat, sich zum Anwalt der Schwächeren macht.» Dabei sollten «nicht Almosen verteilt werden, sondern einklagbare Rechtsansprüche bestehen.» Dezidiert sprach de Maizière vom «Grundwert der Gleichheit», ohne im selben Maße von der Freiheit zu reden. Überhaupt war seine gesamte Regierungserklärung mehr sozial als liberal orientiert, Etatismus und sozialpolitische Umverteilung rangierten höher als marktwirtschaftliche Ordnungspolitik und bürgerliche Freiheit.

Differenzen zwischen Ost-Berlin und Bonn machten sich auf verschiedenen Ebenen bemerkbar. Wie in einer Nussschale bündelten sie sich im Kontrast zwischen ihren Führungspersönlichkeiten: «Schon äußerlich», so beschrieb ihn der Leiter des Arbeitsstabes Deutschlandpolitik im Kanzleramt, Claus Duisberg, «schien der schmächtige de Maizière von der fleischlichen Fülle Helmut Kohls erdrückt zu werden. Mehr noch als durch die Physis waren beide aber durch ihre Naturen unterschieden. Auf der einen Seite der sinnliche Machtmensch, katholisch und durch seine pfälzische Heimat geprägt, genußfroh bis zur Derbheit, jovial scheinend, aber unerbittlich in der Durchsetzung seines Willens – auf der anderen Seite ein norddeutscher Protestant, eher asketisch, ernsthaft und mit kargem, dann oft kaustischem Humor, mehr von Pflichtgefühl als von Machtwillen geleitet; hier der Vollblutpolitiker, der alle Züge des politischen Spiels beherrschte, die Menge für sich zu gewinnen wußte, Menschen benutzte und ausnutzte – dort ein eher der Besinnlichkeit zugewandter Mensch, den nur die Zeitumstände in ein politisches Amt gebracht hatten, der wenig von allgemeinen Gedanken, gar nichts von Gemeinplätzen, dafür viel von Details hielt, der kein Mann der großen Öffentlichkeit war, sondern lieber im kleinen Kreis wirkte. Das unterschiedliche Naturell bestimmte nicht nur das persön-

Zwei Führungspersönlich-
keiten wie sie unterschiedlicher nicht sein konnten:
Helmut Kohl und Lothar
de Maizière auf dem
ersten gesamtdeutschen
Parteitag der Christdemo-
kraten am 1. Oktober 1990.

liche Verhältnis der beiden Männer, sondern auch ihr politisches Zusammenwirken.» Die DDR war für Kohl, so Duisberg weiter, spätestens nach den Wahlen kein selbständiger Staat mehr, «sondern bereits Teil des eigenen Operationsfeldes», und ihr Ministerpräsident nur das «Instrument, das er brauchte, um die Vereinigung zu erreichen.»[16]

Differenzen bestanden auf administrativer und kommunikativer Ebene zwischen dem professionellen westdeutschen Politikbetrieb und den unerfahrenen, oft moralisierenden ostdeutschen Entscheidungsträgern, zwischen dominantem westlichem Selbstbewusstsein und ostdeutschem Minderwertigkeitsempfinden, zwischen eingefahrenen westlichen Kommunikationsformen und einem nach Authentizität suchenden, deliberierenden Stil der postdiktatorischen DDR, wie de Maizière in seiner Regierungserklärung formulierte: «Wir müssen uns unsere seelischen

Schäden bewußt machen, die sich in Haß, Unduldsamkeit, in neuem, nun antisozialistischem Opportunismus, in Müdigkeit und Verzweiflung äußern. Wir müssen uns gegenseitig helfen, freie Menschen zu werden.»[17]

Für die bundesdeutsche Seite und für die Bundesregierung zumal war klar: 1989 war der Staatssozialismus der DDR zusammengebrochen, und das westliche Modell hatte seine Überlegenheit bewiesen. Bonn vollzog die deutsche Wiedervereinigung in den Denkmustern der ‹Erfolgsgeschichte› der ‹alten Bundesrepublik› und der Systemkonkurrenz des Ost-West-Konflikts, die in Deutschland stärker als in anderen europäischen Ländern die Politik der Nachkriegszeit geprägt hatte, jedenfalls bis zur ‹Generation Kohl›. Die DDR erschien in dieser Sichtweise ausschließlich als Unterdrückungssystem und Misswirtschaft, und demzufolge fand keine gleichberechtigte Vereinigung von zwei Partnern statt, sondern, in Übereinstimmung mit dem Selbstbestimmungsrecht der Ostdeutschen, eine Wiedervereinigung nach westlichen Maßstäben, durch den Beitritt der gescheiterten DDR zur erfolgreichen Bundesrepublik, deren Ordnung in der Folge auf das Beitrittsgebiet übertragen wurde.

Sachlich war dies nach Lage der Dinge weitestgehend unumgänglich. Die DDR brachte – entgegen den Behauptungen de Maizières – materiell nichts mit und begab sich in die «Obhut eines reichen Verwandten.»[18] Dessen dementsprechend selbstbewusste Haltung traf unterdessen auf eine Melange ostdeutscher Gefühlslagen und Befindlichkeiten zwischen tiefer Verunsicherung und hohen Erwartungen, die sich, bei allem Willen zur Einheit, von den westdeutschen Perspektiven deutlich unterschieden. Die ostdeutsche Regierung und diejenigen, deren Vorstellungen sie zum Ausdruck brachte, gingen davon aus, eine eigene, aus der Erfahrung und der Überwindung der Diktatur gespeiste Geschichte und Würde in die deutsche Einheit einzubringen, die – trotz allem – auf möglichst gleicher Augenhöhe stattfinden sollte. Dieser Wille zur Selbstbehauptung gründete auch auf einem Gefühl historischer Benachteiligung, aus dem ostdeutsche Gerechtigkeitsansprüche auf Unterstützung durch den Westen abgeleitet wurden, die sich wiederum mit weitreichenden, wenig marktwirtschaftlichen Vorstellungen von weiterhin regulierender und fürsorgender staatlicher Tätigkeit verbanden.

Allgemein machten sich in Ostdeutschland – aus Bonn und im Wahlkampf kräftig geschürte – übergroße Hoffnungen auf schnellen Wohlstand breit, in denen Enttäuschungen bereits angelegt waren – zumal vor dem Erfahrungshintergrund relativer Gleichheit in der DDR, wenn auch auf (nach westeuropäischen Maßstäben) niedrigem Niveau, und angesichts mangelnder Erfahrungen mit freiem Wettbewerb und der damit einhergehenden sozialen Ungleichheit, schließlich im Hinblick darauf, dass sich Lebenszufriedenheit weniger nach absoluten Parametern als vielmehr relativ zu den Umständen zu bemessen pflegt, wobei nicht Polen, sondern Westdeutschland als Vergleichsmaßstab diente. «Wir müssen uns darüber im klaren sein», so notierte der Ständige Vertreter der Bundesrepublik in Ost-Berlin nach einem Gespräch mit dem scheidenden Ministerpräsidenten Modrow nach den Volkskammerwahlen, «daß die Bevölkerung der DDR von der Bundesregierung erwartet, daß die soziale Absicherung, die mit dem Wechsel des Wirtschafts- und Währungssystems verbunden ist, durch uns erfolgt. Ärger und Enttäuschung, die sich aus dem Zusammenbruch von Betrieben und dem Anschwellen der Arbeitslosenzahl ergeben werden, werden sich unmittelbar gegen die Bundesregierung und erst in zweiter Linie gegen die Regierung der DDR richten.»[19]

Spätestens in der zweiten Phase der deutschen Revolution waren grundlegende Differenzen zwischen östlichen und westlichen Perspektiven angelegt und somit strukturelle Spannungen bei ganz ungleicher Kräfteverteilung. Dabei vermochte die in vieler Hinsicht so unterlegene DDR-Regierung sich am ehesten im Hinblick auf die sozialpolitische Ausgestaltung der deutschen Einheit im Rahmen des ersten Staatsvertrags zu behaupten.[20] Denn hier traf sie auf eingespielte Mechanismen der bundesdeutschen Konsensdemokratie im Vollgefühl der Prosperität: sachpolitische Notwendigkeiten, auch auf Kosten künftiger Haftungsträger, hinter die Erfüllung unmittelbarer Bedürfnisse zurückzustellen.[21]

2. Macht der Verträge: Der Weg zur staatlichen Einheit

Wirtschafts-, Währungs- und Sozialunion: Erster Staatsvertrag

Die bundesdeutsche Ordnung wurde mit Hilfe zweier Staatsverträge auf das Gebiet der DDR übertragen, und zugleich übernahm die Bundesrepublik die Gesamthaftung für die DDR und das SED-Regime. Angesichts eines völlig ungekannten Volumens kurzfristig zu regelnder Sachverhalte schlug, insbesondere im ersten Halbjahr 1990 und beim ersten Staatsvertrag, in der Bundesrepublik eine kurze Stunde der Exekutive, in der sich der Ministerialbürokratie außerordentlich weitreichende Entscheidungsspielräume eröffneten, bevor die eingespielten bundesdeutschen Mechanismen der Politikverflechtung und der Vetospieler aus Parteien, Ländern und Verbänden wieder zu greifen begannen.

Der erste Staatsvertrag ging auf das Angebot der Bundesregierung vom 7. Februar zurück, eine Währungsunion mit Wirtschaftsreformen herzustellen, das wie manche Grundsatzentscheidung dieser Monate im engeren Umfeld Helmut Kohls entstanden war. Nach den Volkskammerwahlen begannen die Verhandlungen, für die Kohl den vormaligen Staatssekretär im Bundesfinanzministerium Hans Tietmeyer, der im Januar 1990 in das Direktorium der Bundesbank gewechselt war, als persönlichen Beauftragten mit der Verhandlungsführung betraut hatte. Auf Ost-Berliner Seite stand ihm Günther Krause gegenüber, ein Bauingenieur, Dozent an der Ingenieur-Hochschule Wismar und langjähriges Mitglied der Ost-CDU, der soeben in die Volkskammer eingezogen war und nicht nur der CDU-Fraktion vorstand, sondern auch als Parlamentarischer Staatssekretär beim Ministerpräsidenten der DDR amtierte. Mit großer Intelligenz und unerschöpflicher Arbeitskraft trieb Krause den Einigungsprozess konsequent voran und wurde zu einem ostdeutschen Einheitspolitiker der ersten Stunde, dem allerdings sein hochfahrender Umgang mit anderen und das mangelnde «Augenmaß in der Einschätzung seiner selbst und seiner Möglichkeiten» zum Verhängnis wurden.[22] Zunächst Bundesminister, fiel er im vereinten Deutschland nach finanziellen Affären und schließlich wegen Betrugs tiefer, als er mit der Wiedervereinigung aufgestiegen war.

Bereits Ende März und Anfang April erarbeitete die Bonner Ministerialbürokratie verschiedener Ressorts an einem Wochenende einen Rohentwurf, und am 24. April übermittelte die bundesdeutsche Seite der DDR-Regierung ein «Arbeitspapier».[23] Damit hatte Bonn die Initiative ergriffen, auf die Ost-Berlin nur reagieren konnte. Dort war von «der unabgestimmten Rohskizze der Seite der Bundesrepublik» die Rede, deren Einschätzung noch das Selbstbewusstsein und den Gestaltungswillen der frühen Regierung de Maizière atmete: «Der Gesamtduktus des Arbeitspapiers ist problematisch. Die Vereinigung Deutschlands wird nicht als historische Aufgabe gesehen, die von allen Deutschen – gemäß ihren unterschiedlichen Kräften – gemeinsam zu lösen ist, sondern als Aufgabe der DDR-Deutschen, die von den BRD-Deutschen in sehr beschränktem Maße Unterstützung erhalten sollen. Vom Geiste ‹die Teilung durch Teilen überwinden› ist praktisch nichts zu spüren.»[24]

Im Wesentlichen war der westdeutsche Entwurf freilich erhalten geblieben, als keine vier Wochen später, am 18. Mai 1990, in Bonn der erste Staatsvertrag unterzeichnet wurde: ein «ungewöhnlich umfangreiches Artikelgesetz»[25], das die institutionellen und organisatorischen Grundlagen für die Einführung der sozialen Marktwirtschaft in der DDR schuf. Entgegen den Präferenzen Hans Tietmeyers hatte es sich nicht auf die Währungs- und Wirtschaftsunion beschränken lassen, sondern war um eine absehbar kostspielige Sozialunion erweitert worden, die den tiefgreifenden Transformationsprozess sozialpolitisch abfedern sollte.[26] Die zunächst offen gebliebenen Vermögensfragen, die Einrichtung einer Treuhandanstalt und die Finanzierung der Kosten für die deutsche Einheit wurden unterdessen separaten Regelungen überstellt.

Am 21. Juni stimmten der Bundestag und die Volkskammer der Ratifizierung des ersten Staatsvertrags zu. Das Ost-Berliner Parlament hatte zuvor ein Verfassungsgrundsätzegesetz verabschiedet, mit dem sie der bestehenden Verfassung eine acht Artikel umfassende freiheitliche Grundordnung voranstellte und entgegenstehende Bestimmungen für unwirksam erklärte. Damit schaffte sie die bestehende Verfassung der DDR in ihrem materiellen Bestand praktisch ab, und zugleich ermöglichte sie die Übertragung der wirtschafts- und währungspolitischen Hoheitsrechte auf die Bundesbank und den Bundesgesetzgeber.[27]

Im Bonner Bundestag wurde der erste Staatsvertrag mit 666 gegen 60 Stimmen aus den Reihen der Grünen und der SPD angenommen. Innerhalb der SPD waren dem schwere Konflikte vorausgegangen:[28] während der Parteivorsitzende Vogel die unzureichende Einbeziehung des Bundestages kritisierte, die Wirtschafts-, Währungs- und Sozialunion aber grundsätzlich unterstützte, lehnte Kanzlerkandidat Lafontaine die in seinen Augen zu frühe Währungsunion ab, konnte aber nach dem Messerattentat, das er am 22. April schwer verletzt überlebte, nicht aktiv in die Willensbildung der Partei eingreifen. Nach turbulenten Auseinandersetzungen in der Parteiführung stimmte die SPD schließlich bis auf 25 Abgeordnete dem Vertrag im Bundestag zu, und mit Ausnahme des von Oskar Lafontaine regierten Saarlandes und Niedersachsens, in dem Gerhard Schröder tags zuvor die Regierungsgeschäfte übernommen hatte, am 22. Juni auch im Bundesrat.

Als der erste Staatsvertrag zum 1. Juli in Kraft trat, gehörten die Grenz- und Zollkontrollen innerhalb Deutschlands der Vergangenheit an, und innerhalb des gemeinsamen Währungsgebietes waren die Grundlagen für die einheitliche Verwirklichung der Wirtschaftsordnung, des Arbeitsrechts und der sozialen Sicherung gelegt. Im Kern war dies bereits ein Verfassungsvertrag, dem ein zweiter Staatsvertrag als Verfassungsvertrag im engeren Sinne folgte, der auf Bitten Lothar de Maizières als Einigungsvertrag bezeichnet wurde.

Zweiter Staatsvertrag: Der Einigungsvertrag

Vor Abschluss des zweiten Staatsvertrages hatte sich die Frage gestellt, ob es überhaupt eines weiteren formellen Vertrages bedürfe oder ob die DDR einfach dem Geltungsbereich des Grundgesetzes beitrete und die notwendigen Regelungen über die reguläre Gesetzgebung und durch Überleitungsgesetze erfolgen sollten. Die Entscheidung für den Vertrag fiel insbesondere auf Drängen der ostdeutschen Seite, die auf diese Weise als eigenständiger Verhandlungspartner auftreten wollte. Aus bundesdeutscher Warte hatte ein Vertrag den Vorteil, dass er gebündelte, konzise Lösungen statt langwieriger Übergangsregelungen ermöglichte, wobei es der Bonner Verhandlungsposition zugutekam, dass sie auf den Vertrag nicht angewiesen war. Dort war klar, dass das Grundgesetz ebenso wie die westliche Wirtschafts- und Gesellschaftsordnung nicht zur Disposition standen, Verfassungs- und Rechtsänderungen vielmehr auf das notwendige Minimum beschränkt werden sollten.[29]

Auch so blieb mehr als genug zu tun, als am 6. Juli die erste von drei offiziellen Verhandlungsrunden begann. Auf ostdeutscher Seite stand abermals Günther Krause der Verhandlungsdelegation vor, während in Bonn die Federführung zuständigkeitshalber vom Finanz- auf das Innenministerium übergegangen war. Wolfgang Schäuble hatte, bevor er das Ministerium im April 1989 übernahm, als Kanzleramtschef die Regierungsarbeit koordiniert und zeichnete sich sowohl durch große operative Erfahrung als auch durch inhaltliche Expertise und hohe analytische Kompetenz aus. Der geschulte Jurist hatte zwar eine klare Vorstellung, dass die Vereinigung zu westlichen Bedingungen stattzufinden habe, brachte aber zugleich in höherem Maße als viele andere Verständnis für die Belange der Ostdeutschen auf.

Nach der zweiten Verhandlungsrunde Anfang August lag ein erster Entwurf für den Einigungsvertrag vor, der aus dem eigentlichen Vertragstext und aus Anlagen bestand, die immerhin 93 Prozent des Gesamtvolumens ausmachten. Schäuble hatte in den Verhandlungen um den zweiten Staatsvertrag keinen vorgefertigten Vertragsentwurf, sondern nur ein Diskussionspapier vorgelegt, um der ostdeutschen Seite die Initiative zu überlassen und sie in die Verhandlungsposition des *demandeurs* zu setzen. Da de Maizière zudem seit Ende Juli auf einen schnellen Abschluss drängte, weil er befürchtete, die DDR könne noch vor dem Beitritt vollends zusammenbrechen, nahm ihr Gewicht als Verhandlungspartner zusehends ab, während die Sachzwänge der Probleme zunehmend schwerer wogen.[30]

Zudem tat sich für die Bundesregierung ein anderes Gegengewicht auf: für den zweiten Staatsvertrag war sie, zumal angesichts der für Verfassungsänderungen notwendigen Zweidrittelmehrheiten, nicht umhingekommen, Länderregierungen und Parteien breiter als zuvor in den Verhandlungsprozess einzubeziehen. Dabei vertraten die Länder, die sich beim ersten Staatsvertrag übergangen fühlten, ihre eigenen Interessen und forderten Mitspracherechte, weil sie einen Zentralisierungsschub durch die deutsche Einheit befürchteten. Zugleich wurde diese Bund-Länder-Konstellation durch eine parteipolitische überlagert: seitdem nämlich nach den Landtagswahlen vom 13. Mai in Niedersachsen eine rot-grüne Regierung gebildet worden war, hatte die Regierungskoalition ihre Mehrheit im Bundesrat verloren, wo der Vorsitz gerade beim größten SPD-geführten Bundesland Nordrhein-Westfalen lag. Die Vertretung der Länder wurde somit, angesichts der parteiinternen Querelen innerhalb der SPD, zum eigentlichen parteipolitischen Kontrahenten der Bundesregierung.

Am 31. August paraphierten Schäuble und Krause den Einigungsvertrag in Bonn, um ihn elf Stunden später in Berlin zu unterzeichnen.[31]

Über 1000 maschinenschriftliche Seiten bereiteten die politischen und rechtlichen Grundlagen für den Beitritt der DDR zur Bundesrepublik gemäß Art. 23 des Grundgesetzes am 3. Oktober 1990, mit dessen «Wirksamwerden», so Art. 1, «die Länder Brandenburg, Mecklenburg-Vorpommern, Sachsen, Sachsen-Anhalt und Thüringen Länder der Bundesrepublik Deutschland» wurden (Art. 1). Der Vertrag regelte die Änderungen des Grundgesetzes, die Veränderung der Sitzverteilung im Bundesrat, die gesamtdeutsche Finanzverfassung, die Rechtsangleichung, die Übertragung des Sozialrechts sowie des politisch-institutionellen Systems auf die neuen Bundesländer und eine unüberschaubare Vielzahl von weiteren Tatbeständen.

Einige Fragen blieben einstweilen offen.[32] Nachdem die Vereinigung über Art. 146 des Grundgesetzes nicht zum Zuge gekommen war, wurde die Möglichkeit vorgesehen, eine gemeinsame Verfassungskommission einzusetzen, was im November 1991 auch erfolgte. Hinsichtlich der Hauptstadt des vereinten Deutschland forderte die DDR-Regierung eine Entscheidung zugunsten Berlins als Hauptstadt und Regierungssitz, während die SPD-regierten Länder (außer Berlin) und Bayern verlangten, die Hauptstadtfrage im Einigungsvertrag nicht zu regeln und die Entscheidung den zuständigen Verfassungsorganen – ihrem Verständnis nach unter Einschluss des Bundesrates – zu übertragen. Da die Mehrheit der Länder mit einem Scheitern der Verhandlungen drohte, stimmte de Maizière schließlich dem Kompromissvorschlag Schäubles zu, Berlin im Einigungsvertrag als Hauptstadt festzulegen und die Entscheidung über den Sitz von Parlament und Regierung zu vertagen (Art. 2, Abs. 1). Am 21. Juni 1991 beschloss der Bundestag dann nach bewegter Debatte, Berlin auch zum Parlaments- und Regierungssitz des vereinten Deutschland zu machen.

Eine weitere offene Frage betraf die strafrechtliche Regelung des Schwangerschaftsabbruchs, da sich die Indikationsregelung in der Bundesrepublik und die Fristenregelung der DDR deutlich unterschieden. Weil eine schnelle gesamtdeutsche Einigung in dieser kontroversen Frage nicht möglich war, sah der Einigungsvertrag eine Übergangsfrist vor (Art. 31, Abs. 4), in der die verschiedenen Regelungen nebeneinander in Geltung bleiben sollten. Näher an der Regelung der DDR, wurde 1995 schließlich eine gesamtdeutsche Fristenregelung beschlossen, derzufolge

eine Abtreibung innerhalb der ersten zwölf Wochen einer Schwanger-
schaft nach obligater, dem Lebensschutz verpflichteter Beratung bei einer
anerkannten Beratungsstelle straffrei bleibt.[33]

Beitrittsbeschluss und Tag der deutschen Einheit

Der Einigungsvertrag geriet schließlich in die letzten Turbulenzen der sich
auflösenden DDR. Noch vor seinem Abschluss fasste die Volkskammer
in der Nacht vom 22. auf den 23. August den Beschluss des Beitritts zur
Bundesrepublik. Nach tagelangen parteipolitischen Auseinandersetzungen um die dritte Verhandlungsrunde des Einigungsvertrags stellte die
DSU, die bereits am 17. Juni eine Abstimmung über den sofortigen Beitritt der DDR zur Bundesrepublik beantragt hatte, in der abendlichen
Volkskammersitzung des 22. August abermals den Antrag auf unverzüglichen Beitritt der DDR zum Geltungsbereich des Grundgesetzes. Nachdem dieser ebenso abgelehnt worden war wie Änderungsanträge von
Bündnis 90/Grüne und SPD, stellten CDU/DA, DSU, SPD und FDP einen
weiteren Änderungsantrag, den Beitritt der DDR zum Geltungsbereich
des Grundgesetzes gemäß Art. 23 mit Wirkung vom 3. Oktober 1990 zu
beschließen. Er wurde, bei sieben Enthaltungen, mit 294 Ja-Stimmen
angenommen – gegen 62 Nein-Stimmen, in denen sich die geschlossene
PDS-Fraktion und acht der 15 Abgeordneten von Bündnis 90/Grüne
ein letztes Mal zu jener eigentümlichen Verbindung von reformierter SED
und Teilen der Oppositionsbewegung für eine demokratisierte sozialistische DDR zusammenfanden. Spontan gab Gregor Gysi nach der Verkündung des Ergebnisses, gegen drei Uhr morgens, eine persönliche Erklärung ab: «Das Parlament hat soeben nicht mehr und nicht weniger
als den Untergang der Deutschen Demokratischen Republik zum 3. Oktober 1990 beschlossen.» Darauf brach, wie das Protokoll ausweist,
«jubelnder Beifall bei der CDU/DA, der DSU, teilweise bei der SPD»
aus.[34]

Damit war der Weg zum Tag der deutschen Einheit am 3. Oktober
frei. Am Vorabend, beim Staatsakt im Schauspielhaus am Gendarmen-
markt, spielte das Leipziger Gewandhausorchester unter der Leitung von
Kurt Masur, der ein knappes Jahr zuvor, am 9. Oktober 1989 dazu beige-
tragen hatte, dass jener entscheidende Abend in Leipzig gewaltlos blieb.

Lothar de Maizière nahm «Abschied ohne Tränen» von der DDR, bei aller «Freude und Zuversicht» jedoch nicht ohne Melancholie: «Die Geschichte der letzten vier Jahrzehnte ist» – so sagte er in der Fernsehansprache vom selben Abend – «trotz aller Widersprüche und Belastungen ein Teil unserer persönlichen Biographie, ein Stück unseres gewachsenen Ichs. Sie hat uns geprägt, und sie hat fast allen große Anstrengungen abgefordert. Dies schuf auch ein Gefühl von Identität und bei denen, die bewußt hierblieben, eine Gemeinsamkeit, die zurückzulassen manchem schwerfallen wird. Wir wollen die Einheit, auch wenn nicht alle diesen Übergang heute mit leichtem Herzen erleben.» Nicht alle westlichen Beobachter brachten Verständnis für diesen Tonfall auf, der sich unüberhörbar vom uneingeschränkten Glück Helmut Kohls über den Wirklichkeit gewordenen «Traum» der deutschen Einheit unterschied. Während Kohl mit unerschütterlichem Optimismus abermals «blühende Landschaften» voraussagte, mahnte de Maizière, die deutsche Frage sei und bleibe «nicht nur eine materielle Frage, sondern eine Frage des praktizierten Gemeinsinns.» Und es entsprach auch nicht Kohls Vorstellungen, als Bundespräsident von Weizsäcker beim Staatsakt in der Berliner Philharmonie am 3. Oktober, de Maizières Worte aufnehmend und mit eindeutiger Spitze gegen den Kanzler sagte: «Oft hört man heute, niemandem solle etwas genommen werden, es komme nur auf die Verteilung der Zuwächse an. [...] Aber kein Weg führt an der Erkenntnis vorbei: Sich zu vereinen, heißt teilen lernen. [...] Öffentlich und privat gilt es umzudisponieren, um mitzuhelfen, einzusparen, um zu geben.»[35]

Zuvor aber wurde die Wiedervereinigung um Mitternacht vor dem Reichstag in Anwesenheit der Staatsführung, auswärtiger Diplomaten und mehrerer hunderttausend Menschen symbolisch vollzogen, als die schwarz-rot-goldene Bundesflagge des vereinten Deutschlands unter Feuerwerksfontänen gehisst, die nun gesamtdeutsche Nationalhymne gesungen und im Schöneberger Rathaus die Freiheitsglocke geläutet wurde, nicht hingegen, wie es im Vorfeld diskutiert worden war, alle Kirchenglocken im Lande[36].

In diesem Moment wuchs die Bundesrepublik um 16,4 auf insgesamt 78,7 Millionen Einwohner, ihr Territorium um gut 108 000 auf nunmehr 357 000 Quadratkilometer. Schon zuvor hatten sich die Parteien in West und Ost vereinigt, die CDU unmittelbar vor dem Tag der deutschen Ein-

3. Oktober 1990, 0 Uhr: Vor
dem Berliner Reichstag
wird die schwarz-rot-
goldene Bundesflagge
des vereinten Deutschland
aufgezogen.

heit in Hamburg, die SPD drei Tage zuvor in Berlin, und die FDP bereits
Mitte August in Hannover. Alle drei Parteien behielten ihre bisherigen
Vorsitzenden. Mit der Wiedervereinigung wurden fünf ostdeutsche Bundesminister für besondere Aufgaben in das Bundeskabinett aufgenommen, darunter die bisherige Volkskammerpräsidentin Sabine Bergmann-
Pohl, Günther Krause und der zugleich zum stellvertretenden CDU-Vorsitzenden gewählte Lothar de Maizière, der allerdings wegen der Vorwürfe der früheren Stasi-Tätigkeit binnen weniger Monate wieder aus
seinen Staats- und Parteiämtern schied. Für die erste Plenarsitzung des
gesamtdeutschen Bundestages im Berliner Reichstag am 4. Oktober
musste der Saal besonders eng bestuhlt werden, weil 144 Abgeordnete
der Volkskammer zum Parlament hinzukamen.

Gesamtdeutsche Wahlen

All dies war indessen nur ein Provisorium bis zur ersten gesamtdeutschen Bundestagswahl, die mit den ohnehin um die Jahreswende 1990/91 anstehenden regulären bundesdeutschen Wahlen zusammenfiel. In den Überlegungen über den konkreten Termin hatte de Maizière Anfang August Kanzler Kohl an dessen Urlaubsort in St. Gilgen aufgesucht, das er als «Canossa» empfand. Denn er musste eingestehen, dass seine Regierung die Situation in der DDR nicht mehr bis zum 2. Dezember beherrschen könne, und so schlug er den 14. Oktober als Termin für den Beitritt und die gesamtdeutschen Wahlen vor. Kohl, als «Kanzler der Einheit» inzwischen auf der Höhe glänzender Umfragedaten, stimmte zunächst zu – wobei dieser Termin die verfassungsrechtlichen Probleme einer vorzeitigen Bundestagsauflösung aufgeworfen hätte, die, wie auch immer, mit der Opposition und dem Bundespräsidenten hätte abgestimmt werden müssen. Über das, was dann geschah, gehen die Versionen auseinander: Kohl beschuldigte de Maizière, das Vorhaben durch eine voreilige Pressemitteilung torpediert zu haben, zu der sich de Maizière wiederum von Kohl ermächtigt und dann, als die SPD wütend reagierte, von ihm verlassen sah. Jedenfalls blieb de Maizière als der öffentlich Blamierte zurück; sein Verhältnis zum Kanzler der Einheit war endgültig beschädigt, und binnen eines guten Jahres war er aller seiner politischen Ämter ledig. Zum Wahltag bestimmte Bundespräsident von Weizsäcker schließlich den 2. Dezember.[37]

Dabei rückte bald ein anderes Problem in das Zentrum der Aufmerksamkeit: das Wahlrecht, namentlich die Handhabung der Sperrklausel, die in der Bundesrepublik auf 5 Prozent festgesetzt war. Als Möglichkeiten standen im Wesentlichen eine einheitliche Klausel für das gesamte Deutschland oder getrennte Sperrklauseln für die alte Bundesrepublik und die neuen Länder zur Auswahl, und diese Frage ging ganz im Wahlkalkül der westdeutschen Parteien auf. Für eine einheitliche gesamtdeutsche Sperrklausel traten die SPD ein, um die PDS auszubooten, und die FDP, um die Konkurrenz weiterer kleiner Parteien zu verhindern; die CSU lehnte sie hingegen ab, um die Chancen der von ihr protegierten DSU zu erhalten. Schäuble hingegen trat mit Rücksicht auf die ostdeutschen Parteien, unterstützt von PDS und Bürgerrechtsparteien, für getrennte Klauseln ein.[38] Beschlossen aber wurde im Wahlstaatsvertrag, der zwischen dem 22. und dem 24. August in den ost- und westdeutschen Parlamenten angenommen wurde, ein Kompromiss der Parteiinteressen: eine gesamtdeutsche Sperrklausel von 5 Prozent mit der Möglichkeit, Listenverbindungen zwischen nicht konkurrierenden Parteien zu schließen. Damit war dem Interesse der CSU für die DSU Rechnung getragen, während der PDS und den kleineren ostdeutschen Parteien praktisch keine Chance blieb.

PDS, Grüne und Republikaner erhoben Klage beim Bundesverfassungsgericht, und sie bekamen Recht: da sie die Chancengleichheit verletze, wurde die einheitliche Sperrklausel als verfassungswidrig verworfen.[39] Für die ersten gesamtdeutschen Wahlen galten schließlich nach alten und neuen Ländern getrennte Klauseln. Siegerin dieser ersten Bundestagswahlen im vereinten Deutschland war die Bonner Regierungskoalition mit ihren Parteien der Einheit: CDU und CSU kamen auf 43,8 Prozent (im Westen 44,3 und im Osten 41,8), und die FDP mit ihrem populären, aus Halle stammenden Außenminister Genscher erzielte glänzende 11,0 Prozent (10,6 bzw. 12,9 Prozent). Eindeutige Verlierer hingegen waren die bundesdeutschen Oppositionsparteien, die sich der Vereinigung gegenüber zurückhaltend oder gar ablehnend verhalten hatten: die SPD rutschte auf 33,5 Prozent ab (35,7 im Westen und nur 24,3 in den neuen Ländern), und die Grünen verfehlten mit 4,8 Prozent im Westen den Wiedereinzug in den Bundestag, so dass dort nur die ostdeutschen Vertreter von Bündnis 90/Grüne saßen, die mit 6,2 Prozent immerhin besser abschnitten als bei den Volkskammerwahlen. Demgegenüber fiel die PDS auf 11,1 Prozent in den neuen Ländern zurück, profitierte aber ebenfalls von der getrennten Sperrklausel, weil sie sich mit einem Stimmenanteil von 0,3 Prozent im Westen ganz als ostdeutsche Regionalpartei präsentierte. Damit waren die gesamtdeutschen politischen Kräfteverhältnisse einstweilen justiert; die ‹Ära Kohl› setzte sich auch im vereinten Deutschland fort.

3. Schocktherapie:
Währungsunion und Privatisierung der Wirtschaft

Schlagartige Umstellung: Die Einführung der D-Mark

Mit dem Angebot der «Währungsunion mit Wirtschaftsreformen» vom
7. Februar 1990 hatte sich die Bundesregierung statt eines Stufenmodells
auf einen schlagartigen Übergang zu D-Mark und Marktwirtschaft in der
DDR festgelegt. Die «Übertragung der D-Mark bei gleichzeitiger Aufgabe der Mark (Ost)», wie Hans Tietmeyer den Vorgang bezeichnete[40],
weil er keine Währungsunion im wörtlichen Sinne darstellte, war voller
Unwägbarkeiten und Risiken. Die Schwierigkeiten begannen schon damit, dass in der DDR überhaupt erst ein funktionsfähiges Bankensystem
aufgebaut werden musste. Des Weiteren lagen weder verlässliche Daten
zur Wirtschaftskraft der DDR und somit zum Gegenwert der Währung
noch valide Prognosen über das Verhalten der DDR-Bevölkerung nach
einer Währungsumstellung vor. Die Gefahr einer in Deutschland stets besonders gefürchteten Inflation war nicht von der Hand zu weisen.

Dies galt insbesondere im Hinblick auf den Umtauschkurs. Er stellte
sich bald als zentrale Streitfrage heraus, bei der sich verschiedene Pro-
blemkonstellationen überlagerten: das Verhältnis der Umstellung von
laufenden Zahlungen (Löhne, Gehälter, Renten, Stipendien, Mieten) zu
Fixbeträgen, die sich wiederum nach Guthaben einerseits und Verbindlichkeiten andererseits unterschieden – und insgesamt stießen insbesondere ökonomische Rationalität und politisch-gesellschaftliche Zumutbarkeit aufeinander. Während die Parität von DDR-Mark zu D-Mark im
innerdeutschen Handel bei 1 : 4,4 lag und die D-Mark auf dem freien
Markt zu einem Kurs von 1 : 8 bis 1 : 9 gehandelt wurde,[41] standen im
Vorfeld der Währungsunion ganz andere Relationen im Raum: Die Erwartungen in der DDR lauteten auf 1 : 1.

Ein solcher Kurs war freilich hinsichtlich der Guthaben und Verbindlichkeiten in mehrfacher Hinsicht problematisch. Eine 1 : 1-Umstellung
hätte die verschuldeten Betriebe – deren Schulden obendrein verdeckte
Staatsschulden waren – in die Insolvenz getrieben, und schon eine 2 : 1-
Umstellung drohte sie, zumal angesichts zu erwartender Zinssteigerun-
gen, unter einer untragbaren Schuldenlast zu erdrücken. Eine asymme-

trische Umstellung zwischen Guthaben und Verbindlichkeiten hingegen hätte, weil den Guthaben keine Forderungen gegenübergestanden hätten, über kurz oder lang Ausgleichszahlungen aus Bundesmitteln erforderlich gemacht und die Stabilität der Währung gefährdet. Überhaupt stellte sich hinsichtlich der auf insgesamt 190 Milliarden Mark geschätzten Sparguthaben das Problem, dass sie in hohem Maße aus dem Mangel an Warenangebot resultierten und daher ein 1 : 1-Umtausch dieses Geldüberhangs ohne realen Gegenwert einen Inflationsschub herbeizuführen drohte.

Noch nachdrücklicher stellten sich die Probleme hinsichtlich der laufenden Zahlungen. Eine Umstellung im Verhältnis 1 : 1 und zusätzliche Lohnerhöhungen als Ausgleich für die steigenden Konsumgüterpreise und Sozialbeiträge sowie für die wegfallenden Subventionen (etwa für Lebensmittel oder Mieten) drohten ein Lohnniveau zu etablieren, das mit der Produktivität und der Ertragskraft der Unternehmen nicht vereinbar und somit für ihre Konkurrenzfähigkeit tödlich war. Andererseits drohte ein zu geringes Lohnniveau gewaltige soziale Differenzen im vereinten Deutschland festzuschreiben, massive Unzufriedenheit zu schüren und weitere Abwanderung zu forcieren, durch die das Gebiet der DDR noch mehr ausbluten und an Konkurrenzfähigkeit verlieren würde.

Seit Ende Februar verstärkten sich im Bundesfinanzministerium und bei der Bundesbank allerdings die Zweifel an der ökonomischen Vertretbarkeit eines Umstellungskurses von 1 : 1. Zwar lag das Lohnniveau in der DDR deutlich unter demjenigen im Westen, die Arbeitsproduktivität aber war noch geringer und vor allem noch niedriger als erwartet: Hatte die staatliche Plankommission 1989 ein Niveau von 70 Prozent und Gerhard Schürer Ende Oktober von 60 Prozent angegeben, das Deutsche Institut für Wirtschaft 1987 einen Wert von 50 Prozent veranschlagt und Thilo Sarrazin Ende 1990 40 Prozent angenommen, so lag sie realiter unter 30, wenn nicht gar bei 20 Prozent.[42] Am 29. März fasste der Zentralbankrat in Anwesenheit von Finanzminister Waigel eine Entschließung, die laufenden Zahlungen, die Bankguthaben über 2000 Mark und die Verbindlichkeiten «im Verhältnis 2 Mark der DDR : 1 DM umzustellen»; Guthaben bis 2000 Mark sollten im Verhältnis 1 : 1 umgetauscht, zudem sollten Sparer an Treuhand- und Privatisierungserlösen der DDR beteiligt werden.[43]

Als diese Entschließung gleich am nächsten Tag in der *Frankfurter Rundschau* publik wurde, brach ein Sturm der Empörung los. Alle Parteien in der DDR hatten sich während des Volkskammerwahlkampfes für einen Kurs von 1 : 1 eingesetzt, und Kohl hatte den Kleinsparern eine 1 : 1-Umstellung ihrer Sparkonten versprochen.[44] Ebenso hatte de Maizière in seiner Regierungserklärung vom 19. April – wie Tietmeyer vermutete: ohne die Konsequenzen für die Wettbewerbsfähigkeit der Betriebe zu realisieren[45] – eine Umstellung von 1 : 1 für Löhne und Gehälter zuzüglich Zuschlägen als Ausgleich für den Subventionsabbau gefordert, desgleichen für Renten, die zugleich auf ein Nettorentenniveau von 70 Prozent nach 45 Versicherungsjahren angehoben werden sollten, und ebenso für Sparguthaben (wobei er «Wege eines differenzierten Umtausches» avisierte), während Inlandsschulden der Volkseigenen Betriebe, der Genossenschaften und der privaten Betriebe mindestens 2 : 1 umgestellt und durch Anpassungshilfen, z. B. durch Entschuldung, flankiert werden sollten.[46]

Offenkundig stellte der Umstellungskurs von 1 : 1 einen *casus belli*, jedenfalls eine *causa maxima* für die ostdeutsche Seite und ihre Regierung dar. Zugleich schwand die Unterstützung in der westdeutschen Politik für die ökonomisch begründete 2 : 1-Position. In der Tat waren eine Halbierung der ohnehin niedrigen Ostmark-Beträge (die durchschnittlichen Nettolöhne lagen 1988 bei 854 Mark monatlich[47]) und eine dementsprechende Differenz der Lohn- und Gehaltsniveaus innerhalb Deutschlands – die Ostlöhne hätten großenteils weniger als 20 Prozent der Westlöhne betragen – in der sozialen Realität kaum vorstellbar. «Ich bin der Überzeugung», so schrieb Arbeitsminister Blüm eindringlich an Kohl, «daß ein Umstellungssatz, der unter der Relation 1 : 1 liegt, zu tiefgreifenden sozialen Verwerfungen sowie zu destabilisierenden politischen Folgewirkungen führen würde.»[48]

Im Konflikt zwischen Ökonomie und Politik – der in diesem Falle ungewöhnlich grundsätzlich ausfiel – kalkulierte Kohl stets politisch, und so folgte er dem Arbeitsminister und nicht dem Finanzministerium. Der schließlich gefundene Kompromiss[49] sah eine Umstellung der Löhne und Gehälter im Verhältnis 1 : 1 auf der Basis des Stichtags 1. Mai vor, also einschließlich der Lohnerhöhungen seit Jahresbeginn, aber ohne weiteren Subventionsausgleich. Bargeld und Sparguthaben sollten bis zu einer

Ökonomische Ratio versus politische Zumutbarkeit im Einigungsprozess: Ostdeutsche Demonstranten fordern im April 1990 einen Umtauschkurs von 1:1.

nach Lebensalter abgestuften Höhe zwischen 2000 und 6000 Mark zum Kurs von 1 : 1 umgestellt werden, darüber hinausgehende Beträge 2 : 1, ebenso die Verbindlichkeiten, während die Schulden der Betriebe und Wohnungsunternehmen nicht gestrichen wurden. Mit einem durchschnittlichen Gesamtumstellungskurs von 1,8 : 1[50] wurde die Mark der DDR um das Zwei- bis Dreifache ihres marktüblichen Tauschwerts aufgewertet. Das Dilemma war dramatisch: diese Umstellung gab der DDR-Wirtschaft den endgültigen Todesstoß, gesellschaftlich-politisch aber war sie nicht zu vermeiden; selbst diese Regelung rief in der DDR-Bevölkerung zahlreiche Proteste und massive Empörung hervor[51].

Die schlagartige «Ausdehnung des westdeutschen Währungsgebietes auf die DDR»[52] zum 1. Juli 1990 war ein logistischer Kraftakt, den die Bundesbank in Zusammenarbeit mit den deutschen Banken reibungslos zu bewältigen vermochte. Vor allem bedeutete er, in Verbindung mit dem abrupten Übergang zu einer Marktwirtschaft, eine Schocktherapie für die DDR, die um so radikaler ausfiel, als ihre ökonomischen Potentiale sich als weit weniger leistungsfähig herausstellten als erwartet.

Privatisierung: Die Treuhandanstalt

Erste Ansätze für eine Privatisierung der ostdeutschen Wirtschaft, geleitet allerdings von dem Willen, so viele planwirtschaftliche Elemente wie möglich zu erhalten, hatte die Regierung Modrow im Winter 1989/90 eingeleitet. Noch vor dem Ende ihrer Amtszeit erließ sie am 1. März 1990 eine Verordnung zur «Umwandlung von Volkseigenen Kombinaten, Betrieben und Einrichtungen in Kapitalgesellschaften» und beschloss die Gründung einer «Anstalt zur treuhänderischen Verwaltung des Volkseigentums». Eine Privatisierung im westlich-marktwirtschaftlichen Sinne betrieb diese – mit ihrer dürftigen Ausstattung kaum arbeitsfähige – erste Treuhandanstalt indessen nicht.[53]

Wieder aufgerollt wurde diese Frage von der neuen DDR-Regierung im Zusammenhang der Wirtschaftsunion. Im Kern ging es darum, die Entscheidung über das Angebot und die Festsetzung der Preise von staatlichen Planstellen auf die Anbieter am Markt zu übertragen. Dazu drängte Bonn auf eine schnelle Überführung der Unternehmen von Staats- in Privateigentum, und am 17. Juni verabschiedete die Volkskammer das Gesetz zur Errichtung der Treuhand.[54] Als Anstalt des öffentlichen Rechts wurde ihr die Aufgabe der Privatisierung, gegebenenfalls auch der Sanierung (mit dem Ziel der Privatisierung) oder aber der Stilllegung von fast 8000 Betrieben übertragen. Die Priorität lag eindeutig auf der Privatisierung, und die Treuhand-Führung gab die Devise aus: schnell privatisieren – entschlossen sanieren – behutsam stilllegen. Hinzu kam die Aufgabe, die Strukturanpassung der Wirtschaft zu fördern, ohne dass ihr damit jedoch ein explizit strukturpolitischer Auftrag erteilt worden wäre; grundsätzlich richteten sich die Hoffnungen auf die selbstregulierenden Kräfte des Marktes.

Die Leitung der neuen Treuhandanstalt lag in den Händen eines Vorstands sowie eines Verwaltungsrats, an dessen Spitze zunächst Detlev Carsten Rohwedder berufen wurde, der als vormaliger Staatssekretär im Bundeswirtschaftsministerium und als Vorstandsvorsitzender des Hoesch-Konzerns sowohl politische als auch ökonomische Erfahrung mitbrachte und mit einem sozialdemokratischen Parteibuch der ostdeutschen SPD gut zu vermitteln war. Mit dem Vorsitz des Vorstandes wurde ebenfalls ein Westdeutscher beauftragt, der SPD-nahe Vorstandsvorsitzende der

Am 1. Juli 1990 wurde die Treuhandanstalt Eigentümerin von 7894 Volkseigenen Betrieben mit 4 Millionen Beschäftigten. Die Abbildung zeigt Präsident Detlev Carsten Rohwedder und seine Nachfolgerin Birgit Breuel (5. bzw. 4. v. l.) im Kreise von Vorstandsmitgliedern auf einer Pressekonferenz im November 1990.

Deutschen Bundesbahn Rainer Maria Gohlke. Als er nach kurzer Zeit, konkret wegen einer Affäre um die Verpachtung der Interhotel-Kette, zurücktreten musste, übernahm Rohwedder am 23. August selbst den Vorstandsvorsitz der Treuhandanstalt. Am 1. April 1991 wurde der Treuhand-Chef von Terroristen der RAF in seinem Düsseldorfer Privathaus ermordet. Zu seiner Nachfolgerin wurde die ehemalige niedersächsische Finanzministerin Birgit Breuel (CDU) bestimmt, die im November 1990 in den Vorstand eingetreten war.

Die Treuhandanstalt benötigte einige Zeit, bis sie auf personeller und auf organisatorisch-administrativer Ebene ihre Arbeitsfähigkeit hergestellt hatte. Während der Verwaltungsrat etwa gleichgewichtig mit West- und Ostdeutschen besetzt war, nahmen Westdeutsche in der Zentrale und in den 15 Außenstellen die wichtigsten Positionen ein. Keineswegs eine «Kolonialverwaltung», sondern eine ost-west-deutsche «Hybridorganisation», wurde die Treuhand, so die differenzierte Einschätzung von

Wolfgang Seibel, von einer «Elite heterogener sozialer, politischer und beruflicher Herkunft» geleitet, «deren gemeinsames Merkmal gleichwohl der unprätentiöse Einsatz für die öffentlichen Angelegenheiten war.» Bei aller taktischen Brillanz hatte sie nichtsdestoweniger strategisch keine Chance, ihren Auftrag wie erwartet zu erfüllen.[55]

Als das Treuhand-Gesetz vom 17. Juni zwei Wochen später in Kraft trat, wurde die Anstalt zur Eigentümerin von 7894 Volkseigenen Betrieben mit vier Millionen Beschäftigten und einer Grundfläche, die mehr als die Hälfte der DDR umfasste, und mit einer Aufgabe gewaltigen Ausmaßes konfrontiert. Für die Transformation einer Planwirtschaft in das völlig inkompatible System einer Marktwirtschaft gab es kein historisches Vorbild und keinerlei Erfahrungswerte, kein verlässliches Wissen über die ostdeutsche Wirtschaft im Westen und kaum konzeptionelle Vorlaufzeit.[56] Rasch entfernten sich die tatsächlichen Erfahrungen von den ursprünglichen Erwartungen.

Im Mai 1990 hatte eine Rentabilitätsprognose des Ost-Berliner Wirtschafts- und Finanzministeriums für 2200 bislang zentral geleitete DDR-Betriebe 31 Prozent von ihnen als rentabel eingestuft, 42 Prozent als sanierungswürdig und 27 Prozent als konkursgefährdet. Der zu erwartende Arbeitsplatzabbau zum 31. Dezember 1990 belief sich der Prognose zufolge auf 12 000 Stellen in den rentablen Betrieben, 54 000 in den sanierungsbedürftigen und 26 000 in den konkursgefährdeten.[57] Auch fünf Wochen nach Beginn der Wirtschaftsunion ging das Bundeswirtschaftsministerium noch davon aus, dass ein nachhaltiger «Aufschwung» nach anfänglicher «Durststrecke» bereits 1991 einsetze[58]. Und selbst im Oktober 1990 gingen die Erwartungen dahin – nachdem die Staatsbank der DDR die Vermögenswerte der DDR im Frühjahr 1990 auf 580 Milliarden Mark zuzüglich Grund und Boden, Post und anderen produzierenden Bereichen beziffert hatte[59] –, dass die Treuhand Privatisierungserlöse in Höhe von 600 Milliarden DM erzielen werde[60], aus denen sich die Kosten für die Anpassungshilfen und Schulden refinanzieren lassen würden, die der Bund für die Sanierung der DDR aufnehmen müsse.

Nach dem 1. Juli 1990 mussten die Einschätzungen jedoch permanent nach unten korrigiert werden. Unternehmen und Betriebe der DDR befanden sich in einem schlechteren Zustand und die Produktivität lag auf

Der Zustand der Betriebe und Unternehmen in der DDR unterbot alle Erwartungen: Verrostete Anlagenteile, lecke Tanks und marode Gasleitungen wie in diesem Chemiewerk in Wolfen bei Bitterfeld fanden sich allerorten.

einem noch niedrigeren Niveau als erwartet. Mit der Währungsunion wurde offenbar, dass die DDR-Wirtschaft weitestgehend nicht konkurrenzfähig war. Und so geschah, was der von der Bundesregierung in wesentlichen Fragen übergangene Bundesbankpräsident Pöhl ein «Desaster»[61] nannte: der Absturz der DDR-Wirtschaft.

Deindustrialisierungsschock und Massenarbeitslosigkeit

Mit dem 1. Juli 1990 wurden die Preise für Güter und Dienstleistungen in der DDR freigegeben und Subventionen für die meisten Güter des Grundbedarfs gestrichen, die somit auf einen Schlag deutlich teurer wurden. Dass der Preis für ein Brot von 52 Pfennig auf über 3 D-Mark stieg, löste vielfache Irritationen im Alltag aus, zumal Westwaren in der DDR zunächst teurer waren als in der Bundesrepublik und große Preisunterschiede für ein- und dasselbe Produkt innerhalb der DDR herrschten. Ende Juli waren diese Anpassungsturbulenzen allerdings ausgestanden, und im Gegensatz zum Grundbedarf waren die Preise für Genussmittel, Elektrogeräte oder Kleidung deutlich gefallen. Berechnungen der Staatsbank zufolge sanken die Lebenshaltungskosten für Haushalte mit mittlerem Einkommen um 5 Prozent.[62]

Vor allem fanden die Konsumenten in den Geschäften seit Montag, dem 2. Juli volle Regale vor – die Mangelwirtschaft war vorüber. Gekauft wurden insbesondere Autos; allein im Juli und August 1990 wurden 330 000 Fahrzeuge und somit fast ein Zehntel des bisherigen Bestandes neu zugelassen. Gerade auf dem Automobilmarkt zeigte sich der Run auf Westprodukte, die sowohl im Bereich höherwertiger Konsum- und Investitionsgüter bevorzugt wurden, als auch in Bereichen, in denen ostdeutsche Produkte mindestens gleichwertig waren, wie etwa bei Lebensmitteln des Grundbedarfs. DDR-Produkte wurden vom Markt verdrängt, weil die Käufer sie nicht mehr akzeptierten. Auch Aufträge im Hoch- und Tiefbau gingen zunehmend an Westfirmen. Ostdeutsche Betriebe waren in vielen Bereichen und vor allem gegenüber den westdeutschen Unternehmen nicht konkurrenzfähig – auch nicht in Westdeutschland, da DDR-Produkte nach der Währungsumstellung (die gegenüber der alten Transferrechnung eine Aufwertung um mehr als das Vierfache bedeutete) schlechterdings zu teuer waren.

In besonderem Maße galt dies auch beim Osthandel. Allein die Sowjetunion hatte am Außenhandel der DDR einen Anteil von mehr als einem Drittel gehalten, und daran hingen fast eine Million Arbeitsplätze. Das weit von Weltmarktpreisen abweichende System von Verrechnungspreisen und hochregulierten Austauschrelationen im Rat für Gegenseitige Wirtschaftshilfe, der wirtschaftlichen Organisation der Ostblockstaaten, das zugleich ein verdeckter Subventionsmechanismus zugunsten der Sowjetunion war, konnte mit der Beseitigung von Handelsschranken in einer freien Marktwirtschaft nicht weiterbestehen. So war der völlige Abbruch des Osthandels nicht die unerwartete externe Ursache des Deindustrialisierungsschocks, sondern die logische Folge der Wirtschafts- und Währungsunion. Dieser Abbruch trat allerdings erst 1991 ein, weil das hochsubventionierte Transferrubelreglement für den Export in RGW-Länder noch bis zum Jahresende aufrecht erhalten wurde. Osteuropäische Importeure wollten sich noch mit den von ihnen hochgeschätzten, in der DDR und im Westen nicht mehr gefragten DDR-Produkten eindecken, solange nicht in harter Währung zu zahlen war, so dass bei Trabant im September 1990 noch Überstunden geleistet wurden. Ab dem 1. Januar 1991 aber brach dieser Osthandel weg und schrumpfte 1991 auf ein Viertel des Vorjahresniveaus. So entfielen für die neuen Länder die alten Absatzgebiete für den Außen- und den Binnenhandel, während sich neue Märkte kaum erschlossen.

Mit der Wirtschafts- und Währungsunion brach die industrielle Produktion der DDR ein – nach Angaben des Statistischen Amtes der DDR belief sie sich im August 1990 noch auf knapp die Hälfte des Wertes vom August 1989 –, und sie stürzte um so tiefer, als der Zustand der DDR-Wirtschaft so viel maroder war als erwartet.[63] Besonders betroffen waren Bergbau, Industrie und warenproduzierendes Gewerbe sowie die Landwirtschaft[64]. Gleich mehrere Entwicklungen und Problemlagen kamen hier zusammen. Erstens kollabierten die völlig unproduktiven und disfunktionalen Strukturen einer vom Weltmarkt abgeschotteten gelenkten Wirtschaft ohne freie Preisbildung – unter dem Zwang der Devisenbeschaffung produzierten zum Beispiel die Kupfer- und Stahlindustrie zu weit über den Exporterlösen liegenden Kosten –, einschließlich ihrer immensen personellen Überkapazitäten. Verstärkt wurde dieser Prozess zweitens durch die überkommene Beschäftigtenstruktur der DDR: ihr Schwergewicht lag nämlich in ebenjenen Bereichen, die in den westlichen Industriegesellschaften durch die Tertiarisierung – den gesamtwirtschaftlichen Strukturwandel hin zu einem erhöhten Anteil von Dienstleistungen – seit Jahrzehnten unter Druck geraten und wo in hohem Maße Arbeitsplätze abgebaut worden waren. Das Beitrittsgebiet musste also mit einem Schlag den Generaltrend des in der DDR verschleppten volkswirtschaftlichen Strukturwandels der Nachkriegszeit nachholen – und dies, drittens, in unmittelbarer Konkurrenz mit der haushoch überlegenen westdeutschen Wirtschaft. Hinzu kam, in mittlerer zeitlicher Perspektive, viertens der als «Globalisierung» bezeichnete abermalige Strukturwandel, der auch den Westen erfasste – Ostdeutschland aber musste mit der Wiedervereinigung einen doppelten Entwicklungssprung tun, und dies von einem besonders ungünstigen Ausgangspunkt aus.

Bald nach dem 1. Juli 1990 sahen sich zahlreiche DDR-Betriebe vor der Insolvenz. Der größte Teil der DDR-Wirtschaft war konkursreif. Ausnahmen stellten das Kredit- und Versicherungsgewerbe und der Kfz-

Markt dar. Im Handel wurden die Entlassungen der personell überbeleg-
ten Einzelhandels- und Großhandelsgeschäfte durch Neugründungen
nicht kompensiert, und zunächst blieb auch ein Gründungsboom bei
Gaststätten und im Hotelgewerbe aus. Die Ostdeutschen sparten, außer
an Autos und bei Reisen. Diese führten sie aber in aller Regel in den Westen, so dass auch dieses Geld nicht in die DDR bzw. die neuen Länder
floss. 1991 ging das Bruttoinlandsprodukt auf höchstens 70 Prozent des
Niveaus von 1989 zurück. Zugleich stieg, und das war der größte spürbare Schock, die Arbeitslosigkeit immer weiter an. Das in der DDR bis
dahin offiziell unbekannte Phänomen war angesichts des rückläufigen
Sozialprodukts bereits im Frühjahr 1990 aufgetreten, und unmittelbar
vor dem Beginn der Wirtschafts- und Währungsunion wurden 142 000
Arbeitslose, mithin eine Quote von 1,6 Prozent, registriert. Im Juli stiegen die Zahlen sprunghaft an, und im Oktober wurden bereits 500 000
arbeitslos Gemeldete und zudem 1,7 Millionen von Kurzarbeit Betrof-
fene verzeichnet.

Dass der Zusammenbruch der ostdeutschen Wirtschaft so viel «dra-
matischer verlief, als es selbst Pessimisten erwartet hatten»[65], wollte die
Bundesregierung in ihrer notorisch optimistischen Erwartung eines
neuen Wirtschaftswunders zunächst nicht wahrhaben. Eine Vorlage aus
dem Bundeskanzleramt für Kohl, der am Rand ein Ausrufezeichen
machte, bilanzierte am 30. Juli: «Die DDR befindet sich jetzt – wie 1948
die Westzonen – auf einer Durststrecke bei der Überwindung des Erbes
aus der Vergangenheit. Dank massiver öffentlicher und privater Hilfe
von hier und insgesamt vernünftigen Verhaltens der Verbraucher bestehen aber günstige Voraussetzungen auf spürbare Besserung.»[66]

Bald war nicht mehr zu übersehen, dass Regierung und Verantwort-
liche bei der Wirtschafts-, Währungs- und Sozialunion von viel zu optimistischen Annahmen ausgegangen waren, dass dem Schock nicht alsbald
die Therapie folgte und dass sich auf den befreiten Märkten Ostdeutschlands kein selbsttragender Aufschwung entfaltete. Vielmehr entpuppten
sich vermeintliche Übergangsphänomene als Dauerprobleme, die staatliche Intervention in einem ganz und gar unerwarteten Ausmaß erforderlich machten, ohne selbst damit das gewünschte Ergebnis zu erzielen. Angesichts der bevorstehenden Bundestagswahlen und einer sich im Westen
zunehmend verschlechternden Stimmung gegenüber der Einheit vermied

es die Regierung jedoch bis zum Dezember, die zwar noch nicht vollständig absehbaren, aber doch unweigerlich auf das Land und seine Bürger
zukommenden Belastungen offen darzulegen. Damit verpasste sie den
Zeitpunkt, die Einheit in der Bevölkerung offensiv als nationale Gemeinschaftsverpflichtung zu verankern und an Solidarität und Verzichtbereitschaft zu appellieren. Zugleich begann sie jedoch politisch umzusteuern
und eine aktive Arbeitsmarktpolitik zu betreiben[67], statt weiterhin allein
auf die Kräfte des freien Marktes zu vertrauen.

Prioritätenwandel:
Die Sicherung «industrieller Kerne» und die Bilanz der Treuhand

Der Deindustrialisierungsschock schlug naturgemäß ins Zentrum der Arbeit der Treuhandanstalt unter dem Primat der Privatisierung durch. Die
meisten Investoren waren zwar – mit Ausnahme der Stromkonzerne und
einiger Betriebe der Nahrungs- und Genussmittelindustrie, die sich gute
Absatzchancen erwarteten – an Grundstücken in günstiger Lage und einzelnen Betriebsteilen interessiert, nicht jedoch an der Übernahme kom-
pletter Industriebetriebe. Generell wandelte sich das Aktionsfeld der
Treuhand rasch von einem Verkäufer- zu einem Käufermarkt: der Verkauf
von Unternehmen war oft nur noch zu einem sehr niedrigen Preis und
obendrein unter der Verpflichtung der Treuhand möglich, Altschulden
und ökologische Altlasten zu übernehmen; hohe Forderungen hinsichtlich Investitionen oder Arbeitsplätzen konnte sie unter diesen Bedingungen hingegen nicht stellen. Zunehmend wurde die Sanierung der Betriebe
– mit Abstand die zweite Priorität nach der Privatisierung – zur Vorbedingung für ihre Privatisierung.[68]

In der Konsequenz bemühte sich die Treuhand einerseits um beschleunigte Privatisierungen, um den Staat aus der Verantwortung für
die Unternehmen der kollabierenden Wirtschaft zu bringen. Andererseits verschoben sich in ausgewählten Fällen die Prioritäten: Anfang
1993 beschloss die Bundesregierung, «industrielle Kerne» zu sichern
und zu erneuern und die Umsetzung neuer Unternehmenskonzeptionen
von grundsätzlich sanierungsfähigen Unternehmen nicht an der Finanzierung scheitern zu lassen. Die Bundesregierung schloss einen «Solidarpakt» mit SPD und Gewerkschaften, die sich allerdings nicht auf die

Forderung einließen, als Gegenleistung für die staatlichen Strukturhilfen sozialpolitische Zugeständnisse bei Lohnforderungen oder bei der Lohnfortzahlung im Krankheitsfall zu machen.

Gefördert wurden unverzichtbare Arbeitgeber in der Region, von denen auch Zulieferer abhingen, so etwa die Ostseewerften, EKO-Stahl in Brandenburg, SKET Schwermaschinen- und Anlagenbau in Magdeburg oder Maschinenbaufirmen in Sachsen. Auf diese Weise gelang die Privatisierung schwieriger Fälle, allerdings unter immensem finanziellem Aufwand: im Falle der Werften wurden zwischen sechs und sieben Milliarden DM für den Erhalt von 10 000 der ursprünglich 50 000 Arbeitsplätze aufgebracht, für Teile der Buna, der Sächsischen Olefinwerke und der Leuna-Polyolefin wurden 10 Milliarden DM staatlicher Beihilfen für 5600 Mitarbeiter im Jahr 1996, mithin fast 1,8 Millionen DM pro Arbeitsplatz investiert.

Als die Treuhandanstalt am 31. Dezember 1994 ihr operatives Geschäft abschloss, war dies nicht zuletzt ein symbolischer Akt, da ihre Aufgabe nicht vollständig erfüllt war, die Anstalt vielmehr in die «Bundesanstalt für vereinigungsbedingte Sonderaufgaben» überführt wurde. Doch verschwand die im Osten ungeliebte Treuhand, die für die Deindustrialisierung verantwortlich gemacht wurde, aus dem öffentlichen Bewusstsein.[69] Wie aber nahm sich die Bilanz ihrer Tätigkeit aus?

Abgesehen von den tiefsitzenden Ressentiments der Betroffenen von Privatisierungen und Stilllegungen wurde Kritik an der Treuhand aus ganz entgegengesetzten Richtungen geäußert[70]: mit dem staatsinterventionistisch orientierten Verdikt eines «Ausverkaufs» wurde der Treuhand zu viel Vertrauen in den Markt vorgeworfen; stattdessen hätte der Umstellungsprozess verlängert und in stärkerem Maße vom Staat gesteuert werden sollen. Demgegenüber argumentierten marktorientierte Ökonomen, staatliche Strukturpolitik hätte nur neue Dauersubventionsempfänger zum Schaden der Steuerzahler hervorgebracht – schon die Verschiebung der Prioritäten von der Privatisierung zur Sanierung und vor allem die Politik der Erneuerung industrieller Kerne habe marktwirtschaftliche Grundsätze verletzt und die Kosten der Einheit erhöht. Die Unvereinbarkeit der Kritik deutet darauf hin, dass die Aufgabe der Treuhand in ihrer Größenordnung faktisch gar nicht – und erst recht nicht für alle Seiten zufriedenstellend – zu bewältigen war. Dass konkrete Fehlentscheidun-

gen getroffen wurden, war unvermeidlich und, so Dieter Grosser, auch
eher die Ausnahme. Das grundsätzliche Problem der Treuhandanstalt
war weniger ihr Handeln als ihr Auftrag samt seinen Voraussetzungen:
«die verwaltende Zerstörung der wirtschaftlichen Illusionen» von
1990.[71]

In der quantitativen Bilanz hatte die Treuhand 1990/91 zunächst
25 000 Handelsgeschäfte, Gaststätten und Hotels verkauft. Bis Ende
1994 dann hatte sie von den 12 162 Unternehmen, die vorwiegend aus
den ehemaligen Kombinaten entstanden waren, 3718 (30,6 Prozent)
stillgelegt, 6546 (53,8 Prozent) privatisiert, 1588 (13,1 Prozent) an Alteigentümer zurückgegeben und 310 Unternehmen (2,6 Prozent) in kom-
munale Trägerschaft überführt. 2703 Unternehmen waren an westdeutsche und 860 an ausländische Investoren verkauft sowie knapp 3000 auf
dem Wege des Management-Buy-Out bzw. Management-Buy-In (Übernahme durch Beschäftigte bzw. durch ein externes Management) privatisiert worden.[72] Musterbeispiele der Privatisierung waren Jenoptik in
Jena, die Rotkäppchen-Sektkellerei in Freyburg/Unstrut (eine Kombination von ostdeutschem Management-Buy-Out und Buy-In aus dem
Westen) sowie die Florena Cosmetic in Waldheim/Döbeln.

In hohem Maße gingen die privatisierten Betriebe allerdings in westdeutschen Besitz über, wo sie in bestehende Unternehmen und deren Ren-
tabilitätskalkulationen eingepasst wurden, die ihrerseits in den neunziger
Jahren unter den wachsenden Druck der Globalisierung und in den Sog
des nach Deutschland vordringenden, an den kurzfristigen Gewinninter-
essen der Anteilseigner orientierten Unternehmensprinzips des *sharehol-
der value* gerieten. Mit den ostdeutschen Standorten wurde dabei sehr
unterschiedlich verfahren.[73] In hohem Maße wurden sie zu ‹verlängerten
Werkbänken›, Filialbetrieben ohne eigene Abteilungen für Forschung
und Entwicklung. 1999 hatten nur acht der 550 größten deutschen Unternehmen ihren Hauptsitz in den neuen Ländern, in denen sich somit
Züge einer «Dependenz-Wirtschaft» ausbildeten, während sich in ostdeutschen Händen vor allem kleinere Betriebe befanden.[74]

Die Treuhandanstalt hatte ihren Privatisierungsauftrag binnen gut
vier Jahren erfüllt und einen umfassenden Strukturwandel herbeigeführt,
allerdings zu weit höheren Kosten als 1990 erwartet. Bis 1996 war etwa
die Hälfte der ehemals vier Millionen Arbeitsplätze in den der Treuhand-

anstalt überantworteten Betrieben verloren gegangen, zudem waren 800 000 Beschäftigte über den Vorruhestand aus dem Arbeitsmarkt ausgeschieden. Und statt aus den Privatisierungen die erhofften 600 Milliarden DM zu erlösen, schloss die Treuhandanstalt mit einem Defizit von 230 Milliarden DM, das von den Steuerzahlern zu tragen war.[75] Dass sich die Differenz zwischen erwartetem Erlös und tatsächlichem Abschluss der Treuhandanstalt auf sage und schreibe 830 Milliarden DM belief, zeugt von der Dimension sowohl der Herausforderung durch die deutsche Einheit als auch der Fehleinschätzung jener Situation, für die freilich jeder historische Vergleichsmaßstab fehlte.

Die Achillesferse der deutschen Einheit

Für eine Bilanz der wirtschaftlichen Entwicklung in den neuen Ländern seit der Wiedervereinigung stellt sich zunächst die Frage des Maßstabs. Schief ist der Vergleich zu den übrigen postkommunistischen Transformationsgesellschaften Osteuropas, da in Ostdeutschland durch die Einbeziehung in die Bundesrepublik ganz besondere Bedingungen herrschten. Andererseits ist es unrealistisch, ein binnen weniger Jahre oder Jahrzehnte hergestelltes Verhältnis von 1 : 1 zur alten Bundesrepublik als Richtwert zu wählen, wie es allerdings 1990 und in der Folgezeit immer wieder geschehen ist. Am ehesten angemessen ist der Blick auf Wachstum und Entwicklung in den neuen Ländern im Vergleich zum Status quo von 1989.

Dort hatte sich mit der Währungs- und Wirtschaftsunion der unter Marktbedingungen unvermeidliche Zusammenbruch der ohnehin maroden DDR-Wirtschaft mit ihrer heruntergekommenen Infrastruktur, ihrer unproduktiven Organisation und ihrem versäumten Strukturwandel vollzogen, verstärkt noch durch den Wegfall des nicht marktfähigen Osthandels. Nach dem akuten und über Erwarten dramatischen Absturz 1990/ 91 währte die erste Phase des Zusammenbruchs bis Ende 1994. Zugleich aber setzte bereits im Sommer 1991 eine zweite Phase der Erneuerung ein: bis 1995 ging der Strukturwandel mit Wachstumsraten von jährlich ca. 8 Prozent in einem Maße voran, wie es für einen erfolgreichen Aufholprozess erforderlich war, während der Westen Deutschlands, der mit dem Vereinigungsboom 1990/91 zunächst vom Kaufkraftschub in Ost-

deutschland profitiert hatte, in diesen Jahren eine veritable Rezession erlebte. 1995 aber erlitt die Bauwirtschaft, durch den steuerbegünstigten
Bauboom bis dahin Lokomotive der ostdeutschen Entwicklung, einen
schweren Rückschlag. Allgemein gingen die Investitionen zurück, vor
allem im industriellen Sektor, und fielen im Folgenden weit unter west-
deutsches Niveau. Die ostdeutschen Wachstumsraten lagen mit 2 Prozent
in den Jahren 1996 und 1997 auf dem Niveau der westdeutschen und in
der Folgezeit zumeist darunter, jedenfalls nicht mehr signifikant darüber,
und zwischen 1996 und 2004 stieg das Bruttoinlandsprodukt je Einwohner nur noch von 62 auf 64 Prozent des Westniveaus. Mitte der neunziger
Jahre kam der ostdeutsche Aufholprozess ins Stocken und ging in eine
dritte Phase der Abflachung bzw. der Seitwärtsbewegung über.[76]

Allen Indikatoren zufolge war es nicht gelungen, nach dem Zusammenbruch der DDR-Wirtschaft selbsttragende neue Strukturen und eine
hinreichend leistungsfähige Industrie aufzubauen. Die Branchen, die in
der DDR einen besonders hohen Anteil am Bruttoinlandsprodukt gehalten hatten – Textil, Chemie, Maschinen- und Schiffbau – besaßen wenig
Zukunftsperspektiven innerhalb eines gesamteuropäischen Strukturwandels hin zur tertiarisierten Industriegesellschaft des digitalen Zeitalters.
Der dafür zentrale, in der DDR unterentwickelte Dienstleistungssektor
entwickelte sich demgegenüber weniger als erwartet. Die neuen Länder
wurden in hohem Maße zu strukturschwachen Regionen.

Als ökonomisches, sozialstrukturelles und sozialpsychologisch-kul-
turelles Hauptproblem erwies sich die dauerhafte Massenarbeitslosigkeit. Binnen zweier Jahre nach der Währungs- und Wirtschaftsunion
ging die Zahl der Beschäftigten in der ehemaligen DDR um mehr als ein
Drittel zurück. Die Unterbeschäftigungsquote lag 1992 bei 36 und 1996
noch immer bei 28,8 Prozent, während sie 1994 in den alten Ländern
etwa 10 Prozent betrug (dabei in den neuen Ländern auch in der
höheren Vollzeit-Erwerbsneigung vor allem von Frauen begründet liegt).
Die Arbeitslosenzahlen stiegen in Ostdeutschland (einschließlich Berlins)
von einer Million im Jahr 1991 auf über 1,5 Millionen im Jahr 1997,
verblieben über ein Jahrzehnt auf diesem Niveau und überschritten
2003 gar die 20-Prozent-Marke, bevor sie 2007 auf 1,0 Millionen bzw.
11,8 Prozent zurückgingen, mit dieser Quote freilich nach wie vor weit
über der gut halb so hohen westlichen Ziffer lagen.[77] Die Arbeitslosig-

keit in den neuen Ländern bewegte sich etwa in der Größenordnung, in der in der DDR ebenjene unproduktive Scheinbeschäftigung geherrscht hatte[78], mit der sie sich selbst wirtschaftlich ruinierte. Insofern war die Arbeitslosigkeit in erster Linie eine Folgewirkung der DDR, nicht der Wirtschafts- und Währungsunion. Jedoch gelang es nicht, den Beschäftigungsabbau der Jahre 1990 bis 1992 durch einen selbsttragenden Aufschwung wieder auszugleichen.

Dazu trug nicht zuletzt eine ökonomisch problematische Lohnentwicklung bei. Die Annahme einer produktivitätsorientierten Lohnentwicklung und der dementsprechenden Standortvorteile für die ostdeutsche Industrie, die den ersten Planungen der Wirtschafts- und Währungsunion zugrunde gelegt worden war[79], erwies sich nämlich als illusorisch. Die Realität gesellschaftlicher Wünsche nach Wohlstandszuwachs und die Praxis der Tarifpartner machten der ökonomischen Theorie einen Strich durch die Rechnung. Die Tariflöhne stiegen nach 1990 sehr viel schneller als die Produktivität (das preisbereinigte Bruttoinlandsprodukt pro Erwerbstätigem bzw. Arbeitsstunde), die ihrerseits zunächst, vor allem wegen des Arbeitsplatzabbaus, sprunghaft zunahm, sich mit der Abflachung des Aufholprozesses aber ebenfalls verlangsamte. Seit den späten neunziger Jahren verharrte sie – wobei einzelne Berechnungen leicht variieren – bei etwa 70, die realen Lohnkosten hingegen lagen bei knapp 80 Prozent des westdeutschen Niveaus. Diese Diskrepanz zwischen Arbeitskosten und Produktivität wirkte, bei erheblichen Unterschieden im Einzelnen, erheblich zu Lasten der Konkurrenzfähigkeit und übte massiven Druck auf die Unternehmer aus, Beschäftigung abzubauen.[80]

Alles in allem verlief die ökonomische Entwicklung nicht so desaströs, wie es in der öffentlichen Diskussion oftmals den Anschein hatte. Institutionen und Infrastruktur, auch ein Kapitalstock wurden aufgebaut und der Strukturwandel kam voran, wenn auch zu hohen Kosten und unter erheblicher Ausweitung der Staatstätigkeit. Zudem verlief die Entwicklung nach Regionen und Branchen sehr unterschiedlich. Einzelne Wachstumszentren fanden durchaus Anschluss an den Westen, und an vielen Orten wuchsen ‹blühende Landschaften›, doch blieben auch weite Brachen und Wüstungen. Dass keine flächendeckend selbsttragende Wirtschaftsstruktur in den neuen Ländern entstand, war zusammen mit der dauerhaften Massenarbeitslosigkeit die Achillesferse der deutschen

Einheit, deren Entwicklung im ökonomischen Bereich weit hinter den ursprünglichen Erwartungen zurückblieb.

Die Hoffnung war dahin gegangen, dass dem Schock unmittelbar die Therapie folge. Dass sich eine Reihe von Symptomen indessen als chronisch und ihre Folgewirkungen als höchst virulent erwiesen, galt nicht zuletzt für die sozialen Sicherungssysteme.

4. Palliativ: Die Sozialunion

Grundsatzfragen

Um die Auswirkungen der Transformationsprozesse abzufedern, wurde die Währungs- und Wirtschaftsunion um eine Sozialunion ergänzt. Bei ihrer Gestaltung stießen zwei unterschiedliche Direktiven aufeinander, die sich weniger nach Ost und West unterschieden als vielmehr entlang einer älteren innerwestlichen Konfliktlinie formierten. Auf der einen Seite verfolgten sowohl die letzte DDR-Regierung als auch die westdeutsche Opposition und innerhalb der Bundesregierung das Arbeits- und Sozialministerium unter Leitung von Norbert Blüm, der den christdemokratischen Arbeitnehmerflügel repräsentierte, genuin sozialpolitisch-staatsinterventionistische Vorstellungen. Dem gegenüber stand – dies allerdings nur auf westlicher Seite – eine marktwirtschaftlich-ordnungspolitische bzw. an fiskalischer Solidität orientierte Ausrichtung, wie sie das Finanz- und das Wirtschaftsministerium innerhalb der Bundesregierung sowie die Deutsche Bundesbank vertraten.

Die Positionen der DDR-Regierung wurden vor allem von sozialdemokratischer Seite formuliert. Sie liefen darauf hinaus, die Leistungen der westdeutschen Sozialsysteme und die sogenannten ‹sozialen Errungenschaften› der DDR (Kündigungsrecht, Mutterschutz, Kinderkrippen oder das Instrument der Mindestrente) zu addieren. Dahinter stand nicht zuletzt die Hoffnung von SPD und Gewerkschaften im Westen, unter Einbeziehung von Elementen des DDR-Systems auch dort eine Veränderung der Sozialsysteme und den Ausbau sozialer Sicherung in ihrem Sinne voranzubringen.[81]

Stattdessen verfolgte das für die Sozialunion in Bonn federführende Arbeitsministerium die Maßgabe, die Systeme nicht zu vermischen, sondern den westdeutschen Sozialstaat, mit all seinen komplexen und komplizierten Regelungen, möglichst vollständig auf die neuen Länder zu übertragen: Rentenniveau und Gesundheitssystem sowie Arbeitsbeziehungen im Zeichen von Tarifautonomie, Mitbestimmungsrechten und Kündigungsschutz. «Es ist erklärtes Prinzip dieser Regierung», so beharrte Blüm gegenüber dem Bundeskanzler, «auf der Grundlage der gleichen Prinzipien die Sozialsysteme zu verschränken und so den gemeinsamen Sozialstaat herzustellen.»[82] In der Tat folgte der *mainstream* der CDU, folgte auch Kohl selbst dieser Grundlinie.

Die Bedenken des Wirtschafts- und des Finanzministeriums blieben demgegenüber weithin ungehört. Dort wurde befürchtet, dass sich die Übernahme der hohen Sozialstandards, vor allem des Kündigungsschutzes, als Investitionshemmnis auf Kosten der Überlebens- und Konkurrenzfähigkeit der ostdeutschen Wirtschaft auswirken werde und dass eine Rentenregelung nach den Vorstellungen des Arbeitsministeriums weitere, nicht zu leistende Belastungen nach sich ziehe. Die Vorstellungen einer reduzierten Übertragung des westdeutschen Systems auf die neuen Länder, bis hin zur Einrichtung eines Niedrigsteuer- und Niedriglohngebietes, waren ökonomisch und fiskalisch begründet. Aber sie waren politisch nicht durchsetzbar.

Niedrigere Standards hätten nämlich nicht nur breite Unzufriedenheit und Widerstände in den neuen Ländern hervorgerufen, mit allen Gefahren für die innere Stabilität und den sozialen Frieden, eines der höchsten Güter in Deutschland – die Regelungen für den Osten warfen in der alten Bundesrepublik die Frage nach den Rückwirkungen auch im Westen auf, wo die Gewerkschaften ohnehin «Sozialabbau» befürchteten. Solche Regelungen wären als erster Schritt zur allgemeinen Absenkung der Sozialstandards in der gesamten Bundesrepublik verstanden worden – und die massiven Widerstände im einzigen größeren sozialpolitischen Konflikt, den die Regierung Kohl 1986 um den § 116 des Arbeitsförderungsgesetzes führte, hatten in aller Deutlichkeit die besitzstandsorientierten Beharrungskräfte des deutschen Sozialstaats und die Unumgänglichkeit des Konsensprinzips unter den Gesichtspunkten des Machterhalts aufgezeigt.

So setzte sich die sozialpolitische Koalition zwischen West und Ost durch, zum Verdruss der westdeutschen SPD auch zwischen dem sozial-

demokratisch geführten Ost-Berliner und dem christdemokratisch geleiteten Bonner Arbeits- und Sozialministerium.[83] Die DDR wurde in die
sozialen Sicherungssysteme der Bundesrepublik einbezogen. Auch in diesem Bereich war ein gewaltiger administrativer Aufwand erforderlich,
um ein ganz anders geartetes System umzustellen, und auch hier wurden
die Schwierigkeiten dieser Übertragung bei weitem unterschätzt. Zugleich führte das hohe Maß an neuen, bislang völlig unbekannten bürokratischen Regulierungen von sozialen Leistungen für die Ostdeutschen
zu weiteren Unübersichtlichkeiten und Verunsicherungen.

Renten und Gesundheit

Rentner waren die großen Verlierer in den Sozialsystemen der DDR.
Altersrenten stellten eine nivellierte Grundversorgung dar, die sich 1988
auf nur 37,3 Prozent der ohnehin niedrigen Bruttoeinkommen belief,
nicht einkommens- oder leistungsbezogen angelegt war und nur spora-
disch erhöht wurde. Seit den siebziger Jahren waren sie durch eine frei-
willige Zusatzrentenversicherung und immer undurchschaubarere Son-
derversorgungssysteme ergänzt und zugleich verkompliziert worden.
Jedenfalls lebten Ende der achtziger Jahre 45 Prozent der Rentnerhaus-
halte an oder unter der Armutsgrenze.[84]

Das Problem bestand nun darin, das Mindestsicherungssystem der
DDR in das leistungsbezogene Versicherungssystem der Bundesrepublik
umzuwandeln und zugleich Bestands- und Vertrauensschutz zu gewährleisten. Die Debatte wurde dabei allein um die Höhe des Rentenniveaus
geführt, nicht um fürderhin anstehende Grundsatzfragen des Rentensys-
tems insgesamt wie etwa Komponenten der Eigenvorsorge oder eine Ergänzung der Rentenformel angesichts der demographischen Entwicklung.

Für die Rentner wurde schließlich – auch dies in den Traditionen des
bundesdeutschen Sozialstaates – eine günstige Regelung gefunden: das
Eckrentenniveau (nach 45 Arbeitsjahren) wurde auf 70 Prozent des
durchschnittlichen Nettoverdienstes angehoben, der anstelle der Beitrags-
leistung zugrunde gelegt wurde, während die Zusatz- und Sonderversor-
gungssysteme geschlossen und in die gesetzliche Rentenversicherung überführt wurden.[85] Aufgrund höherer Anpassungssätze in den Folgejahren

erreichten männliche Rentner 1995 durchschnittlich 93,7 Prozent des Westniveaus, Frauen gar 133 Prozent, so dass Rentnerehepaare wegen der verbreiteten doppelten Vollerwerbstätigkeit in der DDR besonderes günstig gestellt waren, allerdings über vergleichsweise geringere Ersparnisse und Vermögen verfügten als Rentner in Westdeutschland.[86]

Besonders profitierten auch Witwen, deren Renten real um mehr als das Fünffache anstiegen, sowie Kriegsopfer und Behinderte. Relativ großzügig fielen des Weiteren die Konditionen für Vorruhestand und Altersübergangsgeld aus: für maximal fünf Jahre finanzierten die Bundesanstalt für Arbeit bzw. der Bund Altersübergangsgeld in Höhe von 65 Prozent des letzten Nettolohnes. Bis 1993 schieden auf diese Weise 850 000 Beschäftigte aus dem Arbeitsmarkt aus, wo sie kaum reelle Chancen auf Vermittlung gehabt hätten.[87] Finanzieren ließen sich diese Maßnahmen nur durch einen Anschub der Renten- und Arbeitslosenversicherung mit Hilfe eines staatlichen Zuschusses.

Das Gesundheitswesen der DDR war fast vollständig verstaatlicht. Die ambulante Versorgung erfolgte durch das Betriebsgesundheitswesen, durch Polikliniken und Ambulatorien, während nur zwei Prozent der ambulant tätigen Ärzte in der Niederlassung praktizierten. Weil staatliche Investitionen in die medizinischen Versorgungseinrichtungen ausblieben, verfiel die infrastrukturelle Substanz, es mangelte an modernen Geräten und an Medikamenten. Mit der ersten Flüchtlingswelle im Spätsommer 1989 erlitt die DDR einen besonderen Aderlass an Ärzten.

Im Gegensatz dazu war das bundesdeutsche Gesundheitssystem durch eine Verschränkung von korporatistischen und privatwirtschaftlichen Elementen gekennzeichnet, durch das Nebeneinander von Pflicht- und Privatversicherung sowie private Leistungsanbieter: Ärzte, Apotheken, Heilberufe, auch Privatkliniken und Krankenhäuser in kirchlicher Trägerschaft neben kommunalen Krankenhäusern. Auch hier lautete die Bonner Devise, das DDR-System nicht einmal in Teilen zu erhalten, wie es demgegenüber innerhalb der SPD erhofft wurde, um einen Hebel für die Reform des bundesdeutschen Systems anzusetzen, etwa die private Krankenversicherung zurückzudrängen und ambulante Gesundheitseinrichtungen sowie die Ärztebedarfsplanung in die Hände der Kassen zu legen. Dem stand, neben den ärztlichen Standesorganisationen, vor allem die FDP entgegen, die sich als Sachwalter ihrer in hohem Maße freiberuflichen Klientel mit der Priorität für niedergelassene Ärzte durchsetzte.

Das Krankenkassen-Vertragsgesetz der DDR vom 13. September 1990 sowie der Einigungsvertrag verfügten die Übernahme des westdeutschen Modells der ambulanten Versorgung durch selbständige niedergelassene Ärzte in Einzelpraxen und des Versicherungssystems untereinander konkurrierender Kassen und Privatversicherungen. Die Zulassung der Polikliniken und Ambulatorien wurde bis Ende 1995 befristet; auch wenn diese Regelung später wieder aufgehoben wurde, bedeutete sie das praktische Aus: zum Jahreswechsel 1991/92 praktizierten bereits über 14 000 und damit über 80 Prozent der ambulant tätigen Ärzte in der Niederlassung, und Ende 1994 waren nur noch drei Prozent in poliklinischen Einrichtungen tätig.[88]

Über ein Jahrzehnt später kehrten diese in der Gestalt der Medizinischen Versorgungszentren auf die bundesdeutsche Bühne zurück – wie überhaupt mancherlei sozialpolitische Elemente der DDR, etwa in der Familienpolitik. Die umfassenden Leistungen für junge Familien, insbesondere zur Förderung der Vollerwerbstätigkeit von Müttern – voll bezahltes Babyjahr, staatlich subventionierte ganztägige Kinderbetreuungseinrichtungen, hohe Leistungen bei Erkrankung von Kindern –, ließ der Einigungsvertrag zunächst auslaufen. Das über 15 Jahre später eingeführte Elterngeld und der flächendeckende Ausbau der Kinderkrippen entsprachen, wenn auch mit einer eigenen wirtschafts- und geschlechterpolitischen Zielsetzung, in hohem Maße dem familienpolitischen Modell der DDR.

Arbeit

Das bundesdeutsche Arbeitsrecht war zum Zeitpunkt der Wiedervereinigung – im Gegensatz zum Arbeitsgesetzbuch der DDR – nicht systematisch kodifiziert und wurde weithin nicht durch Gesetze, sondern durch Rechtsprechung geregelt. Insofern war es kompliziert, gerade unter den Sonderbedingungen der DDR im Zusammenbruch ihrer Produktionsstrukturen wenig berechenbar und daher als normativer Rahmen nur bedingt verlässlich.[89] Da sich die Pläne von Bundeswirtschafts- und Bundesfinanzministerium, das hochkomplexe bundesdeutsche Arbeitsrecht zunächst nur eingeschränkt auf die DDR zu übertragen, aber nicht durchsetzten, wurden die westdeutschen Standards im Bereich der Tarifautonomie und des Arbeitskampfrechts, der Betriebsverfassung und der Unternehmensmitbestimmung sowie das weitgehende Kündigungsschutzrecht in Kraft gesetzt.

Die plötzliche Massenarbeitslosigkeit stellte große Anforderungen an die Arbeitsverwaltung. Da die DDR das Problem der Arbeitslosigkeit durch unproduktive bzw. produktivitäts- und innovationshemmende Überbeschäftigung gelöst hatte, war 1978 auch die Arbeitslosenversicherung abgeschafft worden. Anfang Mai 1990 beschloss die Nürnberger Bundesanstalt für Arbeit, in der DDR im Rahmen der gesamtdeutschen Arbeitsverwaltung eine solidarische, beitragsfinanzierte und selbstverwaltete Arbeitsmarktorganisation sowie am westdeutschen Modell ausgerichtete Arbeitsämter aufzubauen.[90] Binnen weniger Monate wurden 38 Arbeitsämter mit 161 Nebenstellen eingerichtet – für Verdruss vor Ort sorgte allerdings, dass sie häufig in ehemalige Stasi-Gebäude einzogen[91] –, die den Anspruch auf Lohnersatzleistungen im Falle von Arbeitslosigkeit und Kurzarbeit organisierten. Angesichts des Deindustrialisierungsschocks bedeutete dies einen immensen kurzfristigen Verwaltungsaufwand, der ebenso für die am 8. März 1990 noch von der Regierung Modrow eingeführte Sozialhilfe zu leisten war.

Überhaupt war im Bereich der Arbeitsbeziehungen vieles grundsätzlich neu zu gestalten, auch die Vertretung der – nun erst als solche fungierenden – Tarifpartner. Der vormals durch den SED-Staat gelenkte FDGB und die Einzelgewerkschaften der DDR versuchten, ihre Position durch Reformen in den neuen Staat zu überführen. Ein entsprechendes Gewerkschaftsgesetz der Regierung Modrow lief auf einen «sozialistischen Gewerkschaftsstaat» mit Gewerkschaften als vierter Gewalt des Staates hinaus, wurde aber mit dem ersten Staatsvertrag formell aufgehoben.[92] Dafür verfolgten die westdeutschen Gewerkschaften das Interesse, ihre Organisation nach Ostdeutschland auszudehnen und die ehemaligen FDGB-Mitglieder zu gewinnen. Im Einigungsprozess selbst spielten sie allerdings keine eigenständige Rolle. Dasselbe gilt für die Arbeitgeberverbände, die aus dem Nichts heraus eine eigene Organisation in ehemals staatswirtschaftlichem Umfeld aufbauen mussten. Dabei unterstützten sie, um keine DDR-Sonderregelungen beizubehalten, die konsequente Übertragung der bundesdeutschen Standards.

Eine weitere flankierende Maßnahme zum Transformationsprozess der Wirtschaft lag in der aktiven Arbeitsmarktpolitik.[93] In ungekannter Größenordnung wurde berufliche Weiterbildung angeboten: bis Ende 1994 hatte mehr als die Hälfte der Wohnbevölkerung der neuen Länder im erwerbsfähigen Alter an beruflichen Qualifizierungsmaßnahmen teilgenommen. Allerdings waren die nachgefragten Anforderungsprofile in der Transformationswirtschaft zunächst nicht klar. Die Folge waren «Qualifikation auf Halde» und, wegen der großen quantitativen Ausdehnung, auch Qualitätsprobleme. So fielen die Eingliederungsbilanzen nicht besonders günstig aus: 45 Prozent der Teilnehmer bezogen ein halbes Jahr nach der Maßnahme wieder Arbeitslosengeld oder -hilfe.

Angesichts des Ausmaßes der Deindustrialisierung wurden neben der Weiterbildung seit März 1991 auch Arbeitsbeschaffungsmaßnahmen in nicht gekanntem Maße zu einem veritablen strukturpolitischen Instrument ausgeweitet: dass die neuen Länder im Jahr 1992 – nach 183 000 im Jahresdurchschnitt 1991 – 388 000 ABM-Beschäftigte zählten, führte zwangsläufig zu Finanzierungsschwierigkeiten. Dasselbe galt für das Kurzarbeitergeld, das eine Feuerwehrfunktion übernahm und durch zeitlich befristete Sonderregelungen erleichtert wurde. Im April 1991 bezogen über zwei Millionen Ostdeutsche Kurzarbeitergeld, davon ein Viertel für «Kurzarbeit Null». Dies war kaschierte Arbeitslosigkeit, denn am Ende der Kurzarbeit stand meist nicht die Wiederaufnahme der Normalbeschäftigung im bestehenden Betrieb, sondern ein Betriebswechsel, der Übergang in andere arbeitsmarktpolitische Maßnahmen oder in die Arbeitslosigkeit.

Die breit gestreute und zunächst wenig spezifizierte Arbeitsmarktpolitik federte den radikalen Transformationsprozess sozialpolitisch ab. Doch sie vermochte keine regulären Arbeitsplätze zu schaffen und keine wirksame und nachhaltige Bekämpfung der Massenarbeitslosigkeit zu leisten. Als am 1. Januar 1998 das Dritte Buch des Sozialgesetzbuches zur Arbeitsförderung in Kraft trat, war darin die Hoffnung auf einen möglichst hohen Beschäftigungsstand faktisch aufgegeben.[94]

Zweierlei Überlast

Die Einbeziehung der DDR in die sozialen Sicherungssysteme der Bundesrepublik – die Leitlinie der Sozialunion – hatte sich per saldo stärker auf der Seite anspruchsberechtigter Leistungsempfänger denn auf der Seite der Beitragszahler niedergeschlagen. Da die neuen Länder die Standards des bundesdeutschen Sozialstaats nicht aus sich selbst heraus zu finanzieren vermochten, waren diese nur durch massive Transfers aus dem Westen möglich. Diese sozialen Ausgleichsmaßnahmen fingen die von der fundamentalen Transformation benachteiligten Ostdeutschen auf, sie verhinderten den vollständigen Absturz und grundlegende gesellschaftlich-politische Erschütterungen.

Dies geschah um den Preis einer strukturellen Überlastung der sozialen Sicherungssysteme und der Haushalte, zumal es eine bereits in Gang befindliche Entwicklung verstärkte. Die bundesdeutschen Sozialsysteme waren nämlich schon vor der Wiedervereinigung in die Krise geraten. Der Wandel der Arbeitsgesellschaft im Zuge von Tertiarisierung, Mikroelektronisierung und Internationalisierung hatte zu einer Entstandardisierung von Arbeitsbiographien geführt. Darüber erodierte das klassische Normalarbeitsverhältnis – ein langfristiges abhängiges und sozialversicherungspflichtiges Vollzeit-Beschäftigungsverhältnis mit einem einmal erlernten Qualifikationsprofil –, auf dem die beitragsfinanzierten Sozialsysteme beruhten. Zu dieser Erosion trug auch die hohe Arbeitslosigkeit in der Bundesrepublik seit den mittleren siebziger Jahren bei, die zugleich das eingebaute Konstruktionsproblem aktivierte, erhöhte Leistungen in dem Moment abzurufen, da das Beitragsaufkommen zurückging. Langfristig, dafür umso grundlegender wurden die Fundamente der sozialen Sicherungssysteme schließlich durch die demographische Entwicklung – Geburtenrückgang und Alterung der Gesellschaft – mit ihren Auswirkungen auf die Umlagefinanzierung unterspült.

Bereits in den achtziger Jahren war der deutsche Sozialstaat strukturell reformbedürftig, doch wurden wesentliche Veränderungen und grundlegende Reformen bei seiner Übertragung auf die DDR weder erwogen noch praktiziert. Dafür fehlte angesichts der stürmischen Entwicklung die Zeit, aber grundsätzlich auch der Wille, zumal der Reformbedarf im Westen zwar erkennbar, aber noch nicht wirklich spürbar war.

Aktuelle Hochkonjunktur und Massenwohlstand drängten die in den achtziger Jahren begonnene Diskussion in den Hintergrund. Sie kam, als die Lasten wirklich spürbar wurden, gut zehn Jahre später umso drängender zurück.

5. Eigentumsfragen

Verworrene Verhältnisse

Privates Eigentum zählt, im diametralen Gegensatz zum Kommunismus, zu den grundlegenden individuellen Freiheitsrechten westlicher Staats- und Gesellschaftsordnungen. Folglich sah eine «unity based on Western values»[95] in solchen Fragen mehr als nur juristisch-administrative Probleme. Die staatssozialistische Herrschaft hatte demgegenüber tief in private Eigentumsverhältnisse eingegriffen und Eigentum entweder kollektiviert oder privatrechtliche Eigentumsverhältnisse eingeschränkt. Diese waren durch Nutzungsrechte überlagert worden, die in der DDR größere Bedeutung besaßen als formelle Eigentumstitel.

Auch hier liefen die Grundsätze der deutschen Wiedervereinigung auf eine Anpassung an die westliche Ordnung mit ihrer grundgesetzlichen Eigentumsgarantie hinaus. Dabei stießen, gerade im Bereich von Grundbesitz und Immobilien, die eigentumsrechtliche Ebene einerseits und über Jahrzehnte entstandene und etablierte Verhältnisse andererseits, eine juristische und eine historisch-politische Ebene, zudem eine östliche und eine westliche Perspektive aufeinander, und ähnlich wie in der Frage der polnischen Westgrenze nahmen sich die Argumente je nach Blickwinkel sehr unterschiedlich aus. Jedenfalls war der gesamte Komplex der Eigentumsfragen nach den staatssozialistischen Eingriffen «verworren bis zur Unbegreiflichkeit»[96], und daher lag auch auf diesem Feld eine saubere, allseits befriedigende Lösung außer Reichweite.

In der DDR grassierte die «Angst vor dem Ausverkauf»[97] und vor der scharenweisen Rückkehr von Alteigentümern, die DDR-Nutzer vertreiben würden. Am 1. März 1990 erklärte die Regierung Modrow, dass sie weitgehend an Enteignungen festhalten wolle, um «das von den Bürgern der DDR in über 40jähriger Arbeit geschaffene Volksvermögen in seinen wesentlichen Rechtskategorien zu wahren.» Zugleich begann sie noch in den letzten Tagen ihrer Amtszeit, nach einem neuen Gesetz vom 7. März, mit dem Verkauf enteigneter Immobilien zu günstigen Bedingungen, wobei privilegierte Gruppen der DDR offenkundig bevorzugt behandelt wurden.[98] Dass auch der Innenminister der Regierung de Maizière eine Villa zum Vorzugspreis erwarb[99], wirft dabei nur ein einzelnes Schlaglicht auf einen Zusammenhang persönlicher Bereicherungen und eine andere, den Augen von Öffentlichkeit und Wissenschaft weitgehend entzogene Form des «Ausverkaufs» in der untergehenden DDR.

Die Regierung de Maizière positionierte sich in dieser Frage zunächst nicht weit entfernt von ihrer Vorgängerin. Priorität habe für ihn, so argumentierte der neue Ministerpräsident, nicht das Eigentum, sondern der Rechtsfrieden.[100] Scharf lehnte Ost-Berlin eine Revision der Enteignungen aus der sowjetischen Besatzungszeit ab und übte zugleich große Zurückhaltung gegenüber der Rückgabe von nach 1949 enteigneten Gütern, insbesondere von Immobilien, an denen Ostdeutsche Eigentums- oder Nutzungsrechte erworben hatten.[101]

Für die Bundesregierung bestand in dieser Frage insofern Spielraum, als sich die Eigentumsgarantie des Art. 14 des Grundgesetzes nur auf dessen Geltungsbereich bezieht, also nicht für Enteignungen in der SBZ oder DDR galt. Dabei ging es zum einen um den Zeitpunkt der Enteignungen und zum anderen um die Form der Restitutionen: ob sie auf dem Weg der Rückgabe oder der Entschädigung geschehen solle. Bonn stellte sich auf den Standpunkt, «daß die letzten 40 Jahre in der DDR zu neuen sozialen und wirtschaftlichen Gegebenheiten geführt haben, die nicht ohne weiteres rückgängig gemacht werden können; zum Teil lassen es die entstandenen Verhältnisse nicht zu, zum Teil würde altes Unrecht durch neues ersetzt. Erforderlich sind sozial verträgliche Kompromisse, die die Interessen der Beteiligten in einsichtiger Weise berücksichtigen.» Die Festschreibung aller Zwangsmaßnahmen in der DDR «bis zum 09. November 1989 ist ebenso unrealistisch wie ihre Rückgängigmachung bis hin zum 08. Mai 1945»[102], die eine umfassende Revision der Besitzstrukturen in Ostdeutschland zur Folge gehabt hätte. Da eine einheitliche Lösung also nicht möglich war, oblag die Eigentumsfrage in hohem Maße der Abwägung, wobei die einen, wie das Justizministerium und die FDP, konsequent juristisch argumentierten, die anderen, wie Innenminister Schäuble, eine pragmatischer historisch-politische Auffassung vertraten. In einem solchen Sinne wurde eine Lösung schließlich dadurch gefunden, dass – um den Preis der rechtlichen Ungleichbehandlung – zwischen Enteignungen unter sowjetischer Besatzung bis 1949 einerseits und Enteignungen in der DDR ab 1949 andererseits differenziert wurde und für beide Fallgruppen grundlegend unterschiedliche Regelungen getroffen wurden.[103]

Rückgabe vor Entschädigung

Bei den Enteignungen aus der DDR-Zeit handelte es sich zumeist um Grundstücke und Mietshäuser sowie um kleine und mittlere Betriebe, die gegen minimale Entschädigungen enteignet worden waren, des Weiteren um das beschlagnahmte Eigentum sogenannter «Republikflüchtlinge» sowie um nicht formell enteigneten, aber unter staatliche Verwaltung gestellten und weiterverkauften Besitz von Bundesbürgern. Betroffen waren davon nicht zuletzt – und dies verschärfte das Problem zusätzlich – solche Grundstücke, auf denen die Ostdeutschen in der DDR-Zeit ihre Datschen, ihre Refugien im sozialistischen Alltag, errichtet und gepflegt hatten.

Am 15. Juni 1990 gaben die beiden deutschen Regierungen eine ‹Gemeinsame Erklärung› zu den offenen Vermögensfragen ab, in der – gegen die Präferenzen der ostdeutschen Seite und der SPD – für die Enteignungen der DDR-Zeit grundsätzlich die Rückgabe des Grundvermögens an den ehemaligen Eigentümer oder seine Erben bestimmt wurde. Vom Prinzip «Rückgabe vor Entschädigung» sollte allerdings abgewichen werden, wenn Grundstücke oder Gebäude inzwischen gewerblich oder in Gemeingebrauch genutzt wurden, in komplexem Wohnungs- und Siedlungsbau verwendet oder in «redlicher» Weise von Dritten erworben worden waren. In diesen Fällen war eine Entschädigung vorgesehen.[104]

Problematisch war, dass die Gemeinsame Erklärung zwar Bestimmungen zum Vorrang von Investitionen, zugleich aber auch Investitionshemmnisse enthielt. Wenn nämlich in Volkseigentum überführte Firmen dem ursprünglichen Eigentümer zurückgegeben werden sollten, so konnte sich ein interessierter Investor nicht sicher sein, ob nicht noch ein solcher Eigentümer auftauchen und seine Ansprüche an dem Objekt geltend machen würde. Dem wirkten schließlich das Hemmnisbeseiti-

gungsgesetz vom März 1991 und das zweite Vermögensrechtsände-
rungsgesetz vom Juli 1992 entgegen – die zugleich offenbarten, welche
unvorhergesehenen und unvorhersehbaren Probleme im Wiedervereinigungsprozess allerorten lauerten.[105]

Alles in allem führten ungeklärte Eigentumsverhältnisse zwar zu Problemen und Verzögerungen. Aber sie stellten weder den zentralen Faktor
der wirtschaftlichen Entwicklung noch das entscheidende Investitionshemmnis dar. Kontroverser war unterdessen die eigentlich nur zeitlich
unterschiedene und doch in mehrfacher Hinsicht anders gelagerte Frage
des Umgangs mit der Bodenreform vor 1949, der entschädigungslosen
Konfiskation allen Grundbesitzes über 100 Hektar, insgesamt etwa eines
Drittels der Bodenfläche der SBZ/DDR, das zunächst an über eine halbe
Million Kleinbauern, Landarbeiter, landlose Bauern und Neubauern
übertragen und später in die Kollektivierung einbezogen worden war.

Die Bodenreform

«Die Enteignungen auf besatzungsrechtlicher bzw. besatzungshoheit-
licher Grundlage (1945 bis 1949) sind nicht mehr rückgängig zu machen», verfügte die Gemeinsame Erklärung vom 15. Juni 1990. «Die Regierung der Sowjetunion und der Deutschen Demokratischen Republik
sehen keine Möglichkeit, die damals getroffenen Maßnahmen zu revidieren. Die Regierung der Bundesrepublik Deutschland nimmt dies im
Hinblick auf die historische Entwicklung zur Kenntnis. Sie ist der Auffassung, daß einem künftigen gesamtdeutschen Parlament eine abschließende Entscheidung über etwaige staatliche Ausgleichsleistungen vorbehalten bleiben muß.»[106] Das 1994 verabschiedete und 2000 novellierte
Entschädigungs- und Ausgleichsleistungsgesetz räumte unter bestimmten Voraussetzungen finanzielle Ansprüche ein, deren Höhe allerdings
weit unter dem Verkehrswert lag; zudem wurde den Alteigentümern
bzw. ihren Erben ein Vorkaufsrecht für ihre ehemaligen Güter eingeräumt.

Warum stimmte die Bundesregierung dieser dezidierten Ungleichbehandlung von Eigentumsansprüchen zu? Anzeigenkampagnen und juristische Klagen von betroffenen Nichtrestituierten warfen ihr vor, sie habe
widerrechtlich gehandelt und unter sowjetischer Besatzung widerrecht-

lich konfisziertes Eigentum einbehalten, um die Staatsfinanzen zu entlasten.[107] Die Bundesregierung rechtfertigte ihre Politik vor dem Bundesverfassungsgericht mit dem Argument, der Verzicht auf eine Restitution der unter sowjetischer Besatzung enteigneten Güter sei eine sowjetische *conditio sine qua non* für die Wiedervereinigung gewesen – was Gorbatschow wiederum im Nachhinein bestritt[108] und der Bundesregierung zudem den Vorwurf eintrug, sie habe Öffentlichkeit und Legislative vorsätzlich getäuscht. Wie also verhielt es sich?

In der Tat nahm die sowjetische Regierung öffentlich Stellung gegen eine Revision der Bodenreform aus der Zeit der sowjetischen Besatzung, wie die Nachrichtenagentur TASS am 27. März verbreitete: «Absolut unannehmbar wären eventuelle Versuche, die Rechte der gegenwärtigen Besitzer von Boden und anderen Vermögens in der DDR in Abrede zu stellen, die seinerzeit mit Einwilligung oder auf Beschluß der sowjetischen Seite [...] erworben wurden.»[109] Und am 28. April bekundete ein sowjetisches Aide-mémoire, das dem deutschen Botschafter in Moskau ausgehändigt wurde, die Rechtmäßigkeit der Beschlüsse der Besatzungszeit, «insbesondere zu den Vermögens- und Bodenfragen», unterliege «keiner Neuüberprüfung oder Neubewertung durch die deutschen Gerichte oder anderen deutschen Staatsorgane»[110].

Die Bodenreform aus der Zeit vor 1949 im vereinten Deutschland nicht rückgängig zu machen, stellte offenkundig ein sowjetisches Petitum dar – aber keine wirkliche *causa maior* und erst recht keine *conditio sine qua non*.[111] Die Frage wurde in Moskau offenkundig nicht einmal auf höchster Ebene diskutiert und auch weit weniger resolut vertreten als etwa die Frage der Bündniszugehörigkeit, in der Bonn weit größere Widerstände überwand. Aber auch für die Bundesregierung war das Thema kein vorrangiger Verhandlungsgegenstand; vielmehr ging sie bereits Ende März 1990 davon aus, «daß eine Rückgängigmachung der Bodenreform und der von der SU vor 1949 angeordneten Enteignungen (Großindustrie, Banken u. a.) [...] kaum möglich sein dürfte.»[112]

Diese Haltung hatte andere Gründe als die der sowjetischen Bedingung. Erstens herrschte ein vehementes Interesse, die Bodenreform nicht rückgängig zu machen, auf ostdeutscher Seite. Der sowjetischen Erklärung vom 27. März war ein Schreiben Modrows an Gorbatschow vorausgegangen, in dem er um die «Sicherung der Eigentumsverhältnisse» in der DDR bat.[113] Und auch de Maizière machte in seiner ersten Regierungserklärung deutlich: «Die Ergebnisse der Bodenreform auf dem Territorium der DDR stehen nicht zur Disposition.»[114] Eine unerlässliche Bedingung, soweit sie diese zu stellen in der Lage war, jedenfalls eine *causa maxima* war der Verzicht auf eine Revision der Enteignungen vor 1949 für die Regierung der DDR, und insofern war die Einwilligung der Bundesregierung eine Konzession an die ostdeutsche Seite.

Die Bodenreform rückgängig zu machen, hätte zweitens hohen juristischen und administrativen Aufwand und auch hohe Restitutionskosten in einer unkalkulierbaren Zahl von Fällen nach sich gezogen. Die Kosten in einem umfassenden Sinne, einschließlich der Widerstände der Betroffenen – der betroffenen Ostdeutschen im einen, der Alteigentümer im anderen Falle –, wären dabei, zumal breite Ressentiments gegen die «Junker»[115] jederzeit öffentlichkeitswirksam mobilisierbar waren, im Falle einer Revision deutlich höher gewesen als im Falle der Beibehaltung des Status quo. So war die Bundesregierung dankbar für den sowjetischen Anlass, dieses heikle Thema nicht auch noch anrühren zu müssen, zumal ein drittes zentrales Argument hinzukam: entgegen der juristischen Betrachtungsweise nahm es sich nämlich – wie in der polnischen Grenzfrage – auf historisch-politischer und gesellschaftlicher Ebene, «im Hinblick auf den Zeitablauf und die entstandenen neuen Eigentums- und Nutzungsrechte», schlechterdings illusorisch aus, das Rad der Geschichte zurückzudrehen und Eigentumsverhältnisse von vor 1945 wiederherzustellen.[116]

Das aber sagte die Bundesregierung so nicht, vielmehr berief sie sich vor dem Bundesverfassungsgericht, um die erste Klage der nicht restituierten Alteigentümer abzuwehren, insbesondere auf die Version der sowjetischen Vorbedingung für die gesamte Wiedervereinigung.[117] Als Gorbatschow dies in Abrede stellte, zogen die Alteigentümer abermals nach Karlsruhe. In unübersehbarer Pfadabhängigkeit vom ersten Urteil gaben die Verfassungsrichter der Bundesregierung abermals Recht; indem sie dabei einer durchaus bezweifelbaren Argumentation folgten,[118] anerkannten sie einen Primat der Politik – oder auch: der Geschichte über das Recht –, an dem in dieser Frage der Sache nach letztlich kein Zweifel sein konnte.

6. Staat und Länder

Eine neue Verfassung?

Mit dem Beitritt nach Art. 23 war zugleich die Entscheidung gefallen, das ursprünglich als Provisorium verabschiedete Grundgesetz nicht durch eine neue Verfassung zu ersetzen, sondern auch als Grundordnung des vereinten Deutschlands beizubehalten. Die Frage war nur, welche Veränderungen im Zusammenhang der Wiedervereinigung vorgenommen werden sollten. Die Bundesregierung und insbesondere Innenminister Schäuble jedenfalls folgten der Maßgabe, deren Umfang möglichst gering zu halten.

Da der Auftrag, «in freier Selbstbestimmung die Einheit und Freiheit Deutschlands zu vollenden», nunmehr als erfüllt anzusehen war, wurde dieser Appell in der Präambel des Grundgesetzes in eine perfektische Aussage umgewandelt, wonach «in freier Selbstbestimmung die Einheit und Freiheit Deutschlands vollendet» worden sei, und dort zugleich der Verweis auf den provisorischen Charakter der Ordnung eliminiert. Um keine Missverständnisse über den finalen Charakter der deutschen Wiedervereinigung entstehen zu lassen, wurde Art. 23 über die Beitrittsmöglichkeit anderer Teile Deutschlands gestrichen. Ein neuer Art. 143 gestattete befristete Abweichungen vom Bundesrecht in den neuen Ländern und schrieb noch einmal die Regelung der Vermögensfragen fest.[119]
Streit entbrannte um den Art. 146, der die Geltungsdauer des Grundgesetzes bis zu «dem Tage» bestimmte, «an dem eine neue Verfassung in Kraft tritt, die von dem deutschen Volke in freier Entscheidung beschlossen worden ist.» Damit brachte er einerseits den provisorischen Charakter des Grundgesetzes zum Ausdruck und eröffnete andererseits die Möglichkeit einer neuen, plebiszitär legitimierten Verfassung. Um jegliches Missverständnis nach außen zu vermeiden, plädierte das Auswärtige Amt dafür, den Artikel zu streichen, während SPD und Grüne die Möglichkeit einer neuen Verfassung und der Volksabstimmung im Auge hatten.[120] Ein Kompromiss wurde gefunden, indem die Möglichkeit einer plebiszitär legitimierten Verfassung beibehalten wurde, diese Option aber explizit nur für das vereinte Deutschland galt.
Zugleich empfahl Art. 5 des Einigungsvertrags «den gesetzgebenden

Körperschaften des vereinten Deutschlands, sich innerhalb von zwei Jahren mit den im Zusammenhang mit der deutschen Einigung aufgeworfenen Fragen zur Änderung oder Ergänzung des Grundgesetzes zu befassen», insbesondere im Bezug auf das Verhältnis zwischen Bund und Ländern, die Staatszielbestimmungen und die Frage der Volksabstimmung nach Art. 146 des Grundgesetzes. Im November 1991 wurde daraufhin eine Gemeinsame Verfassungskommission von Bundestag und Bundesrat eingesetzt, um Änderungen und Ergänzungen der Verfassung zu beraten. Am 27. Oktober 1994 wurde schließlich das Gesetz zur Änderung des Grundgesetzes verabschiedet. Die Änderungen hielten sich in engem Rahmen und blieben hinter einigen früheren Verfassungsänderungen deutlich zurück. Verankert wurde vor allem in Art. 3 über die Gleichberechtigung von Männern und Frauen eine dezidierte Verpflichtung des Staates, «die tatsächliche Durchsetzung der Gleichberechtigung» zu fördern und «auf die Beseitigung bestehender Nachteile» hinzuwirken, sowie ein spezieller Gleichheitssatz für Behinderte. Zudem wurden der Schutz der natürlichen Lebensgrundlagen als Staatsaufgabe festgeschrieben und Akzentverschiebungen in den Zuständigkeiten von Bund und Ländern vorgenommen. Ein Kuriosum stellte schließlich der verbliebene Art. 146 neuer Fassung dar: obwohl keine Volksabstimmung über die Verfassung durchgeführt werden sollte, blieb diese Möglichkeit, mit der das Grundgesetz seine Gültigkeit zugunsten einer neuen Verfassung verliere, auch «nach Vollendung der Einheit und Freiheit Deutschlands» und auch nach den damit verbundenen Verfassungsänderungen bestehen – nur fragte sich, wann eine solche legale Verfassungsablösung geschehen solle, wenn es nicht mit der Wiedervereinigung geschehen war, mit der das Grundgesetz seinen Provisoriumscharakter gerade abgestreift hatte.[121]

Recht und Verwaltung: Kommunen

Im Bereich der Rechtsangleichung in den neuen Ländern wurde – entgegen ursprünglichen Überlegungen – schließlich darauf verzichtet, anhand einer «Positivliste» diejenigen Rechtsvorschriften zu benennen, die in den neuen Ländern nach der Wiedervereinigung in Kraft gesetzt werden sollten. Stattdessen wurde das umgekehrte Verfahren einer «Negativliste» gewählt: demzufolge waren die nicht oder nicht vollständig in Kraft zu setzenden Vorschriften und weiter wirkendes DDR-Recht einzeln zu benennen, ansonsten wurde das Bundesrecht generell übergeleitet. Im Ergebnis stellte sich eine Regelung im Verhältnis von etwa fünfzig zu fünfzig ein.[122]

Der Neuaufbau der Verwaltung[123] begann, vor den Ländern, auf der Ebene von Städten, Gemeinden und Kreisen. Bereits unmittelbar nach seiner Amtsübernahme im November hatte Ministerpräsident Modrow das Ziel einer kommunalen Selbstverwaltung ausgegeben. Einstweilen blieben, unter Einbindung von Bürgerkomitees, etwa drei Viertel der alten kommunalen Mandatsträger im Amt, um die Funktionsfähigkeit der Kommunen aufrechtzuerhalten. Grundsätzliche Änderungen traten erst nach den Kommunalwahlen vom 6. Mai – genau ein Jahr nach jenem Wahltag, mit dem die SED ihren Untergang in Fahrt gebracht hatte – in Kraft. Obgleich häufig keine rechtliche Grundlage für die Arbeit der Kommunalverwaltungen bestand, gelang es bereits am 17. Mai 1990 – nach kaum drei Monaten Vorbereitungszeit –, eine Kommunalverfassung zu verabschieden, mit der die Gemeinden und Kreise ihren Status als Selbstverwaltungskörperschaften zurückerhielten. Sie stellte eine Mischung aus unterschiedlichen westdeutschen Regelungen mit – durch Bürgerentscheide und Bürgerbeteiligungen – ausgeprägt plebiszitärem Charakter dar, allerdings ohne Direktwahl von Bürgermeistern und Landräten.

Die Kommunen hatten mit einer Reihe von Schwierigkeiten zu kämpfen: sie besaßen zwar finanzielle Eigenständigkeit, aber keine Mittel, so dass der Bund einspringen musste. Des Weiteren mangelte es an qualifiziertem Personal, an Gesetzestexten und, ganz konkret, an Formularen. Zudem sahen sich die Kommunen mit einer Fülle neuer Aufgaben konfrontiert, weil der Zentralstaat sich aus zahlreichen Bereichen des kulturellen und sozialen Lebens, insbesondere im Schul- und Gesundheitswesen zurückgezogen hatte und die Zwischeninstanz der Länder noch nicht existierte. Obendrein sollten Aufgaben, die zuvor bei den Betrieben und Massenorganisationen gelegen hatten – Versorgungseinrichtungen und Entsorgung, Kultur- und Sozialinstitutionen oder die Wohnungsverwaltung –, nun auf die Gemeinden übergehen. Noch erschwert wurden diese Belastungen durch den Verfall der Wohnsubstanz sowie die Umwelt- und

Altlastenprobleme – das Institut für Umweltschutz veranschlagte nur drei Prozent der Wasserläufe und der stehenden Gewässer als ökologisch gesund.

Bereits in den ersten Monaten nach der Grenzöffnung und verstärkt nach der Volkskammerwahl stieg die Zahl der west-östlichen Städtepartnerschaften, von 70 im Sommer 1989 auf 854 am Tag der deutschen Einheit. Neben gegenseitigen Besuchsreisen war damit auch erhebliche finanzielle, logistische und administrative Unterstützung verbunden, etwa durch Personalausleihe, Beratung und Seminare oder technisches Gerät und Büromaterialien. Häufig wurden die westdeutschen Verwaltungen eins zu eins übernommen.

Alte neue Länder

Nicht nur die Forderung nach kommunaler Selbstverwaltung, sondern auch nach einer Wiedereinführung der Länder kam bereits Ende 1989 auf.[124] Während die Regierung Modrow Mitte Dezember 1989 eine Kommission einsetzte, deren Hauptaufgabe darin lag, die künftige territoriale Gliederung der DDR auszuarbeiten, gründeten Parteien und Verbände bereits Landesverbände, ohne dass es die dazu gehörigen Länder gab. Sie knüpften an den Territorialbestand derjenigen Länder an, die in der SBZ/DDR zwischen 1946 und 1952 bestanden hatten. Diese gingen entweder auf historische Länder oder auf Provinzen des preußischen Staates zurück und waren 1952 durch die Verwaltungsreform in 15 Bezirke einschließlich Ost-Berlins aufgelöst worden. Indem auch die Bevölkerung auf Demonstrationen und Wahlveranstaltungen verstärkt die alten Landesfarben zeigte, protestierte sie nicht nur gegen den Zentralismus des alten Systems der DDR, sondern nahm zugleich die künftige Entwicklung voraus.

Die Regierung de Maizière verfolgte das Ziel einer föderativen Republik, für deren Aufbau ein eigenes Ministerium und eine eigene Kommission zur Erarbeitung eines Gesetzes zur Bildung von Ländern eingerichtet wurden. Da die Länder selbst noch nicht existierten, musste der Bundesstaat – ganz im Gegensatz zur Gründung der Bundesrepublik – auf zentraler Ebene ohne Beteiligung seiner Glieder geschaffen werden. Nachdem verschiedene Modelle, von einer Zwei- bis zu einer Sieben-

Länder-Einteilung, vorgeschlagen und diskutiert worden waren, verfügte das Ländereinführungsgesetz, das die Volkskammer am 22. Juli verabschiedete,[125] ganz pragmatisch die Bildung von fünf Ländern. Sie gingen aus zusammengelegten Bezirken hervor, die auch die Infrastruktur prägten, und folgten weitgehend den alten Ländergrenzen, wobei einige Kreise und Gemeinden nach Volksbefragungen in ein anderes Bundesland wechselten. Grundsätzlich setzte sich das nördlichste Bundesland Mecklenburg-Vorpommern aus den Bezirken Rostock, Schwerin und Neubrandenburg zusammen, das Bundesland Brandenburg aus Potsdam, Frankfurt (Oder) und Cottbus, die Bezirke Magdeburg und Halle gingen in Sachsen-Anhalt auf, aus den Bezirken Erfurt, Gera und Suhl wurde der Freistaat Thüringen und aus Leipzig, Dresden und Karl-Marx-Stadt (seit 1990 wieder Chemnitz) der Freistaat Sachsen gebildet. Zugleich wurde Ost-Berlin mit dem Westteil der Stadt vereinigt und eine Fusion mit Brandenburg ins Auge gefasst, die aber 1996 in einer Volksabstimmung von brandenburgischer Seite abgelehnt wurde.

Alle Länder waren im Vergleich zu westdeutschen Ländern von geringer Größe: nur Sachsen lag hinsichtlich der Einwohnerzahl über Rheinland-Pfalz, dem sechstgrößten westlichen Bundesland; alle anderen zählten, mit Ausnahme Berlins, weniger Einwohner als Schleswig-Holstein, das nach dem Saarland einwohnerschwächste westdeutsche Flächenland. Wegen ihrer disparaten wirtschaftlichen Leistungskraft und weil sie die unter administrativen Effizienzgesichtspunkten erforderliche Mindestgröße unterschritten, wurde diese Einteilung der Länder in Bonn durchaus kritisch gesehen.[126]

Nachdem das Gesetz die Einführung der Länder zum 14. Oktober bestimmt hatte, brachte der Beschluss der Volkskammer vom 23. August, der Bundsrepublik bereits zum 3. Oktober beizutreten, den vorgesehenen Ablauf durcheinander. Nach Art. 1 des Einigungsvertrages wurde die DDR an jenem 3. Oktober 1990 in einer «juristischen Sekunde»[127] von ihren neu gebildeten Ländern abgelöst, die dem Geltungsbereich des Grundgesetzes beitraten. Somit waren die Länder mit dem Tag der deutschen Einheit bereits juristisch existent, aber noch nicht handlungsfähig. Mit den Landtagswahlen vom 14. Oktober 1990 bekamen sie Parlamente, die zugleich als verfassunggebende Landesversammlungen fungierten. Zwischen 1992 und 1994 verabschiedeten sie die Länderverfas-

sungen – außer in Sachsen und Sachsen-Anhalt mit nachfolgender Volksabstimmung –, die sich eng an die der Westländer anlehnten, meist auch
unter deren Federführung entstanden waren.

Schon im Frühjahr waren Partnerschaften der West-Länder mit den
entstehenden neuen Ländern festgelegt und verteilt worden: Schleswig-
Holstein, Hamburg und Bremen waren für Mecklenburg-Vorpommern
zuständig, Nordrhein-Westfalen für Brandenburg und Niedersachsen für
Sachsen-Anhalt, Hessen und Rheinland-Pfalz unterstützten Thüringen,
schließlich Baden-Württemberg und Bayern den Freistaat Sachsen. Während die Länder einerseits, wie Bund und Kommunen, durch Amts-, Ver-
waltungs- und Aufbauhilfe verschiedener Art, nicht zuletzt durch die
Entsendung von Beamten, sowie durch Aus- und Fortbildungshilfen großen Anteil am Aufbau der Regierungs- und Verwaltungsstrukturen sowie
der Rechtsprechung in den neuen Ländern hatten, baute sich zugleich ein
Verhältnis der Rivalität auf, nicht zuletzt im Hinblick auf den Bund.

Alte und neue Länder

Die alten Länder stellten seit Mai 1990 mit ihrer Mehrheit der SPD-geführten Länder im Bundesrat zum einen das eigentliche parteipolitische
Gegengewicht zur Bundesregierung dar. Zum anderen verfolgten sie par-
teiübergreifend die spezifischen Interessen der Länder und bildeten somit
zugleich ein föderales Gegengewicht zur bundesstaatlichen Exekutive,
der in der Scharnierzeit der Wiedervereinigung ein ganz ungewöhnliches
Maß an Kompetenzen zugewachsen war. Seit Dezember 1989 bemühten
sich die Länder, in den Entscheidungsprozess einbezogen zu werden. Die
Bundesregierung hatte ihnen Information, Abstimmung und Einbeziehung zugesagt, sich aber nicht auf ein institutionalisiertes Mitspracherecht eingelassen. Immer wieder wurden daher Beschwerden der Länder
laut, und in der Tat war der erste Staatsvertrag ganz von der Bonner Exekutive gestaltet worden.[128]

Dies waren die Länder im Zuge des Einigungsvertrags kein zweites
Mal hinzunehmen bereit. Im Juli 1990 legten sie die «Eckpunkte der Länder für die bundesstaatliche Ordnung im vereinten Deutschland» vor, in
denen sie eine generelle Stärkung der «Eigenstaatlichkeit der Länder mit
eigener, nicht vom Bund abgeleiteter, sondern nur von ihm anerkannter

staatlicher Hoheitsmacht» forderten.[129] In Wirklichkeit aber verfolgten die Länder defensive Interessen, denn sie sahen ihre Position gegenüber dem Bund und den neuen Ländern durch die deutsche Einheit gefährdet, der gegenüber sie – jenseits der praktischen Zusammenarbeit mit den entstehenden Partnerländern – auf gesamtstaatlicher Ebene keine kohärente Haltung einer konstruktiven Mitgestaltung gewannen. Vor allem suchten sie ihre Beteiligung an der Finanzierung der Einheit möglichst gering zu halten und zugleich einen Zentralisierungsschub des Bundes zu vermeiden, den sie etwa über die Neuordnung der Finanzverfassung oder über staatsorganisatorische Präzedenzfälle im Osten befürchteten, etwa im Hinblick auf Kulturverwaltung[130]. Und schließlich ging es ihnen darum, von den neuen Ländern nicht übervorteilt zu werden, vor allem hinsichtlich der Mehrheitsverhältnisse im Bundesrat.

Am 16. Mai, zwei Tage vor der Unterzeichnung des ersten Staatsvertrags, hatten sich Bundesregierung und Länderregierungen auf eine gemeinsame Finanzierung der deutschen Einheit geeinigt.[131] Demzufolge beteiligten sich die alten Länder zur Hälfte an den für den Sonderfonds Deutsche Einheit aufzunehmenden neuen Schulden. Im Gegenzug sollten die neuen Länder bis 1994/95 nicht in den Länderfinanzausgleich einbezogen werden, und zugleich sollte die Verteilung der Umsatzsteuern zwischen Bund und Ländern, für die eine Neuregelung zugunsten des Bundes im Jahr 1990 beschlossen war, bis 1992 beibehalten werden. Für 1995 wurde dann ein neues bundesstaatliches Ausgleichssystem ins Auge gefasst.

Die alten Länder stellten sich auf den Standpunkt, mit ihrer Beteiligung am Sonderfonds ihren finanziellen Beitrag zur deutschen Einheit geleistet zu haben, und verfolgten nachdrücklich das Interesse, keine weiteren Verpflichtungen zu übernehmen. Schon am 16. Mai hatten sie «das alleinige Risiko des Bundes im Falle höherer DDR-Finanzlasten» betont.[132] Vor allem den finanzschwächeren Westländern ging es darum, das eingespielte System der Finanzhilfen zwischen den Ländern beizubehalten, aber seine Ausweitung auf die neuen Länder, jedenfalls eine Verschlechterung der eigenen finanziellen Situation zu vermeiden. Allerdings ließ sich nicht verhindern, dass die Gemeinschaftsaufgabe «regionale Wirtschaftsförderung» zugunsten des ungleich bedürftigeren Ostens umgeschichtet wurde. Im Einigungsvertrag sagte der Bund schließlich zu, nicht wie ursprünglich vorgesehen 50, sondern 85 Prozent der jährlichen Leistungen des Fonds Deutsche Einheit an die neuen Länder zur Deckung ihres allgemeinen Finanzbedarfs zu verteilen und die verbleibenden 15 Prozent zur Erfüllung zentraler öffentlicher Aufgaben in neuen Ländern zu verwenden. Hier war bereits der Pfad eingeschlagen, die Finanzierung der Einheit vor allem zu Lasten des Bundes zu leisten.[133]

Von den neuen Ländern übervorteilt zu werden, fürchteten die alten Länder vor allem im Hinblick auf die Stimmenverteilung im Bundesrat nach Art. 51 des Grundgesetzes. Da diese nicht die Relationen der Einwohnerzahlen abbildete, setzte sie die kleinen Länder in Vorteil, zu denen ja auch alle neuen Länder zählten. Wenn aber ein Fünftel der Einwohner, wie es nach dem alten Verteilungsschlüssel der Fall gewesen wäre, über fast ein Drittel der Stimmen verfügte und zusammen mit Berlin eine Veto-Position besäße, fürchteten die finanzstarken großen Länder, von den finanzschwächeren kleinen überstimmt zu werden. Schließlich erhielten die neuen Länder und Berlin, wie Rheinland-Pfalz und Schleswig-Holstein und wie nach Art. 51 des Grundgesetzes vorgesehen, jeweils vier Stimmen im Bundesrat, während den vier großen Ländern Nordrhein-Westfalen, Bayern, Baden-Württemberg und Niedersachsen jeweils eine zusätzliche Stimme und somit insgesamt sechs Stimmen zugesprochen wurden.

Alles in allem ergibt sich ein doppelter Befund.[134] Erstens erachteten die alten Länder im Westen die neuen Bundesratsmitglieder aus dem Osten vor allem als Transferempfänger und weniger als Mitglieder einer föderalen Solidargemeinschaft. Und zweitens war eine Länderneugliederung auch im Westen, um eine homogenere und möglichst leistungsfähigere Länderstruktur herbeizuführen als die durch besatzungspolitische Bedingungen und historische Pfadabhängigkeit gewachsene Ordnung, außerhalb des Vorstellungsbereichs gerückt. Auch im Bereich von Staat und Ländern ging die Übertragung der westlichen Ordnung auf die DDR mit dem Umstand einher, dass für eine Inangriffnahme anstehender Reformen der westlichen Ordnung – der Föderalismusreform aufgrund der «Politikverflechtungsfalle»[135] oder der mischfinanzierten Gemeinschaftsaufgaben – in der stürmischen Entwicklung nicht nur die Zeit fehlte, sondern auch der grundsätzliche Wille. Geringe Veränderungsbereitschaft im

Westen gehörte auf vielen Ebenen zu den Kennzeichen der deutschen
Wiedervereinigung.

7. Gesellschaft im Umbruch

Wandel durch Anpassung

Während sich für die westdeutsche Gesellschaft durch die deutsche Einheit nicht viel ändern sollte und zunächst auch nicht sichtlich änderte, bevor eine Stagnation der Wohlstandsentwicklung auf insgesamt hohem
Niveau fühlbar wurde, blieb in den neuen Ländern kaum etwas, wie es
gewesen war.

Die Gesellschaft der DDR hatte, wie es eine Studie des Instituts für
Sozialdatenanalyse Ende Mai 1990 formulierte, «insgesamt in einer
‹Zwischenmoderne›»[136] gelebt. Binnen kürzester Zeit wurde sie mitsamt
ihrem Wertekanon, der vom westlichen Wertewandel seit den sechziger
Jahren nur sehr bedingt erfasst worden war, in das Zeitalter der Postmoderne und ihrer radikalen Pluralisierung katapultiert, als deren Kennzeichen Zygmunt Baumann die «Zerschlagung der Gewißheit»[137] benannt hatte. Aus dem abgeschotteten Stillstand einer übersubventionier-
ten planwirtschaftlichen Fürsorgediktatur, die auf einer retardierten
schwerindustriellen Stufe der modernen industriellen Entwicklung
stehen geblieben war, wurde das gesamte Land mit einem Schlag in die
Turbulenzen einer marktwirtschaftlichen Wirtschafts- und Gesellschaftsordnung mit all ihren Freiheiten und Risiken sowie der Veränder-
ungsdynamik des mikroelektronischen Zeitalters gestoßen. Zugleich
wurde es von der heraufziehenden und durch den Zusammenbruch des
Ostblocks befeuerten Globalisierung erfasst, die ein nochmals deutlich
höheres Maß an Veränderungsgeschwindigkeit und Flexibilisierungs-
bedarf mit sich brachte. Ostdeutschland war zu einem doppelten Mo-
dernisierungssprung von einem besonders niedrigen Ausgangspunkt aus
gezwungen.

Dieser potenzierte Wandlungsprozess erfasste praktisch alle Lebensbe-
reiche und wirbelte vertraute Strukturen und Erfahrungen der gesamten
Lebenswelt durcheinander: von der Notwendigkeit der Kaufentscheidung
zwischen verschiedenen Konsumprodukten über die Anforderungen der

Abseits der postindustriellen Gesellschaft: In Pirna ist die Globalisierung im Sommer
1990 noch nicht angekommen.

Sozialversicherung, des Steuersystems und der bundesdeutschen Rechts-
verhältnisse – das Sozialrecht der DDR zum Beispiel hatte nur 10 Prozent
der Normenbestände des bundesdeutschen umfasst[138] –, über die Erschütterung von Karriereperspektiven und Lebensplanungen bis hin zur Um-
wertung (fast) aller Werte, einschließlich der Entwertung bisheriger Quali-
fikationen. Obwohl die Kenntnisse in der DDR über die Bundesrepublik
vor 1989 weit größer gewesen waren als umgekehrt, war die westliche
Lebensform im konkreten Vollzug und als unvermittelte Herausforderung
weithin unbekannt.

Die Wiedervereinigung forderte von den Einzelnen in der DDR radikale Umorientierungen und immense Anpassungsleistungen. Freiheit im
westlichen Sinne war erst zu lernen, und zugleich war sie mit neuen Risiken und dem Verlust von gewohnter Sicherheit verbunden, allem
voran der Sicherheit des Arbeitsplatzes, der in der Wertehierarchie der
Ostdeutschen ganz oben rangierte[139]. «Nur zögernd verlassen wir», so
skizzierte Hans Joachim Meyer, Bildungs- und Wissenschaftsminister
der DDR, diese lebensweltliche Dimension, «das Gefühl sozialer Sicher-

heit, das der paternalistische Staat vermittelte. Es ist wahr, dies war die miserable Sicherheit der ungleichen Verteilung des Mangels. Dennoch schien diese Gesellschaft die radikale Existenzgefährdung und das nicht mehr überschaubare Risiko [...] auszuschließen. Es war Staatsdoktrin, politische Unfreiheit durch das Gefühl sozialer Sicherheit zu kompensieren.»[140]

Wohlstandsexplosion und Massenarbeitslosigkeit: Gewinner und Verlierer der Einheit

Unterdessen verbesserte sich die alltägliche Versorgung ab dem 1. Juli 1990 schlagartig. Volle Regale in den Geschäften und ein umfangreiches Warenangebot ermöglichten einen nicht gekannten Konsum, ohne dass der befürchtete Kaufrausch eingetreten wäre. Die Ostdeutschen investierten vor allem in Autos, Kleidung und Reisen sowie in verbesserte Wohnverhältnisse und Haushaltsausstattung. Binnen kurzer Zeit entstand eine Konsumwelt nach dem Muster westlicher Wohlstandsgesellschaften, ohne dass gleiche Bedingungen zwischen Ost und West geherrscht hätten – vor allem im Hinblick auf Vermögen und Immobilienbesitz blieben die Ostdeutschen dauerhaft zurück.

Die dramatischen Verbesserungen der schwer belasteten Umwelt, etwa des vormals allgegenwärtigen Geruchs nach verheizter Braunkohle und Zweitaktmotoren, trugen zu einer allgemeinen Zunahme an Lebensqualität bei. Vor allem stieg der materielle Lebensstandard in der gesamten Bevölkerung, allerdings in unterschiedlichem Maße, sprunghaft und auch deutlich über die Produktivität hinaus an. Insofern lag Helmut Kohl mit seiner Ankündigung vom 21. Juni 1990, es werde in Ostdeutschland «niemandem schlechter gehen als zuvor – dafür vielen besser», weitestgehend richtig.[141] Vor allem bewirkten die erheblich ansteigenden durchschnittlichen Gehälter eine «nachholende Einkommensexplosion» – wie auch immer man es rechnet: das Nettoeinkommen eines Einpersonen-Arbeitnehmerhaushaltes erhöhte sich zwischen 1989 und 1994 um rund 70 Prozent, das eines Dreipersonen-Arbeitnehmerhaushaltes um 55 Prozent. Und selbst gegenüber dem im Vergleich zum Jahr 1989 bereits deutlich angehobenen Stand des Jahres 1991 nahmen die durchschnittlichen Gehälter innerhalb von zehn weiteren Jahren um 69 Prozent zu (gegen-

Nie gekannter Konsum: Einen Tag nach der Währungsumstellung betrachten diese Frauen in Leipzig das neue und bunte Warenangebot.

über 16 Prozent im Westen) und erreichten dabei Zuwachsraten, die über denen des westdeutschen ‹Wirtschaftswunders› lagen. Gewinner der Einheit waren die Erwerbstätigen, die einen Arbeitsplatz besaßen, und die Rentner, deren Renten, nach sprunghaften Erhöhungen in den ersten Jahren nach 1990, oftmals über den Westrenten lagen, zumal bei Rentnerehepaaren.[142]

Zugleich wandelte sich die Beschäftigtenstruktur grundlegend, vor allem durch den Abbau der ebenso umfangreichen wie unproduktiven personellen Überbelegungen der zentral gelenkten DDR-Wirtschaft. Eine besonders radikale nachholende Modernisierung erlebte die Landwirtschaft, deren Personalbestand zwischen 1989 und 1996 um fast vier Fünftel, von 976 000 auf 210 000, zurückging. Im Unterschied zur Privatisierung der Industriebetriebe lief der «ostdeutsche Sonderweg auf dem Lande» darauf hinaus, dass aus den vormaligen Landwirtschaftlichen Produktionsgenossenschaften nur wenige – und wenn, dann sehr große – Höfe ausgegliedert, die LPG ansonsten als Großbetriebe in veränderter Rechtsform, aber häufig unter alter Führung und mit unternehmerischem

Erfolg weitergeführt wurden. Zudem kehrten einige Alteigentümer zurück, die, auch wenn ihr Besitz aus der Zeit vor der Bodenreform nicht restituiert worden war, von ihrem Vorkaufsrecht Gebrauch gemacht hatten.[143]

Prozentual nicht ganz so hoch, nichtsdestoweniger einschneidend erfasste der Abbau personeller Überkapazitäten das produzierende Gewerbe, dessen Bestand zwischen 1989 und 1996 um mehr als die Hälfte von 4,39 auf 2,14 Millionen Beschäftigte zurückging, während in Handel und Verkehr ein gutes Viertel, von 1,5 auf 1,1 Millionen, abgebaut wurde. Massive Überbeschäftigung herrschte in der öffentlichen Verwaltung der DDR, deren zentralstaatliche Behörden obendrein durch die Vereinigung entfielen. Ihre Angehörigen, darunter die Diplomaten, wurden zunächst in einen Wartestand versetzt, der dann oftmals in die Arbeitslosigkeit überging. Obwohl der Öffentliche Dienst um über ein Drittel von 2,2 auf 1,4 Millionen Beschäftigte zurückgefahren wurde, stellte er dennoch eine der «Ruhezonen» in den Stürmen der Transformation dar. Verwaltungsangehörige, Lehrer und Polizisten wurden, soweit sie nicht durch Mitarbeit bei der Staatssicherheit belastet waren, die in der Regel, wenn auch nicht immer, zum Ausschluss von öffentlichen Beschäftigungsverhältnissen führte, in den Dienst der neuen Länder übernommen. Auch nach dem Personalabbau lag der Beschäftigtenanteil im Öffentlichen Dienst in den neuen Ländern höher als in den alten. Eine Zunahme der Beschäftigtenzahlen war unterdessen allein im Bereich der Dienstleistungsunternehmen zu verzeichnen, wo sie sich mit einem Anstieg von 619 000 auf 1,36 Millionen bis 1996 mehr als verdoppelten, freilich den Personalabbau von über 4,1 Millionen Stellen in den anderen Sektoren nur zu einem knappen Zehntel wettmachen konnten.

Dieser Strukturwandel beließ bis 1993 nur 29 Prozent der Beschäftigten an dem Arbeitsplatz, an dem sie auch im November 1989 tätig gewesen waren; deutlich über zwei Drittel hingegen erlebten eine berufliche Veränderung – was vor dem Hintergrund der Traditionen der DDR insofern ein besonderes Problem darstellte, als Stellenwechsel allgemein sehr selten gewesen waren. Der Betrieb war für die Werktätigen viel mehr als nur ein Ort der Arbeit und der Produktionsabläufe, sondern zugleich Ort der sozialen Gemeinschaft: der gesellschaftlich-politischen Arbeit, der

Lebensgestaltung und der Organisation von Kinderbetreuung, Urlaub und Kultur.[144] Indem die Betriebe als Institutionen von der Transformation in eine Marktwirtschaft besonders betroffen waren, schlug die Wirtschaftsunion auch im Bereich der Sozialbeziehungen und der alltäglichen Lebenspraxis unmittelbar auf den Alltag der Menschen durch.

Das Hauptproblem, in ökonomischer, sozialer und kultureller Hinsicht, war dabei das «exzessive Maß an Arbeitslosigkeit»[145], für die Betroffenen ohnehin, aber auch für die darüber hinaus von ihr Bedrohten. Die Arbeitslosen waren, trotz der materiellen Grundsicherung durch die sozialen Sicherungssysteme, vom Aufholprozess der ostdeutschen Gesellschaft weitgehend ausgeschlossen. Zu der existentiellen materiellen Bedeutung der Arbeitslosigkeit im gesamten Umstellungsprozess kam eine besondere sozialpsychologische Dimension hinzu: die ostdeutschen Beschäftigten waren an den lebenslang sicheren Arbeitsplatz gewöhnt, nun entfiel der lebensweltliche Zusammenhang des Betriebs, und überdies rangierte Arbeit im Wertekosmos der DDR mit ihrer hohen Vollzeit-Beschäftigung beider Geschlechter höher als in der Sozialkultur des Westens, wo Teilzeitbeschäftigung insbesondere von Frauen sehr viel verbreiteter war und Freizeit im Zuge der Wohlstandsentwicklung einen immer höheren sozialkulturellen Stellenwert auf Kosten der Arbeit gewonnen hatte.

Das Risiko, arbeitslos zu werden bzw. zu bleiben, bemaß sich vor allem nach drei Kriterien: Qualifikation, Alter und Geschlecht. Besonders betroffen waren gering Qualifizierte, wie sie unter dem veralteten Produktionsregime in der Landwirtschaft und im sekundären Sektor mit seiner Überbeschäftigung und dementsprechend geringen Rationalisierung häufig anzutreffen waren; im Jahr 2004 waren 51 Prozent von ihnen in Ostdeutschland arbeitslos, und dies zumeist langfristig.[146] Mit zwei Dritteln lag der Anteil der Frauen unter den Arbeitslosen besonders hoch; von Entlassungen nicht stärker betroffen als Männer, litten sie gleichwohl unter schlechteren Wiedereinstellungschancen, wobei sich der Trend allerdings seit der Jahrtausendwende wieder umkehrte. Dabei blieb das Interesse an Vollzeiterwerbstätigkeit gegenüber dem Westen hoch.[147]

Die Chancen am Arbeitsmarkt bemaßen sich in hohem Maße nach dem Alter. Während die bis 1937 Geborenen durch Frühverrentung und

Altersübergangsgeld weitgehend vom Arbeitsmarkt verdrängt wurden, traf es die mittlere Generation der 1990 um die Fünfzigjährigen besonders hart: schon in der DDR durch eine rückläufige Aufstiegsmobilität gehemmt, waren sie nun einerseits zu jung für die Vorruhestandsregelungen, gleichzeitig aber meist zu alt, um sich noch einmal grundlegend neu zu orientieren; mit geringen Wiederbeschäftigungschancen machten sie einen großen Teil der Langzeitarbeitslosen aus. Die eigentlichen Verlierer in Ostdeutschland waren mithin, von Einzelfällen immer abgesehen, die um 1940 Geborenen, die im Westen, ganz im Gegensatz dazu, die ‹goldene Generation› der alten Bundesrepublik darstellten.

Alte und neue Eliten

Mit der westdeutschen Ordnung wurde die zentralistische Struktur des Gesellschaftsaufbaus der DDR und auch ihrer Elite beseitigt, deren Zugangskriterium insbesondere politisch-ideologische Linientreue gewesen war. Nun entstanden relativ unabhängige Teilbereiche wie Wirtschaft, Massenmedien, Wissenschaft, Kultur und Justiz und dementsprechend pluralistische Eliten. Praktisch vollständig ausgetauscht wurde dabei, mit Ausnahme der Kirchenelite, die Führungsschicht der alten DDR. Die Potsdamer Elitestudie von 1995 stellte fest, dass von 410 Spitzenpositionen nur elf (2,7 Prozent) mit Angehörigen der ehemaligen DDR-Elite besetzt waren.[148] Aus dem Verkehr gezogen wurde die politische Elite, zudem verschwanden der Apparat der SED mit ihren 44 000 Funktionären, ihre Massenorganisationen sowie «Schild und Schwert der Partei», das Ministerium für Staatssicherheit, mit seinen 91 000 offiziellen und 174 000 (nach neueren Schätzungen auch mehr) inoffiziellen Mitarbeitern.

Nicht verdrängt wurde hingegen die höhere sozialistische «Dienstklasse», die funktionalen Eliten der DDR unterhalb der politischen Machtelite. Ihre Angehörigen vermochten ihren sozialen Status weitgehend auch durch die Transformationsphase der ersten Jahre nach 1990 hindurch zu wahren, entweder, dies aber in zahlenmäßig reduzierter Form, in ihren bisherigen Funktionen oder nach einem Wechsel des Berufsfeldes, oftmals in die Wirtschaft.[149] Dabei verschafften Netzwerke von Altkadern gute Startchancen in den Umbruchmonaten und bildeten

Seilschaften unterhalb der Führungsebenen – die sich im Zuge der Auflösung der DDR nicht zuletzt durch Immobilienverkäufe, Finanztransaktionen etc. zu bereichern vermochten.

Die neuen Führungseliten wurden, da in den neuen Ländern die notwendige Sachkompetenz fehlte oder diejenigen, die über die notwendige Expertise verfügten, politisch belastet waren, in hohem Maße aus dem Westen rekrutiert. Etwa 40 Prozent der ostdeutschen Spitzenpositionen, so die Potsdamer Elitestudie von 1995, wurden mit Westdeutschen besetzt, wobei die Faustregel lautete: je höher die Position, desto höher der Westanteil. Auf diese Weise fand, in soziologischer Begrifflichkeit, eine «partielle westdeutsche Überschichtung Ostdeutschlands» statt.[150]

Beim Militär standen nach der Einbeziehung der Nationalen Volksarmee in die Bundeswehr die gesamten deutschen Streitkräfte unter dem Kommando von westdeutschen Generälen. Von 50 000 Berufs- und Zeitsoldaten der NVA wurde dabei etwa ein Fünftel übernommen. Im Bereich der Justiz kamen die Präsidenten der Obergerichte sowie die Vorsitzenden der Landesverfassungsgerichte aus dem Westen; von 3000 Richtern aus der DDR-Zeit blieben höchstens 1000 im Amt. Die Universitäten waren im Vergleich zu Westdeutschland personell weit höher ausgestattet. Ihr Stellenvolumen wurde halbiert und das bisherige Personal zu über 80 Prozent, wie es hieß, «abgewickelt». Ein besonders weitgehender Austausch der Professoren fand im Bereich der besonders regimenahen und ideologisch anfälligen Geistes-, Rechts-, Erziehungs- und Sozialwissenschaften statt; dort stammten in manchen Fächern über 80 Prozent der Neuberufungen aus dem Westen, in den regimeferneren Natur- und Ingenieurwissenschaften etwa ein Drittel.

Im Bereich der Wirtschaft saßen die Konzernleitungen, die privatisierte Unternehmen übernahmen, ohnehin im Westen. Auf der Ebene der leitenden Manager und Geschäftsführer haben verschiedene Studien einen Westanteil zwischen 27 und 42 Prozent ermittelt. In den Massenmedien waren deutliche Unterschiede zwischen Presse einerseits und Rundfunk andererseits zu beobachten. Während die Chefredakteure der – von westlichen Verlagen aufgekauften – Zeitungen und Zeitschriften vielfach aus Ostdeutschland stammten, wurden in Hörfunk und Fernsehen überwiegend westdeutsche Intendanten und Direktoren eingesetzt. Bei den Journalisten herrschte, ähnlich wie bei Lehrern, eine hohe Kontinuität; sie waren weitgehend bereits in den Medien der DDR tätig gewesen. Auf der Ebene der Verwaltung stammten 1990 zunächst alle beamteten Staatssekretäre der Länder aus dem Westen; in den Kommunen hingegen waren die Verwaltungsspitzen Mitte der neunziger Jahre nur bis zu 10 Prozent, Amtsleiterpositionen zu etwa 15 Prozent mit Westdeutschen besetzt.

Hinsichtlich der Schulen ließ sich das Ziel, alle politisch belasteten Lehrer aus dem Schuldienst zu entfernen, nicht realisieren. Etwa jeder sechste Lehrer wurde entlassen, und so arbeiteten die Schulen in neuen Strukturen weitgehend mit altem Personal. Eine einheimische ostdeutsche Elite setzte sich am ehesten in der Politik durch. Nur 13 Prozent der Spitzenpolitiker kamen aus dem Westen, nahmen dafür aber oft besonders exponierte Positionen wie die von Ministerpräsidenten ein.

Zwischen 1991 und 2003 zogen insgesamt 1,2 Millionen Westdeutsche in die neuen Länder,[151] deren Aufbau weithin unter westdeutscher Leitung stattfand. Dies ermöglichte die unabdingbare Infusion von Kompetenz und Erfahrung, brachte jedoch zugleich die Probleme jener westdeutschen Überschichtung der ostdeutschen Gesellschaft mit sich – zumal in den neuen Ländern auch minderqualifizierte Westdeutsche Karrieren machten, die ihnen zuvor nicht ohne Grund versagt geblieben waren; bleibenden Eindruck hinterließen zudem ‹Abzocker› und halbseidene Glücksritter, die mit unerfahrenen Ostdeutschen schnelle Geschäfte machten. Zugleich wurden westdeutsche Überheblichkeiten spürbar, wie sie etwa im verbreiteten Wort der «Buschzulage» für eine Tätigkeit in den neuen Ländern zum Ausdruck kamen.

Umgekehrt setzte sich auch nach der Wiedervereinigung eine starke Abwanderung aus den neuen Ländern, vor allem aus den ländlichen Regionen fort. Insbesondere junge, gut qualifizierte Menschen zog es in den Westen, so dass Ostdeutschland zum wiederholten Male – nach Kriegsende, sowjetischer Besatzung, DDR-Zeit bis zum Mauerbau und der Flüchtlingsbewegung 1989 – seine eigenen Eliten verlor. Zugleich erlitten die neuen Länder einen dramatischen Geburtenrückgang: die Geburtenrate, die in der DDR etwas höher als in der alten Bundesrepublik gelegen hatte, fiel dramatisch ab: von 199 000 Neugeborenen im Jahr 1989 auf einen Tiefpunkt von 79 000 fünf Jahre später.[152] Dies forcierte die Alterung der ostdeutschen Gesellschaft vor allem außerhalb der Zentren und

verschärfte die allgemeinen und besonderen demographischen Strukturprobleme in den neuen Ländern noch weiter.

Die leistungsfähigen Gutqualifizierten fehlten auch für den Aufbau
bürgerlicher Mittelschichten, an denen es der stark entbürgerlichten Gesellschaft in der ehemaligen DDR mangelte – allein schon im Selbstbewusstsein: Ostdeutsche zählten sich selbst überwiegend zur Arbeiterschicht, die Westdeutschen hingegen zu den Mittelschichten.[153] Zwar
hatten seit 1990 viele Ostdeutsche freiberufliche oder selbständige Tätigkeiten aufgenommen, so dass der Anteil der Selbständigen an allen
Erwerbstätigen bald kaum niedriger lag als in Westdeutschland. Doch
gestaltete sich die Gruppe der Selbständigen sehr heterogen, und sie befanden sich überdurchschnittlich häufig in prekären Lagen.[154]

Mit der Ausdifferenzierung der Sozialstruktur nach der Wiedervereinigung nahm die soziale Ungleichheit innerhalb der neuen Länder gegenüber
der stark nivellierten DDR-Gesellschaft zu, freilich auf einem insgesamt
höheren Niveau als zuvor und in einem geringeren Maß als in den alten
Ländern. Dabei erwies sich die soziale Stratifikation über die große Transformation hinweg als erstaunlich stabil: diejenigen, die in der DDR ‹oben›
gewesen waren, landeten zu zwei Dritteln wieder oben, und diejenigen, die
vorher ‹unten› waren, fanden sich zu 85 Prozent auch dort wieder.[155] Sozialstrukturelle Daten sind indessen das eine, die gefühlte, als solche wahr-
genommene Realität das andere – und oft wirkmächtigere.

Ost-Mentalität?

Das Institut für Sozialdatenanalyse, von dessen Forschungsprojekt über
«Sozialstruktur und Lebensqualität» im Vereinigungsprozess bereits die
Rede war, machte am Vorabend der Wiedervereinigung eine «eigene, spezifische sozio-kulturelle Identität» der DDR-Gesellschaft aus, die vor
allem von dichten kommunikativen Beziehungen zu Familie und Freun-
den gekennzeichnet sei. Die ostdeutsche Grundstimmung im Frühjahr
1990 wurde als unterschiedlich und ambivalent erfasst und von vielen
Seiten als zunehmend verunsichert und negativ beschrieben. Fast zwei
Drittel der im Rahmen der Studie Befragten gaben an, «daß sie sich im
gesellschaftlichen wie privaten Leben nicht anders als bisher» verhielten.
Die Untersuchung kam zu dem Schluss, «daß souveräne Lebensgestal-

tung vielfach neu erlernt werden muß und Nachwirkungen systembe-
dingter indifferenter Lebenshaltungen erst allmählich abgebaut werden
können.» Die Mehrheit der Gesellschaft sei «mental auf den eingeleiteten
Übergang zur Marktwirtschaft nicht genügend vorbereitet»[156].

Nach 1990 wurde angesichts offenkundiger Gegensätze zum Westen
die Frage diskutiert, ob sich eine eigene Ost-Identität herausgebildet habe
und worauf diese zurückzuführen sei. Auf der einen Seite wurden soziali-
sierte Dispositionen wie Versorgungsmentalität, Streben nach Harmonie
und Gemeinschaft, Orientierung am Kollektiv – im Gegensatz zu Markt-
orientierung, Eigeninitiative, Leistungsdenken und Individualität im
Westen –, die nachwirkende Entmündigung und Erziehung zur Unselb-
ständigkeit durch die vormundschaftliche Diktatur namhaft gemacht.[157]
Auf der anderen Seite wurden primär situative Bedingungen, insbesondere enttäuschende Erfahrungen der Ostdeutschen im wiedervereinigten
Deutschland benannt.[158]

Letztlich ist wohl eine Verbindung von beidem anzunehmen – soziali-
sationsbedingte mentale Dispositionen, die durch situative Bedingungen
aktualisiert wurden –, wobei das Mischungsverhältnis kaum eindeutig
zu bestimmen ist: ein aus der DDR überkommenes und verinnerlichtes
«Gefühl der Sicherheit, das in Kombination mit der Mangelwirtschaft
den Leistungswillen beeinträchtigte»[159], samt der, wie es ein ostdeutscher Arbeitspsychologe formulierte, «erlernten Hilflosigkeit»[160] vieler
DDR-Bürger auf der einen Seite – und zugleich schwierige Rahmenbedingungen für Eigeninitiative und Selbständigkeit auf der anderen. «Wer
sich in Handwerk, Handel oder Dienstleistungen selbständig machen
wollte, hatte meist zu wenig Eigenkapital und in der Regel auch zu wenig Marktkenntnis. Wer leitender Angestellter in einem der THA zuge-
ordneten Betrieb war, sollte sich innerhalb von wenigen Wochen eine
neue Organisation, neue Verfahren, neue Produkte, neue Absatzmärkte
einfallen lassen, kannte aber außer Schlagworten nichts von westlicher
Betriebswirtschaft und hatte keine Ahnung, mit welchen Produkten
überhaupt die geringste Chance bestand, im Wettbewerb mit Westunter-
nehmen bestehen zu können.»[161]

In der Umstellungs- und Orientierungskrise, die mit der Wiedervereinigung über die Ostdeutschen hereinbrach, verband sich der fundamentale Verlust der Sicherheit zugleich – und dies bereits von den Wochen der

‹nationalen Wende› im Herbst 1989 an – mit unrealistisch hohen Erwartungen schnellen Wohlstands an den Staat und an den Westen, der diese Erwartungen freilich seinerseits schürte. Zudem wurde die sprunghafte Verbesserung der materiellen Bedingungen sehr viel weniger am Status quo von 1989 oder auch an der Entwicklung in den anderen Transformationsgesellschaften Osteuropas gemessen als vielmehr im Vergleich zum bundesdeutschen Westen und im Hinblick auf die verbleibenden Rückstände.

Eine empirisch messbare Kultur der Unzufriedenheit und ein Gefühl der Benachteiligung machten sich breit, wobei die allgemeine Situation sehr viel kritischer gesehen wurde als die individuelle – und jedenfalls in materieller Hinsicht überdimensioniert wahrgenommen wurde.[162] Doch es ging nicht nur um die materielle Dimension: empfunden wurden vor allem eine Entwertung der ostdeutschen Biographien und der Ostdeutschen als sozialer Gruppe durch die westliche Dominanz, die sich vor allem nach dem 3. Oktober 1990 manifestierte, und somit eine Verletzung der eigenen Würde[163], die Lothar de Maizière in die deutsche Einheit hineinzutragen versucht hatte.

Vor allem richtete sich die allgemeine Unzufriedenheit auf die Marktwirtschaft, die im Westen mit der Erfahrung des Aufschwungs und dem ‹Wirtschaftswunder› nach dem Krieg verbunden war, im Osten hingegen zunächst mit der Erfahrung des Absturzes. Auch wenn die Ursachen nicht in ihr selbst lagen, sondern im Zustand der DDR-Wirtschaft, standen die bundesdeutsche Ordnung und die Marktwirtschaft mit der schnellen Vereinigung in der Haftung für die DDR und konnten nun auch, angesichts des ausbleibenden Beschäftigungsaufschwungs, für deren Strukturschwächen verantwortlich gemacht werden. In der Tat war es in erster Linie die exorbitant hohe Arbeitslosigkeit, die in Ostdeutschland das Gefühl nährte, Bürger zweiter Klasse zu sein. Aus alledem resultierten unter den Ostdeutschen erhebliche Vertrauensdefizite gegenüber den politischen und gesellschaftlichen Institutionen der Bundesrepublik und gegenüber dem gemeinsamen Deutschland, dem sie häufig mit der kompensatorischen Selbstzuschreibung einer eigenen, moralisch überlegenen Ost-Identität der Hilfsbereitschaft, des Fleißes und der Sparsamkeit begegneten – in Abgrenzung von den vermeintlich arroganten und geldgierigen Westdeutschen, die wiederum die Ostdeutschen in hohem Maße für unzufrieden, provinziell und unselbständig hielten.[164] Dieses ostdeutsche Selbstbild griff auf traditionelle Pflichtwerte statt postmoderner Freiheits- und Selbstentfaltungswerte zurück, wie sie sich im Westen seit den sechziger Jahren verbreitet hatten, und nahm sozialkulturelle Dispositionen aus der Zeit vor 1989 wieder auf. Der schnelle materielle Wandel war, wie sich zeigte, das eine, der kulturelle das andere.

Am zählbarsten schlug sich die Differenz der Ostdeutschen gegenüber dem Westen im Wahlverhalten nieder, das der Nachfolgepartei der SED eine im Jahr 1990 völlig unerwartete Erfolgsbilanz bescherte: seit der Wiedervereinigung war die PDS in allen Landtagen der neuen Länder vertreten, oft als zweitstärkste Partei und zumindest informeller Regierungspartner, ebenso in allen Bundestagen – 2005 erzielte sie gemeinsam mit der westdeutschen Linken stolze 8,7 Prozent –, und seit 1999 auch im Europäischen Parlament. Dabei konnte sie ihr Wählerpotential seit 1990 kontinuierlich ausbauen und sich von einer Eliten- und Protestpartei der untergegangenen DDR zu einer ostdeutschen Volkspartei entwickeln, die das Gefühl der Benachteiligung durch die Bundesrepublik artikulierte. Sie wurde zu einer «Partei der DDR-Nostalgiker, Vereinigungskritiker und -verlierer, der Zukunftsskeptiker und Politikverdrossenen» und schließlich zu einer gesamtdeutschen linken Sammlungspartei gegen die Reformpolitik Gerhard Schröders. Politisch in einem allgemeinen Sinne ‹antiwestlich›, räumte sie dem umfassenden Wohlfahrtsstaat in der Tradition der DDR eindeutigen Vorrang vor einer leistungsfähigen Marktwirtschaft ein.[165]

Damit bediente sie weit verbreitete Präferenzen in Ostdeutschland. Demoskopisch messbar sind der – schon in der ersten Regierungserklärung de Maizières spürbare – Vorrang von Gleichheit und sozialer Gerechtigkeit vor der Freiheit sowie, in enger Verbindung damit, die Vorstellung, dass in erster Linie der Staat für die Wirtschaft und die soziale Sicherung verantwortlich sei.[166] Hatte die Bürgerbewegung im Herbst 1989 noch dem bevormundenden Staat das selbstbewusste «Wir sind das Volk» der Gesellschaft entgegengehalten, so hatte sich auf dem Weg zur Wiedervereinigung und darüber hinaus die Richtung wieder geändert. Weniger auf bürgerliche Freiheitsrechte als primär auf soziale Sicherung und Gleichheit zu zielen, stellte einerseits eine Kompensation für die Erschütterungen und Unsicherheiten der großen Transformation und der neuen Freiheit dar. Zugleich reflektierte diese Haltung eine grundlegende Disposition zur Staatsregulierung und des Vorrangs staatlicher Fürsorge vor bürgerlicher Selbstverantwortung. Sie unterschätzte dabei, dass der westliche Wohlstand unhintergehbar an die wirtschaftliche Freiheit gebunden war. Materieller Wohlstand des Westens und soziale Sicherheit des Ostens – so die Tendenz in der Regierungsvereinbarung der großen Koalition vom April 1990, die immerhin fast drei Viertel der Wähler der DDR repräsentierte und von dem weiteren Sechstel der PDS-Wähler darin noch übertroffen wurde – konnten nicht zusammengehen. Monika Maron hielt dies freilich nicht nur für ein ostdeutsches Phänomen und widersprach dem «Irrtum, es existiere eine besondere DDR-Identität. Wenn sich etwas so Benennbares überhaupt artikuliert, dann als Angst: […] Die alte deutsche Angst vor allem, was Sicherheit und Ordnung bedrohen könnte.»[167]

Dennoch ließ sich aus Umfragewerten insofern ein Unterschied feststellen, als sich die Vorstellungen der Ostdeutschen mehr an einem sozialistischen als an einem westeuropäischen Wohlfahrtsstaatsmodell orientierten.[168] Und dies verband sich, auch unter Jüngeren, mit verbreiteten positiven Erinnerungen an Einzelphänomene der DDR unter Ausblendung ihrer fundamentalen Defizite – auch wenn sich nur die wenigsten die DDR wirklich zurückwünschten.[169] Die sogenannte «Ostalgie» hatte verschiedene Gründe: sie war trotzige Reaktion auf die unerwarteten Schwierigkeiten des Einigungsprozesses, Selbstbehauptung, um die eigenen Biographien nicht vollständig zu entwerten, Abgrenzung gegen den Westen als Kompensation für gefühlte Unterprivilegierung und somit Teil einer ostdeutschen «Abgrenzungsidentität».[170] Sie war in vielem auch eine ganz normale lebensweltliche Nostalgie, aber sie reflektierte zugleich eine im wörtlichen Sinne utopische Sehnsucht nach Sicherheit und vermeintlicher Geborgenheit im Wind der freien Marktwirtschaft und den Stürmen der Globalisierung – und spiegelte somit die Schwierigkeiten mit der 1989 erkämpften Freiheit ebenso wie die Probleme mit der Geschichte wider.

Die Schatten der Vergangenheit

Zu allen Problemen der Umstellung kam hinzu, dass die DDR eine post-diktatorische Gesellschaft war, deren hoch ausgebautes Bespitzelungs-system die gesamten Sozialbeziehungen durchzogen hatte und nun, durch seine Aufdeckung, seine Schatten weit über das Ende der Diktatur hinaus warf. Nach der Auflösung des Ministeriums für Staatssicherheit stellte sich die Frage, was mit seinen Akten geschehen solle. Während die Betroffenen über die Vergangenheit Bescheid wissen wollten und die Enttarnungen von Politikern der DDR als Inoffizielle Mitarbeiter im Umfeld der Volkskammerwahl die politische Brisanz der Akten anzeigten, hatten nicht nur ehemalige IM aus Furcht vor der Enttarnung ein Interesse an der Vernichtung der Akten. Dafür sprach auch die Befürchtung permanenten sozialen Unfriedens durch die Diskussion von Stasi-Verwicklungen, zumal nicht abzusehen war, welchen Spreng-stoff die Akten im Einzelnen enthielten.

Nach den Volkskammerwahlen setzte sich in der DDR jedoch vor allem auf Seiten der vormaligen Oppositionsbewegung die Auffassung durch, die Stasi-Akten müssten aufbewahrt und für die Aufdeckung von DDR-Unrecht genutzt werden. Öffentlich bezog in diesem Sinne vor allem der Bündnis 90-Abgeordnete Joachim Gauck Position: «Man ent-wickelt eine kollektive Vorstellung von Aufbruch mit leichtem Gepäck und schnellem Übergang in die Gefilde von Demokratie und Prosperität. So träumen Kranke: Ach, wäre das schön aufzuwachen und einfach aus dem Bett in den Frühling draußen zu hüpfen.» Demgegenüber hätte In-nenminister Diestel am liebsten sämtliche Akten vernichtet. Bald wurden Vorwürfe laut, er habe die Akten nicht ordnungsgemäß verwaltet und teilweise bereits vernichten lassen, und die DDR-Regierung musste Dies-tel formell zum korrekten Umgang mit den Akten auffordern.[171]

Unterdessen wollten die beiden Unterhändler des Einigungsvertrages, Krause und Schäuble, die restriktive Nutzung der Stasi-Akten festlegen und sie, unter strenger Aufsicht des Datenschutzbeauftragten, dem Bun-desarchiv unterstellen. In der DDR entstand der Eindruck, dass sich der Westen die Stasi-Akten aneignen wolle. Am 21. Juni wurde ein Sonder-ausschuss aus Volkammerabgeordneten und Vertretern der Bürgerkomi-tees unter der Leitung von Joachim Gauck eingesetzt, um einen restriktiven Gesetzesentwurf aus dem Innenministerium zu überarbeiten, und schließlich verabschiedete die Volkskammer am 24. August ein «Gesetz über die Sicherung und Nutzung der personenbezogenen Daten des ehemaligen Ministeriums für Staatssicherheit/Amt für Nationale Sicherheit». Demzufolge sollten die Akten in speziellen Archiven in den neuen Ländern und in einem zentralen Sonderarchiv in Berlin unter der Aufsicht von Landesbeauftragten und eines Zentralbeauftragten aufbewahrt werden und der Aufklärung von Straftaten und der Rehabilitierung von Opfern des MfS sowie der wissenschaftlichen Forschung dienen.

Damit jedoch wegen der Zersplitterung der Zuständigkeit, aus datenschutzrechtlichen Gründen und wegen des Fehlens einer differenzierten Vernichtungsregelung nicht einverstanden, ließen Schäuble und Krause modifizierte Bestimmungen für den Einigungsvertrag ausarbeiten. Sie sahen einen von der DDR benannten Sonderbeauftragten der Bundesregierung vor und übertrugen eine endgültige Regelung dem gesamtdeutschen Parlament. Dass das Gesetz der Volkskammer solchermaßen übergangen wurde, stieß in der DDR auf empörte Reaktionen, insbesondere bei den Bürgerkomitees und Vertretern der vormaligen Oppositionsbewegung. Am 4. September besetzten mehrere ihrer Mitglieder – darunter Bärbel Bohley und Wolf Biermann – die ehemalige Zentrale des MfS in Ost-Berlin und gingen am 12. September gar in den Hungerstreik. Daraufhin wurde am 18. September noch einmal eine Zusatzvereinbarung in den Einigungsvertrag aufgenommen, die vor allem verfügte, das Volkskammergesetz vom 24. August umfassend zu berücksichtigen. Einen Tag später wurde Joachim Gauck per Kabinettsbeschluss zum «Sonderbeauftragten» der Bundesregierung für die Verwahrung der Akten und Dateien des ehemaligen MfS/AfNS ernannt. Am 20. Dezember 1991 verabschiedete der Deutsche Bundestag dann das Stasi-Unterlagengesetz, das den Betroffenen – über das Volkskammer-Gesetz hinaus – ein umfassendes Einsichtsrecht einräumte und zugleich eine Überprüfung aller Beschäftigten des öffentlichen Dienstes und der Kirchen ermöglichte.

Der Umgang mit der Vergangenheit aber blieb schwierig. Die Stasi-Akten eröffneten den Betroffenen ungeahnte Entdeckungen, aus ihrem engsten sozialen Umfeld heraus – das, wie auch die Studie des Instituts für Sozialdatenanalyse eigens betont hatte, für die Ostdeutschen so besondere Bedeutung besaß – bespitzelt worden zu sein. Unterdessen wurden Angehörige und Mitarbeiter der Staatssicherheit stigmatisiert und von Führungspositionen weitgehend ausgeschlossen. Die Fixierung auf das Feindbild der Staatssicherheit ging auf die Bürgerbewegung des Herbstes 1989 zurück, der das MfS als sichtbarer und mobilisierungsfähiger Inbegriff der Unterdrückung des SED-Regimes gedient hatte. Indem dieser mediale Effekt weiterwirkte, führte er freilich zu einer verkürzten Sicht auf die Verantwortlichkeiten in der DDR, die nicht in erster Linie beim Instrument, sondern bei der Führung der Staatspartei gelegen hatten.

Unterdessen zogen Versuche einer justiziellen Aufarbeitung der DDR-Vergangenheit – hier tat sich der Graben des Herbstes 1989 wieder auf – von Seiten der alten Eliten den Vorwurf der westlichen «Siegerjustiz» auf sich, während ihnen seitens der Bürgerrechtler und der Opfer «Versagen» vorgehalten wurde. Bärbel Bohleys Monitum, der Rechtsstaat habe es nicht vermocht, Gerechtigkeit zu schaffen,[172] vor allem für die Opfer staatlicher Unterdrückung und Verfolgung, offenbart die Schwierigkeiten des Rechtsstaates im Umgang mit dem Unrecht einer Diktatur. Oftmals wich dieser vom Rechtsempfinden der Opfer ab, dem zugleich eine unhistorische Gerechtigkeitsvorstellung innewohnte. Denn die justizielle Aufarbeitung, die in anderen ehemaligen Ostblockstaaten wesentlich zurückhaltender betrieben wurde, bewegte sich in der unüberwindlichen Asymmetrie zwischen dem Rechtsstaat, der das geltende Recht – sein eigenes ebenso wie das DDR-Recht zur Tatzeit – achtet und auch gegenüber seinen Feinden anwendet, und einer Diktatur, für die das Recht nur Instrument zu ihren Zwecken ist.

Bewusst sollte kein Sonderrecht geschaffen werden, wie es die Alliierten nach dem Zweiten Weltkrieg gegenüber den deutschen Kriegsverbrechern getan hatten. Allerdings wurden, um eine mittlere Linie zu finden, unter Rückgriff auf naturrechtliche Begründungen und am Rande des mit dem Rückwirkungsverbot Vereinbaren, Verstöße gegen allgemein anerkannte «Grundgedanken der Gerechtigkeit und Menschlichkeit» verfolgt, was insbesondere auf die Todesschüsse an der innerdeutschen Grenze und der Berliner Mauer zielte.[173] Von 3000 Ermittlungsverfahren wurde schließlich in 450 Fällen Anklage erhoben, und nur wenige Haftstrafen ohne Bewährung wurden verhängt. Diese moderate Strafpraxis hatte auf der Ebene der Staatsführung begonnen und setzte die Maßstäbe auch für die Ausführenden. Zunächst waren Mitglieder des Nationalen Verteidigungsrates der DDR angeklagt worden, der zwar nicht das entscheidende Gremium der DDR darstellte, aber ihre zentralen Personen umfasste. Im Prozess gegen Honecker, Stoph, Keßler und Mielke wurden vorrangig Verfahrensfragen wegen des Gesundheitszustands und der Verhandlungsfähigkeit der Angeklagten verhandelt. Der Prozess gegen den schwer erkrankten Erich Honecker wurde im Januar 1993 eingestellt; er reiste nach Chile aus, wo er 1994 starb. Erich Mielke wurde nicht als Chef der Staatssicherheit, sondern wegen zweier Morde im August 1931 zu mehrjährigen Haftstrafen verurteilt und der MfS-Apparat, das eigentliche Unterdrückungsorgan der DDR im Dienste der SED, juristisch kaum belangt. Im wenige Jahre später geführten «Politbüroprozess» schieden einzelne Angeklagte abermals aus, weil sie krank oder bereits verstorben waren. Günther Kleiber und Günter Schabowski wurden schließlich 1997 wegen der Todesschüsse an der Grenze zu drei Jahren, Egon Krenz wurde zu sechseinhalb Jahren Haft verurteilt und nach weniger als vier Jahren vorzeitig entlassen.[174]

In dieser Hinsicht alles andere als «Siegerjustiz» im Sinne einer umfassenden Generalabrechnung mit dem SED-Regime, untermauerten die Verfahren zugleich die historische Erfahrung, dass sich Vergangenheit auf strafrechtlichem Wege kaum bewältigen lässt. Politisch wurde der Umgang mit der Vergangenheit durch zwei Enquete-Kommissionen des Deutschen Bundestages zur «Aufarbeitung von Geschichte und Folgen der SED-Diktatur in Deutschland» sowie die daraus hervorgegangene «Bundesstiftung zur Aufarbeitung der SED-Diktatur» und die Forschungsabteilung der Behörde des bzw. der Bundesbeauftragten für die Unterlagen des Staatssicherheitsdienstes der ehemaligen DDR institutionalisiert. Zusammen mit den Forschungen an Universitäten und Instituten hatte die Geschichte der DDR auf wissenschaftlicher Ebene über Jahre hin hohe Konjunktur.

Auf allgemeiner gesellschaftlicher Ebene aber blieb die Aufarbeitung der eigenen Geschichte einer durch die Diktatur geprägten Gesellschaft mit ihren «seelischen Schäden», wie sie de Maizière in seiner ersten Regierungserklärung angemahnt hatte,[175] sehr begrenzt. So ergibt sich ein heterogenes Bild der Geschichte der Ostdeutschen im vereinten Deutschland: aus umfangreicher wissenschaftlicher Auseinandersetzung und einer gesellschaftlich-politischen Melange aus Nichtwissen, Desinteresse und Vorurteilen, Mythisierung hier und Verbitterung dort. All dies ist historisch und im internationalen Vergleich nicht unüblich. Es signalisierte aber zugleich den Bedarf an ausgebliebener Verständigung, der sich nicht zuletzt in der hartnäckigen Langlebigkeit der gegenseitigen Vorurteile und Stereotypisierungen von «Jammerossis» und «Besserwessis» niederschlug.[176]

8. Das Erbe der DDR

Die Kosten der Einheit

Am 7. Februar 1990 schrieb der Bundesfinanzminister einen Brief an die Mitglieder der CDU/CSU-Fraktion im Bundestag, um das Angebot einer Wirtschafts- und Währungsunion an die DDR zu erläutern. Er ging, wie er schrieb, davon aus, die Kosten «angesichts der erreichten starken wirtschaftlichen Dynamik [...] weitgehend aus unseren Sozialproduktzuwächsen finanzieren» zu können, zumal sich die deutsche Einheit «als zusätzliches Wachstumsprogramm erweisen» werde. Kurzfristige «Sonderopfer unserer Arbeitnehmer und Unternehmer» wurden hingegen mit Rücksicht auf die mangelnde «politische Akzeptanz derartiger Realeinkommenstransfers» nicht vorgesehen.[177]

Im Laufe des Einigungsprozesses aber taten sich immer größere Löcher im Haushalt sowie in der Wirtschaftskraft und somit bei den zu erwartenden Einnahmen der DDR auf. Am 17. Mai, am Tag vor der Unterzeichnung des ersten Staatsvertrags, ging das Bundesfinanzministerium von einem Haushaltsdefizit der DDR in Höhe von 33 Milliarden DM für das zweite Halbjahr 1990 und von 53 Milliarden für 1991 aus, wobei andere Schätzungen innerhalb des Ministeriums bereits um ein Viertel höher lagen. Ebenso kalkulierten die führenden wirtschaftswissenschaftlichen Institute mit deutlich höheren Zahlen als das Finanzministerium und der Staatsvertrag. Selbst sie aber rechneten im skeptischsten Falle mit einem Gesamtvolumen von nicht mehr als 750 Milliarden DM und somit etwa 50 Milliarden jährlich an erforderlichen Unterstützungsleistungen für die DDR bzw. die neuen Länder – was als wirtschaftlich vertretbar angesehen wurde. All diesen Kalkulationen lag freilich die Erwartung zugrunde, privates Kapital werde in großen Strömen in die neuen Länder fließen und die Treuhand werde entsprechende Privatisierungserlöse schaffen. Diese Fehleinschätzungen des nachmals eingetretenen Verlaufs lagen also nicht allein auf Seiten der Politik, sondern entsprachen einer allgemeinen Erwartungshaltung im Hinblick auf die ökonomischen Aussichten der deutschen Einheit.[178]

Die ursprüngliche Bonner Hoffnung ging dahin, mit dem «Sonderfonds Deutsche Einheit», der im Umfeld des ersten Staatsvertrags beschlossen wurde, die Kosten für die Anschubfinanzierung geleistet zu haben; die Länder gingen jedenfalls, was ihren Part betraf, strikt davon aus. Der Fonds stellte 115 Milliarden DM bis Ende 1994 zur Verfügung und sollte zu 20 Milliarden aus Einsparungen des Bundes finanziert werden, der Rest durch je zur Hälfte von Bund bzw. Ländern und Gemeinden getragene Kredite; dafür sollten die neuen Länder bis 1995 nicht in den Länderfinanzausgleich einbezogen werden. Damit waren zwei Vorzeichen für die Finanzierung der deutschen Einheit gesetzt: zum einen die weitgehende Finanzierung auf dem Kreditweg, vor allem über vom regulären Haushalt abgetrennte Sonderfonds, zum anderen die Belastung hauptsächlich des Bundes.

In den folgenden Monaten beharrten die Länder auf dem Standpunkt, mit der Beteiligung am Fonds Deutsche Einheit das Ihre getan zu haben, während sich immer neue Finanzlöcher auftaten. Als die Wirtschaftsleistung in der DDR nach dem 1. Juli 1990 unvorhergesehen tief einbrach und die Einnahmen dementsprechend hinter den Erwartungen zurückblieben, drohte die DDR nicht einmal mehr die Gehälter des öffentlichen Dienstes regulär bezahlen zu können, und de Maizière befürchtete, sie könne noch vor dem offiziellen Beitritt kollabieren. Nachdem der Bundesfinanzminister Ende Juni eine Notfallreserve für die DDR in Höhe von 8 Milliarden DM in den Haushaltsentwurf für 1991 eingestellt hatte, wurde der erforderliche Bedarf bereits Anfang August auf 79 Milliarden DM – beinahe das Zehnfache – veranschlagt. Vier Wochen später kam abermals ein Mehrbedarf von 50 bis 55 Milliarden DM hinzu, nachdem den neuen Ländern im Einigungsvertrag deutlich höhere Zuweisungen als im ersten Staatsvertrag zugestanden worden waren. Sie erhielten zusätzliche Mittel aus dem Fonds Deutsche Einheit,

weitere Bundeshilfen für Infrastrukturmaßnahmen, und der Bund übernahm die Gesamtverschuldung der DDR.[179]

Während die Kosten für die deutsche Einheit davongaloppierten und
die ursprünglichen Finanzplanungen bereits Makulatur geworden waren,
verkündeten die Parteivorsitzenden der Regierungskoalition noch im August, die deutsche Einheit sei ohne Steuererhöhungen zu finanzieren. Dies
war – eingedenk der antizipierten negativen «Auswirkungen auf die politische Akzeptanz» – auch die Haltung der Bundesregierung bis zur Bundestagswahl am 2. Dezember 1990. Nach der Wahl kamen die unvermeidlichen Steuererhöhungen dann doch. Aber auch jetzt wurden sie
nicht mit der deutschen Einheit begründet, sondern mit den Kosten für
die Beteiligung am Golfkrieg[180], in dem Deutschland nach dem Muster
der Scheckbuchdiplomatie Finanz- statt Kampfkraft zur Verfügung
stellte. Noch immer vermied es die Bundesregierung, deutlich zu sagen,
dass der Aufbau der neuen Länder – die Herstellung der inneren nach der
staatlichen Einheit – nicht ohne erhebliche und langfristige Belastungen
vonstatten gehen werde, und dementsprechend zu handeln. Realiter nahmen die erforderlichen Volumina immer größere Ausmaße an.

Zum 1. Juli 1991 wurden die Steuern auf Mineralöl, Versicherungen
und Tabak sowie die Mehrwertsteuer erhöht und ein auf ein Jahr befris-
teter Solidaritätszuschlag zur Lohn-, Einkommen- und Körperschafts-
steuer in Höhe von 7,5 Prozent der Steuerschuld erhoben, nachdem
schon zum 1. April die Beitragssätze zur Arbeitslosenversicherung um
2,5 Prozentpunkte erhöht (dafür die Beiträge zur Rentenversicherung um
einen Punkt gesenkt) worden waren. Zugleich erhielten die neuen Länder
1991 rund 5 Milliarden DM mehr aus dem Umsatzsteueraufkommen als
im Einigungsvertrag vereinbart, und der Bund verzichtete zu ihren
Gunsten auf seinen verbliebenen Anteil von 15 Prozent am Sonderfonds
Deutsche Einheit, dessen Volumen im Februar 1992 von 115 auf
146,3 Milliarden DM aufgestockt wurde. Zudem legte der Bund Anfang
März 1991 das neue Gemeinschaftswerk «Aufschwung Ost» mit einem
Umfang von jährlich 12 Milliarden DM für die Jahre 1991 und 1992 auf,
das für Verkehrsverbindungen, Arbeitsbeschaffungsmaßnahmen und ein
kommunales Investitionsprogramm zur Instandsetzung von Krankenhäusern, Schulen etc. verwendet wurde. Allein 1991 gingen Nettotrans-
fers in einer Höhe von 106 Milliarden DM in die neuen Länder, zuzüg-

lich der Kosten für die Treuhand und den Altschuldendienst; damit hatten sich die im ersten Staatsvertrag vom Mai 1990 vorgesehenen Finanzhilfen fast verdreifacht.

Doch auch dies erwies sich als unzureichend: im März 1993 wurde der erste «Solidarpakt» mit einem Transfervolumen von knapp 56 Milliarden DM ab 1995 beschlossen; hinzu kamen der «Erblastentilgungsfonds» – ein Kreditabwicklungsfonds mit einem Volumen von 140 Milliarden DM für die Staatsschulden der DDR und die Kosten der Währungsumstellung –, das Defizit der Treuhand in Höhe von 230 Milliarden DM sowie ein erheblicher Teil der Schulden der ostdeutschen Wohnungswirtschaft in Höhe von 31 Milliarden DM. Zum 1. Januar 1995 wurde der Solidaritätszuschlag wieder eingeführt, zunächst in Höhe von 7,5, ab 1998 von 5,5 Prozent der Steuerschuld – von seiner Abschaffung war keine Rede mehr.

Die deutsche Einheit verschlang astronomische Summen, deren Ausmaß niemand vorhergesehen hatte. Die Gesamthöhe der Transfers ist dabei gar nicht genau bezifferbar, da sie nicht alle im Einzelnen als solche ausgewiesen, sondern auf verschiedene Posten verteilt und vielfach in allgemeine Positionen integriert waren. Die Nettotransferleistungen dürften sich bis 2006 auf eine Größenordnung von ca. 1400 Milliarden Euro – andere Schätzungen liegen etwas niedriger – belaufen und jedenfalls jährlich zwischen vier und fünf Prozent des westdeutschen Bruttoinlandsprodukts ausgemacht haben – und somit in der Tat «in weltweit einmaliger Größenordnung» liegen.[181]

Das Hauptproblem neben der unerwarteten Dimension war dabei, dass der «optimale Mix von Einsparungen, Abgabenerhöhungen und Kreditfinanzierung»[182] verfehlt wurde. Dass die zusätzlichen Kosten für die Einheit – trotz Einsparungen und Steuererhöhungen – überwiegend auf dem Kreditweg finanziert wurden, führte erstens dazu, dass sich die öffentlichen Schulden zwischen 1989 und 1996 mit einem Anstieg von 929 auf 2125 Milliarden DM mehr als verdoppelten. Diese Finanzierung ging vor allem zu Lasten des Bundes, dessen Schulden bis 2008 auf über 1500 Milliarden Euro anstiegen, und insgesamt auf Kosten späterer Haftungsträger, sprich: künftiger Generationen. Darüber hinaus wurde, zweitens, die soziale Absicherung des Transformationsprozesses – Arbeitslosenunterstützung und Renten, zumal die Frühverrentungen –, die zwischen 1991 und 1995 immerhin fast ein Viertel der Transferleistungen ausmachte, durch die Versicherten der Arbeitslosen- und der Rentenversicherung getragen. Dies setzte den Teufelskreis des beitragsfinanzierten Sozialstaats in Gang: erhöhte Sozialabgaben steigerten die Arbeitskosten, und diese wiederum führten zu steigender Arbeitslosigkeit, die abermals höhere Sozialausgaben bei geringeren Beitragseinnahmen erforderte. Die so konzipierte Sozialunion federte die gravierenden materiellen Folgen der ostdeutschen Transformation ab und verhinderte soziale Erschütterungen. Zugleich aber überlastete sie die angesichts des gesamtwirtschaftlichen und gesellschaftlichen Strukturwandels ohnehin reformbedürftigen Sicherungssysteme der Bundesrepublik vollends.[183] Schließlich wurde wiederholt moniert, dass die Transfers, weil sie für allgemeine Finanzzuweisungen, Subventionen, Arbeitsmarktpolitik und Sozialleistungen verwendet wurden, in einem zu geringen Maße für Investitionen eingesetzt wurden, um die Produktivitätslücke gegenüber dem Westen zu schließen.[184]

Mit der Einheit stieg die Staats- und die Sozialleistungsquote, die in den achtziger Jahren mit der Konsolidierung der Staatsfinanzen zurückgeführt worden war, wieder signifikant an. Das Erbe der Einheit lag nicht zuletzt in einer erheblich angewachsenen Staatstätigkeit in Deutschland. Zugleich hatte sich das Land mit der deutschen Einheit zu den Konditionen von 1990 – schnelle Angleichung im Osten, keine Wohlstandseinbußen im Westen – strukturell übernommen. Aber gab es eine Alternative?

Probleme und Perspektiven

Nach ökonomischen Theorien modellierte wirtschaftswissenschaftliche Stufenpläne für die deutsche Einheit waren angesichts der gesellschaftlich-politischen Realitäten keine praktikable Option.[185] Ebenso wie das Modell einer fortgesetzten Zweistaatlichkeit, die in einer europäischen Einigung aufgelöst werden würde, scheiterten sie allein schon an verfassungsrechtlichen Grundlagen – dem Recht der Ostdeutschen zum Beitritt, für den sie sich im März 1990 mit überwältigender Mehrheit aussprachen.

Unter marktwirtschaftlichen Prämissen, und das war die klare Vorgabe seitens der Bundesregierung, führte in der politischen Praxis kein

Weg am Beitritt der DDR vorbei, der angesichts ihres rapiden inneren Niedergangs noch viel schneller vonstattenging als ursprünglich erwartet. Dementsprechend abrupt trat dann auch der mit dieser Form der Vereinigung zwangsläufig verbundene direkte Übergang der DDR-Wirtschaft in eine marktwirtschaftliche Ordnung ein. Für dessen Gestaltung wiederum stellt auf der einen Seite die oftmals zum Vergleich herangezogene Transformation der anderen osteuropäischen Volkswirtschaften mit ihren Produktivitätssteigerungen aus eigener Kraft keine gangbare Alternative dar, weil das Lohnniveau in diesen Ländern so weit unterhalb des westdeutschen lag, dass es innerhalb Deutschlands gesellschaftlich-politisch niemals haltbar gewesen wäre. Auf der anderen Seite hätten Stützungsmaßnahmen für ostdeutsche Betriebe statt des harten Schnitts zum 1. Juli 1990 schwer zu spezifizierende Auswirkungen zeitigen mögen – in jedem Falle aber hätten sie immense Investitionen in unproduktive Strukturen bedeutet. Und wenn vormalige ostdeutsche Eliten dem schnellen Übergang die Möglichkeit von Schutzbestimmungen, Subventionen und einer Teilverstaatlichung ehemaliger Volkseigener Betriebe entgegenhielten[186], dann entsprang dies ebenjenen Denkstrukturen, mit denen die DDR vollständig abgewirtschaftet hatte.

Von allem, was geäußert worden ist, hat keine Aussage hinreichend plausibel machen können, wie der Prozess der deutschen Einheit und der marktwirtschaftlichen Transformation der DDR auf eine politisch realisierbare Weise mit signifikant geringerer Arbeitslosigkeit, ohne Absturz der Deindustrialisierung, unter Aufbau selbsttragender ökonomischer Strukturen und mit deutlich geringeren finanziellen Belastungen hätte gestaltet werden können. Alles in allem eröffneten sich in diesem gewaltigen Transformationsprozess mit seiner komplexen Ausgangslage weniger konstruktive Alternativen als vielmehr unhintergehbare Dilemmata: zwischen ökonomischer Vernunft und sozialer Zumutbarkeit, zwischen juristischer Norm und historischer Realität, zwischen Recht und Moral, zwischen Aufarbeitung der Vergangenheit und Befriedung der Gegenwart. Immer wieder blieb, wie Lothar de Maizière resümierte, «nur die Wahl zwischen zwei schlechten Lösungen»[187].

Nicht in der faktischen Unumgänglichkeit der grundsätzlichen Entscheidungen lag das zentrale Problem, sondern eher in den grundlegenden Haltungen und Erwartungen, nicht zuletzt über den 3. Oktober

1990 hinaus: in überhöhten Erwartungen schnellen Wohlstands einerseits, leichter Lasten ohne Wohlstandseinbußen andererseits. Ob diese Haltung freilich auf Seiten der Bevölkerung in der alten Bundesrepublik wirklich so ausgeprägt war, wie Kohl antizipierte und seiner Politik mit Blick auf die Bundestagswahl zugrunde legte, oder ob seitens der politischen Führung durchaus mehr verzichtbereite Bürgerverantwortung aktivierbar gewesen wäre, lässt sich schwer sagen – jedenfalls versäumte die Bundesregierung den Zeitpunkt, die deutsche Einheit als mit Verzicht und Einschnitten verbundene nationale Gemeinschaftsverpflichtung zu implementieren. Stattdessen wurde sie nach den Mechanismen der bundesdeutschen Konsensdemokratie und ihres Sozialstaates gestaltet: «Keiner wird wegen der Vereinigung Deutschlands auf etwas verzichten müssen.»[188]

Dies bedeutete für die konkrete Ausgestaltung nach dem Tag der deutschen Einheit, sie in hohem Maße auf Kredit und somit auf Kosten späterer Generationen zu finanzieren, umfassende Probleme in Einzelentscheidungen kleinzuarbeiten und das «Ost-West-Problem von vornherein als Unterproblem der Herstellung von Verteilungsgerechtigkeit im föderativen Sozialstaat»[189] statt als ein nationales Aufbauwerk zu betreiben, das neue Antworten erforderte, auch für die alte Bundesrepublik. Die politisch Verantwortlichen und das gesamte Land waren im Zuge der schnellen staatlichen Einheit auf die Dimension der Aufgabe und der Probleme insgesamt nicht eingestellt.

Dabei entsprang es teils dieser Disposition, teils einer unvermeidlichen Unkenntnis über die Sachverhalte und Unvertrautheit mit den Herausforderungen – es gab keine Vorbilder oder Orientierungsmarken für diesen Sprung ins Dunkle –, dass die deutsche Einheit mit fundamentalen Fehleinschätzungen auf allen Seiten in Angriff genommen wurde: das Produktionsniveau und die ökonomischen Potentiale der DDR wurden erheblich überschätzt und der Sanierungsbedarf massiv unterschätzt, dementsprechend waren die erwarteten Privatisierungserlöse der Treuhandanstalt viel zu hoch angesetzt. Hinzu kamen der vollständige, freilich vorhersehbare Zusammenbruch des Osthandels, der die DDR-Wirtschaft ihrer Exportmärkte beraubte, während sie auf den neuen Märkten im Aus- und Inland nicht konkurrenzfähig war, des Weiteren die über Erwarten dramatische Deindustrialisierung im Zuge des unumgänglichen Umstellungsschocks sowie der unter den Erwartungen bleibende Zufluss von privatem Investitionskapital aus dem Westen. Allgemein überschätzten die Bonner Verantwortlichen dabei die Leistungsfähigkeit und die Belastbarkeit des «Modells Deutschland», dessen Hochkonjunktur ihnen ein schier uneingeschränktes Kraftgefühl verlieh.

Dies ebenso wie die Hoffnung auf ein selbstläufiges zweites deutsches Wirtschaftswunder gründete nicht zuletzt auf der politisch-kulturellen Leitvorstellung der bundesdeutschen ‹Erfolgsgeschichte› mit ihrem Gründungsmythos des ‹Wirtschaftswunders› der fünfziger Jahre;[190] sie verkannte freilich das Ausmaß der zu bewältigenden Probleme von 1948 in der einen und von 1990 in der anderen Richtung. Dabei war die Hoffnung auf eine Finanzierung der deutschen Einheit «weitgehend aus unseren Sozialproduktzuwächsen» eine Illusion, die das vielkritisierte Finanzgebaren der sozial-liberalen Reformpolitik zu Beginn der siebziger Jahre noch übertraf. Die Erfolgsgeschichte selbst, als kritiklos gewordene Selbstzufriedenheit, wurde für die Bundesrepublik zum Problem.

Das zweite Wirtschaftswunder blieb aus; in Ostdeutschland gelang der flächendeckende Aufbau selbsttragender wirtschaftlicher Strukturen nicht. Stattdessen manifestierte sich eine extrem hohe Massenarbeitslosigkeit als dauerhaftes und gravierendstes ökonomisches, soziales und kulturelles Problem. Dabei befanden sich die Bundesregierung und die Verantwortlichen stets in der Zwangslage zwischen ökonomischen Rationalitäten und politischen Erfordernissen. Um der ostdeutschen Wirtschaft einen Standortvorteil zu verschaffen, hätten die Löhne, orientiert am tatsächlich niedrigeren Produktivitätsniveau, dauerhaft deutlich niedriger und weiter unter den westdeutschen bleiben müssen. Die Konsequenz einer ökonomisch sinnvollen Lohnentwicklung aber wäre, neben potentieller politischer und sozialer Instabilität in den neuen Ländern, eine noch weiter verstärkte Migration nach Westen gewesen. Diese Zwangslage deutet abermals auf die unhintergehbaren Ambivalenzen der bundesdeutschen Konsensdemokratie hin: sozialer Ausgleich auf der einen Seite, Schwerbeweglichkeit gegenüber Veränderungsnotwendigkeiten auf der anderen, und dies im korrespondierenden Konsens zwischen Regierenden und Regierten, spürbare Belastungen möglichst zu vermeiden. Was aber in der Spätblüte des bundesdeutschen Nachkriegswohlfahrtsstaates in den achtziger Jahren funktioniert hatte, konnte angesichts der Mammutaufgabe der deutschen Einheit auf Dauer nicht mehr gutgehen.

Mit der deutschen Einheit wurde die rundherum bankrottierte DDR von Grund auf umgestaltet. Gegenüber einer Aufgabe von dieser Dimension sind alle eindeutigen Bilanzen einer ‹missratenen Einheit› einerseits oder einer fortgesetzten ‹Erfolgsgeschichte› andererseits einseitige Überzeichnungen. Die deutsche Einheit brachte gewaltige Aufbauleistungen in den neuen Ländern mit sich – die explosive Steigerung des Lebensstandards für die gesamte Gesellschaft, in der selbst die Verlierer materiell aufgefangen wurden, die Neugestaltung von Infrastruktur, Umweltbedingungen, Städten und so vieles mehr –, um den Preis allerdings einer erheblich ausgeweiteten Staatstätigkeit und der strukturellen Überlastung von öffentlichen Haushalten und sozialen Sicherungssystemen. Die Krise des bundesdeutschen Sozialstaats war bereits vor der Wiedervereinigung angelegt, sie wurde aber durch die deutsche Einheit massiv verschärft. Der Präsident der Deutschen Bundesbank schätzte im September 2005, dass etwa zwei Drittel der deutschen Wirtschaftsschwäche einigungsbedingt waren.[191]

Die Deutschen – Regierende und Regierte – haben die Dimension der Herausforderung deutsche Einheit lange Zeit nicht wahrhaben wollen. Dabei geht es um mehr als das: es ist, in historischer Perspektive, Deutschlands «zweite Chance».[192]

Epilog:
Zehn Punkte zur deutschen Einheit

1. Wieder-Vereinigung: Begriffe

Am 3. Oktober 1990 verschwand die DDR als Staat aus der Geschichte, während das Staatsziel der Bundesrepublik in Erfüllung ging, «in freier Selbstbestimmung die Einheit und Freiheit Deutschlands zu vollenden.» Diese Einheit umfasste das Gebiet der Bundesrepublik, der DDR und Berlins, nicht die 1945 polnisch bzw. sowjetisch okkupierten Ostgebiete – ein knappes Viertel des 1945 geteilten deutschen Territoriums. Daher ist es zutreffender, von der deutschen Wiedervereinigung zu sprechen als von der Wiedervereinigung Deutschlands. Zugleich ist von Wiedervereinigung zu sprechen insofern zutreffend, als dies den konstitutiven Rückbezug der deutschen Einheit von 1990 zum Ausdruck bringt. Denn ihre staatsrechtliche, internationale und überhaupt politische Legitimation besaß sie nicht als Schaffung von etwas Neuem, sondern als Wiederherstellung eines früheren Zustandes territorialer Zusammengehörigkeit.

Die deutsche Wiedervereinigung vollzog sich als Beitritt der DDR zur Bundesrepublik, mit dem die Ostdeutschen in freier Ausübung des Selbstbestimmungsrechts durch Mehrheitsentscheidung von jenem Recht Gebrauch machten, das ihnen das Grundgesetz eingeräumt hatte. Diesen grundlegenden Umstand ebenso wie den staats- und völkerrechtlich legitimen Charakter des Vorgangs blendet der diskreditierende Begriff «Anschluss» aus, der unauflöslich mit dem Jahr 1938 und dem nationalsozialistischen Willkür- und Gewaltregime verbunden ist.

2. Menschen und Mächte: Ursachen

Die deutsche Wiedervereinigung war Folge und zugleich Teil des welthistorischen Umbruchs von 1989/91, als das sowjetische Imperium in Ostmittel- und Südosteuropa zusammenbrach. Er schuf, als erste Ursache, die Voraussetzungen für die zweite Ursache der deutschen Wiedervereinigung: den Kollaps des SED-Regimes unter dem Anstoß der Bürgerbewegung in der DDR. Für die Wiedervereinigung entscheidend war drittens, dass die Regierung der westlichen Vormacht entschlossen war, den säkularen Ost-West-Konflikt siegreich zu beenden und eine deutsche Wiedervereinigung zu westlichen Bedingungen auch gegen erhebliche internationale Widerstände zu unterstützen. Wie die «Krimkriegssituation»[1] vor der Reichsgründung von 1871, so eröffnete auch 1989/90 eine fundamentale Verschiebung der weltpolitischen Konstellation die notwendigen inneren und äußeren Handlungsspielräume für die deutsche Einheit. Sie war freilich kein Selbstläufer, sondern bedurfte zweier weiterer Ursachen: der Ausübung des Selbstbestimmungsrechts der Ostdeutschen zugunsten der Einheit, viertens, und fünftens der entschlossenen Wiedervereinigungspolitik der Bundesregierung.

Welche Rolle spielten dabei, zwischen der Wucht der Ereignisse und dem Willen zur politischen Gestaltung, die führenden Politiker? Gorbatschow brachte alles ins Rollen. Mit großen Entscheidungsspielräumen und keineswegs ohne Alternative setzte er mit seiner Reformpolitik eine Bewegung von welthistorischer Bedeutung in Gang, die freilich bald eine völlig unbeabsichtigte Richtung einschlug, das Gegenteil des Gewollten ansteuerte und sich nicht mehr kontrollieren ließ. Gemessen an seinen eigenen Intentionen ebenso wie an sowjetischen Großmachtinteressen, scheiterte Gorbatschow auf der ganzen Linie. In diesem Scheitern aber traf er eine zweite Entscheidung von welthistorischer Bedeutung: indem er außerhalb der Sowjetunion auf den Einsatz des letzten Mittels, auf die Anwendung von Gewalt, verzichtete, gewann er entscheidenden Anteil an jenem eigentlichen Mirakel von 1989/90 – dem weitgehend friedlichen Zusammenbruch des sowjetischen Imperiums. In der Person Gorbatschows schien sich die Geschichte, wie Jakob Burckhardt formulierte, in der Tat zu «verdichten», freilich ohne jene schöpferische Dimension, in der Burckhardt das Kriterium für historische «Größe» sah[2].

Wie die von Gorbatschow angestoßene Entwicklung verlief, hatte auch mit der Reaktion des Westens zu tun. George Bush fand auf schmalem Grat die – in der Geschichte der amerikanischen Außenpolitik keineswegs selbstverständliche – Balance zwischen Ideologie und Realpolitik, um den Kalten Krieg zu gewinnen, ohne den Verlierer gefährlich zu düpieren. Auf diese Weise gelang es der amerikanischen Regierung am ehesten, diesen weltpolitischen Umbruch zu gestalten – am Ende standen jedenfalls die deutsche Wiedervereinigung und das Ende des Ost-West-Konflikts zu westlichen Maximalkonditionen.

Als «Kanzler der Einheit» wurde Helmut Kohl immer wieder mit Otto von Bismarck verglichen. Was ihn, bei allen Unterschieden im Einzelnen, mit dem «eisernen Kanzler» verband, waren sein Gespür für den historischen Augenblick und zugleich sein Sinn für die Verbindung der operativen Politik mit den gesellschaftlich-politischen Kräften, die erst die Einheit ermöglichten. Instinktiv erfasste Kohl die Richtung der Entwicklung, und so ging er, außerhalb der politischen Routine und der eingespielten Strukturen, die entscheidende Liaison mit der Massenbewegung in der DDR ein, die nach dem Fall der Mauer auf «Deutschland einig Vaterland» drängte. Als Kohl nach anfänglichem Zögern den Sprung ins Dunkle gewagt hatte, gab er dem Wiedervereinigungsprozess fortan die entschlossene politische Führung im Innern und nach außen, durch die binnen kürzester Zeit die staatliche Einheit hergestellt werden konnte.

3. *Die Revolution und ihre Kinder: Phasen und Akteure*

Die «deutsche Revolution» von 1989/90 verlief in zwei Phasen: auf den Sturz des SED-Regimes folgte die Wiedervereinigung. Entscheidende Kraft der ersten Phase war die Bürgerbewegung in der DDR, jene kurzlebige Allianz aus schon länger wirkender Oppositionsbewegung und kurzfristig entstandener Massenbewegung. Ihr Anspruch der Volkssouveränität, den sie der SED-Diktatur entgegenhielt, stand in der Tradition der bürgerlichen Moderne – ebenso wie das Ziel der nationalen Einheit, an dem die Einheit der Bürgerbewegung allerdings nach dem 9. November 1989 zerbrach. Die Mehrheit der Oppositionsbewegung suchte den ‹dritten Weg› einer reformierten DDR, während die Massenbewegung die deutsche Einheit anstrebte und sich dazu mit Helmut Kohl und der Bundesregierung verbündete.

Als Beweggründe für diese nationale Wende innerhalb der deutschen Revolution werden oft (ideelle) Freiheit und (materieller) Wohlstand gegeneinander gestellt, obgleich beide keinen Widerspruch darstellen, sich vielmehr in der Geschichte der bürgerlichen Moderne miteinander und obendrein mit dem Nationalstaat verbinden. Dabei war die Idee der Nation in Ostdeutschland offenkundig präsenter geblieben als in der Bundesrepublik, wo Postmoderne und historischer Schulddiskurs, Internationalisierung und Europäisierung diese Kategorie immer weiter aufgelöst hatten. In der Verbindung von Freiheit und Wohlstand verschoben sich unterdessen zwischen beiden Phasen der deutschen Revolution die Akzente: stand im Herbst 1989 der Gewinn der Freiheit im Mittelpunkt, so rückte mit der nationalen Wende das Interesse an zügigem Wohlstand in den Vordergrund.

Anstatt sich wie zweihundert Jahre zuvor die Französische Revolution zu radikalisieren, ging die deutsche Revolution in die geregelten Bahnen des staatlichen Beitritts zur Bundesrepublik über. Wenn vor diesem Hintergrund die Rede davon ist, die Herbstrevolution sei abgebrochen worden und unvollendet geblieben, so übersieht diese Behauptung, dass der Mehrheitswille der Ostdeutschen die Wiedervereinigung zu einem untrennbaren Bestandteil des Gesamtvorgangs machte und dass gerade die Vereinigung mit der Bundesrepublik zu denjenigen grundlegenden Veränderungen der Strukturen in Ostdeutschland führte, die den Begriff der «Revolution» rechtfertigen.

In der Scharnierzeit zwischen den beiden Phasen, um die Jahreswende 1989/90, änderten sich die treibenden Kräfte und tragenden Gruppen des Prozesses. Die Oppositionsbewegung geriet ins Abseits, während die Massenbewegung bzw. die Mehrheit der ostdeutschen Bevölkerung die Verantwortung mit den Volkskammerwahlen am 18. März 1990 auf die Bonner Regierung übertrug und sich überwiegend wieder in eine passive Rolle zurückzog. Umgekehrt übernahm die Bundesregierung, die zunächst eine reagierende Rolle gespielt hatte, die Initiative im Vereinigungsprozess. Zu einem wesentlichen Träger der Wiedervereinigung wurde dabei die westdeutsche Ministerialbürokratie, die in einem immensen Kraftakt und mit ungewöhnlichen

exekutiven Handlungsspielräumen die deutsche Einheit administrativ
gestaltete.

4. *Die Dominanz des Westens*

Mit dem Zusammenbruch des Ostens hatte der Westen den Ost-West-
Konflikt, das säkulare Ringen zwischen zwei unversöhnlichen Ideologien, gewonnen und sich umfassend behauptet. Auf internationaler
Ebene wurde die Wiedervereinigung mit der NATO-Mitgliedschaft des
vereinten Deutschlands zu Bedingungen realisiert, die selbst die kühnsten
westlichen Vorstellungen übertrafen. Zudem verblieben die USA, einstweilen jedenfalls, als einzige Weltmacht ohne wirkliches Gegengewicht.

In Deutschland hieß der große Verlierer DDR. Mit dem SED-Regime
brach auch der gesamte zweite deutsche Staat zusammen. Staat und Politik der DDR konnten nicht mehr, und die Mehrheit der Bevölkerung
wollte die DDR nicht mehr. Das Wiedervereinigungskonzept der Bundesregierung sah die möglichst vollständige Integration Ostdeutschlands in
das Ordnungsgefüge der Bundesrepublik vor: staats- und verfassungsrechtlich, im Hinblick auf das politische System, die Wirtschafts- und So-
zialordnung, rechts- und verwaltungstechnisch sowie gesellschaftspolitisch; die DDR-Regierung konnte ihre eigenen Vorstellungen im Einigungsprozess dabei am ehesten in sozialpolitischer Hinsicht durchsetzen.

Die Übertragung der westdeutschen Ordnung auf das Gebiet der
bankrottierten DDR war im Falle einer Wiedervereinigung sachlich und
logisch unumgänglich und entsprach zugleich dem Mehrheitswillen und
somit dem Selbstbestimmungsrecht der Ostdeutschen. Da es in den neuen
Ländern an entsprechender Expertise mangelte und Ostdeutschland zudem durch die Abwanderungswelle zum wiederholten Male erhebliche
Teile seiner Eliten verloren hatte, führte auch kein Weg daran vorbei,
dass diese Integration der neuen Länder weitgehend unter der Leitung
westdeutscher Experten stattfand. Die westliche Dominanz im Wiedervereinigungsprozess, im vereinten Deutschland und auch in den neuen
Ländern war somit unvermeidlich und bedeutete keine ‹Kolonialisie-
rung›. Das Problem bestand darin, dass neben unbestrittenen Kompe-
tenzträgern auch viele weniger Qualifizierte aus dem Westen in führende
Positionen einrückten und es von westdeutscher Seite, insbesondere nach

dem 3. Oktober 1990, allzu oft an Sensibilität und Respekt für die Belange, die Würde und überhaupt die Perspektiven der Ostdeutschen mangelte.

5. *Ost und West: Diskrepanz der Perspektiven*

Im Prozess der institutionellen Umgestaltung der DDR nach westlichen Standards trafen – beginnend mit der Kommunikation – unterschiedliche Kulturen aufeinander, deren Verschiedenheit größer war und länger wirkte als ursprünglich erwartet. Neben dem Hauptproblem der Arbeitslosigkeit und den materiellen Folgen der Einheit waren es insbesondere kulturelle und psychosoziale Probleme, die das vereinte Deutschland belasteten. Eine grundlegende Diskrepanz der Perspektiven, der Wahrnehmungen, Haltungen und Erwartungen zwischen Ost und West war dabei bereits tief im Einigungsprozess angelegt.

Die Bundesregierung gestaltete die Wiedervereinigung ganz aus den Denkmustern der ‹alten Bundesrepublik› im Zeichen der ‹Erfolgsgeschichte› des ‹Modells Deutschland› und des Ost-West-Konflikts. Darin firmierte die DDR allein als Unterdrückungsregime und als System der Misswirtschaft, das vollständig zu verschwinden habe, weil es «den marxistisch-leninistischen Baum zu fällen»[3] gelte. Die DDR war in dieser Vorstellung eine historische Episode, von der, wie es häufig hieß, höchstens der grüne Pfeil zum Rechtsabbiegen bleiben werde.

Dieser eindimensionalen westlichen Sicht stand auf östlicher Seite eine Melange unterschiedlicher Befindlichkeiten gegenüber. Jedenfalls war die DDR, bei allen fundamentalen Problemen, für die Ostdeutschen auch Lebens- und Erfahrungsraum alltäglicher Normalität und unaufhebbar prägender Teil ihrer Biographien gewesen. Im melancholischen Wissen um die unhintergehbare Komplexität der ostdeutschen Erfahrungen kämpfte Lothar de Maizière um Würde und Selbstbehauptung, wobei er freilich überschätzte, was die Ostdeutschen konkret in die Einheit einzubringen vermochten. Zugleich wurden im Umfeld der Volkskammerwahlen zwei kollektive ostdeutsche Haltungen sichtbar: ein Gefühl der Benachteiligung, das bis zu veritablen Minderwertigkeitskomplexen reichte, sowie große Erwartungen und hohe Ansprüche an den Staat und an die Bundesrepublik.

Diese korrespondierten mit westlichen Versprechen schnellen Wohlstands in sozialer Sicherheit. Mit der Einführung des ‹Modells Deutschland› in der DDR werde sich dort, so die Erwartung der Bundesregierung, das ‹Wirtschaftswunder› der fünfziger Jahre wiederholen, würden in kurzer Zeit «blühende Landschaften» entstehen, allgemeine Zufriedenheit herrschen und die ‹Erfolgsgeschichte der Bundesrepublik› ihre gesteigerte Fortsetzung finden. Das von der boomenden Konjunktur der späten achtziger Jahre getragene Vollgefühl der Bundesrepublik als Endzustand der Geschichte täuschte unterdessen über die Reformbedürftigkeit der bundesdeutschen Ordnung hinweg, die den Strukturwandel des europäischen Wohlfahrtsstaates seit dem Ende des Nachkriegsbooms in den frühen siebziger Jahren – im Unterschied zu anderen Ländern – nur sehr bedingt verarbeitet hatte. Stattdessen wirkte der Exitus des notorischen Antipoden DDR als fulminante Bestätigung. Die ‹Erfolgsgeschichte› der Bundesrepublik wurde nun selbst zum Problem, weil Selbstzufriedenheit den Blick für die Dimensionen der neuen Herausforderung trübte.

6. Die unterschätzte Dimension und der versäumte Solidarappell

Die Wiedervereinigung verlangte den Ostdeutschen einen doppelten Sprung ab: den Sprung in die Marktwirtschaft und in die pluralisierte Postmoderne, den die Bundesrepublik schrittweise und über Jahrzehnte hatte tun können, und zusätzlich den Sprung in die heraufziehende Globalisierung, den auch der Westen zu leisten hatte. Diese Transformation ging weit über die Umstellung des politischen und ökonomischen Systems hinaus und war mit vielfältigen Entgrenzungen, fundamentalen Unsicherheiten und umfassenden Anpassungsleistungen der jahrzehntelang an ein ganz anderes System gewöhnten Menschen verbunden.

Die Aufgaben, die sich mit der deutschen Einheit stellten, wurden massiv unterschätzt. Die DDR war ökonomisch und infrastrukturell weit maroder und ihr Produktivvermögen weit weniger wert als angesichts geschönter Statistiken erwartet. Von einer gesellschaftspolitisch unumgänglichen Währungsumstellung endgültig stranguliert, war die DDR-Wirtschaft weder auf ihren heimischen noch auf den neuen Märkten konkurrenzfähig, während die alten Märkte in Osteuropa wegbrachen.

Die Bedingungen waren anders und schwieriger als diejenigen des ‹Wirtschaftswunders› der Nachkriegszeit, das dabei als genuin deutsche Leistung ebenso überschätzt wurde wie die vermeintlich unbegrenzte Leistungsfähigkeit und Belastbarkeit des ‹Modells Deutschland›.

Vor diesem Hintergrund blühten die Illusionen. In Bonn ging man 1990 – zunächst ohne, bald aber auch wider besseres Wissen – davon aus, die Kosten für die deutsche Einheit aus künftigen Zuwächsen finanzieren zu können; wie der sozial-liberalen Reformpolitik in den frühen siebziger Jahren war am Ende der achtziger in der Hochkonjunktur auch der Regierung Kohl die Einsicht in die Grenzen des Wachstums verloren gegangen. Dies blieb nicht ohne Konsequenzen. Als die harte Wirklichkeit die Deutschen einholte, wurde die Einheit im Westen zunehmend als finanzielle Belastung gesehen, während im Osten zu hohe Erwartungen von zu tiefen Enttäuschungen abgelöst wurden.

Da aber war der Zeitpunkt verpasst, die Einheit in Deutschland als ein nationales Solidarwerk zu verankern, das eben doch mit Verzicht verbunden sein musste. Kohl ging davon aus, dass die Bevölkerung zu einheitsbedingten Belastungen nicht bereit sein werde. Er versprach den Westdeutschen, niemand werde «wegen der Vereinigung Deutschlands auf etwas verzichten müssen.»[4] Angesichts der bevorstehenden Wahlen vermied er es, die Wiedervereinigung mit einem Appell zur nationalen Gemeinschaftsleistung zu verbinden und für die deutsche Einheit Steuern zu erhöhen. Auch ihm war das Vertrauen in die Nation als «Schicksalsgemeinschaft» abhanden gekommen. Ob der Appell an die einheitsbedingte Verzichtbereitschaft ohne Wahlniederlage möglich gewesen wäre, ist nachträglich natürlich nicht sicher zu sagen – jedenfalls unterblieb diese politische Führungsleistung. Mit ihrem eingespielten Konsens zwischen Regierenden und Wählern über Machterhalt und Besitzstandswahrung, der sich in der Vermeidung von Zumutungen niederschlug, erwies sich die Bundesrepublik als nicht ausreichend gerüstet für die gewaltige Aufgabe, vor der sie stand.

7. Solidarleistung und Überlast

Dennoch musste die Solidarleistung erbracht werden. Ab 1991 wurden die Steuern doch erhöht, vor allem aber wurde die Einheit über Kredite und die sozialen Sicherungssysteme und somit in erheblichem Maße verdeckt finanziert. Die Konsolidierung der Staatsfinanzen, die von der Regierung Kohl in den achtziger Jahren begonnen worden war, die zukunftsfähige Reform der sozialen Sicherungssysteme, die erst ansatzweise angegangen wurde, und die Anpassung an den in den neunziger Jahren forciert voranschreitenden technologischen und ökonomischen Wandel im Zeichen der Globalisierung gerieten darüber ins Hintertreffen.

Die hohen Transferleistungen in die neuen Länder federten den Umbruch für die Ostdeutschen sozial ab und verhinderten eine gewaltsame Entladung der Spannungen. Weder die Schocktherapie der Einführung marktwirtschaftlicher Bedingungen unter Einsatz massiver staatlicher Förderinstrumente noch die aktive staatliche Arbeitsmarktpolitik vermochten aber einen nachhaltigen Aufholprozess zu entfachen und eine selbsttragende Wirtschaft in den neuen Ländern zu etablieren. Die im Vergleich zum Westen durchschnittlich doppelt so hohe Massenarbeitslosigkeit samt ihrer sozialkulturellen Folgen blieb der wundeste Punkt der deutschen Einheit.

Sie beschwerte auch die Überlastung der sozialen Sicherungssysteme und der öffentlichen Finanzen. Diese wiederum beförderte in einem Teufelskreis die Wachstumsschwäche der deutschen Wirtschaft, deren Ursachen zum Teil vor der Einheit angelegt, zu einem größeren Teil aber durch die Einheit bedingt waren. Waren noch 1967 zwei Drittel des Bundeshaushalts frei verfügbar gewesen, so waren vierzig Jahre später zwei Drittel der Mittel durch Sozialausgaben und Schuldendienst gebunden,[5] der verfügbare Anteil mithin relativ gesehen um 50 Prozent zurückgegangen. Die Handlungsfähigkeit des immer umfassender tätigen Staates nahm ab. Deutschland hatte sich mit der deutschen Einheit übernommen – und dennoch: zu einem guten Teil und grundsätzlich gab es keine wirkliche Alternative. Und so wie 1990 die Aufgaben unterschätzt worden waren, so war es im vereinten Deutschland auch mit dem Geleisteten.

8. Blühende Landschaften

Die deutsche Wiedervereinigung von 1990 war ein gewaltiges Unterfangen: die Herstellung der Einheit auf außenpolitischer und innerdeutscher Ebene, die unabsehbar umfangreichen Regelungen durch die Staatsverträge, der Anpassungszwang für die Ostdeutschen auf allen Ebenen, die fundamentale Transformation eines rundum heruntergewirtschafteten politischen und ökonomischen Systems, ohne dafür Erfahrungswerte und Vorbilder zu haben – all dies erforderte immense politische und administrative Leistungen.

Im vereinten Deutschland wurde eine gigantische Aufbauleistung erbracht: Verkehrswege, Kommunikation und die Infrastruktur der neuen Länder wurden in großem Umfang auf den neuesten Stand gebracht, Verwaltungen, Bildungseinrichtungen und überhaupt die Institutionen modernisiert. Auf ökonomischer Ebene wurden, wenn auch zu hohen gesamtwirtschaftlichen Kosten, ein ostdeutscher Kapitalstock aufgebaut und Fortschritte auf dem Weg eines gesamtwirtschaftlichen Strukturwandels gemacht. Blühende Landschaften wuchsen vor allem in den Städten: in Rostock und Görlitz, Dresden und Erfurt und an vielen anderen Orten entstanden städtebauliche Kostbarkeiten, die weltweit ihresgleichen suchen. Zugleich wurden die desaströsen Umweltbedingungen dramatisch verbessert, was der allgemeinen Lebensqualität ebenso zugutekam wie die alltägliche Versorgung und der allgemeine Wohlstandsschub zumal für die von der Einkommensexplosion betroffenen Erwerbstätigen und Rentner. Selbst für die Verlierer der Einheit trifft Kohls Prognose in materieller Hinsicht durchaus zu, es werde in Ostdeutschland «niemandem schlechter gehen als zuvor – dafür vielen besser.»[6]

Nicht zuletzt gewannen die Ostdeutschen die Freiheit, die eigenen Lebensziele und den Weg zum persönlichen Glück selbst zu bestimmen. Hier allerdings rieben sich Bürgerfreiheit und Staatsorientierung.

9. *Staatsfürsorge versus Bürgerverantwortung*

Die deutsche Einheit führte zu einer erheblichen Ausweitung der Staatstätigkeit. Nur der Staat war überhaupt in der Lage, den Großteil der immensen Aufgaben der Transformation zu schultern. Zugleich aber vereinten sich mit der Einheit zwei unterschiedliche Ströme von Staatsorientierung. Auf bundesdeutscher Seite befand sich der Sozialstaat auf dem Vormarsch, der sich von der Sicherungsinstanz gegen existentielle Risiken zum «Generalagenten der Lebenszufriedenheit»[7] der Bürger mit nahezu allumfassender Zuständigkeit auf einem dauerhaft nicht finanzierbaren Leistungsniveau entwickelt hatte. Er traf sich mit der Tradition des rundumversorgenden Fürsorgestaates in der DDR, die das Ableben des SED-Staates überdauerte, zumal Ostdeutschland bis 1961 ebenso wie 1989/90 in hohem Maße Träger bürgerlicher Selbstverantwortung durch Abwanderung verloren hatte. Die Ostdeutschen legten die dem diktatorischen Staat entrissene Macht in die Hände des Sozialstaats, was sich auch in den hohen Erwartungen an die Bundesrepublik niederschlug.

Demgegenüber hatte Lothar de Maizière in seiner ersten Regierungserklärung vom 19. April 1990 Hölderlins Hyperion zitiert: «Du räumst dem Staate denn doch zuviel Gewalt ein. [...] Beim Himmel! der weiß nicht, was er sündigt, der den Staat zur Sittenschule machen will. Immerhin hat das den Staat zur Hölle gemacht, daß ihn der Mensch zu seinem Himmel machen wollte.»[8] Doch auch de Maizière hatte die staatlich zu gewährleistende Gleichheit letztlich höher gehandelt als die Freiheit, die in Ostdeutschland alsbald in hohem Maße als Gefährdung wahrgenommen wurde. Monika Maron sah darin freilich kein Phänomen einer besonderen DDR-Identität: «Wenn sich etwas so Benennbares überhaupt artikuliert, dann als Angst: Angst vor der Marktwirtschaft [...], Angst vor der Zukunft und dem Phantom der Freiheit.»[9]

Während nach dem Ende des Ost-West-Konflikts die ökonomische Liberalisierung im Zeichen eines entfesselten und unregulierten globalisierten Kapitalismus voranschritt, drang auf gesellschaftlich-politischer Ebene, trotz mancher Tendenzen zu Deregulierung und Eigenvorsorge, die staatliche Lenkung auf Kosten bürgerlicher Selbstverantwortung immer weiter vor. Von der «Hydra» des Sozialstaats und des regulierenden Vorschriftenstaates, der immer weitere Köpfe wuchsen, sprach der ehemalige Bundesverfassungsrichter Paul Kirchhof und forderte: «Gebt den Bürgern ihren Staat zurück!»[10] Er hätte auch sagen können: «Wir sind das Volk!»

10. Die deutsche Einheit in der Geschichte

«Wir sind das Volk» und «Wir sind ein Volk» – die Ziele der Bürgerbewegung in der DDR 1989 standen in der Tradition der bürgerlich-liberalen Bewegung im 19. Jahrhundert: Volkssouveränität, Freiheit und nationale Einheit. Nachdem der erste revolutionäre Anlauf 1848/49 gescheitert war, wurden die Deutschen 1871 zwar *ein*, aber nicht *das* Volk. Ohne Volkssouveränität war das kleindeutsch geeinte Kaiserreich eine konstitutionelle Monarchie mit Vorrang des Monarchen, kein parlamentarisches und erst recht kein demokratisches politisches System, wenngleich die Volksvertretung über Mitwirkungsrechte verfügte und mit der Zeit an Bedeutung gewann. Um die Jahrhundertwende befanden sich die deutschen Dinge in der Schwebe: einerseits ging der allgemeine Entwicklungstrend in Westeuropa hin zur parlamentarischen Demokratie, andererseits dämmten die herrschenden preußisch-deutschen Eliten ihn ein, einerseits entfaltete das Kaiserreich eine überschießende ökonomisch-technologische Dynamik und Modernität, andererseits verbreiteten sich Kulturpessimismus und Krisenstimmung, zeigten Nationalismus und Militarismus, Stärke und Nervosität, Angst und Anmaßung im politischen Auftreten die Krise der bürgerlichen Moderne an.

Der Ausbruch des Ersten Weltkrieges schien die Klärung drückender Uneindeutigkeit zu versprechen – und führte Deutschland in das Zeitalter der Katastrophen. Der 1. August 1914 markierte den wichtigsten Wendepunkt der europäischen und insbesondere der deutschen Geschichte im 19. und 20. Jahrhundert, als mit einem Schlag die fulminanten Entwicklungschancen dieses widersprüchlichen Landes zerbrachen. Mit der parlamentarischen Demokratie der Weimarer Republik erfüllte sich zwar eine der großen Hoffnungen des 19. Jahrhunderts – die Deutschen waren jetzt *das* Volk, aber was für eines: traumatisiert durch den verheerenden Krieg und die Niederlage, gedemütigt durch die neuerliche Besetzung und Reparationslasten, weithin ruiniert durch Inflation und Weltwirtschaftskrise, wandten sich die Deutschen ab von Freiheit und Demokratie. In der verschärften Krise der Moderne wurde die Idee der Diktatur, wie Paul Valéry 1938 feststellte, «so ansteckend […] wie im vorigen Jahrhundert die Idee der Freiheit»[11].

Nicht nur die Freiheit, auch das elementare Recht ging in der nationalsozialistischen Diktatur unter der vernichtungsbereiten Herrschaft der Gewalt und des Rassismus unter. Sie richtete sich gegen Juden und andere Stigmatisierte nach innen, trieb weite Teil der kulturellen und wissenschaftlichen Eliten in einem nicht wiedergutzumachenden Aderlass aus dem Land und trug die «deutsche Katastrophe» (Friedrich Meinecke) schließlich im Vernichtungskrieg nach außen. Der Völkermord stürzte

Europa und Deutschland in den Abgrund des Menschheitsverbrechens schlechthin, von dem das Land nie wieder loskommen sollte. Binnen dreißig Jahren hatte Deutschland all seine Chancen vertan.

Nach dem Krieg wurde die Welt und wurde Deutschland geteilt, den einen zum Wohl, den anderen zum Wehe. Die Bundesrepublik hatte Glück: ungeachtet der deutschen Schuld und Verantwortung kam sie einigermaßen ungeschoren davon und konnte sich im Schatten der Teilung auf der westlichen Seite zur stabilen, wohlhabenden Demokratie entwickeln. Demgegenüber wurde die DDR unter sowjetischer Herrschaft durch Demontagen, Reparationen und Kontributionen verschiedenster Art ökonomisch ausgesaugt und auf die sozialistische Diktatur festgelegt. Zudem waren beide Staaten an der Nahtstelle des Ost-West-Konflikts der täglichen Bedrohung durch die nukleare Auslöschung ausgesetzt – und lebten zugleich im Auge des Taifuns vergleichsweise ruhig.

Von dieser weltpolitischen Konstellation hing auch die deutsche Frage ab. Und erst als diese Konstellation sich verschob, kam auch wieder Bewegung in die seit den sechziger Jahren stillgestellte deutsche Frage. Als der sowjetische Hegemon seinen neuen Kurs einschlug, eröffneten sich unerwartet neue, alte Möglichkeiten: «wir sind das Volk» und «wir sind ein Volk!» Die deutsche Einigung von 1990 fand – bei allen Differenzen im Einzelnen – erstmals im Einklang mit den Nachbarn und nicht in jenem Zeichen kriegerischer Gewalt statt, in dem das moderne deutsche (und nicht nur das deutsche) Nationalbewusstsein von seiner Geburt im Aufstand gegen Napoleon 1813 bis zum Untergang von 1945 gestanden hatte. Das vereinigte Deutschland von 1990 war saturiert, und es vereinte erstmals Volkssouveränität und Freiheit, Einheit und Frieden – als gingen nach den katastrophischen Umwegen die Hoffnungen des 19. Jahrhunderts doch noch in Erfüllung.

Dabei ist die Welt des 21. Jahrhunderts eine ganz andere geworden. Schon die Wiedervereinigung von 1990 stand gegen die großen Tendenzen der Zeit, die sich mit Postmoderne, Europäisierung und Globalisierung vom Nationalstaat klassischer Prägung entfernten. In der entgrenzten Welt globalisierter Märkte und Ökonomien, sekundenschneller Informations- und Kapitalflüsse um den gesamten Erdball, angesichts neuartiger Bedrohungen und Risiken, Unübersichtlichkeiten und Abhängigkeiten stellen sich neue Anforderungen – weder das Denken der ‹alten Bundesrepublik› in den Kategorien automatischer Prosperität noch nostalgisch verklärte Traditionen unbezahlbarer sozialer Sicherheit werden sie meistern können.

Und doch relativiert das historische Mirakel der ‹zweiten deutschen Chance› die drängenden Probleme der Gegenwart. Es mahnt zu Augenmaß und Besonnenheit statt Nervosität und Unbedingtheit. Denn nach wie vor stellt sich dem Land der Katastrophen und der Höchstleistungen, der Hybris und der Melancholie, der Gemeinsamkeit und der Trennung die so oft und so lange unerfüllt gebliebene Verheißung und Aufgabe zugleich, wie es in der Hymne des untergegangenen Staates hieß, «daß die Sonne schön wie nie über Deutschland scheint.»

Anhang

Anmerkungen

Die Zahlen in eckigen Klammern beziehen sich auf die jeweilige laufende Nummer im Quellen- und Literaturverzeichnis (S. 452–484), wo die bibliographisch vollständigen Angaben zu finden sind. Selten genannte Veröffentlichungen außerhalb des thematischen Gesamtzusammenhangs im engeren Sinne werden in den Anmerkungen vollständig aufgeführt.

Vorwort

1 Theo Sommer, Aus dem Bollwerk in die Zukunft, in: *Die Zeit* vom 2. Juni 1989, S. 1.

2 Peter Glotz, Das Provisorium im 41. Jahr, in: *Der Spiegel* vom 29. Mai 1989, S. 137.

3 So der vormalige Bischof der Berlin-Brandenburgischen Landeskirche, Albrecht Schönherr, in: Nachdenken über Deutschland. München 1988, S. 328.

4 Vgl. Wolfgang Leonhard auf einem Kongress von Politikern, Diplomaten, Historikern und Politologen in Berlin im Mai 1989, zit. nach: *Neue Zürcher Zeitung* vom 23. Mai 1989, S. 4.

5 Vgl. das vorsichtige Szenario des FDP-Bundestagsabgeordneten Werner Hoyer, in: *Süddeutsche Zeitung* vom 24. Mai 1989, Beilage «40 Jahre Bundesrepublik Deutschland», S. XII.

6 George Bush sr., Rede in der Mainzer Rheingoldhalle, in: Public Papers of the Presidents of the United States. George Bush. 1989/I, Washington D. C. 1990, S. 651.

7 Christoph Bertram, Die Nachkriegszeit ist vorüber, in: *Die Zeit* vom 26. Mai 1989, S. 1.

8 Richard von Weizsäcker, Rede auf dem Staatsakt in Bonn, in: 40 Jahre Bundesrepublik Deutschland. Staatsakt 24. Mai 1989, hg. vom Presse- und Informationsamt der Bundesregierung. Bonn 1989, S. 41.

9 Jacob Burckhardt, Weltgeschichtliche Betrachtungen. Über geschichtliches Studium. (Kap. IV: Die geschichtlichen Krisen.) (= Gesammelte Werke, Bd. IV.) Darmstadt 1970, S. 123.

I.   Tour d'horizon 1989:
Ost und West am Vorabend der Epochenwende

1   Zum Gesamten vgl. Altrichter, Geschichte der Sowjetunion [185], S. 175–
    191; zur Wahl Gorbatschows vgl. auch Huber, Auflösung [190], S. 7–28.

2   Vgl. Adomeit, Overstretch [184], S. 198–215, hier bes. S. 211 f.; Zubok,
    Failed Empire [199], S. 321 und 323.

3   Gorbatschow auf dem ZK-Plenum im Januar 1987, zit. nach Altrichter, Ge-
    schichte der Sowjetunion [185], S. 176.

4   Altrichter, Geschichte der Sowjetunion [185], S. 186–191; vgl. auch Joachim
    Hösler, Perestroika und Historie. Zur Erosion des sowjetischen Geschichts-
    bildes, in: Helmut Altrichter (Hg.), GegenErinnerung. Geschichte als politi-
    sches Argument im Transformationsprozeß Ostmittel- und Südosteuropas.
    München 2006, S. 1–27.

5   Zum «Neuen Denken» Gorbatschows in der Außenpolitik vgl. Adomeit,
    Overstretch [184], S. 193–198, zu den Militärausgaben S. 143–150 und 570.

6   Rede vor den Vereinten Nationen am 7. Dezember 1988, in: Europa-Archiv
    [7] 44 (1989), D 27.

7   Baker, Drei Jahre [57], S. 93.

8   So Eduard Schewardnadse in einer Rede in Warschau am 19. 3. 1986, zit.
    nach Reuth/Bönte, Das Komplott [328], S. 13.

9   Vgl. dazu die in vielfacher Hinsicht höchst aussagekräftige Niederschrift des
    Gesprächs zwischen Gorbatschow und Egon Krenz am 1. November 1989 in
    Moskau, in: Hertle, Fall der Mauer [Dokumentenanhang] [16], S. 462–482,
    hier 472.

10 Kohl, Einheit [87], S. 43 f.

11 Niederschrift des Gesprächs zwischen Gorbatschow und Egon Krenz 1. No-
    vember 1989 in Moskau, in: Hertle, Fall der Mauer [Dokumentenanhang]
    [16], S. 462–482, hier 472.

12 Vgl. auch Adomeit, Overstretch [184], S. 259–271.

13 Niederschrift des Gesprächs zwischen Gorbatschow und Egon Krenz 1. No-
    vember 1989 in Moskau, in: Hertle, Fall der Mauer [Dokumentenanhang]
    [16], S. 462–482, hier 463.

14 Vermerk über ein Gespräch von Gregor Gysi, Vorsitzender der SED, mit
    Alexander Jakowlew, Politbüromitglied und Sekretär des ZK der KPdSU, am
    14. Dezember 1989 in Berlin, in: Nakath u. a. (Hg.), Spitzenkontakte [33],
    Dok. 14, S. 108.

15 *Der Stern* vom 9. April 1987, S. 140.

16 Harry Tisch in der Sitzung des Politbüros vom 29. August 1989, zit. nach Stephan (Hg.), Interne Dokumente [44], Dok. 15, S. 106.

17 Vgl. dazu auch das Fernschreiben des Leiters der Ständigen Vertretung der Bundesrepublik bei der DDR, Bertele, an den Chef des Bundeskanzleramtes vom 27. Juni 1989, in: DzD Deutsche Einheit [5], Dok. 11, S. 317, «daß das einzig qualifizierende Merkmal für die Nation DDR der Sozialismus ist. Fällt er weg oder wird er in Frage gestellt, so entfällt auch die Rechtfertigung für die Selbständigkeit der DDR. Diese Sorge treibt die DDR-Führung wie nichts anderes um.»

18 Nach Ritter, Wiedervereinigung [347], S. 298.

19 Erich Honecker in der Sitzung des Politbüros am 10./11. Oktober 1989 nach den Aufzeichnungen Gerhard Schürers, in: Hertle, Fall der Mauer [Dokumentenanhang] [16], S. 409–426, hier 425.

20 Vgl. etwa Hertle, Fall der Mauer [314], S. 79 f.

21 Gerhard Schürer u. a., Analyse der ökonomischen Lage der DDR mit Schlußfolgerungen. Vorlage für das Politbüro des Zentralkomitees der SED, 30. Oktober 1989, in: Hertle, Fall der Mauer [Dokumentenanhang] [16], S. 448–462, Zitate: S. 450, 451 und 458.

22 Protokoll eines informellen Gesprächs des Ministerialdirigenten Ernst Günter Stern mit zwei Ministerialräten des Bundeswirtschaftsministeriums am 3. März 1988, in: BA KO, B 136/21491.

23 Vgl. Mary Fulbrook, Ein «ganz normales Leben»? Neue Forschungen zur Sozialgeschichte der DDR, in: Timmermann (Hg.), Das war die DDR [299], S. 115–134, das Zitat S. 133; ausführlicher: Fulbrook, The People's State [271]. Vgl. zum Folgenden auch Hannes Siegrist, Wie bürgerlich war die Bundesrepublik, wie entbürgerlicht die DDR? in: Hockerts (Hg.), Koordinaten deutscher Geschichte [210], S. 207–243, bes. S. 215 («radikale Entbürgerlichung») und 235–242; Schroeder, Der SED-Staat [294], S. 571–587; Wolle, Die heile Welt [302], S. 213–221, sowie Bauerkämper, Sozialgeschichte der DDR [263], bes. S. 18–43 und 57–67.

24 Vgl. dazu Kap. I.3.

25 Walter Friedrich, Einige Reflexionen über geistig-kulturelle Prozesse in der DDR, 21. November 1988, in: Stephan (Hg.), Interne Dokumente [44], Dok. 6, S. 39–53, die Zitate: 43–47 und 53; Friedrich/Griese (Hg.), Jugend und Jugendforschung [269]; nachträgliche sozialwissenschaftliche Rekonstruktionen: Gensicke, Mentalitätsentwicklungen [273]; ders., Deutschland im Wandel [418]; Arzheimer/Klein, Gesellschaftspolitische Wertorientierungen [403], S. 363–402. Einen parallelen Wertewandel in der DDR streitet Heiner Meulemann hingegen ab: Werte und Wertewandel [432], bes. S. 243.

26 Vgl. Pollack, Die konstitutive Widersprüchlichkeit [288], S. 110–131; ders., Wie modern war die DDR? in: Hockerts (Hg.), Koordinaten deutscher Geschichte [210], S. 175–205, bes. S. 194 und 204.

27 Gerd Poppe, Begründung und Entwicklung internationaler Verbindungen, in: Kuhrt u. a. (Hg.), Opposition in der DDR [278], S. 349–373, hier S. 350 (in Anlehnung an Vaclav Havel).

28 Pollack/Rink (Hg.), Zwischen Verweigerung und Opposition [287], S. 8.

29 Judt (Hg.), DDR-Geschichte in Dokumenten [18], S. 413 f.

30 Vgl. Neubert, Opposition in der DDR [285], S. 499.

31 Ulrike Poppe/Rainer Eckert/Ilko-Sascha Kowalczuk, Opposition, Widerstand und widerständiges Verhalten in der DDR. Forschungsstand – Grundlinien – Probleme, in: dies. (Hg.), Formen des Widerstandes [290], S. 20.

32 Vgl. Heydemann, Innenpolitik der DDR [275], S. 105.

33 Vgl. von zur Mühlen, Aufbruch und Umbruch [283], S. 82–91, S. 91 das Zitat des stellvertretenden Ministers für Staatssicherheit, Rudi Mittig, aus einem Referat vom 20. März 1985. Vgl. auch Süß, Selbstblockierung der Macht [333], bes. S. 244–246, sowie Fricke, Staatssicherheit [267], S. 97–141.

34 Vgl. dazu Kap. I.6.

35 Vgl. Wirsching, Abschied vom Provisorium [259], S. 627 (dort auch die Zitate).

36 Vgl. auch die Aussagen Bischof Albrecht Schönherrs im Gespräch zwischen dem Vorstand der Konferenz der Evangelischen Kirchenleitungen in der DDR und dem Vorsitzenden des Staatsrates der DDR, Erich Honecker, am 6. März 1978 in Berlin, in: Judt (Hg.), DDR-Geschichte in Dokumenten [18], S. 393.

37 Mählert, Kleine Geschichte der DDR [280], S. 142.

38 Wolfgang Templin, Osteuropäische Emanzipationsbewegung und unabhängiges Denken in der DDR seit Beginn der achtziger Jahre, in: Die DDR im vierzigsten Jahr. Geschichte – Situation – Perspektiven. [Edition Deutschland-Archiv.] Köln 1989, S. 64 f.

39 Karl Dietrich Bracher, Kein Anlaß zu Teuto-Pessimismus, in: *Süddeutsche Zeitung* vom 24. Mai 1989, Beilage «40 Jahre Bundesrepublik Deutschland», S. XIV.

40 Vgl. Haftendorn, Deutsche Außenpolitik [237], S. 13; Andreas Rödder, Westbindung und transatlantische Allianz – ein Relikt des Kalten Krieges? In: Thomas Hertfelder/Andreas Rödder (Hg.), Modell Deutschland. Erfolgsgeschichte oder Illusion? Göttingen 2007, S. 139–154.

41 Vgl. dazu v. a. Bark/Gress, A History of West Germany, Bd. 2 [227], S. 542–550 und 569–576; Hanrieder, Deutschland, Europa, Amerika [239], S. 93–111; sowie Schöllgen, Außenpolitik [252], S. 171–174.

42 40 Jahre Bundesrepublik Deutschland. Staatsakt 24. Mai 1989, hg. vom Presse- und Informationsamt der Bundesregierung. Bonn 1989, S. 44.

43 Horst Waffenschmidt, 40 Jahre Frieden und Freiheit, in: *Süddeutsche Zeitung* vom 24. Mai 1989, Beilage «40 Jahre Bundesrepublik Deutschland», S. IX.

44 Vgl. dazu Andreas Rödder, Das ‹Modell Deutschland› zwischen Erfolgsgeschichte und Verfallsdiagnose, in: Vierteljahrshefte für Zeitgeschichte 54 (2006), S. 345–363. Zum integrativen Charakter des Narrativs der «Erfolgsgeschichte» vgl. auch Jens Hacke, Philosophie der Bürgerlichkeit. Die liberalkonservative Begründung der Bundesrepublik. Göttingen 2006, bes. S. 293 f. und 296.

45 Peter Glotz, Das Provisorium im 41. Jahr, in: *Der Spiegel* vom 29. Mai 1989, S. 132.

46 Klages, Wertorientierungen [243]; ders., Traditionsbruch [244], S. 9 f., 15, 23 und 26.

47 Bundesministerium der Finanzen, Finanzbericht 1990. Bonn [10. August] 1989, S. 11.

48 Helmut Kohl in der Fraktionssitzung vom 24. Oktober 1989, zit. nach Andreas Wirsching, Ist die Geschichte der europäischen Integration beendet? In: Thomas Hertfelder/Andreas Rödder (Hg.), Modell Deutschland. Erfolgsgeschichte oder Illusion? Göttingen 2007, S. 155–170, hier S. 161 mit Anm. 3.

49 Vgl. Herbert Giersch/Karl-Heinz Paqué/Holger Schmieding, The Fading Miracle. Four Decades of Market Economy in Germany. 2. Aufl. Cambridge 1994, v. a. S. 195–203; Grosser, Wagnis [383], S. 69–94; Ludger Lindlar, Das mißverstandene Wirtschaftswunder. Westdeutschland und die westeuropäische Nachkriegsprosperität. Tübingen 1997.

50 Kurt Biedenkopf, Soziale Marktwirtschaft in erneuter Bewährung, in: *Süddeutsche Zeitung* vom 24. Mai 1989, Beilage «40 Jahre Bundesrepublik Deutschland», S. XIII.

51 Wilhelm Hennis, Überdehnt und abgekoppelt, in: Christian Graf von Krockow (Hg.), Brauchen wir ein neues Parteiensystem? Frankfurt a. M. 1983, S. 32.

52 Werner Weidenfeld, Deutschland 1989: Konturen im Rückblick auf vierzig Jahre, in: ders./Zimmermann (Hg.), Deutschland-Handbuch [255], S. 25.

53 Kielmansegg, Nach der Katastrophe [242], S. 388.

54 Peter Glotz, Das Provisorium im 41. Jahr, in: *Der Spiegel* vom 29. Mai 1989, S. 143. Zur Analyse des gesamten Problemfeldes vgl. Wirsching, Abschied vom Provisorium [259], bes. S. 208–222.

55 Franz-Xaver Kaufmann, Die soziale Sicherheit in der Bundesrepublik

Deutschland, in: Weidenfeld/Zimmermann (Hg.), Deutschland-Handbuch [255], S. 308–325, Zitat S. 322.

56 Richard von Weizsäcker, Rede auf dem Staatsakt in Bonn am 24. Mai 1989, in: 40 Jahre Bundesrepublik Deutschland. Staatsakt 24. Mai 1989, hg. vom Presse- und Informationsamt der Bundesregierung. Bonn 1989, S. 47. – Vgl. zu diesem Zusammenhang ausführlicher Kap. IV.2.

57 *Neue Zürcher Zeitung* vom 23. Mai 1989, S. 3.

58 Vgl. Korte, Deutschlandpolitik [213], bes. S. 479–483.

59 Aufzeichnung über das Gespräch des Ministerialdirektors Teltschik mit Botschafter Kwizinski, Bonn, 29. September 1989, in: DzD Deutsche Einheit [5], Dok. 50, S. 426.

60 Potthoff (Hg.), Koalition der Vernunft [34], S. 234.

61 Vgl. dazu Heinrich Winkler, Der lange Weg [258], Bd. 2, S. 470–481. Vgl. auch Wolfrum, Geschichtspolitik [260], S. 316–345.

62 Winkler, Der lange Weg [258], Bd. 2, S. 653.

63 Günter Grass, Kurze Rede eines vaterlandslosen Gesellen. Rede in der Evangelischen Akademie Tutzing, 2. Februar 1990, in: Grass, Schnäppchen [76], S. 13.

64 Habermas, Die Moderne [77], S. 444–464, bes. 463 f.; vgl. auch ders., Moderne und postmoderne Architektur [1982], in: ders., Die neue Unübersichtlichkeit. Kleine politische Schriften V. Frankfurt a. M. 1985, S. 11–29.

65 Jürgen Habermas, Eine Art Schadensabwicklung, in: «Historikerstreit». Die Dokumentation der Kontroverse um die Einzigartigkeit der nationalsozialistischen Judenvernichtung. München 1987, S. 62–76, Zitat: S. 62.

66 Hermann Glaser, Deutsche Kultur. Ein historischer Überblick von 1945 bis zur Gegenwart. 2. Aufl. Bonn 2000, S. 407. Vgl. auch Hans-Ulrich Wehler, Eine lebhafte Kampfsituation. Ein Gespräch mit Manfred Hettling und Cornelius Torp. München 2006, S. 196–200.

67 Vgl. Groh/Brandt, Sozialdemokratie und Nation [235], S. 302, 309 und 313.

68 Beide Zitate nach Gunter Hofmann, Die Republik inszeniert sich selbst, in: *Die Zeit* vom 2. Juni 1989, S. 8.

69 Karl Dietrich Bracher, Kein Anlaß zu Teuto-Pessimismus, in: *Süddeutsche Zeitung* vom 24. Mai 1989, Beilage «40 Jahre Bundesrepublik Deutschland», S. XIV.

70 Vgl. Gerhard Schürer u. a., Analyse der ökonomischen Lage der DDR mit Schlußfolgerungen. Vorlage für das Politbüro des Zentralkomitees der SED, 30. Oktober 1989, in: Hertle, Fall der Mauer [Dokumentenanhang] [16], S. 448–462, hier S. 449.

71 Manfred G. Schmidt, Die Politik des mittleren Weges. Besonderheiten der

Staatstätigkeit in der Bundesrepublik Deutschland, in: Aus Politik und Zeitgeschichte 9–10 (1990), S. 23–31; ausführlich: Geschichte der Sozialpolitik in Deutschland seit 1945. Bd. 7: 1982–1989. Bundesrepublik Deutschland. Finanzielle Konsolidierung und institutionelle Reform, hg. von Manfred G. Schmidt, Baden-Baden 2005, bes. S. 785–811.

72 Vgl. Geissler, Sozialstruktur Deutschlands [233], S. 201–203.

73 Gert-Joachim Glaessner, Demokratie und Politik in Deutschland. Opladen 1999, S. 306.

74 Brunn, Die Europäische Einigung [148], S. 260 f.

75 Haftendorn, Deutsche Außenpolitik [237], S. 436 und 442.

76 Kongreßbotschaft Woodrow Wilsons vom 2. April 1917, in: The Papers of Woodrow Wilson. Vol. 41, Princeton 1983, S. 519–527, hier S. 525.

77 Vgl. dazu Detlef Junker, Von der Weltmacht zur Supermacht. Amerikanische Außenpolitik im 20. Jahrhundert. Mannheim 1995, S. 12–14 (Zitate: S. 13).

78 Zit. nach Robert Dallek, Franklin D. Roosevelt and American Foreign Policy, 1932–1945, Neuaufl. New York/Oxford 1995 (zuerst 1979), S. 257.

79 Theodor Schieder, Staatensystem als Vormacht der Welt 1848–1918. Frankfurt a. M. 1977.

80 Jussi M. Hanhimäki, Ironies and Turning Points: Détente in Perspective, in: Westad (Hg.), Cold War [180], S. 326–342, bes. 333.

81 Kissinger, Die Vernunft der Nationen [161], S. 847.

82 Vgl. dazu Kap. II. 1.

83 Baker, Drei Jahre [57], S. 93.

84 Gorbatschow, Erinnerungen [74], S. 665 und 684; deutscher Text der New Yorker Rede in: Europa-Archiv [7] 44 (1989), D 23–37.

85 Vgl. dazu Baker, Drei Jahre [57], S. 85–88, 90–93 und 150; Blackwill, Vereinigung [61], S. 213; Hutchings, American Diplomacy [81], S. 6–11, 27–38 und 46 f., bes. 30 f.; Zelikow/Rice, Einheit [379], S. 53–61; Beschloss/Talbott, Auf höchster Ebene [146], S. 28–37, 58–68 und 92–104; und Garthoff, The Great Transition [154], S. 375–378; zurückhaltende Einschätzung bei Hacke, Zur Weltmacht verdammt [157], S. 404–411.

86 Public Papers of the Presidents of the United States. George Bush. 1989/I, Washington D. C. 1990, S. 638.

87 Ebd., 1990, S. 651.

88 Zelikow/Rice, Germany Unified [379], S. 381 Anm. 75.

89 Art 7 (2) des Vertrages über die Beziehungen zwischen der Bundesrepublik Deutschland und den Drei Mächten (Deutschlandvertrag) in der geänderten Verfassung vom 23. Oktober 1954, in: Bundesgesetzblatt 1955, II, S. 306–309, 309.

90 Zit. nach *Der Spiegel* vom 25. September 1989, S. 17.

91 Thatcher, Erinnerungen [123], S. 1095 f. (Downing Street Years [123], S. 791).

92 Niederschrift des Gesprächs zwischen Gorbatschow und Krenz am 1. November 1989, in: Hertle, Fall der Mauer [Dokumentenanhang] [16], S. 462–482, hier 471.

93 Pressekonferenz Bushs am 25. Februar 1990, in: Kaiser (Hg.), Deutschlands Vereinigung [19], S. 202.

94 Zelikow/Rice, Germany Unified [379], S. 141 f.

95 Aufzeichnung des Staatssekretärs Carstens, 17. Oktober 1966, in: Akten zur Auswärtigen Politik der Bundesrepublik Deutschland 1966. Bd. II. München 1997, Dok. 333, S. 1379–1381.

96 Egon Bahr, Rede vor der Evangelischen Akademie in Tutzing, 15. Juli 1963, in: Dokumente zur Deutschlandpolitik. 4. Reihe, Bd. 9, 2. Halbbd. Frankfurt a. M. 1978, S. 572, das folgende Zitat S. 575.

97 Potthoff, Im Schatten der Mauer [217], S. 39, schreibt das Zitat nach Egon Bahr dem stellvertretenden Außenminister der DDR, Otto Winzer, zu, Arnulf Baring hingegen (Machtwechsel. Die Ära Brandt-Scheel. 4. Aufl. Stuttgart 1983, S. 210) Walter Ulbricht.

98 Garton Ash, Im Namen Europas [156], S. 280. Ähnlich benannte der Leiter der Ständigen Vertretung der Bundesrepublik Deutschland bei der DDR, Bertele, das «Dilemma» der DDR-Führung, «eine intensivierte Zusammenarbeit bei gleichzeitiger möglichst hoher Abgrenzungsschwelle zu erreichen», Schreiben an den Chef des Bundeskanzleramtes, 27. Juni 1989, in: DzD Deutsche Einheit [5], Dok. 11, S. 320.

99 Potthoff, Im Schatten der Mauer [217], S. 187.

100 Korte, Deutschlandpolitik [213], S. 170.

101 Texte zur Deutschlandpolitik [45], III/5, S. 195 und 197.

102 Vgl. Garton Ash, Im Namen Europas [156], S. 220.

II   Der Zusammenbruch des Ostblocks und der Untergang der DDR

1 Vgl. dazu den Artikel von Sergej Kowaljow, Souveränität und internationale Pflichten der sozialistischen Länder, Prawda vom 26. September 1968, in: Boris Meissner, Die Breschnew-Doktrin, Köln 1969, S. 64–69, sowie die Rede von Leonid Breschnew vor dem V. Parteitag der Polnischen Vereinigten

Arbeiterpartei (PVAP) am 12. November 1968, in: Archiv der Gegenwart 38 (1968), S. 14397.

2 So die These von Ouimet, Rise and Fall of the Brezhnev Doctrine [194], S. 242.

3 Protokoll der Sitzung des Politbüros der KPdSU vom 10. Dezember 1981, zit. nach Mark Kramer, Soviet Deliberations during the Polish Crisis, 1980–1981. Cold War International History Project, Special Working Paper No. 1. Washington 1999. Dok. 21, S. 165 (das gesamte Dokument S. 157–170, dort in engl. Übersetzung, hier eigene Übersetzung ins Deutsche); Auszüge des Protokolls in: Mastny/Byrne (Hg.), A Cardboard Castle [192], Dok. 94, S. 456–461, das Zitat S. 459; vgl. auch Mark Kramer, Jaruzelski, the Soviet Union, and the Imposition of Martial Law in Poland: New Light on the Mystery of December 1981, in: Cold War International History Project Bulletin 11 (Winter 1998), S. 5–14; Dockrill, End of the Cold War Era [150], S. 54–59; Ouimet, The Rise and Fall [194], bes. S. 171–242, sowie Vojtech Mastny, The Soviet Non-Invasion of Poland in 1980/81 and the End of the Cold War. Cold War International History Project, Working Paper No. 23. Washington 1998.

4 Vgl. ebd., S. 6–15.

5 Vgl. dazu auch Hans-Hermann Hertle/Konrad Jarausch (Hg.), Risse im Bruderbund. Die Gespräche Honecker-Breschnew 1974 bis 1982. Berlin 2006.

6 Selbst General Jaruzelski, der zur Niederhaltung der Opposition eingesetzte polnische Ministerpräsident und Generalsekretär der Polnischen Arbeiterpartei, der in der gesamten Krise eine durch und durch zwiespältige Rolle spielte, glaubte an die Möglichkeit einer sowjetischen Intervention; vgl. Mark Kramer, Jaruzelski, the Soviet Union, and the Imposition of Martial Law in Poland: New Light on the Mystery of December 1981, in: Cold War International History Project Bulletin 11 (Winter 1998), S. 5–14, bes. S. 5–7.

7 Vgl. Adomeit, Overstretch [184], S. 272, und Zubok, «Soviet Factor» [197], S. 7.

8 Niederschrift über das Treffen der führenden Repräsentanten der Bruderparteien sozialistischer Länder des RGW am 10. und 11. November 1986 in Moskau [aus dem zentralen Parteiarchiv der SED], bearb. von Küchenmeister/Stephan (Hg.), Gorbatschows Entfernung [23], S. 716–721, hier 719 f.

9 Vgl. dazu auch Adomeit, Overstretch [184], S. 279 f., sowie Biermann, Kreml und Kanzleramt [351], S. 87–100.

10 Michail Gorbatschow, Rede vor der Vollversammlung der Vereinten Nationen, 7. Dezember 1988, in: Europa-Archiv [7] 44 (1989), D 23–37, bes. D 25–27 (Zitate: D 26 f.).

11   Ebd., D 27.

12   Vgl. Dockrill, End of the Cold War Era [150], S. 65; Zelikow/Rice, Germany
Unified [379], S. 36; Judt, Geschichte Europas [141], S. 694 f.

13   Kommuniqué des Gipfeltreffens der Staats- und Regierungschefs der Staaten
des Warschauer Paktes vom 8. Juli 1989, in: Archiv der Gegenwart [2], 59
(1989), S. 33518–20, hier S. 33520.

14   Oberdorfer, Turn [171], S. 355; Beschloss/Talbott, Highest Levels [146],
S. 134 (25. Oktober 1989); vgl. sachlich auch Tschernjajew, Recollections
[126], S. 158–169, hier 158.

15   Vgl. etwa Gorbatschows Rede vor dem Politisch Beratenden Ausschuss des
Warschauer Paktes (dem höchsten gemeinsamen Organ) in Bukarest am 7./
8. Juli 1989, in: Mastny/Byrne (Hg.), A Cardboard Castle [192], Dok. 146,
S. 644.

16   Andere Phaseneinteilung bei Vladislav M. Zubok, Why Did the Cold War End
in 1989? Explanations of «The Turn», in: Westad (Hg.), Cold War [180],
S. 343–367, hier S. 349–353 (sowjetische Friedensoffensiven 1985 bis Anfang
1987 – Spannungsabbau und Rüstungsreduzierung 1987 bis Mitte 1988 –
friedlicher Kollaps der kommunistischen Regime Mitte 1988 bis Ende 1989).

17   So der Ende 2006 erschienene Bericht der Kommission des Präsidenten zur
Analyse der kommunistischen Diktatur in Rumänien, Comisia prezidenţială
pentru analiza dictaturii comuniste din România. Raport final. Bukarest
2006, S. 622 – *für diesen Hinweis danke ich Herrn PD Dr. Hans-Christian
Maner, Mainz.*

18   Theobald von Bethmann-Hollweg in der Sitzung des Preußischen Staatsmi-
nisteriums am 30. Juli 1914, in: Erwin Hölzle (Hg.), Quellen zur Entstehung
des Ersten Weltkrieges. Internationale Dokumente 1901–1914. 2. Aufl.
Darmstadt 1995, S. 464.

19   Vermerk über ein Gespräch von Gregor Gysi, Vorsitzender der SED, mit
Alexander Jakowlew, Politbüromitglied und Sekretär des ZK der KPdSU, am
14. Dezember 1989 in Berlin, in: Nakath u. a. (Hg.), Spitzenkontakte [33],
Dok. 14, S. 108.

20   Vgl. Cold War International History Project Bulletin 12/13 (2001), S. 31–48,
sowie Huber, Auflösung [190], S. 150–172.

21   Vgl. Jacques Lévesque, Soviet Approaches to Eastern Europe at the Beginning of 1989, in: Cold War International History Project Bulletin 12/13
(2001), S. 49–52 mit drei unterschiedlichen Memoranden aus dem Februar
1989, S. 52–72, dort S. 59 das Zitat aus dem reformerischsten der drei Memoranden.

22   Vgl. Zubok, New Evidence [197], S. 6.

23 Tagebucheintrag Tschernjajews vom 2. Mai 1989, zit. nach Zubok, New Evidence [197], S. 17 (Dok. 4; dort engl. Übers. des russ. Originals).

24 Zubok, New Evidence [197], S. 6, sowie ders., Failed Empire [199], S. 318–321; vgl. dazu allgemein auch Lévesque, Enigma [191].

25 Brown, Der Gorbatschow-Faktor [187]; vgl. auch Vladislav M. Zubok, Why Did the Cold War End in 1989? Explanations of «The Turn», in: Westad (Hg.), Cold War [180], S. 343–367, hier S. 360, sowie Zubok, Failed Empire [199], S. 305–321.

26 Fred Halliday, The Making of the Second Cold War. London 1983.

27 Vladislav M. Zubok, Why Did the Cold War End in 1989? Explanations of «The Turn», in: Westad (Hg.), Cold War [180], S. 361.

28 So dezidiert Loth, Helsinki [167], bes. 273–278.

29 Vgl. Brown, Gorbatschow-Faktor [187], S. 32–39.

30 Jussi M. Hanhimäki, Ironies and Turning Points: Détente in Perspective. in: Westad (Hg.), Cold War [180], S. 326–342, hier S. 333.

31 Protokoll der Sitzung des Politbüros der SED vom 29. August 1989, in: Stephan (Hg.), Interne Dokumente [44], Dok. 15, S. 102.

32 Zahlenangabe (genau: 661) nach Peter Schindler, Datenhandbuch zur Geschichte des Deutschen Bundestages 1983 bis 1991. Mit Anhang Volkskammer der Deutschen Demokratischen Republik. Bonn 1994, S. 1448.

33 Protokolle der Sitzungen des Politbüros der SED vom 15. und 22. August 1989, in: SAPMO-DDR, DY 30/IV 2/2 03/76, Bl. 18 und 23–26.

34 Aufzeichnung Gerhard Schürers über die Sitzung des Politbüros der SED vom 10./11. November 1989, in: Hertle, Fall der Mauer [Dokumentenanhang] [16], Dok. 1, S. 423.

35 ZAIG, Hinweise zu einigen bedeutsamen Aspekten der Reaktion der Bevölkerung im Zusammenhang mit der Mitteilung über die Streichung der Zeitschrift «Sputnik» von der Postzeitungsvertriebsliste der DDR, 30. November 1988, in: Stephan (Hg.), Interne Dokumente [44], Dok. 7, S. 53 f.

36 Walter Friedrich, Einige Reflexionen über geistig-kulturelle Prozesse in der DDR, 21. November 1988, in: Stephan (Hg.), Interne Dokumente [44], Dok. 6, S. 40 und 52 f.; vgl. dazu auch Kap. I.2.

37 Vgl. etwa die Dokumente in Büro Krenz, in: SAPMO-DDR, DY 30/IV 2/2039, Bd. 312.

38 Vgl. Kloth, Demokratisierung [320], S. 160 f., zum gesamten Komplex der Kommunalwahlen S. 115–309.

39 Protokoll der Sitzung des Politbüros der SED vom 9. Mai 1989 mit handschriftlichen Notizen von Egon Krenz, in: SAPMO-DDR, DY 30/IV 2/2 03/73, Bl. 1–13, hier 1.

40 Gespräch Honeckers mit dem polnischen Staatsratsvorsitzenden Wojciech Jaruzelski, 22. Mai 1989, in: SAPMO-DDR, DY 30/5190, Bl. 183–234, die Zitate Bl. 226, 228 und 232.

41 Vgl. Kloth, Demokratisierung [320], S. 307; vgl. auch Lindner, Revolution [323], S. 26–32.

42 MfS-Information 229/89 vom 8. Mai 1989, in: Mitter/Wolle (Hg.), Befehle und Lageberichte [29], Dok. 7, S. 34.

43 Umweltblätter Mai 1989, zit. nach Judt, DDR-Geschichte in Dokumenten [18], S. 76 f.

44 Mielke an die Leiter der Diensteinheiten, MfS-Befehl 38/89 vom 19. Mai 1989, in: Mitter/Wolle (Hg.), Befehle und Lageberichte [29], Dok. 9, S. 43 f. Zur Terminologie vgl. Suckut (Hg.), Wörterbuch der Staatssicherheit [297].

45 Informativer und informierter Überblick: MfS-Information 416/89 über Bestrebungen feindlicher, oppositioneller Kräfte zur Schaffung DDR-weiter Sammlungsbewegungen/Vereinigungen vom 19. September 1989, in: Mitter/Wolle (Hg.), Befehle und Lageberichte [29], Dok. 26, S. 153–171 (mit Gründungsaufrufen); vgl. auch Timmer, Bürgerbewegung [335], S. 123–174, und Neubert, Opposition in der DDR [285], S. 833–845.

46 Faksimile in Lindner, Revolution [323], S. 50. Unterlagen zum Gründungsaufruf: MDA, NFo 01–06.

47 Zit. nach Bertele an den Chef des Bundeskanzleramtes, 20. September 1989, in: DzD Deutsche Einheit [5], Dok. 43, S. 410.

48 MfS-Information 416/89 über Bestrebungen feindlicher, oppositioneller Kräfte zur Schaffung DDR-weiter Sammlungsbewegungen/Vereinigungen vom 19. September 1989, in: Mitter/Wolle (Hg.), Befehle und Lageberichte [29], Dok. 26, S. 159.

49 Vgl. die MfS-Information Nr. 434/89 über beachtenswerte Reaktionen von Antragstellern auf die Ablehnung der Anmeldung der Vereinigung «Neues Forum» und über die Fortsetzung von Aktivitäten zur Formierung dieser oppositionellen Sammelbewegung vom 2. Oktober 1989, in: Mitter/Wolle (Hg.), Befehle und Lageberichte [29], Dok. 32, S. 184–186; vgl. auch die Unterstützungserklärungen in MBA, NFo 011–063.

50 Vgl. die MfS-Information 416/89 über Bestrebungen feindlicher, oppositioneller Kräfte zur Schaffung DDR-weiter Sammlungsbewegungen/Vereinigungen vom 19. September 1989, in: Mitter/Wolle (Hg.), Befehle und Lageberichte [29], Dok. 26, S. 155 f., sowie Bertele an den Chef des Bundeskanzleramtes, 20. September 1989, in: DzD Deutsche Einheit [5], Nr. 43, S. 410.

51 Vgl. Lindner, Revolution [323], S. 101; zur öffentlichen Kommunikation der

Opposition vgl. Timmer, Bürgerbewegung [335], S. 144–151 und 192; vgl. allgemein (aber mit anderem Schwerpunkt) auch Czaplicki, Westmedien [307].

52 Programmatische Dokumente der einzelnen Gruppen in: MDA, DA 01, DJ 01 und 05, SDP 01, NFo 312–317.

53 MfS-Information Nr. 451/89 über die weitere Formierung DDR-weiter oppositioneller Sammlungsbewegungen, 9. Oktober 1989, in: Mitter/Wolle (Hg.), Befehle und Lageberichte [29], Dok. 41, S. 211.

54 Zit. nach: MfS-Information Nr. 451/89 über die weitere Formierung DDR-weiter oppositioneller Sammlungsbewegungen, 9. Oktober 1989, in: Mitter/Wolle (Hg.), Befehle und Lageberichte [29], Dok. 41, S. 212 f.; Faks. in Lindner, Revolution [323], S. 59.

55 Vgl. etwa die Beiträge in Knabe (Hg.), Aufbruch in eine andere DDR [21]; vgl. auch Geisel, Suche nach einem drittten Weg [272].

56 Bertele an den Chef des Bundeskanzleramtes, 20. und 22. September 1989, in: DzD Deutsche Einheit [5], Dok. 43, S. 410 und Dok. 45, S. 415.

57 Vgl. Information und Schlußfolgerungen zu einigen aktuellen Fragen der feindlichen Einwirkung auf Bürger der DDR, o. D. o. U. (zwischen 3. August und 11. September 1989, von Erich Honecker am 5. 10. an alle Mitglieder und Kandidaten des PB weitergeleitet), in: SAPMO-DDR, DY 30/5195, Bl. 39–55, hier 49.

58 Vgl. Hertle, Fall der Mauer [314], S. 96.

59 Protokoll des Gesprächs von Kanzleramtsminister Seiters mit dem stv. Außenminister der DDR, Krolikowski, am 18. August 1989 in Ost-Berlin, in: DzD Deutsche Einheit [5], Nr. 24, S. 363; zum Vorgang insgesamt vgl. die Dokumente Nr. 20–27.

60 Vgl. Archiv der Gegenwart [2], 59 (1989), S. 33753.

61 Vgl. Hertle, Fall der Mauer [314], S. 93 f.

62 Vgl. dazu und zum folgenden Archiv der Gegenwart [2] 59 (1989), S. 33743–33756.

63 Vgl. ebd., S. 33752.

64 Vgl. ebd., S. 33746.

65 Protokoll der Sitzung des Politbüros der SED vom 29. August 1989, in: Stephan (Hg.), Interne Dokumente [44], Dok. 15, S. 99.

66 Vgl. den Vermerk Genschers, in: DzD Deutsche Einheit [5], Dok. 28, S. 377–380 (dort nichts zur ungarischen Zusage hinsichtlich der DDR-Bürger) sowie Kohl an Németh, 4. Oktober 1989, in: DzD Deutsche Einheit [5], Dok. 57, S. 442; vgl. auch die autobiographischen Aufzeichnungen: Horn, Freiheit [79], S. 317–320; Kohl, Einheit [87], S. 71–74, sowie ders., Erinnerungen

1982–1990 [88], S. 920–923 (dort, allerdings offenkundig ohne zugrundeliegende Wortprotokolle in indirekter bzw. gar wörtlicher Rede wiedergegeben, die Zusage der ungarischen Regierung, die DDR-Bürger in Ungarn nicht zurück in die DDR abzuschieben, sondern die Grenze zu öffnen), zurückhaltender hinsichtlich der expliziten Aussagen der ungarischen Gesprächspartner Genscher, Erinnerungen [73], S. 639 f.; vgl. auch die Einführung von Hanns Jürgen Küsters zu DzD Deutsche Einheit [344], S. 44 f.

67 Vgl. den Vermerk über das Gespräch zwischen Günter Mittag und Gyula Horn am 31. August 1989, in: Stephan (Hg.), Interne Dokumente [44], Dok. 17, S. 109–112.

68 Erklärung des DDR-Außenministeriums an das Außenministerium Ungarns vom 4. September 1989, in: Stephan (Hg.), Interne Dokumente [44], Dok. 19, S. 115–118.

69 *Frankfurter Allgemeine Zeitung* vom 11. September 1989, S. 1.

70 Vgl. Timmer, Bürgerbewegung [335], S. 111 und 113 f. Am 3. November entschuldigte sich das *Neue Deutschland* für einen Bericht, in dem ein Koch angegeben hatte, mit Mentholzigaretten betäubt und über Österreich in die Bundesrepublik verschleppt worden zu sein, vgl. Bahrmann/Links, Chronik [26], S. 73 f.

71 Vermerk über das Gespräch zwischen Fischer und Kotschemassow am 5. September 1989, zit. nach Hertle, Fall der Mauer [314], S. 105.

72 Zahlenangaben nach Archiv der Gegenwart [2] 59 (1989), S. 33754; andere Angaben für die Prager Botschaft reichen bis 6000; zur Situation in Prag vgl. auch Kiessler/Elbe, Weg [85], S. 36.

73 Zu den Verhandlungen vgl. die Vorlage des Ministerialdirektors Duisberg an Bundesminister Klein vom 2. Oktober 1989, in: DzD Deutsche Einheit [5], Dok. 54. Vgl. auch Genscher, Erinnerungen [73], S. 13–24, und Kiessler/Elbe, Weg [85], S. 36.

74 Vgl. ebd., S. 42–44 (das Zitat S. 44).

75 Fernschreiben Berteles an den Chef des Bundeskanzleramtes, 2. Oktober 1989, in: DzD Deutsche Einheit [5], Dok. 52, S. 432.

76 *Neues Deutschland* vom 2. Oktober 1989, S. 2.

77 Vgl. die Aufzeichnungen über die Gespräche mit dem Ständigen Vertreter der DDR in Bonn am 1. und 2. Oktober 1989 sowie den Vermerk über die Gespräche und Kontakte des Chefs des Bundeskanzleramtes Seiters und des Ministerialdirigenten Duisberg vom 3. bis 5. Oktober 1989, in: DzD Deutsche Einheit [5], Dok. 51, 53 und 56.

78 Vgl. Süß, Staatssicherheit am Ende [332], S. 252–264, und Hertle, Fall der Mauer [314], S. 112–114.

79 Protokoll der Sitzung des Politbüros der SED vom 4. Oktober 1989, in: SAPMO-DDR, DY 30/J IV 2/2/2350, Bl. 3.

80 Vgl. ZAIG an Mielke, 11. September 1989: Hinweise auf beachtenswerte Reaktionen von Mitgliedern und Funktionären der SED zu einigen aktuellen Aspekten der Lage in der DDR und zum innerparteilichen Leben, in: Mitter/Wolle (Hg.), Befehle und Lageberichte [29], Dok. 24, S. 148–150.

81 Vgl. z. B. den Beschluß über Maßnahmen zur weiteren Durchführung des Volkswirtschaftsplanes 1989 vom 12. Oktober 1989, in: SAPMO-DDR, DY 30/J IV 2/2/2352, Bl. 7–16, sowie die Protokolle der Politbürositzungen vom 23. Mai, 15. und 22. August, in: SAPMO-DDR, DY 30/IV 2/2 03/73, Bl. 22 f. und 25 (23. Mai) sowie 76, Bl. 18 und 23–26.

82 Vgl. die Information und Schlußfolgerungen zu einigen aktuellen Fragen der feindlichen Einwirkung auf Bürger der DDR, o. U. o. D. (zwischen 3. August und 11. September 1989, von Erich Honecker am 5. 10. an alle Mitglieder und Kandidaten des PB weitergeleitet), in: SAPMO-DDR, DY 30/5195,
Bl. 39–55, hier 39 f.

83 Ebd., Bl. 46, 53 und 51.

84 SAPMO-DDR, DY 30/IV 2/2 03/74, Bl. 24.

85 Verlauf der Sitzung des Politbüros der SED am 29. August 1989, in: Stephan (Hg.), Interne Dokumente [44], Dok. 15, S. 96–107, die Zitate 99 (Sindermann), 97 (Keßler), 101 f. (Tisch und Krolokowski) und 104 (Mittag am Ende des folgenden Absatzes); zu den Problemen der Wahrnehmung und der Terminologie innerhalb der SED-Führung vgl. auch von zur Mühlen, Aufbruch und Umbruch [283], S. 212–218.

86 *Neues Deutschland* vom 15. August 1989, S. 1 und 3.

87 Vgl. etwa die «Hinweise [der ZAIG] auf wesentliche motivbildende Faktoren im Zusammenhang mit Anträgen auf ständige Ausreise nach dem nichtsozialistischen Ausland und dem ungesetzlichen Verlassen der DDR» vom 9. September 1989, in: Mitter/Wolle (Hg.), Befehle und Lageberichte [29], Dok. 23, S. 141–147. Vgl. auch die luzide Analyse von Süß, Staatssicherheit am Ende [332], bes. S. 742–752.

88 Dienstbesprechung beim Minister für Staatssicherheit am 31. August 1989, in: Mitter/Wolle (Hg.), Befehle und Lageberichte [29], Dok. 21, S. 113–138, die Zitate S. 127 (Hummitzsch), 116 (Mielke und Hähnel) und 125 (Mielke und Dangrieß).

89 Vgl. die MfS-Information 416/89 über Bestrebungen feindlicher, oppositioneller Kräfte zur Schaffung DDR-weiter Sammlungsbewegungen/Vereinigungen, 19. 9. 1989, in: Mitter/Wolle (Hg.), Befehle und Lageberichte [29],

Dok. 26, S. 153–161; vgl. auch Markus Wolf, [Aufzeichnung] MfS, 12.–
14. November 1989, in: BStU, MfS, SdM 1997, Bl. 439–443.

90 Mitter/Wolle (Hg.), Befehle und Lageberichte [29], Dok. 21, S. 117 f.

91 Vgl. die am 7. November 1989 versandten Grundsätze der Hauptabtei-
lung XX des MfS für den Einsatz von inoffiziellen Mitarbeitern in Sammlungsbewegungen, Kopie in: MDA, BW-MfS 04/03; vgl. zu den Fällen Schnur
und Böhme sowie zum Verhalten ehemaliger IM allgemein sehr abgewogen
Süß, Staatssicherheit am Ende [332], S. 698–703.

92 Aufzeichnung G. Schürers über die Sitzung des Politbüros der SED vom 10./
11. Oktober, in: Hertle, Fall der Mauer [Dokumentenanhang] [16], Dok. 1,
S. 422.

93 Süß, Staatssicherheit am Ende [332], S. 746.

94 Volkskammer Sten. Ber., 9. WP [49], Bd. 25, S. 263 (in der Tonaufzeichnung:
«ich liebe doch alle – alle Menschen», nicht, wie häufig wiedergegeben, «Aber
ich liebe euch doch alle!», etwa: Links/Bahrmann, Chronik [25], S. 103, oder
der Obertitel von Mitter/Wolle (Hg.), Befehle und Lageberichte [29]).

95 Jacob Burckhardt, Weltgeschichtliche Betrachtungen. Über geschichtliches
Studium. (Kap. IV: Die geschichtlichen Krisen.) Gesammelte Werke, Bd. IV.
Darmstadt 1970, S. 123.

96 Vgl. Hollitzer, Verlauf des 9. Oktober [317], S. 252–255; Lindner, Revolution [323], S. 63–68; Timmer, Bürgerbewegung [335], S. 152 und 161–174,
und Geyer, Nikolaikirche [309], S. 31–33 und 39–43.

97 Vgl. Pollack, Zusammenbruch der DDR [327], S. 45 und 48.

98 Vgl. Hertle, Fall der Mauer [314], S. 118; vgl. auch die undatierte Übersicht
der ZAIG sowie die «Information» vom 8. Oktober 1989, in: MDA, BW-MfS
01/17/04 und 08.

99 Vgl. dazu Süß, Staatssicherheit am Ende [332], S. 261–267 und 279–296,
und Hertle, Fall der Mauer [314], S. 113 f.; Gedächtnisprotokolle und Unterlagen der Untersuchungskommission zur Gewalt gegen Demonstranten am
7./8. Oktober 1989 in Berlin in: MDA, MBi 13–19; vgl. auch das «Gedächt-
nisprotokoll» von Uwe Meisselbach vom 12. Oktober 1989, in: Bernhof,
Leipziger Protokolle [60], S. 78–80.
Unter «Zuführung» verstanden die staatlichen Sicherheitskräfte «eine die
persönliche Freiheit zeitweilig einschränkende Maßnahme, durch die eine
Person von dazu befugten Angehörigen der Sicherheitsorgane der DDR [...]
von ihrem momentanen Aufenthaltsort zu einer staatlichen Dienststelle gebracht wird»: Suckut (Hg.), Wörterbuch der Staatssicherheit [297], S. 424.

100 Hartmut Zwahr, «Wir sind das Volk», in: Etienne François/Hagen Schulze
(Hg.), Deutsche Erinnerungsorte. Bd. II. München 2001, S. 253–265, hier

S. 253; Lindner, Revolution [323], S. 79, führt die Parole allerdings bereits für
den 2. Oktober an.

101 Vgl. Reinhart Koselleck, Kritik und Krise. Eine Studie zur Pathogenese der
bürgerlichen Welt. 6. Aufl. Frankfurt a. M. 1989 (zuerst 1959).

102 MfS-Information 496/89 über des Wirken des «Neuen Forums», weiterer
Sammlungsbewegungen und damit im Zusammenhang stehende beachtenswerte Probleme, 7. November 1989, in: Mitter/Wolle (Hg.), Befehle und Lageberichte [29], Dok. 55, S. 246; vgl. auch die Schilderung der Ereignisse in
Dresden zwischen dem 3. und dem 8. Oktober 1989 durch den Leiter der
BVfS Dresden, Böhm, in: BStU, ASt Dresden, BV Dresden, LBV 10167, v. a.
Bl. 3, sowie sein Schreiben vom 10. Oktober 1989 an das MfS in Berlin zu
den Ereignissen in Dresden am Vortag, in: BStU, MfS, Neiber 616, Bl. 71–76,
v. a. Bl. 73; vgl. auch Timmer, Bürgerbewegung [335], S. 187.

103 Vgl. Geyer, Nikolaikirche [309], S. 229 und 235.

104 Niederschrift über das Gespräch zwischen Erich Honecker und Michail Gorbatschow am 7. Oktober 1989, in: Küchenmeister/ (Hg.), Vieraugengespräche [22], Dok. 20, S. 248 f.

105 So Gorbatschow am 1. November im Gespräch mit Egon Krenz in Moskau,
in: Hertle, Fall der Mauer [Dokumentenanhang] [16], Dok. 9, S. 466.

106 Stenographische Niederschrift des Treffens der Genossen des Politbüros mit
Michail Gorbatschow am 7. Oktober 1989 in Berlin-Niederschönhausen, in:
Küchenmeister (Hg.), Vieraugengespräche [22], Dok. 21, S. 256 und 258 f.

107 Zit. nach Auerbach, Tag X [262], S. 128.

108 Befehl Nr. 105/89 des Ministers für Nationale Verteidigung, Heinz Keßler,
vom 27. September 1989, zit. nach Glaser, NVA-Angehörige [Dokumenten-
anhang] [10], S. 34–37; vgl. auch Erich Mielkes Plan der Maßnahmen zur
Gewährleistung der Sicherheit während des 40. Jahrestages der Gründung
der Deutschen Demokratischen Republik, 6.–8. Oktober 1989, bestätigt
durch Erich Honecker am 27. September 1989, in: BStU, MfS, ZAIG 7314,
Bl. 1–30.

109 Fernschreiben Honeckers an alle Ersten Sekretäre der Bezirksverwaltungen
der SED vom 8. Oktober 1989, in: SAPMO-DDR, DY 30/5195, Bl. 59.

110 Mielke an die Leiter der Diensteinheiten, 8. Oktober 1989, in: Mitter/Wolle
(Hg.), Befehle und Lageberichte [29], Dok. 39, S. 202. Besonders weit in den
Vorbereitungen und noch über die Vorgaben Honeckers vom 22. September
hinaus ging dabei der Erste Sekretär des Bezirks Dresden, Hans Modrow, der
die Isolierung nicht nur der «Organisatoren», sondern «aller konterrevolutionären Kräfte» anordnete, vgl. Auerbach, Tag X [262], S. 128. – Der seit
den sechziger Jahren seitens des MfS für den Kriegsfall bzw. Notstand vorbe-

reitete «Vorbeugekomplex» zur «Internierung» von Angehörigen anderer
Staaten bzw. zur «Isolierung» einer großen Zahl namhaft gemachter «feind-
lich-negativer» Personen aus eigenen Bevölkerung (auf den etwa Hertle, Fall
der Mauer [314], S. 110, und Timmer, Bürgerbewegung [335], S. 176, ver-
weisen) wurde im Herbst 1989 – als der Ernstfall eintrat, für den er konzipiert war – zwar weiter aktualisiert, aber nicht aktiviert, vgl. Auerbach,
Tag X [262], bes. S. 4 und 128–132, sowie Süß, Staatssicherheit am Ende
[332], S. 295, und Hollitzer, Verlauf des 9. Oktober [317], S. 265.

111   Zahlen nach Hertle, Fall der Mauer [314], S. 115, vgl. auch Hollitzer, Verlauf
des 9. Oktober [317], S. 269 f.

112   Krenz an Honecker, 4. Oktober 1989, in: SAPMO-DDR, DY 30/5195,
Bl. 26–28.

113   Vgl. die MfS-Information 253/89 über eine Demonstration und Zusammen-
künfte oppositioneller Kräfte in Leipzig, Dresden und Magdeburg, o. D., in:
Mitter/Wolle (Hg.), Befehle und Lageberichte [29], Dok. 43, S. 216–219; minutiöse Rekonstruktion bei Hollitzer, Verlauf des 9. Oktober [317], S. 268–
280, der die Bedeutung der entscheidungsbefugten Bezirkseinsatzleitung in
Leipzig betont; ansonsten und teils etwas abweichend hinsichtlich der Berliner Zentrale: Süß, Staatssicherheit am Ende [332], S. 311–314; Hertle, Fall
der Mauer [314], S. 116, und Timmer, Bürgerbewegung [335], S. 175–189.

114   Hertle, Fall der Mauer [314], S. 117.

115   Vgl. Süß, Staatssicherheit am Ende [332], bes. S. 749–751.

116   Vgl. die MfS-Information 451/89 über die weitere Formierung DDR-weiter
oppositioneller Sammlungsbewegungen, 9. Oktober 1989, in: Mitter/Wolle
(Hg.), Befehle und Lageberichte [29], Dok. 41, S. 208–213.

117   ZAIG an Mielke, 11. September 1989: Hinweise auf beachtenswerte Reak-
tionen von Mitgliedern und Funktionären der SED zu einigen aktuellen
Aspekten der Lage in der DDR und zum innerparteilichen Leben, in: Mitter/
Wolle (Hg.), Befehle und Lageberichte [29], Dok. 24, S. 148.

118   ZAIG an Mielke, 8. Oktober 1989: Hinweise über Reaktionen progressiver
Kräfte auf die gegenwärtige innenpolitische Lage in der DDR, in: Mitter/
Wolle (Hg.), Befehle und Lageberichte [29], Dok. 40, S. 204.

119   MfS-Information 457/89 über einige beachtenswerte Erscheinungen in den
Kampfgruppen der Arbeiterklasse im Zusammenhang mit der gegenwärtigen
Lageentwicklung, 15. Oktober 1989, in: Mitter/Wolle (Hg.), Befehle und
Lageberichte [29], Dok. 45, S. 221 f.

120   Wolf Biermann, Wer war Krenz? in: tageszeitung vom 19. November 1989,
zit. nach: Knabe, Aufbruch in eine andere DDR [21], S. 23.

121   Vgl. die Stenographische Niederschrift des Treffens der Genossen des Polit-

büros mit Michail Gorbatschow am 7. Oktober 1989 in Berlin-Niederschönhausen, in: Küchenmeister (Hg.), Vieraugengespräche [22], Dok. 21.

122 ZAIG an Mielke und Irmler, Hinweise über Reaktionen progressiver Kräfte auf die gegenwärtige innenpolitische Lage der DDR, 8. Oktober 1989, in: Mitter/Wolle (Hg.), Befehle und Lageberichte [29], Dok. 40, S. 204.

123 Vgl. dazu Hertle, Fall der Mauer [314], S. 117–120, und Süß, Staatssicherheit am Ende [332], S. 298–300.

124 Vgl. dazu die Aufzeichnung Gerhard Schürers über die PB-Sitzung vom 10./ 11. November, in: Hertle, Fall der Mauer [Dokumentenanhang] [16], Dok. 1, S. 409–426, das Zitat Honeckers S. 410.

125 Handschriftliche Notizen Honeckers zur Vorbereitung der PB-Sitzung, in: SAPMO-DDR, DY 30, 2121, Bl. 53–61 (die «Kindergrippen» Bl. 58).

126 Aufzeichnung Schürers, in: Hertle, Fall der Mauer [Dokumentenanhang] [16], Dok. 1, S. 411 (Hager), 412 (Stoph), 415 (Keßler und Tisch), 416 f. (Schabowski).

127 Aufzeichnung Schürers, in: Hertle, Fall der Mauer [Dokumentenanhang] [16], Dok. 1, S. 413 und 426.

128 Aufzeichnung Schürers, in: Hertle, Fall der Mauer [Dokumentenanhang] [16], Dok. 1, S. 422–425.

129 Aufzeichnung Gerhard Schürers über die PB-Sitzung vom 17. Oktober 1989, in: Hertle, Fall der Mauer [Dokumentenanhang] [16], Dok. 4, S. 431.

130 Vgl. Hertle, Fall der Mauer [314], S. 124–126.

131 Aufzeichnung Schürers, Hertle, Fall der Mauer [Dokumentenanhang] [16], Dok. 4, S. 432, 434 und 436 f.

132 Protokoll der Sitzung des Politbüros der SED vom 17. Oktober 1989, in: Stephan (Hg.), Interne Dokumente [44], Dok. 35, S. 166.

133 Aufzeichnung Schürers, in: Hertle, Fall der Mauer [Dokumentenanhang] [16], Dok. 4, S. 437.

134 Egon Krenz, Rede vor dem ZK, 18. Oktober 1989, zit. nach Hertle/Stephan (Hg.), Ende der SED [15], S. 112.

135 Niederschrift über das Gespräch des Generalsekretärs des ZK der SED, Egon Krenz, mit dem Vorsitzenden der Konferenz der Evangelischen Kirchenleitungen in der DDR, Landesbischof Dr. Werner Leich, am 19. Oktober 1989 in Hubertusstock, in: SAPMO-DDR, DY 30, 5195, Bl. 215–224, hier 218 – die zitierte Passage gibt Krenz in indirekter Rede als Meinungsäußerung Dritter wieder, bringt damit allerdings offenkundig seine eigene Position zum Ausdruck.

136 Vgl. Bertele an Bundeskanzleramt, 22. September 1989, in: DzD Deutsche Einheit [5], Dok. 45, S. 414; Wolf Biermann, Wer war Krenz? in: *tageszeitung*

vom 18. November 1989, zit. nach Knabe, Aufbruch in eine andere DDR [21], S. 25.

137 *tageszeitung* vom 19. Oktober 1989, S. 2.

138 Vgl. die Transkriptionen der Tonbandaufzeichnungen in: Hertle/Stephan (Hg.), Ende der SED [15], S. 103–133, die Verwirrung Stophs und die erzwungene Diskussion S. 119.

139 Ministerrat. Auswertung der 9. Tagung des Zentralkomitees der SED. Niederschrift über die inhaltliche Wiedergabe der Diskussionsbeiträge der Mitglieder des Ministerrates, in: SAPMO-DDR, DY 30, 5195, Bl. 180.

140 9. Tagung des ZK der SED, 18. Oktober 1989 (Transkription des Tonbandmitschnitts), in: Hertle/Stephan (Hg.), Ende der SED [15], S. 124.

141 Alexander Jakowlew gegenüber dem neuen Parteivorsitzenden Gregor Gysi am 14. Dezember 1989 in Moskau, in: Nakath u. a. (Hg.), Spitzenkontakte [33], Dok. 14/S. 109.

142 Vgl. die Auswertung der 9. Tagung des ZK der SED, in: SAPMO-DDR, DY 30, 5195, Bl. 145–147 – die Vorschläge entsprachen in weiten Teilen den «Hinweisen» des MfS «auf wesentliche motivbildende Faktoren im Zusammenhang mit Anträgen auf ständige Ausreise [...] und dem ungesetzlichen Verlassen der DDR» vom 9. September 1989, in: Mitter/Wolle (Hg.), Befehle und Lageberichte [29], Dok. 23, S. 141–147.

143 Vgl. Kap. I.2.

144 SAPMO-DDR, DY 30, 5195, Bl. 180–183 (Kleiber; Zitate: 180 f.) und Bl. 171 (Schürer).

145 Vgl. SAPMO-DDR, DY 30/IV 2/2039/317 passim.

146 SAPMO-DDR, DY 30, 5195, Bl. 184.

147 Vgl. die Notizen Werner Krolikowskis vom 13. November und 16. Dezember 1980 sowie vom 30. März 1983, in: Przybylski, Politbüro [38], Dok. 23–25, S. 340–356 (Zitate S. 340 f.); vgl. auch Hertle, Fall der Mauer [314], S. 124 f.

148 Vgl. ebd., S. 68–71.

149 Zit. nach ebd., S. 73.

150 Zit. nach ebd., S. 143.

151 Gerhard Schürer/Gerhard Beil/Alexander Schalck/Ernst Höfner/Arno Donda, Analyse der ökonomischen Lage der DDR mit Schlußfolgerungen. Vorlage für das Politbüro des Zentralkomitees der SED, 30. Oktober 1989, in: Hertle, Fall der Mauer [Dokumentenanhang] [16], Dok. 7, S. 448–460.

152 Gerhard Schürer an Egon Krenz, 27. Oktober 1989, Zur Zahlungsfähigkeit der DDR (Zusatzinformation zur Analyse der ökonomischen Lage), in: Hertle, Fall der Mauer [Dokumentenanhang] [16], Dok. 8, S. 461.

153 Schürer u. a., Analyse der ökonomischen Lage der DDR vom 30. Oktober 1989, in: Hertle, Fall der Mauer [Dokumentenanhang] [16], Dok. 7, S. 455– 457 (die Zitate 455).

154 Schürer u. a., Analyse der ökonomischen Lage der DDR vom 30. Oktober 1989, in: Hertle, Fall der Mauer [Dokumentenanhang] [16], Dok. 7, S. 458.

155 Niederschrift des Gesprächs zwischen Krenz und Gorbatschow am 1. November 1989, in: Hertle, Fall der Mauer [Dokumentenanhang] [16], Dok. 9, S. 462–482 (die folgenden Zitate S. 466 f. und 469), auch in: Stephan (Hg.), Interne Dokumente [44], Dok. 45, S. 199–224.

156 Egon Krenz, Rede auf der 10. Tagung des ZK der SED, 8. November 1989, in: Hertle/Stephan (Hg.), Ende der SED [15], S. 190.

157 Vgl. den Beitrag von Günter Ehrensperger, 9. November 1989 (Transkription des Tonbandmitschnitts), in: Hertle/Stephan (Hg.), Ende der SED [15], S. 363– 368; vgl. auch den Beitrag von Gerhard Schürer am 10. November, S. 382– 388, auch in: Stephan (Hg.), Interne Dokumente [44], Dok. 46, S. 224–232.

158 Beitrag von Eberhard Aurich (Transkription des Tonbandmitschnitts), in: Hertle/Stephan (Hg.), Ende der SED [15], S. 369.

159 10. Tagung des ZK der SED (Transkription des Tonbandmitschnitts), in: Hertle/Stephan (Hg.), Ende der SED [15], S. 366 und 382.

160 Vgl. Egon Krenz, Fernschreiben an alle Mitglieder und Kandidaten des ZK der SED, die Abteilungsleiter des ZK und die Ersten Bezirks- und Kreissekretäre vom 31. Oktober 1989, in: SAPMO-DDR, DY 30/IV 2/2039/314, Bl. 35–37.

161 Vgl. z. B. die Ordner mit Korrespondenz im Herbst 1989 in den Beständen des MDA Berlin von Bärbel Bohley, Marianne Birthler und Ibrahim Böhme.

162 Protokoll der Sitzung des Politbüros der SED vom 10./11. Oktober 1989, in: SAPMO-DDR, DY 30/J IV 2/2/2351, Bl. 3.

163 Vgl. dazu paradigmatisch, wenn auch in zugespitzter Situation, die abschließende Äußerung Günter Schabowskis in der Pressekonferenz vom 9. November 1989, zit. in: Hertle, Fall der Mauer [314], S. 172.

164 SAPMO-DDR, DY 30/IV 2/2039/317, Bl. 38 f.

165 Abteilung Propaganda, «Erste Einschätzung der Demonstration und Kundgebung am 4. November 1989 in Berlin», in: SAPMO-DDR, DY 30/IV 2/ 2039, Bl. 60–66, hier 64.

166 SAPMO-DDR, DY 30/IV 2/2039, Bl. 65.

167 Beitrag Manfred Ewalds auf der 9. Tagung des ZK der SED, 18. Oktober 1989 (Transkription des Tonbandmitschnitts), in: Hertle/Stephan (Hg.), Ende der SED [15], S. 121.

168 ZK-Information «zur aktuellen politischen Lage in der DDR» vom 30. Oktober 1989, in: Stephan (Hg.), Interne Dokumente [44], Dok. 42, S. 189.

169 Vgl. Hertle, Fall der Mauer [314], S. 135 f. Vgl. auch Süß, Staatssicherheit am Ende [332], S. 315–326.
170 Vgl. Timmer, Bürgerbewegung [335], S. 189–224, 232–240 und 259–280.
171 Vgl. Pollack, Zusammenbruch der DDR [327], S. 52 f.
172 Vorlage des Ministerialdirigenten Jung für Helmut Kohl, 3. November 1989, in: DzD Deutsche Einheit [5], Dok. 72, S. 478.
173 MfS-Information 471/89 über das Wirken antisozialistischer Sammlungsbewegungen und damit im Zusammenhang stehende beachtenswerte Probleme, 23. Oktober 1989, in: Mitter/Wolle (Hg.), Befehle und Lageberichte [29], Dok. 50, S. 233.
174 MfS-Information 485/89 über das Wirken antisozialistischer Sammlungsbewegungen und damit im Zusammenhang stehende beachtenswerte Probleme, 30. Oktober 1989, in: BStU, MfS, ZAIG 3756, Bl. 154–165, hier 154.
175 Vorlage des Ministerialdirigenten Jung für Helmut Kohl, 3. November 1989, in: DzD Deutsche Einheit [5], Dok. 72, S. 479.
176 Zur öffentlichen Kommunikation der Opposition vgl. Timmer, Bürgerbewegung [335], S. 144–151 und 192; vgl. auch Czaplicki, Westmedien [307].
177 Niederschrift über das Gespräch des Generalsekretärs des ZK der SED, Egon Krenz, mit dem Vorsitzenden der Konferenz der Evangelischen Kirchenleitungen in der DDR, Landesbischof Dr. Werner Leich, am 19. Oktober 1989 in Hubertusstock, in: SAPMO-DDR, DY 30, 5195, Bl. 215–224, hier 221.
178 Vgl. Timmer, Bürgerbewegung [335], S. 251 f. (das Zitat S. 252) im Anschluss an Meuschel, Legitimation und Parteienherrschaft [282].
179 Zahlen nach Lindner, Revolution [323], S. 87, und Wilfriede Otto, Widerspruch und abweichendes Verhalten in der SED, Materialien der Enquete-Kommission SED-Diktatur VII [380], Teilbd. 2, S. 1478.
180 Mielke an die Leiter der Diensteinheiten, 31. Oktober 1989, in: BStU, MfS BdL/Dok 008972, Bl. 1.
181 Information für das SED-Politbüro über Stand und Vorbereitung der Demonstration auf dem Alexanderplatz am 4.11., in: Stephan (Hg.), Interne Dokumente [44], Dok. 44, S. 196–199, die folgenden Zitate 198.
182 Mielke an die Leiter der Diensteinheiten, 31. Oktober 1989, in: BStU, MfS BdL/Dok 008972, Bl. 2.
183 Zit. nach Bahrmann/Links, Chronik [26], S. 78.
184 Bürgerbewegung Demokratie Jetzt. [Broschüre] Programm, Aussagen, Titelblatt, in: MDA, DJ 05.
185 Lepenies, Fall und Aufstieg [95], S. 12–14.

186 Niederschrift des Gesprächs zwischen Krenz und Gorbatschow am 1. November 1989, in: Hertle, Fall der Mauer [Dokumentenanhang] [16], Dok. 9, S. 474.

187 Äußerung Krenz' auf 10. Tagung des ZK der SED (Transkription des Tonbandmitschnitts), 9. November 1989, in: Hertle/Stephan (Hg.), Ende der SED [15], S. 305.

188 *Neues Deutschland* vom 6. November 1989, S. 1.

189 Vgl. Hertle, Fall der Mauer [314], S. 138–143 und 203–207; DDR-Almanach '90, S. 276.

190 Vgl. Hertle, Fall der Mauer [314], S. 207 f.; ders., Chronik des Mauerfalls [14], S. 114–117.

191 Zum ZK vgl. Hertle/Stephan (Hg.), Ende der SED [15], S. 20–33, zur Sitzung im November 1989 S. 59–81, die Edition der transkribierten Tonbandmitschnitte S. 135–437; während der Sitzung fasste auch das Politbüro Beschlüsse: SAPMO-DDR, DY 30/J IV 2/2/2359.

192 Vgl. Bahrmann/Links, Chronik [26], S. 87 f.

193 10. Tagung des ZK der SED (Transkription des Tonbandmitschnitts), 9. November 1989, in: Hertle/Stephan (Hg.), Ende der SED [15], S. 305 f. Zur Genese der Verordnung vgl. die minutiöse Rekonstruktion bei Hertle, Fall der Mauer [314], S. 210–230.

194 SAPMO-DDR, DY 30/J IV 2/2/2359, Bl. 13, die Pressemitteilung (ohne die Überschrift «Zur Veränderung der Situation der ständigen Ausreise von DDR-Bürgern nach der BRD über die CSSR wird festgelegt») in: SAPMO-DDR, DY 30/J IV 2/2/2359, Bl. 14. – Die folgenden Kursiva vom Verf.

195 Vgl. Hertle, Fall der Mauer [314], S. 169–176, bes. 171 (Schabowski in der Pressekonferenz), das folgende AP-Zitat S. 174, zur Tagesschau-Meldung S. 179.

196 Vgl. Hertle, Fall der Mauer [314], S. 188.

197 So der Erste Gesandte Maxymitschew, zit. nach: Hertle, Fall der Mauer [314], S. 270; vgl. auch Kotschemassow, Mission [90], S. 185 f.; zur Haltung der Sowjetunion vgl. Zubok, Krisen Gorbatschows [198], S. 251–258 und 264 f.

198 Äußerung Schewardnadses von Anfang 1991, zit. nach Biermann, Kreml und Kanzleramt [351], S. 235; vgl. dort auch S. 235–238.

199 Mündliche Botschaft Gorbatschows an Kohl, 10. November 1989, in: DzD Deutsche Einheit [5], Dok. 80, S. 504 f.

200 10. Tagung des ZK der SED (Transkription des Tonbandmitschnitts), in: Hertle/Stephan (Hg.), Ende der SED [15], S. 382–388, die folgenden Zitate: S. 422, 427 und 437, der zunehmend chaotische Schluss S. 417–437, bes. ab 427; zum Verlauf der Sitzung vgl. auch ebd., S. 76–81.

201 SAPMO-DDR, DY 30/5196, Bl. 315–331.

202 Vgl. Timmer, Bürgerbewegung [335], S. 315.

203 Information der Abt. Parteiorgane des ZK für das Sekretariat des ZK der SED zur aktuellen politischen Lage in der DDR vom 27. November 1989, in: SAPMO-DDR, DY 30/IV 2/2039, Bl. 144–149, hier 147.

204 ZK-Information «Zur aktuellen politischen Lage in der DDR» vom 30. Oktober 1989 (zur Vorlage in der PB-Sitzung vom 31. Oktober), in: Stephan (Hg.), Interne Dokumente [44], Dok. 42, bes. 188–190 (das Zitat 190).

205 SAPMO-DDR, DY 30/J IV 2/2/2358, Bl. 51–55 (Anlagen 9 und 10 zum Protokoll der Sitzung vom 7. November 1989).

206 Vgl. z. B. «Konkrete Äußerungen in Gesprächen», in: SAPMO-DDR, DY 30/ IV 2/2 03/317, Bl. 190 f.

207 Hertle/Stephan (Hg.), Ende der SED [15], S. 481.

208 Vgl. Gregor Gysi im Gespräch mit Alexander Jakowlew am 14. Dezember 1989 in Berlin, in: Nakath u. a. (Hg.), Spitzenkontakte [33], Dok. 14, S. 115, wo er die «historischen Verdienste Erich Honeckers» gegenüber der Behandlung durch Egon Krenz in Schutz nimmt.

209 Vgl. den Überblick über die verschiedenen Interpretationen bei Detlef Pollack, Bedingungsfaktoren der friedlichen Revolution 1989/90, in: Eppelmann/Faulenbach/Mählert (Hg.), Bilanz und Perspektiven [266], S. 188–195, sowie Pollack, Zusammenbruch der DDR [327].

210 Vgl. Max Weber, Objektive Möglichkeit und adäquate Verursachung in der historischen Kausalbetrachtung (1906), in: ders., Gesammelte Aufsätze zur Wissenschaftslehre, hg. von Johannes Winckelmann, 7. Aufl. Tübingen 1988, S. 266–290, hier 273–277 und 288–290.

211 Vgl. Deutsche Bundesbank, Zahlungsbilanz [265], S. 40–60, bes. S. 48 und 58 f., und Volze, Devisenverschuldung [337], bes. S. 161–164 und 169 f.; die Nettoverschuldung im nichtsozialistischen Ausland lag demzufolge 1989 bei 19,9 Mrd. Valutamark = 10,8 Mrd. US-Dollar.

212 Pollack, Zusammenbruch der DDR [327], S. 41.

213 Sabrow, Konkurs der Konsensdiktatur [331], S. 106.

214 Protokoll einer Unterredung zwischen L. I. Breschnew und Erich Honecker am 28. Juli 1970, in: Przybylski, Politbüro [38], Dok. 15, S. 281; vgl. auch Kurt Hager am 13. Oktober 1989 gegenüber dem KPdSU-Politbüromitglied Wadim Medwedjew in Moskau, in: Stephan (Hg.), Interne Dokumente [44], Dok. 34, S. 165: «Die DDR sei immer fest mit der Sowjetunion verbunden und weiß, was sie an Freundschaft und Solidarität erhalten hat, ohne die sie nicht lebensfähig wäre.»

215 Zwahr, Ende einer Selbstzerstörung [339], etwa S. 7 f. und 166.

216 Vgl. dazu die umsichtigen Überlegungen von Grünbaum, Revolution [311],
hier S. 439 f. und 446. Die lange Begriffsgeschichte von Revolution und zumal ihre Bedeutungsverschiebung in der «Sattelzeit» um 1800, vgl. Geschichtliche Grundbegriffe. Bd. 5. Stuttgart 1984, S. 653–788, wird für dieses
Verständnis von Revolutionen in der Moderne nicht weiter berücksichtigt.

III. Die nationale Wende

1 Neues Forum, Die Mauer ist gefallen, 12. November 1989, in: MDA, NFo 06
(auch in Bahrmann/Links, Chronik [26], S. 99); vgl. auch den – ganz der klassischen Diktion der SED entsprechenden – Aufruf von ungenannten 50 Mitgliedern der Friedens-, Umwelt- und Demokratiebewegung der DDR vom
15. November 1989 gegen «die Wiederbelebung der reaktionären Wiederver-
einigungsdebatte» und den «Heim-ins-Reich-Patriotismus» samt «den dahin-
terstehenden westdeutschen Großmachtambitionen», in: *tageszeitung* vom
16. November 1989.

2 Timmer, Bürgerbewegung [335], S. 384.

3 Vgl. Geisel, Suche nach einem dritten Weg [272], bes. S. 107–124, Timmer,
Bürgerbewegung [335], v. a. S. 341; vgl. auch die Einführung und die Beiträge
in Knabe (Hg.), Aufbruch in eine andere DDR [21].

4 Zit. nach Judt (Hg.), DDR-Geschichte in Dokumenten [18], S. 544 (Hervor-
hebungen: AR).

5 Vgl. Timmer, Bürgerbewegung [335], S. 342; vgl. als kritische Stimme die
Presseerklärung des Demokratischen Aufbruchs «zum Appell ‹Für unser
Land›» vom 2. Dezember 1989, in: MDA, DA 01.

6 Zit. nach Links/Bahrmann, Chronik [26], S. 140.

7 Hartmut Zwahr, «Wir sind das Volk», in: Etienne François/Hagen Schulze
(Hg.), Deutsche Erinnerungsorte. Bd. II. München 2001, S. 253–265, hier
S. 259.

8 Bahrmann/Links, Chronik [26], S. 124 f.

9 Vgl. Timmer, Bürgerbewegung [335], S. 336 f.

10 Reich, Abschied von den Lebenslügen [110], S. 11 f.

11 Lepenies, Fall und Aufstieg [95], S. 12–14.

12 Vorlage an Bundeskanzler Kohl, ohne Datum [zwischen 17. und 20. Novem-
ber], in: DzD Deutsche Einheit [5], Dok. 95, S. 549.

13 Bohley, Aus den Widerständen [62], S. 543.

14 Jäger/Villinger, Die Intellektuellen und die deutsche Einheit [387], S. 79.

15 Monika Maron, Das neue Elend der Intellektuellen, in: *tageszeitung* vom

6. Februar 1990, S. 7, und Walser, Vormittag eines Schriftstellers [132], S. 15.

16 Vgl. auch Pollack, Zusammenbruch der DDR [327], S. 69 f.

17 Rolf Schneider, Die Einheit wird kommen, in: *Der Spiegel* vom 27. November 1989, S. 44–46, das Zitat S. 46.

18 Timmer, Bürgerbewegung [335], S. 345.

19 Vgl. dazu ausführlicher Kap. IV.3; allgemein Thaysen, Der Runde Tisch [334]; Timmer, Bürgerbewegung [335], S. 296–302 und 352–370.

20 Vgl. ebd., S. 306–312.

21 Vgl. Neubert, Opposition in der DDR [285], S. 882 f., 885.

22 Vgl. Bahrmann/Links, Chronik [26], S. 154 und 163; vgl. Rathmer, Schalck-Golodkowski [291], S. 206–211.

23 Vorlage an Bundeskanzler Kohl, ohne Datum [zwischen 17. und 20. November], in: DzD Deutsche Einheit [5], Dok. 95, S. 548.

24 Vgl. Bahrmann/Links, Chronik [26], S. 115–130.

25 Texte zur Deutschlandpolitik [45] III/7, S. 225.

26 Rede Genschers vor der Generalversammlung der Vereinten Nationen in New York, 27. September 1989, zit. nach Kaiser (Hg.), Deutschlands Vereinigung [19], S. 150.

27 Erklärung Kohls als Parteivorsitzender der CDU vom 9. Oktober 1989, zit. nach Kohl, Einheit [87], S. 100 f.

28 Kohl gegenüber Bush in einem Telefongespräch am 23. Oktober 1989, in: DzD Deutsche Einheit [5], Dok. 64, S. 459.

29 Vgl. Thatcher an Bush, 16. November 1989, nach: Zelikow/Rice, Einheit [379], S. 171, und ihre Rede auf dem Gipfel-Abendessen der 12 Staats- und Regierungschefs in Brüssel am 18. November 1989: Thatcher, Downing Street Years [123], S. 794: «Any attempt to talk about either border changes or German reunification would undermine Mr Gorbachev and also open up a Pandora's box of border claims right through central Europe. I said we must keep both NATO and Warsaw Pact intact to create a background of stability.»

30 Gespräch zwischen Seiters und Eagleburger in Bonn, 7. September 1989, in: DzD Deutsche Einheit [5], Dok. 37, S. 397; gleichgerichtet Seiters gegenüber Botschafter Walters am 20. September, in: ebd., Dok. 43, S. 408, sowie gegenüber den Botschaftern der Drei (westlichen) Mächte am 24. Oktober 1989, in: ebd., Dok. 66, S. 463 f.; vgl. auch die bereits zitierte Äußerung von Teltschik im Gespräch mit dem sowjetischen Botschafter Kwizinski am 29. September 1989, in: ebd., Dok. 50, S. 426: Selbstbestimmungsrecht «könne Einheit heißen, müsse es aber nicht zwangsläufig.»

31 Bericht der Bundesregierung zur Lage der Nation im geteilten Deutschland, abgegeben von Kohl vor dem Deutschen Bundestag, 8. November 1989, zit. nach Kaiser (Hg.), Deutschlands Vereinigung [19], S. 154 f.

32 Zum folgenden Überblick über die deutschlandpolitischen Akteure in Bonn vgl. Kusters, Einleitung zu DzD Deutsche Einheit [344], S. 22–26, sowie Korte, Deutschlandpolitik [213], S. 23–66 (die Zitate S. 7 und 25). Zu Kohl vgl. auch Andreas Rödder, Helmut Kohl, in: Bundeskanzleramt/Haus der Geschichte der Bundesrepublik Deutschland (Hg.), Die Bundeskanzler und ihre Ämter. Heidelberg 2006, S. 132–147.

33 Teltschik, 329 Tage [122], S. 273; vgl. auch Kiessler/Elbe, Weg [85], S. 98 («außenpolitischer ‹Amateur›»), 130, 168 und öfter.

34 Emil J. Kirchner, Genscher and what lies behind «Genscherism», in: West European Politics 13 (1990), S. 159–177; Richard Burt zit. nach Christoph Bertram, Viel Respekt, manchmal Vertrauen, in: Die Zeit vom 1. Mai 1992, S. 3.

35 Vgl. Jäger, Überwindung [388], S. 43, und Archiv der Gegenwart [2] 59 (1989), S. 33947.

36 Vgl. die Aufzeichnung des Telefongesprächs zwischen Kohl und Mazowiecki, 6. November 1989, in: DzD Deutsche Einheit [5], Dok. 73, S. 480 f.

37 Aufzeichnung des Gesprächs zwischen Kohl und Lech Wałęsa am 9. November 1989, in: DzD Deutsche Einheit [5], Dok. 76, S. 493 f.

38 Vgl. Kohl, Einheit [87], S. 128 f.

39 Vgl. Jäger, Überwindung [388], S. 44 f., und Teltschik [122], 329 Tage, S. 17–21.

40 Zit. nach Küsters, Einführung zu DzD Deutsche Einheit [344], S. 55; vgl. auch Der Spiegel vom 20. November 1989, S. 32.

41 Zit. nach Außenpolitik der Bundesrepublik Deutschland [3], Dok. 208, S. 619, ebenso in Texte zur Deutschlandpolitik [45] III/7, S. 400. Dort findet sich das Zitat «Jetzt wächst zusammen …» nicht, während es in verschiedenen Ausgaben vor dem letztzitierten Satz eingefügt ist; zu dieser Fehlüberlieferung vgl. Bernd Rother, «Jetzt wächst zusammen, was zusammengehört» – Oder: Warum Historiker Rundfunkarchive nutzen sollten, in: Timothy Garton Ash, Wächst zusammen, was zusammengehört? [Mit Dokumentation der Rede Brandts zum Mauerfall] (Schriftenreihe der Bundeskanzler-Willy-Brandt-Stiftung 8.) Berlin 2001, S. 26–28 (entgegen der Lesart P. Merseburgers, Brandt [246], S. 836 f., der Altkanzler habe den Satz auf der Fahrt zur Kundgebung spontan in das Redemanuskript eingefügt, nahm Brandt diese handschriftliche Eintragung nachträglich vor).

42 Mündliche Botschaft Gorbatschows an Kohl, 10. November 1989, in: DzD Deutsche Einheit [5], Dok. 80, S. 504 f.; andere, treffendere Übersetzung in

den Akten von Krenz, in: Stephan (Hg.), Interne Dokumente [44], Dok. 49, S. 241 f. Vgl. auch Teltschik, 329 Tage [122], S. 19 f., Kohl, Einheit [87], S. 129–136, und Genscher, Erinnerungen [73], S. 657–661.

43 Zit. nach Außenpolitik der Bundesrepublik Deutschland [3], Dok. 208, S. 621 f.

44 Wortprotokoll des Gesprächs (Ost-Berliner Aufzeichnung): Stephan (Hg.), Interne Dokumente [44], Dok. 51, S. 243–249 (das Zitat S. 246); Bonner Aufzeichnung: DzD Deutsche Einheit [5], Dok. 86, S. 513–515.

45 Vgl. Gorbatschow, Erinnerungen [74], S. 713; DzD Deutsche Einheit [5], S. 87, S. 515 f.

46 Aufzeichnung des Telefongesprächs zwischen Kohl und Bush am 17. November 1989, in: DzD Deutsche Einheit [5], Dok. 93, S. 539.

47 Vgl. die Anlage zur Vorlage Teltschiks an Kohl vom 17. November 1989, in: DzD Deutsche Einheit [5], Dok. 94B. Vgl. dazu Kap. IV.1.

48 BT Sten. Ber. [48], 11. WP, 176. Sitzung, S. 13335.

49 Vgl. Europa-Archiv [7] 44 (1989), D. 717.

50 *Der Spiegel* vom 20. November 1989, S. 18 und 29.

51 Zur Haltung der *Frankfurter Allgemeine Zeitung* vgl. etwa die Leitartikel vom 10., 17., 25. und 30. Oktober sowie vom 6., 11., 15., 16. und 27. November 1989; zur allgemeinen Debatte vgl. zum Beispiel «Lassen wir uns die Wiedervereinigung von anderen vorformulieren?», in: *Welt am Sonntag* vom 19. November 1989 (Herbert Kremp, dort das folgende Zitat), «Wie Kesselflicker», in: *Frankfurter Allgemeine Zeitung* vom 20. November 1989 (Eckhard Fuhr), «Wer ja zur Einheit sagt, gewinnt», in: *Bild* vom 23. November 1989 (Hans-Hermann Tiedje), «Wiedervereinigung. Die deutsch-deutsche Tonart ändert sich», in: *tageszeitung* vom 23. November 1989 (Klaus Hartung).

52 Vgl. Bahrmann/Links, Chronik [26], S. 146.

53 Teltschik, 329 Tage [122], S. 41.

54 Anlage «SU und ‹deutsche Frage›» zur Vorlage Teltschiks an Kohl, 6. Dezember 1989, in: DzD Deutsche Einheit [5], Dok. 112/112A, S. 616–618.

55 Vgl. Teltschik, 329 Tage [122], S. 42–44.

56 Ebd., S. 49; zur Vorgeschichte des Zehn-Punkte-Programms vgl. S. 48–58 sowie Mertes, Entstehung des Zehn-Punkte-Programms [102]; vgl. auch Küsters, Einführung zu DzD Deutsche Einheit [344], S. 59–64; Jäger, Überwindung [388], S. 58–73, sowie Weidenfeld, Außenpolitik [377], S. 97–110.

57 Vgl. Kiessler/Elbe, Weg [85], S. 54 f., sowie Genscher, Erinnerungen [73], S. 669–675.

58 Kohl, Bundestagsrede vom 28. November 1989, in: BT Sten. Ber. [48], 11. WP, 177. Sitzung, S. 13510–14.

59 Vgl. Teltschik, 329 Tage [122], S.52.

60 Vgl. dazu Kap. IV.1.

61 Vermerk über Telefonat zwischen Gorbatschow und Gysi am 14. Dezember 1989, in: Nakath u. a. (Hg.), Spitzenkontakte [33], Dok. 13, S. 105.

62 Vgl. Timmer, Bürgerbewegung [335], S.346 f.

63 Vgl. Jäger, Überwindung [388], S.80.

64 Teltschik, 329 Tage [122], S. 88; zum Delegationsgespräch vgl. DzD Deutsche Einheit [5], Dok. 129, S.668–673, die folgenden Zitate S.668 f.; zur Presseverlautbarung mit den Beschlüssen vgl. Texte zur Deutschlandpolitik [45] III/7, S.470–478.

65 Vgl. Küsters, Einleitung zu DzD Deutsche Einheit [344], S.75 f.

66 Vgl. die Aufzeichnung des Gesprächs mit Vertretern der Oppositionsgruppen in der DDR am 20. Dezember 1989, in: DzD Deutsche Einheit [5], Dok. 130, S.673–675.

67 Texte zur Deutschlandpolitik [45] III/7, S.466–469, das Zitat S.467.

68 Kohl, Einheit [87], S.213.

69 Ebd., S.214; die *Welt am Sonntag* meldete bereits am 17. Dezember, Kohl wolle vor der Dresdener Frauenkirche sprechen, und Teltschik, 329 Tage [122], S.86, berichtet von sorgfältigen Vorbereitungen der Rede am Vorabend der Reise; vgl. auch Duisberg, Jahr [68], S.118. Zum «Mythos Dresden» vgl., wenn auch in der Diktion teils etwas überzogen, Driftmann, Deutschlandpolitik [341], S.179–189.

70 Am 17. Dezember hatte das ZDF-Politbarometer in einer – wenn auch nicht nach westlichen Maßstäben repräsentativen – Umfrage erhoben, dass 71 % der Ostdeutschen einen souveränen eigenen DDR-Staat wünschten: Jäger, Überwindung [388], S.76 – einen ähnlichen Befund kommunizierte Gysi gegenüber Gorbatschow in dem eingangs zitierten Telefongespräch vom 14. Dezember.

71 Vorschlag des MDg Duisberg für die «Gesprächslinie» Kohls in Dresden, 18. Dezember 1989, in: DzD Deutsche Einheit [5], Dok. 128A, S.663.

IV. Scharnierzeit:
Vom Zehn-Punkte-Programm bis zur Volkskammerwahl

1 Vertrag über die Beziehungen zwischen der Bundesrepublik Deutschland und den Drei Mächten (Deutschlandvertrag) in der geänderten Fassung vom 23. Oktober 1954, Art. 2 und 7, in: Außenpolitik der Bundesrepublik Deutschland [3], Dok. 25, S.212 und 214. Zur völkerrechtlichen Ausgangs-

lage vgl. Handbuch des Staatsrechts der Bundesrepublik Deutschland VIII [386], S. 200–202, bes. S. 201 Anm. 14.

2 Vgl. Kiessler/Elbe, Weg [85], S. 73 f., und Archiv der Gegenwart [2] 59 (1989), S. 34028.

3 Kiessler/Elbe, Weg [85], S. 74 f.; vgl. auch das Gespräch des Bundesministers Seiters mit den Botschaftern der Drei Mächte in Bonn am 13. Dezember 1989, in: DzD Deutsche Einheit [5], Dok. 121, S. 641 f.

4 Baker, Drei Jahre [57], S. 177.

5 Ebd., S. 156.

6 Vgl. Bush/Scowcroft, A World Transformed [64], S. 164 f.

7 Gespräch zwischen Bush und Kohl in Laeken bei Brüssel, 3. Dezember 1989, in: Kohl, Einheit [87], S. 187; vgl. auch DzD Deutsche Einheit [5], Dok. 109, bes. S. 602–607.

8 Vgl. Kaiser (Hg.), Deutschlands Vereinigung [19], S. 169.

9 Vgl. dazu, mit Zitatbelegen, Kap. I. 5.

10 Protokoll des Gesprächs in Gorbatschow, Gipfelgespräche [11], S. 123–129 (die Zitate S. 123 und 128 f.); vgl. ansonsten ders., Erinnerungen [74], S. 698; Baker, Drei Jahre [57], S. 164; Zelikow/Rice, Einheit [379], S. 190; Beschloss/Talbott, Auf höchster Ebene [146], S. 213 f.; Oberdorfer, Turn [171], S. 382.

11 Kohl an Bush, 28. November 1989, in: DzD Deutsche Einheit [5], Dok. 101, S. 567.

12 Vgl. Tschernjajew, Recollections [126], S. 165.

13 Genscher, Erinnerungen [73], S. 683.

14 Gorbatschow und Schewardnadse gegenüber Genscher in Moskau am 5. Oktober 1989, zit. nach Gorbatschow i germanski wopros [8], S. 273–284 (Zitate: S. 276–279 und 283, dort allerdings nicht das Hitler-Zitat); vgl. auch, offenkundig dasselbe Protokoll zitierend, von Plato, Vereinigung [370], S. 127–134 und dort S. 132 das Hitler-Zitat, sowie Zelikow/Rice, Einheit [379], S. 199 f. mit S. 553 f. Anm. 98 (dort ebenfalls das Hitler-Zitat). Gedämpft dagegen die Überlieferungen bei Gorbatschow, Erinnerungen [74], S. 713 f.; ders., Wiedervereinigung [75], S. 90–92, und Genscher, Erinnerungen [73], S. 683–687; vgl. auch Weidenfeld, Außenpolitik [377], S. 120–125, und Adomeit, Overstretch [184], S. 449–456.

15 Alexander Jakowlew im Gespräch gegenüber Gregor Gysi am 14. Dezember 1989 in Berlin, in: Nakath u. a. (Hg.), Spitzenkontakte [33], Dok. 14, S. 115.

16 Vgl. Zelikow/Rice, Einheit [379], S. 197.

17 Zit. nach ebd., S. 200.

18 Kotschemassow, Meine letzte Mission [90], S. 110 (Herbst 1989).

19 Vgl. Adomeit, Overstretch [184], S. 441–449; für Portugalow, Tschernjajew

und Daschitschew vgl. Wirsching, Abschied vom Provisorium [259], S. 557 f. mit Anm. 202.

20 Kwizinskij, Vor dem Sturm [93], S. 12.

21 Vgl. Valentin Falins Memorandum für Gorbatschows Gespräch mit Kohl am 10. Februar 1990 sowie das Memorandum vom März 1990, in: Falin, Konflikte im Kreml [71], S. 158–160 sowie Anlage 10, S. 315; Kwizinskij, Vor dem Sturm [93], S. 22; Kiessler/Elbe, Weg [85], S. 84.

22 Vgl. Huber, Auflösung [190], S. 145–172; Tschernjajew, Jahre [125], S. 289–291; Archiv der Gegenwart [2], 60 (1990), S. 34173–34180.

23 Tschernjajew, Jahre [125], S. 282 (nach einer Aussage Alexander Jakowlews).

24 Vgl. Adomeit, Gorbachev [183], S. 220–222.

25 Vgl. Lehmann, Vereinigung [366], Bd. 3, S. 418.

26 Vermerk über ein Gespräch von Gregor Gysi, Vorsitzender der SED, mit Alexander Jakowlew, Politbüromitglied und Sekretar des ZK der KPdSU, am 14. Dezember 1989 in Berlin, in: Nakath u. a. (Hg.), Spitzenkontakte [33], Dok. 14, S. 109–111; zur Stimmung innerhalb der Parteiführung Ende Januar vgl. auch Tschernjajew, Jahre [125], S. 279–288.

27 Kwizinskij, Vor dem Sturm [93], S 40.

28 Kohl, Einheit [87], S. 150.

29 Genscher, Erinnerungen [73], S. 663.

30 Kohl, Einheit [87], S. 195–198.

31 Vgl. dazu Kap. V. 4.

32 Egon Bahr am 29. September 1989, zit. nach Jäger, Überwindung [388], S. 146.

33 Thatcher an Bush, 16. November 1989, zit. nach Zelikow/Rice, Germany Unified [379], S. 115 (etwas anders übersetzt als dies., Einheit [379], S. 171).

34 Rede des französischen Außenministers Dumas vor der Französischen Nationalversammlung, 12. Dezember 1989, zit. nach Kaiser (Hg.), Deutschlands Vereinigung [19], S. 173 f. (das Zitat 173).

35 Thatcher, Downing Street Years [123], S. 796.

36 Attali, Verbatim III [55], S. 370; vgl. auch Thatcher, Downing Street Years [123], S. 796 f., und Hutchings, American Diplomacy [81], S. 96 mit Anm. 22.

37 Vgl. Lehmann, Vereinigung [366], I, S. 289–291 und 420.

38 Vgl. Himmler, Großbritanniens Außenpolitik [359], S. 96–106.

39 Urban, Diplomacy [128], S. 100.

40 Vgl. Zelikow/Rice, Einheit [379], S. 172 f., sowie Thatcher, Downing Street Years [123], S. 794.

41 Vgl. Weidenfeld, Außenpolitik [377], S. 131 f.; unverbindlich hingegen Genscher, Erinnerungen [73], S. 675 f.

42 Vgl. Urban, Diplomacy [128], S. 104 f., 131 und 133 (dort das Zitat).

43 Vgl. Jackisch, Eisern gegen die Einheit [360], S. 12–18; Zelikow/Rice, Einheit [379], S. 330 (dort das erste Zitat); Urban, Diplomacy [128], S. 118–150 (dort S. 134 das zweite Zitat); Craig, Chequers-Affäre [65].

44 Vgl. Himmler, Großbritanniens Außenpolitik [359], S. 118–132.

45 Vgl. Lehmann, Vereinigung [366], I, S. 453–459, 725 und 732.

46 Vgl. Weidenfeld, Außenpolitik [377], S. 136; Schabert, Weltgeschichte [372], S. 385 und 407 f.; Védrine, Les mondes [129], S. 455; Bozo, Mitterrand [352], S. 141 und 145.

47 Vgl. dazu u. a. die Eintragung Teltschiks über eine Äußerung von Verteidigungsminister Chévènement im *Figaro*, in: Teltschik, 329 Tage [122], S. 59 f.

48 Vgl. den Vermerk Elisabeth Guigous für Mitterrand über ein Gespräch mit Dumas vom 30. November 1989, in: Schabert, Weltgeschichte [372], S. 419.

49 Roland Dumas, Rede vor der Französischen Nationalversammlung, 12. Dezember 1989, zit. nach Kaiser (Hg.), Deutschlands Vereinigung [19], S. 174 f.

50 Teltschik, 329 Tage [122], S. 76; vgl. auch S. 61.

51 Vgl. dazu Mitterrands Äußerung gegenüber Attali am 2. Oktober 1989: «Diejenigen, die von einer deutscher Wiedervereinigung sprechen, haben keine Ahnung. Die Sowjetunion wird das niemals akzeptieren», in: Attali, Verbatim III [55], zweibändige Ausg., S. 394; vgl. auch Thatcher, Downing Street Years [123], S. 792.

52 Mitterrand im Interview mit fünf europäischen Zeitungen, darunter der *Süddeutschen Zeitung* am 27. Juli 1989, hier nach Mitterrand, Deutschland [105], S. 144, und Védrine, Les mondes [129], S. 423.

53 Teltschik, 329 Tage [122], S. 47, das folgende Zitat S. 96. Zu Mitterrands Besuch in der DDR vgl. auch Bozo, Mitterrand [352], S. 163.

54 Zit. nach Schabert, Weltgeschichte [372], S. 415.

55 Zit. nach Adomeit, Overstretch [184], S. 460; vgl. auch die Vorlage des Vortragenden Legationsrats I Bitterlich an Bundeskanzler Kohl vom 2./3. Dezember 1989, in: DzD Deutsche Einheit [5], Dok. 108, S. 596–598.

56 Védrine, Les mondes [129], S. 441. Zur Haltung Mitterrands vgl. auch Dufourque, 2+4 [67], S. 474, sowie Bozo, Mitterrand [352], S. 156.

57 Vgl. Gorbatschows Äußerungen gegenüber Egon Krenz am 1. November 1989, in: Hertle, Fall der Mauer [Dokumentenanhang] [16], Dok. 9, S. 471, sowie Alexander Jakowlew gegenüber Gregor Gysi am 14. Dezember 1989, in: Nakath u. a. (Hg.), Spitzenkontakte [33], Dok. 14, S. 116.

58 Vgl. Adomeit, Overstretch [184], S. 457; für Schamir: DzD Deutsche Einheit [5], Dok. 106 und 118; Weidenfeld, Außenpolitik [377], S. 115.

59 Vgl. etwa Kohls Briefwechsel mit Gorbatschow, in: DzD Deutsche Einheit [5], Dok. 126, S. 658 f. und 127, S. 660 f.

60 Vgl. Zelikow/Rice, Einheit [379], S. 209 (Baker gegenüber Kohl am 12. Dezember, dort das Zitat) und S. 215 (Baker an Bush, 20. Dezember).

61 Vgl. Teltschik, 329 Tage [122], S. 83; eine Andeutung im Gespräch mit dem ungarischen Ministerratsvorsitzenden Németh am 16. Dezember 1989, in: DzD Deutsche Einheit [5], Dok. 124, S. 656.

62 Wirsching, Abschied vom Provisorium [259], S. 647.

63 Urteil des Zweiten Senats vom 31. Juli 1973, in: Entscheidungen des Bundesverfassungsgerichts [6], Bd. 36. Tübingen 1974, Nr. 1, S. 1–37. Vgl. auch den letzten Stand der rechtswissenschaftlichen Diskussion vor der Wiedervereinigung bei Schiedermair, Die deutsche Frage [221], bes. S. 1040–1053.

64 Urteil des Zweiten Senats vom 31. Juli 1973, Entscheidungen des Bundesverfassungsgerichts [6], Bd. 36. Tübingen 1974, Nr. 1, S. 17 f.

65 Vgl. ebd., Nr. 1, S. 16 (zitiert in Kap. V.2: Völkerrecht und Politik); Handbuch des Staatsrechts VIII [386], S. 200, und Kempen, Die deutsch-polnische Grenze [361], S. 161–179.

66 Vgl. Herdegen, Bestandsaufnahme [208], S. 1263 und 1265.

67 Hornhues: Große Chance zur Wiedervereinigung, in: *Die Welt* vom 13. Oktober 1989.

68 ARD *Im Brennpunkt*, 21. September 1989: «Wer hat Angst vor der Wiedervereinigung?», in: ACDP, Pressedokumentation, 1/23/0.

69 Gunter Hofmann, Soll das alles wieder ein Provisorium sein? in: *Die Zeit* vom 29. September 1989.

70 Vgl. Wolfrum, Geschichtspolitik [260], S. 335–345.

71 Vgl. Roth, Idee der Nation [251], S. 341–344.

72 Vgl. Korte, Deutschlandpolitik [213], S. 398–409.

73 Hornhues: Große Chance zur Wiedervereinigung, in: *Die Welt* vom 13. Oktober 1989.

74 Stoltenberg: Unnatürliche Teilung Europas überwinden, in: *Die Welt* vom 27. Oktober 1989.

75 Joachim Neander, Im deutschen Wartesaal, in: *Die Welt* vom 23. November 1989.

76 «Keine isolierte deutsche Lösung», in: *Stuttgarter Zeitung* vom 23. November 1989: «Unsere Priorität muß ganz klar die Einbindung in den Westen sein. Von dort aus müssen wir Wege zu einer europäischen Friedensordnung suchen. Ich sehe keine isolierte Lösung für die Deutschen.»

77 Gastkommentar für die Mainzer *Allgemeine Zeitung* vom 14. Oktober 1989; vgl. auch Jäger, Überwindung [388], S. 76.

78 Zit. nach ebd., S. 75 f. (u. a. nach einem Interview mit dem DDR-Fernsehen vom 13. 12. 89); vgl. auch die Wiedergabe der Äußerungen Weizsäckers in der Aussprache am Zentralen Runden Tisch der DDR, 19. Februar, in: Thaysen (Hg.), Der Zentrale Runde Tisch [46], III, S. 784 und 787.

79 BT Sten. Ber. [48], 11. WP, 177. Sitzung, S. 13514.

80 So der Titel der umfassendsten Darstellung der Politik der SPD im Hinblick auf die Wiedervereinigung: Sturm, Sozialdemokratie [401]; zur Reaktion auf das Zehn-Punkte-Programm S. 217–230.

81 Vgl. Groh/Brandt, Sozialdemokratie und Nation [235], S. 318.

82 Vgl. Garton Ash, Im Namen Europas [156], S. 462–468; Vogtmeier, Bahr [223], S. 222; Potthoff, Koalition der Vernunft [216], S. 47–63.

83 «Wiedervereinigung untauglicher Begriff», in: *Frankfurter Allgemeine Zeitung* vom 28. September 1989 (nach einem Gespräch für die *Hannoversche Allgemeine*).

84 Hans Eichel, Jetzt: Konkrete deutsch-deutsche Politik, in: *Wir Hessen*, November 1989 (ACDP Pressedokumentation 1/23/o).

85 MfS-Information 485/89 über das Wirken antisozialistischer Sammlungsbewegungen und damit im Zusammenhang stehende beachtenswerte Probleme, 30. Oktober 1989, in: BStU, MfS, ZAIG 3756, Bl. 154–165, hier 161.

86 Texte zur Deutschlandpolitik [45] III/7 (1989), S. 158–170. Vgl. auch seine Interviewäußerung gegenüber dem *Stern* vom 26. September 1989: «Wir müssen uns eine Option auf die deutsche Einheit offenlassen für den Fall, daß sich die DDR als nicht lebensfähig erweist», zit. nach *Frankfurter Allgemeine Zeitung* vom 27. September 1989, Eppler spricht sich für Option auf deutsche Einheit aus. Vgl. auch das engagierte Plädoyer des ehemaligen Hamburger Bürgermeisters Klaus von Dohnanyi für eine deutsche Wiedervereinigung im *Stern* vom 16. November 1989 (Wiedervereinigung: Konflikt zwischen Kopf und Bauch?).

87 In der *Frankfurter Rundschau* vom 15. September 1988, S. 8 («Ein Notdach, unter dem der Rechtsstaat sich entwickeln konnte. 40 Jahre Grundgesetz», dort auch das Zitat) wandte sich Brandt gegen die «Lebenslüge» einer Wiedervereinigung als der Vorstellung von einem «Anschluß der DDR an die Bundesrepublik» aus der «nationalpolitisch [v]ergangenen» Theorie eines fortwirkenden deutschen Gesamtstaates heraus – die freilich den staats- und völkerrechtlichen Legitimationskern einer staatlichen Vereinigung von Bundesrepublik und DDR darstellte. Vgl. auch Winkler, Weg nach Westen II [258], S. 471; Jäger, Überwindung [388], S. 154 mit S. 562 Anm. 39, sowie zu Brandt allgemein v. a. Merseburger, Brandt [246].

88 Vgl. dazu Kap. III.2: *Bonn, Warschau, Berlin: Der Fall der Mauer.*

89 Pressekonferenz Mompers vom 11. November, in: *tageszeitung* vom 13. November 1989.

90 Zit. nach Sturm, Sozialdemokratie [401], S. 226.

91 Helmut Schelsky, Die skeptische Generation, Düsseldorf 1957; zu den politischen Generationen der Bundesrepublik vgl. Clemens Albrecht, in: ders./ Günter C. Behrmann/Michael Bock/Harald Homann/Friedrich H. Tenbruck, Die intellektuelle Gründung der Bundesrepublik. Eine Wirkungsgeschichte der Frankfurter Schule. Frankfurt a. M. 1999, S. 498–506; Überblick bei Rödder, Bundesrepublik [249], S. 194 f.

92 Oskar Lafontaine, Die Gesellschaft der Zukunft – Reformpolitik in einer veränderten Welt. Hamburg 1988, S. 188.

93 Jäger, Überwindung [388], S. 155 (nach Egon Bahr).

94 Vgl. dazu auch Müller, German Intellectuals [345], S. 120–150.

95 Vgl. Sturm, Sozialdemokratie [401], S. 230–237; Jäger, Überwindung [388], S. 69 und 155; Grosser, Wagnis [383], S. 189.

96 Vgl. Lafontaines Rede auf dem Berliner SPD-Parteitag am 19. Dezember 1989, in: Protokoll vom Programm-Parteitag Berlin, 18.–20. 12. 1989, hg. vom Vorstand der SPD. Bonn o. J., S. 253 f. (Zitate S. 254); vgl. auch *Frankfurter Allgemeine Zeitung* vom 20. Dezember 1989, S. 1: «Lafontaine: Soziale Gerechtigkeit wichtiger als staatliche Einheit», bezeichnenderweise unter dem Hauptartikel über Kohls Besuch in Dresden am 19. Dezember.

97 Texte zur Deutschlandpolitik [45] III/7, S. 404.

98 Vgl. Lambsdorff anders als Genscher in deutscher Frage, in: *Welt am Sonntag* vom 15. Oktober 1989.

99 Vgl. Wirsching, Abschied vom Provisorium [259], S. 652; Jäger, Überwindung [388], S. 183–185.

100 Vgl. Joschka Fischer vor dem Hessischen Landtag im Juli 1989, zit. nach Hacker, Deutsche Irrtümer [207], S. 231.

101 Texte zur Deutschlandpolitik [45] III/7, S. 361.

102 Vgl. Jäger, Überwindung [388], S. 186; vgl. auch Weidenfeld, Außenpolitik [377], S. 113.

103 Jäger, Überwindung [388], S. 188 und 191; Wirsching, Abschied vom Provisorium [259], S. 652.

104 Vgl. dazu mit dezidiert normativer Perspektive und *magna cum ira* gegenüber allen Abweichlern von der Wiedervereinigungsorthodoxie, als Quellenfundus aber aufschlussreich: Hacker, Deutsche Irrtümer [207].

105 Wolfgang Leonhard, Interview für BBC, The World Tonight, 6. Oktober 1989 (Abschrift des Bundespresseamts), in: ACDP, Pressedokumentation, 1/ 23/0.

106 Auf die Einheit verzichten. Statt Wiedervereinigung ein Friedensvertrag für Europa, in: *Die Zeit* vom 17. November 1989.

107 Günter Grass, Kurze Rede eines vaterlandslosen Gesellen. Rede in der Evangelischen Akademie Tutzing, 2. Februar 1990, in: Grass, Schnäppchen [76], S. 7–14, hier 13.

108 Interview mit Günter Grass zum Prozess der deutschen Einheit, in: Jäger/Villinger [387], Die Intellektuellen und die deutsche Einheit, S. 236.

109 Jürgen Habermas, Der DM-Nationalismus, in: *Die Zeit* vom 30. März 1990.

110 Hans-Ulrich Wehler, Deutsche Frage und europäische Antwort, in: *Frankfurter Rundschau* vom 14. Oktober 1989.

111 Vgl. dazu Kap. I.3.

112 Die Deutschen wollen und dürfen eine Nation sein, in: *Frankfurter Allgemeine Zeitung* vom 13. Juli 1990. Ähnlich der politisch keineswegs konservative Althistoriker Christian Meier, Die deutsche Einheit als Herausforderung. Beide Seiten könnten und sollten voneinander lernen, in: *Frankfurter Allgemeine Zeitung* vom 24. April 1990.

113 Hans-Peter Schwarz, Das Ende der Identitätsneurose, in: *Rheinischer Merkur* vom 7. September 1990.

114 Vgl. auch Martin Walser, Vom Stand der deutschen Dinge, in: *Frankfurter Allgemeine Zeitung* vom 5. Dezember 1989: «Eine selbstverständliche Zusammengehörigkeit durfte sich endlich ausdrücken.»

115 Theo Sommer, Quo vadis Germania? in: *Die Zeit* vom 23. Juni 1989.

116 Gerd Bucerius, Opfer bringen für die Wiedervereinigung, in: *Die Zeit* vom 13. Oktober 1989.

117 Antwort auf eine nicht gestellte Frage, in: *Der Spiegel* vom 3. Juli 1989; Sagen, was ist, in: *Der Spiegel* vom 20. November 1989.

118 Die Gelegenheit ist günstig, in: *Der Spiegel* vom 30. Oktober 1989.

119 Vgl. Josef Joffe (Ressortchef Außenpolitik), Das Gebot der Weisheit, in: *Süddeutsche Zeitung* vom 28. Oktober 1989 (für europäische Union vor deutscher Einheit), sowie Heinrich Jaenecke, Gebt der DDR eine Chance, in: *Stern* vom 23. November 1989.

120 Vgl. dazu Kap. III.2: *Die Offensive der Zehn Punkte.*

121 Vgl. Herbert Kremp (Chefredakteur der Welt), Befreiter Blick aufs Staatsziel, in: *Die Welt* vom 11. Oktober 1989; Lassen wir uns die Wiedervereinigung von anderen vorformulieren? in: *Welt am Sonntag* vom 19. November 1989; Manfred Schell, Unsere Politik zielt auf Einheit in Freiheit, in: *Die Welt* vom 17. November 1990; Hans-Hermann Tiedje (Chefredakteur der Bild), Wer ja zur Einheit sagt, gewinnt, in: *Bild* vom 23. November 1989.

122 ACDP, Pressedokumentation, 1/23/0; vgl. auch Allensbacher Jahrbuch 9 [1], S. 431–455.

123 Landessprecherrat des Neuen Forums, 23. Dezember 1989, in: MDA, NFo 120.

124 Kloth, Demokratisierung [320], S. 715 f.

125 Vgl. dazu Grosser, Wagnis [383], S. 102–127, bes. S. 105–109, 125 und 127, sowie 143 f.

126 Vgl. ebd., S. 120, und Modrow, Aufbruch und Ende [106], S. 102 f.

127 Gespräch des Chefs des Bundeskanzleramts Seiters mit Wirtschaftsexperten in Bonn, 9. Januar 1990, in: DzD Deutsche Einheit [5], Dok. 137, S. 694.

128 Zum Folgenden vgl. allgemein Thaysen, Der Runde Tisch [334], sowie die Edition der Wortprotokolle und Dokumente: Thaysen (Hg.), Der Zentrale Runde Tisch [46], dort I, S. 62 die folgenden Zitate.

129 Schreiben des Leiters des AfNS, Wolfgang Schwanitz, an die Leiter der Diensteinheiten, 7. Dezember 1989, in: BStU, MfS-BdL/Dok 6927.

130 Aufruf des Neuen Forums vom 5. Dezember 1989, in: MDA, BBo 070; vgl. auch Thaysen (Hg.), Der Zentrale Runde Tisch [46], I, S. 88.

131 Vgl. dazu Süß, Staatssicherheit am Ende [332], S. 554–560; Thaysen, Der Runde Tisch [334], S. 168 f.

132 Vgl. MDA, BW-MfS 01/13 (Kopie der Information Nr. 519/89 der ZAIG über das Erzwingen des Zutritts von Kräften von Bürgerbewegungen zu den Dienstobjekten von Kreis- und Bezirksämtern des Amtes für Nationale Sicherheit am 4. Dezember 1989); BStU, MfS, SdM 1997, 76–80 (Beratungsprotokoll der Leitung des AfNS vom 7. Dezember); sowie MDA, BW-MfS 07/01/06–08 (Berichte über die Lage in den Bezirks- und Kreisämtern für Nationale Sicherheit vom 13.–15. Dezember 1989); vgl. auch Süß, Staatssicherheit am Ende [332], S. 615–621.

133 Schwanitz an Modrow, 14. Dezember 1989, in: BStU, MfS, SdM 2240, 157.

134 Vgl. Süß, Staatssicherheit am Ende [332], S. 656–672.

135 MDA, NFo 120.

136 MDA, NFo 446.

137 Vgl. Thaysen (Hg.), Der Zentrale Runde Tisch [46], V, Dok. 6/6, S. 71 f.; ders., Der Runde Tisch [334], S. 60 f.

138 TOP 8 der 6. Sitzung des Zentralen Runden Tisches am 8. Januar 1990, in: Thaysen (Hg.), Der Zentrale Runde Tisch [46], II, S. 321–339.

139 Vgl. Thaysen, Der Runde Tisch [334], S. 70.

140 Ebd., S. 66–70; Süß, Staatssicherheit am Ende [332], S. 723–729; Jarausch, Unverhoffte Einheit [343], S. 148 f.; Modrow, Aufbruch und Ende [106], S. 75 f.

141 Vgl. den Abschlussbericht der Arbeitsgruppe Sicherheit des Runden Tisches am
12. März 1990, in: Thaysen (Hg.), Der Zentrale Runde Tisch [46], IV, S. 1113–
1119, v. a. S. 1118: «Das ehemalige MfS/AfNS ist nicht mehr arbeitsfähig.»

142 DDR-Almanach '90 [4], S. 330; Archiv der Gegenwart [2], 60 (1990),
S. 34165 f.

143 Mitteilung Gregor Gysis vom 15. Februar 1990, nach: DDR-Almanach '90
[4], S. 355.

144 Zit. nach DDR-Almanach '90 [4], S. 348.

145 Vgl. Neugebauer/Stöss, PDS [436], bes. S. 34–43.

146 Thaysen (Hg.), Der Zentrale Runde Tisch [46], IV, S. 964–967 (die Beratungen 963–997); vgl. auch Thaysen, Der Runde Tisch [334], S. 140, sowie Ritter, Preis der Einheit [396], S. 188–191.

147 Ebd., S. 165.

148 Grosser, Wagnis [383], S. 127.

149 Horst Seehofer im *Bayernkurier* vom 17. März 1990, zit. nach Ritter, Preis
der Einheit [396], S. 190.

150 Vgl. Thaysen (Hg.), Der Zentrale Runde Tisch [46], IV, S. 1096–1112 und V,
Dok. 16/6–8, S. 668–712; Thaysen, Der Runde Tisch [334], S. 143–149.

151 Monika Maron, Das neue Elend der Intellektuellen, in: *tageszeitung* vom
6. Februar 1990, S. 7.

152 *Der Spiegel* vom 22. Januar 1990, S. 20.

153 Vgl. Modrows Rede vor der Volkskammer am 29. Januar 1990, in: Volkskammer Sten. Ber., 9. WP. [49], 10.–18. Tagung, S. 423.

154 Vgl., auch zum Folgenden, Grosser, Wagnis [383], S. 118 f. und 129 f.

155 Rede Modrows vor der Volkskammer am 29. Januar 1990, Volkskammer
Sten. Ber., 9. WP. [49], 10.–18. Tagung, S. 423.

156 Gespräche Modrows mit Kohl am 3. Februar 1990 in Davos und mit Seiters
am 25. Januar 1990 in Ost-Berlin, in: DzD Deutsche Einheit [5], Dok. 158,
S. 754, und Dok. 145, S. 709.

157 *Der Spiegel* vom 5. Februar 1990, S. 110.

158 Teltschik, 329 Tage [122], S. 108 f.

159 *Die Welt* vom 25. Januar 1990.

160 Zahlen nach: DDR-Almanach '90 [4], S. 320 und 341, sowie Schäuble, Der
Vertrag [116], S. 78.

161 Vgl. dazu Meck u. a., Sozialdemographische Struktur [393].

162 Vgl. Jäger, Überwindung [388], S. 139.

163 Bericht über den Besuch einer DDR-Regierungsdelegation unter Leitung von
Hans Modrow in Bonn, 13./14. Februar 1990, in: Nakath/Stephan (Hg.),
Countdown [32], Dok. 63, S. 304.

164 Vgl. dazu Kap. IV. 5: *Das Angebot der Wirtschafts- und Währungsunion.*

165 Kohl, Einheit [87], S. 254 f. und 258.

166 Vgl. von westdeutscher Seite DzD Deutsche Einheit [5], Dok. 177 und 179, sowie aus ostdeutscher Warte den Bericht über den Besuch einer DDR-Regierungsdelegation unter Leitung von Hans Modrow in Bonn, 13./14. Februar 1990, in: Nakath/Stephan (Hg.), Countdown [32], Dok. 63.

167 Bericht über den Besuch, in: ebd., Dok. 63, S. 309.

168 Bericht über den Besuch, in: ebd., Dok. 63, S. 303.

169 Kohl, Einheit [87], S. 296.

170 Vgl. Tagesordnungspunkt 2 der 13. Sitzung des Zentralen Runden Tisches am 19. Februar 1990, in: Thaysen (Hg.), Der Zentrale Runde Tisch [46], III, S. 783–795.

171 Thaysen, Der Runde Tisch [334], S. 139 und 142.

172 Vgl. dazu Kloth, Demokratisierung [320], S. 591–614 und 675–701.

173 Vgl. dazu Kap. IV.6.

174 Plakataufschrift (mit hinzugefügten Kommata) nach einer Abb. in: Fragen an die deutsche Geschichte. Wege zur parlamentarischen Demokratie, hg. vom Deutschen Bundestag. 19. Aufl. Bonn 1996, S. 434; vgl. auch Thaysen, Der Runde Tisch [334], S. 183, sowie DDR-Almanach '90 [4], S. 330, und Archiv der Gegenwart [2] 60 (1990), S. 34165 f.

175 Vgl. etwa seine Haltung im Gespräch mit Gorbatschow in Moskau am 25. Mai 1990, in: Attali, Verbatim III [55], S. 495 (25. Mai 1990, vgl. auch den Eintrag vom 16. Juli, S. 541), und in den russischen Akten: Gorbatschow i germanski wopros [8], S. 450–465; paraphrasiert bei von Plato, Vereinigung [370], S. 345.

176 Teltschik, 329 Tage [122], S. 98 (dort auch das folgende Zitat). Zum Gespräch vgl. DzD Deutsche Einheit [5], Dok. 135, sowie Kohl, Einheit [87], S. 232–238.

177 Im Protokoll des Gesprächs wurden für die Edition in DzD Deutsche Einheit [5], Dok. 135, mehrere Sätze nicht freigegeben.

178 DzD Deutsche Einheit [5], Dok. 135, S. 686, und Teltschik, 329 Tage [122], S. 99.

179 Vgl. dazu Kap. V.4.

180 Thatcher, Erinnerungen [123], S. 1104 f. (Zitate 1105) bzw. dies., Downing Street Years [123], S. 797 f.

181 Vgl. dazu Teltschik, 329 Tage [122], S. 100 f. und 114.

182 Erörterung der deutschen Frage in einer Besprechung im engen Kreis im Zimmer des Generalsekretärs des ZK der KPdSU am 26. Januar 1990, in: Gorbatschow i germanski wopros [8], S. 307–311. Diese Aufzeichnung, die Tschern-

jajew unmittelbar im Anschluss an die Sitzung verfasste (stenographische Aufzeichnungen oder ein Protokoll der Sitzung selbst liegen nicht vor), liegt auch seinen eigenen Publikationen (Recollections [126], S. 166, sowie Jahre [125], S. 296 f.) zugrunde, die von der Aufzeichnung allerdings teilweise deutlich abweichen; ausgiebig zitiert aus dieser Aufzeichnung von Plato, Vereinigung [370], S. 187–196, der die Unterredung entgegen den meisten sowjetischen Überlieferungen auf den 25. statt 26. Januar datiert (S. 188). Weitere Überlieferungen: Schachnasarow, Preis [113], S. 150; Gorbatschow, Erinnerungen [74], S. 714 f., und ders., Wiedervereinigung [75], S. 95–97; abweichend: Falin, Erinnerungen [70], S. 489 f.

183   Zitate nach Gorbatschow i germanski wopros [8], S. 307 f. und 310 f.; vgl. auch von Plato, Vereinigung [370], S. 189–191 und 195.

184   Schachnasarow, Preis [113], S. 150.

185   Niederschrift über ein Gespräch von Gregor Gysi mit Michail Gorbatschow am 2. Februar 1990 in Moskau, in: Nakath u. a. (Hg.), Spitzenkontakte [33], Dok. 19, S. 150–152.

186   Niederschrift des Gesprächs von Hans Modrow mit Michail Gorbatschow am 30. Januar 1990 in Moskau, in: Nakath/Stephan (Hg.), Countdown [32], Dok. 62, S. 298.

187   Baker, Drei Jahre [57], S. 184.

188   Vgl. Teltschik, 329 Tage [122], S. 133.

189   Gespräch zwischen Kohl und Gorbatschow, in: DzD Deutsche Einheit [5], Dok. 174, S. 795 f., das Zitat S. 798.

190   Vgl. dazu Kap. V.3.

191   DzD Deutsche Einheit [5], Dok. 174, S. 801.

192   Kohl, Einheit [87], S. 274.

193   Text der Presseerklärung: DzD Deutsche Einheit [5], S. 812 f.; vgl. auch Teltschik, 329 Tage [122], S. 142, und Kiessler/Elbe, Weg [85], S. 97 f.

194   Vgl. das Kommuniqué der sechs Außenminister vom 13. Februar 1990, in: Kaiser (Hg.), Deutschlands Vereinigung [19], S. 194.

195   Zelikow/Rice, Einheit [379], S. 271–276, Genschers Zitat S. 274; Kiessler/Elbe, Weg [85], S. 99–104; Genscher, Erinnerungen [73], S. 724–731 (dort S. 729 das Zitat); Baker, Drei Jahre [57], S. 171 und 188–197.

196   Vgl. Kießler/Elbe, Weg [85], S. 87 f., und Genscher, Erinnerungen [73], S. 716–718, gegenüber Zelikow/Rice, Einheit [379], S. 252 und 564 mit Anm. 48, und Baker, Drei Jahre [57], S. 175 f. – Vgl. auch Dufourque, 2+4 [67], S. 471–473; Weidenfeld, Außenpolitik [377], S. 222–233, und Küsters, Integrationsfriede [164], S. 818–820.

197   Baker, Drei Jahre [57], S. 177.

198 Vgl. Bozo, Mitterrand [352], S. 188 und 211, und Dufourque, 2+4 [67], S. 471.

199 Blackwill, Vereinigung [61], S. 215.

200 *Vorwärts* vom 1. Oktober 1989; zur Entschließung vom 12. Februar 1990 vgl. Zelikow/Rice, Einheit [379], S. 285 f., dort S. 321 auch zur Entschließung des SPD-Parteivorstandes «Schritte zur deutschen Einheit» vom 7. März 1990; vgl. Sturm, Sozialdemokratie [401], S. 445–458. Oskar Lafontaine hatte die Vorstellung eines vereinten Deutschland in der NATO auf dem Berliner SPD-Parteitag am 19. Dezember 1989 unter lebhaftem Beifall als «historische[n] Schwachsinn» abgetan: Protokoll vom Programm-Parteitag Berlin, 18.–20. 12. 1989, hg. vom Vorstand der SPD. Bonn o. J., S. 252.

201 Vgl. dazu Küsters, Einleitung zu DzD Deutsche Einheit [344], S. 110–116.

202 Vgl. Genschers Reden in Stuttgart am 6. Januar 1990, in: Kiessler/Elbe, Weg [85], S. 78, und in Tutzing am 31. Januar 1990, in: Kaiser (Hg.), Deutschlands Vereinigung [19], S. 191.

203 Zu Wörners Äußerungen gegenüber Bush am 10. Februar 1990 vgl. Blackwill, Vereinigung [61], S. 216; zu Stoltenbergs öffentlicher Erklärung vom 16. Februar 1990 vgl. Zelikow/Rice, Einheit [379], S. 286 f.

204 Vgl. die Regierungserklärung Kohls vom 15. Februar 1990 und die auf Druck Kohls abgegebene, gleichlautende gemeinsame Erklärung Genschers und Stoltenbergs vom 19. Februar, in: Kaiser (Hg.), Deutschlands Vereinigung [19], S. 198–200 (Dok. 27 und 28); zu den Vorgängen im Kabinett vgl. Teltschik, 329 Tage [122], S. 148–152, sowie Zelikow/Rice, Einheit [379], S. 286 f.

205 Teltschik, 329 Tage [122], S. 152; zu Genschers Vorbehalten gegenüber Teltschik vgl. z. B. die (gerade angesichts seiner sonstigen ausgeprägten Zurückhaltung) ganz deutliche Passage in Genschers Erinnerungen [73], S. 726 f.; ebenso Kießler/Elbe, Weg [85], S. 98; vgl. auch Kap. III.2: *Regierung am Rhein.*

206 Während Baker kurzzeitig in Moskau am 9. Februar 1990 eine ähnliche Position wie Genscher bezog, klärte die Regierung Bush ihre Haltung zugunsten der Vollmitgliedschaft mit einem militärischem Sonderstatus innerhalb der NATO für das DDR-Gebiet; vgl. Zelikow/Rice, Einheit [379], S. 257–259 und 262–266; dies., Germany Unified [379], S. 180–184, und 186 f. (dort die englischen Termini); Beschloss/Talbott, Highest Levels [146], S. 185 f., und dies., Auf höchster Ebene [146], S. 245.

207 So Bushs Sicherheitsberater Scowcroft in einer Vorlage vom 22. Februar 1990, in: Zelikow/Rice, Einheit [379], S. 297 f. (das Zitat 297).

208 Blackwill, Vereinigung [61], S. 216. Zu den Gesprächen von Camp David

vgl. auch Kohl, Einheit [87], S. 303–311; Teltschik, 329 Tage [122], S. 158–162; Baker, Drei Jahre [57], S. 200–203, und Zelikow/Rice, Einheit [379], S. 298–304.

209 Aufzeichnung des Gesprächs zwischen Bush und Kohl in Camp David, 24. Februar 1990, in: DzD Deutsche Einheit [5], Dok. 192, S. 861 f., 865 und 867–869.

210 Aufzeichnung des Gesprächs zwischen Bush und Kohl in Camp David, 25. Februar 1990, in: DzD Deutsche Einheit [5], Dok. 193, S. 877.

211 Modrow im Gespräch mit Kohl am 13. Februar 1990 in Bonn, in: DzD Deutsche Einheit [5], Dok. 177, S. 817, auch noch in der Rückschau: Modrow, Aufbruch und Ende [106], S. 135.

212 Vgl. das Gespräch Seiters' mit Wirtschaftsexperten in Bonn am 9. Januar 1990 sowie das deutschlandpolitische Gespräch bei Seiters am 24. Januar 1990, in: DzD Deutsche Einheit [5], Dok. 137 und 142.

213 So Kohl gegenüber Modrow am 13. Februar 1990, in: Nakath/Stephan (Hg.), Countdown [32], Dok. 63, S. 306.

214 Anlage zum Schreiben des Staatssekretärs Köhler an Ministerialdirigent Duisberg, 9. Februar 1990: Angebot zur Schaffung eines gemeinsamen Wirtschafts- und Währungsgebiets, in: DzD Deutsche Einheit [5], Dok. 169A, S. 782; vgl. auch Thilo Sarrazin, Gedanken zu einer unverzüglichen Einbeziehung der DDR in den D-Mark-Währungsraum, 29. Januar 1990, in: Grosser, Wagnis [383], S. 170.

215 Kohl gegenüber Bush, 3. Dezember 1989, in: DzD Deutsche Einheit [5], Dok. 109, S. 602.

216 Kohl gegenüber Bush, 20. März 1990, in: DzD Deutsche Einheit [5], Dok. 286, S. 1143.

217 Teltschik, 329 Tage [122], S. 131. Vgl. auch die Eckpunkte der Länder für die bundesstaatliche Ordnung im vereinten Deutschland, die der nordrhein-westfälische Ministerpräsident Rau am 5. Juli 1990 an Kohl übersandte, in: DzD Deutsche Einheit [5], Dok. 342A, S. 1305; die Vorlage des Regierungsdirektors Nehring für Kohl vom 30. Juli 1990, in: DzD Deutsche Einheit [5], Dok. 373, S. 1423 f., oder die Ausarbeitung ‹Zur wirtschaftlichen Situation in der DDR›, Anlage zum Rundschreiben des Staatssekretärs Schlecht an die Mitglieder des Kabinettsausschusses Deutsche Einheit vom 9. August 1990, in: DzD Deutsche Einheit [5], Dok. 380A, S. 1461.

218 Aufzeichnung des Ministerialdirigenten Hartmann vom 29. Januar 1990, in: DzD Deutsche Einheit [5], Dok. 151, S. 727.

219 Zit. nach Grosser, Wagnis [383], S. 184; so wortgleich die Erklärung von Seiters vor dem Bundestag am 7. Februar, in: Texte zur Deutschlandpolitik [45],

III/8a, S. 54. Zum folgenden Kapitel vgl. insb. Grosser, Wagnis [383], S. 149–207.

220 Anlage B zum Schreiben von Bundesfinanzminister Waigel an die Mitglieder der CDU/CSU-Fraktion im Deutschen Bundestag, 7. Februar 1990: Währungsunion und Wirtschaftsreform, in: DzD Deutsche Einheit [5], Dok. 165B, S. 768–770, dort auch das folgende Zitat.

221 Zit. nach Grosser, Wagnis [383], S. 152.

222 Vgl. dazu ebd., S. 159–173, und Sarrazin, Entstehung [112], hier 169–190.

223 Thilo Sarrazin, Gedanken zu einer unverzüglichen Einbeziehung der DDR in den D-Mark-Währungsraum, 29. Januar 1990, zit. nach Sarrazin, Entstehung [112], S. 182.

224 Vorlage des Regierungsdirektors Mertes an Kohl, 2. Februar 1990, in: DzD Deutsche Einheit [5], Dok. 157, S. 749.

225 Vgl. Grosser, Wagnis [383], S. 184.

226 Signal zum Bleiben, in: *Die Zeit* vom 19. Januar; vgl. auch *Der Spiegel* vom 22. Januar, S. 92 f.

227 *Der Spiegel* vom 5. Februar 1990, S. 39.

228 Vgl. dazu allgemein Korte, Deutschlandpolitik [213], S. 20 und 495.

229 Vgl. die Vorlage des Regierungsdirektors Mertes an Kohl, 2. Februar 1990, in: DzD Deutsche Einheit [5], Dok. 157, S. 750.

230 Schreiben des Vorsitzenden des Sachverständigenrats zur Begutachtung der gesamtwirtschaftlichen Entwicklung, Schneider, an Kohl, 9. Februar 1990, in: DzD Deutsche Einheit [5], Dok. 168, S. 778–780.

231 In der Forschungsliteratur findet sich diese Vorgabe, als Ansatzpunkt für kritische Bilanzen, nach wie vor bei K. H. Domdey, Privatisation in the New Bundesländer. A Critical Assessment of the Treuhand, in: Lange/Shackleton (Hg.), Political Economy [429], S. 44–55, sowie bei Ulrich Busch, Die Währungsunion. Politische Weichenstellung für einen ökonomischen Fehlstart, in: Bahrmann/Links (Hg.), Am Ziel vorbei [404], S. 75–92.

232 Grosser, Wagnis [383], S. 95 und 498 f.

233 Vgl. ebd., S. 193 f.

234 Biedenkopf in der Fraktionssitzung der CDU/CSU am 6. Februar, zit. nach Grosser, Wagnis [383], S. 183.

235 Zusammenfassung der Haltung Lafontaines nach Grosser, Wagnis [383], S. 139 und 189; vgl. auch Sturm, Sozialdemokratie [401], S. 355–376.

236 Vgl. dazu Grosser, Wagnis [383], S. 503.

237 Zum gesamten Abschnitt über die ‹Allianz für Deutschland› vgl. Jäger, Überwindung [388], S. 216–232, 268–286 und 405–407; Grosser, Wagnis [383], S. 110 f.; Ute Schmidt, Transformation einer Volkspartei – Die CDU im Pro-

zeß der deutschen Vereinigung, in: Niedermayer/Stöss (Hg.), Parteien und Wähler im Umbruch [437], S. 37–74; Teltschik, 329 Tage [122], S. 31; Schäuble, Der Vertrag [116], S. 23. Zur Person de Maizières vgl. auch Kap. VI.1.

238   MDA Bü 079.

239   Vgl. Maßnahmen der CDU zur Unterstützung der Parteien in der «Allianz für Deutschland» im DDR-Wahlkampf. Bericht für die Sitzung des Bundesvorstandes am 19. März 1990, in: Archiv Peter Radunski.

240   «Weitersagesätze» zit. nach Jürgen Faulenbach, Vom Westen lernen? Zwiespältiges Echo auf westliche Wahlkampfmethoden, in: *Das Parlament* vom 9. März 1990, S. 3 (Zitat von CDU-Wahlkampfmanager Wulf Schönbohm auf einer Konferenz der Bundeszentrale für politische Bildung Mitte Februar 1990), zitiertes Plakat in: ACDP, Plakatsammlung, 10–024–5000 (in diesem Bestand auch weitere Plakate); vgl. auch Gransow/Jarausch (Hg.), Vereinigung [12], Dok. 12, S. 140–143.

241   Teltschik, 329 Tage [122], S. 167.

242   Vgl., zum gesamten Absatz, Jäger, Überwindung [388], S. 407 f., 232–240 und 286–291; Grosser, Wagnis [383], S. 112, sowie Thomas Pfau, Aspekte der Entwicklung liberaler Kräfte in der DDR vom Herbst 1989 bis zum Herbst 1990, in: Niedermayer/Stöss (Hg.), Parteien und Wähler im Umbruch [437], S. 105–112.

243   Vgl. dazu Sturm, Sozialdemokratie [401], S. 255–311; Jäger, Überwindung [388], S. 252–268, und Gero Neugebauer, Die SDP/SPD in der DDR: Zur Geschichte und Entwicklung einer unvollendeten Partei, in: Niedermayer/Stöss (Hg.), Parteien und Wähler im Umbruch [437], S. 75–104.

244   *ExtraBlatt*, Zeitung für Bürger der DDR, o. D., S. 1, in: MDA, SDP 05.

245   Vgl. Süß, Staatssicherheit am Ende [332], S. 701–703, und Sturm, Sozialdemokratie [401], S. 319–328.

246   Programmerklärung des Neuen Forums vom 27. Januar 1990, zit. nach Zimmerling (Hg.), Neue Chronik DDR [51], S. 133; vgl. Jan Wieglohs, Bündnis 90 – zwischen Selbstbehauptung und Anpassung, in: Niedermayer/Stöss (Hg.), Parteien und Wähler im Umbruch [437], S. 150–153.

247   MDA Bü 079.

248   Vgl. Jäger, Überwindung [388], S. 409 f.

249   Zur PDS vgl. Neugebauer/Stöss, PDS [436], bes. S. 34–43, 158–168 und 299 f.

250   *Neues Deutschland* vom 8. Januar 1990, S. 3, zit. nach Grosser, Wagnis [383], S. 113.

251   Vgl. sehr abgewogen dazu Süß, Staatssicherheit am Ende [332], S. 587, 699 f. und 703.

252 Vgl. DDR-Almanach '90 [4], S. 350; *Der Spiegel* vom 26. Februar 1990, S. 43.
253 Teltschik, 329 Tage [122], S. 173 (dort das Zitat) sowie 153 f.
254 Ritter/Niehuss, Wahlen [39], S. 191.
255 Vgl. Jäger, Überwindung [388], S. 414–417, detaillierte Wahlanalyse S. 415–426.
256 *Der Spiegel* vom 19. März 1990, S. 1.

V. Weltpolitik und Gipfeldiplomatie

1 Falin, Konflikte im Kreml [71], S. 158.
2 Kohl gegenüber Bush, 17. Mai 1990, in: DzD Deutsche Einheit [5], Dok. 281, S. 1127.
3 Zur Ost-Berliner Außenpolitik nach den Volkskammerwahlen vgl. v. a. Weidenfeld, Außenpolitik [377], S. 322–336; vgl. auch die autobiographischen Aufzeichnungen von Albrecht, Abwicklung [54], und Misselwitz, Osten [103].
4 Vgl. Kiessler/Elbe, Weg [85], S. 189–201, bes. S. 195 und 198, Zitate: S. 180 und 191, und Teltschik, 329 Tage [122], S. 198.
5 Vgl. z. B. den Bericht über die Tagung des Politisch Beratenden Ausschusses des Warschauer Paktes am 7. Juni 1990 in Moskau, in: BArch DC 20 I/3, 3000, Bl. 55: «Seitens der DDR wurde bekräftigt, eine vorübergehende Mitgliedschaft des vereinten Deutschlands nur in einer grundlegend reformierten NATO und bei entsprechenden Festlegungen bezüglich des Status des ehemaligen DDR-Territoriums zu akzeptieren.»
6 Vgl. z. B. noch Kohl, Erinnerungen 1990–1994 [89], S. 147–149; allgemein Duisberg, Jahr [68], S. 187.
7 Vorlage des Ministerialdirigenten Hartmann an Kohl, 19. April 1990, in: DzD Deutsche Einheit [5], Dok. 249, S. 1022.
8 Vgl. Weidenfeld, Außenpolitik [377], S. 476 f.
9 Vgl. Tschernjajew, Deutsches Tagebuch [127], S. 258 (5. Mai 1990).
10 Zu den deutschlandpolitischen Entscheidungsstrukturen in Moskau vgl. Biermann, Kreml und Kanzleramt [351], S. 37–84.
11 Falin, Memorandum für Gorbatschow, März 1990, in: Falin, Konflikte im Kreml [71], Anlage 10, S. 314; zum Folgenden vgl. S. 190 f. und 159.
12 Falin, Memorandum für Gorbatschow, 9. Juli 1990, in: Falin, Konflikte im Kreml [71], S. 192–198, Zitate S. 194.
13 Vgl. Wilhelm G. Grewe, Spiel der Kräfte in der Weltpolitik. Theorie und Praxis der internationalen Beziehungen. Frankfurt a. M. 1981, S. 455–457.
14 Vgl. Oldenburg, Rekonstruktion [193], S. 767.

15   Tschernjajew, Jahre [125], S. 289.

16   Tschernjajew, Deutsches Tagebuch [127], S. 257.

17   Vgl. Baker, Drei Jahre [57], S. 230; Kiessler/Elbe, Weg [85], S. 159 und 162; Zelikow/Rice, Einheit [379], S. 412; die sowjetischen «Grundprinzipien für eine abschließende völkerrechtliche Regelung mit Deutschland» in: DzD Deutsche Einheit [5], Dok. 325C, S. 1252–1256.

18   Protokoll der 55. deutsch-französischen Konsultationen am 26. April 1990 in Paris, in: DzD Deutsche Einheit [5], Dok. 257, S. 1056; vgl. auch die Vorlage Teltschiks für Kohl vom 29. März 1990 über ein Telefongespräch Thatchers mit Gorbatschow, in: ebd., Dok. 235, S. 987 f.

19   Schewardnadse gegenüber Helmut Kohl am 4. Mai 1990 in Bonn, in: DzD Deutsche Einheit [5], Dok. 267, S. 1086.

20   Baker, Drei Jahre [57], S. 94.

21   Aufzeichnung des Gesprächs zwischen Gorbatschows und Bush am 31. Mai 1990, in: Gorbatschow i germanski wopros [8], S. 474.

22   Zelikow/Rice, Germany Unified [379], S. 215; DzD Deutsche Einheit [5], Dok. 194, S. 877.

23   Vgl. die Aufzeichnung über die erste und zweite Gesprächsrunde Zwei plus Vier auf Beamtenebene, 14. März und 30. April 1990, in: DzD Deutsche Einheit [5], Dok. 220, S. 952, und Dok. 264, S. 1074 f. – Zum Zwei-plus-Vier-Prozess vgl. allgemein Küsters, Integrationsfriede [164], S. 801–878.

24   Vgl. Zelikow/Rice, Einheit [379], S. 314 f. und 318–320.

25   Vgl. Weidenfeld, Außenpolitik [377], S. 344.

26   Vgl. dazu Kap. IV.4: *Positionswandel in Moskau.*

27   Vgl. dazu DzD Deutsche Einheit [5], Dok. 268, S. 1090–1094, sowie Zelikow/Rice, Einheit [379], S. 346–348; Teltschik, 329 Tage [122], S. 221–224; Kiessler/Elbe, Weg [85], S. 122–125; Blackwill, Vereinigung [61], S. 218 f.; die Erklärung Schewardnadses in: Kaiser (Hg.), Deutschlands Vereinigung [19], S. 212–217.

28   Misselwitz, Osten [103], S. 54; zur Ministerkonferenz vom 22. Juni vgl. Kap. V.1: *Sowjetische Zickzackdiplomatie* sowie DzD Deutsche Einheit [5], Dok. 325, S. 1449–1456.

29   Vgl. ebd., Dok. 354, S. 1367 f.

30   Vgl. Handbuch des Staatsrechts der Bundesrepublik VIII [386], S. 209–219, und Kempen, Die deutsch-polnische Grenze [361], S. 208–247.

31   Vgl. Lehmann, Vereinigung [366], I, S. 743.

32   Teltschik am 19. März gegenüber dem polnischen Botschafter in Bonn, in: DzD Deutsche Einheit [5], Dok. 223, S. 959.

33   Dokumente zur Deutschlandpolitik, Reihe II, Bd. 1: Die Konferenz von Pots-

dam. Frankfurt a. M. 1992, S. 2118. Zum völkerrechtlichen Gesamtzusammenhang vgl. auch Handbuch des Staatsrechts der Bundesrepublik VIII [386], S. 200–204, sowie Kempen, Die deutsch-polnische Grenze [361], S. 50–114 und 248–288.

34 Deutsch-polnischer Vertrag vom 7. Dezember 1970, zit. nach: Außenpolitik der Bundesrepublik Deutschland [3], S. 341.

35 Vortrag Kohls vor dem Institut français des relations internationales (IFRI) in Paris am 17. Januar 1990, zit. nach Weidenfeld, Außenpolitik [377], S. 483; Erklärung des Bundestags vom 8. November 1989, zit. nach Kaiser (Hg.), Deutschlands Vereinigung [19], S. 157.

36 Vgl. Entscheidungen des Bundesverfassungsgerichts [6], Bd. 36. Tübingen 1974, Nr. 1 (31. Juli 1973), S. 1–37, hier 16: «Das Deutsche Reich existiert fort [...], besitzt nach wie vor Rechtsfähigkeit, ist allerdings als Gesamtstaat mangels Organisation, insbesondere mangels institutionalisierter Organe, selbst nicht handlungsfähig.» Zu den alliierten Vorbehaltsrechten vgl. Art. 2, zum Friedensvertragsvorbehalt Art. 7 des Deutschlandvertrages vom 23. Oktober 1954.

37 Vgl. Entscheidungen des Bundesverfassungsgerichts [6], Bd. 40. Tübingen 1976, Nr. 16, S. 141–179, hier 168–170.

38 Vgl. Ein deutschlandpolitisches Konzept. Erklärung des Präsidenten und des Generalsekretärs des BdV vom 12. Oktober 1989, in: Kulturstiftung der Vertriebenen, Materialien [24], S. 328–335, bes. S. 330 und 332–334; vgl. auch die Entschließung der Bundesversammlung des BdV vom 15. Januar 1990, in: ebd., S. 350: «ein klares Nein zu den Absichten auf totale Preisgabe Ostdeutschlands».

39 Erklärung Czajas vom 2. März 1990, in: Kulturstiftung der Vertriebenen, Materialien [24], Dok. 9.8, S. 338–341, die folgenden Zitate: S. 339; vgl. auch die Entschließung der BdV-Bundesversammlung vom 15. Januar 1990, in: ebd., 9. 13, S. 350 f.

40 Vgl. die Vorlage für Kohl vom 27. Februar 1990, in: DzD Deutsche Einheit [5], Dok. 195, S. 878 f.

41 Grundsatzprogramm der Sozialdemokratischen Partei Deutschlands. Beschlossen vom Programmparteitag der Sozialdemokratischen Partei Deutschlands am 20. Dezember 1989, o. O., o. J., S. 17.

42 Vgl. Zelikow/Rice, Einheit [379], S. 293.

43 Gespräch zwischen Mitterrand und Kohl am 15. Februar 1990 in Paris, in: DzD Deutsche Einheit [5], Dok. 187, S. 847; vgl. auch das Telefongespräch zwischen Kohl und Mitterrand, 5. März 1990, in: DzD Deutsche Einheit [5], Dok. 203, S. 911, sowie Kohl, Einheit [87], S. 298–303; Teltschik, 329 Tage

[122], S. 150 f. Zur Haltung Mitterrands und der polnischen Frage im Grenz-
streit vgl. Bozo, Mitterrand [352], S. 228–241.

44 Teltschik, 329 Tage [122], S. 161; DzD Deutsche Einheit [5], Dok. 192,
S. 863, Weidenfeld, Außenpolitik [377], S. 486.

45 Teltschik, 329 Tage [122], S. 164.

46 Vgl. ebd., S. 163, und Weidenfeld, Außenpolitik [377], S. 368.

47 Archiv der Gegenwart [2] 60 (1990), S. 34306.

48 Teltschik, 329 Tage [122], S. 169; DzD Deutsche Einheit [5], Dok. 223, S. 957.

49 Vgl. Benno Zündorf, Die Ostverträge. Die Verträge von Moskau, Warschau,
Prag, das Berlin-Abkommen und die Verträge mit der DDR. München 1979,
S. 38 f., 57 f. und 67.

50 Vgl. die Vorlage Hartmanns für Kohl, 13. März 1990, in: DzD Deutsche Einheit [5], Dok. 216, S. 938, und Weidenfeld, Außenpolitik [377], S. 372.

51 Teltschik, 329 Tage [122], S. 171.

52 Telefongespräch zwischen Mitterrand und Kohl, 14. März 1990, in: DzD
Deutsche Einheit [5], Dok. 218, S. 944–946.

53 Gespräch zwischen Kohl und Hurd am 12. März 1990 in Bonn, in: DzD
Deutsche Einheit [5], Dok. 214, S. 934.

54 Vorlage Hartmann an Kohl, 13. März 1990, in: DzD Deutsche Einheit [5],
Dok. 216, S. 939.

55 Telefongespräch Kohls mit Bush, 20. März 1990, in: DzD Deutsche Einheit
[5], Dok. 224, S. 962.

56 Vgl. Zelikow/Rice, Einheit [379], S. 308–312.

57 Weidenfeld, Außenpolitik [377], S. 491.

58 Vgl. ebd., S. 492 und 496; der polnische Vertragsentwurf vom April 1990 in
DzD Deutsche Einheit [5], Dok. 263 mit Anlage, S. 1069–1073.

59 Vgl. Weidenfeld, Außenpolitik [377], S. 498.

60 Texte zur Deutschlandpolitik [45], III/8a, S. 411 f.

61 Europa-Archiv [7] 1991, D 310 f. Vgl. auch Kempen, Die deutsch-polnische
Grenze [361], S. 139–150.

62 Vgl. dazu Kap. IV.4: *Camp David: «Historischer Handel» für die* NATO.

63 Vgl. Zelikow/Rice, Einheit [379], S. 304 und 312–314.

64 Rede vor der Westeuropäischen Union in Luxemburg, 23. März 1990, in:
Genscher, Unterwegs zur Einheit [72], S. 265–267 (das Zitat S. 265).

65 Teltschik, 329 Tage [122], S. 182 f.

66 Vgl. Pond, Beyond the Wall [346], S. 214 mit Anm. 4, und Weidenfeld, Außenpolitik [377], S. 436–438.

67 Vgl. Blackwill, Vereinigung [61], Bd. 3, S. 217, auch Bozo, Mitterrand [352],
S. 220; vgl. auch das Protokoll des Gesprächs zwischen Gorbatschow und

Mitterrand am 25. Mai 1990, in: Gorbatschow i germanski wopros [8], S. 455 f. (das Zitat 456).

68 Vgl. Lehmann, Vereinigung [366] 3, S. 315–332; vgl. Teltschiks Vorlage an Kohl über die jüngsten sowjetischen Äußerungen zur deutschen Frage vom 9. März 1990, in: DzD Deutsche Einheit [5], Dok. 211, S. 921–923.

69 Teltschik, 329 Tage [122], S. 181; das Gespräch zwischen Kohl und Kwizinski in: DzD Deutsche Einheit [5], Dok. 227, S. 969.

70 Vgl. Kohls Gespräch mit Hurd am 12. März, in: DzD Deutsche Einheit [5], Dok. 214, S. 933 (dort das Zitat), sowie Teltschiks Vorlagen vom 9. und vom 23. März 1990: ebd., Dok. 211, S. 921–923, und Dok. 228, S. 970 f.

71 Vgl. Teltschik, 329 Tage [122], S. 248 und 250; vgl. auch Mitterrands Schreiben an Kohl vom 30. Mai 1990, in: DzD Deutsche Einheit [5], Dok. 295, S. 1164.

72 Telefongespäch zwischen Bush und Kohl, 30. Mai 1990, in: DzD Deutsche Einheit [5], Dok. 293, S. 1161; Kohls Äußerung in Camp David: ebd., Dok. 193, S. 877.

73 Diese Episode wird, von kleineren Abweichungen abgesehen, von den Beteiligten auf amerikanischer ebenso wie auf sowjetischer Seite in ungewöhnlicher Einmütigkeit überliefert. Vgl. Bush/Scowcroft, A World Transformed [64], S. 282 f.; Baker, Drei Jahre [57], S. 225 f. (Zitat: S. 226); Blackwill, Vereinigung [61], S. 219; Zelikow/Rice, Einheit [379], S. 381–386, 389 f., Zitate: 384, bzw. dies., Germany Unified [379], S. 275–280; Gorbatschow, Erinnerungen [74], S. 721–723 (Zitat: 723); knapp: Tschernjajew, Jahre [125], S. 298; ders., Recollections [126], S. 168, und Palasschenko, Years [108], S. 193 f.; Oberdorfer, Turn [171], S. 417 f. und 427 f. (nach Interviews mit amerikanischen Regierungsbeamten); Beschloss/Talbott, Highest Levels [146], S. 219–221 und 227 f. (auf der Basis von Gesprächen mit Beteiligten ohne Nennung ihrer Namen und daher ohne Quellenbelege, vgl. xii; dies., Auf höchster Ebene [146], S. 290–292 und 300 f.); etwas anders der Duktus im sowjetischen Protokoll: Gorbatschow i germanski wopros [8], S. 475. Lediglich Falin, Erinnerungen [70], S. 493, überliefert eine ganz andere Version, derzufolge Gorbatschows Nicken nicht Bush, sondern Falin gegolten habe, um ihm ein Zeichen zur Darlegung der Motive der sowjetischen Ablehnung zu geben; dies ist allerdings allein angesichts der (bei Falin nicht überlieferten) folgenden Äußerungen Gorbatschows und der sowjetischen Zustimmung zur amerikanischen Presseerklärung unglaubwürdig (in Konflikte im Kreml [71], S. 183 überliefert Falin auch eine andere Lesart).

74 Vgl. Adomeit, Gorbachev [183], S. 221 Anm. 28; vgl. auch Biermann, Kreml und Kanzleramt [351], S. 606–611.

75 Zelikow/Rice, Germany Unified [379], S. 280 und dies., Einheit [379], S. 387 f. Ein deutsches Protokoll dieses in Ludwigshafen geführten Telefonats war nicht zu ermitteln (vgl. DzD Deutsche Einheit [5], S. 1178 Anm. 1 und S. 175 mit Anm. 587).

76 Vgl. etwa *Frankfurter Allgemeine Zeitung* vom 5. Juni 1990, S. 2: «Die Bundesregierung sieht Fortschritte bei der Regelung der äußeren Aspekte der Einheit».

77 Teltschik, 329 Tage [122], S. 256.

78 Zelikow/Rice, Einheit [379], S. 386.

79 Ebd., S. 345 (Formulierung von Robert Zoellick).

80 Vgl. DzD Deutsche Einheit [5], Dok. 267, S. 1084–1090, die Zitate Kohls S. 1087; auch Kohl, Einheit [87]; S. 368 f., Teltschik, 329 Tage [122], S. 219; Kwizinskij, Vor dem Sturm [93], S. 24 f. (dort S. 24 das Zitat des «Staatsbankrotts»). Die offizielle Anfrage stellte Botschafter Kwizinski am 5. Mai; vgl. Teltschik, 329 Tage [122], S. 226 f.

81 Vgl. DzD Deutsche Einheit [5], Dok. 277, S. 1114–1118; Teltschik, 329 Tage [122], S. 230–235 (die Zitate S. 232 und 234), und Kwizinskij, Vor dem Sturm [93], S. 26–31.

82 Schreiben Kohls an Gorbatschow, 22. Mai 1990, in: DzD Deutsche Einheit [5], Dok. 294, S. 1136 f., das Zitat 1136; vgl. auch Teltschik, 329 Tage [122], S. 204 und 244.

83 Vgl. die Rede Bushs an der Oklahoma State University am 4. 5. 1990, in: Public Papers of the Presidents of the United States. George Bush. 1990/I, Washington D. C. 1991, S. 625–629, hier 627 f.; Blackwill, Vereinigung [61], S. 217 und 219, sowie Baker, Drei Jahre [57], S. 218–225.

84 Vgl. Kwizinskij, Vor dem Sturm [93], S. 41–46.

85 Vgl. Baker, Drei Jahre [57], S. 218 und 230 f.

86 Bush an Kohl, 4. und 21. Juni 1990, in: DzD Deutsche Einheit [5], Dok. 299, S. 1179 (dort das Zitat) und Dok. 321, S. 1234–1237. Vgl. auch Zelikow/Rice, Einheit [379], S. 332–225, sowie Kohls Äußerungen gegenüber Baker und Bush am 4. Mai und am 21. Juni 1990, in: DzD Deutsche Einheit [5], Dok. 266, S. 1079 f. und Dok. 321, S. 1234.

87 Scowcroft an Teltschik, 30. Juni 1990, in: DzD Deutsche Einheit [5], Dok. 335, S. 1285.

88 «Londoner Erklärung» der Gipfelkonferenz der Staats- und Regierungschefs der NATO-Mitgliedstaaten vom 5. bis zum 6. Juli 1990 in London, in: Europa-Archiv [7] 17 (1990), D456–460.

89 Bush an Gorbatschow, 6. Juli 1990, zit. nach Zelikow/Rice, Einheit [379], S. 445.

90 Vgl. Weidenfeld, Außenpolitik [377], S. 527 f.; Kwizinskij, Vor dem Sturm
    [93], S. 50 f.; Schewardnadse, Freiheit [117], S. 250 f.

91 Tschernjajew, Jahre [125], S. 302 f.

92 Vgl. Kohl an die Staats- und Regierungschefs der Mitgliedstaaten der EG und
    der G7-Staaten bereits am 13. Juni 1990, in: DzD Deutsche Einheit [5],
    Dok. 312, S. 1211 f.; Zelikow/Rice, Einheit [379], S. 446–448; Kohl, Einheit
    [87], S. 415–418; Teltschik, 329 Tage [122], S. 305–310.

93 Protokoll des Gesprächs zwischen Gorbatschow und Kohl am 15. Juli 1990
    in Moskau, in: DzD Deutsche Einheit [5], Dok. 350, S. 1340; das sowjetische
    Protokoll in Gorbatschow, Gipfelgespräche [11], S. 161–177.

94 Vgl. Weidenfeld, Außenpolitik [377], S. 449; Teltschik, 329 Tage [122],
    S. 265 und 310; Kohl, Erinnerungen 1990–1994 [89], S. 165.

95 Gorbatschow, Gipfelgespräche [11], S. 173; vgl. DzD Deutsche Einheit [5],
    Dok. 350, S. 1346.

96 Teltschik, 329 Tage [122], S. 323 f.

97 DzD Deutsche Einheit [5], Dok. 350, S. 1346.

98 Gorbatschow, Gipfelgespräche [11], S. 173.

99 Kohl, Einheit [87], S. 425 f., und ders., Erinnerungen 1990–1994 [89],
    S. 194 f.

100 Klein, Kaukasus [86], S. 72; ähnlich Teltschik, 329 Tage [122], S. 324 und
    327.

101 Gorbatschow, Gipfelgespräche [11], S. 177; vgl. auch Kohl, Einheit [87],
    S. 426.

102 Zu dieser Reise vgl. Kohl, Einheit [87], S. 428–433, und Teltschik, 329 Tage
    [122], S. 327–332.

103 DzD Deutsche Einheit [5], Dok. 353, S. 1355–1367.

104 Tschernjajew, Jahre [125], S. 305.

105 Europa-Archiv [7] 1990, D 488–490, das Zitat D 489.

106 DzD Deutsche Einheit [5], Dok. 353, S. 1362.

107 Europa-Archiv [7] 1990, D 486.

108 Gespräch Teltschiks mit Kwizinskij am 28. August 1990, in: DzD Deutsche
    Einheit [5], Dok. 402, S. 1505 f.

109 Vgl. Waigel an Kohl, 6. September 1990, in: DzD Deutsche Einheit [5],
    Dok. 413, S. 1524 f., sowie die Notiz des Referatsleiters Westerhoff für Sei-
    ters vom selben Tag: ebd., Dok. 414, S. 1526.

110 DzD Deutsche Einheit [5], Dok. 415, S. 1527–1530, die Zitate S. 1528 f.;
    Kohl, Einheit [87], S. 466–468; Teltschik, 329 Tage [122], S. 359–361; weni-
    ger scharf das sowjetische Protokoll, in: Gorbatschow i germanski wopros
    [8], S. 554–559.

111 Vgl. die Anlage zum Schreiben des Staatssekretärs Köhler an Kohl vom
9. September 1990, in: DzD Deutsche Einheit [5], Dok. 418A, S. 1535.

112 Das deutsche Gesprächsprotokoll befindet sich nicht in DzD Deutsche Einheit [5] (vgl. dazu S. 1530 Anm. 6); vgl. stattdessen Kohl, Einheit [87], S. 468,
und Teltschik, 329 Tage [122], S. 361–363; das sowjetische Protokoll: Gorbatschow i germanski wopros [8], S. 563–566; vgl. auch die Aufzeichnung
des Gesprächs zwischen Teltschik und dem sowjetischen Botschafter Tere-
chow am 15. September 1990, in: DzD Deutsche Einheit [5], Dok. 422,
S. 1541.

113 Vgl. dazu Kap. V.1: *Zwei plus Vier: Der Prozess.*

114 Vgl. Handbuch des Staatsrechts der Bundesrepublik VIII [386], S. 219–
221.

115 So etwa der frühere sowjetische Botschafter in der DDR, Abrassimow, zit.
nach Oldenburg, Rekonstruktion [193], S. 760 f.

116 Attali, Verbatim III [55], S. 541.

117 Oldenburg, Rekonstruktion [193], S. 775 f., unter Berufung auf Berechnungen des BMF aus dem Jahr 1993, aber ohne weitere Angaben; Grosser, Wagnis [383], S. 431.

118 Informationserlass des Auswärtigen Amts vom 19. Februar 1991, in: Außenpolitik der Bundesrepublik Deutschland [3], Dok. 261, S. 793.

119 Vgl. Zubok, Failed Empire [199], S. 330–335.

120 Wladimir Putin, Rede vor der Föderativen Versammlung Russlands,
25. April 2005, in: http://president.kremlin.ru/appears/2005/04/25/1223_ty-
pe63372type63374type82634_87049.shtml (Zugriff vom 28. 05. 2008).

121 Zum Stand der europäischen Integration im Sommer 1989 vgl. Kap. I.4.
Zum allgemeinen Zusammenhang und zum Folgenden vgl. insb. Küsters, Europapolitik [165], sowie Weidenfeld, Außenpolitik [377], S. 383–423.

122 Vermerk Hubert Védrines vom 18. Oktober 1989, zit. nach Schabert, Weltgeschichte [372], S. 394; Vorlage des VLR I Bitterlich an Kohl, 2./3. Dezember 1990, in: DzD Deutsche Einheit [5], Dok. 108, S. 597.

123 Vgl. dazu Küsters, Europapolitik [165], S. 298 f.

124 Vgl. die Vorlage Bitterlichs an Kohl vom 2./3. Dezember 1989, in: DzD Deutsche Einheit [5], Dok. 108, S. 597.

125 Mitterrand gegenüber dem italienischen Ministerpräsidenten Guilio Andreotti am 5. Oktober 1989, zit. nach Schabert, Weltgeschichte [372], S. 380.

126 Vgl. Weidenfeld, Außenpolitik [377], S. 142 und 145, sowie Schabert, Weltgeschichte [372], S. 404 f.

127 Vgl. Kohls Brief an Mitterrand vom 27. November 1989 mit dem angehäng-
ten «Arbeitskalender», in: DzD Deutsche Einheit [5], Dok. 100A.

128 Kohl, Einheit [87], S. 195.

129 Vgl. Küsters, Europapolitik [165], S. 302; vgl. auch Teltschik, 329 Tage [122], S. 61.

130 Vgl. dazu Kap. V. 2.

131 Teltschik, 329 Tage [122], S. 171.

132 Weidenfeld, Außenpolitik [377], S. 391, zur Haltung Delors' gegenüber der Wiedervereinigung auch S. 385 und 420, sowie Kohl, Erinnerungen 1990–1994 [89], S. 82–90 und 115 f.

133 Delors, Rede vor dem Europäischen Parlament in Straßburg, 17. Januar 1990, in: Europa-Archiv [7] 1990, D 269–282, bes. D 276–278.

134 Vgl. Weidenfeld, Außenpolitik [377], S. 405–411.

135 Vgl. etwa DzD Deutsche Einheit [5], Dok. 243.

136 Europa-Archiv [7] 1990, D 283.

137 Vgl. ebd., D 285 f.

138 Vgl. N. Piers Ludlow, A naturally supportive environment? The European institutions and German reunification, in: Bozo u. a. (Hg.), Europe [147], S. 161–173, hier 171 f. Zur verselbständigten Bedeutung des Narrativs von der «Unumkehrbarkeit» des europäischen Integrationsprozesses vgl. auch Andreas Wirsching, Ist die Geschichte der europäischen Integration beendet? in: Thomas Hertfelder/Andreas Rödder (Hg.), Modell Deutschland. Erfolgsgeschichte oder Illusion? Göttingen 2007, S. 155–170, hier 164 f.

139 Vgl. Kap. V. 3: *Nachspiel*.

140 Vgl. dazu Weidenfeld, Außenpolitik [377], S. 595–602; Zelikow/Rice, Einheit [379], S. 491–495; Genscher, Erinnerungen [73], S. 865–873; Kiessler/Elbe, Weg [85], S. 209–212; Kwizinskij, Vor dem Sturm [93], S. 61 f.; Dufourque, 2+4 [67], S. 480.

141 Europa-Archiv [7] 1990, D 509–514; BGBl. II 1990, S. 1317–1329.

142 Zum Zwei-plus-Vier-Vertrag aus staatsrechtlicher Perspektive vgl. Handbuch des Staatsrechts der Bundesrepublik VIII [386], S. 209–218.

143 Vgl. Kap. IV. 1: *Vier Prinzipien in Washington* (friedlicher Prozess, Wahrung des Selbstbestimmungsrechts, Unverletzlichkeit der Grenzen, gesamtdeutsche Mitgliedschaft in NATO und EG).

144 Charta von Paris für ein neues Europa vom 21. November 1990, in: Europa-Archiv [7] 1990, D 656–664, hier 656; Francis Fukuyama, Das Ende der Geschichte: wo stehen wir? München 1992.

145 Herfried Münkler, Die neuen Kriege. Reinbek 2002. Vgl. auch die Aufstellung in: *Frankfurter Allgemeine Zeitung* vom 30. März 2006, S. 6 f., nach: International Institute for Strategic Studies, The 2005 Chart of Conflicts. Beilage zu The Military Balance 2005–2006. London 2005, sowie das jährlich

erscheinende Konfliktbarometer des Heidelberger Instituts für Internationale Konfliktforschung: www.hiik.de/de/konfliktbarometer/index.html.

146 Hans-Peter Schwarz, Die Zentralmacht Europas. Deutschlands Rückkehr auf die Weltbühne. Berlin 1994.

147 Haftendorn, Coming of Age [238], S. 353, zum gesamten S. 351–413, sowie Hacke, Außenpolitik [236], S. 391–520.

148 Robert Kagan, Putin Makes His Move, in: *Washington Post* vom 11. August 2008.

VI. Beitritt und Modernisierungsschock

1 BArch, DC 20–6062, Bl. 7; zur Einschätzung Bushs vgl. seinen Brief an Kohl, 13. Juni 1990, in: DzD Deutsche Einheit [5], Dok. 313, S. 1212.

2 Vgl. dazu sehr differenziert Süß, Staatssicherheit am Ende [332], S. 579–587.

3 Vgl. dazu Kap. VI.2.

4 Vgl. BArch, DC 20 I/3, 2958–2971 (30. Mai), und DC 20 I/3, 3009 (4. Juli); vgl. auch den Arbeitsplan des Ministerrats für das zweite Halbjahr 1990, in: BArch, DC 20 I/3, 3015. Zur Regierung de Maizière vgl. allgemein Jäger, Überwindung [388], S. 431–453, insb. S. 431–443.

5 BArch, DC 20 I/3, 2943, Bl. 16 f.

6 BArch, DC 20 I/3, 3017, Bl. 4 (S. 9 des Protokolls vom 11. Juli 1990).

7 Informationen von Rainer Eppelmann, Lothar de Maizière, Thomas de Maizière, der von West-Berlin aus als Berater in das Amt seines Cousins abgeordnet war, und Richard Schröder.

8 BArch DC 20 I/3, 3025, Bl. 6 (S. 6 des Protokolls vom 18. Juli 1990).

9 Zit. nach Jäger, Überwindung [388], S. 441.

10 Vgl. dazu die Aufzeichnung des BMI vom 27. Februar 1990, in: DzD Deutsche Einheit [5], Dok. 182, S. 830 f., sowie Dok. 196, S. 879–886, sowie Peter Lerche, Der Beitritt der DDR – Voraussetzungen, Realisierung, Wirkungen, in: Handbuch des Staatsrechts VIII [386], S. 403–444.

11 Vgl. Konstituierende Sitzung der Arbeitsgruppe Außen- und Sicherheitspolitik des Kabinettausschusses deutsche Einheit am 14. Februar 1990, in: DzD Deutsche Einheit [5], Dok. 182.

12 Vgl. dazu allgemein Martin Heckel, Die Legitimation des Grundgesetzes durch das deutsche Volk, sowie Hans-Hugo Klein, Kontinuität des Grundgesetzes und seine Änderung im Zuge der Wiedervereinigung, in: Handbuch des Staatsrechts VIII [386], S. 489–553 und S. 557–602, bes. S. 568.

13 Schäuble, Der Vertrag [116], S. 131.

14 Vgl. das Protokoll der ersten Verhandlungsrunde über den Vertrag zur Herstellung der Einheit Deutschlands, Berlin, 6. Juli 1990, in: DzD Deutsche Einheit [5], Dok. 345, S. 1327; Kohl, Erinnerungen 1990–1994 [89], S. 192 f. (das Zitat S. 192).

15 Volkskammer Sten. Ber., 10. WP [50], S. 43 f. und 47.

16 Duisberg, Jahr [68], S. 186 f.

17 Volkskammer Sten. Ber., 10. WP [50], S. 43.

18 Grosser, Wagnis [383], S. 310.

19 Aufzeichnung Berteles über ein Gespräch mit Modrow am 28. März 1990, in: DzD Deutsche Einheit [5], Dok. 233, S. 986.

20 Vgl. Grosser, Wagnis [383], S. 307–310, und Ritter, Preis der Einheit [396], S. 272 f.

21 Diese Mechanismen reichen bis weit in die Ära Adenauer zurück, vgl. als ein Beispiel die Diskussion um Kohlesubventionen im Bundeskabinett im März 1963, in der Adenauer dieses Kalkül auch deutlich aussprach, in: Die Kabinettsprotokolle der Bundesregierung. Band 16: 1963. München 2006, S. 145–152. Vgl. auch Seibel, Verwaltete Illusionen [448], S. 481.

22 Vgl. Duisberg, Jahr [68], S. 243 f., das Zitat 244; vgl. auch Tietmeyer, Erinnerungen [124], S. 111.

23 Zum Rohentwurf Grosser, Wagnis [383], S. 240–245; Arbeitspapier für die Gespräche mit der DDR für einen Vertrag über die Schaffung einer Währungsunion, Wirtschafts- und Sozialgemeinschaft zwischen der Bundesrepublik Deutschland und der Deutschen Demokratischen Republik, 24. April 1990, in: DzD Deutsche Einheit [5], Dok. 256. Das Papier lag dem Ministerrat in seiner Sitzung am 25. April vor: BArch, DC 20 I/3, 2945.

24 BArch DC 20, 6002, Bl. 6 u. ö. (erstes Zitat); undatierter und nicht unterzeichneter Vermerk in den Akten Krauses, in: DC 20, 6007, Bl. 238–247, hier 238 f. (zweites Zitat). Vgl. auch den Vermerk nach einem Gespräch beim Ministerpräsidenten am 2. Mai, in: BArch, DC 20, 6007, B. 306 f.

25 Peter Badura, Die innerdeutschen Verträge, insbesondere der Einigungsvertrag, in: Handbuch des Staatsrechts VIII [386], S. 171–198, hier 176.

26 Vgl. Tietmeyer, Erinnerungen [124], S. 66; Vertrag über die Schaffung einer Währungs-, Wirtschafts- und Sozialunion zwischen der Bundesrepublik Deutschland und der Deutschen Demokratischen Republik, u. a. in: Texte zur Deutschlandpolitik [45], III/8a, S. 215–287. Zu den zentralen Inhalten des ersten Staatsvertrages vgl. Kap. VI.3 und VI.4; zu den offenen Vermögensfragen Kap. VI.5, zur Treuhandanstalt Kap. VI.3 und zu den Kosten der Einheit Kap. VI.8.

27 Gesetzestext u. a. in Texte zur Deutschlandpolitik [45], III/8a, S. 380–382,

zur Übertragung der Hoheitsrechte Art. 8; vgl. auch Thomas Würtemberger, Die Verfassung der DDR zwischen Revolution und Beitritt, sowie Peter Badura, Die innerdeutschen Verträge, insbesondere der Einigungsvertrag, in: Handbuch des Staatsrechts der Bundesrepublik VIII [386], S. 101–130, hier 115–117, sowie S. 171–198, hier 176 f.

28 Vgl. Grosser, Wagnis [383], S. 311–321; Sturm, Sozialdemokratie [401], S. 389–419.

29 Vgl. das Protokoll der ersten Verhandlungsrunde über den Vertrag zur Herstellung der Einheit Deutschlands, Berlin, 6. Juli 1990, in: DzD Deutsche Einheit [5], Dok. 345, S. 1327; vgl. auch Jäger, Überwindung [388], S. 498–503.

30 Vgl. DzD Deutsche Einheit [5], Dok. 328A (Diskussionspapier) und 377 (Protokoll der zweiten Verhandlungsrunde), sowie Jäger, Überwindung [388], S. 480.

31 Vertragstext u. a. in Texte zur Deutschlandpolitik [45], III/8b, S. 7–606. Zu den wesentlichen Bestimmungen vgl. Kap. VI.6.

32 Vgl. die Vorlage der MDg Busse und Stern an Seiters vom 23. August 1990, in: DzD Deutsche Einheit [5], Dok. 394. Vgl. zum folgenden Jäger, Überwindung [388], S. 505–507 und 512–518.

33 Vgl. Hans-Hugo Klein, Kontinuität des Grundgesetzes und seine Änderung im Zuge der Wiedervereinigung, in: Handbuch des Staatsrechts der Bundesrepublik VIII [386], S. 578 f., Georg Brunner, Fortgeltung des Rechts der bisherigen DDR, in: Handbuch des Staatsrechts der Bundesrepublik IX [425], S. 439, sowie Irene Gerlach/Walter Hornstein, Familien-, Jugend- und Altenpolitik, in: Geschichte der Sozialpolitik 11 [382], S. 823–827.

34 Volkskammer Sten. Ber., 10. WP [50], S. 1371–1388, die Erklärung Gysis S. 1382, das Abstimmungsergebnis S. 1385–1388.

35 Rede de Maizières beim Festakt zit. nach Archiv der Gegenwart [2] 60 (1990), S. 34930; Fernsehansprache nach Texte zur Deutschlandpolitik [45], III/8b, S. 701 f.; Fernsehansprache Kohls am 2. Oktober 1990 zit. nach Texte zur Deutschlandpolitik [45], III/8b, S. 698 und 700; Ansprache Weizsäckers auf dem Staatsakt am 3. Oktober zit. nach Texte zur Deutschlandpolitik [45], III/8b, S. 717–731, hier 727 f.

36 Zu dieser Diskussion vgl. Deutschland 1990 [36], Bd. 32 (Sachgebiet 2).

37 Vgl. Kohl, Erinnerungen 1990–1994 [89], S. 194–196; de Maizière, Anwalt [98], S. 86 f. (dort das Zitat); Jäger, Überwindung [388], S. 475 f.

38 Vgl. ebd., S. 472 f., zum Gesamten S. 471–477, und Duisberg, Jahr [68], S. 266.

39 Entscheidungen des Bundesverfassungsgerichts [6], Bd. 82. Tübingen 1991, Nr. 20, S. 322.

40　Tietmeyer, Erinnerungen [124], S. 66. – Zum gesamten Kapitel vgl. Grosser, Wagnis [383], insbes. S. 277–328.

41　Vgl. das Protokoll des Gesprächs zwischen Seiters und Modrow am 5. Dezember 1989, in: DzD Deutsche Einheit [5], Dok. 110, S. 609, sowie Sarrazin, Entstehung [112], S. 176 (Vermerk für Waigel vom 15. Januar 1990).

42　Zahlen nach: Grosser, Wagnis [383], S. 40 und 170; Hertle, Fall der Mauer [Dokumentenanhang] [16]; S. 450 f. und 458; Sarrazin, Entstehung [112], S. 183; Ritter, Preis der Einheit [396], S. 106.

43　Vgl. das Schreiben des Bundesbankpräsidenten Pöhl an Kohl, 30. März 1990, in: DzD Deutsche Einheit [5], Dok. 239 und 239A, das Zitat S. 1003.

44　Vgl. Grosser, Wagnis [383], S. 248 f.

45　Tietmeyer, Erinnerungen [124], S. 73.

46　Volkskammer Sten. Ber., 10. WP [50], Bd. 1, S. 45.

47　Vgl. BArch, DC 20, 6007, Bl. 76.

48　Blüm an Kohl, 27. März 1990, in: DzD Deutsche Einheit [5], Dok. 231, S. 979.

49　Vgl. Grosser, Wagnis [383], S. 264 f.

50　Vgl. Erik Gawel, Währungsunion [381], S. 163–165.

51　Vgl. die Eingaben an den Ministerpräsidenten bzw. seinen Staatssekretär Krause, in: BArch, DC 20, 6001 und 6015.

52　Tietmeyer, Erinnerungen [124], S. 66.

53　Vgl. Grosser, Wagnis [383], S. 121–124.

54　Vgl. dazu insgesamt ebd., S. 346–359.

55　Seibel, Verwaltete Illusionen [448], S. 500 f., zur Organisationsstruktur der Treuhandanstalt S. 119–209.

56　Grosser, Wagnis [383], S. 356; zum Ausmaß der Aufgabe vgl. auch den Bericht zum Stand der Umsetzung von Maßnahmen zur Schaffung der Währungs-, Wirtschafts- und Sozialunion durch das Ministerium für Wirtschaft vom 3. Juli 1990, in: BArch, DC 20, 6226, Bl. 3–41.

57　BArch, DC 20, 6007, Bl. 109–111, hier 109.

58　Bericht «Zur wirtschaftlichen Situation in der DDR», Anlage zum Rundschreiben des StS Schlecht vom 9. August 1990, in: DzD Deutsche Einheit [5], Dok. 380A, S. 1461.

59　Vgl. BArch, DC 20, 6007, Bl. 222.

60　Vgl. Ritter, Wiedervereinigung [347], S. 311.

61　Zit. nach Sinn, Kaltstart [398], S. 63.

62　Vgl., auch zu den folgenden beiden Absätzen, Grosser, Wagnis [383], S. 450–453.

63　Vgl. zum gesamten Zusammenhang Sachverständigenrat, Jahresgutachten [40]

1990/91, S. 61–82, dort S. 63 auch die Angabe des Statistischen Amts der DDR; Grosser, Wagnis [383], S. 451–457, und Sinn, Kaltstart [398], S. 41–45.

64 Vgl. Warbeck, Umwandlung [450], S. 224–226.

65 Sinn, Kaltstart [398], S. 34.

66 Vorlage des Regierungsdirektors Nehring für Kohl, 30. Juli 1990, in: DzD Deutsche Einheit [5], Dok. 373, S. 1424; vgl. auch das Rundschreiben des StS Schlecht vom 9. August 1990, in: ebd., Dok. 380.

67 Vgl. dazu auch Kap. VI.4: *Arbeit*.

68 Zum Gesamtzusammenhang, auch zum Folgenden, vgl. Grosser, Wagnis [383], S. 360–363, sowie Seibel, Verwaltete Illusionen [448], S. 483 f.

69 Vgl. ebd., S. 489.

70 Vgl. Ritter, Wiedervereinigung [347], S. 331; Grosser, Wagnis [383], S. 488–491.

71 Seibel, Verwaltete Illusionen [448], S. 501.

72 Abschlussstatistik der Bundesanstalt für vereinigungsbedingte Sonderaufgaben, zit. nach: Institut für Wirtschaftsforschung Halle, Eigentums- und Vermögensstrukturen, in: Materialien der Enquete-Kommission «Überwindung» [204], Bd. III, Teilbd. 2: Wirtschafts-, Sozial- und Umweltpolitik, S. 1792–1923, hier 1841.

73 Vgl. Ritter, Wiedervereinigung [347], S. 155.

74 Vgl. Roesler, Wirtschaft im Umbruch [292], S. 108 (dort das Zitat), und Prollius, Deutsche Wirtschaftsgeschichte [218], S. 259.

75 Zahl nach Ritter, Wiedervereinigung [347], S. 311.

76 Vgl. dazu Grosser, Wagnis [383], S. 464–466, zum Folgenden auch 468 f., 481 und 497; Geißler, Sozialstruktur [416], S. 76, und Schroeder, Die veränderte Republik [445], S. 199–208.

77 Vgl. http://www.arbeitsagentur.de/Zentraler-Content/A01-Allgemein-Info/A011-Presse/Publikation/pdf/Landkarten-Eckwerte-2008-10.pdf (9. November 2008), sowie die langen Reihen des Statistischen Bundesamtes, http://www.destatis.de/jetspeed/portal/cms/Sites/destatis/Internet/DE/Content/Statistiken/Zeitreihen/LangeReihen/Arbeitsmarkt/Content100/lrarbo1ga,templateId=renderPrint.psml; vgl. auch Grosser, Wagnis [383], S. 477, und Schroeder, Die veränderte Republik [445], S. 208–227.

78 Vgl. Sarrazin, Entstehung [112], S. 217–219.

79 Vgl. Grosser, Wagnis [383], S. 170 über Thilos Sarrazins Gedanken zu einer unverzüglichen Einbeziehung der DDR in den D-Mark-Währungsraum vom 29. Januar 1990 (diese auch in Sarrazin, Entstehung [112], S. 182–190).

80 Vgl. Deutsche Bundesbank, Zur Entwicklung der Produktivität in Deutsch-

land. Monatsbericht September 2002, S. 49–63, hier 58 f., sowie Grosser, Wagnis [383], S. 464 f., 474 und 497.

81 Vgl. Ritter, Preis der Einheit [396], S. 268–273, auch ders., Wiedervereinigung [347], S. 307 f.

82 Blüm an Kohl, 27. März 1990, in: DzD Deutsche Einheit [5], Dok. 231, S. 980. Vgl. auch Ritter, Preis der Einheit [396], S. 160 f.

83 Vgl. ebd., S. 451 Anm. 75.

84 Vgl., auch zum Folgenden, Winfried Schmähl, Sicherung bei Alter, Invalidität und für Hinterbliebene, in: Geschichte der Sozialpolitik 11 [382], S. 549–578, und Ritter, Wiedervereinigung [347], S. 334.

85 Einen Sonderfall stellten die Renten aus Sonder- und Zusatzversorgungssystemen für vormalige Eliten bzw. staatstragende Gruppen – Lehrer, technische und wissenschaftliche Intelligenz, Funktionäre von Parteien und gesellschaftlichen Organisationen, Beschäftigte von Bahn, Post und Verwaltung etc. – dar: der erste Staatsvertrag sah die Abschaffung ungerechtfertigter und die Absenkung überhöhter Leistungen vor und begrenzte die zusätzlichen Renten, wobei restriktivere Regelungen für ehemalige MfS-Mitarbeiter getroffen wurden. Spätere Klagen und Gerichtsurteile machten diese Reduzierungen wieder rückgängig; vgl. Ritter, Preis der Einheit [396], S. 206 f., 217 und 235 f., sowie ders., Wiedervereinigung [347], S. 308.

86 Vgl. Winfried Schmähl, Sicherung bei Alter, Invalidität und für Hinterbliebene, in: Geschichte der Sozialpolitik 11 [382], S. 574–578 und 624–626.

87 Vgl. Günther Schmid/Frank Oschmiansky, Arbeitsmarktpolitik und Arbeitslosenversicherung, in: Geschichte der Sozialpolitik 11 [382], S. 472 f.

88 Vgl. Jürgen Wasem u. a., Gesundheitswesen und Sicherung bei Krankheit und im Pflegefall, in: Geschichte der Sozialpolitik 11 [382], S. 649–717, hier 667.

89 Vgl. Reinhard Richardi, Arbeitsverfassung und Arbeitsrecht, in: Geschichte der Sozialpolitik 11 [382], S. 343–394.

90 Vgl. Ritter, Preis der Einheit [396], S. 182.

91 Vgl. «Wenn Brücken brechen ... Die ‹erlernte Hilflosigkeit› vieler DDR-Bürger erschwert den Kampf gegen die Arbeitslosigkeit», in: *Die Zeit* vom 3. August 1990, in: ACDP, Pressedokumentation, 1/18/5.

92 Vgl. Ritter, Preis der Einheit [396], S. 185–187, das Zitat S. 186, sowie 291.

93 Vgl. dazu Günther Schmid/Frank Oschmiansky, Arbeitsmarktpolitik und Arbeitslosenversicherung, in: Geschichte der Sozialpolitik 11 [382], S. 463–480, das folgende Zitat S. 463.

94 Vgl. ebd., S. 489.

95 Vgl. dazu Kap. I.5.

96 Grosser, Wagnis [383], S. 227.

97 *Die Zeit* vom 23. Februar 1990, in: ACDP, Pressedokumentation, 1/20/19.

98 Vgl. zum gesamten Zusammenhang Grosser, Wagnis [383], S. 227–239, das Zitat aus der Erklärung vom 1. März S. 233.

99 Vgl. Müller-Enbergs u. a. (Hg.), Wer war wer [284], Bd. 1, S. 180.

100 Vgl. Duisberg, Jahr [68], S. 202, der eine Äußerung de Maizières gegenüber einer Bonner Delegation am 8. Juni 1990 wiedergibt. Vgl. auch Lothar de Maizière, Rückgabe vor Eigentum – Wiedergutmachung oder neues Unrecht? In: Sobotka (Hg.), Wiedergutmachungsverbot [399], S. 148–152, bes. S. 149.

101 Vgl. Grosser, Wagnis [383], S. 330.

102 Sprachregelung zu den offenen Vermögensfragen als Anlage zur zweiten Sitzung der deutsch-deutschen Expertengruppe «Klärung offener Vermögensfragen» in Bonn am 29./30. März 1990, in: DzD Deutsche Einheit [5], Dok. 236A, S. 992 f.

103 Vgl. Hans-Jürgen Papier, Vergangenheitsbewältigung: Abwicklung, Ahndung, Entschädigung, in: Handbuch des Staatsrechts der Bundesrepublik IX [425], S. 587–627, hier 601–612.

104 Gemeinsame Erklärung der beiden deutschen Regierungen zur Regelung offener Vermögensfragen, in: Texte zur Deutschlandpolitik [45], III/8a, S. 362–365, hier 363.

105 Vgl. Grosser, Wagnis [383], S. 338–342, zum folgenden Urteil S. 488.

106 Texte zur Deutschlandpolitik [45], III/8a, S. 362–365, hier 362.

107 So die zentrale These von Paffrath, Macht und Eigentum [394], bes. S. 375–380.

108 Vgl. Gorbatschow, Wiedervereinigung [75], S. 122 und 124.

109 Texte zur Deutschlandpolitik [45], III/8a, S. 137 f.

110 Aide-mémoire der Regierung der UdSSR an die Regierung der DDR vom 28. April 1990, zit. nach Küsters, Einführung zu DzD Deutsche Einheit [344], S. 148.

111 Vgl. auch Oldenburg, Rekonstruktion [193], S. 764.

112 Kurzbericht über die zweite Sitzung der Expertengruppe Klärung offener Vermögensfragen, Bonn 29./30. März 1990, in: DzD Deutsche Einheit [5], Dok. 236, S. 989, vgl. auch Dok. 236A (Sprachregelung zu den offenen Vermögensfragen).

113 Vgl. Weidenfeld, Außenpolitik [377], S. 612; vgl. auch die Erklärung der Regierung der DDR zu den Eigentumsverhältnissen vom 1. März 1990, in: DzD Deutsche Einheit [5], Dok. 201A, S. 906 f., und Oldenburg, Rekonstruktion [193], S. 764.

114 Volkskammer Sten. Ber., 10. WP [50], Bd. 1, S. 47.

115 Vgl. «In Sorge, ‹daß die Junker kommen›», in: *Die Welt* vom 27. Februar

1990, in: ACDP, Pressedokumentation, 1/20/19–1. Schon die Bodenreform
hatte unter dem Titel «Junkerland in Bauernhand» Popularität genossen.

116 Kurzbericht über die zweite Sitzung der Expertengruppe Klärung offener
Vermögensfragen, Bonn 29./30. März 1990, in: DzD Deutsche Einheit [5],
Dok. 236, S. 989; vgl. auch Schäuble, Der Vertrag [116], S. 103.

117 Entscheidungen des Bundesverfassungsgerichts [6], Bd. 84. Tübingen 1992,
Nr. 8 (23. April 1991), S. 90–132, bes. S. 109, 111 und 127 f.

118 Entscheidungen des Bundesverfassungsgerichts [6], Bd. 94. Tübingen 1997,
Nr. 2 (18. April 1996), S. 12–49, bes. S. 23, 35 und 40 («Es ist verfassungsrechtlich nicht zu beanstanden, daß die Bundesregierung diese Verhandlungs-
ziele [cf. TASS-Erklärung und Aide-Mémoire, AR] dahin gedeutet hat, von der
Sowjetunion werde auch die Unantastbarkeit und Unumkehrbarkeit der genannten Enteignungen gefordert. Dabei kommt es angesichts des weitreichenden Ermessens in Fragen der auswärtigen Politik nicht darauf an, ob die Deutung der Erklärungen und Verhandlungsunterlagen der Sowjetunion, von der
die Bundesregierung ausgegangen ist, die einzig mögliche war. Es reicht vielmehr aus, daß diese Deutung in den Verhandlungsunterlagen eine plausible
Stütze findet»). Dazu ganz kritisch: Kempen/Dorf, Bodenreform [389], S. 65 f.

119 Vgl. dazu Klein, Kontinuität des Grundgesetzes und seine Änderung im Zuge
der Wiedervereinigung, in: Handbuch des Staatsrechts der Bundesrepublik VIII
[386], S. 570–588.

120 Vgl. Jäger, Überwindung [388], S. 502.

121 Zum gesamten Zusammenhang vgl. Klein, Kontinuität des Grundgesetzes und
seine Änderung im Zuge der Wiedervereinigung, in: Handbuch des Staatsrechts
der Bundesrepublik VIII [386], S. 589–601, zum Art. 146 bes. S. 584 und 586 f.

122 Vgl. das Protokoll der zweiten Verhandlungsrunde über den Einigungsvertrag, Berlin, 1. bis 3. August, in: DzD Deutsche Einheit [5], Dok. 377,
S. 1451, sowie Jäger, Überwindung [388], S. 505.

123 Vgl. dazu ebd., S. 454–460.

124 Zum Gesamtzusammenhang vgl. Michael Kilian, Wiedererstehen und Aufbau der Länder im Gebiet der vormaligen DDR, in: Handbuch des Staatsrechts der Bundesrepublik VIII [386], S. 55–99, sowie Jäger, Überwindung
[388], S. 461–469.

125 Texte zur Deutschlandpolitik [45], III/8a, S. 435–446.

126 Vgl. Anlage 2 zur Aufzeichnung der Arbeitsgruppe Kabinettausschuß Deutsche
Einheit für Schäuble, 13. Juni 1990, in: DzD Deutsche Einheit [5], Dok. 314A.

127 Kilian, Wiedererstehen und Aufbau der Länder, in: Handbuch des Staatsrechts der Bundesrepublik VIII [386], S. 73.

128 Vgl. das Schreiben des StS Clement (Chef der Staatskanzlei Nordrhein-West-

falen) an Seiters, 25. Januar 1990, und die Vereinbarung zwischen Kohl und den Regierungschefs der Länder, in: DzD Deutsche Einheit [5], Dok. 149A, S. 721 f. und Dok. 185, S. 834–839; vgl. auch Küsters, Einleitung zu DzD Deutsche Einheit [344], S. 103.

129 DzD Deutsche Einheit [5], Dok. 342A, S. 1305; vgl. auch Dok. 359G.

130 Vgl. das Schreiben des hessischen Ministerpräsidenten Wallmann an Seiters vom 5. Juli 1990, in: DzD Deutsche Einheit [5], Dok. 343.

131 Ebd., Dok. 280. Zur Finanzierung der Einheit vgl. Kap. VI.8: *Die Kosten der Einheit.*

132 Vgl. das Protokoll der Besprechung Kohls mit den Regierungschefs der Länder am 16. Mai 1990, in: DzD Deutsche Einheit [5], Dok. 280, S. 1123; vgl. auch den Beschluss der Finanzministerkonferenz der Länder, Anlage zum Gespräch von Bundesfinanzminister Waigel mit den Finanzministern der Länder vom 28. August 1990, in: DzD Deutsche Einheit [5], Dok. 401A, S. 1504.

133 Vgl. dazu Jäger, Überwindung [388], v. a. S. 521 f.; Grosser, Wagnis [383], S. 377, und Ritter, Wiedervereinigung [347], S. 323.

134 Vgl. auch Jäger, Überwindung [388], S. 523.

135 Fritz W. Scharpf, Die «Politikverflechtungsfalle»: Europäische Integration und deutscher Föderalismus im Vergleich, in: Politische Vierteljahresschrift 26 (1985), S. 323–356.

136 Institut für Sozialdatenanalyse, «Sozialstruktur und Lebensqualität in beiden deutschen Staaten im Prozeß ihrer Vereinigung» [Ende Mai 1990], in: BArch DC 20, 6818, B. 1–8, hier Bl. 3.

137 Zygmunt Baumann, Postmoderne Ethik. Hamburg 1995, S. 332. Zur Werteentwicklung in der DDR vgl. Kap. I.2.

138 Vgl. Ritter, Wiedervereinigung [347], S. 333.

139 Institut für Sozialdatenanalyse, «Sozialstruktur und Lebensqualität in beiden deutschen Staaten im Prozeß ihrer Vereinigung» [Ende Mai 1990], in: BArch DC 20, 6818, B. 1–8, hier Bl. 3.

140 Hans Joachim Meyer, Noch nicht gelassen, in: *Frankfurter Allgemeine Zeitung* vom 28. Juli 1990, in: Deutschland 1990 [36], S. 6276 (Sachgebiet 16.13).

141 Texte zur Deutschlandpolitik [45], III/8a, S. 396.

142 Vgl. Geißler, Sozialstruktur [416], S. 76 f., das Zitat 77; Grosser, Wagnis [383], S. 479 f., Ritter, Wiedervereinigung [347], S. 334–336; zu den Renten vgl. Kap. VI.4: *Renten und Gesundheit.*

143 Vgl. Warbeck, Umwandlung [450], bes. S. 226–228, sowie Geißler, Sozialstruktur [416], S. 159 f., das Zitat 160.

144 Vgl. Hartmut Kaelble, Die Gesellschaft der DDR im internationalen Vergleich, in: ders. u. a. (Hg.), Sozialgeschichte der DDR [276], S. 558–580, hier

463, und Rüdiger Hachtmann, Arbeitsverfassung, in: Hockerts (Hg.), Drei Wege [209], S. 27–54, hier 50.

145 Sinn, Kaltstart [398], S. 51.

146 Vgl. Geißler, Sozialstruktur [416], S. 199.

147 Vgl., auch zum folgenden Absatz, Grosser, Wagnis [383], S. 478, und Günther Schmid/Frank Oschmiansky, Arbeitsmarktpolitik und Arbeitslosenversicherung, in: Geschichte der Sozialpolitik 11 [382], S. 475; Martin Diewald/ Anne Goedicke/Karl Ulrich Mayer, Unusual Turbulences – Unexpected Continuities: Transformation Life Courses in Retrospective, in: dies. (Hg.), After the Fall [410], S. 293–317, bes. S. 303–306, sowie Schroeder, Die veränderte Republik [445], S. 217.

148 Vgl. Geißler, Sozialstruktur [416], S. 134–137; zur Potsdamer Elitestudie Wilhelm Bürklin/Hilke Rebenstorf u. a., Eliten [407].

149 Vgl. Grosser, Wagnis [383], S. 481; Geißler, Sozialstruktur [416], S. 184–187, und Schroeder, Die veränderte Republik [445], S. 364–370.

150 Vgl., auch zum Folgenden, Geißler, Sozialstruktur [416], S. 135 f. und 183–187.

151 Zahl nach Karl-Siegbert Rehberg, Ost-West, in: Stephan Lessenich/Frank Nullmeier, Deutschland [430], S. 209–233, hier 214.

152 Vgl. Statistisches Bundesamt (Hg.), Datenreport [42] 1999, S. 36; bereinigt um Wanderungssalden sank die Zahl der Neugeborenen pro tausend Einwohner im selben Zeitraum von 12 auf 5,1.

153 Vgl. Statistisches Bundesamt (Hg.), Datenreport [42] 2006, S. 595: Ostdeutsche rechneten sich 2004 selbst zu 54 % zur Arbeiterschicht, die Westdeutschen zu 55 % zur Mittelschicht und zu 10 % zur oberen Mittel- bzw. Oberschicht (Ostdeutsche nur zu insgesamt 43 %).

154 Vgl. Geißler, Sozialstruktur [416], S. 148–151.

155 Frank Adler/Albrecht Kretschmar, Vertikale Mobilität im ostdeutschen Transformationsprozess, in: Hans-Jürgen Andreß, Fünf Jahre danach: Zur Entwicklung von Arbeitsmarkt und Sozialstruktur im vereinten Deutschland. Berlin 1995, zit. nach Grosser, Wagnis [383], S. 481.

156 Institut für Sozialdatenanalyse, «Sozialstruktur und Lebensqualität in beiden deutschen Staaten im Prozeß ihrer Vereinigung» [Ende Mai 1990], in: BArch DC 20, 6818, B. 1–8, hier Bl. 1 f., 4 und 6.

157 Vgl. Wolfgang Schluchter, Neubeginn durch Anpassung? Studien zum ostdeutschen Übergang. Frankfurt a. M. 1996, S. 11–60, bes. 48–53.

158 Vgl. Pollack/Pickel, Ostdeutsche Identität [438], S. 9–23, sowie Martin Diewald/Anne Goedicke/Karl Ulrich Mayer, Unusual Turbulences – Unexpected Continuities: Transformation Life Courses in Retrospective, in: dies. (Hg.), After the Fall [410], S. 293–317, bes. 310 f.

159 Hans Joachim Meyer, Noch nicht gelassen, in: *Frankfurter Allgemeine Zeitung* vom 28. Juli 1990, in: Deutschland 1990 [36], S. 6276 (Sachgebiet 16.13).

160 «Wenn Brücken brechen … Die ‹erlernte Hilflosigkeit› vieler DDR-Bürger erschwert den Kampf gegen die Arbeitslosigkeit», in: *Die Zeit* vom 3. August 1990, in: ACDP, Pressedokumentation, 1/18/5.

161 Grosser, Wagnis [383], S. 462.

162 Vgl. Statistisches Bundesamt (Hg.), Datenreport [42] 2006, S. 457; vgl. auch Geißler, Sozialstruktur [416], S. 77.

163 Pollack/Pickel, Ostdeutsche Identität [438], S. 22.

164 Vgl. Neller, Getrennt vereint [434], S. 13–36, bes. 24 und 29–32; Schroeder, Die veränderte Republik [445], S. 397–403; ders., Preis der Einheit [444], S. 187; Ritter, Preis der Einheit [396], S. 157 f.

165 Vgl. Viola Neu, Linkspartei. PDS, in: Decker/Neu (Hg.), Handbuch der deutschen Parteien [409], S. 314–328, das Zitat 323; allgemein: dies., Janusgesicht der PDS [435].

166 Vgl. Allensbacher Jahrbuch [1], 1984–1992. München 1993, S. 573, und 1998–2002. München 2002, S. 602 f., sowie Roller, Sozialpolitische Orientierungen [441], S. 115–146, und dies., Staatsbezug und Individualismus [442], S. 229–246, bes. S. 237–242.

167 Monika Maron, Das neue Elend der Intellektuellen, in: *tageszeitung* vom 6. Februar 1990, S. 7.

168 Roller, Staatsbezug und Individualismus [442], S. 239–242.

169 Vgl. Neller, Auferstanden aus Ruinen [433], S. 339–381, bes. S. 350 f. und 376 f.; Schroeder, Die veränderte Republik [445], S. 328–339.

170 Pollack/Pickel, Ostdeutsche Identität [438], S. 22; Schroeder, Die veränderte Republik [445], S. 403; Karl-Siegbert Rehberg, Ost-West, in: Lessenich/Nullmeier, Deutschland [430], S. 225 f.

171 Vgl. zum Gesamten Roger Engelmann, Der Weg zum Stasi-Unterlagen-Gesetz, in: Suckut/Weber (Hg.), Stasi-Akten [449], S. 81–100 (dort S. 83 auch das Gauck–Zitat aus der *Zeit* vom 13. 4. 1990), sowie Jäger, Überwindung [388], S. 515–518.

172 Vgl. den Beitrag von Bärbel Bohley in: 40 Jahre SED-Unrecht: Eine Herausforderung für den Rechtsstaat. Erstes Forum des Bundesministers der Justiz am 9. Juli 1991 in Bonn. Sonderheft der Zeitschrift für Gesetzgebung. München 1991, S. 31 f. Den ihr zugeschriebenen Satz «Wir wollten Gerechtigkeit; und wir haben den Rechtsstaat bekommen» hat sie so wohl nicht formuliert, vgl. Steffen Heitmann, Rechtsstaat und Gerechtigkeit – Zehn Jahre Herrschaft des Rechts in Ostdeutschland, in: Neue Juristische Wochenschrift 51 (1999), S. 3761–3763, hier 3761.

173 Zit. nach Bernhard Schlink, Rechtsstaat und revolutionäre Gerechtigkeit, in: Neue Justiz 48 (1994), S. 433–437, hier 434. Zum Gesamten vgl. auch Josef Isensee, Rechtsstaat – Vorgabe und Aufgabe der Einigung, in: Handbuch des Staatsrechts der Bundesrepublik IX [425], S. 3–128, hier 95–106, sowie Georg Brunner, Fortgeltung des Rechts der bisherigen DDR, in: ebd., S. 425–453, hier 451 f.

174 Vgl. zum gesamten Zusammenhang Schroeder, Die veränderte Republik [445], S. 352–358, auch 358–364.

175 Volkskammer Sten. Ber., 10. WP [50], S. 43.

176 Vgl. Neller, Getrennt vereint [434], S. 29–35, das Zitat 29; Schroeder, Die veränderte Republik [445], S. 397–403.

177 Anlage B zum Schreiben von Bundesfinanzminister Waigel an die Mitglieder der CDU/CSU-Fraktion im Deutschen Bundestag, 7. Februar 1990: Währungsunion und Wirtschaftsreform, in: DzD Deutsche Einheit [5], Dok. 165B, S. 769.

178 Vgl. dazu Grosser, Wagnis [383], S. 303 f. und 366 f.

179 Zum gesamten Zusammenhang ebd., S. 373–383, und Thomas Lillig, Finanzierung der deutschen Einheit, in: Weidenfeld/Korte (Hg.), Handbuch zur deutschen Einheit [257], S. 289–299, zur Erklärung der Parteivorsitzenden Schmid/Oschmiansky, Geschichte der Sozialpolitik 11 [382], S. 486 (dort die Erklärung der Parteivorsitzenden).

180 Vgl. Grosser, Wagnis [383], S. 381.

181 Vgl. ebd., S. 482 f.; Schroeder, Die veränderte Republik [445], S. 227–252; Ritter, Preis der Einheit [396], S. 126–128; ders., Wiedervereinigung [347], S. 328; Geißler, Sozialstruktur [416], S. 77 (dort das Zitat).

182 Sarrazin, Entstehung [112], S. 162 f.

183 Vgl. Ritter, Preis der Einheit [396], S. 100 und 127; Schmid/Oschmiansky, Arbeitsmarktpolitik, in: Geschichte der Sozialpolitik 11 [382], S. 477.

184 Vgl. Grosser, Wagnis [383], S. 372; Schroeder, Die veränderte Republik [445], S. 239–245, und Ritter, Preis der Einheit [396], S. 127.

185 Vgl. dazu ausführlicher Kap. IV.5: *Kritik und Alternativen.*

186 Vgl. Harry Nick, An Unparalleled Destruction and Squandering of Economic Assets, in: Behrend (Hg.), German Unification [405], S. 80–116, oder Luft, Wendeland [97].

187 De Maizière, Anwalt der Einheit [98], S. 101.

188 Erklärung Kohls vor dem Deutschen Bundestag, in: Texte zur Deutschlandpolitik [45], III/8a, S. 396. Vgl. auch Dittrich, Staats- und Marktversagen [412], S. 76.

189 Seibel, Verwaltete Illusion [448], S. 493.

190 Vgl. dazu den fünften Punkt zur deutschen Einheit im Epilog.

191 Axel Weber, Interviewäußerung, in: *The Guardian* vom 10. September 2005, zit. nach Ritter, Wiedervereinigung [347], S. 328.

192 Fritz Stern, Fünf Deutschland und ein Leben. Erinnerungen. München 2007, S. 583; vgl. dazu den zehnten Punkt zur Deutschen Einheit im Epilog.

Epilog: Zehn Punkte zur deutschen Einheit

1 Andreas Hillgruber, Otto von Bismarck. Gründer der europäischen Großmacht Deutsches Reich. Göttingen 1978, S. 107; vgl. auch Klaus Hildebrand, Die «Krimkriegssituation». Wandel und Dauer einer historischen Konstellation der Staatenwelt, in: Jost Dülffer/Bernd Martin/Günter Wollstein (Hg.), Deutschland in Europa. Kontinuität und Bruch. Gedenkschrift für Andreas Hillgruber. Frankfurt a. M. 1990, S. 37–51.

2 Jacob Burckhardt, Weltgeschichtliche Betrachtungen. Über geschichtliches Studium. (= Gesammelte Werke, Bd. IV.) Darmstadt 1970, S. 166; vgl. dazu auch Hans-Peter Schwarz, Das Gesicht des Jahrhunderts. Monster, Retter und Mediokritäten. Berlin 1998, S. 739–749.

3 *Handelsblatt* vom 21. Februar 1990, in: ACDP, Pressedokumentation, 1/20/ 19–1.

4 Helmut Kohl, Erklärung der Bundesregierung, 21. Juni 1990, Texte zur Deutschlandpolitik [45] III/8a, S. 396.

5 Vgl. Finanzbericht 2009, hg. vom Bundesministerium der Finanzen, Berlin 2008, S. 209 und 216.

6 Helmut Kohl, Erklärung der Bundesregierung, 21. Juni 1990, Texte zur Deutschlandpolitik [45] III/X.2, S. 396 – Vgl. zur Leistungsbilanz der deutschen Einheit auch Schröder [114], Die wichtigsten Irrtümer, S. 183–236.

7 Annette Zimmer, Staatsfunktionen und öffentliche Aufgaben, in: Ellwein/ Holtmann (Hg.), 50 Jahre Bundesrepublik [442], S. 224.

8 Volkskammer Sten. Ber., 10. WP [50], Bd. 1, S. 43.

9 Monika Maron, Das neue Elend der Intellektuellen, in: *tageszeitung* vom 6. Februar 1990, S. 7.

10 Paul Kirchhof, Das Gesetz der Hydra. Gebt den Bürgern ihren Staat zurück! München 2006.

11 Zit. nach Klaus Hildebrand, Das vergangene Reich. Deutsche Außenpolitik von Bismarck bis Hitler. Stuttgart 1995, S. 564.

Abkürzungsverzeichnis

ABM	Arbeitsbeschaffungsmaßnahme(n)
ABC-Waffen	atomare, biologische und chemische Waffen
ACDP	Archiv für christlich-demokratische Politik, Sankt Augustin
AdG	Archiv der Gegenwart
ADN	Allgemeiner Deutscher Nachrichtendienst (der DDR)
AfD	Allianz für Deutschland
AfNS	Amt für Nationale Sicherheit (der DDR)
APuZ	Aus Politik und Zeitgeschichte
ARD	Arbeitsgemeinschaft der öffentlich-rechtlichen Rundfunkanstalten in der Bundesrepublik Deutschland
Art.	Artikel
BArch	Bundesarchiv Berlin
BA KO	Bundesarchiv Koblenz
BdV	Bund der Vertriebenen
BFD	Bund Freier Demokraten – Die Liberalen
BGBl.	Bundesgesetzblatt
Bl.	Blatt
BMF	Bundesministerium der Finanzen
BMI	Bundesministerium des Inneren
BPA	Bundespresseamt/Presse- und Informationsamt der Bundesregierung
BStU	Der/Die Bundesbeauftragte für die Unterlagen des Staatssicherheitsdienstes der ehemaligen DDR
BT	Deutscher Bundestag
BVfS	Bezirksverwaltung für Staatssicherheit
CDU	Christlich Demokratische Union Deutschlands
ČSSR	Tschechoslowakische Sozialistische Republik
CSU	Christlich-Soziale Union
DA	Demokratischer Aufbruch
DDR	Deutsche Demokratische Republik
DGB	Deutscher Gewerkschaftsbund (der Bundesrepublik)
DJ	Demokratie Jetzt

DM	Deutsche Mark
dpa	Deutsche Presse-Agentur (der Bundesrepublik)
DSU	Deutsche Soziale Union
DzD Deutsche Einheit	Dokumente zur Deutschlandpolitik. Deutsche Einheit. Sonderedition aus den Akten des Bundeskanzleramtes 1989/90
EA	Europa-Archiv
EG	Europäische Gemeinschaft
EU	Europäische Union
FAZ	Frankfurter Allgemeine Zeitung
FDGB	Freier Deutscher Gewerkschaftsbund (der DDR)
FDJ	Freie Deutsche Jugend (der DDR)
FDP	Freie Demokratische Partei Deutschlands
GMS	Gesellschaftlicher Mitarbeiter für Sicherheit (des MfS)
IM	Inoffizieller Mitarbeiter (des MfS)
INF	Intermediate Range Nuklear Forces (atomare Mittelstreckenraketen)
KPdSU	Kommunistische Partei der Sowjetunion
KSZE	Konferenz für Sicherheit und Zusammenarbeit in Europa
LDPD	Liberaldemokratische Partei Deutschlands (der DDR)
MDA	Matthias-Domaschk-Archiv der Robert Havemann-Gesellschaft, Berlin
MfS	Ministerium für Staatssicherheit (der DDR)
NATO	North Atlantic Treaty Organization
ND	Neues Deutschland
NVA	Nationale Volksarmee (der DDR)
o. D.	ohne Datum
o. U.	ohne Unterschrift
PB	Politbüro (des Zentralkomitees der SED)
PDS	Partei des Demokratischen Sozialismus
PVAP	Polnische Vereinigte Arbeiterpartei
RAF	Rote Armee Fraktion
RGW	Rat für Gegenseitige Wirtschaftshilfe
SAPMO-DDR	Stiftung Archiv der Parteien und Massenorganisationen der DDR im Bundesarchiv
SBZ	Sowjetische Besatzungszone
SDI	Strategic Defense Initiative
SDP	Sozialdemokratische Partei Deutschlands in der DDR
SED	Sozialistische Einheitspartei Deutschlands
SED-PDS	Sozialistische Einheitspartei Deutschlands – Partei des Demokratischen Sozialismus

SPD	Sozialdemokratische Partei Deutschlands
StS	Staatssekretär
THA	Treuhandanstalt
UVR	Ungarische Volksrepublik
VLR I	Vortragender Legationsrat Erster Klasse
VPKÄ	Volkspolizeikreisämter
WP	Wahlperiode
ZAIG	Zentrale Auswertungs- und Informationsgruppe des Ministeriums für Staatssicherheit der DDR
ZDF	Zweites Deutsches Fernsehen
ZK	Zentralkomitee der SED bzw. der KPdSU

Quellen- und Literaturverzeichnis

Quellen

Zur Quellenlage

Zwar sind die regierungsamtlichen Überlieferungen, von Ausnahmen abgesehen, grundsätzlich noch nicht zugänglich, und manches wird sich auch mit ihrer Kenntnis erst klären. Insgesamt aber lässt sich auf der Basis der verfügbaren Quellen ein hinreichend verlässliches und repräsentatives Gesamtbild gewinnen.

Zentrale Aktenbestände sind auch vor Ablauf der üblichen dreißigjährigen Sperrfristen bereits ediert worden oder archivalisch zugänglich. Auf bundesdeutscher Seite stellt die Sonderedition von 430 Dokumenten aus den Akten des Bundeskanzleramtes den wichtigsten verfügbaren Fundus dar. 1998 zusammen mit der vierbändigen «Geschichte der deutschen Einheit» publiziert, die ebenfalls auf privilegiertem Aktenzugang gründet, ist sie – wissenschaftlich seriös – als Teil einer geschichtspolitischen Offensive des ‹Kanzlers der Einheit› entstanden, dem sein Gegenpart in der Regierung, Außenminister Genscher und das Auswärtige Amt, wenig entgegenzusetzen haben: die Akten des Auswärtigen Amts sind nicht zugänglich, und zugleich sind die autobiographischen Schriften Kohls und seines außenpolitischen Beraters Horst Teltschik wesentlich sprechendere Quellen als die Erinnerungen Genschers und die Aufzeichnungen seines Büroleiters Frank Elbe. Es liegt mithin auch an den verfügbaren Quellen, vorrangig aber in der Sache selbst begründet, dass das Bundeskanzleramt in dieser Darstellung als Schaltstelle der westdeutschen Wiedervereinigungspolitik erscheint. Akten anderer Ministerien erschließen sich indirekt über die Darstellungen von Dieter Grosser in der vierbändigen «Geschichte der deutschen Einheit» sowie über den elften Band der «Geschichte der Sozialpolitik in Deutschland».

Auf Seiten der DDR sind die Akten der Staatsorgane – mit Ausnahme des Außenministeriums – und vor allem der Staatspartei im Bundesarchiv zugänglich. Für diese Darstellung wurden die Akten des Politbüros der SED und des Ministerrats herangezogen, die in einer Auswahl der wesentlichen Stücke auch publiziert vorliegen. Hinzu kommen die (in Auswahl über den Internetauftritt der Behörde der Bundesbeauftragten zugänglichen sowie in einer zeitnahen Edition publizierten) Akten des Ministeriums für Staatssicherheit und schließlich die Unterlagen der Oppositionsbewegung im Matthias-Domaschk-Archiv der Robert-Havemann-Gesellschaft in Berlin.

Auf russischer Seite enthält die noch nicht ins Deutsche übersetzte Edition über «Gorbatschow und die deutsche Frage 1986–1991» die einschlägigen sowjetischen Gesprächs- und Sitzungsprotokolle. Übersetzungen einzelner Aktenstücke und Vergleiche mit anderen Überlieferungen wecken allerdings Zweifel an der letzten editorischen Zuverlässigkeit; so ist zum Beispiel Schewardnadses eingeworfener Satz im Gespräch zwischen Gorbatschow und Genscher am 5. Dezember 1989 in Moskau, so etwas wie Kohls Zehn-Punkte-Programm «habe sich nicht einmal Hitler erlaubt», zwar in auszugsweisen bzw. referierenden Wiedergaben dieses Protokolls zitiert, im edierten Protokoll aber nicht enthalten (vgl. dazu Kap. IV.1). Auf US-amerikanischer Seite lassen sich einschlägige Regierungsakten mittelbar über die Studie von Philip Zelikow und Condoleezza Rice erschließen, denen sie zur Verfügung standen, der Forschung ansonsten allerdings nicht zugänglich sind.

Kombiniert werden die offiziellen Aktenüberlieferungen mit der subjektiven Sicht der Akteure anhand von Selbstzeugnissen. Von Gorbatschow und Tschernjajew über Krenz und Modrow, Kohl und Genscher, Thatcher und Mitterrand bis zu Bush, Baker und Scowcroft, um nur die wichtigsten zu nennen, sind nach 1990 in ganz außergewöhnlicher Fülle autobiographische Schriften, Interviewbücher, Tagebücher etc. der führend Beteiligten fast aller einschlägigen Regierungen erschienen. Diese Quellengattung ist mit besonderer Sorgfalt auszuwerten – sie tradiert, und dies mehr für den Zeitpunkt der Abfassung als für den des Dargestellten, die individuelle Perspektive und autobiographische Konstruktion der Beteiligten mit all ihren Wirkabsichten –, vermag aber, in quellenkritischer Verbindung mit anderen Überlieferungsformen, das Geschichtsbild farbenkräftig anzureichern. In besonderem Maße gilt dies für Horst Teltschiks bereits 1991 publizierte, auf eigenen Tagebuchaufzeichnungen und Gesprächsprotokollen beruhende tagebuchförmige «Innenansichten» der «329 Tage», wobei dieser besonders aussagestarke Text keine unmittelbare, sondern eine nachträglich gestaltete Überlieferung darstellt.

Ergänzt wurden die schriftlichen Selbstzeugnisse um eine Reihe von Interviews mit den im Quellen- und Literaturverzeichnis aufgeführten Beteiligten, zu denen sich die Angefragten, mit einigen wenigen Ausnahmen, bereitwillig zur Verfügung stellten. Zwar stehen die deutende Perspektive der Zeithistoriker und die erinnernde Perspektive der Zeitzeugen in einem unaufhebbaren Spannungsverhältnis zueinander. Doch eröffnen solche Interviews mit Zeitzeugen, in ebenso quellenkritischer

Auswertung wie die Selbstzeugnisse, mancherlei ergänzende Faktenkenntnis und mehr noch ein perspektivisches Korrektiv für die historiographische Interpretation. Schließlich ist eine Vielzahl von Quellen von vornherein für die Öffentlichkeit entstanden und umfassend dokumentiert: Verträge und Gesetzestexte, Verlautbarungen und Parlamentsprotokolle, schließlich die massenmedialen Quellen. Sie wurden vor allem anhand der Pressedokumentation im Archiv der Konrad-Adenauer-Stiftung – andere Parteistiftungen unterhalten nämliche Sammlungen – sowie anhand der 25- bzw. 100-bändigen Dokumentation des Bundespresseamts zu «Deutschland 1989» und «Deutschland 1990» konsultiert. Schließlich macht die Darstellung ausgiebigen Gebrauch von sozialstatistischen Daten und sozialwissenschaftlichen Forschungen, die der Zeitgeschichtsschreibung ein hohes Maß an bereits zeitgenössischer Expertise über den historischen Gegenstand bereitstellen.

Archivalien

Stiftung Archiv der Parteien und Massenorganisationen der DDR im Bundesarchiv Berlin (SAPMO-DDR)
    Politbüro des ZK der SED
    Zentralkomitee der SED, Büro Erich Honecker
    Büro Egon Krenz im ZK der SED
Bundesarchiv Berlin (BArch)
    DC 20: Ministerrat der DDR – Regierung Lothar de Maizière (April bis Oktober 1990)
    Sitzungen des Plenums (DC 20 I/3)
    Büro des Ministerpräsidenten
    Büro des Parlamentarischen Staatssekretärs Günther Krause
Bundesarchiv Koblenz (BA KO)
    Bundeskanzleramt (B 136)
Der/Die Bundesbeauftragte für die Unterlagen des Staatssicherheitsdienstes der ehemaligen DDR (BStU)
    Ministerium für Staatssicherheit (BStU, MfS)
        faksimilierte Dokumente auch via http://www.bstu.bund.de/cln_042/nn_999126/DE/MfS-DDR-Geschichte/Revolutionskalender/revolutionskalender__node.html
Archiv für Christlich-Demokratische Politik, Sankt Augustin (ACDP)
    Pressedokumentation
    Plakatsammlung

Matthias-Domaschk-Archiv der Robert-Havemann-Gesellschaft, Berlin (MDA)
 Neues Forum (NFo)
 Bürgerbewegung/Herbst 1989
  Demokratischer Aufbruch (DA)
  Demokratie Jetzt (DJ)
  Sozialdemokratische Partei (SDP)
  Vereinigte Linke (VL)
  Bündnis 90 (Bü)
 MfS-Dokumente – Bürgerbewegung im Herbst 1989 (BW-MfS)
 Persönlicher Archivbestand Marianne Birthler (MBi)
 Persönlicher Archivbestand Bärbel Bohley (BBo)
 Nachlass Manfred «Ibrahim» Böhme (MaB)
Archiv Peter Radunski, Berlin

Editionen, Dokumentationen, Chroniken

[1] ALLENSBACHER JAHRBUCH DER DEMOSKOPIE. Bd. 9: 1984–1992. Hg. von Elisabeth Noelle-Neumann und Renate Köcher. München 1993

[2] ARCHIV DER GEGENWART 59 (1989) – 60 (1990)

[3] AUSSENPOLITIK DER BUNDESREPUBLIK DEUTSCHLAND. Dokumente von 1949 bis 1994. Hg. aus Anlaß des 125. Jubiläums des Auswärtigen Amts. Köln 1995

[4] DDR-Almanach '90. Daten, Informationen, Zahlen, hg. von GÜNTER FISCHBACH. Bonn 1990

[5] DOKUMENTE ZUR DEUTSCHLANDPOLITIK. DEUTSCHE EINHEIT. Sonderedition aus den Akten des Bundeskanzleramtes 1989/90. Bearb. von HANNS JÜRGEN KÜSTERS und DANIEL HOFMANN. München 1998

[6] ENTSCHEIDUNGEN DES BUNDESVERFASSUNGSGERICHTS. Hg. von den Mitgliedern des Bundesverfassungsgerichts

[7] EUROPA-ARCHIV. Zeitschrift für internationale Politik

[8] ALEXANDER GALKIN/ANATOLI TSCHERNJAJEW (Hg.), Michail Gorbatschow i germanski wopros. Sbornik dokumentow. 1986–1991. [Michail Gorbatschow und die deutsche Frage. Eine Dokumentensammlung 1986–1991.] Moskau 2006

[9] KURT GASTEYGER, Europa von der Spaltung zur Einigung. Darstellung und Dokumentation. Bonn 1997. Neuaufl. 2001

[10] GÜNTHER GLASER, «... auf die andere Seite übergehen». NVA-Angehörige in Krise und revolutionärem Umbruch der DDR. Studie mit Dokumenten (22. September–17./18. November 1989). Berlin 2005

[11] MICHAIL GORBATSCHOW, Gipfelgespräche. Geheime Protokolle aus meiner Amtszeit. Berlin 1993

[12] VOLKER GRANSOW/KONRAD H. JARAUSCH (Hg.), Die deutsche Vereinigung. Dokumente zu Bürgerbewegung, Annäherung und Beitritt. Köln 1991

[13] WOLF-DIETER HAUSCHILD, Evangelische Kirche und Wiedervereinigung, in: Kirchliches Jahrbuch für die Evangelische Kirche in Deutschland 117/118 (1990/91), S. 179–401

[14] HANS-HERMANN HERTLE, Chronik des Mauerfalls: Die dramatischen Ereignisse um den 9. November 1989. 3. Aufl. Berlin 1996

[15] HANS-HERMANN HERTLE/GERD-RÜDIGER STEPHAN (Hg.), Das Ende der SED. Die letzten Tage des Zentralkomitees. Berlin 1997 [Edition der Tonbandmitschnitte der 9.–12. Tagung des ZK 1988/89]

[16] HANS-HERMANN HERTLE, Der Fall der Mauer. Die unbeabsichtigte Selbstauflösung des SED-Staates. 2. Aufl. Opladen 1999, S. 405–561 [Dokumentenanhang]

[17] HANS-ADOLF JACOBSEN/MIECZYSLAW TOMALA (Hg.), Bonn-Warschau 1945–1991. Die deutsch-polnischen Beziehungen. Analyse und Dokumentation. Köln 1992

[18] MATTHIAS JUDT (Hg.), DDR-Geschichte in Dokumenten. Beschlüsse, Berichte, interne Materialien und Alltagszeugnisse. Bonn 1998

[19] KARL KAISER (Hg.), Deutschlands Vereinigung. Die internationalen Aspekte. Mit den wichtigsten Dokumenten. Bergisch Gladbach 1991

[20] CHRISTOPH KLESSMANN/GEORG WAGNER, Das gespaltene Land. Leben in Deutschland 1945–1990. Texte und Dokumente zur Sozialgeschichte. München 1993

[21] HUBERTUS KNABE (Hg.), Aufbruch in eine andere DDR. Reformer und Oppositionelle zur Zukunft ihres Landes. Hamburg [Dezember] 1989

[22] DANIEL KÜCHENMEISTER/GERD-RÜDIGER STEPHAN (Hg.), Honecker – Gorbatschow. Vieraugengespräche, Berlin 1993

[23] DANIEL KÜCHENMEISTER/GERD-RÜDIGER STEPHAN [Hg.], Gorbatschows Entfernung von der Breschnew-Doktrin, in: Zeitschrift für Geschichtswissenschaft 42 (1994), S. 713–721 [Niederschrift über das Treffen der führenden Repräsentanten der Bruderparteien sozialistischer Länder des RGW am 10. und 11. November 1986 in Moskau]

[24] Kulturstiftung der deutschen Vertriebenen (Hg.), Materialien zu Deutschlandfragen. Politiker und Wissenschaftler nehmen Stellung 1989–1991. Bearb. von Hans Viktor Böttcher. Bonn 1991

[25] JACQUES LÉVESQUE, Soviet Approaches to Eastern Europe at the Beginning

of 1989, in: Cold War International History Project Bulletin 12/13 (2001), S. 49–72 [drei sowjetische Memoranden aus dem Februar 1989]

[26] HANNES BAHRMANN/CHRISTOPH LINKS, Wir sind das Volk. Die DDR im Aufbruch. Eine Chronik. Berlin 1990

[27] CHRISTOPH LINKS/SYBILLE NITSCHE/ANTJE TAFFELT u. a., Das wunderbare Jahr der Anarchie. Von der Kraft des zivilen Ungehorsams 1989/90. Berlin 2005

[28] Materialien der Enquete-Kommission «Aufarbeitung von Geschichte und Folgen der SED-Diktatur in Deutschland» (12. Wahlperiode des Deutschen Bundestages), hg. vom Deutschen Bundestag. 9 Bde. in 18 Teilbden., Baden-Baden 1995

[29] ARMIN MITTER/STEPHAN WOLLE (Hg.), Ich liebe euch doch alle! Befehle und Lageberichte des MfS Januar–November 1989. 2. Aufl. Berlin 1990

[30] INGO VON MÜNCH (Hg.), Die Verträge zur Einheit Deutschlands. Textausgabe mit Sachverzeichnis und einer Einführung. München [o. J.]

[31] DETLEF NAKATH/GERD-RÜDIGER STEPHAN, Von Hubertusstock nach Bonn. Eine dokumentierte Geschichte der deutsch-deutschen Beziehungen auf höchster Ebene 1980–1987. Berlin 1995

[32] DETLEF NAKATH/GERD-RÜDIGER STEPHAN, Countdown zur deutschen Einheit. Eine dokumentierte Geschichte der deutsch-deutschen Beziehungen 1987–1990. Berlin 1996

[33] DETLEF NAKATH/GERO NEUGEBAUER/GERD-RÜDIGER STEPHAN, «Im Kreml brennt noch Licht». Die Spitzenkontakte zwischen SED/PDS und KPdSU 1989–1991. Berlin 1998

[34] HEINRICH POTTHOFF (Hg.), Die «Koalition der Vernunft». Deutschlandpolitik in den 80er Jahren. München 1995

[35] Presse- und Informationsamt der Bundesregierung (Hg.), Deutschland 1989. Dokumentation zu der Berichterstattung über die Ereignisse in der DDR und die deutschlandpolitische Entwicklung, bearb. von Anna Maria Kuppe. Bonn 1991

[36] Presse- und Informationsamt der Bundesregierung (Hg.), Deutschland 1990. Dokumentation zu der Berichterstattung über die Ereignisse in der DDR und die deutschlandpolitische Entwicklung, bearb. von Anna Maria Kuppe. Bonn 1993

[37] Presse- und Informationsamt der Bundesregierung (Hg.), Dokumentation zum 3. Oktober 1990. Reden und Grußbotschaften zur Deutschen Einheit. Bonn 1990

[38] PETER PRZYBYLSKI, Tatort Politbüro. Die Akte Honecker. Berlin 1991 [Dokumentenanhang]

[39] GERHARD A. RITTER/MERITH NIEHUSS, Wahlen in Deutschland 1946–
1991. Ein Handbuch. München 1991

[40] SACHVERSTÄNDIGENRAT ZUR BEGUTACHTUNG DER GESAMTWIRTSCHAFTLI-
CHEN ENTWICKLUNG, Jahresgutachten

[41] SILKE SCHUMANN, Vernichten oder Offenlegen? Zur Entstehung des Stasi-
Unterlagen-Gesetzes. Eine Dokumentation der öffentlichen Debatte 1990/
91. Berlin 1995

[42] STATISTISCHES BUNDESAMT (Hg.), Datenreport, Zahlen und Fakten über
die Bundesrepublik Deutschland [verschiedene Ausgaben]

[43] STATISTISCHES BUNDESAMT (Hg.), Statistisches Jahrbuch für die Bundesrepublik Deutschland [verschiedene Ausgaben]

[44] GERD-RÜDIGER STEPHAN/DANIEL KÜCHENMEISTER (Hg.), «Vorwärts immer, rückwärts nimmer!» Interne Dokumente zum Zerfall von SED und
DDR 1988/89. Berlin 1994

[45] TEXTE ZUR DEUTSCHLANDPOLITIK, hg. vom Bundesministerium für innerdeutsche Beziehungen. Reihe III/Bd. 5 (1987) – Bd. 8b (1990)

[46] UWE THAYSEN (Hg.), Der Zentrale Runde Tisch der DDR: Wortprotokoll
und Dokumente. 5 Bde. Wiesbaden 2000

[47] TREUHANDANSTALT. DOKUMENTATION 1990–1994. 15 Bde. Berlin 1994

[48] VERHANDLUNGEN DES DEUTSCHEN BUNDESTAGES. Stenographische Berichte

[49] VOLKSKAMMER DER DEUTSCHEN DEMOKRATISCHEN REPUBLIK, 9. Wahlperiode [Protokolle ohne nähere bibliographische Angaben]

[50] VOLKSKAMMER DER DEUTSCHEN DEMOKRATISCHEN REPUBLIK, 10. Wahlperiode. 3 Bde., hg. vom Deutschen Bundestag. Berlin 2000

[51] ZENO ZIMMERLING (Hg.), Neue Chronik DDR. 4./5. Folge (23. Dezember
1989–18. März 1990). Berlin (Ost) 1990

[52] VLADISLAV M. ZUBOK, New Evidence on the «Soviet Factor» in the Peaceful Revolution of 1989, in: Cold War International History Project Bulletin
12/13 (2001), S. 15–20

Persönliche Quellen und Selbstzeugnisse

[53] EDUARD ACKERMANN, Mit feinem Gehör. Vierzig Jahre in der Bonner Politik. Bergisch-Gladbach 1994

[54] ULRICH ALBRECHT, Die Abwicklung der DDR. Die «2+4»-Verhandlungen.
Ein Insider-Bericht. Opladen 1992

[55] JACQUES ATTALI, Verbatim. Tome III: Chronique des années 1988–1991.
Paris 1995 [andere Paginierung als im selben Jahr erschienene 2bdge. Ausg.]

[56] EGON BAHR, Zu meiner Zeit. München 1996

[57] JAMES BAKER, Drei Jahre, die die Welt veränderten. Berlin 1996 (zuerst Engl. 1995)

[58] WOLFGANG BERGSDORF, Das Jahr der Einheit. Politische Entscheidungsprozesse in Bonn, in: Die Neue Ordnung 45 (1991), S. 152–160

[59] WOLFGANG BERGSDORF, Der Weg zur deutschen Einheit, in: Ders. u.a. (Hg.), Deutsche Einheit. Ein Projekt. Erfurt 2008, S. 7–21

[60] REINHARD BERNHOF, Die Leipziger Protokolle. Halle 2004

[61] ROBERT D. BLACKWILL, Deutsche Vereinigung und amerikanische Diplomatie, in: Außenpolitik. Zeitschrift für internationale Fragen 1994, H. 3, S. 211–225

[62] BÄRBEL BOHLEY, Aus den Widerständen in diesem Land bin ich ich geworden, in: Blätter für deutsche und internationale Politik 1990, S. 542–546

[63] BÄRBEL BOHLEY, «Under Open Skies»: Reflections on German Unification, in: Bulletin of the German Historical Institute 42 (2008), S. 27–37

[64] GEORGE BUSH/BRENT SCOWCROFT, Eine neue Welt. Amerikanische Außenpolitik in Zeiten des Umbruchs. Berlin 1999 (zuerst Engl. 1998 u.d.T. A World Transformed)

[65] GORDON A. CRAIG, Die Chequers-Affäre von 1990. Beobachtungen zum Thema Presse und internationale Beziehungen, in: Vierteljahrshefte für Zeitgeschichte 39 (1991), S. 611–623

[66] WJATSCHESLAW DASCHITSCHEW, On the Road to German Unification. The View from Moscow, in: GABRIEL GORODETSKI (Hg.), Soviet Foreign Policy 1917–1991. A Retrospective. London 1994, S. 170–179

[67] BERTRAND DUFOURQUE, 2+4 ou la négociation atypique, in: Politique étrangère 65 (2000), S. 467–484

[68] CLAUS J. DUISBERG, Das deutsche Jahr. Einblicke in die Wiedervereinigung 1989/90. Berlin 2005

[69] RAINER EPPELMANN (Hg.), Das ganze Deutschland. Reportagen zur Einheit. Berlin 2005

[70] VALENTIN FALIN, Politische Erinnerungen. München 1993

[71] VALENTIN FALIN, Konflikte im Kreml. Zur Vorgeschichte der deutschen Einheit und Auflösung der Sowjetunion. München 1997

[72] HANS-DIETRICH GENSCHER, Unterwegs zur Einheit. Reden und Dokumente aus bewegter Zeit. Berlin 1991

[73] HANS-DIETRICH GENSCHER, Erinnerungen. Berlin 1995

[74] MICHAIL GORBATSCHOW, Erinnerungen. Berlin 1995 (zuerst Russ. 1995)

[75] MICHAIL GORBATSCHOW, Wie es war. Die deutsche Wiedervereinigung. Berlin 1999 (zuerst Russ. 1999)

[76] GÜNTER GRASS, Ein Schnäppchen namens DDR. Letzte Reden vorm Glockengeläut. Frankfurt a. M. 1990

[77] JÜRGEN HABERMAS, Die Moderne – ein unvollendetes Projekt, in: Ders., Kleine politische Schriften I–IV, Frankfurt a. M. 1981, S. 444–464

[78] PETER HARTMANN, Außenpolitische Absicherung des Wiedervereinigungsprozesses, in: WOLFGANG BERGSDORF u. a. (Hg.), Deutsche Einheit. Ein Projekt. Erfurt 2008, S. 131–153

[79] GUYLA HORN, Freiheit, die ich meine. Erinnerungen des ungarischen Außenministers, der den Eisernen Vorhang öffnete. Hamburg 1991

[80] DOUGLAS HURD, Memoirs. London 2003

[81] ROBERT L. HUTCHINGS, American Diplomacy and the End of the Cold War. An Insider's Account of U.S. Policy in Europe, 1989–1992, Washington D. C. 1997

[82] WALTER KEMPOWSKI, Alkor. Tagebuch 1989. München 2001

[83] WALTER KEMPOWSKI, Hamit. Tagebuch 1990. München 2006

[84] HEINZ KESSLER, Zur Sache und zur Person: Erinnerungen. Berlin 1996

[85] RICHARD KIESSLER/FRANK ELBE, Ein runder Tisch mit scharfen Ecken. Der diplomatische Weg zur deutschen Einheit. Baden-Baden 1993

[86] HANS KLEIN, Es begann im Kaukasus. Der entscheidende Schritt in die Einheit Deutschlands. Berlin 1991

[87] HELMUT KOHL, «Ich wollte Deutschlands Einheit.» Dargestellt von KAI DIEKMANN und RALF GEORG REUTH. Berlin 1996

[88] HELMUT KOHL, Erinnerungen 1982–1990. München 2005

[89] HELMUT KOHL, Erinnerungen 1990–1994. München 2007

[90] WJATSCHESLAW KOTSCHEMASSOW, Meine letzte Mission. Fakten, Erinnerungen, Überlegungen. Berlin 1994

[91] EGON KRENZ, Wenn Mauern fallen. Die friedliche Revolution. Vorgeschichte – Ablauf – Auswirkungen. Wien 1990

[92] EGON KRENZ, Herbst '89. Berlin 1999

[93] JULIJ A. KWIZINSKIJ, Vor dem Sturm. Erinnerungen eines Diplomaten. Berlin 1993

[94] OSKAR LAFONTAINE, Deutsche Wahrheiten. Die nationale und die soziale Frage. Hamburg 1990

[95] WOLF LEPENIES, Fall und Aufstieg der Intellektuellen in Europa, in: Neue Rundschau 102 (1991), S. 9–22

[96] YEGOR LIGACHEV, Inside Gorbachev's Kremlin. The Memoirs of Yegor Ligachev. New York 1993 (zuerst Russ. 1992)

[97] CHRISTA LUFT, Wendeland. Fakten und Legenden. Berlin 2005

[98] Lothar de Maizière, Anwalt der Einheit. Ein Gespräch mit Christine de Mazières. Berlin 1996

[99] Igor F. Maximytschew/Hans-Hermann Hertle, Die Maueröffnung, in: Deutschland Archiv 27 (1994), S. 1137–1158 und 1240–1251

[100] Igor F. Maximytschew, Deutsche Einheit und Einigung Europas. Moskau und die letzte Phase der deutschen Zweistaatlichkeit, in: Heiner Timmermann (Hg.), Die DDR in Deutschland. Ein Rückblick auf 50 Jahre. Berlin 2001, S. 205–215

[101] Markus Meckel, Selbstbewußt in die Deutsche Einheit. Rückblicke und Reflexionen. Berlin 2001

[102] Michael Mertes, Die Entstehung des Zehn-Punkte-Programms vom 28. November 1989, in: Heiner Timmermann (Hg.), Die DDR in Deutschland. Ein Rückblick auf 50 Jahre. Berlin 2001, S. 17–35

[103] Hans Misselwitz, In Verantwortung für den Osten. Die Außenpolitik der DDR-Regierung und ihre Rolle bei den «Zwei-plus-Vier»-Verhandlungen, in: Elke Bruck/Peter M. Wagner (Hg.), Wege zum «2+4»-Vertrag. Die äußeren Aspekte der deutschen Einheit. München 1996, S. 40–69

[104] Günter Mittag, Um jeden Preis. Berlin 1991

[105] François Mitterrand, Über Deutschland. Frankfurt a. M. 1996 (zuerst Franz. 1996)

[106] Hans Modrow, Aufbruch und Ende. 2. Aufl. Hamburg 1991

[107] Hans Modrow mit Hans-Dieter Schütt, Ich wollte ein neues Deutschland. 2. Aufl. Berlin 1998

[108] Pavel Palasschenko, My Years with Gorbachev and Schevardnadze. The Memoir of a Soviet Interpreter, University Park (Penn.) 1997

[109] Kurt Plück, Der schwarz-rot-goldene Faden. Vier Jahrzehnte erlebter Deutschlandpolitik. Bonn 1996

[110] Jens Reich, Abschied von den Lebenslügen. Die Intelligenz und die Macht. Berlin 1992

[111] Rolf Reissig, Dialog durch die Mauer. Die umstrittene Annäherung von SPD und SED. Frankfurt a. M. 2002

[112] Thilo Sarrazin, Die Entstehung und Umsetzung des Konzepts der deutschen Wirtschafts- und Währungsunion, in: Theo Waigel/Manfred Schell (Hg.), Tage, die Deutschland und die Welt veränderten. Vom Mauerfall zum Kaukasus. Die deutsche Währungsunion. München 1994, S. 160–225

[113] Georgi Schachnasarow, Preis der Freiheit. Eine Bilanz von Gorbatschows Berater. Hg. von Frank Brandenburg, Bonn 1996

[114] Richard Schröder, Die wichtigsten Irrtümer über die deutsche Einheit. 2. Aufl. Freiburg 2007

[115] RICHARD SCHRÖDER, Deutsche Einheit: besser als ihr Ruf, in: WOLFGANG
       BERGSDORF u. a. (Hg.), Deutsche Einheit. Ein Projekt. Erfurt 2008, S. 39–65

[116] WOLFGANG SCHÄUBLE, Der Vertrag. Wie ich über die deutsche Einheit ver-
       handelte. Stuttgart 1991

[117] EDUARD SCHEWARDNADSE, Die Zukunft gehört der Freiheit. Hamburg
       1991

[118] EDUARD SCHEWARDNADSE, Als der Eiserne Vorhang zerriss. Begegnungen
       und Erinnerungen. Duisburg 2007

[119] FRIEDRICH SCHORLEMMER, Worte öffnen Fäuste. Die Rückkehr in ein
       schwieriges Vaterland. München 1992

[120] GERHARD STOLTENBERG, Wendepunkte. Stationen deutscher Politik 1947–
       1990. Berlin 1997

[121] STROBE TALBOTT, Endgame. The Inside Story of SALT II. New York 1979

[122] HORST TELTSCHIK, 329 Tage. Innenansichten der Einigung. Berlin 1991

[123] MARGARET THATCHER, The Downing Street Years. London 1993 (dt.
       Downing Street No. 10. Die Erinnerungen. Düsseldorf 1993)

[124] HANS TIETMEYER, Erinnerungen an die Vertragsverhandlungen, in: THEO
       WAIGEL/MANFRED SCHELL (Hg.), Tage, die Deutschland und die Welt ver-
       änderten. Vom Mauerfall zum Kaukasus. Die deutsche Währungsunion.
       München 1994, S. 57–117

[125] ANATOLI TSCHERNJAJEW [im Titel: Tschernajew], Die letzten Jahre einer
       Weltmacht. Der Kreml von innen. Stuttgart 1993

[126] ANATOLI TSCHERNJAJEW, Gorbachev and the Reunification of Germany.
       Personal Recollections, in: GABRIEL GORODETSKY (Hg.), Soviet Foreign Po-
       licy 1917–1991. A Retrospective. London 1994, S. 158–169

[127] ANATOLI TSCHERNJAJEW [im Titel: Tschernjaew], Mein deutsches Tage-
       buch. Die deutsche Frage im ZK der KPdSU 1972–1991. Übers. und hg.
       von Rudi Meier. Klitzschen 2005

[128] GEORGE A. URBAN, Diplomacy and Disillusion at the Court of Margaret
       Thatcher. An Insider's View, London 1996

[129] HUBERT VÉDRINE, Les mondes de François Mitterrand. À l'Élysée 1981–
       1995. Paris 1996

[130] HANS-JOCHEN VOGEL, Nachsichten. Meine Bonner und Berliner Jahre.
       München 1996

[131] THEO WAIGEL/MANFRED SCHELL (Hg.), Tage, die Deutschland und die Welt
       veränderten. Vom Mauerfall zum Kaukasus. Die deutsche Währungsunion.
       München 1994

[132] MARTIN WALSER, Vormittag eines Schriftstellers, in: Ders., Vormittag eines
       Schriftstellers. Frankfurt a. M. 1994, S. 9–26

[133] RICHARD VON WEIZSÄCKER, Vier Zeiten. Erinnerungen. Berlin 1997

[134] RICHARD VON WEIZSÄCKER, Drei Mal Stunde Null? 1949–1969–1989. Berlin 2001

[135] SIEGFRIED WENZEL, Was war die DDR wert? Und wo ist dieser Wert geblieben? Versuch einer Abschlußbilanz. 4. Aufl. Berlin 2003

[136] MARKUS WOLF, Spionagechef im geheimen Krieg. München 1997

Interviews

Marianne Birthler
Rainer Eppelmann
Joachimim Gauck
Gregor Gysi
Peter Hartmann
Helmut Kohl
Christine Lieberknecht
Lothar de Maizière
Thomas de Maizière
Hans Modrow
Peter Radunsky
Wolfgang Schäuble
Richard Schröder
Horst Teltschik
Arnold Vaatz
Bernhard Vogel
Dorothee Wilms
sowie verschiedene Hintergrundgespräche

Literatur

Allgemeine und übergreifende Darstellungen

[137] DEREK H. ALDCROFT, The European Economy 1914–2000. 4. Aufl. London 2001

[138] GEROLD AMBROSIUS, Wirtschaftsraum Europa. Vom Ende der Nationalökonomien. Frankfurt a. M. 1996

[139] ANTONY BEST/JUSSI M. HANHIMÄKI/JOSEPH A. MAIOLO/KIRSTEN E. SCHULZE, International History of the Twentieth Century. London 2004

[140] NORMAN DAVIES, Europe. A History. Oxford 1996

[141] TONY JUDT, Geschichte Europas von 1945 bis zur Gegenwart. München 2006 (zuerst Engl. u. d. T. Postwar. A History of Europe since 1945. New York 2005)

[142] MARK MAZOWER, Dark Continent: Europe's Twentieth Century. London 1998 (dt. u. d. T. Der dunkle Kontinent. Europa im 20. Jahrhundert. Berlin 2000)

[143] JAN PALMOWSKI, Dictionary of Contemporary World History. 2. Aufl. Oxford 2004

[144] DAVID REYNOLDS, One World Divisible. A Global History since 1945. London 2000

Internationale Geschichte und Staatenbeziehungen

[145] SIMON J. BALL, The Cold War. An International History, 1947–1991. London 1998

[146] MICHAEL R. BESCHLOSS/STROBE TALBOTT, At the Highest Levels. The Inside Story of the End of the Cold War, Boston 1993 (Dt.: Auf höchster Ebene. Das Ende des Kalten Krieges und die Geheimdiplomatie der Supermächte 1989–1991, Düsseldorf 1993

[147] FRÉDÉRIC BOZO u. a. (Hg.), Europe and the End of the Cold War. A Reappraisal. London 2008

[148] GERHARD BRUNN, Die Europäische Einigung von 1945 bis heute. Stuttgart 2002

[149] ZBGINIEW BRZEZINSKI, The Cold War and its Aftermath, in: Foreign Affairs 71 (1992), S. 31–49

[150] SAKI RUTH DOCKRILL, The End of the Cold War Era. The Transformation of the Global Security Order. London 2005

[151] JOHN P. D. DUNBABIN, International Relations since 1945. Bd. 1: The Cold War. The Great Powers and their Allies. Bd. 2: The Post Imperial Age. The Great Powers and the Wider World. London 1994

[152] JOHN LEWIS GADDIS, The United States and the End of the Cold War. Implications, Reconsiderations, Provocations. New York 1992

[153] JOHN LEWIS GADDIS, The Cold War. A New History. New York 2005

[154] RAYMOND GARTHOFF, The Great Transition. American-Soviet Relations and the End of the Cold War. Washington 1994

[155] TIMOTHY GARTON ASH, Ein Jahrhundert wird abgewählt. Aus den Zentren Mitteleuropas 1980–1990, München 1990

[156] TIMOTHY GARTON ASH, Im Namen Europas. Deutschland und der geteilte Kontinent. München 1993

[157] CHRISTIAN HACKE, Zur Weltmacht verdammt. Die amerikanische Außenpolitik von Kennedy bis Clinton, Berlin 1997

[158] FRASER J. HARBUTT, The Cold War Era. Malden (Mass.) 2002

[159] BEATRICE HEUSER, Transatlantic Relations. Sharing Ideals and Costs. London 1996

[160] DETLEF JUNKER u. a. (Hg.), Die USA und Deutschland im Zeitalter des Kalten Krieges 1945–1990. Ein Handbuch. 2 Bde. Stuttgart 2001

[161] HENRY A. KISSINGER, Die Vernunft der Nationen. Über das Wesen der Außenpolitik. Berlin 1994

[162] FRANZ KNIPPING, Rom, 25. März 1957. Die Einigung Europas. München 2004

[163] MARK KRAMER, The Collapse of East European Communism and the Repercussions within the Soviet Union, in: Journal of Cold War Studies, vol. 5 no. 4 (2003), S. 3–42, und vol. 6 no. 4 (2004), S. 3–64

[164] HANNS JÜRGEN KÜSTERS, Der Integrationsfriede. Viermächte-Verhandlungen über die Friedensregelung mit Deutschland 1945–1990. München 2000

[165] HANNS JÜRGEN KÜSTERS, Deutsch-französische Europapolitik in der Phase der Wiedervereinigung, in: Historisch-Politische Mitteilungen 10 (2003), S. 295–309

[166] MELVYN P. LEFFLER, For the Soul of Mankind. The United States, the Soviet Union, and the Cold War. New York 2007

[167] WILFRIED LOTH, Helsinki, 1. August 1975. Entspannung und Abrüstung. München 1998

[168] GEIR LUNDESTAD, The United States and Western Europe since 1945. From «Empire by Invitation» to Transatlantic Drift. Oxford 2003

[169] PATRICK MCCARTHY (Hg.), France-Germany 1983–1993. The Struggle to Cooperate. Basingstoke 1993

[170] KRZYSZOF MISZCZAK, Deklarationen und Realitäten. Die Beziehungen zwischen der Bundesrepublik Deutschland und der (Volks-)Republik Polen von der Unterzeichnung des Warschauer Vertrages bis zum Abkommen über gute Nachbarschaft und freundschaftliche Beziehungen (1970–1991). München 1993

[171] DON OBERDORFER, The Turn. From the Cold War to a New Era. The United States and the Soviet Union, 1983–1990. New York 1991, aktualis. Auflage Baltimore 1998

[172] RONALD E. POWASKI, The Cold War. The United States and the Soviet Union 1917–1991. New York 1998

[173] GUSTAV SCHMIDT (Hg.), Ost-West-Beziehungen. Konfrontation und Détente 1945–1989. 3 Bde. Bochum 1993/95

[174] GREGOR SCHÖLLGEN, Geschichte der Weltpolitik von Hitler bis Gorbatschow 1941–1991. München 1996

[175] WILLAM R. SMYSER, From Yalta to Berlin. The Cold War Struggle over Germany. New York 1999

[176] GEORGES-HENRI SOUTOU, La guerre de Cinquante Ans. Les relations Est-Ouest 1943–1990. Paris 2001

[177] BERND STÖVER, Der Kalte Krieg. Geschichte eines radikalen Zeitalters 1947–1991. München 2007

[178] ANDREAS TIMMERMANN-LEVANAS, Die politischen Beziehungen zwischen der Bundesrepublik Deutschland und der Republik Polen von 1970–1991. Vom Warschauer Vertrag bis zum Freundschaftsvertrag. Saarbrücken 1992

[179] WERNER WEIDENFELD/WOLFGANG WESSELS (Hg.), Europa von A–Z. Taschenbuch der Europäischen Integration. 8. Aufl. Bonn 2002 (zuerst 1991)

[180] ODD ARNE WESTAD (Hg.), Reviewing the Cold War. Approaches, Interpretations, Theory. London 2000

[181] ODD ARNE WESTAD, The Global Cold War. Third World Interventions and the Making of our Times. Cambridge 2005

[182] JOHN YOUNG/JOHN KENT, International Relations since 1945. A Global History. Oxford 2004

Die Sowjetunion, der Ostblock und Gorbatschows Perestroika

[183] HANNES ADOMEIT, Gorbachev, German Unification, and the Collapse of Empire, in: Post-Soviet Affairs 10 (1994), S. 197–230

[184] HANNES ADOMEIT, Imperial Overstretch. Germany in Soviet Policy from Stalin to Gorbachev. An Analysis Based on New Archival Evidence, Memoirs and Interviews. Baden-Baden 1998

[185] HELMUT ALTRICHTER, Kleine Geschichte der Sowjetunion 1917–1991. 2. Aufl. München 2001

[186] ANDREW BENNETT, The Guns that didn't Smoke. Ideas and the Soviet Non-Use of Force in 1989, in: Journal of Cold War Studies vol. 7, no. 2, Spring 2005, S. 81–109

[187] ARCHIE BROWN, Der Gorbatschow-Faktor. Wandel einer Weltmacht. Frankfurt a. M. 2000 (zuerst Engl. 1998)

[188] MANFRED HILDERMEIER, Geschichte der Sowjetunion 1917–1991. München 1998

[189] J. F. HOUGH, Democratization and Revolution in the USSR 1985–1991. Washington D. C. 1998

[190] MÁRIA HUBER, Moskau, 11. März 1985. Die Auflösung des sowjetischen Imperiums. München 2002

[191] JACQUES LÉVESQUE, The Enigma of 1989: The USSR and the Liberation of Eastern Europe. Berkeley 1997

[192] VOJTECH MASTNY/MALCOLM BYRNE (Hg.), A Cardboard Castle? An Inside History of the Warsaw Pact, 1955–1991. Budapest 2005

[193] FRED OLDENBURG, Die Rekonstruktion sowjetischer Deutschlandpolitik 1988–1991, in: HEINER TIMMERMANN (Hg.), Die DDR – Analysen eines aufgegebenen Staates. Berlin 2001, S. 745–781

[194] MATTHEW J. OUIMET, The Rise and Fall of the Brezhnev Doctrine in Soviet Foreign Policy. Chapel Hill 2003

[195] MICHAEL PLOETZ, Wie die Sowjetunion den Kalten Krieg verlor. Von der Nachrüstung zum Mauerfall. Berlin 2000

[196] TANJA WAGENSOHN, Von Gorbatschow zu Jelzin. Moskaus Deutschland-politik (1985–1995) im Wandel. Baden-Baden 2000

[197] VLADISLAV M. ZUBOK, New Evidence on the «Soviet Factor» in the Peaceful Revolution of 1989, in: Cold War International History Project Bulletin 12/13 (2001), S. 1–14

[198] VLADISLAV M. ZUBOK, Die Krisen Gorbatschows und die Vereinigung Deutschlands, in: HANS-HERMANN HERTLE/KONRAD H. JARAUSCH/CHRIS-TOPH KLESSMANN (Hg.), Mauerbau und Mauerfall. Ursachen – Verlauf – Auswirkungen. Berlin 2002, S. 251–268

[199] VLADISLAV M. ZUBOK, A Failed Empire. The Soviet Union in the Cold War from Stalin to Gorbachev. Chapel Hill 2007

Deutsche Frage, Deutschlandpolitik, deutsch-deutsche Geschichte

[200] ARND BAUERKÄMPER/MARTIN SABROW u. a. (Hg.), Doppelte Zeitgeschichte. Deutsch-deutsche Beziehungen 1945–1990. Bonn 1998

[201] PETER BENDER, Episode oder Epoche? Zur Geschichte des geteilten Deutschland. München 1996

[202] PETER BENDER, Deutschlands Wiederkehr. Eine ungeteilte Nachkriegs-geschichte 1945–1990. Stuttgart 2007

[203] DEUTSCHER BUNDESTAG (Hg.), Materialien der Enquete-Kommission «Auf-arbeitung von Geschichte und Folgen der SED-Diktatur in Deutschland». 9 Bde. in 18 Teilbänden. Baden-Baden 1995

[204] DEUTSCHER BUNDESTAG (Hg.), Materialien der Enquete-Kommission «Überwindung der Folgen der SED-Diktatur im Prozeß der Deutschen Einheit». 8 Bde. in 14 Teilbänden. Baden-Baden 1999

[205] TIMOTHY GARTON ASH, Im Namen Europas. Deutschland und der geteilte Kontinent. München 1993

[206] PIERRE GUILLEN, La question allemande (1945–1990). Paris 1996

[207] JENS HACKER, Deutsche Irrtümer. Schönfärber und Helfershelfer der SED-Diktatur im Westen. Berlin 1992

[208] GERHARD HERDEGEN, Perspektiven und Begrenzungen. Eine Bestandsaufnahme der öffentlichen Meinung zur deutschen Frage, in: Deutschland Archiv 20 (1987), S. 1259–1273, und 21 (1988), S. 391–403

[209] HANS GÜNTER HOCKERTS (Hg.), Drei Wege deutscher Sozialstaatlichkeit. NS-Diktatur, Bundesrepublik und DDR im Vergleich. München 1998

[210] HANS GÜNTER HOCKERTS (Hg.), Koordinaten deutscher Geschichte in der Epoche des Ost-West-Konflikts. München 2004

[211] MAXIMILIAN HORSTER, The Trade in Political Prisoners between the two German States, 1962–1989, in: Journal of Contemporary History 39 (2004), S. 403–424

[212] KARL-RUDOLF KORTE, Der Standort der Deutschen. Akzentverlagerungen der deutschen Frage in der Bundesrepublik Deutschland seit den siebziger Jahren. Köln 1990

[213] KARL-RUDOLF KORTE, Deutschlandpolitik in Helmut Kohls Kanzlerschaft. Entscheidungsprozeß und Regierungsstil 1981–1989. (= Geschichte der deutschen Einheit, Bd. 1.) Stuttgart 1998

[214] WILFRIED LOTH, Die Historiker und die deutsche Frage. Ein Rückblick nach dem Ende des Kalten Krieges, in: Historisches Jahrbuch 112 (1992), S. 366–382

[215] JAMES A. MCADAMS, Germany Divided. From the Wall to Reunification. Princeton, N. J. 1993

[216] HEINRICH POTTHOFF (Hg.), Die «Koalition der Vernunft». Deutschlandpolitik in den 80er Jahren. München 1995 [Einführung, S. 9–86]

[217] HEINRICH POTTHOFF, Im Schatten der Mauer. Deutschlandpolitik 1961 bis 1990. Berlin 1999

[218] MICHAEL PROLLIUS, Deutsche Wirtschaftsgeschichte nach 1945. Göttingen 2006

[219] SÖREN ROOS, Das Wiedervereinigungsgebot des Grundgesetzes in der deutschen Kritik zwischen 1982 und 1989. Berlin 1997

[220] MICHAEL SCHÄFER, Die Vereinigungsdebatte. Deutsche Intellektuelle und deutsches Selbstverständnis 1989–1996. Baden-Baden 2002

[221] HARTMUT SCHIEDERMAIR, Die deutsche Frage im Streit der Fakultäten, in: WALTER FÜRST (Hg.), Festschrift für Wolfgang Zeidler. Bd. 2, Berlin 1987, S. 1031–1057

[222] GERD-RÜDIGER STEPHAN, Deutsch-deutsche Beziehungen vor dem Hintergrund von «Glasnost» und «Perestroika» (1982–1990), in: ULRICH PFEIL (Hg.), Die DDR und der Westen. Transnationale Beziehungen 1949–1989. Berlin 2001, S. 117–134

[223] ANDREAS VOGTMEIER, Egon Bahr und die deutsche Frage. Zur Entwicklung der Ost- und Deutschlandpolitik vom Kriegsende bis zur Vereinigung. Bonn 1996

[224] MATTHIAS ZIMMER, Nationales Interesse und Staatsräson. Zur Deutschland-Politik der Regierung Kohl 1982–1989. Paderborn 1992

[225] MATTHIAS ZIMMER, Deutschlandpolitik von Adenauer bis Kohl, in: KARL-RUDOLF KORTE/MATTHIAS ZIMMER, Der Weg zur deutschen Einheit. Sankt Augustin 1994, S. 7–42

Geschichte der Bundesrepublik

[226] WERNER ABELSHAUSER, Deutsche Wirtschaftsgeschichte seit 1945. München 2004

[227] DENNIS L. BARK/DAVID R. GRESS, A History of West Germany. Bd. 2: Democracy and its Discontents 1963–1991. 2. Aufl. Oxford 1993

[228] PETER BENDER, Die «Neue Ostpolitik» und ihre Folgen. Vom Mauerbau bis zur Vereinigung. 4. Aufl. München 1996

[229] STEPHAN BIERLING, Die Außenpolitik der Bundesrepublik Deutschland. Normen, Akteure, Entscheidungen. München 1999

[230] DIETER BINGEN, Die Polenpolitik der Bonner Republik von Adenauer bis Kohl 1949–1991. Baden-Baden 1998

[231] KLAUS DREHER, Helmut Kohl. Leben mit Macht. Stuttgart 1998

[232] STEFAN FRÖHLICH, «Auf den Kanzler kommt es an»: Helmut Kohl und die deutsche Außenpolitik. Persönliches Regiment und Regierungshandeln vom Amtsantritt bis zur Wiedervereinigung. Paderborn 2001

[233] RAINER GEISSLER, Die Sozialstruktur Deutschlands. Zur gesellschaftlichen Entwicklung mit einer Zwischenbilanz zur Vereinigung. 2. Aufl. Opladen 1996

[234] MANFRED GÖRTEMAKER, Geschichte der Bundesrepublik Deutschland. Von der Gründung bis zur Gegenwart. München 1999

[235] DIETER GROH/PETER BRANDT, «Vaterlandslose Gesellen». Sozialdemokratie und Nation 1860–1990. München 1992

[236] CHRISTIAN HACKE, Die Außenpolitik der Bundesrepublik Deutschland. Von Konrad Adenauer bis Gerhard Schröder. Aktualisierte Ausgabe Frankfurt a. M. 2003

[237] HELGA HAFTENDORN, Deutsche Außenpolitik zwischen Selbstbeschränkung und Selbstbehauptung 1949–2000. Stuttgart 2001

[238] HELGA HAFTENDORN, Coming of Age. German Foreign Policy since 1945. Lanham 2006

[239] WOLFRAM F. HANRIEDER, Deutschland, Europa, Amerika. Die Außenpolitik der Bundesrepublik Deutschland 1949–1989. 2. Aufl. Paderborn 1995

[240] KLAUS HILDEBRAND, Die Außenpolitik der Bundesrepublik Deutschland, in: Geschichte in Wissenschaft und Unterricht 45 (1994), S. 611–625

[241] UDO KEMPF/HANS-GEORG MERZ (Hg.), Kanzler und Minister 1949–1998. Biographisches Lexikon der deutschen Bundesregierungen. Wiesbaden 2001

[242] PETER GRAF KIELMANSEGG, Nach der Katastrophe. Eine Geschichte des geteilten Deutschland. Berlin 2000

[243] HELMUT KLAGES, Wertorientierungen im Wandel. Rückblick, Gegenwartsanalyse, Prognosen. Frankfurt a. M. 1984

[244] HELMUT KLAGES, Traditionsbruch als Herausforderung. Perspektiven der Wertewandelsgesellschaft. Frankfurt a. M. 1993

[245] ULRICH LAPPENKÜPER, Die Außenpolitik der Bundesrepublik Deutschland 1949 bis 1990. München 2008

[246] PETER MERSEBURGER, Willy Brandt 1913–1992. Visionär und Realist. Stuttgart 2002

[247] ANTHONY JAMES NICHOLLS, The Bonn Republic. West German Democracy 1945–1990. Harlow 1997

[248] PETER PULZER, German Politics 1945–1995. Oxford 1995

[249] ANDREAS RÖDDER, Die Bundesrepublik Deutschland 1969–1990. (= Oldenbourg Grundriß der Geschichte 19a.) München 2004

[250] ANDREAS RÖDDER, Wertewandel und Postmoderne. Gesellschaft und Kultur in der Bundesrepublik Deutschland 1965–1990, Stiftung-Bundespräsident-Theodor-Heuss-Haus, Kleine Reihe, Heft 12. Stuttgart 2004

[251] FLORIAN ROTH, Die Idee der Nation im politischen Diskurs. Die Bundesrepublik Deutschland zwischen neuer Ostpolitik und Wiedervereinigung (1969–1990). Baden-Baden 1995

[252] GREGOR SCHÖLLGEN, Die Außenpolitik der Bundesrepublik Deutschland. Von den Anfängen bis zur Gegenwart. München 1999

[253] HANS STARK, Kohl, l'Allemagne et l'Europe. La politique d'intégration européenne de la République fédérale, 1982–1998. Paris 2004

[254] CHRISTIAN W. THOMSEN (Hg.), Aufbruch in die Neunziger. Ideen, Entwicklungen, Perspektiven der achtziger Jahre. Köln 1991

[255] WERNER WEIDENFELD/HARTMUT ZIMMERMANN (Hg.), Deutschland-Handbuch. Eine doppelte Bilanz 1949–1989. Bonn 1989

[256] WERNER WEIDENFELD/KARL-RUDOLF KORTE (Hg.), Handwörterbuch zur deutschen Einheit. Bonn 1993

[257] WERNER WEIDENFELD/KARL-RUDOLF KORTE (Hg.), Handbuch zur deutschen Einheit. Bonn 1993. Neuausg. Bonn 1996

[258] HEINRICH AUGUST WINKLER, Der lange Weg nach Westen. Zweiter Band: Deutsche Geschichte vom «Dritten Reich» bis zur Wiedervereinigung. München 2000

[259] ANDREAS WIRSCHING, Abschied vom Provisorium 1982–1990. (Geschichte der Bundesrepublik Deutschland [Bd. 6].) München 2006

[260] EDGAR WOLFRUM, Geschichtspolitik in der Bundesrepublik Deutschland. Der Weg zur bundesrepublikanischen Erinnerung. Darmstadt 1999

[261] EDGAR WOLFRUM, Die geglückte Demokratie. Geschichte der Bundesrepublik Deutschland von den Anfängen bis zur Gegenwart. Stuttgart 2006

Geschichte der DDR

[262] THOMAS AUERBACH (unter Mitarbeit von Wolf-Dieter SAILER), Vorbereitung auf den Tag X. Die geplanten Internierungslager des MfS. Berlin 2000

[263] ARND BAUERKÄMPER, Die Sozialgeschichte der DDR. (= Enzyklopädie deutscher Geschichte 76.) München 2005

[264] GARETH DALE, Popular Protest in East Germany, 1945–1989. London 2005

[265] DEUTSCHE BUNDESBANK, Die Zahlungsbilanz der ehemaligen DDR 1975 bis 1989. Frankfurt a. M. 1999

[266] RAINER EPPELMANN/BERND FAULENBACH/ULRICH MÄHLERT (Hg.), Bilanz und Perspektiven der DDR-Forschung. Paderborn 2003

[267] KARL-WILHELM FRICKE, Die DDR-Staatssicherheit. Entwicklung, Strukturen, Aktionsfelder. 3. Aufl. Köln 1989

[268] KARL-WILHELM FRICKE, MfS intern. Macht, Strukturen, Auflösung der DDR-Staatssicherheit. Köln 1991

[269] WALTER FRIEDRICH/HARTMUT GRIESE (Hg.), Jugend und Jugendforschung in der DDR. Gesellschaftspolitische Situationen, Sozialisation und Mentalitätsentwicklung in den achtziger Jahren. Opladen 1991

[270] WALTER FRIEDRICH/PETER FÖRSTER/KURT STARKE (Hg.), Das Zentralinsti-

tut für Jugendforschung Leipzig 1966–1990. Geschichte, Methoden, Erkenntnisse. Berlin 1999

[271] MARY FULBROOK, The People's State. East German Society from Hitler to Honecker. New Haven 2005

[272] CHRISTOF GEISEL, Auf der Suche nach einem dritten Weg. Das politische Selbstverständnis der DDR-Opposition in den 80er Jahren. Berlin 2005

[273] THOMAS GENSICKE, Mentalitätsentwicklungen im Osten Deutschlands seit den 70er Jahren. Vorstellung und Erläuterung von Ergebnissen einiger empirischer Untersuchungen in der DDR und in den neuen Bundesländern von 1977–1991. Speyer 1992

[274] JENS GIESECKE, Der Mielke-Konzern. Die Geschichte der Stasi 1945–1990. München 2006

[275] GÜNTHER HEYDEMANN, Die Innenpolitik der DDR. (= Enzyklopädie deutscher Geschichte 66.) München 2003

[276] HARTMUT KAELBLE/JÜRGEN KOCKA/HARTMUT ZWAHR (Hg.), Sozialgeschichte der DDR. Stuttgart 1994

[277] EBERHARD KUHRT/GUNTER HOLZWEISSIG u. a. (Hg.), Am Ende des realen Sozialismus. Beiträge zu einer Bestandsaufnahme der DDR-Wirklichkeit in den achtziger Jahren. 2 Bde. Opladen 1996

[278] EBERHARD KUHRT u. a. (Hg.), Opposition in der DDR von den siebziger Jahren bis zum Zusammenbruch der SED-Herrschaft. Opladen 1999

[279] IWAN KUSMIN, Die Verschwörung gegen Honecker, in: Deutschland Archiv 28 (1995), S. 286–289

[280] ULRICH MÄHLERT, Kleine Geschichte der DDR. München 1998

[281] ROGER MELIS, In einem stillen Land. Fotografien 1965–1989. Leipzig 2007

[282] SIGRID MEUSCHEL, Legitimation und Parteienherrschaft. Zum Paradox von Stabilität und Revolution in der DDR 1945–1989. Frankfurt a. M. 1992

[283] PATRICK VON ZUR MÜHLEN, Aufbruch und Umbruch in der DDR. Bürgerbewegungen, kritische Öffentlichkeit und Niedergang der SED-Herrschaft. Bonn 2000

[284] HELMUT MÜLLER-ENBERGS/JAN WIELGOHS/DIETER HOFFMANN/ANDREAS HERBST (Hg.), Wer war wer in der DDR? Ein Lexikon ostdeutscher Biographien. 2 Bde., 4. Aufl. Berlin 2006

[285] ERHARD NEUBERT, Geschichte der Opposition in der DDR 1949–1989. 2. Aufl. Bonn 1998

[286] HEINZ NIEMANN, Hinterm Zaun: Politische Kultur und Meinungsforschung in der DDR. Die geheimen Berichte an das Politbüro der SED. Berlin 1995

[287] DETLEF POLLACK/DIETER RINK (Hg.), Zwischen Verweigerung und Opposition. Politischer Protest in der DDR 1970–1989. Frankfurt a. M. 1997

[288] DETLEF POLLACK, Die konstitutive Widersprüchlichkeit der DDR. Oder: War die DDR-Gesellschaft homogen? in: Geschichte und Gesellschaft 24 (1998), S. 110–131

[289] DETLEF POLLACK, Politischer Protest. Politisch alternative Gruppen in der DDR. Opladen 2000

[290] ULRIKE POPPE/RAINER ECKERT/ILKO-SASCHA KOWALCZUK (Hg.), Zwischen Selbstbehauptung und Anpassung. Formen des Widerstandes und der Opposition in der DDR. Berlin 1995; zit.: Poppe/Eckert/Kowalczuk, Formen des Widerstandes

[291] MATTHIAS RATHMER, Alexander Schalck-Golodkowski. Pragmatiker zwischen den Fronten. Diss. Münster 1996

[292] JÖRG ROESLER, Ostdeutsche Wirtschaft im Umbruch 1970–2000. Bonn 2003

[293] JOACHIM SCHOLTYSECK, Die Außenpolitik der DDR. (= Enzyklopädie deutscher Geschichte 69.) München 2003

[294] KLAUS SCHROEDER, Der SED-Staat. Partei, Staat und Gesellschaft 1949–1990. München 1998

[295] JAAP SLEIFER, Planning ahead and falling behind. The East German Economy in comparison with West Germany, 1936–2002. Berlin 2006

[296] ANDRÉ STEINER, Von Plan zu Plan. Eine Wirtschaftsgeschichte der DDR. München 2004

[297] SIEGFRIED SUCKUT (Hg.), Das Wörterbuch der Staatssicherheit: Definitionen des MfS zur «politisch-operativen Arbeit». Berlin 1996

[298] HEINER TIMMERMANN (Hg.), Die DDR – Analysen eines aufgegebenen Staates. Berlin 2001

[299] HEINER TIMMERMANN (Hg.), Das war die DDR. DDR-Forschung im Fadenkreuz von Herrschaft, Außenbeziehungen, Kultur und Souveränität. Münster 2004

[300] HANS-JOACHIM VEEN u.a. (Hg.), Lexikon Opposition und Widerstand in der SED-Diktatur. Berlin 2000

[301] HERMANN WENTKER, Außenpolitik in engen Grenzen. Die DDR im internationalen System 1949–1989. München 2007

[302] STEFAN WOLLE, Die heile Welt der Diktatur. Alltag und Herrschaft in der DDR 1971–1989. 2. Aufl. Bonn 1999

[303] JONATHAN R. ZATLIN, The Currency of Socialism. Money and Political Culture in East Germany. Cambridge 2007

Das Ende der DDR

[304] REINHOLD ANDERT/WOLFGANG HERZBERG, Der Sturz. Erich Honecker im Kreuzverhör. Berlin 1990

[305] WOLFGANG BIALAS, Ostdeutsche Intellektuelle und der gesellschaftliche Umbruch der DDR, in: Geschichte und Gesellschaft 33 (2007), S. 289–308

[306] STEFAN BOLLINGER (Hg.), Das letzte Jahr der DDR. Zwischen Revolution und Selbstaufgabe, Berlin 2004

[307] ANDREAS CZAPLICKI, Die Rolle der Westmedien in der Revolution der DDR. Diss. Mainz 2000

[308] ROBERT N. DRASKOWSKI, Die Regierung Modrow: Zwischen Eigenstaatlichkeit und Staatenbund 1989/90, Diss. Kiel 1998

[309] HERMANN GEYER, Nikolaikirche, montags um fünf. Die politischen Gottesdienste der Wendezeit in Leipzig. Darmstadt 2007

[310] GÜNTHER GLASER, ... auf die «andere» Seite übergehen. NVA-Angehörige in Krise und revolutionärem Umbruch der DDR. Studie mit Dokumenten 22. September–17./18. November 1989, Berlin 2005

[311] ROBERT GRÜNBAUM, Eine Revolution? Der Charakter des Umbruchs in der DDR von 1989/90, in: Geschichte in Wissenschaft und Unterricht 50 (1999), S. 438–450

[312] ROBERT GRÜNBAUM, Jenseits des Alltags. Die Schriftsteller der DDR und die Revolution von 1989/90, Baden-Baden 2002

[313] HANS-HERMANN HERTLE, Die Diskussion der ökonomischen Krise in der Führungsspitze der SED, in: THEO PIRKER u. a. (Hg.), Der Plan als Befehl und Fiktion. Wirtschaftsführung in der DDR. Opladen 1995, S. 309–345

[314] HANS-HERMANN HERTLE, Der Fall der Mauer. Die unbeabsichtigte Selbstauflösung des SED-Staates. 2. Aufl. Opladen 1999

[315] HANS-HERMANN HERTLE/KONRAD H. JARAUSCH/CHRISTOPH KLESSMANN (Hg.), Mauerbau und Mauerfall. Ursachen – Verlauf – Auswirkungen. Berlin 2002

[316] GÜNTHER HEYDEMANN/GUNTHER MAI/WERNER MÜLLER (Hg.), Revolution und Transformation in der DDR 1989/90, Berlin 1999

[317] TOBIAS HOLLITZER, Der friedliche Verlauf des 9. Oktober 1989 in Leipzig – Kapitulation oder Reformbereitschaft? Vorgeschichte, Verlauf und Nachwirkung, in: GÜNTHER HEYDEMANN/GUNTHER MAI/WERNER MÜLLER (Hg.), Revolution und Transformation in der DDR 1989/90, Berlin 1999, S. 247–288

[318] KONRAD H. JARAUSCH/MARTIN SABROW (Hg.), Weg in den Untergang. Der innere Zerfall der DDR. Göttingen 1999

[319] HANS JOAS/MARTIN KOHLI (Hg.), Der Zusammenbruch der DDR. Soziologische Analysen. Frankfurt a. M. 1993

[320] HANS MICHAEL KLOTH, Vom «Zettelfalten» zum freien Wählen. Die Demokratisierung der DDR 1989/90 und die «Wahlfrage». Berlin 2000

[321] EBERHARD KUHRT u. a. (Hg.), Die Endzeit der DDR-Wirtschaft – Analysen zur Wirtschafts-, Sozial- und Umweltpolitik. Opladen 1999

[322] CHRISTIANE LEMKE, Die Ursachen des Umbruchs 1989. Politische Sozialisation in der ehemaligen DDR, Opladen 1991

[323] BERND LINDNER, Die demokratische Revolution in der DDR 1989/90. Neudr. Bonn 2001

[324] CHARLES S. MAIER, Das Verschwinden der DDR und der Untergang des Kommunismus. Frankfurt a. M. 1999 (zuerst Engl. 1997)

[325] ERHART NEUBERT, Eine Protestantische Revolution. Berlin 1990

[326] KARL DIETER OPP/PETER VOSS/CHRISTIANE GERN, Die volkseigene Revolution, Stuttgart 1993

[327] DETLEF POLLACK, Der Zusammenbruch der DDR als Verkettung getrennter Handlungslinien, in: KONRAD H. JARAUSCH/ MARTIN SABROW (Hg.), Weg in den Untergang. Der innere Zerfall der DDR. Göttingen 1999, S. 41–81

[328] RALF GEORG REUTH/ANDREAS BÖNTE, Das Komplott. Wie es wirklich zur deutschen Einheit kam. München 1993

[329] MICHAEL RICHTER, Die Revolution in Deutschland 1989/90. Anmerkungen zum Charakter der «Wende». Dresden 1995

[330] MICHAEL RICHTER, Friedliche Revolution und Transformation, in: Deutschland Archiv 34 (2001), S. 931–943

[331] MARTIN SABROW, Der Konkurs der Konsensdiktatur. Überlegungen zum inneren Zerfall der DDR aus kulturgeschichtlicher Perspektive, in: KONRAD H. JARAUSCH/MARTIN SABROW (Hg.), Weg in den Untergang. Der innere Zerfall der DDR. Göttingen 1999, S. 83–116

[332] WALTER SÜSS, Staatssicherheit am Ende. Warum es den Mächtigen nicht gelang, 1989 eine Revolution zu verhindern. Berlin 1999

[333] WALTER SÜSS, Selbstblockierung der Macht. Wachstum und Lähmung der Staatssicherheit in den siebziger und achtziger Jahren, in: KONRAD H. JARAUSCH/MARTIN SABROW (Hg.), Weg in den Untergang. Der innere Zerfall der DDR. Göttingen 1999, S. 239–257

[334] UWE THAYSEN, Der Runde Tisch. Oder: Wo blieb das Volk? Der Weg der DDR in die Demokratie. Opladen 1990

[335] KARSTEN TIMMER, Vom Aufbruch zum Umbruch. Die Bürgerbewegung in der DDR 1989. Göttingen 2000

[336] MARKUS TRÖMMER, Der verhaltene Gang in die deutsche Einheit. Das Ver-

hältnis zwischen den Oppositionsgruppen und der (SED-)PDS im letzten Jahr der DDR. Frankfurt 2002

[337] ARNIM VOLZE, Zur Devisenverschuldung der DDR – Entstehung, Bewältigung und Folgen, in: EBERHARD KUHRT u. a. (Hg.), Die Endzeit der DDR-Wirtschaft – Analysen zur Wirtschafts-, Sozial- und Umweltpolitik. Opladen 1999, S. 151–183

[338] FRANCA WOLFF, Glasnost erst kurz vor Sendeschluss. Die letzten Jahre des DDR-Fernsehens. 1985–1989. Köln 2002

[339] HARTMUT ZWAHR, Ende einer Selbstzerstörung. Leipzig und die Revolution in der DDR. Göttingen 1993

[340] HARTMUT ZWAHR, Die Revolution in der DDR 1989/90 – eine Zwischenbilanz, in: ALEXANDER FISCHER/GÜNTHER HEYDEMANN (Hg.), Die politische «Wende» 1989/90 in Sachsen. Weimar 1995, S. 204–252

Deutsche Wiedervereinigung allgemein

[341] MARKUS DRIFTMANN, Die Bonner Deutschlandpolitik 1989/90. Eine Analyse der deutschlandpolitischen Entscheidungsprozesse angesichts des Zerfalls der DDR. Münster 2005

[342] KLAUS HILDEBRAND, Probleme und Perspektiven der Forschung zur deutschen Einheit 1989/90, in: Vierteljahrshefte für Zeitgeschichte 52 (2004), S. 193–210

[343] KONRAD JARAUSCH, Die unverhoffte Einheit 1989–1990. Frankfurt a. M. 1995

[344] HANNS JÜRGEN KÜSTERS, Entscheidung für die deutsche Einheit. [Einführung zu:] Dokumente zur Deutschlandpolitik. Deutsche Einheit. Sonderedition aus den Akten des Bundeskanzleramtes 1989/90. Bearb. von HANNS JÜRGEN KÜSTERS und DANIEL HOFMANN. München 1998, S. 21–236

[345] JAN-WERNER MÜLLER, Another Country. German Intellectuals, Unification and National Identity. New Haven 2000

[346] ELISABETH POND, Beyond the Wall. Germany's Road to Unification. Washington, D. C. 1993

[347] GERHARD A. RITTER, Die deutsche Wiedervereinigung, in: Historische Zeitschrift 286 (2008), S. 289–339

[348] ANDREAS RÖDDER Zeitgeschichte als Herausforderung: Die deutsche Einheit, in: Historische Zeitschrift 270 (2000), S. 669–687

[349] ANDREAS RÖDDER, «Durchbruch im Kaukasus»? Die deutsche Wiedervereinigung als Herausforderung für die Zeitgeschichtsschreibung, in: Jahrbuch des Historischen Kollegs 2002, S. 113–140

Deutsche Wiedervereinigung: internationale und äußere Aspekte

[350] JEFFREY J. ANDERSON, German Unification and the Union of Europe. The Domestic Politics of Integration Policy. Cambridge 1999

[351] RAFAEL BIERMANN, Zwischen Kreml und Kanzleramt. Wie Moskau mit der deutschen Einheit rang. 2. Aufl. Paderborn 1998

[352] FRÉDÉRIC BOZO, Mitterrand, la fin de la guerre froide et l'unification allemande: de Yalta à Maastricht. Paris 2005

[353] MARIE-NOËLLE BRAND CRÉMIEUX, Les Français face à la réunification allemande: automne 1989 – automne 1990. Paris 2004

[354] ELKE BRUCK/PETER M. WAGNER (Hg.), Wege zum «2+4»-Vertrag. Die äußeren Aspekte der deutschen Einheit. München 1996

[355] ANNE-MARIE CORBIN-SCHUFFELS, La force de la parole. Les intellectuels face à la RDA et à l'unification allemande (1945–1990). Paris 1998

[356] FRANK COSTIGLIOLA, An «arm around the shoulder». The United States, NATO and German Reunification 1989–90, in: Contemporary European History 3 (1994), S. 87–110

[357] ANGELA FISCHER, Entscheidungsprozeß zur deutschen Wiedervereinigung. Der außen- und deutschlandpolitische Entscheidungsprozeß der Koalitionsregierung Kohl/Genscher in den Schicksalsjahren 1989/90. Frankfurt a. M. 1996

[358] ARTUR HAJNICZ, Polens Wende und Deutschlands Vereinigung. Die Öffnung zur Normalität 1989–1992. Paderborn 1995

[359] NORBERT HIMMLER, Zwischen Macht und Mittelmaß. Großbritanniens Außenpolitik und das Ende des Kalten Krieges. Akteure, Interessen und Entscheidungsprozesse der britischen Regierung 1989/90. Berlin 2001

[360] KLAUS-RAINER JACKISCH, Eisern gegen die Einheit. Margaret Thatcher und die deutsche Wiedervereinigung. Frankfurt a. M. 2004

[361] BERNHARD KEMPEN, Die deutsch-polnische Grenze nach der Friedensregelung des Zwei-plus-Vier-Vertrages. Frankfurt a. M. 1997

[362] LOTHAR KETTENACKER, Britain and German Unification, 1989/90, in: KLAUS LARRES/ELIZABETH MEEHAN (Hg.), Uneasy Allies. British-German Relations and European Integration since 1945. Oxford 2000, S. 99–123

[363] YVONNE KLEIN, Obstructive or Promoting? British Views on German Unification 1989/90, in: German Politics 5 (1996), S. 404–431

[364] HANS KRECH, Der Untergang der DDR als Katalysator für das globale Ende des Kalten Krieges, Berlin 2005

[365] GYULA KURUCZ (Hg.), Das Tor zur deutschen Einheit. Grenzdurchbruch Sopron, 19. August 1989. Berlin 2000

[366] INES LEHMANN, Die deutsche Vereinigung von außen gesehen. Angst, Bedenken und Erwartungen. Bd. 1: Die Presse der Vereinigten Staaten, Großbritanniens und Frankreichs. Frankfurt a. M. 1996. Bd. 2: Die Presse Dänemarks, der Niederlande, Belgiens, Luxemburgs, Österreichs, der Schweiz, Italiens, Portugals und Spaniens und jüdische Reaktionen. Frankfurt a. M. 1997. Bd. 3: Die Politik, die Medien und die Öffentliche Meinung der Sowjetunion. Frankfurt a. M. 2001

[367] REINHARD MÜLLER, Der «2+4»-Vertrag und das Selbstbestimmungsrecht der Völker. Frankfurt a. M. 1997

[368] NIKOLAI PAWLOW, Die deutsche Vereinigung aus sowjet-russischer Perspektive. Ein Bericht zur Lösung der deutschen Frage, versehen mit Kommentaren und historischen Rückblicken. Frankfurt a. M. 1996

[369] JENS PETERSEN, L'Unificazione tedesca del 1989–90 vista dall'Italia, in: Storia contemporanea 23 (1992), S. 1087–1124

[370] ALEXANDER VON PLATO, Die Vereinigung Deutschlands – ein weltpolitisches Machtspiel. Bush, Kohl, Gorbatschow und die geheimen Moskauer Protokolle. Berlin 2002

[371] ANDREAS RÖDDER, Staatskunst statt Kriegshandwerk. Probleme der deutschen Vereinigung von 1990 in internationaler Perspektive, in: Historisches Jahrbuch 118 (1998), S. 223–260

[372] TILO SCHABERT, Wie Weltgeschichte gemacht wird. Frankreich und die deutsche Einheit. Stuttgart 2002

[373] WULF SCHMIESE, Fremde Freunde. Deutschland und die USA zwischen Mauerfall und Golfkrieg. Paderborn 2000

[374] ANDREAS SCHULZE, Polen und die deutsche Einheit, in: Deutsche Studien 34 (1997), S. 307–329

[375] MIECZYSLAW TOMALA, Polen und die deutsche Wiedervereinigung. Warschau 2004

[376] TANJA WAGENSOHN, Die sowjetische Position im Zwei-plus-Vier-Prozeß. München 1996

[377] WERNER WEIDENFELD mit PETER M. WAGNER und Elke BRUCK, Außenpolitik für die deutsche Einheit. (= Geschichte der deutschen Einheit, Bd. 4.) Stuttgart 1998

[378] GERHARD WETTIG, Moscow's Acceptance of NATO: The Catalytic Role of German Unification, in: Europe-Asia Studies 45 (1993), S. 953–972

[379] PHILIP ZELIKOW/CONDOLEEZZA RICE, Sternstunde der Diplomatie. Die deutsche Einheit und das Ende der Spaltung Europas. Berlin 1997 (zuerst

Engl. Cambridge, Mass. 1995: Germany Unified and Europe Transformed. A Study in Statecraft)

Deutsche Wiedervereinigung: deutsch-deutsche und innere Ebene

[380] DEUTSCHER BUNDESTAG (Hg.), Materialien der Enquete-Kommission «Aufarbeitung von Geschichte und Folgen der SED-Diktatur in Deutschland». Bd. VII: Möglichkeiten und Formen abweichenden Verhaltens und oppositionellen Handelns, die friedliche Revolution im Herbst 1989, die Wiedervereinigung Deutschlands und Fortwirken von Strukturen und Mechanismen der Diktatur. 2 Teilbde. Baden-Baden 1995

[381] ERIK GAWEL, Die deutsch-deutsche Währungsunion. Verlauf und geldpolitische Konsequenzen. Unter Mitarbeit von Markus GRÜNEWALD und MICHAEL THÖNE. Baden-Baden 1994

[382] GESCHICHTE DER SOZIALPOLITIK IN DEUTSCHLAND SEIT 1945. Hg. vom Bundesministerium für Arbeit und Soziales und vom Bundesarchiv. Bd. 11: Bundesrepublik Deutschland 1989–1994. Sozialpolitik im Zeichen der Vereinigung. Bandhg.: GERHARD A. RITTER. Baden-Baden 2007

[383] DIETER GROSSER, Das Wagnis der Währungs-, Wirtschafts- und Sozialunion. Politische Zwänge im Konflikt mit ökonomischen Regeln. (= Geschichte der deutschen Einheit, Bd. 2.) Stuttgart 1998

[384] FRANK THOMAS GRUB, Wende und Einheit im Spiegel der deutschsprachigen Literatur. Ein Handbuch. Bd. 1: Untersuchungen. Berlin 2003

[385] PHILIPP VON HUGO, Die Vorgaben des Eckwertes Nr. 1 der Gemeinsamen Erklärung der beiden deutschen Regierungen vom 15. Juni 1990 für die Enteignungen in den Jahren 1945–1949. Die Gestaltung der gesamtdeutschen Eigentumsordnung durch ein gesamtdeutsches Regierungsabkommen. Frankfurt a. M. 1997

[386] JOSEF ISENSEE/PAUL KIRCHHOF (Hg.), Handbuch des Staatsrechts der Bundesrepublik Deutschland. Bd. VIII: Die Einheit Deutschlands. Entwicklung und Grundlagen. Heidelberg 1995

[387] WOLFGANG JÄGER/INGEBORG VILLINGER, Die Intellektuellen und die deutsche Einheit. Freiburg 1997

[388] WOLFGANG JÄGER in Zusammenarbeit mit MICHAEL WALTER, Die Überwindung der Teilung. Der innerdeutsche Prozeß der Vereinigung 1989/90. (= Geschichte der deutschen Einheit, Bd. 3.) Stuttgart 1998

[389] BERNHARD KEMPEN/YVONNE DORF, Bodenreform 1945–1949: Eine verfassungsrechtliche Neubewertung. Frankfurt a. M. 2004

[390] BERNHARD KEMPEN (Hg.), Die rechtsstaatliche Bewältigung der demokratischen Bodenreform. Frankfurt a. M. 2005

[391] ECKART KLEIN (Hg.), Die Rolle des Bundesrates und der Länder im Prozeß der deutschen Einheit. Berlin 1998

[392] PHILIP MANOW, Gesundheitspolitik im Einigungsprozess. Frankfurt 1994

[393] SABINE MECK/HANNELORE BELITZ-DEMIRIZ/PETER BRENSKE, Soziodemographische Struktur und Einstellungen von DDR-Flüchtlingen/Übersiedlern. Eine empirische Analyse der innerdeutschen Migration im Zeitraum Oktober 1989 bis März 1990, in: DIETER VOIGT/LOTHAR MERTENS (Hg.), Minderheiten in und Übersiedler aus der DDR. Berlin 1992, S. 9–38

[394] CONSTANZE PAFFRATH, Macht und Eigentum. Die Enteignungen 1945–1949 im Prozess der deutschen Wiedervereinigung. Köln 2004

[395] PETER E. QUINT, The Imperfect Union. Constitutional Structures of German Unification. Princeton 1997

[396] GERHARD A. RITTER, Der Preis der deutschen Einheit. Die Wiedervereinigung und die Krise des Sozialstaates. München 2006

[397] HANS-PETER SCHWARZ, Mit gestopften Trompeten. Die Wiedervereinigung Deutschlands aus der Sicht westdeutscher Historiker, in: Geschichte in Wissenschaft und Unterricht 44 (1993), S. 683–704

[398] GERLINDE und HANS-WERNER SINN, Kaltstart. Volkswirtschaftliche Aspekte der deutschen Vereinigung. München 1993 (zuerst Tübingen 1991)

[399] BRUNO J. SOBOTKA (Hg.), Wiedergutmachungsverbot? Die Enteignungen in der ehemaligen SBZ zwischen 1945 und 1949. Mainz 1998

[400] STAATENNACHFOLGE UND DIE EINIGUNG DEUTSCHLANDS. BD. 1: DIETER BLUMENWITZ, Völkerrechtliche Verträge. Bd. 2: GILBERT GORNIG, Staatsvermögen und Staatsschulden. Berlin 1992

[401] DANIEL FRIEDRICH STURM, Uneinig in die Einheit. Die Sozialdemokratie und die Vereinigung Deutschlands 1989/90. Bonn 2006

Das vereinte Deutschland

[402] P. ALHEIT/KERSTIN BAST-HAIDER/PETRA DRAUSCHKE (Hg.), Die zögernde Ankunft im Westen. Biographien und Mentalitäten in Ostdeutschland. Frankfurt a. M. 2004

[403] KAI ARZHEIMER/MARKUS KLEIN, Gesellschaftspolitische Wertorientierungen und Staatszielvorstellungen im Ost-West-Vergleich, in: JÜRGEN W. FALTER/OSCAR W. GABRIEL/HANS RATTINGER (Hg.), Wirklich ein Volk? Die politischen Orientierungen von Ost- und Westdeutschen im Vergleich. Opladen 2000, S. 363–402

[404] HANNES BAHRMANN/CHRISTOPH LINKS (Hg.), Am Ziel vorbei. Die deutsche Einheit – eine Zwischenbilanz. Berlin 2005

[405] HANNA BEHREND (Hg.), German Unification. The Destruction of an Economy. London 1995

[406] JENS BISKY, Die deutsche Frage. Warum die Einheit unser Land gefährdet. Berlin 2005

[407] WILHELM BÜRKLIN/HILKE REBENSTORF u. a., Eliten in Deutschland. Rekrutierung und Integration. Opladen 1997

[408] ROLAND CZADA, Vereinigungskrise und Standortdebatte. Der Beitrag der Wiedervereinigung zur Krise des westdeutschen Modells, in: Leviathan. Zeitschrift für Sozialwissenschaft 26 (1998), S. 24–59

[409] FRANK DECKER/VIOLA NEU (Hg.), Handbuch der deutschen Parteien. Wiesbaden 2007

[410] MARTIN DIEWALD/ANNE GOEDICKE/KARL ULRICH MAYER (Hg.), After the Fall of the Wall. Life Courses and the Transformation of East Germany. Stanford 2006

[411] PHYLLIS DININIO, The Political Economy of East German Privatization. Westport, Conn. 1999

[412] GERHARD W. DITTRICH, Staats- und Marktversagen. Strategien ostdeutscher Unternehmen im Kontext der Wiedervereinigung. Linz 2003

[413] JÜRGEN W. FALTER/OSCAR W. GABRIEL/HANS RATTINGER (Hg.), Wächst zusammen, was zusammengehört? Stabilität und Wandel politischer Einstellungen im wiedervereinigten Deutschland. Baden-Baden 2005

[414] JÜRGEN W. FALTER/OSCAR W. GABRIEL/HANS RATTINGER/HARALD SCHOEN (Hg.), Sind wir ein Volk? Ost- und Westdeutschland im Vergleich. München 2006

[415] OSKAR W. GABRIEL (Hg.), Orientierungen und Verhaltensweisen im vereinigten Deutschland. Opladen 1997

[416] RAINER GEISSLER, Die Sozialstruktur Deutschlands. Zur gesellschaftlichen Entwicklung mit einer Bilanz zur Vereinigung. 4. Aufl. Wiesbaden 2006

[417] BERND GEHRKE/WOLFGANG RÜDDENKLAU (Hg.), … das war doch nicht unsere Alternative. DDR-Oppositionelle zehn Jahre nach der Wende. Münster 1999

[418] THOMAS GENSICKE, Deutschland im Wandel. Sozialer Wandel und Wertewandel in Deutschland vor und nach der Wiedervereinigung. Speyer 1996

[419] BERNHARD GIESEN, Die Intellektuellen und die Nation, in: GERD LANGGUTH (Hg.), Autor, Macht und Staat. Literatur und Politik in Deutschland. Ein notwendiger Dialog. Düsseldorf 1994

[420] JÜRGEN GROS, Entscheidung ohne Alternativen? Die Wirtschafts-, Finanz-
und Sozialpolitik im deutschen Vereinigungsprozeß 1989/90. Mainz 1994

[421] ROLF HASSE, German-German Monetary Union. Main Options, Costs and
Repercussions, in: A. GHANIE GAUSSEV/WOLF SCHÄFER (Hg.), The Econo-
mics of German Unification. London 1993, S. 26–59

[422] GÜNTHER HEYDEMANN/ECKHARD JESSE (Hg.), 15 Jahre deutsche Einheit.
Deutsch-deutsche Begegnungen, deutsch-deutsche Beziehungen. Berlin
2006

[423] URSULA HOFFMANN-LANGE, Eliten, Macht und Konflikt in der Bundesrepublik. Opladen 1992

[424] URSULA HOFFMANN-LANGE, Elite West – Elite Ost? Eliten in den alten und
den neuen Bundesländern, in: Der Bürger im Staat (50) 2000, S. 203–210

[425] JOSEF ISENSEE/PAUL KIRCHHOF (Hg.), Handbuch des Staatsrechts. Bd. IX:
Die Einheit Deutschlands. Festigung und Übergang. Heidelberg 1995

[426] ECKHARD JESSE (Hg.), Eine Revolution und ihre Folgen. 14 Bürgerrechtler
ziehen Bilanz. Berlin 2000

[427] UDO KEMPF/HANS-GEORG MERZ (Hg.), Kanzler und Minister 1949–1998.
Biographisches Lexikon der deutschen Bundesregierungen. Wiesbaden
2001

[428] HUBERTUS KNABE, Die Täter sind unter uns. Über das Schönreden der SED-
Diktatur. Berlin 2007

[429] THOMAS LANGE/J. R. SHACKLETON (Hg.): The Political Economy of German
Unification. Oxford 1997

[430] STEPHAN LESSENICH/FRANK NULLMEIER, Deutschland. Eine gespaltene Gesellschaft. Bonn 2006

[431] LOTHAR MERTENS (Hg.), Bilanz und Perspektiven des deutschen Vereinigungsprozesses. Berlin 2006

[432] HEINER MEULEMANN, Werte und Wertewandel. Zur Identität einer geteilten und wieder vereinten Nation. Weinheim 1996

[433] KATJA NELLER, «Auferstanden aus Ruinen?» Das Phänomen der «DDR-
Nostalgie», in: JÜRGEN W. FALTER/OSCAR W. GABRIEL/HANS RATTINGER
(Hg.), Wächst zusammen, was zusammengehört? Stabilität und Wandel
politischer Einstellungen im wiedervereinigten Deutschland. Baden-Baden
2005, S. 339–381

[434] KATJA NELLER, Getrennt vereint? Ost-West-Identitäten, Stereotypen und
Fremdheitsgefühle nach 15 Jahren deutscher Einheit, in: JÜRGEN W. FAL-
TER/OSCAR W. GABRIEL/HANS RATTINGER/HARALD SCHOEN (Hg.), Sind wir
ein Volk? Ost- und Westdeutschland im Vergleich. München 2006, S. 13–
36

[435] Viola Neu, Das Janusgesicht der PDS. Wähler und Partei zwischen Demokratie und Extremismus. Baden-Baden 2004

[436] Gero Neugebauer/Richard Stöss, Die PDS. Geschichte. Organisation. Wähler. Konkurrenten. Opladen 1996

[437] Oskar Niedermayer/Richard Stöss (Hg.), Parteien und Wähler im Umbruch. Parteiensystem und Wählerverhalten in der ehemaligen DDR und den neuen Bundesländern. Opladen 1994

[438] Detlef Pollack/Gert Pickel, Die ostdeutsche Identität – Erbe des DDR-Sozialismus oder Produkt der Wiedervereinigung? Die Einstellung der Ostdeutschen zu sozialer Ungleichheit und Demokratie, in: Aus Politik und Zeitgeschichte, B41–42/1998, S. 9–23

[439] Jörg Roesler, Die Treuhandpolitik. Verkauf und Abwicklung statt Sanierung und Umwandlung mit dem Ergebnis einer weitgehenden Deindustrialisierung des Ostens, in: Hannes Bahrmann/Christoph Links (Hg.), Am Ziel vorbei. Die deutsche Einheit – eine Zwischenbilanz. Berlin 2005, S. 93–106

[440] Joachim Rohlfes, ‹Deutschland einig Vaterland?› Freude und Frust der (Wieder-) Vereinigung, in: Geschichte in Wissenschaft und Unterricht 58 (2007), S. 292–311

[441] Edeltraud Roller, Sozialpolitische Orientierungen nach der deutschen Vereinigung, in: Oskar W. Gabriel (Hg.), Orientierungen und Verhaltensweisen im vereinigten Deutschland. Opladen 1997, S. 115–146

[442] Edeltraud Roller, Staatsbezug und Individualismus. Dimensionen des soziokulturellen Wertewandels, in: Thomas Ellwein/Everhard Holtmann (Hg.), 50 Jahre Bundesrepublik Deutschland. Rahmenbedingungen – Entwicklungen – Perspektiven. Opladen 1999, S. 229–246

[443] Manfred G. Schmidt, Das politische System Deutschlands. Institutionen, Willensbildung und Politkfelder. München 2007

[444] Klaus Schroeder, Der Preis der Einheit. Eine Bilanz. München 2000

[445] Klaus Schroeder, Die veränderte Republik. Deutschland nach der Wiedervereinigung. Stamsried 2006

[446] Richard Schröder, Die wichtigsten Irrtümer über die deutsche Einheit. 2. Aufl. Freiburg 2007

[447] Oliver Schwinn, Die Finanzierung der deutschen Einheit. Opladen 1996

[448] Wolfgang Seibel, Verwaltete Illusionen. Die Privatisierung der DDR-Wirtschaft durch die Treuhandanstalt und ihre Nachfolger 1990–2000. Frankfurt a. M. 2005

[449] Siegfried Suckut/Jürgen Weber (Hg.), Stasi-Akten zwischen Politik und Zeitgeschichte. Eine Zwischenbilanz. München 2003

[450] JOHANNES WARBECK, Die Umwandlung der DDR-Landwirtschaft im Prozeß der deutschen Wiedervereinigung. Ökonomische Zwänge – Politische Entscheidungen. Frankfurt a. M. 2001

[451] MANFRED WEGNER, Bankrott und Aufbau. Ostdeutsche Erfahrungen. Baden-Baden 1995

[452] HEIKO WINGENFELD, Die öffentliche Debatte über die Strafverfahren wegen DDR-Unrechts. Vergangenheitsaufarbeitung in der bundesdeutschen Öffentlichkeit der 90er Jahre. Berlin 2006

[453] ANDREAS WIRSCHING, Grundgesetz und Verfassungswandel, in: Ders. (Hg.), Die Bundesrepublik Deutschland nach der Wiedervereinigung. Eine interdisziplinäre Bilanz. München 2000

[454] RAINER ZOLL (Hg.), Ostdeutsche Biographien. Frankfurt a. M. 1999

Abbildungsnachweis

Personenregister[1]

1 Das Register haben Steffi Weißmann und Anna Kranzdorf erstellt. Aufgeführt werden historische Personen, soweit sie für den Gang der Darstellung bedeutsam sind. – Für russische Namen und Begriffe wird die deutsche Umschrift verwendet, die im Deutschen zuweilen uneinheitlich gehandhabt wird. Daher wird im Falle des russischen Botschafters in Bonn insofern eine Ausnahme gemacht, als die namentliche Nennung gemäß den Regeln der Umschrift als Kwizinski erfolgt, die bibliographische Angabe hingegen, weil dort so aufgeführt, als Kwizinskij.

Aus unserem Programm

Zeitgeschichte

Gerhard A. Ritter
Der Preis der deutschen Einheit
Die Wiedervereinigung und die Krise des Sozialstaats
2., erweiterte Auflage 2007, II, 546 S. mit 19 Abbildungen
auf separatem Tafelteil (8 S.). Gebunden
Ausgezeichnet mit dem Preis des Historischen Kollegs 2007

Hans-Ulrich Wehler
Deutsche Gesellschaftsgeschichte
Band 5: Bundesrepublik und DDR 1949–1990
2008. 529 Seiten. Leinen

Ilko-Sascha Kowalczuk
Endspiel
Die Revolution von 1989 in der DDR
2009. Etwa 608 Seiten. Gebunden

Edgar Wolfrum
Die Mauer
Geschichte einer Teilung
2009. Etwa 192 Seiten mit 25 Abbildungen. Gebunden

Heinrich August Winkler
Der lange Weg nach Westen
Band 1: Deutsche Geschichte vom Ende des Alten Reiches
bis zum Untergang der Weimarer Republik
4., durchgesehene Auflage. 2002. 652 Seiten. Leinen
Band 2: Deutsche Geschichte vom «Dritten Reich»
bis zur Wiedervereinigung
4., durchgesehene Auflage. 2002. X, 742 Seiten. Leinen

Verlag C.H.Beck München